Flug Swissair 111

Dieses Buch ist den 215 Passagieren
und 14 Besatzungsmitgliedern von Flug SR 111
und ihren Angehörigen gewidmet.

Tim van Beveren / Simon Hubacher

Flug Swissair 111
Die Katastrophe von Halifax und ihre Folgen

Für Tal,
Gestern, Heute und Morgen.
TvB
Miami, im August 1999

Für Cristina, Ariana und David – in Liebe
Simon Hubacher,
Hausen am Albis, im August 1999

Unser besonderer Dank gilt:
Cpt. Thomas Baberg, Jacques Babin, Kirsten Behrendt, Edward Block, Cpt. Ruedi Bornhauser, Armin M. Bruning, Cpt. Heinz L. Brunner, Howard Davidow, John Dern, Les Dorr, Sabine Eden, Vernon S. Ellingstad, Hans Ephraimson-Abt, David Evans, Miles Gerety, Vic Gerden, Peter Goelz, Jim Harris, Tom Haller, Isabelle Imhof, Rudi Kapustin, Jürg Klotz, Lars Kläger, Lee Kreindler, Cpt. Max Lenz, René Lüchinger, Juanita Madole, Ana Liza Malabanan, Cpt. Tom Melody, Ralph Nader, Urs-Peter Naef, Cpt. Werner Naef, Patrick Price, Myron Ratnavale, Cpt. John Sampson, Cpt. Jürg Schmid, Pierre-André Schmitt, Stephen Thorne, Markus Wieser, Bertjil Witjefeld, Ross Young, Katrin Zbinden, allen bei Swissair, die uns unterstützt haben,

sowie den vielen ungenannt bleiben wollenden Informanten aus der Luftfahrtindustrie und der internationalen Pilotenschaft, die **leider** bei Nennung ihres Namens an dieser Stelle ihren Arbeitsplatz und ihre Existenz aufs Spiel setzen würden.

Tim van Beveren & Simon Hubacher

Die in diesem Buch wiedergegebenen Meinungsäusserungen Dritter, insbesondere in Zitaten und Interviews, entsprechen nicht unbedingt der persönlichen Meinung der Autoren.

Umschlagbild vorne: Simpa Press
Umschlagbild hinten: Gian Vaitl

Alle Rechte vorbehalten, einschließlich derjenigen des
auszugsweisen Abdrucks und der elektronischen Wiedergabe

© 1999 Tim van Beveren / Simon Hubacher

Lektorat: Sabine Eden, Freiburg i. Breisgau
Korrektorat: Heike Burkard, Henggart
Gestaltung und Satz: Thomas Dätwyler, Pfäffikon/ZH
Umschlaggestaltung: Michael Wörgötter, München
Info-Grafiken: Lars Weiss, Bassersdorf
Bildredaktion: Kirsten Behrendt, Zürich
Koordination und Produktion: Katrin Zbinden, Zürich

E-Mail-Adressen der Autoren:
tvb1@prodigy.net (Tim van Beveren)
simon.huba@gmx.ch (Simon Hubacher)

ISBN: 3-85932-288-5

Inhalt

Vorwort	7

Kapitel 1
Eine Tragödie und ihre Folgen — 11
»Pan Pan Pan«: Die letzten Minuten an Bord der »Vaud« — 11
Das Funkprotokoll — 19
Erste Erkenntnisse und ihre Umsetzung — 24
Die MD-11: Das Flugzeug und seine Entwicklung — 39
Stätten des Schmerzes — 46

Kapitel 2
Mühevolle Suche nach den Ursachen — 51
Bergen, was nicht zu retten war — 51
Die Unfallermittler von Halifax — 57
Gerüchteküche: Die Mär von der Strahlenkanone — 64
Interview: Vic Gerden, Untersuchungsleiter TSB, Kanada — 68

Kapitel 3
Crisis, what crisis? — 79
Ernstfall bestanden: Die Notfallorganisation der Swissair — 79
Kommunikation in der Krise: Bestnoten — 89
Interview: Beatrice Tschanz, Leiterin Corporate Communications SAirGroup, Zürich — 92

Kapitel 4
Feuer an Bord: Das Risiko fliegt mit — 101
Von Feuer und Rauch — 101
Von Funkenbögen und Kabelbrand — 128
Interview: Ed Block und Patrick Price, USA — 143

Kapitel 5
Die zweifelhafte Rolle der Aufsichtsbehörden — 149
Die Grabsteinbehörde FAA oder »Find Another Answer« — 149
Woran Sicherheitsempfehlungen scheitern — 170
Interview: Ralph Nader, Konsumentenanwalt, Washington D. C. — 184

Kapitel 6
Das IFEN – oder wie aus einem »Meilenstein« ein »Stolperstein« wurde — 188

Kapitel 7
Noch 16 Minuten bis Halifax   **215**
    »Straight in 06« oder »Downwind 24«: Simulation einer Notlandung   215
    Verpatzte Notlandung oder Checklisten und ihre trügerische Sicherheit   225
    Ratlosigkeit bei Boeing–McDonnell-Douglas   235
    Interview: Jürg Schmid, Leiter Swissair Flight Safety, MD-11-Pilot, Zürich   240

Kapitel 8
Allein in der Trauer   **248**
    »Family Act«: Mehr Schutz für die Angehörigen   248
    Umgang mit dem Unfassbaren   251
    Ein aufwühlendes Gespräch   258
    Interview: Philippe Bruggisser, Chief Executive Officer SAirGroup, Zürich   266

Kapitel 9
Versicherungen   **276**
    Der lange Weg zu besseren Haftungsabkommen   276
    Milliardenkosten: Wer zahlt?   280
    Von einem Relikt und unheilvollen Allianzen   289
    Interview: Hans Ephraimson-Abt, New York   294

Kapitel 10
Das Multi-Millionen-Dollar-Geschäft   **311**
    US-Anwälte: Von Haien und ehrenhaften Männern   311
    Interview: Juanita M. Madole und Lee S. Kreindler, Anwälte, USA   321

Kapitel 11
Medien: Die Quote muss stimmen   **328**
    Von Katastrophen profitieren   328
    Interview: Peter Goelz, NTSB, Washington D. C.   335

Kapitel 12
Sicherheitskultur?   **341**
    Erfahrungen von Swissair-Piloten   341
    Wie die Swissair SR 111 intern verarbeitet   351
    Interview: Cpt. Werner Naef, Leiter der Swissair-Abteilung Human Aspects Development/Crew Resource Management (CRM), Zürich   361

Update   368

Anhang   373

Quellenverzeichnis   376

Vorwort

Die Meldung vom Absturz einer Swissair-Maschine vor der kanadischen Küste riss mich jäh aus der Abendruhe. Es war also wieder passiert. Ein Großraumjet modernster Bauart mit 229 Menschen an Bord war plötzlich vom Radarschirm verschwunden. Ich griff zum Telefon und wählte die Nummer von Hans Ephraimson-Abt in New Jersey. Der ältere Herr, der vor 15 Jahren seine Tochter bei einem Flugzeugabsturz verloren hat, war sofort am Apparat. »Hast du gehört?« »Ja«, erwiderte er nachdenklich und niedergeschlagen. »Was wirst du jetzt machen?«, fragte ich. »Ich bin in Kontakt mit dem Schweizer Generalkonsulat, und die fahren gleich zum Flughafen JFK raus – mal sehen, wo ich helfen kann.« Als Nächstes telefonierte ich mit einem Mitglied der deutschen Pilotenvereinigung Cockpit. Dort, auf der anderen Seite des Atlantiks, wusste man in den frühen Morgenstunden noch von nichts. »Gibt es Überlebende?«, war die erste Frage des Piloten, der das Vorgängermodell der MD-11, die DC-10, lange Jahre selbst geflogen war. Ich musste ihn enttäuschen. Nach wenigen Stunden Schlaf klingelte ohne Unterlass das Telefon. Reporter und Journalistenkollegen wollten den Grund für diesen Absturz wissen – keine vier Stunden nachdem die Maschine auf der Wasseroberfläche zerschellt war. Ich glaube, ich war zu einigen etwas barsch, denn es ist unsinnig, diese Frage in den ersten Stunden und Tagen nach einem Flugzeugunglück zu stellen. Doch so manch selbst ernannter »Luftfahrtexperte« konnte es nicht unterlassen, eine geschockte und verunsicherte Öffentlichkeit vor laufender Kamera glauben zu machen, es sei eigentlich alles klar. Gar nichts war klar. Und auch heute, fast ein Jahr nach dem Unfall, sind die Ursachen für den Absturz von Swissair-Flug 111 noch immer nicht abschließend geklärt.

Tim van Beveren, Miami Beach

Die eine Hand an der Kaffeemaschine, die andere am Radio. Der 3. September 1998 begann wie jeder andere Tag. Kurz vor acht Uhr schaltete ich Radio DRS3 ein. Ich nahm zunächst nur einen kurzen, zusammenhanglosen Satzfetzen wahr: »... nichts mehr so ist wie früher«. Da wusste ich, dass etwas Schreckliches passiert sein muss. Ich ging zum Fernseher, blickte in den Teletext und las die erschütternde Nachricht. Bis ich im Auto saß, vergingen etwa zwanzig Minuten. Als Nachrichtenjournalist zog es mich instinktiv zum Flughafen Zürich-Kloten, wo sich auch das

Swissair-Hauptquartier befindet. Bis dorthin muss ich von meinem Wohnort am Morgen mindestens 40 Minuten rechnen. Ausgerechnet an diesem Tag war das Nadelöhr, der Gubristtunnel, zusätzlich blockiert. Ich saß im Stau, und bevor ich auf einen Schleichweg ausweichen konnte, war wieder Zeit vergangen. Es schien wie verhext. Ich begann aus dem Wagen per Handy den Stand der Dinge abzuklären, benachrichtigte meinen Ressortleiter, checkte freie Flugplätze Richtung Kanada ab. Die Sondermaschine nach Halifax mit Medienschaffenden und Swissair-Vertretern verpasste ich schließlich um Minuten. Es sollte sich im Nachhinein als Vorteil herausstellen. Mein New Yorker Kollege Peter Hossli eilte umgehend an den Unfallort und berichtete für das Nachrichtenmagazin FACTS vor Ort. Mir blieb übers Wochenende Zeit, die Ereignisse in der Schweiz zu recherchieren und die Titelstory für die nächste Ausgabe sorgfältig vorzubereiten.

In der Folge ließ mich das Thema nicht mehr los. Der Zufall brachte mich mit dem Luftfahrtjournalisten Tim van Beveren zusammen, der uns per E-Mail seine fachliche Unterstützung anbot. Daraus ist eine enge Zusammenarbeit entstanden – und ein gemeinsames Buch.

Simon Hubacher, Hausen am Albis

Jeder Flugzeugabsturz, bei dem ein Mensch getötet wird, ist ein Absturz zu viel. Flugsicherheit bedeutet »Denken in Präventionen«. Alles muss getan werden, um Unfälle und Zwischenfälle zu verhindern – das ist jedem Flugschüler klar, lange bevor er zum ersten Mal in einem Cockpit Platz nehmen darf. Unfälle lassen sich aber nur verhindern, wenn man die Ursachen früherer Flugzeugunglücke kennt und bereit ist, aus ihnen zu lernen. Nur wenn alle Umstände, die zu einem Unfall beigetragen haben, ohne Rücksicht auf Personen oder wirtschaftliche Interessen lückenlos aufgeklärt werden und die Resultate dieser Ermittlungsarbeit zu neuen Sicherheitsstandards führen, kann die Wiederholung von Unfällen vermieden werden. Doch im Kampf um Marktanteile und Rentabilität wird es zunehmend schwieriger, dem Sicherheitsgedanken oberste Priorität einzuräumen. – Es scheint manchmal ein beinahe aussichtsloses Rennen.

Luftfahrtvertreter, die auf diese bedenkliche Entwicklung angesprochen werden, bemühen gerne die Statistik, und die gibt ihnen Recht: Tatsächlich schneidet international gesehen das Flugzeug im Vergleich mit dem Straßenverkehr weiterhin gut ab. Aber ist es deshalb legitim, im Wissen vor den Gefahren die Augen zu schließen? In diesem Buch wird stichhaltig nachgewiesen, dass die US-Luftaufsichtsbehörde sicherheitsrelevante Informationen, die ihr seit Jahren bekannt waren, nicht ausreichend kommuniziert hat. Die Luftfahrtindustrie, die Airlines und die staatlichen Überwachungsbehörden sind in ein Netz aus wechselseitigen Abhängigkeiten verstrickt, das eine effektive Kontrolle unmöglich macht. Hier funktioniert alles nach der Devise: »Hilfst du mir, so helf ich auch dir.«

Es ist das Unglück von Halifax, das dieses vernetzte System ins Wanken bringen könnte, und zwar aus mehreren Gründen: Bei der Swissair handelt es sich nicht um eine unbedeutende, sondern um eine der renommiertesten Fluggesellschaften. Dieses Mal war es also nicht eine fragwürdige »Billig-Airline«, der man technisches Versagen und eine unterdurchschnittliche Pilotenausbildung eher nachsehen würde, dieses Mal hat es die Swissair – einen der Klassenbesten – erwischt. Mit der McDonnell-Douglas MD-11 traf es zudem ein modernes und junges Flugzeug, das seit dem Zusammenschluss der Hersteller McDonnell-Douglas und Boeing zur Produktpalette des größten Flugzeugherstellers der Welt, des Hauses Boeing, gehört. Mit 229 Opfern waren durch diese Katastrophe Familien in der ganzen Welt, nicht nur den USA und der Schweiz, betroffen. Viele von ihnen hatten einflussreiche Positionen in der Wirtschaft und der Politik auf beiden Seiten des Atlantiks inne.

Alle drei Faktoren könnten dazu beitragen, dass der Absturz von SR 111 nicht so schnell als eine anonyme Ziffer in der unrühmlichen Unfallstatistik der modernen Zivilluftfahrt untergeht. Vielmehr steht zu erwarten, dass die öffentliche Diskussion über Unfallursachen und über die Möglichkeiten ihrer Verhinderung durch diese Katastrophe in einem bisher nicht gekannten Ausmaß belebt wird. Nach dem Unglück konzentrierten sich die Untersuchungen rasch auf einen vitalen Bereich moderner Verkehrsflugzeuge: elektrische Kabel und durch sie ausgelöste Feuer an Bord. Die damit verbundenen Risiken sind bei weitem kein neues Problem, wurden bisher aber sträflich vernachlässigt. Auch könnte sich im Zusammenhang mit SR 111 eine Wende anbahnen, weil sich die Katastrophe nicht in den USA, sondern vor der Küste Kanadas ereignete. Damit liegen die Unfallermittlungen nicht in der Hand des Herstellerlandes, was wirtschaftliche und politische Druckversuche auf die Untersuchungsbehörde glücklicherweise erschwert.

Die beiden Autoren schrieben dieses Buch auf der Grundlage eines journalistischen Vorgehens. Es umfasst eine dokumentarische Bestandsaufnahme des schwersten Unglücks in der Schweizer Zivilluftfahrt, erklärt rechtliche Hintergründe, stellt technische Zusammenhänge dar, zählt Versäumnisse auf, liefert Zusatzinformationen für weitergehende Diskussionen und versteht sich als offenes Forum. Aus diesem Grund kommen neben den Autoren auch andere Menschen zu Wort – Betroffene, Experten und Swissair-Vertreter.

Eine journalistische Vorgehensweise bringt es aber auch mit sich, dass Menschen, die auf irgendeine Weise durch den Absturz von Flug SR 111 persönlich betroffen sind, nicht alles gutheißen können, was in diesem Buch geschrieben steht. Vielleicht erregen wir sogar das Missfallen gerade jener, die uns beim Recherchieren tatkräftig unterstützt haben. Trotzdem haben wir versucht, immer die größtmögliche Fairness walten zu lassen. Zu unserem Selbstverständis als Journalisten und Autoren dieses Buches gehört es aber auch, dass wir dort, wo es uns angebracht erscheint, Kritik üben und Schlussfolgerungen ziehen.

Es ist uns wichtig festzuhalten, dass wir mit diesem Buch dem offiziellen Untersuchungsbericht der kanadischen Untersuchungsbehörde TSB nicht in unseriöser Weise vorgreifen wollen. Wir sind jedoch aufgrund unserer Recherchen zu der Überzeugung gelangt, dass es unabhängig von den noch ausstehenden Ermittlungsergebnissen im Hinblick auf die Flugsicherheit genügend Hinweise für potentielle Gefahren gibt, die zu veröffentlichen wichtig und angemesssen erscheint. Es gibt eine Vielzahl von Warnhinweisen, die von einer milliardenschweren und den höchsten Sicherheitsstandards verpflichteten Industrie übersehen wurden – gewollt oder ungewollt. Darüber letztlich zu entscheiden, kann jedoch nicht Aufgabe von Journalisten sein.

Dieses Buch richtet sich aber auch ausdrücklich an diejenigen, für die das System »Verkehrsluftfahrt« in erster Linie gedacht ist, nämlich an die Millionen von Passagieren, die jährlich mit den unterschiedlichsten Airlines rund um den Globus fliegen. Sie alle haben wenig Einblick, was sich hinter den Ticketverkaufsschaltern abspielt, und sie alle interessieren sich in der Regel auch zu wenig dafür. Diese Haltung aber ist gefährlich, denn solange sich zahlende Konsumenten bei der Auswahl von Airlines und Fluggerät unkritisch verhalten und aus mangelnder Kenntnis weder Angebote vergleichen noch selbst Forderungen an die Luftfahrtindustrie aufstellen, wird sich an den bestehenden Missständen nichts ändern. Passagiere, die stillschweigend davon ausgehen, beim Ticketkauf überall denselben Sicherheitsstandard zu erwerben, irren sich – möglicherweise mit fatalen Konsequenzen.

Tim van Beveren und Simon Hubacher,
im Juli 1999

Kapitel 1
Eine Tragödie und ihre Folgen

»Pan Pan Pan«: Die letzten Minuten an Bord der »Vaud«

Für den Abend des 2. September 1998 war die Swissair MD-11 mit dem Taufnamen »Vaud« für den Flug SR 111 von New York nach Genf vorgesehen. 7 Stunden und 25 Minuten sollte die Reise dauern. Die Maschine hatte in den vergangenen Tagen bereits mehrere Transatlantik-Überquerungen hinter sich gebracht: Am 31. August war die »Vaud« letztmals in den Vereinigten Staaten gewesen. Von San Francisco flog sie als SR 109 nach Zürich. Tags darauf war die Maschine als SR 188 im Einsatz nach Singapur, flog von dort aus weiter nach Jakarta und wieder zurück nach Singapur. In den frühen Morgenstunden des 2. September kehrte sie als SR 189 zurück nach Zürich. Kurze Zeit später machte sie sich als SR 102 auf den Weg nach New York, um am Abend als SR 111 auf dem John F. Kennedy Flughafen bereitzustehen.

In »Big Apple« übernahm eine frische Crew das Flugzeug. Der 50-jährige Kapitän Urs Zimmermann und Kopilot Stephan Löw waren bereits am Vortag in der Millionenstadt angekommen. Sie hatten sich mit der übrigen Kabinenbesatzung im Hotel Marriott in Brooklyn getroffen, wo die Crew die Nacht auf den 2. September verbrachte. Im Laufe des späteren Nachmittags fuhren sie gemeinsam in einem Shuttle-Bus zum Dienstantritt auf den John F. Kennedy Airport. Die beiden Piloten unternahmen dort zunächst ihre Flugvorbereitung, holten die neuesten Wetterinformationen ein und besprachen die Route, die Aufgabenverteilung während des Fluges sowie das eventuelle Vorgehen in einem Notfall. Die Kabinencrew führte unter der Leitung ihres Chefs, René Oberhänsli, ebenfalls eine Einsatzbesprechung durch. Routineabläufe, die sich vor jedem Flug fast immer gleich abspielen.

Etwa eine Stunde vor dem geplanten Start betrat die Besatzung die Maschine, die an einer Fluggastbrücke bereitgestellt worden war. Urs Zimmermann und Stephan Löw nahmen im Cockpit ihre Plätze ein. Sie begannen mit der Programmierung der Flugdaten und dem Abarbeiten erster Checklisten. Das Kabinenpersonal teilte sich in die ihnen zugeteilten Sektoren der Kabine auf und verstaute die angelieferten Mahlzeiten in den Bordküchen. Gleichzeitig wurden 15,5 Tonnen an Fracht und Passagiergepäck in die Fronträume unter der Kabine verladen und die Maschine mit 65,3 Tonnen Kerosin betankt.

Die Passagiere sammelten sich im Warteraum. Augenzeugen berichteten später von einer Szene, die bis heute in ihrer Tragweite jedoch noch nicht geklärt ist. Ein

Mechaniker erklärte dem verantwortlichen Flugmanager am Boden, dass es wegen eines technischen Problems zu einer Verzögerung kommen werde. Welches Problem hierfür jedoch ursächlich war, liegt weiter im Dunkeln.

Etwa vierzig Minuten vor dem Abflug wurden die First- und Business-Class-Passagiere an Bord gebeten und ganz nach Swissair-Manier mit einem Aperitif begrüßt. Gleichzeitig bat man auch Familien mit Kindern herein und zuletzt die übrigen Passagiere.

Fünf Minuten vor dem Wegrollen waren alle Küchenwagen verstaut und die Kabinentüren vorschriftsgemäß gesichert. Die Flugbegleiter kontrollierten noch, ob sich alle Fluggäste angeschnallt hatten, bevor sie sich selbst auf ihren herunterklappbaren Crewsitzen niederließen. Die paar Minuten auf dem Rollweg zur Startbahn sind für das Kabinenpersonal dazu bestimmt, sich mental zurückzuziehen und sich auf ihre Aufgaben während des Fluges vorzubereiten.

Um 20:18 Uhr Lokalzeit hob die MD-11 mit voller Schubkraft ab und begann ihren Steigflug. An Bord befanden sich 215 Passagiere und 14 Besatzungsmitglieder. Nur ein paar wenige Sitze im Innern der Maschine waren leer geblieben. Der tägliche Abendflug nach Europa mit der Schweizer Airline war nicht nur unter Vielfliegern der New Yorker Geschäftswelt beliebt. Gerade viele Mitarbeiter der UNO und Vertreter der anderen internationalen Organisationen, die in Genf ihren Sitz haben, benutzten diese Verbindung gerne.

Bei der Strecke nach Genf handelte es sich um den Flugabschnitt des 36-jährigen Kopiloten Stephan Löw. Wie auch bei vielen anderen Airlines ist es bei der Swissair üblich, dass die beiden Piloten sich vor einem Umlauf (Rotation) die Flugabschnitte einteilen. Häufig übernimmt der Kapitän den Hinflug, wohingegen der Kopilot den Rückflug zum Heimatflughafen steuert. Das bedeutet, dass Löw an diesem Abend die Kontrolle über das Flugzeug übernahm, während Kapitän Zimmermann ihm assistierte und vor allem den Funkverkehr führte. Löw steuerte die »Vaud« rasch auf eine Reiseflughöhe von 33 000 Fuß (10 000 Meter) und flog entlang der Ostküste, wo Flug SR 111 weiter nördlich in Kanada eine der Transatlantik-Luftstraßen Richtung Britische Inseln benützen wollte. In der Nacht vom 2. auf den 3. September 1998 herrschte auf dieser Strecke wie üblich reger Betrieb. Neben der Swissair-Maschine befanden sich in diesem Luftraum weitere Großraumjets, darunter die beiden British-Airways-Flüge 214 und 1506 sowie Flug 920 der United Airlines.

In der ersten Stunde nach dem Start von SR 111 ereigneten sich mehrere in ihrer Bedeutung teilweise immer noch ungeklärte Vorfälle. Nach einem Bericht des amerikanischen Fernsehsenders ABC vom 8. Oktober 1998, der vermutlich auf eine erste Indiskretion aus Kreisen der an der Unfallermittlung beteiligten Spezialisten zurückgeht und später von offizieller Stelle nicht bestätigt wurde, nahm Löw nach etwa einer Stunde einen merkwürdigen Geruch wahr. Er übergab die Steuerung der Maschine an Kapitän Urs Zimmermann und verließ seinen Sitz. Löw sah sich im Cockpit um, vermutlich auch im »electronics bay«, dem so genannten Keller unter dem Cockpit, in dem die elektrischen Systeme der Maschine untergebracht sind. Es gelang ihm jedoch nicht, die Quelle des Geruchs eindeutig zu identifizieren. Dann riefen die Piloten eine Flugbegleiterin ins Cockpit und fragten, ob sie einen Rauchgeruch in der Passagierkabine wahrgenommen habe. Sie verneinte das, bestätigte aber, dass ein solcher im Cockpit zu riechen sei. Zu diesem Zeitpunkt gab es keine Anzeichen oder Warnhinweise auf ein Feuer – weder aus dem mit Rauchmeldern ausgestatteten Frachtraum noch von den Triebwerken. Die elektrischen Leitungen von und zu den einzelnen Systemen des Flugzeuges laufen hinter den Verkleidungen der Kabinenwände und der Decke entlang. Kommt es dort zu einem Kabelbrand, so ist nicht unbedingt sicher, dass die Feuerquelle genau dort liegt, wo möglicherweise später der Rauch herausquillt. An Bord einer MD-11 gibt es zahlreiche »neuralgische Stellen«, die zu überprüfen die Beseitigung der Abdeckungen voraussetzen würde. Das jedoch ist zeitaufwändig und kann nicht Aufgabe von Piloten oder der Kabinenbesatzung sein.

War diese Suche der Piloten nach einer möglichen Rauchquelle auch eine Erklärung für eine weitere Besonderheit des Fluges? Für die Swissair-Maschine war zunächst die Bodenstation der Flugsicherung in Boston zuständig. Etwa zwanzig Minuten nach dem Take-off wies der Radarlotse vom Boston Center das Swissair-Flugzeug an, die Funkfrequenz zu wechseln. Während der nächsten dreizehn Minuten versuchte die Bodenstation vergeblich, SR 111 zu kontaktieren. Der Grund für diese Panne ist bis heute unklar geblieben. Es ist denkbar, dass die Piloten einfach eine falsche Funkfrequenz eingestellt hatten oder dass sie durch den beunruhigenden Geruch derart abgelenkt waren, dass sie die Funksprüche schlicht überhört haben.

Erst um 20:58 Uhr, vierzig Minuten nach dem Start, meldete sich Zimmermann wieder – dieses Mal bei der Luftkontrollstelle im kanadischen Moncton: »Moncton Center, Swissair one eleven heavy[1], good evening, level three three zero.« (Swissair 111, schwer, guten Abend, Flughöhe drei drei null[2].) Moncton rapportierte daraufhin routinemäßig, dass überall mit leichten Turbulenzen zu rechnen sei. Dann wandte sich der Flugverkehrsleiter anderen Flugzeugen zu, und auf der Funkfrequenz herrschte pausenlos Verkehr.

In den folgenden sechzehn Minuten müssen sich im Cockpit der MD-11 dramatische Veränderungen ereignet haben: Nach den inoffiziellen Informationen von ABC bestätigte Kapitän Zimmermann um 21:13 Uhr, dass inzwischen auch Rauch im Cockpit zu sehen sei. Eine Minute später, um 21:14 Uhr (vgl. Punkt 1 der Grafik »Die Route der Unglücksmaschine«) erbat die »Vaud« von der Bodenstation wegen einer dringenden Mitteilung Priorität im Funkverkehr: »Swissair one eleven heavy is declaring Pan Pan Pan[3], we have smoke in the cockpit, request immediate return to a convenient place, I guess Boston.« (Swissair eins elf erklärt Pan Pan Pan, wir haben Rauch im Cockpit und verlangen sofortige Umkehr zu einem geeigneten Platz, ich vermute Boston.) Die Verwendung des Funkkürzels »Pan Pan Pan« bei Rauch im Cockpit ist jedoch in der Luftfahrt höchst ungewöhnlich. Vielmehr ist in einem solchen Fall die Erklärung der »Luftnotlage« mit einem »Mayday-Funkspruch[4]« üblich.

Der Logan International Airport in Boston gehörte zur Liste der Ausweichflughäfen mit einer Swissair-Basis und lag auf der Strecke, die SR 111 zu diesem Zeitpunkt bereits zurückgelegt hatte. Von daher war es nahe liegend, dass die Piloten zunächst an eine Rückkehr nach Boston dachten. In den folgenden zwei Minuten wechselten die Funksprüche zwischen der SR 111 und der Bodenkontrolle rasch hin und her. Moncton ließ die MD-11 sofort eine Rechtskurve einleiten und erlaubte ihr einen kontinuierlichen, dafür aber langsamen Sinkflug auf 31 000 Fuß (9450 Meter). Gleichzeitig fragte der Fluglotse, ob sie nicht lieber den Flughafen im näher liegenden, zu diesem Zeitpunkt knapp 65 nautische Meilen (120 Kilometer) entfernten Halifax anfliegen wollten. Eine Minute später bestätigte SR 111: »We prefer Halifax from our position.« (Wir bevorzugen Halifax aus unserer Position.)

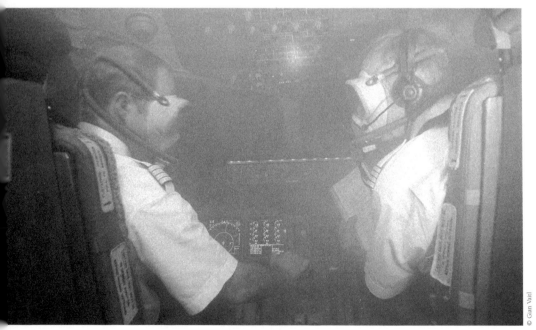

Das rauchgefüllte Cockpit eines MD-11-Simulators: Die Piloten schützen sich mit Sauerstoffmasken, in der Realität ist der Rauch allerdings schwarz, schmierig und meist toxisch.

Aus dem Funkprotokoll und dem Verhalten von Zimmermann ist zu schließen, dass dem Kapitän zu diesem Zeitpunkt noch nicht bewusst war, in welch kritischer Situation sich die »Vaud« bereits befand. Es sollten nur noch 15 Minuten und 43 Sekunden bis zur Katastrophe verbleiben. Die Piloten setzten jetzt – so wie es in den Notfallrichtlinien für ein plötzliches Auftreten von Rauch vorgesehen ist – ihre Sauerstoffmasken auf. Diese Maßnahme soll sie vor allem vor den Auswirkungen toxischer Dämpfe schützen, die sie in ihrer Fähigkeit, ein Flugzeug zu führen, beeinträchtigen könnten.

Spätestens zu diesem Zeitpunkt müssen auch die übrige Besatzung und die Passagiere von den Schwierigkeiten im Cockpit erfahren haben. Üblicherweise werden die Fluggäste in solchen Fällen über die Bordlautsprecher informiert – allerdings in einer allgemeinen Formulierung. So wird ihnen beispielsweise mitgeteilt, dass wegen einer außerplanmäßigen Landung eine Kursänderung vorgenommen werden müsse.

Die Notfall-Checkliste der Piloten sieht weiterhin vor, den Stromkreislauf für die Kabine zu unterbrechen, das heißt, die Beleuchtung des Innenraums abzuschalten. Die Kabine wird dann nur noch durch ein schwaches Notlicht beleuchtet, so dass die Flugbegleiter mit Taschenlampen hantieren müssen. Nach Auswertung der bislang veröffentlichten Informationen hatte man diese Maßnahmen auch an Bord der »Vaud« ergriffen, und zwar kurz nachdem die Besatzung begonnen hatte, die Abendessen zu servieren.

Über einen Zeitraum von fünf Minuten, seit dem »Pan Pan Pan«-Funkspruch, war die »Vaud« nur 10 000 Fuß (knapp 3000 Meter) mit einer nur leicht ansteigenden Geschwindigkeit gesunken (vgl. Punkt 1 bis 4 der Grafik »Die Route der Unglücksmaschine«). Das entspricht einer Sinkrate von 2000 Fuß (600 Meter) pro Minute. Sie befand sich immer noch in einer direkten und somit günstigen Position zur Landebahn des Flughafens von Halifax.

Um 21:18 Uhr wechselten die Piloten auf die Funkfrequenz der Anflugkontrolle des Flughafens Halifax und erhielten die Freigabe, jetzt bis auf 3000 Fuß (900 Meter) abzusinken. SR 111 funkte zurück, zunächst nur auf 8000 Fuß (2400 Meter) runtergehen zu wollen, bis die Kabine für die Landung bereit sei. Dort hatten die Flugbegleiter begonnen, die Essen wieder einzusammeln und die Servicewagen in den Bordküchen zu verstauen. Mit einer nun deutlich erhöhten Sinkrate von anfänglich 4000 Fuß, später dann zurückgehend auf Werte zwischen 3100 und 3500 Fuß pro Minute erreichte SR 111 schließlich eine Flughöhe von 4800 Metern und befand sich auf einem geradezu idealen Anflugpunkt für die Landebahn 06 in Halifax.

Um 21:19 Uhr begann der Lotse das Swissair-Flugzeug auf den Anflugkurs zu dirigieren. Er wies SR 111 darauf hin, dass sie sich in einer Distanz von 30 nauti-

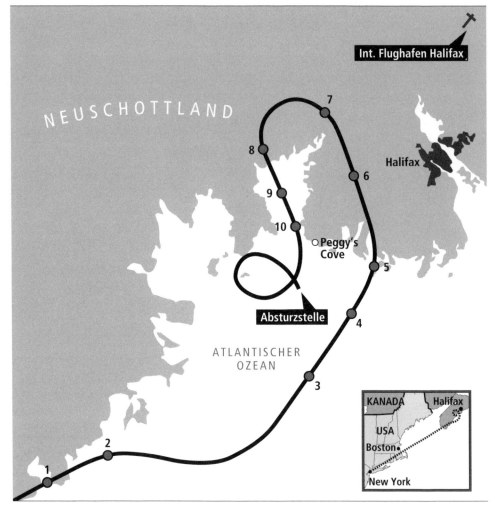

Die Route der Unglücksmaschine

1. 1:14 Uhr (UTC) »*Pan Pan Pan*« Kurs 086°, Höhe 32 900 Ft, 291 Kts (IAS), 65,5 nm von Halifax, Landebahn 06.
2. 1:15 Uhr »*Würden Sie Halifax vorziehen?*« Kurs 120°, Höhe 32 900 Ft, 292 Kts, 59 nm.
3. 1:18 Uhr Frequenzwechsel auf Anflugkontrolle, Kurs 054°, Höhe 26 500 Ft, 302 Kts, 40,5 nm.
4. 1:19 Uhr »*Sagen Sie mir nochmals die letzten Windwerte.*« Kurs 049°, Höhe 22 800 Ft, Sinkrate 4000 Ft/min, 311 Kts, 33 nm.
5. 1:20 Uhr »*... Verstanden, wir drehen in Richtung Norden*« Kurs 026°, Höhe 19 800 Ft, Sinkrate 3100.
6. 1:21 Uhr »*... Wir müssen etwas Treibstoff ablassen ...*« Kurs 360°, Höhe 15 700 Ft, Sinkrate 3500 Ft/min, 318 Kts, 21 nm von Landebahn 06.
7. 1:22 Uhr »*Du bisch in dr Emergency Checklist für Air Conditioning Smoke?*« Kurs 335°, Höhe 11 900 Ft, Sinkrate 1500 Ft/min, 319 Kts, 17,5 nm von Landebahn 06.
8. 1:24 Uhr »*SR111 schwer, deklariert Notlage*«, Kurs 179°, Höhe 10 200 Ft, 318 Kts.
9. 1:25 Uhr Flugdatenschreiber hört auf zu arbeiten.
10. 1:26 Uhr Höhe 9700 Ft, danach wurden keine Höhendaten mehr ermittelt, Kurs wurde nach Radarbild erfasst.

schen Meilen (55,5 Kilometer) zur Landebahn befände. Kapitän Zimmermann funkte jedoch zurück, dass diese Entfernung nicht ausreichend sei. Offenbar wollte er einen steilen Sinkflug aus 3600 Meter Flughöhe vermeiden. Der Lotse wies der Maschine daraufhin einen direkten nördlichen Kurs zu, der es den Piloten ermöglichte, zunächst weiter an Höhe zu verlieren (vgl. Punkt 7 der Grafik »Die Route der Unglücksmaschine«).

Als Nächstes bat der Radarlotse um Angaben über die Anzahl der Passagiere und die Treibstoffmenge, um die Notfalldienste in Halifax alarmieren zu können. SR 111 antwortete: »Verstanden. Im Moment ist Treibstoff an Bord zwei drei null Tonnen. Wir müssen etwas Treibstoff ablassen. Können wir das in dieser Gegend während des Sinkens tun?« Bei dieser Auskunft war den Piloten ein Fehler unterlaufen: Mit »zwei drei null Tonnen« war das aktuelle Gesamtgewicht des Flugzeuges und nicht die Treibstoffmenge gemeint. Jedenfalls wurden die Piloten durch die Frage des Lotsen daran erinnert, dass die MD-11 mit ihrem aktuellen Gewicht für eine normale Landung zu schwer war. Der Lotse erkundigte sich, ob SR 111 lieber nach Süden auf das offene Meer oder aber in Richtung des Flughafens abdrehen wollte. SR 111 funkte zurück, dass sie in der Lage sei, sowohl rechts in Richtung Flughafen als auch nach links Richtung Meer hin abzudrehen. Die »Vaud« wurde dann angewiesen, nach links auf einen südlichen Kurs zu drehen, um Flugbenzin aus den Flügeltanks ablassen zu können: »Es sind ungefähr zehn Meilen, bis Sie die Küstenlinie erreicht haben werden. Sie sind immer noch innerhalb ungefähr fünfundzwanzig Meilen vom Flugplatz ...« (vgl. Grafik).

Um 21:24 Uhr meldeten die Piloten plötzlich, dass sie jetzt das Flugzeug von Hand steuern würden. Im Hintergrund war deutlich ein Signal zu hören, das entweder beim Abschalten des Autopiloten durch ein Besatzungsmitglied oder bei Ausfall des Systems im Cockpit ertönt. Bis zum rettenden Flughafen dauerte es höchstens noch fünf Minuten. Die MD-11 befand sich in diesem Moment auf knapp 3100 Metern und flog mit einer Geschwindigkeit von 318 Knoten (589 Stundenkilometern).

Jetzt überschlugen sich die Ereignisse. Nach dem Ausfall des Autopiloten versagten kaskadenartig weitere wichtige Systeme der MD-11. Nur 17 Sekunden nach dem letzten Funkspruch drückten Zimmermann und Löw gleichzeitig auf ihre Funktasten: »Swissair eins elf, schwer, deklariert Notlage. Wir sind zwischen zwölf- und fünftausend Fuß, wir erklären Notlage, jetzt: Zeit null eins zwei vier.« Halifax quittierte den Notruf kurz, dann meldete sich wieder die Swissair-Maschine: »Eins elf, schwer, wir starten Treibstoffablass, jetzt müssen wir sofort landen.«

»Es muss innerhalb von Sekunden etwas ganz Gravierendes geschehen sein«, sagte Swissair-Sicherheitspilot Jürg Schmid später in einem Interview des

Nachrichtenmagazins FACTS. Vom Ausfall sämtlicher System- und Navigationsbildschirme im Cockpit der MD-11 überrascht, fehlte den Piloten jede optische Referenzmöglichkeit, zumal draußen stockfinstere Nacht herrschte und sich das Flugzeug über Wasser befand. In einer solchen Situation hat auch der erfahrenste Pilot kaum eine Chance, die Höhe und wirkliche Lage der Maschine zum Horizont richtig einzuschätzen. In diesem Moment war Kopilot Stephan Löw einzig auf seine beiden Standby-Instrumente angewiesen, einen künstlichen Horizont zur Fluglagebestimmung und ein kombiniertes Geschwindigkeits- und Höhenanzeigegerät. Diese Notinstrumente befinden sich zwischen den beiden Piloten im unteren Teil der Mittelkonsole, also außerhalb ihres direkten Sichtfeldes. Um 21:25 Uhr wiederholte SR 111 den Notruf. Dann verstummten die Funksprüche schlagartig. Zum selben Zeitpunkt, so stellte sich später heraus, versagten auch der Cockpit-Voicerecorder, der die Gespräche der Piloten aufzeichnet, und der Flugdatenschreiber, weil vermutlich die Stromversorgung durch Beschädigungen an den Zuleitungen unterbrochen wurde. Was sich in diesen letzten sechs Minuten genau an Bord ereignet hat, wird daher auch niemals genau zu rekonstruieren sein. Fest steht, dass Kopilot Stephan Löw die Maschine weiterhin steuerte und um 21:26 Uhr eine ausgedehnte Rechtskurve einleitete. Da zu diesem Zeitpunkt an Bord von SR 111 auch der Radiosender (Transponder), der kontinuierlich die Flugzeug-Kennung und die aktuellen Höhen- und Geschwindigkeitsinformationen an das Bodenradar sendet, ausgefallen war, gibt es keinerlei genaue Radardaten mehr. Lediglich die zurückgelegte Flugstrecke wurde noch aufgezeichnet. Ob Kapitän Zimmermann sich während dieser Zeit noch auf seinem Sitz befand, ist ungewiss. Der Sitz wurde in der zurückgefahrenen Stellung gefunden, also in einer Position, in die man den Sitz überlichweise bringt, um aufzustehen. Sein Cockpitfenster war angeblich entriegelt, jedoch nicht geöffnet. Das ist möglicherweise ein Hinweis darauf, dass die Piloten versucht hatten, den Rauch aus dem Cockpit zu entfernen, so wie es die entsprechenden Verfahren vorsehen. Denkbar ist in diesem Zusammenhang auch, dass der Kapitän aus seinem Sitz aufgestanden war, um den Brandherd zu bekämpfen.

Fünf Minuten nach Einleiten der Rechtskurve, um 21 Uhr 31 Minuten und 25 Sekunden, schlug die MD-11 auf dem Atlantischen Ozean auf, etwa acht Kilometer von der Küste bei Peggy's Cove entfernt. Die Wucht des Aufpralls auf der betonharten Wasseroberfläche war so enorm, dass die Maschine in Millionen Einzelteile zerrissen wurde und die Menschen an Bord sofort tot waren.

Die beiden Radarlotsen, die die SR 111 durch jene dunkle Septembernacht führten, wurden in den ersten Wochen nach dem Absturz vom Dienst freigestellt. Insgesamt 30 Mitarbeiter der Bodenstation in Moncton, die Zeugen des schrecklichen Unglücks geworden waren, erhielten in den nächsten Tagen eine intensive psychologische Betreuung, die ihnen helfen sollte, das traumatische Ereignis zu verarbeiten. Keith Anderson, der Regionaldirektor der Kanadischen Luftverkehrskontrolle (Canadian Air Traffic Control Association) erklärte später auf der ersten Pressekonferenz: »Das ist ein notwendiger Prozess. Man darf eine solche Erfahrung nicht verdrängen.«

Das Funkprotokoll[5]

2. September 1998, New York, John F. Kennedy Airport, 00:18 Uhr UTC[6] (entspricht 20:18 Uhr EST-New Yorker Zeit bzw. 21:18 Uhr AST-Halifax Zeit): Swissair-Flug 111 von New York nach Genf hebt mit leichter Verspätung ab.

00:58:15: Die SR 111 meldet sich bei der Flugverkehrsleitstelle Moncton an. Die Flughöhe beträgt 33 000 Fuß (10 000 Meter). Zwischen 00:58:26 und 1:14:07 herrscht reger Funkverkehr mit anderen Maschinen auf dieser Frequenz. Die Swissair-Piloten versuchen mehrmals vergeblich, Moncton Center erneut anzusprechen, kommen aber nicht durch.

01:14:18: Die SR 111 erklärt »Pan Pan Pan« und erhält damit Priorität auf der Funkfrequenz: »Wir haben Rauch im Cockpit und schlagen Umkehr zu einem geeigneten Flughafen vor ... ich denke (nach) Boston.«

01:14:33 MONCTON: »Swissair eins elf, verstanden ... drehen Sie nach rechts ... Sie sagten, nach Boston möchten Sie?«

01:14:33 SR 111: »Ich denke Boston ... wir brauchen erst den Wetterbericht, wir beginnen unser Abdrehen nach rechts, Swissair eins eins eins, schwer.«

01:14:45 MONCTON: »Swissair eins elf, verstanden, und sinken Sie auf Flugfläche drei eins null (31 000 Fuß oder 9450 Meter). Ist das in Ordnung?«

01:14:50 SR 111: »Drei eins null (durch ein Geräusch unverständliche Worte, wahrscheinlich in Verbindung mit dem Aufsetzen von Sauerstoffmasken), drei eins null, ... eins elf, schwer.«

01:15:03 MONCTON: »Swissair eins elf für Center ...«

01:15:06 SR 111: »Hier Swissair eins elf, fahren Sie fort.«

01:15:08 MONCTON: »Würden Sie Halifax vorziehen?«

01:15:11 SR 111: »Warten Sie.« (Moncton bietet an, den Flughafen Halifax anzufliegen. Es vergehen fast 30 Sekunden, bis die Crew auf den Vorschlag reagiert.)

01:15:38 SR 111: »*Swissair eins elf, schwer, wir bevorzugen Halifax aus unserer Position.*«

01:15:43 MONCTON: »*Swissair eins elf, verstanden, fliegen Sie direkt nach Halifax, sinken Sie jetzt auf Flugfläche zwei neun null.*« (Der Lotse weist SR 111 an, direkt, also auf kürzestem Weg, nach Halifax zu fliegen, und erteilt eine Sinkflugfreigabe auf 29 000 Fuß bzw. 8800 Meter. SR 111 bestätigt das.)

01:15:48 SR 111: »*Fläche zwei neun null nach Halifax, Swissair eins elf, schwer.*«

01:15:58 BA 214: »*Und Swissair eins elf, schwer, hier Speedbird zwei eins vier, ich kann Ihnen das Wetter für Halifax geben, wenn Sie möchten.*« (Eine Maschine der British Airways, Flug 214, liefert SR 111 die letzten Wetterinformationen.)

01:16:04 SR 111: »*Swissair eins elf, schwer, wir haben die Sauerstoffmasken an, geben Sie uns das Wetter.*«

01:16:10 BA 214: »*Okay, das Wetter, gültig bis 300 Zulu[7], war: Wind aus Richtung eins null null mit neun Knoten, fünfzehn Meilen Sicht, vereinzelte Wolken in 12 000 Fuß, aufgebrochene Bewölkung in 25 000 Fuß, Temperatur 17 Grad, Taupunkt 12 Grad, Luftdruck 29.80.*«

01:16:29: Die SR 111 bestätigt den Funkspruch der British-Airways-Maschine.

01:16:36 MONCTON: »*Swissair eins elf, Sie können auf 10 000 Fuß sinken, der Luftdruck in Hal ... ist zwei neun acht null.*«
Der Lotse gibt SR 111 die Freigabe, jetzt auf 3050 Meter zu sinken.

01:16:41: Die SR 111 bestätigt den Funkspruch.

01:16:52 MONCTON: »*Und Swissair eins elf, können Sie mir sagen, wie viel Treibstoff Sie an Bord haben, und die Anzahl der Passagiere?*«
Der Lotse erbittet die Angabe des Treibstoffes und der Passagiere an Bord. Ein Standardverfahren, wenn eine Notlage zu befürchten ist. Diese Information leitet der Lotse direkt an den Flughafen weiter, damit sich dort die Feuerwehr und Rettungsmannschaften besser vorbereiten können.

01:16:58 SR 111: »*Verstanden, warten Sie.*«
Es vergehen jetzt 1 Minute und 21 Sekunden, ohne dass SR 111 antwortet. Die Maschine befindet sich dann im Übergangsbereich zu einem anderen Radarsektor[8], der für das Anfluggebiet nach Halifax zuständig ist.

01:18:19 MONCTON: »*Swissair eins elf, Sie können jetzt Moncton Center auf Frequenz 119.2 kontaktieren.*«

01:18:31: Die SR 111 bestätigt den Funkspruch, wechselt auf die andere Funkfrequenz von Moncton Center, der Anflugkontrolle, und erbittet Angaben zum Landekurs und den Windverhältnissen.

01:18:34 SR 111: »*Moncton Center, guten Abend. Swissair eins elf, schwer, auf Flugfläche zwei fünf vier (8300 Meter), im Sinkflug auf Flugfläche zwei fünf null (8200 Meter), mit Kurs auf Halifax. Wir fliegen derzeit in Richtung null fünf null[9] (Grad).*

01:18:46 HALIFAX: »*Swissair eins elf, guten Abend, sinken Sie auf 3000 Fuß (980 Meter), Luftdruck ist 20.79.*« (SR 111 erhält zu diesem Zeitpunkt die Genehmigung, auf eine Anflughöhe zu sinken.)

01:18:51 SR 111: »*Wir würden zurzeit lieber in 8000 Fuß bleiben, (Luftdruck) 20.80, bis die Kabine fertig ist für die Landung.*« (SR 111 zögert offenbar, weil die Passagierkabine noch nicht abschließend zur Landung vorbereitet ist, das heißt u.a., dass die Servicewagen noch nicht verstaut und die Passagiere noch nicht durch Ansagen vorbereitet waren.)

01:19:00 HALIFAX: »*Swissair eins elf, Sie können auf drei (3000 Fuß) sinken, Sie können auch eine beliebige Höhe dazwischen einnehmen, wie Sie wünschen. Geben Sie mir Bescheid.*«

01:19:07 SR 111: »*Verstanden, wir gehen jetzt auf 8000 Fuß. Wir dürfen jederzeit bis auf 3000. Ich werde Sie informieren.*«

01:19:14 HALIFAX: »*Okay. Kann ich Ihnen jetzt Vektoren geben für eine Landung auf Landebahn 06 in Halifax?*«

01:19:19 SR 111: »*Sagen Sie mir bitte nochmals die letzten Windwerte.*«

01:19:22 HALIFAX: »*Okay. Die aktive Landebahn in Halifax ist 06. Soll ich Ihnen Vektoren zur Landebahn 6 geben?*«

01:19:26 SR 111: »*Ja, Vektoren für (Landebahn) 6 ist in Ordnung, Swissair eins elf, schwer.*«

01:19:31 HALIFAX: »*Swissair eins elf, verstanden, drehen Sie nach links, Richtung null drei null.*«

01:19:35 SR 111: »*Links, Richtung null drei null für Swissair eins elf.*«

01:19:39 HALIFAX: »*Okay, es handelt sich um einen Gegenkurs-Anflug[10] für Landebahn 06. Die Frequenz des Landekurssenders ist 109.9. Sie haben 30 Meilen zu fliegen bis zur Landebahnschwelle.*«

01:19:53 SR 111: »*Wir brauchen mehr als dreißig Meilen, bitte sagen Sie nochmals die Frequenz des Gegenkurs-Senders.*«

01:19:59 HALIFAX: »*Swissair eins elf, verstanden, Sie können nach links in Richtung drei sechs null drehen, um etwas Höhe abzubauen, die Frequenz ist 109.9 für den Sender, es ist ein Gegenkurs-Anflug.*«

01:20:09 SR 111: »*109.9 verstanden, und wir drehen in Richtung Norden. Swissair eins elf, schwer.*« (Die Maschine dreht nach links ab, also vom Flughafen Halifax weg, um weiter Höhe abzubauen.)

01:21:21 HALIFAX: »*Swissair eins elf, schwer, wenn Sie Zeit haben, könnte ich die Zahl der Personen an Bord haben und Ihre Treibstoffmenge bitte, für die Notfalldienste.*« (Siehe oben 01:16:52. Bislang hatte SR 111 diese Angaben noch nicht durchgegeben. Der Lotse erinnert hiermit an das Fehlen der Angaben.)

01:21:30 SR 111: »*Verstanden. Im Moment Treibstoff an Bord ist zwei drei null Tonnen. Wir müssen etwas Treibstoff ablassen. Könnten wir das in dieser Gegend während des Sinkens tun?*« (Ein Irrtum: Zwei drei null Tonnen war das gegenwärtige Gesamtgewicht des Flugzeuges und nicht die Treibstoffmenge.)

01:21:40 HALIFAX: »*Gut, ich werde Sie ... sind Sie imstande, eine Kurve nach Süden zu machen, oder wollen Sie näher beim Flugplatz bleiben?*« (Der Lotse ist sich an dieser Stelle nicht sicher über das weitere Vorgehen. Er fragt die Piloten der SR 111, ob sie nach Süden, also weiter vom Flughafen weg, abdrehen wollen oder ob sie es bevorzugen, in der Nähe des Flughafens zu bleiben.)

01:21:47 SR 111: »*Kurz warten, kurz warten.*«

01:21:59 SR 111: »*Gut, wir können links oder rechts nach Süden drehen, um Treibstoff abzulassen.*«

01:22:04 HALIFAX: »*Swissair eins elf, verstanden, drehen Sie links auf Richtung zwei null null Grad, und melden Sie mir, wenn Sie bereit sind, um Treibstoff abzulassen. Es sind ungefähr 10 Meilen, bis Sie die Küstenlinie erreicht haben werden. Sie sind immer noch innerhalb ungefähr 25 Meilen vom Flugplatz.*«

01:22:20 SR 111: »*Verstanden, wir drehen nach links, Richtung zwei null null Grad, und in diesem Fall sinken wir nur auf 10 000 Fuß, um Treibstoff abzulassen.*«

01:22:29 HALIFAX: »*Okay, bleiben Sie auf eins null tausend. Ich informiere Sie, wenn Sie über Wasser sind. Das wird sehr bald sein.*«

01:22:34 SR 111: »*Verstanden.*«

01:22:36 SR 111: »*Du bisch in dr Emergency Checklist für Air Conditioning Smoke?*« (Frage des einen Piloten an den anderen, die wohl unbeabsichtigt beim Drücken der Sendetaste auch auf die Funkfrequenz ging.)

01:22:42 HALIFAX: »*Swissair eins elf, bitte wiederholen Sie.*«

01:22:45 SR 111: »*Entschuldigung, es war nicht für Sie. Swissair eins elf fragte intern. Es war mein Fehler, entschuldigen Sie.*«

01:22:50 HALIFAX: »*Okay.*«

01:23:33 HALIFAX: »*Swissair eins elf weiter links, Richtung eins acht null, Sie sind in 15 Meilen vor der Küste.*«

01:23:39 SR 111: »*Verstanden, links Richtung eins acht null. Swissair eins elf und bleiben in 10 000 Fuß.*«

01:23:46 HALIFAX: »*Verstanden.*«

01:23:55 HALIFAX: »*Sie werden ungefähr 35 ..., äh 40 Meilen vom Flugplatz sein, falls Sie schnell zum Flugplatz müssen.*«

01:24:03 SR 111: »*Okay, das ist von uns aus in Ordnung. Bitte sagen Sie mir, wann wir Treibstoff ablassen können.*«

01:24:08 HALIFAX: »*Okay.*«

01:24:28 SR 111: (Hintergrundgeräusch) »*Swissair eins elf. Im Moment müssen wir von Hand fliegen. Dürfen wir zwischen zehntaus...elftausend und neuntausend Fuß fliegen?*« (Warnsignal des Autopiloten)

01:24:38 HALIFAX: »*Swissair, Sie können zwischen fünftausend und zwölftausend Fuß blockieren (fliegen), wenn Sie wünschen.*«

01:24:45 SR 111: »*Swissair eins elf, schwer, deklariert Notlage* (eine Sekunde später auch eine zweite Stimme mit Notruf gleichzeitig hörbar). *Verstanden, wir sind zwischen zwölf- und fünftausend Fuß, wir erklären jetzt Notlage, jetzt: Zeit null eins zwei vier.*«

01:24:56 HALIFAX: »*Verstanden.*«

01:24:56 SR 111: »*Elf schwer, wir starten jetzt den Treibstoffablass, wir müssen sofort landen.*«

01:25:00 HALIFAX: »*Swissair eins elf, nur einige Meilen, ich habe Sie gleich.*«

01:25:04 SR 111: »*Verstanden.* (Geräusch – Wahrscheinlich die akustische Warnung beim Abschalten des Autopiloten.) *Und wir erklären Notlage jetzt, Swissair eins elf.«*

01:25:08 HALIFAX: *»Habe das verstanden.«*

01:25:19 HALIFAX: *»Swissair eins elf, Sie dürfen den Treibstoffablass beginnen auf diesem Kurs, und melden Sie mir, wenn der Ablass beendet ist.«*

01:25:43 HALIFAX: *»Swissair eins elf, bestätigen Sie, dass Sie den Treibstoffablass beginnen dürfen.«*

01:25:49: Ein letzter Funkspruch von SR 111 bleibt unverständlich, vermutlich handelte es sich um das Klicken mit der Sprechtaste[11] eines Piloten.

Erste Erkenntnisse und ihre Umsetzung

Warum spricht man im Gefolge von Flugzeugabstürzen immer über Ursachen, Fehler, Zuständigkeiten und technische Mängel, anstatt das Schicksal der Opfer und Hinterbliebenen zu beklagen? Warum wird nicht alle Kraft jenen gewidmet, die Leid erfuhren in unaussprechlichem Maß? Die aufrichtige Anteilnahme und Trauer ist notwendig, aber jedes Unglück verunsichert auch Millionen von Passagieren, die täglich mit unbekümmerter Selbstverständlichkeit in moderne Großraumflugzeuge steigen. Sie alle haben ein Recht darauf, dass die Suche nach den Ursachen mit größter Sorgfalt durchgeführt wird.

Solange neue, noch größere Flugzeuge entwickelt und gebaut werden, so lange wird es auch Unfälle geben. Eine hundertprozentige Sicherheit kann es niemals geben, denn keine von Menschen konstruierte und gebaute Maschine kann perfekt sein. Doch Menschen sind lernfähig, und sie können sich darum bemühen, einmal gemachte Fehler zu korrigieren. Eine Maschine, die mit einem grundlegenden Konstruktionsfehler behaftet ist, wird in ähnlichen Situationen immer wieder die gleichen Probleme hervorrufen. Aus diesem Grund kommt der Ursachenforschung eine so fundamentale Bedeutung zu. Wenn Flugzeughersteller und Airlines sich der Einsicht in mögliche Fehler verweigern, riskieren sie, dass sich die Verunsicherung in der Öffentlichkeit rasch zu einem schwer wiegenden Vertrauensverlust auswächst.

In diesem Sinn ist das tödliche Ende von Flug Swissair 111 auch ein Anfang. Der Absturz der MD-11 vor der kanadischen Küste erweist sich gleich in dreifacher Hinsicht als außergewöhnlich:
- Mit der Swissair traf es eine der renommiertesten Fluggesellschaften dèr Welt, die seit über zwanzig Jahren kein schweres Unglück mehr zu verzeichnen hatte.

- Die erst 1990 in Dienst gestellte MD-11 des amerikanischen Herstellers McDonnell-Douglas (heute Boeing) gilt als ein sehr modernes Flugzeug, das vor allem gerne für Langstrecken eingesetzt wird. Insgesamt sind weltweit derzeit 186 Flugzeuge dieses Typs in Betrieb.
- Mit 229 Toten war bei diesem Unfall eine hohe Opferzahl zu beklagen.

Doch offenbar bedurfte es genau dieser drei Komponenten, damit der Unfall auch international die Aufmerksamkeit erfuhr, die ihm gebührt. Hätte es sich nämlich um eine unbekannte Airline mit fragwürdigen Standards bei Wartung und Pilotenausbildung, ein möglicherweise veraltetes Fluggerät und um eine geringere Anzahl von Opfern in irgendeinem entlegenen Teil der Welt gehandelt, dann sähe die Sache sicherlich anders aus.

So aber wurde die Ursachensuche gleich von Beginn an intensiv vorangetrieben. Grundlage sind die strengen Standards und Empfehlungen der Internationalen Zivilluftfahrt-Organisation (ICAO), ein 1949 unter dem Dach der UNO gegründeter Zusammenschluss von 185 Staaten. Die Unfalluntersucher unterliegen einem speziellen Regelwerk, dem Annex 13 der Chicagoer Konvention von 1944. Der Annex ist auf alle Unfälle (Ereignisse mit Sach- oder Personenschäden) oder Zwischenfälle (Ereignis, das eine Beeinträchtigung der Flugsicherheit zur Folge hat) anwendbar, in die Flugzeuge verwickelt sind, die in einem Mitgliedstaat der ICAO entworfen, gebaut, registriert oder betrieben werden.

Genaustens geregelt ist in Annex 13 auch, wer für die Untersuchung zuständig ist. Grundsätzlich hat der Staat, auf dessen Territorium sich der Unfall ereignet, diese zu organisieren und zu führen. Er kann die Ermittlungen auch delegieren, wovon in der Praxis manchmal Entwicklungsländer Gebrauch machen, die selbst nicht über hinreichende Strukturen verfügen. Wäre Flug SR 111 nicht in küstennahe, sondern in internationale Gewässer gestürzt, hätte die Schweiz die Federführung übernehmen müssen.

Weitgehende Mitwirkungsrechte bei der Unfalluntersuchung besitzen der Registerstaat, der Herstellerstaat und das Land, in dem das Luftfahrzeug betrieben wird. In Kanada jedoch hat man diese Mitwirkungsrechte auf einen allgemeinen Beobachterstatus reduziert. Darüber hinaus werden in vielen Fällen auch die Fluggesellschaften und die Flugzeughersteller zu Rate gezogen, weil sich ihre spezifischen Kenntnisse für die Unfallermittler als unverzichtbar erweisen. Vor allem in den USA stößt diese Praxis auf zunehmenden Widerstand, weil Kritiker befürchten, dass insbesondere die Einflussnahme der Herstellerfirmen die Objektivität der Untersuchungsergebnisse gefährden könnte. Auf die Hilfe der Flugzeughersteller und Fluggesellschaften könnte aber nur dann verzichtet werden, wenn es in jedem Falle möglich wäre, eine unabhängige technische Expertenrunde mit Zugang zu entsprechenden Labors und technischen Detailinformationen zu etablieren. Im Fall von SR 111 gibt es im kanadischen Untersuchungsteam TSB noch nicht einmal einen Ermittler, der eine MD-11 fliegen kann, da dieser Flugzeugtyp in Kanada von keiner Airline betrieben wird.

In der Öffentlichkeit und auch bei vielen Journalisten herrscht oft ein großes Missverständnis darüber, was eigentlich Ziel und Zweck einer Flugunfalluntersuchung ist. Die Ermittler beantworten oder klären keine Schuldfragen. Der Zweck einer Unfalluntersuchung nach Annex 13 ist einzig, künftige Unfälle oder Zwischenfälle zu verhindern. Im Vordergrund steht die Flugsicherheit.

Wenn die Untersuchungskommission alle möglichen Aspekte, die bei dem Hergang eines Flugunfalls eine Rolle gespielt haben, ausgewertet hat, wird der Unfallhergang rekonstruiert. Dieses Unterfangen ist meist eine akribische Detailarbeit mehrerer Spezialisten, die unter Umständen einige Jahre in Anspruch nehmen kann. Wesentlich für eine seriöse Unfalluntersuchung ist es daher, sich nicht zu früh auf einen bestimmten Unfallhergang einzulassen. Vielmehr wird erst einmal alles Erdenkliche in Betracht gezogen, was zu dem Unfall geführt haben könnte. Dafür werden Fakten und Hinweise gesammelt, jedoch keine Schlussfolgerungen abgeleitet. Bewusst sollen Spekulationen vermieden werden, da sie die Untersuchung in einem frühen Stadium in eine bestimmte Richtung drängen – oder sogar in eine Sackgasse führen könnten. Ein Umkehren ist oft nicht mehr möglich, weil zwischenzeitlich Beweise verloren gegangen sind oder sogar vernichtet wurden.

In einem nächsten Stadium der Untersuchung werden Beweise gesucht, um unwahrscheinlichere Unfallszenarien definitiv auszuschließen. Durch dieses Verfahren bleiben meist nur noch eine Hand voll potentieller Ursachen übrig, die die Ermittler dann genauer unter die Lupe nehmen.

Am Ende dieses Prozesses steht die Abfassung eines Unfalluntersuchungsberichtes. Er wird allen beteiligten Parteien in einer Entwurfsfassung zur Kommentierung vorgelegt. Diese Kommentare werden dann in die endgültige Fassung des Berichts eingearbeitet oder in einen Anhang aufgenommen.

Der Inhalt des Unfallschlussberichtes darf nicht für Gerichtsprozesse verwendet werden. Damit wird vorgebeugt, dass Zeugen, die für die Ursachenfindung wichtige Informationen besitzen, sich nicht selbst belasten müssen – oder ein nächstes Mal gar nicht mehr reden würden. Die Schweiz konnte sich mit dieser Abmachung nicht anfreunden. Sie unterschrieb den Annex 13 lediglich mit einem Vorbehalt und gehört zu den acht Ländern, die sich nicht an den entsprechenden Paragrafen halten, weil das Prinzip der Rechtshilfe Schweizer Behörden dazu verpflichtet, Akten weiterzugeben. Die ICAO stellt es den Justizbehörden dieser Staaten dann auch frei, Beweis- oder Aktenstücke gleichwohl offen zu legen, sofern feststeht, dass durch die Herausgabe »weder der anstehenden noch zukünftigen Untersuchungen im In- und Ausland Nachteile entstehen«. Die fragliche Norm zählt die zu schützenden Beweismittel abschließend auf: Einvernahmeprotokolle, Tonbandaufzeichnungen oder -abschriften, medizinische oder private Informationen über Personen, die am Unfall beteiligt waren, Aufzeichnungen und Abschriften des Cockpit-Voicerecorders sowie Auswertungen des Flugdatenschreibers.

Der Annex 13 sieht vor, dass gerichtliche oder administrative Verfahren getrennt von der Flugunfalluntersuchung stattfinden müssen. Letztere muss von einer Kommission vorgenommen werden, die absolut unabhängig ist. Dabei ist eine möglichst weitgehende Trennung der untersuchenden von der zulassenden Behörde anzustreben. Eine Anweisung, die in den USA und in Kanada, zumindest in der Theorie, vorbildlich gelöst wurde. In den Vereinigten Staaten ist die Luftaufsichtsbehörde FAA für die Zulassung, die davon völlig unabhängige Unfalluntersuchungsbehörde NTSB für die Ermittlung der Unfallursachen zuständig.

In der Schweiz existiert ebenfalls eine solche institutionelle Trennung: Für die Zulassung in der Schweiz immatrikulierter Flugzeuge zeichnet das Bundesamt für Zivilluftfahrt (BAZL) verantwortlich, für die Unfallermittlung das Büro für Flugunfalluntersuchungen (BFU). Eine ähnliche Regelung kennen auch Frankreich, Großbritannien und Deutschland.

In den letzten Jahren hat sich zudem die Kategorisierung geändert, die im Abschlussbericht angewendet wird. Früher ist stets nach einer Hauptursache gesucht worden. Jetzt geht man dazu über, alle wichtigen Faktoren je nach ihrer Wertigkeit aufzulisten. Dabei wird ein Faktor als derjenige definiert, dessen Fehlen den Unfall verhindert hätte.

Der schriftliche Unfallbericht oder »final report« ist gemäß Annex 13 in einem Standardformat zu erstellen. Am Ende stehen die Empfehlungen der Kommission, eigentlich der wichtigste Teil des Berichtes, weil sie eine mögliche Wiederholung des Unfalls verhindern sollen. Oftmals handelt es sich um technische Konstruktionsänderungen oder um Empfehlungen zu behördlichen Vorgängen, die die Zulassungs-, Betriebs- und Wartungsverfahren betreffen, sowie um Verbesserungsvorschläge für die Ausbildung und das Training von Fluglotsen, Mechanikern und Piloten.

Tauchen während der laufenden Unfalluntersuchung Erkenntnisse auf, die eine sofortige Reaktion erfordern, dann können die Ermittler bereits vor Fertigstellung des Schlussberichtes Sicherheitsempfehlungen an die zuständige Aufsichtsbehörde weitergeben.

Im Falle von SR 111 wurden von verschiedenen Aufsichtsbehörden Maßnahmen ergriffen, die in einem direkten Zusammenhang mit dem Absturz stehen. Am 15. Oktober 1998, sieben Wochen nach dem Unglück, erließ die amerikanische Luftaufsichtsbehörde FAA eine Empfehlung, die Isolationsmaterialien zwischen der Außenhülle und der Kabinenverkleidung in Passagierflugzeugen zu ersetzen.

Bereits 1996 hatten die chinesischen Behörden nach einem Feuer an Bord einer MD-11 in Peking vor leicht entflammbaren Isoliermatten aus dem Material Mylar gewarnt und bessere internationale Testverfahren zur Zulassung von solchen Isolationen verlangt. Auch in Italien und Dänemark kam es zu Zwischenfällen, bei denen Mylar durch eine Feuerquelle in Brand geraten war – glücklicherweise ohne fatale Folgen für die Passagiere.

Erst als auch in den Trümmern von Flug Swissair 111 ungewöhnlich beschädigte Mylar-Matten gefunden worden waren, erteilte die FAA den Auftrag, neue Tests zu entwickeln und das potentiell gefährliche Isolationsmaterial zu ersetzen. Die FAA verzichtete allerdings darauf, eine dringliche Lufttüchtigkeitsanordnung (»airworthiness directive«) oder so genannte AD-Note herauszugeben, sondern erlaubte den Airlines, die Matten während der normalen Unterhaltsperioden auszutauschen. Die in den Wrackteilen der abgestürzten MD-11 gefundenen Mylar-Matten weisen keine direkten Brandspuren, sondern nur eine Materialveränderung an der Oberfläche auf, die am ehesten durch Hitzeeinwirkung entstanden sein kann. Die Bedeutung dieser Funde für die Unfalluntersuchung ist noch nicht abschließend geklärt. Mylar gehört aber zu jenen sechsundzwanzig auf einer vertraulichen Liste aufgeführten Themen, denen die kanadische Untersuchungsbehörde ihr besonderes Augenmerk widmet.

Neuer Handlungsbedarf entstand, als bei der Bergung von SR 111 zahlreiche Kabelstränge mit teilweise extremen Hitzespuren gefunden wurden, die meisten davon nur wenige Zentimeter klein. Sie stammten in erster Linie aus dem Deckenbereich über dem First-Class-Abteil im vorderen Abschnitt der MD-11. Unter den verschmorten Kabeln befanden sich auch solche, die zum Bordunterhaltungssystem IFEN der Swissair gehörten (vgl. Kapitel 6). Später entdeckten die Ermittler zudem beschädigte Originalkabel des Flugzeugs aus dem Cockpitbereich, darunter solche, die das linke Notstromsystem mit Energie versorgten. Einige Kabelstücke wiesen Zeichen von Funkensprung auf, der bei beschädigten Kabelumhüllungen entstehen kann und als potentieller Brandauslöser große Gefahren in sich birgt.

In der Folge führten die Unfallermittler auf zwei verschiedenen Flughäfen Kontrollen an insgesamt zwölf MD-11-Maschinen durch – und entdeckten gleich mehrere zu stark gebogene, angeriebene oder sonst an der Isolierung beschädigte sowie nachlässig installierte Flugzeugkabel. Besonders alarmierend war die Entdeckung von beschädigten Kabeln über den beiden vorderen Einstiegstüren. Die FAA erließ umgehend eine diesen Bereich betreffende AD-Note zur unverzüglichen Überprüfung aller MD-11. Hersteller Boeing erließ zusätzlich zwei eilige Servicebulletins.

Am 22. Dezember 1998 schickte das kanadische Untersuchungsteam TSB seiner Partnerorganisation in den USA, dem NTSB, einen Zwischenbericht zu den Ermittlungen. In dem Schreiben wurde empfohlen, weltweit sämtliche MD-11 weiträumig auf Kabelbeschädigungen untersuchen zu lassen und diese Abklärungen gegebenenfalls auch auf andere Flugzeugtypen auszudehnen. Doch genau dies wurde nicht getan. Der entsprechende Satz aus dem Schreiben des TSB wurde in der Korrespondenz zwischen dem NTSB und der Luftaufsichtsbehörde FAA nicht mehr erwähnt.

Dieser Vorstoß des TSB war eine direkte Folge der laufenden Unfallermittlungen. Doch das NTSB ließ sich erstmals Zeit. Weihnachten stand vor der Tür, und vermutlich war man angesichts eines überdurchschnittlich hohen Passagieraufkommens nicht daran interessiert, alarmierende Meldungen über Kabelprobleme in die Welt zu setzen. Darüber hinaus befanden sich die Führungskräfte der US-Behörde schon in Urlaub. Erst nach den Feier- und Ferientagen, am 11. Januar, empfahl das NTSB der Zulassungsbehörde FAA in einem weiteren Schreiben, eine sofortige Überprüfung aller MD-11-Maschinen auf Kabelprobleme in Cockpit und Kabine zu veranlassen.

Binnen einer Stunde reagierte die amerikanische Aufsichtsbehörde mit einer Presseerklärung. Alles sei in Ordnung, erklärte die FAA der Öffentlichkeit und verwies darauf, dass sie ja bereits im Dezember angeordnet hatte, die Verkabelung im Bereich der vorderen Türen bei allen MD-11 überprüfen zu lassen. Den Verantwortlichen ging es vor allem darum, Unruhe zu vermeiden und einer kritischen Medienberichterstattung die Luft aus den Segeln zu nehmen. Doch diese Rechnung ging nicht auf. Die internationale Presse ließ sich mit allgemeinen Verlautbarungen nicht abspeisen, und schon bald darauf sah sich die Aufsichtsbehörde unter dem Druck der Öffentlichkeit gezwungen, ihre beschwichtigende Haltung aufzugeben (vgl. Interview mit Ralph Nader): Am 27. Januar 1999 folgte die FAA endlich der Empfehlung der amerikanischen Unfalluntersuchungsbehörde. Betroffen waren in erster Linie die fünfundsechzig in den USA registrierten Maschinen vom Typ MD-11, wobei auch jene Maschinen, die die USA anfliegen, der Anordnung innerhalb von sechzig Tagen Folge leisten mussten. Die Swissair gab bekannt, dass sie ihre fünfzehn Flugzeuge vom Typ MD-11 bereits zwei Wochen vor dem FAA-Erlass freiwillig durchgecheckt habe. Andere Flugzeugtypen waren von den Überprüfungen allerdings nicht betroffen.

Ende 1998 war es die Swissair selbst, die Anlass zu Spekulationen gab. In einem Vortrag vor der Technischen Gesellschaft Zürich erzählte ausgerechnet ein hoher Swissair-Mitarbeiter, Hans Ulrich Beyeler, dass im vorderen Bereich der abgestürzten MD-11 »Temperaturen bis zu 300 Grad« festgestellt worden seien. Einzelne Teile seien großer Hitze ausgesetzt gewesen. Hinweise auf ein offenes Feuer hingegen gebe es keine. Die kanadischen Untersuchungsbehörden bestätigten in der

Folge, dass an Bord von SR 111 »Hitze« geherrscht habe, weigerten sich jedoch, eine konkrete Temperaturangabe zu machen.

Das TSB hielt mit seiner Verärgerung in der Öffentlichkeit zwar zurück – nicht jedoch gegenüber der Schweizer Fluggesellschaft. Die Kanadier erachteten die ausgeplauderte Information als Verletzung der Spielregeln, wonach einzig die Untersuchungsbehörde entscheidet, welche Informationen zu welchem Zeitpunkt veröffentlicht werden. Es blieb dann auch bei diesem einen Ausrutscher, den sich die Swissair im Rahmen der Unfalluntersuchung nach außen hin erlaubte.

In den Wochen nach dem Absturz häuften sich in den internationalen Medien die Meldungen über Zwischenfälle mit MD-11-Flugzeugen. Meist handelte es sich um eher harmlose Ereignisse. Die subjektiv wahrnehmbare Massierung ist vor allem auf die erhöhte Sensibilisierung der Öffentlichkeit zurückzuführen. Anfang Oktober 1998 mussten die Passagiere eines Swissair-Fluges nach Los Angeles in Zürich in eine Ersatzmaschine umsteigen, weil an Bord die Klimaanlage ausgefallen war. Drei Tage später wurde bekannt, dass sich eine MD-11 der niederländischen Fluggesellschaft KLM über dem Atlantik auf Kollisionskurs mit einem Swissair-Jet befunden hatte. Dank des elektronischen Warngerätes TCAS (Traffic Alert and Collision Avoidance System) kam es jedoch nicht zu einer Kollision. In derselben Woche verpasste eine MD-11 der Swissair in Johannesburg wegen starken Rückenwindes und nassen Untergrunds nach der Landung die Pistenabfahrt. Wegen eines Defektes am Fahrwerk produzierte eine MD-11 der China Eastern Airline in Shanghai eine Bauchlandung. Am selben Ort musste eine MD-11 notlanden, weil ihr vorderes Fahrwerk ausgefallen war. Am 8. Oktober 1998 leitete eine MD-11 der Delta Air Lines auf dem Flug nach Atlanta eine unplanmäßige Landung auf dem irischen Flughafen Shannon ein. Zuvor war im vorderen Teil der Kabine ein eigenartiger Geruch festgestellt worden. Dieser stammte von einem Defekt in einer Pumpe, der vor Ort behoben werden konnte. In Singapur kehrte am 26. November 1998 eine MD-11 der Swissair nach dem Start wieder um, weil im Cockpit plötzlich Brandgeruch festgestellt wurde. Untersuchungen der Eidgenössischen Technischen Hochschule (ETH) an den Filtern der Klimaanlage ergaben später, dass der Geruch wahrscheinlich von den Waldbränden in Sumatra stammte, die in jenen Wochen wüteten.

»Die MD-11 ist eine Pannenkiste«, titelte der Schweizer SONNTAGSBLICK am 13. Oktober 1998 – und handelte sich damit eine harsche Reaktion von SAirGroup-Chef Philippe Bruggisser ein. Er verwies in einer Medienkonferenz darauf, dass weltweit 178 Maschinen dieses Typs in Betrieb seien, die bis zu diesem Zeitpunkt 3,5 Millionen Flugstunden geleistet hätten (inzwischen ist die Zahl auf 186 MD-11 angewachsen). Neben der abgestürzten MD-11 der Swissair sei bislang nur ein weiterer »Totalverlust« zu verzeichnen, der eine Frachtmaschine des US-Transportunternehmens FedEx betroffen hatte.

Although the full scope of any wiring safety deficiencies and the risks posed to the MD-11 fleet worldwide are not known, it may nonetheless be timely for the NTSB and the United States regulatory authority to take stock of these various preliminary findings and the specific safety actions taken. Following this review, you may decide that the situation warrants a more comprehensive look at the state of the wiring in the existing MD-11 fleet, and perhaps other aircraft fleets.

The TSB investigation team led by Mr. Gerden will, of course, continue to work closely with your representative and advisors and your Swiss counterparts; I would appreciate hearing of any actions planned as a result of this Safety Advisory.

Yours sincerely,

J.L. Maxwell
Director, Investigations (Air)

c.c. Mr. John Overney - Accredited Representative for Switzerland
Aircraft Accidents Investigation Bureau
Bahnhofplatz 10 B
CH-3003 Berne, Switzerland

Mr. J. C. Montplaisir
Transport Canada Minister's Observer
Heritage Court, 95 Foundry St.
P.O. Box 42, Moncton, NB E1C 8K6

Mr. Bob Henley - Air Safety Investigator - FAA
FAA Headquarters
800 Independence Ave., S.W.
Washington, DC 20591

Schreiben des TSB an das amerikanische NTSB vom 22. Dezember 1998. Bemerkenswert der vorletzte Absatz: » … and perhaps other aircraft fleets.«

National Transportation Safety Board
Washington, D.C. 20594

Safety Recommendation

Date: January 11, 1999

In reply refer to: A-99-3

Honorable Jane F. Garvey
Administrator
Federal Aviation Administration
Washington, D.C. 20591

On September 2, 1998, at 2018 eastern daylight time, Swissair flight 111,[1] a McDonnell Douglas MD-11 registered as HB-IWF, departed from John F. Kennedy International Airport in Jamaica, New York. Swissair flight 111 was a regularly scheduled passenger flight from New York to Geneva, Switzerland, operating under the provisions of 14 Code of Federal Regulations Part 129.

About 56 minutes after departure while at flight level 330, the flightcrew declared "PAN PAN PAN"[2] and advised air traffic control (ATC) of smoke in the cockpit. The flightcrew requested to divert to a convenient airport and was cleared direct to Halifax International Airport in Nova Scotia, Canada. About 11 minutes after the report of smoke, the airplane's electrical systems began to deteriorate. The flightcrew then declared an emergency, and communications between ATC and the flightcrew ceased shortly thereafter. Approximately 6 minutes later, at 2231 Atlantic daylight time,[3] the airplane crashed into the Atlantic Ocean near Peggy's Cove, Nova Scotia, Canada. All 14 crewmembers and 215 passengers were killed, and the airplane was destroyed. The Transportation Safety Board of Canada (TSB) is in charge of the accident investigation, and the National Transportation Safety Board is participating in accordance with the provisions of Annex 13 to the Convention on International Civil Aviation.

Approximately 85 percent of the airplane's wreckage has been recovered to date. Examination of the wreckage revealed evidence of considerable heat damage to ceiling areas both forward and aft of the cockpit bulkhead. This damage is consistent with the effects of a fire. Numerous sections of wiring from the cockpit overhead area also exhibited heat damage and burned insulation, and several of the

---

[1] The flight was also operating as Delta Air Lines flight 111 under a code-sharing agreement.
[2] According to the Federal Aviation Administration's (FAA) Aeronautical Information Manual, the signal "PAN-PAN" is used for an urgency condition.
[3] The Atlantic time zone is 1 hour ahead of the eastern time zone.

Mit diesem Schreiben forderte die US-Unfalluntersuchungsbehörde NTSB von der Aufsichtsbehörde FAA eine Überprüfung bestimmter Kabel im Cockpitbereich.

wires from those sections showed evidence consistent with electrical arcing. Although some of the wires exhibiting arcing characteristics are from the entertainment system that is unique to the Swissair MD-11 fleet, others have been identified as original MD-11 wires.

On December 22, 1998, the TSB issued Aviation Safety Advisory 980031-1 to the Safety Board as the representative of the MD-11's State of Manufacturer; a copy of the advisory was also sent to Switzerland's Aircraft Accident Investigation Bureau, Transport Canada, and the FAA. The advisory points out that TSB investigators recovered two MD-11 electrical bus feed wires that show signs of arcing. The two wires are identified as the left emergency alternating current bus feed wire (wire number B205-1-10) and the left emergency direct current bus feed wire (wire number B205-4-6). If the wires were in place, the area of apparent arcing damage would be located approximately 2 inches aft of the right cutout in the "tub" that encloses the overhead circuit breaker panel.[4] According to the advisory, the potential safety ramifications appear to be confined only to the MD-11 fleet.

TSB investigators also recovered the overhead circuit breaker panel and the upper avionics circuit breaker panel. Portions of each panel show evidence of substantial heat damage. The avionics circuit breaker panel is located along the right side of the cockpit behind the first officer's seat, but the upper portion of that panel extends into the area near the overhead circuit breaker panel.

In addition, TSB investigators participated in examinations of several other MD-11 airplanes that concentrated on the area from the cockpit to station 600 (near the forward doors of the airplane). The examinations showed the following:

- chafed, cracked, broken, and cut electrical and bonding wires in several areas, including the overhead and avionics circuit breaker panels and the forward drop ceiling area above the left (L) 1 and right (R) 1 doors and
- inconsistencies in the routing of wires and wire bundles, loose terminal connections, excessively small bend radii, unsealed electrical conduits, and open smoke barriers between the cockpit and cabin areas.

On December 10, 1998, the FAA issued Airworthiness Directive 98-25-11, "McDonnell Douglas MD-11 Series Airplanes," requiring a one-time inspection above the L1 and R1 doors to address the wire chafing issue discovered as part of the accident investigation. Also in December 1998, Boeing issued two MD-11 Alert Service Bulletins—MD-24A068 Revision 1 and MD-25A194 Revision 4—which address the specific discrepancies regarding the door areas. Further, SR Technics, on behalf of Swissair and along with Boeing, has voluntarily developed an engineering order that defines a comprehensive inspection of the wiring in the forward areas of the Swissair MD-11 airplanes. The Safety Board understands that the inspections completed to date have not uncovered any discrepancies that warrant regulatory action.

Although the apparent electrical arcing on Swissair flight 111 has not been determined to be a source of a fire, and Swissair's voluntary inspections of its MD-11 airplanes have not uncovered

---

[4] The overhead circuit breaker panel is located in the cockpit ceiling between and behind the pilot seats. The tub is a fiberglass enclosure that forms a cavity for the overhead circuit breakers and associated wiring. The wiring is routed through oval cutouts located in the left and right aft portions of the tub.

serious discrepancies, the Safety Board is concerned about the recent discoveries of apparent electrical arcing damage to wiring near the accident airplane's overhead and avionics circuit breaker panels, the heat damage to those panels, and the wiring anomalies discovered in TSB's examination of MD-11 airplanes.

Therefore, the National Transportation Safety Board recommends that the Federal Aviation Administration:

> Require, on an expedited basis, an inspection of all MD-11 airplanes for discrepancies of wiring in and around the cockpit overhead circuit breaker panel (including the area just aft of the tub enclosure) and the avionics circuit breaker panel. The inspection should include examinations for loose wire connections, inconsistent wire routings, broken bonding wires, small wire bend radii, and chafed and cracked wire insulation. (A-99-3)

Chairman HALL, Vice Chairman FRANCIS, and Members HAMMERSCHMIDT, GOGLIA, and BLACK concurred in this recommendation.

[original signed]

By: Jim Hall
     Chairman

Diese Zahl alleine lässt aber keine Schlüsse über die Sicherheit der MD-11 zu. Weitaus beunruhigender sind statistische Angaben über Zwischenfälle mit Rauch oder anderen Geruchsbelästigungen, die die amerikanische Fachzeitung AIR SAFETY WEEK im November 1998 veröffentlichte. Die Journalisten hatten für ihren Artikel 350 000 Berichte der Datenbank der US-Luftfahrtbehörde FAA ausgewertet. Demnach mussten zwischen März 1996 und September 1998 in der weltweiten Zivilluftfahrt insgesamt 1089 ungeplante, vorzeitige Landungen wegen Rauch oder Feuer an Bord durchgeführt werden – mit zwei Zwischenfällen pro Woche ein alarmierend hoher Wert, der alle Flugzeugtypen betrifft. In 60 Prozent der Fälle war das Cockpit Ort der Emission – genau wie im Fall von Swissair-Flug 111.

»Der Absturz«, folgerte AIR SAFETY WEEK, »wird eines jener Ereignisse sein, die Änderungen im Flugzeugbau oder bei den operationellen Verfahren in der ganzen Luftfahrtindustrie nach sich ziehen.« Auch wenn die Untersuchungen über die Ursachen des Absturzes der Swissair-Maschine längst noch nicht abgeschlossen sind, ließen die bisherigen Erkenntnisse eine solche Wertung zu. Die Warnzeichen vor den Gefahren elektrischer Feuer in Linienjets sind offensichtlich jahrelang ignoriert worden.

Im März 1999 tauchte plötzlich eine neue Erkenntnis auf. Die TSB-Ermittler hatten an Wrackteilen festgestellt, dass die Landeklappen (»flaps«) zwar korrekt in einem Winkel von 15 Grad ausgefahren, die Vorflügel (»slats«) allerdings entgegen dem üblichen Verfahren eingezogen waren. Da zum Starten und Landen möglichst viel Auftrieb bei nur geringer Geschwindigkeit des Flugzeuges benötig wird, erhöhen ausfahrbare Landeklappen und Vorflügel den Auftrieb und verbessern so die Flugeigenschaften. Sie können nach Bedarf entweder mechanisch, hydraulisch oder elektrisch auf bestimmte Winkelstellungen aus- und eingefahren werden. Im Falle von SR 111 könnten die Vorflügel automatisch eingezogen worden sein, weil die MD-11 mit einem Sensor ausgerüstet ist, der diesen Vorgang oberhalb festgelegter Geschwindigkeitslimits selbst veranlasst. Es besteht aber auch die Möglichkeit, dass eine Störung eintrat.

Vielleicht waren es jedoch auch die Piloten selbst, die das Einfahren der Vorflügel bewirkt hatten. Bei Rauchentwicklung im Cockpit schreibt die entsprechende Swissair-Checkliste vor, einen speziellen Schalter zu bedienen, den Smoke-Elec/Air-Drehschalter. Damit können die Hauptstromkreise einzeln abgeschaltet werden, um eine vermeintliche Rauchquelle zu isolieren. Bei diesem Vorgang wird in einer der drei Schalterstellungen auch die Stromzufuhr zu den Vorflügeln unterbrochen und anschließend wieder zugeführt. Die ungewöhnliche Konfiguration alleine hätte den Absturz allerdings kaum verursachen können. Wie viele andere Mosaiksteine zählt auch das Problem mit den Vorflügeln zu den Erkenntnissen, die den Unfallermittlern erst einmal mehr offene Fragen als Antworten bescherten.

Am 25. Mai 1999 war es die amerikanische Unfalluntersuchungsbehörde NTSB, die sich einem weiteren Problembereich der MD-11 widmete. In einem Schreiben an die FAA erklärte das NTSB, dass das Autopilot-Design der MD-11 »nicht akzeptierbar« sei. Bei der Untersuchung von zwei Zwischenfällen in den Jahren 1996 und 1997 hatte das NTSB festgestellt, das plötzliche Steuerbewegungen des Piloten bei eingeschaltetem Autopiloten zu abrupten Ausschlägen der Steuerflächen führen und das wiederum unvorhersehbare Reaktionen des Flugzeuges herbeiführen kann. Bei den Zwischenfällen waren insgesamt siebzehn Passagiere und Flugbegleiter verletzt worden, fünf davon schwer. Zwar veröffentlichte der Hersteller 1997 eine Warnung – das NTSB bezweifelt jedoch, dass dieses Bulletin auch seinen Weg in die Flughandbücher der MD-11-Betreiber gefunden hat. Diese Sicherheitsempfehlung betrifft ausschließlich die MD-11 im Allgemeinen, eine Verbindung zum Absturz von SR 111 und dem Design des Autopiloten ist eher unwahrscheinlich.

Offenbar wollte sich bis zu diesem Zeitpunkt, zumindest »offiziell«, niemand an das bislang als Hauptübel in den Fokus gerückte Problem machen: die Verkabelung von Flugzeugen, wie der MD-11, aber auch anderer Typen. Hinter den Kulissen berief zwar die FAA schon Ende 1998 eine spezielle Taskforce ein, die sich mit diesem »Sorgenkind« befassen sollte, doch die Ergebnisse waren eher mager. In der Expertenkommission saßen auch Vertreter der Air Transport Association (ATA), die in den USA die Interessen der Fluggesellschaften vertritt. Am 20. Januar 1999 beschloss die Kommission, Überprüfungen an allen in Frage kommenden Flugzeugtypen vorzunehmen – natürlich im Stillen und ohne großes Medienspektakel. Bei dieser Gelegenheit sollte auch festgestellt werden, welcher Kabeltyp bei welchen Flugzeugen wo verwendet wird. Das ist die eigentliche »Gretchenfrage« des Problems, da es im Verlauf der letzten Jahrzehnte natürlich die verschiedensten Kabelmaterialien gab, die auch noch heute in Flugzeugen zu finden sind. So hat zum Beispiel die Boeing-747-Serie, je nach Baujahr, bis zu fünf verschiedene Kabelmaterialien eingebaut, jedes mit unterschiedlichen Charakteristika und Spezifikationen. Diese Informationen wären ausgesprochen hilfreich und wichtig, denn anhand des genauen Kabeltyps sind eine Menge von Rückschlüssen möglich: Man kann die Lebensdauer, die Temperaturbeständigkeit und das Verhalten des Kabels bei Feuer einschätzen; auch über die Rauchbelastung im Falle eines Kabelbrandes wären dann detaillierte Aussagen möglich.

Aber schon einen Tag später, am 21. Januar 1999, revidierte die ATA diese Entscheidung: Nur wenn bei der Überprüfung von unterschiedlichen Flugzeugtypen ein wirkliches Problem auftauchen würde, sollte der betreffende Kabeltyp genannt werden. Somit machte sich die ATA zum Fürsprecher für die Interessen der Flugzeughersteller. Ob diese Intervention jedoch auch von allen in der ATA vertretenen Airlines mitgetragen wird, ist fraglich. Denn schließlich wollen ja auch die Fluggesellschaften als Betreiber der Flugzeuge die Verkabelung der Flugzeuge als mögliche Unfallursache ausgeschlossen wissen. Es folgte eine briefliche Auseinandersetzung zwischen den Mitgliedern der Expertenkommission, die bis zum 13. Juli 1999 anhielt.

Am 9. März 1999, sieben Monate nach dem Unglück, unterstützte das TSB mit einer weiteren Sicherheitsempfehlung ein Anliegen, für dessen Umsetzung das NTSB schon seit mehreren Jahren vergeblich eingetreten war. Das TSB forderte umgehend Verbesserungen bei den Flugschreibern. Sowohl der Flugdatenschreiber wie auch der Cockpit-Voicerecorder versagten bei SR 111 sechs Minuten vor dem Aufprall ihren Dienst. Der Umstand, dass über die letzten sechs Minuten des Fluges keine Daten vorliegen, bedeutete für die Untersuchung stets eine ungeheure Erschwernis. Die kanadischen Ermittler versuchten deshalb die elektronischen Chips der Triebwerke auszulesen. In diesen Speichereinheiten werden zahlreiche Leistungs- und Flugparameter festgehalten, allerdings nicht auf einer leicht nachvollziehbaren Zeitschiene. Die Auswertung solcher Daten ist daher nur ungenau und sehr zeitaufwändig.

Um bei der Untersuchung künftiger Unfälle eine bessere Ausgangsbasis zu gewährleisten, verfasste das TSB mehrere Sicherheitsempfehlungen, die an die zuständigen Luftaufsichtsbehörden gerichtet waren. Darin empfahlen die Ermittlungsbeamten, die Flugaufzeichnungsgeräte künftig mit unabhängigen Stromquellen auszurüsten und die Aufzeichnungskapazität von heute dreißig Minuten auf zwei Stunden zu erhöhen. Eine zusätzliche Energiequelle soll sicherstellen, dass die Flugschreiber auch dann, wenn die normale Stromversorgung zusammenbricht, noch mindestens für zehn weitere Minuten funktionsfähig bleiben.

Eine eigens zu diesem Thema vom NTSB einberufene Konferenz, die im April 1999 in Washington D.C. abgehalten wurde, erregte in der Öffentlichkeit ein derart großes Aufsehen, dass schließlich auch die FAA ihren Widerstand aufgab. Neue Flugdatenschreiber sollen nun entwickelt werden. Auch die Möglichkeiten der Übertragung von wichtigen Flugdaten eines in Not geratenen Flugzeuges per Satellitenverbindung wird erstmals ins Auge gefasst.

Wer jetzt allerdings annimmt, dass solche Empfehlungen sofort umgesetzt werden, der irrt. Den Airlines und Flugzeugherstellern wurde großzügig Zeit eingeräumt. Neue Geräte mit höheren Aufzeichnungskapazitäten werden erst ab dem Jahr 2003 verlangt, die Notstromversorgung für den Cockpit-Voicerecorder erst ab 2005. Besonders am Widerstand einiger Berufsvertretungen von Linienpiloten scheiterte bislang auch die Einführung von Videokameras im Cockpit. Die Technologie ist schon lange erhältlich und hat sich als zuverlässig erwiesen, aber die Interessenvertreter der Berufspiloten empfinden die Aufzeichnung von Bildmaterial als eine »Bespitzelung« ihrer Kollegen und stellen sich quer. Immerhin hat die Flugzeugindustrie den Missstand inzwischen erkannt und selbst die Initiative ergriffen: Neue Flugzeugtypen werden bereits heute werksmäßig meist mit Zwei-Stunden-Flugschreibern ausgerüstet. Mehrere Airlines haben zudem begonnen, die Geräte von sich aus auszuwechseln. Geforscht wird derzeit auch an Möglichkeiten der direkten Übertragung der Daten eines in Not geratenen Flugzeuges per Satellit. Ein solches Verfahren wäre sicherlich eine große Hilfe bei der Unfalluntersuchung zukünftiger Katastrophen und Zwischenfälle.

Anfang April 1999, acht Monate nach dem Swissair-Absturz, gelang der US-Luftfahrtbehörde FAA ein folgenschwerer Fund. An Bord einer MD-11 der Fluggesellschaft World Airways wurden bei einer Kontrolle in einem Frachtraum beschädigte Kabel und angebrannte Isolationsmatten entdeckt. Ein Kabel war durchschnitten, bei drei weiteren fehlte die Isolierung. Eine Isolationsmatte am Flugzeugrumpf wies ein Loch auf. An den dicken Kabelbündeln hatten sich Befestigungsklammern gelöst, wobei die Bündel durch kleine Schlaufen zusammengehalten werden, die dann durch Reibung das Loch in der Isolationsmatte verursachten.

Durch den direkten Kontakt zwischen beschädigten Kabeln und den aus Mylar gefertigten Matten bestand unmittelbare Brandgefahr. Dem durch die Diskussion um SR 111 sensibilisierten Blick eines einfachen Mechanikers ist es zu verdanken, dass die Gefahrenstelle rechtzeitig entdeckt werden konnte. Auch die Fluggesellschaft reagierte vorbildlich, indem sie ohne langen Zeitverzug die Aufsichtsbehörde informierte. Die FAA erließ sofort eine Emergency Airworthiness Directive, die in erster Linie die mittlerweile 89 in den USA registrierten MD-11 betraf. Die Inspektionen mussten innerhalb von fünf Tagen durchgeführt werden, innerhalb von zehn Tagen hatten die Airlines der FAA Bericht zu erstatten.

In derselben Woche sorgte der amerikanische Flugzeughersteller Boeing für Aufregung. In einem Interview mit The Canadian Press vom 24. April äußerte sich der bei Boeing für Sicherheit zuständige Direktor Ron Hinderberger über mögliche Absturzursachen von SR 111: »Alle Anzeichen sprechen dafür, dass der Ursprung von dem, was geschah, das elektrische System war.« Im vorderen Teil der abgestürzten Maschine seien verschiedene Kabel identifiziert worden, die »von innen nach außen erhitzt« worden waren. Auch dieses Mal reagierte das kanadische TSB umgehend. Boeing musste einen Rückzieher machen. Pressesprecher Russ Young setzte eine Richtigstellung des Hinderberger-Interviews auf und verschickte sie mit Datum vom 27. April 1999. In der einseitigen Erklärung entschuldigt sich Hinderberger unter anderem dafür, dass seine Äußerungen eventuell missverstanden wurden und Anlass zu weiteren Spekulationen gaben. Auf der offiziellen Web-Seite von Boeing, wo Presseerklärungen normalerweise zu finden sind, sucht man dieses Schreiben allerdings vergeblich. Auch der kanadische Journalist Stephen Thorne, der das Interview geführt und auf Tonband aufgezeichnet hatte, erhielt diese Erklärung nicht. Interessanterweise dementiert die Boeing-Erklärung auch nicht die Behauptungen Hinderbergers, dass die Probleme von SR 111 wohl im elektrischen System ihren Ursprung haben und dass es Anzeichen von Funkensprung gegeben hat. Relativieren musste Hinderberger seine Äußerung hinsichtlich des Sitzes des Kapitäns, der in der zurückgefahrenen Stellung gefunden wurde. Daraus wurde geschlossen, dass Zimmermann seinen Sitz zum Unfallzeitpunkt vermutlich verlassen hatte, und diese Schlussfolgerung wiederum führte zu Spekulationen darüber, ob der Pilot sich möglicherweise selbst auf die Suche nach der Brandquelle gemacht haben könnte, zumal auch verschiedene Feuerlöscher im entleerten Zustand gefunden wurden.

»Es ist verfrüht, solche Schlüsse zu ziehen«, entgegnete TSB-Sprecher Jim Harris in Kanada. »Wir haben einfach nicht genügend Beweise.« Durch Hitze beschädigte Kabel seien hauptsächlich in den ersten neun Metern des Flugzeuges gefunden worden. Weiter hinten wurden lediglich Rußspuren entdeckt.

Harris bestätigte gleichzeitig, dass der Sitz des Kopiloten beim Aufschlag besetzt gewesen sein muss. Der Zustand der auf dem Meeresgrund geborgenen Schnalle des Sicherheitsgurtes lässt nach Auffassung der Ermittler keinen anderen Schluss zu. Beim Pilotensitz hingegen wisse man lediglich, dass er zurückgeschoben gewesen sei, nicht aber, ob er besetzt war. Um dies mit letztgültiger Sicherheit entscheiden zu können, müsse zunächst auch der Sicherheitsgurt vom Sitz des Kapitäns Urs Zimmermann gefunden werden – doch der blieb vorerst unauffindbar. Das war einer der Gründe, warum im Frühling 1999 die mühevolle Suche nach Überresten der abgestürzten Maschine im Atlantik fortgesetzt werden musste.

Die MD-11: Das Flugzeug und seine Entwicklung

Bei der verunglückten Maschine mit der Registrierung HB-IWF handelte es sich um eine McDonnell-Douglas MD-11, Seriennummer 48448. Die »Whisky Fox«, wie sie wegen ihrer Registrierung auch genannt wird, war ein relativ neues und modernes Flugzeug. Zum Unfallzeitpunkt war es gerade erst sieben Jahre alt geworden – kein Alter für eine Verkehrsmaschine. Die Swissair hatte den mit drei Triebwerken ausgestatteten Langstrecken-Jet am 5. August 1991 direkt vom Hersteller in Long Beach, USA, übernommen. Angetrieben wurde die Maschine von drei Turbinen des Typs Pratt & Whittney PW 4460, von denen jede einen Schub von 60 000 Pfund erzeugt. Zum Unfallzeitpunkt hatte die »Whisky Fox« in 36 041 Stunden insgesamt 6560 Flüge absolviert. Die nächste größere Werkstattüberprüfung, ein so genannter C-Check[12], war für den 16. Oktober 1998 bei der SR-Technics in Zürich vorgesehen. Der letzte A-Check war am 10. August 1998 erfolgt, ein weiterer war für den 24. September geplant.

Die MD-11 ist eine direkte und konsequente Weiterentwicklung ihres Vorgängermodells aus dem Hause McDonnell-Douglas – der legendären und für ihre Zeit bereits höchst fortschrittlichen DC-10. Verfügte die DC-10 noch über ein Drei-Mann-Cockpit, in dem neben den beiden Piloten auch ein Flugingenieur seinen festen Platz hatte, ging Hersteller McDonnell-Douglas bei der Entwicklung der MD-11 neue Wege. Der Flugingenieur musste seinen Platz gegen eine Vielzahl von ausgetüftelten Computersystemen tauschen, die dessen Aufgaben heute automatisch ausführen. Aus dem von vielen Piloten liebevoll als »Uhrenkasten« bezeichneten Cockpit der DC-10 mit einer Vielzahl von analogen Anzeigegeräten wurde ein sehr aufgeräumtes und auf den ersten Blick übersichtlich strukturiertes Cockpit. Im Wesentlichen verfügt es über sechs große Bildschirme, unmittelbar im Blickfeld vor den Piloten. Die beiden mittleren Bildschirme zeigen die System- und Triebwerksdaten an. Treten während des Fluges Fehler auf, die von den Sensoren an den einzelnen Komponenten erfasst werden, erscheint auf dem Bildschirm eine Mitteilung an die Piloten. Dieses System, das Central Fault Display System (CFDS), ist auch eine gute Hilfe für die Wartungstechniker, die nach der Landung Fehler schneller beheben können.

Von der Mitte ausgehend nach außen gesehen, werden auf den nächsten Bildschirmen die Flugweg- und Streckendaten dargestellt. Sie sind sozusagen die »elektronischen Flugkarten«, die dem Piloten genaue Informationen über seinen aktuellen Standort, Navigationshilfen wie Funkfeuer oder Streckenpunkte, aber auch umliegende Flughäfen anzeigen.

Auf den beiden äußersten Bildschirmen, dem so genannten Primary Flight Display (PFD), sind die Hauptinstrumente dargestellt. Die Anzeige gibt Aufschluss über Flugrichtung, Höhe, Geschwindigkeit und das Verhältnis des Flugzeuges zum Horizont. In einer darüber liegenden Leiste werden Warnungen generiert. Darüber hinaus kann der Pilot hier stets ablesen, in welcher Betriebsart der Autopilot gerade arbeitet.

In der Mittelkonsole, zwischen den beiden Pilotensitzen, sind die Bedienhebel für die Auftriebshilfen (»flaps« und »slats«), die Triebwerkshebel (»throttles«), die Luftbremse (»speedbrake«), die Funkgeräte sowie die drei Eingabeeinheiten (»multifunctional central display units«, MCDU)[13] für das Flug-Management-System (FMS)[14] untergebracht. Das FMS ist das eigentliche Gehirn des Flugzeuges. Es kann auf ein so genanntes Auto Flight System (AFS) aufgeschaltet werden und so die MD-11 vollautomatisch über eine zuvor vom Piloten programmierte Flugroute vom Start bis hin zur (automatischen) Landung führen.

Das Cockpit einer MD-11: Links sitzt der Kapitän, rechts der Kopilot. Sichtbar sind die sechs grossen Computer-Bildschirme, im unmittelbaren Blickfeld der Besatzung.

Ein weiteres Herzstück für die automatische Flugdurchführung bei der MD-11 ist die elektronische Triebwerkssteuerung FADEC (»full authority digital electronic control«). Dieses Computersystem überwacht pausenlos die Treibstoffzufuhr, die Temperatur und die Belastung der Triebwerke.

Anders als ihre Vorgängerin hatte die MD-11 im Hinblick auf ihre Sicherheit eine recht gute Bilanz vorzuweisen. Die DC-10 war seit Anfang der siebziger Jahre von einer Pechsträhne betroffen. Zunächst gab es einen glimpflich abgelaufenen Zwischenfall mit einer defekten Verriegelung der Frachtraumtür. Die Tür einer DC-10 der American Airlines riss in einer Höhe von 3500 Metern aus ihrer Verankerung und führte zum schlagartigen Abfall des Drucks in der Kabine. Steuerkabel und Hydraulikleitungen wurden beschädigt. Dennoch gelang dem Kapitän eine sofortige Notlandung. Erfolgreich konnte der Flugzeughersteller eine drohende Flugtüchtigkeitsdirektive (AD-Note) der FAA abwenden, als er anbot, Veränderungen am Schließmechanismus der Frachttür vorzunehmen. Neunzehn Monate später, am 2. März 1974, kam es jedoch bei einer DC-10 der türkischen Gesellschaft Türk Hava Yolari zum gleichen Versagen. Die Maschine stürzte siebzehn Minuten nach dem Start vom Pariser Flughafen Orly mit 346 Menschen an Bord in ein Waldgebiet bei Ermenonville. Es gab keine Überlebenden.

Am 25. Mai 1979 verlor eine DC-10 der American Airlines beim Start in Chicago das linke Triebwerk. Einunddreißig Sekunden nach dem Abheben berührte die linke Tragflächenspitze den Boden, und die Maschine explodierte beim Aufprall. 271 Menschen an Bord und zwei Personen am Boden wurden getötet. Die Untersuchung ergab zunächst Hinweise auf eine gefährliche Materialermüdung an den Triebwerksaufhängungen. Aus diesem Grund wurde die DC-10 dann auch am 6. Juni 1979 von der FAA mit einem Flugverbot belegt. Die Anweisung betraf 270 Maschinen von 41 Airlines, darunter auch die Langstreckenversion DC-10-30, bei der man jedoch keine Fehler feststellen konnte. McDonnell-Douglas und zahlreiche Fluggesellschaften protestierten gegen den FAA-Entscheid. Nach einer zweiwöchigen Inspektionspause ging man dazu über, das Flugverbot einfach zu ignorieren.

Die Reaktion der FAA war hart: Am 26. Juni 1979 erließ sie ein generelles Verbot, die DC-10 im Luftraum der USA zu fliegen, bis die erforderlichen Überprüfungen und Veränderungen durchgeführt waren. Dies war in der Geschichte der modernen Zivilluftfahrt das erste und bisher einzige Mal, dass eine derart drastische Zwangsmaßnahme erteilt wurde. Später stellte sich heraus, dass Mechaniker der American Airlines das kritische Triebwerk bereits im Jahr 1977, offenbar im Bestreben, Zeit zu sparen, mit Hilfe eines umgebauten Gabelstaplers gewechselt hatten. Ein Verfahren, das von McDonnell-Douglas niemals genehmigt worden war. Dabei war es zu einer Beschädigung der Aufhängung gekommen.

Berühmt wurde auch die unglückliche Notlandung des United-Airlines-Fluges 232 am 19. Juli 1989 in Sioux City, USA. Im Reiseflug war eine Rotorscheibe im Inneren des Hecktriebwerkes gebrochen. Das Triebwerk wurde erheblich zerstört und fiel aus. Dabei zogen Splitterteile die ebenfalls im Heck der Maschine befindlichen Hydraulikleitungen zur Steuerung der Höhen- und Seitenruder in Mitleidenschaft. Alle Hydraulikflüssigkeit lief aus. Da die DC-10 keine rein mechanische Steuerung hatte, konnten die Piloten weder die Quer- noch die Höhen- oder das Seitenruder bewegen. Die somit steuerlos gewordene Maschine wurde aber von der Besatzung in einer Meisterleistung in die Nähe des Flughafens manövriert. Sie steuerten das Flugzeug nur über die verbliebenen beiden Schubhebel. Bei der Notlandung versagte den Piloten jedoch das Glück. Die Maschine setzte unkontrolliert auf der Landebahn auf, überschlug sich, geriet in Brand und brach auseinander. Es grenzt an ein Wunder, dass dennoch 184 der insgesamt 296 Menschen an Bord, darunter auch die Piloten, den Crash überlebten. Dreizehn Passagiere blieben gänzlich unversehrt.

Angesichts des fortschreitenden Imageverlustes unterzog der Hersteller McDonnell-Douglas das Design des Unglücksfliegers einer kritischen Überprüfung. In der Folge wurde bereits die DC-10 mit zahlreichen Verbesserungen ausgestattet. Konsequenterweise wurden diese Innovationen auch in das Design der

MD-11 übernommen. So ist es zum Beispiel möglich, eine MD-11 bei Ausfall aller Steuerungshydrauliksysteme mittels des Autopiloten durch unterschiedliche Schubregelung zu fliegen und sogar zu landen.

Erstmals wurde die MD-11 anlässlich der Pariser Weltluftfahrtausstellung im Jahr 1985 angekündigt. Die Entwicklung kostete über 700 Millionen Dollar und dauerte vom Programmstart am 30.Dezember 1986 an 47 Monate. Der erste Prototyp der MD-11 verließ am 9. März 1988 die Fertigungshallen von McDonnell-Douglas im kalifornischen Long Beach, absolvierte seinen Jungfernflug aber erst am 10. Januar 1990. Vier weitere Maschinen wurden einem ausgedehnten Versuchs- und Testprogramm mit insgesamt 2000 Flugstunden unterzogen. Am 29. November 1990 wurde die erste MD-11 an die Finnair ausgeliefert und damit offiziell in Dienst gestellt.

Die Unglücksmaschine HB-IWF anlässlich des grossen Flughafenfestes in Zürich-Kloten im Sommer 1998.

Wesentliche Unterschiede zur Vorgängerin DC-10 sind neben den zuvor erwähnten technischen Neuerungen des Cockpits die so genannten »winglets« oder Spoiler an den Flügelaußenenden, die die Luftströmungseigenschaften der Tragflächen um ein Vielfaches verbessern, ein neues, verbessertes Tragflächenkantenprofil, ein kleineres Höhenleitwerk und eine um 9,3 Meter verlängerte Passagierkabine. Obwohl die MD-11 45 Passagiere mehr als die DC-10 befördern kann, verbraucht sie etwa 20 Prozent weniger Treibstoff. Erstmalig wurden bei

McDonnell-Douglas auch neue Verbundwerkstoffe verwendet, beispielsweise das unter dem Markennamen Honeycomb bekannte Kunststoffgemisch für die Innenausstattung und Teile der Steuerflächen.

Piloten, die die MD-11 einmal geflogen sind, schwärmen von ihr und schätzen sie als ein ausgeklügeltes und gut durchdachtes Arbeitsgerät. Sie zeichnet sich bei aller Automatisierung vor allem durch ein übersichtlich gestaltetes Cockpit aus. Es gibt nicht viele moderne Flugzeuge, die ein solches Lob für sich in Anspruch nehmen können und die den Piloten einen vergleichbaren Komfort bieten: Läuft etwas falsch, wird dies den Piloten in Form einer Textmitteilung auf ihrem Bildschirm bekannt gegeben. Je nach Funktionsweise der automatischen Flugsysteme sorgt der »virtuelle Flugingenieur« automatisch für korrigierende Maßnahmen, meist durch die Vornahme von elektrischen Schaltungen. Der Pilot erhält auf dem Monitor eine Anzeige, die ihn darüber informiert, was das System zur Fehlerbehebung vorgenommen hat. Ist er mit einer solchen Maßnahme nicht einverstanden, kann er sie durch einen simplen Knopfdruck rückgängig machen und eigene Schaltungen vornehmen.

Einige Irritation bei den Betreibern, aber auch beim Hersteller kam Mitte der neunziger Jahre auf, als sich plötzlich Meldungen von Fehlfunktionen der Vorflügelklappen an den Tragflächen häuften. Anschaulich und eindrücklich beschreibt der amerikanische Bestsellerautor Michael Crichton diese Vorfälle in seinem 1996 erschienenen Roman »Airframe«. Dem Buch liegen tatsächliche Begebenheiten zugrunde, die von Crichton in der für ihn typischen Erzählweise adaptiert wurden.

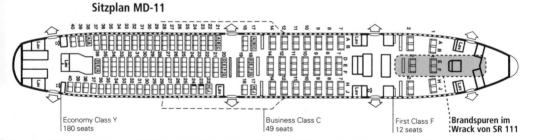

Der Sitzplan einer MD-11 der Swissair: Die Unfalluntersuchungen konzentrierten sich auf den vordersten Bereich der MD-11, etwa bis zur Sitzreihe Nummer 10.

Doch nun, so scheint es, ist der McDonnell-Douglas MD-11 offenbar kein besseres Schicksal gegönnt als ihrer Vorgängerin: Seit knapp zwei Jahren wird auch das letzte noch mit drei Triebwerken ausgestattete Großraumverkehrsflugzeug von einer nicht abreißenden Pechsträhne verfolgt, die den guten Ruf der kalifornischen

Flugzeugschmiede bedroht. Die Datenbank der amerikanischen Unfalluntersuchungsbehörde NTSB listet unter dem Suchbegriff »MD-11« insgesamt fünfzehn Zwischenfälle und dreizehn Unfälle mit Personen- oder Sachschaden auf – SR 111 eingeschlossen.

Technische Daten MD-11 :	
Passagierkapazität:	285 bis 410 (je nach Bestuhlung)
Reichweite:	13 230 km
Startgewicht:	273 290 kg
Leergewicht:	132 270 kg
Treibstoff:	117 480 kg
Nutzlast:	55 656 kg
Frachtkapazität:	194 m³
Länge:	61,2 m
Spannweite:	51,5 m
Höhe:	17,6 m
Breite:	5,7 m
Kabinenhöhe:	2,4 m
Max. Reisegeschwindigkeit in 30 000 Fuß:	932 km/h (503 kts)
Die Swissair fliegt die MD-11 mit Abteilen für First, Business und Economy Class. Sie wird auf dem gesamten weltweiten Streckennetz eingesetzt.	

Der vorerst letzte Totalverlust einer solchen Maschine ereignete sich am 15. April 1999 in Shanghai. Wenige Minuten nach dem Start stürzte Flug KAL 6316, eine MD-11-Frachtmaschine der Korean Airlines, ab. Die Maschine befand sich im Steigflug und hatte gerade eine Höhe von 1400 Metern erreicht, als sie plötzlich und unvermittelt in einen Sinkflug überging. Die Ermittlungsarbeiten der chinesischen Flugaufsichtsbehörde (CAAC) wurden durch den Umstand erschwert, dass der Flugdatenschreiber beim Aufprall zerstört wurde und nur Fragmente des Bandes abgelesen werden konnten. Es gab keinerlei Anzeichen für ein Feuer oder eine Explosion an Bord, bevor die Maschine abstürzte. Die Auswertung des schwer beschädigten Cockpit-Voicerecorders ergab, dass die Piloten kurz nach dem Abheben Probleme mit der Steuerung der Maschine hatten. Die Ursache hierfür wird weiter untersucht. Die drei Besatzungsmitglieder, zwei Piloten und ein Wartungstechniker, sowie fünf weitere Menschen am Boden wurden getötet.

Neben SR 111 gab es bereits am 31. Juli 1997 den Verlust einer Frachtmaschine vom Typ MD-11 zu beklagen. Das Flugzeug des amerikanischen Transportunternehmens FedEx brannte völlig aus, nachdem es bei einer harten Landung kurzfristig wieder in die Luft geschleudert worden war.[15] Beim erneuten Aufsetzen brach das rechte Fahrwerk ab, und die Maschine fing Feuer. Die beiden Piloten und drei weitere Angestellte, die sich an Bord befanden, überlebten den Unfall mit leichten Verletzungen.

Die MD-11 erlitt damit drei Totalverluste innerhalb eines Zeitraumes von nur zwei Jahren. Das ist eindeutig zu viel und hinreichend Anlass zur Besorgnis – nicht nur für die Herstellerfirma McDonnell-Douglas, sondern auch für den amerikanischen Boeing-Konzern, der das wirtschaftlich stark angeschlagene Konkurrenzunternehmen 1997 in einer gigantischen Fusion schluckte. Seither wird die MD-11 auch als Boeing MD-11 bezeichnet.

Stätten des Schmerzes

Flug Swissair 111 war beim Aufprall auf die betonharte Wasseroberfläche vollständig zerborsten. Es bestand nicht die geringste Aussicht, auch nur einen einzigen Leichnam unversehrt zu bergen. Für die Hinterbliebenen war diese schreckliche Tatsache nur schwer zu verkraften. Ihnen war die Möglichkeit genommen, die Verstorbenen noch einmal zu sehen, um sich von ihnen am Totenbett zu verabschieden.

Auch an eine rasche Beerdigung im Familienkreis war leider nicht zu denken. Zuerst mussten die aus dem Atlantik geborgenen Leichenteile von den Gerichtsmedizinern identifiziert werden – ein Zeit raubender Prozess, der mehrere Monate in Anspruch nahm. Für die Angehörigen war es eine besonders schmerzhafte Zeit. Sie konnten nur hilflos warten, bis sie von der Royal Canadian Mounted Police oder den Care Teams der Swissair/Delta Air Lines über die abgeschlossene Identifizierung informiert wurden.

Viele von ihnen flogen anschließend selbst nach Halifax, um die sterblichen Überreste ihrer Nächsten abzuholen. Dabei wurden sie von den Care Teams unterstützt. In anderen Fällen wurde die Rückführung der Särge von den Fluggesellschaften im Auftrag der Angehörigen ohne Familienbegleitung durchgeführt. Nur einige wenige Familien entschieden sich, ihre verstorbenen Angehörigen in der Region Halifax individuell zu bestatten.

Auch wenn die Pathologen im Team des verantwortlichen Arztes Dr. John Butt alles taten, was in ihrer Macht stand, war es selbst mit Hilfe von aufwändigen DNA- und Knochenmarkanalysen unmöglich, alle geborgenen Leichenteile der 229 Absturzopfer eindeutig zuzuordnen. Diese so genannten nicht identifizierten Leichenteile füllten am Ende insgesamt zweiundzwanzig Särge. Um die Frage, an welchem Ort sie gemeinsam begraben werden sollten, entstand eine Auseinandersetzung zwischen Angehörigen und den verantwortlichen Behörden Neuschottlands.

Diese Meinungsverschiedenheiten um den Standort des Sammelgrabes fielen zusammen mit einer öffentlichen Diskussion darüber, an welchen Stellen Gedenkstätten für die Absturzopfer von SR 111 errichtet werden sollten. Von Anfang an bestand eigentlich kein Zweifel, dass an mehreren Standorten Plätze geschaffen werden sollten, die an die Opfer der Flugzeugkatastrophe erinnern. Angehörige, die sich im Internet, den Medien oder direkt gegenüber den kanadischen Behörden dazu äußerten, waren einhellig der Ansicht, dass die letzte Ruhestätte der nicht identifizierten Leichenteile am selben Ort wie eine der Gedenkstätten gebaut werden müsse. Doch darüber herrschte zwischen Behörden und den Opferfamilien zunächst keine Einigkeit.

Im November 1998 setzte die Regierung Neuschottlands für die Klärung all dieser Fragen und zur Vorbereitung des ersten Jahrestages eine spezielle Kommission ein, das Swissair Memorial Planning Committee. Es stand unter dem Vorsitz des früheren Richters Lorne Clarke aus Halifax.

Die Kommission nahm sogleich ihre Arbeit auf. Um ihre Entscheidungsfindung bei der Auswahl von möglichen Standorten für Gedenkstätten nicht isoliert von den betroffenen Küstenanwohnern voranzutreiben, veranstaltete sie in der Region drei öffentliche Hearings, an denen sich 240 Personen beteiligten. Insgesamt besichtigte die Kommission sieben verschiedene Plätze, die sie ins Auge gefasst hatte. Den Familienangehörigen wurde zwar mitgeteilt, welche Orte in die engere Wahl gekommen waren, aber sie erhielten vorerst keinerlei Informationen darüber, ob die Kommission nun ausschließlich den Bau von Gedenkstätten plante oder auch an eine Grabstätte dachte.

Die Interessen der Hinterbliebenen und der Bevölkerung der Küstenregion waren unterschiedlich. Einige Anwohner taten sich schwer mit der Vorstellung, durch irgendeine Art von Trauerstätte auf ewige Zeiten an SR 111 erinnert zu werden. Es waren insbesondere einige Lokalpolitiker von Peggy's Cove, die verhindern wollten, dass ein derartiges Denkmal auf ihrem Gebiet errichtet wird. Sie befürchteten negative Auswirkungen für den Tourismus – eine der Haupteinnahmequellen in dieser Region.

Dabei hatte sich genau diese Branche schon kurz nach dem Unfall als sehr anpassungsfähig erwiesen. Im Souvenirladen von Peggy's Cove wurde im Februar 1999 ein T-Shirt mit dem Aufdruck »SR 111 Recovery Team« angeboten. Und im Frühjahr 1999 tauchten erste Souvenirs auf, die bereits im Hinblick auf den Jahrestag am 2. September 1999 angefertigt worden waren. Es bestand offensichtlich ein Widerspruch zwischen den politischen Bemühungen, den Touristenort Peggy's Cove frei von SR-111-Gedenkstätten zu halten, und dem Umstand, dass die kleine Ortschaft auf ganz besondere Weise eng mit dem Flugzeugunglück verbunden war.

In der breiten Öffentlichkeit wurde der politische Druck kaum wahrgenommen, aber der beharrliche Widerstand von Vertretern aus Peggy's Cove erwies sich schließlich als erfolgreich: Als das Swissair Memorial Planning Committee Anfang April 1999 – acht Monate nach dem Unglück – endlich das Ergebnis seiner Suche bekannt gab, war Peggy's Cove nicht darunter.

Es waren drei Orte ausgewählt worden, die künftig an die Opfer von Flug SR 111 mahnen sollen. Zwei davon liegen an der Küste vor Halifax, der St. Margaret's Bay: Whalesback, ungefähr 500 Meter östlich von Peggy's Cove, und Bayswater, etwas weiter weg von Cove in westlicher Richtung. Der dritte Ort ist jene Stelle auf dem Meer, wo die MD-11 am 2. September 1998 auf die Wasseroberfläche prallte. Die Absturzstelle wird in Zukunft auf den Karten des Gebietes speziell gekennzeichnet sein.

Die Kommission hatte damit zwar die Standorte der Gedenkstätten, nicht aber jenen der letzten Ruhestätte für die nicht identifizierten Leichenteile bekannt gegeben. Die Befürchtungen der Angehörigen waren tatsächlich eingetreten. Für sie waren diese Entscheide nicht trennbar, für die Kommission dagegen offensichtlich schon.

Die Vorschläge und das Vorgehen der Kommission wurden in der Folge an einem Treffen von Familienangehörigen in Genf besprochen. Anschließend reiste eine Delegation nach Halifax, um sich mit Kommissionspräsident Lorne Clarke zu treffen. In diesem Gespräch einigte man sich eigentlich auf Whalesback, um die nicht identifizierten Leichenteile zu bestatten. Als Problem erwies sich aber, dass das Gelände wegen seines felsigen Untergrundes zur Errichtung eines Friedhofes eher ungeeignet war. Somit rückte Bayswater wieder in die engere Auswahl. Dieser Standort liegt oberhalb eines öffentlichen Strandes und einer Landstrasse, in der Nähe eines Sees.

Das Memorial Planning Committee ließ sich bis Ende Mai 1999 Zeit, bevor es seinen endgültigen Entscheid bekannt gab. Die Einwände der Angehörigen waren glücklicherweise beachtet worden. Man war übereingekommen, dass die nicht identifizierten Leichenteile in Bayswater beigesetzt werden sollten. Die internationale Angehörigenvereinigung The Families of Flight Swissair 111 zeigte sich sichtlich erleichtert darüber, dass es nach einem langwierigen Prozess nun doch eine gemeinsame Grab- und Gedenkstätte geben sollte.

Die offizielle Eröffnung der zwei Gedenkstätten zu Land fand am ersten Jahrestag des Unglücks, am 2. September 1999, statt. Die Gestaltung der Erinnerungsorte hatte der kanadische Architekt Richard Earle übernommen. In Whalesback arrangierte er Steinplatten aus Granit zu einer kunstvollen Formation, in die er die Namen der Flugzeuginsassen eingravieren ließ, auch in Bayswater verwendete er Granit für den Grabstein.

Die Organisation und Durchführung der Gedenkfeierlichkeiten oblag den kanadischen Behörden. Unterstützt wurden sie durch die Swissair, die den logistischen Teil der Vorbereitungen übernommen hatte. Bereits im Frühjahr 1999 waren in der Region Halifax achthundert Hotelzimmer für die zu erwartenden Trauergäste gebucht worden. Flug, Unterkunft, Transporte und Verpflegung wurden von der Swissair finanziert. Am 3. September 1999 wurden in Genf und in Paris Konzerte zum Gedenken an die Absturzopfer veranstaltet. In Zürich versammelten sich die Mitarbeiter der SAirGroup im Beisein von Seelsorgern im Flughafen Zürich-Kloten, um der bedrückenden Ereignisse im September 1998 zu gedenken.

Am 1. September 1999, einen Tag vor den offiziellen Gedenkfeierlichkeiten, wurden die nicht identifizierten Leichenteile der Absturzopfer im Kreise ihrer engsten Angehörigen in Bayswater bestattet. Für viele Hinterbliebenen war die Rückkehr an den Schauplatz des Unglücks ein einschneidender und besonders schmerzlicher Moment. Doch die gemeinsame Einkehr an einen Ort, an dem die verstorbenen Familienmitglieder ein Jahr nach dem schrecklichen Unglück ihre letzte Ruhestätte gefunden hatten, war für viele Angehörige auch ein großer Trost, der ihnen half ihre Trauer zu bewältigen.

---

[1] Die Kennung »heavy« (»schwer«) zeigt ein Grossraumflugzeug an.

[2] Die Flughöhe wird am Funk in Fluchflächen (Flightlevel) angegeben. Flugfläche 330 entspricht 33 000 Fuß.

[3] Der Ruf Pan Pan Pan ist ein Code im internationalen Flugverkehr. Er erfolgt, wenn sich ein Flugzeug in Schwierigkeiten befindet und die sofortige Hilfe eines Lotsen benötigt.

[4] »Mayday« aus französisch »(veuillez) m'aider!« (Helfen Sie mir), internationaler Notfall-Funkspruch, der einem in Not geratenen Flugzeug erste Priorität und insbesondere Notfallrechte einräumt. Darunter sofortige Sinkflugfreigaben, bevorzugte Landerechte und Hilfe vom Bodenradar.

[5] Air Traffic Control Preliminary Transcript, veröffentlicht am 8. September 1998 vom Transportation Safety Board of Canada (TSB), ergänzt um die Anmerkungen der Autoren.

[6] In der Luftfahrt werden die Zeiten auf jedem Punkt der Erde immer standardisiert in »Zulu-Zeit«, also der koordinierten Universal-Zeit (UTC), angegeben. Man orientiert sich dabei an der Ortszeit auf dem 0. Längengrad, der durch die Stadt Greenwich in England verläuft. Somit herrscht in der Luftfahrt, egal, in welcher Zeitzone man sich befindet, immer Greenwich Mean Time (GMT).

[7] Wetterangaben erfolgen ebenfalls in UTC, also Zulu-Zeit. Ein Wetterbericht wird in der Regel für einen Zeitraum von mehreren Stunden ausgegeben. Deshalb nennt der British-Airways-Pilot die Zeit »300«, also 3 Uhr, bis zu der der letzte Wetterbericht von Halifax Gültigkeit hat.

[8] Die Luftraumüberwachung ist in verschiedene Radarsektoren eingeteilt. Diese Sektoren sind meist nach Flughöhen eingeteilt und verfügen über eine eigene Sprechfunkfrequenz. Für jeden Sektor gibt es einen Lotsen, der nur diesen Teilbereich auf seinem Radarschirm sieht und kontrolliert.

[9] Richtungsangaben werden im 360-Grad-Format der Windrose gemacht.

[10] Gegenkurs-Sender: Bei dem Anflug auf die Landebahn 06 in Halifax handelt es sich um einen so genannten Backbeam-Approach. Die Hauptsenderichtung des Landekurssenders in Halifax ist auf die Landebahn 24, also die gegenüberliegende Richtung eingestellt. Da das Signal aber dennoch auch beim Anflug aus der anderen Richtung als Navigationshilfe benutzt werden kann, erhalten die Piloten die Frequenz mit dem Hinweis »Backbeam«.

[11] Mit einem Doppelklicken der Sprechtaste bestätigen Piloten einen zuletzt vernommenen Funkspruch, wenn sie selber aus irgendeinem Grund nicht verbal antworten können.

[12] C-Check: Die vorgeschriebenen Wartungsintervalle werden bei Flugzeugen in A-, B-, C- und D-Checks kategorisiert. Je nach Vorschrift des Herstellers haben diese Wartungsintervalle nach einer bestimmten

Anzahl von Flugstunden zu erfolgen und werden in der Gruppierung von A nach D immer aufwändiger und intensiver. Werden bei einem A-Check wesentliche Komponenten wie Triebwerke, Bremsen, Steuerung nur überprüft, ggf. geschmiert und Hydraulikflüssigkeiten gewechselt, so wird das Flugzeug bei einem D-Check annähernd bis auf die Außenverkleidung geöffnet, alle Komponenten entfernt, überprüft und anschließend wieder eingebaut.

[13] MCDU: Zu vergleichen mit der Eingabe-Tastatur eines Computers. Die Piloten können Buchstaben und Zahlen eingeben. In der Regel hat jeder Navigationspunkt einen drei- bis fünfstelligen Buchstaben und/oder Zahlencode. Der obere Teil besteht aus einem kleinen Bildschirm, auf dem diese Daten zur Anzeige gebracht werden.

[14] FMS: Flight Management System. Die Aufgabe dieses Systems besteht darin, alle Navigationssensoren zu koordinieren und dem Piloten die Daten dieser Systeme im Rahmen einer vollautomatischen Navigation auf dem Display des FMS und den Anzeigegeräten (z.B. Monitoren, aber auch Instrumenten) des jeweiligen Navigationssystems auszugeben. Die Parameter der Navigationshilfen (Funkfeuer, Längen- und Breitengrad, Koordinaten zu überfliegender Streckenpunkte) werden über die MCDU eingegeben, gespeichert und verwaltet, so dass auf diesen für den Flug spezifischen Datenbestand jederzeit zugegriffen werden kann. In Verbindung mit den Daten der Navigationshilfen stehen weitere umfangreiche Datenbestände, in denen Flughäfen und Anflugrouten, Flugrouten, Wegpunkte, Flugpläne, Treibstoffplanung, Sprechfunkstationen mit Frequenzen u.v.m. enthalten sind.

[15] Eine so genannte »bounced landing«. Engl. »bounce« heißt: »hochschnellen, springen, hüpfen«.

Kapitel 2
Mühevolle Suche nach den Ursachen

Bergen, was nicht zu retten war

Die Fischer, die die Küstenregion der kanadischen Provinz von Nova Scotia bewohnen, sind seit Generationen mit der unberechenbaren und manchmal unheilvollen Macht des Atlantischen Ozeans vertraut. Immer wieder wurden sie Zeugen von schweren Schiffsunglücken, und ihre Heimat wurde schon für viele Schiffbrüchige zum rettenden Ufer. Auch die voll besetzten Rettungsboote der »Titanic« gingen hier an Land – woran noch heute ein Denkmal erinnert. Der Absturz von Swissair-Flug 111 jedoch war eine Katastrophe von bisher ungeahntem Ausmaß. Wie ein Schock traf er die einheimische Bevölkerung und machte sie zu Beteiligten einer Tragödie, die eine ganze Region von einer Minute auf die andere veränderte. Ihr Schicksal wird für immer mit dem der Angehörigen verbunden sein.

Freiwillige Helfer, die in den hervorragend ausgebildeten Nothilfeteams von Nova Scotia organisiert sind, gehörten neben der Küstenwache zu den ersten Rettungsleuten, die die Absturzstelle – etwa acht Kilometer von St. Margaret's Bay entfernt – mit mehreren Booten erreichten. Sie wurden von Major Michael Brisebois koordiniert. In den Anfangsstunden gaben sie die Hoffnung nicht auf, obwohl es schon völlig dunkel war und leichter Seegang herrschte. »Du musst daran glauben, dass da draußen noch jemand ist – lebendig«, sagte Major Brisebois. Bald darauf trafen auch große Einheiten der Royal Canadian Mounted Police, der »Mounties«, in Peggy's Cove ein, ferner mehrere hundert Soldaten der kanadischen Streitkräfte, allen voran jene des Stützpunktes Shearwater Base in Halifax.

Mit jeder Stunde verringerten sich die Chancen auf die Rettung von Überlebenden. Während ein gut ernährter Mann bei den herrschenden Wassertemperaturen von 16 Grad vielleicht bis zu 36 Stunden hätte überleben können, wäre für eine leichtgewichtige Frau oder ein Kind wahrscheinlich schon nach zwei Stunden jede Hilfe zu spät gekommen.

Als die Retter auf dem Meer nach mehreren Stunden verzweifelter Suche zwischen hunderttausend Trümmerteilen nicht einen einzigen Menschen hatten bergen können, wurde aus der Befürchtung schreckliche Gewissheit: Niemand hatte dieses Unglück überlebt.

Trotzdem wurde die Suche in den frühen Morgenstunden nach der Unglücksnacht fortgesetzt. Inzwischen waren auch die Marineschiffe »Preserver« mit 258 Mann Besatzung und »Ville de Québec« im Einsatzgebiet eingetroffen. Als ein Boot eine Rettungsweste auf dem Meer fand, keimte für einen kurzen Augenblick

Hoffnung auf. Sie zerschlug sich rasch. Die Kunststoffhülle war beschädigt und mit größter Wahrscheinlichkeit durch die Aufprallwucht zerrissen worden.

Am frühen Donnerstagnachmittag veröffentlichte die Swissair in Zürich eine Medienverlautbarung. Es sei klar, schrieb die Airline, dass niemand der 215 Passagiere und 14 Besatzungsmitglieder den Absturz überlebt habe. Zu dieser Stunde durchkämmten die Schiffe vor Peggy's Cove noch immer unablässig das Absturzgebiet. »Es könnte jemand auf einer kleinen Insel sein oder an einem anderen Ort, den wir übersehen haben«, sagte Captain Roger Girouard, der inzwischen die Leitung der Suchaktion auf See übernommen hatte.

Am Morgen hatte ein Polizeiboot einen ersten Leichnam in den Hafen von Peggy's Cove gebracht. Es war eine Frau. Pfarrer Rick Walsh von der St. John's Anglican Church offerierte den Helfern seine kleine Kirche, um die sterblichen Überreste an geweihter Stätte aufzubewahren. Doch dazu kam es nicht, denn der Leichnam wurde sofort in ein Ambulanzfahrzeug verladen und nach Shearwater gefahren.

Dort hatte sich bereits ein Team um Gerichtsmediziner John Butt eingefunden, das sich auf die schwierige Aufgabe der Identifikation vorbereitete. Im Verlaufe der ersten beiden Tage wurden nach Angaben der kanadischen Polizei etwa sechzig Leichenteile aus dem Wasser geborgen. Jim Buckley aus Peggy's Cove, der mit seinem Boot sonst Walbeobachtungstouren durchführt, erinnert sich mit Grauen: »Das Schlimmste waren die vielen persönlichen Gegenstände, die überall auf dem Wasser schwammen.«

Noch am ersten Tag erreichte das kurz vor der Ausmusterung stehende kanadische U-Boot »Okanagan« die Küste vor Halifax. Sofort begann die Mannschaft mit Hilfe ihrer Sonargeräte die Suche nach den beiden Black Boxes, dem Cockpit-Voicerecorder und dem Flugdatenschreiber. Das Wetter verschlechterte sich weiter. Ein Ausläufer des Hurrikans »Earl« schickte Regen und trübe Sicht nach Neuschottland.

Am Nachmittag des gleichen Tages landete auf dem Halifax International Airport eine erste Sondermaschine der Swissair. An Bord des Airbus befanden sich Airline-Chef Jeffrey Katz, zahlreiche Spezialisten, darunter Swissair-Sicherheitspilot Jürg Schmid, acht Mitglieder des Swissair-Betreuungsteams und über vierzig Schweizer Medienschaffende. Zur selben Zeit trafen bereits die ersten Angehörigen aus den USA in Kanada ein. In denselben Maschinen, die sie nach Halifax brachten, saßen auch Vertreter der Herstellerfirma Boeing, der amerikanischen Flugsicherheitsbehörde NTSB, des FBI sowie Angestellte des John F. Kennedy Airports in New York, von wo die MD-11 gestartet war. Mitarbeiter der Swissair-Partnergesellschaft Delta Air Lines waren bereits in Halifax angekommen und hatten begonnen, ein großes Betreuungszentrum für die Angehörigen aufzubauen.

September 1998: Trümmerteile der abgestürzten Swissair MD-11 auf einem Bergungsschiff vor der kanadischen Küste.

Die Delta verfügt über ein so genanntes Notfallflugzeug, eine DC-9, die mit modernsten Kommunikationsmitteln ausgestattet ist und einen ganzen Kommandostand ausrüsten kann. Aus Ottawa flogen zwei Bombenspezialisten der Polizei an die Unfallstelle. Zu diesem Zeitpunkt war nichts auszuschließen. Kanadas Regierungschef Jean Chrétien, US-Präsident Bill Clinton und der amtierende Schweizer Bundespräsident Flavio Cotti bekundeten den Angehörigen ihr Beileid. Chrétien versicherte Cotti in einer Erklärung, dass »alle verfügbaren Kräfte für die Bergung und die Aufklärung eingesetzt werden«.

Im Verlauf des Freitags erhöhte sich die Zahl der Angehörigen, die, von der traurigen Nachricht alarmiert, so rasch wie möglich nach Halifax gereist waren. Von Genf trafen um 15:00 Uhr in einer zweiten Swissair-Sondermaschine hundert Familienangehörige in Begleitung von dreißig Helfern ein. Sie wurden von geschulten Betreuerteams in Empfang genommen und sofort in verschiedene Hotels in und um die Stadt verteilt. Auch aus den USA reisten weitere Angehörige an. Bis Samstag erhöhte sich ihre Zahl auf achthundert Personen.

Mit den Angehörigen traf auch eine Armada von Medienschaffenden in Nova Scotia ein.

In der ersten Woche nach dem Absturz von Swissair-Flug 111 vollzog sich auf dem Atlantischen Ozean vor Halifax das größte und aufwändigste Bergungsunternehmen in der Geschichte Kanadas. Die Aktivitäten wurden vom Marineschiff »Preserver« aus geleitet. Bereits am Sonntag nach dem Absturz vermeldeten die Such- und Bergungsmannschaften mit dem Fund des Flugdatenschreibers einen ersten wichtigen Erfolg. Fünf Tage später ortete ein kanadisches Taucherteam, das auf dem Marineboot »Granby« stationiert war, in 54 Meter Tiefe den Cockpit-Voicerecorder. Beide Aufzeichnungsgeräte wurden umgehend in ein Labor der kanadischen Flugunfallbehörde TSB nach Ottawa geflogen.

Die so genannte Black Box, das Flugdatenaufzeichnungsgerät, nach seiner Bergung: Für die letzten sechs Minuten von SR 111 fehlen verwertbare Daten.

Ein vierzig Mitarbeiter starkes TSB-Team unter der Leitung von Chefermittler Vic Gerden (Investigator in Charge, IIC) hatte sich inzwischen in Halifax auf der Basis Shearwater in den Büros eines Flugplatzhangars niedergelassen. Auf See und am Meeresgrund wurden die Bergungsarbeiten ständig vorangetrieben. Spezialschiffe der Navy hievten mit ihren Lastkränen schwerere Trümmerteile auf die Schiffe. Die Fischer auf ihren Trawlern zogen kleinere Gegenstände an Bord, während Schlauchbootbesatzungen nach menschlichen Körperteilen suchten. Der kleine Hafen von Peggy's Cove verwandelte sich in eine provisorische Landungsbrücke für die Dutzenden von Booten. Polizei- und Ambulanzfahrzeuge brachten die Überreste dann nach Halifax. Die Wrackteile wurden vom Salzwasser befreit und zum größten Teil in einem Hangar verstaut. Einige der größeren Trümmerteile wurden auf einem ummauerten Gelände unter freiem Himmel zwischengelagert. Körperteile gelangten zu Chefpathologe John Butt, der mit seinem Team in der ersten Woche etwa vierzig Flugzeuginsassen identifizierte, darunter die beiden Piloten Urs Zimmermann und Stephan Löw.

Schnell stand fest, dass die kanadischen Behörden auf Hilfe bei der Bergung, besonders aus dem Nachbarland USA, angewiesen waren. Mehrfach hatten die USA ihre Unterstützung angeboten, zumal sie über speziell für solche Zwecke ausgestattete Schiffe verfügen. Doch das TSB war zunächst unentschieden, ob es weitere Hilfe in Anspruch nehmen sollte, und wurde prompt dafür scharf kritisiert. So traf das hochmoderne Navy-Schiff »USS Grapple« aus den USA erst drei Wochen nach dem Absturz im Einsatzgebiet ein. An Bord befanden sich dreiunddreißig Taucher, die einen Teil ihrer erschöpften kanadischen Kollegen ablösten.

Die »Grapple« verfügt über ein kleines, ferngesteuertes U-Boot, die »Deep Drone«, das wertvolle Dienste bei der Ortung von gesunkenen Trümmern leistete. Das kanadische Kommandoschiff »Preserver« nahm am Freitag, nach acht Tagen ununterbrochenen Einsatzes, Kurs auf den Hafen und wurde von der Besatzung der »HMCS Halifax« abgelöst. Für die Bergungsmannschaften auf der »Preserver« war der anstrengende Einsatz zur großen seelischen Belastung geworden. Einige hatten in den Tagen auf See ihre Grenzen überschreiten müssen. »Es übertraf alles, was wir erwartet haben«, sagte Kommandant Rick Town während einer Pressekonferenz an Bord seines Schiffes. Town fiel es sichtlich schwer, die richtigen Worte zu wählen. Bewusst hielt er mit Einzelheiten dessen zurück, was er und seine Männer in der vergangenen Woche erlebt hatten. Als Aussage ließ er sich nur entlocken, dass kein einziger kompletter menschlicher Körper gefunden wurde. Allen Anwesenden war klar, welch enormen Belastungen die Besatzung ausgesetzt gewesen war.

Um die Beteiligten bei der Bewältigung dieser mentalen Ausnahmesituation zu unterstützen, setzten die Streitkräfte ein Team von siebzig Betreuern ein, darunter Psychiater, Psychologen, Sozialarbeiter und erfahrene Krankenpfleger, die für Einzel- und Gruppengespräche bereitstanden. Die Provinzregierung eröffnete zusammen mit dem örtlichen Roten Kreuz eine Hotline, die psychologische Unterstützung für die Bevölkerung von Neuschottland anbot. Die für derartige Großereignisse geschaffenen Notfallstrukturen sind in den USA und in Kanada besonders ausgeprägt. Sie erwiesen sich als überaus praxistauglich.

Ebenfalls während der Pressekonferenz auf der »Preserver« sprach Chefermittler Vic Gerden erstmals von Brandspuren am Überzug eines Cockpitsitzes. Ferner gab Gerden bekannt, dass derzeit sämtliche Wartungsunterlagen der Unglücksmaschine durchgearbeitet würden. Die Unfallermittler leisteten zuerst Grundlagenarbeit, spürten jeder Bewegung der MD-11 nach und beschafften sich sämtliche Flugdaten der letzten Stunden.

Unter der Vielzahl der geborgenen persönlichen Gegenstände der Opfer waren auch zahlreiche Geldbörsen. Diese wurden von den Kanadiern alle katalogisiert und umgehend samt Inhalt wie Bargeld oder Kreditkarten an die Angehörigen übergeben. Ein Vorgang, der hinsichtlich anderer Absturzkatastrophen seinesgleichen sucht.

Am Montag der zweiten Woche gab die Swissair in Zürich bekannt, dass die abgestürzte MD-11 wertvolle Fracht an Bord geführt hatte. Neben mehreren Millionen Bargeld in verschiedenen Währungen sowie zwei Kilo Uhren waren im Frachtraum der »Vaud« knapp sieben Kilo wertvolle Schmuckstücke und Uhren sowie ein Kilo Diamanten in einem Valorencontainer eingeschlossen gewesen. Als anfänglich wenig glaubwürdig galt die Meldung, derzufolge auch ein Gemälde des Malers Pablo Picasso zur Fracht gehört haben soll, dann aber stellte sich heraus, dass das etwa ein auf ein Meter große Bild mit dem Titel »Der Maler« versichert und in einem normalen Frachtcontainer verpackt tatsächlich an Bord gewesen war. Es stammte aus den sechziger Jahren – und damit aus der weniger eindrucksvollen Spätphase des weltberühmten Künstlers. Die Wertgegenstände waren bei dem Aufprall ebenso zerstört worden wie das übrige Frachtgut und die Gepäckstücke (insgesamt 15,5 Tonnen). Skrupellose Trophäenjäger, die bei Unglücken meist sehr rasch an den Schauplätzen des Geschehens auftauchen, blieben angesichts dieser Tatsache in Halifax glücklicherweise aus.

Die erste Phase der Bergungsarbeiten endete Anfang Oktober. Sie konzentrierten sich auf ein knapp fünfzehn Quadratkilometer großes Gebiet, da die Trümmerteile infolge der Strömung immer weiter abdrifteten. Etwa sechzig Prozent der Teile waren bis zu diesem Zeitpunkt geborgen. Die Marineschiffe erwiesen sich auf die Dauer als ungeeignet, um ein zweihundert Tonnen schweres Flugzeug in seinen Einzelteilen an Land zu befördern. Die kanadische Regierung engagierte deshalb die in Quebec ansässige Firma Groupe Ocean für die zweite Bergungsphase mit dem Namen »big lift«. Das Unternehmen beorderte umgehend zwei seiner Spezialschiffe an die Unglücksstelle. Die 120 Meter lange »Sea Sorceress«, zuletzt auf den Terra-Nova-Ölfeldern im Beaufort-Meer eingesetzt, ähnelte einer tief gelegten Fähre und verfügte über leistungsfähige schwenkbare Kräne.

Das Transportschiff »ATL« besaß im Unterdeck mehrere Kühlräume, in denen aus dem Wasser gefischte Körperteile zwischengelagert wurden. Im Wesentlichen diente das achtzig Meter lange Schiff als schwimmender Lagerraum für die großen Trümmerteile. Weil das Meer von den herannahenden Winterstürmen bald zu sehr aufgepeitscht sein würde, wurde im Absturzgebiet ununterbrochen gearbeitet. Die Bergungsfachleute setzten modernste Lasertechnologie ein, um den Meeresboden quadratmeterweise abzutasten. Gegenstände bis zur Größe eines Kugelschreibers konnten auf diese Weise geortet werden – sofern sie sich noch nicht in den Untergrund eingegraben hatten.

Unterstützung erhielten die Bergungsmannschaften aus der Luft. Insgesamt sechzehn große »Sea-King«-Helikopter – für den harten Einsatz im Küstengebiet besonders geeignet – waren abwechselnd im Einsatz. Sie orteten größere Wrackteile und führten Transport- und Versorgungsflüge durch. Die schweren Maschinen wurden bis ans Limit gefordert. Um die »Sea-King«-Flotte während der ganzen Operation einsatzbereit zu halten, arbeiteten zweihundert Mechaniker auf der Basis Shearwater im Schichtdienst.

Die Bergungsphase »big lift« dauerte bis zur kurzen Winterpause an. Aber auch im Anschluss an die wenigen freien Tage wurde die Suche nach den Überresten der Flugzeugkatastrophe mit allerdings gemässigtem Aufwand bis zum Sommer 1999 fortgesetzt. Die Schiffe brachten insgesamt über eine Million Wrackteile an Land. Sie wurden in 650 Containern verstaut. Von den 229 Flugzeuginsassen wurden bis Mitte Dezember 1998 alle identifiziert. Die Kosten der ganzen Operation beliefen sich bis Mai 1999 auf rund 100 Millionen Schweizer Franken. Sie sprengten damit den Jahresetat der kanadischen Unfalluntersuchungsbehörde TSB bei weitem. Damit hatte die Rettungs- und Bergungsoperation SR 111 in Kanada auch in finanzieller Hinsicht bereits sämtliche Rekorde gebrochen.

Die Unfallermittler von Halifax

Hangar J. In den meterhohen Eisenregalen stapeln sich – säuberlich beschriftet – 650 Container, in denen mehr als eine Million Wrackteile aufbewahrt werden. Eine Vielzahl dieser Trümmer besteht aus dem im Flugzeugbau häufig verwendeten Kunststoffmaterial Honeycomb, das beim Aufprall in kleinste Teilstücke zersplitterte. Andere Kisten sind angefüllt mit etwa 250 Kilometer feinsten Drähten und Kabeln, aus denen einstmals das elektrische Leitungssystem der SR 111 bestanden hatte.

Vor dem Hangar, auf einem videoüberwachten, ummauerten Gelände, liegen die schweren und größeren Trümmer. Die größten Stücke sind das Triebwerk Nr. 2 aus dem Heck der Maschine, eines der Hauptfahrwerke sowie ein etwa drei Meter langes Stück der Außenverkleidung.

In der Luft von Hangar J auf der kanadischen Militärbasis Shearwater in Halifax liegt immer noch der Geruch von Kerosin. Wenige Meter nebenan, in Hangar A, wird seit dem Absturz am 2. September 1998 beinahe ununterbrochen gearbeitet. Unter der Leitung von Chefermittler Vic Gerden fand sich hier ein internationales Unfallermittlungsteam zusammen, das durchschnittlich vierzig Personen umfasst: Mitarbeiter des kanadischen TSB und der Royal Canadian Mountain Police sowie Experten des Flugzeugherstellers Boeing und der Swissair, denen allerdings nur ein Beobachterstatus zukommt.

Parallel zu den Unfallermittlern – jedoch völlig unabhängig von ihnen – arbeitete auf der Militärbasis auch ein Team aus Pathologen an der Identifizierung der geborgenen Leichen. Unter der Führung von Dr. John Butt, dem leitenden Gerichtsmediziner der Provinz Nova Scotia, war dieses Team in sechs Arbeitsgruppen à fünf Mann eingeteilt – denen jeweils ein Arzt, ein Zahnarzt, ein Röntgenspezialist und ein Polizeifotograf angehörte. Um diese vor allem in der Anfangsphase enorm aufwändige und schwierige Arbeit überhaupt bewältigen zu können, mussten Spezialkräfte aus der ganzen Gegend ihre Aufgaben unterbrechen und nach Halifax eilen, darunter Angehörige der wissenschaftlichen Dienste und der kanadischen Polizei, Dentalexperten der Armee und Radiologen der Dalhousie University.

Die geborgenen Leichenteile wurden in fünf Tiefkühlanhängern in einem eigenen Hangar aufbewahrt. Aus der Schweiz, aus Frankreich und Großbritannien trafen per Luftfracht medizinische Unterlagen von den Opfern des Absturzes ein, die von Angehörigen oder Polizeibeamten beschafft worden waren. Die Unterlagen der amerikanischen Opfer brachten die Hinterbliebenen häufig persönlich nach Halifax.

Zusätzlich waren zwei Mitglieder des Schweizer Disaster Victim Identification Teams (DVI) nach Halifax gereist, darunter der St. Galler Rechtsmediziner Christoph Markwalder. Diese Fachorganisation, die sich aus Schweizer Pathologen und Erkennungsdienstspezialisten zusammensetzt, wird bei Katastrophen zur Identifikation der Todesopfer eingesetzt. Sie war 1998 nach dem Massaker von Luxor gegründet worden, nachdem es dort zu zahlreichen Verwechslungen unter den Opfern gekommen war. Die beiden Schweizer Experten standen ihren kanadischen Kollegen in Halifax beratend zur Seite.

Besonders wichtig wurde der Einsatz von mobilen Röntgenapparaten, die aus zwei umliegenden Spitälern in das provisorisch eingerichtete Obduktionsquartier auf der Militärbasis Shearwater gebracht wurden. Mit ihnen konnten verheilte Knochenbrüche dokumentiert werden, die man dann mit den Arztberichten der Opfer vergleichen konnte. Auch Gebisseigenschaften wurden auf diese Weise festgehalten. Das vorläufige Ende der Identifizierungen ließ bis Mitte Dezember auf sich warten. Dennoch hatte sich die Zuordnung der Leichenteile in vielen Fällen

Vic Gerden vom kanadischen Transportation Safety Board (TSB), verantwortlicher Leiter der Unfalluntersuchungen SR 111, während einer Pressekonferenz am 27. Mai 1999.

als derart schwierig erwiesen, dass eine eindeutige Identifizierung nur noch mit DNA-Analysen möglich war. Dafür wurden in den drei Polizeilabors von Halifax, Vancouver und Regina 1000 Proben verarbeitet.

Als besonders hilfreich erwiesen sich mehrere Softwareprogramme, dank deren die enormen Datenmengen aus den Laboruntersuchungen systematisiert und katalogisiert werden konnten. Die EDV-Programme waren erst zwei Monate vor dem Unglück von der kanadischen Polizei in Betrieb genommen worden. An der Identifikation der 229 Passagiere und Besatzungsmitglieder beteiligten sich bis zum Schluss 350 Personen aus mehreren Ländern.

Die technischen Unfallermittler unter der Führung von Vic Gerden teilten sich in fünf Arbeitsgruppen auf, die sich schwerpunktmäßig mit der Examinierung unterschiedlicher Aspekte – zum Beispiel Flugsysteme, elektrische Kabel, Verfahren und Abläufe – befassten. Zuerst musste die unfassbare Menge an Material sortiert werden. Die »Mounties« stellten dem TSB ein weiteres Computersystem zur Verfügung, mit dem die Teile katalogisiert wurden. Bald konzentrierten sich die Spezialisten darauf, aus den Unmengen an Trümmern jene herauszusuchen, die zum vorderen Teil der abgestürzten MD-11 gehörten.

Geplant war, auf einem Metallgerüst eine neun Meter lange Sektion der Maschine zu rekonstruieren. Darauf hatte man sich geeinigt, nachdem neben den Hitzespuren am Überzug eines Cockpitsessels auch Anzeichen von Feuer an Kabelteilen und Isolationsmaterialien aus dem Bereich der vorderen Einstiegstüren und dem Deckenbereich der First-Class-Abteilung gefunden worden waren. Bald stellte sich heraus, dass sich unter den angesengten Kabeln auch solche des Swissair-eigenen Bordunterhaltungssystems IFEN (Inflight Entertainment Network) befanden.

Mitte November flog ein Team des kanadischen TSB nach Zürich, in die Hallen der SR Technics, einer Tochtergesellschaft der SAirGroup. Das Interesse der Unfallermittler galt den Schwestermaschinen der abgestürzten MD-11. Sorgfältig inspizierten sie bei den Flugzeugen, wie die IFEN-Kabel hinter der Kabinenverkleidung und an den Sitzen verlegt worden waren. Das System war inzwischen von der Swissair vorsichtshalber abgeschaltet und die Kabel von der Hauptstromzufuhr und somit von den übrigen Flugzeugsystemen abgetrennt worden.

Für den Nachbau der Flugzeugnase in Halifax wurden 5000 Teile benötigt, viele von ihnen nur ein paar Zentimeter klein. Alles hing davon ab, wie rasch die inzwischen mit Schleppnetzen arbeitenden Bergungsschiffe auch noch die letzten Trümmerstücke finden würden. Im November letzten Jahres erlitten die Arbeiten eine empfindliche Verzögerung. Schlechtes Wetter behinderte die Operation vor der St. Margaret's Bay für mehrere Tage. Bis dahin waren bereits über achtzig Prozent der Flugzeugbestandteile gefunden worden. Das letzte Fünftel sollte sich als schwierigster Teil des Unterfangens herausstellen. Um die Nase vervollständigen zu können, fehlten in erster Linie Kabelstücke. Wegen der zunehmend rauen See gruben sich diese immer tiefer in den sandigen Untergrund des Meeresbodens ein. Als die Boote mit ihren Netzen nicht mehr vorankamen, begannen Taucher die fehlenden Stücke einzeln zusammenzusuchen. Kurz vor Weihnachten legten die Unfallermittler eine Pause bis Anfang Januar 1999 ein. Erschöpft reisten die Mitarbeiter des TSB über die Festtage zu ihren Familien. Auch die bis zu einem Dutzend Swissair-Mitarbeiter, die sich zeitweise an den Unfalluntersuchungen in Halifax beteiligten und in der Stadt ein eigenes Büro betrieben, flogen für ein paar Tage in die Schweiz.

Viel Zeit zur Entspannung blieb dem Team um Vic Gerden aber nicht. Der einst für die NATO sieben Jahre in Europa stationierte Luftfahrtingenieur ist seit zehn Jahren verantwortlich für Flugunfalluntersuchungen in Zentralkanada. SR 111 ist seine bislang größte Aufgabe. In den ersten Monaten nach dem Unglück beeindruckte Gerden vor allem durch seine präzise vorgetragenen Äußerungen. Sein Gesicht prägte sich den Fernsehzuschauern überall ein. Mit dem grauen Haar, der halbrunden Brille und dem marineblauen Sweater, auf dem das Emblem des TSB aufgedruckt war, wurde Gerden in der Öffentlichkeit zum Garanten für eine korrekte Unfalluntersuchung.

Anlässlich einer Pressekonferenz kurz vor der Weihnachtspause bezeichnete Gerden seine Arbeit als »einen schmerzvollen, systematischen Prozess«. Gerdens starkes Profil täuschte lange über die Tatsache hinweg, dass das TSB vor allem eine sehr vorsichtige Informationspolitik betrieb, und das bereits von Beginn der Untersuchungen an. Wenn Gerden sich der Öffentlichkeit präsentierte, verhielt er sich nach einem stets gleich bleibenden Muster: Er erwähnte in erster Linie Vorgänge, die sein Team nicht wusste. Häufig begannen seine Sätze mit den Worten: »We don't know« – Wir wissen es nicht. In seinen Ausführungen beschränkte er sich stets auf die Feststellung nüchterner Tatsachen, die er nicht zu kommentieren pflegte, die aber einen hinreichend großen Informationswert hatten, um die Medienschaffenden zunächst zufrieden zu stellen.

Das Trümmerteil der abgestürzten Swissair-Maschine mit einem Teil der Immatrikulationsbeschriftung (HB-IWF).

Es stellt sich aber die Frage, ob es nicht gerade diese nur vordergründig offene Kommunikationspolitik war, die Pannen wie jene Indiskretion des amerikanischen WALL STREET JOURNALS begünstigte. Die Zeitung veröffentlichte Anfang 1999 unautorisierte Auszüge der Aufnahmen auf dem Cockpit-Voicerecorder. Laut dem Dokument soll zwischen den beiden Piloten während der Notsituation Uneinigkeit geherrscht haben. Für das TSB, das die Aussagen nicht interpretierte, war die Veröffentlichung der Tonbänder überaus peinlich. Es existierte offensichtlich ein

Leck im Untersuchungsteam – oder in den Reihen der beteiligten Partnerorganisationen und Industrievertreter.

In einem Interview, das Ende Februar vom Nachrichtenmagazin FACTS veröffentlicht wurde, zeigte sich Gerden äußerst verärgert über die Schlagzeilen. Er fühlte sich hintergangen, bemühte sich aber trotzdem, nach außen hin Gelassenheit zu demonstrieren. Auf die Frage, ob er in seinem Team ein Problem habe, antwortete Gerden ausweichend: »Das ist in vielen Dingen eine einzigartige Unfalluntersuchung. Das Team ist international zusammengesetzt, und wir müssen zwangsläufig gewisse Informationen untereinander austauschen können, um die Absturzursachen herauszufinden.«

Grössere Trümmerteile werden auf einem abgesperrten Lagerplatz der Militärbasis Shearwater in Halifax unter freiem Himmel aufbewahrt.

Gerden hatte also tatsächlich ein Problem. Das Untersuchungsteam bestand nicht nur aus Mitarbeitern des kanadischen TSB. In der Gruppe befanden sich Vertreter des US-Flugzeugherstellers Boeing, der Pilotenverbände, der kanadischen Polizei und der Swissair. Ein Informant konnte überall sitzen. Der Zwischenfall blieb nicht ohne Folgen. Er veränderte schlagartig die Informationspolitik des TSB. Misstrauen keimte auf. In Interviews versteckte sich Gerden ab sofort hinter verallgemeinernden Aussagen. Meist gab er nur noch Ziele bekannt, die man erreichen wollte, vermied es aber tunlichst, irgendwelche Details preiszugeben. »Unser Interesse gilt der Verbesserung der Flugsicherheit. Das ist unser Job«, sagte Gerden in demselben Interview. Dabei beließ er es.

Vorläufiger Höhepunkt von Gerdens verhaltener, offenbar sehr von seiner militärischen Ausbildung geprägten Informationspolitik war eine Medienkonferenz am 27. Mai 1999. Journalisten aus Europa, USA und Kanada reisten nach Halifax – in der Annahme, der Öffentlichkeit wenigstens einige der bislang gewonnenen Erkenntnisse und harte Fakten aus der Unfalluntersuchung vorstellen zu können. Es blieb bei den Hoffnungen. Die technischen Ausführungen blieben allgemein, und weiterführende Äußerungen wurden verweigert.

Ein Beispiel: Vic Gerden gab an, dass zwischen Flugzeugaußenhaut und Kabinenverkleidung Temperaturen um 600 Grad Celsius geherrscht haben müssen, wodurch Aluminiumteile schmolzen. Die Frage, wie andere im Flugzeug verwendete Materialien auf diese Temperatur reagiert haben könnten, überging er dann allerdings. Den Medienvertretern wurde jeweils nur eine Frage plus eine Nachfrage erlaubt. Nach nur fünfzehn Minuten und knapp einem Dutzend Fragen brach Gerden diesen Teil der Konferenz ab, der von vornherein auf zwanzig Minuten beschränkt gewesen war. Ein kanadischer Journalist, der dem TSB-Kabelexperten Jim Foot im Anschluss an seinen fünfzehnminütigen Vortrag eine Detailfrage stellen wollte, wurde von zwei TSB-Mitarbeitern mit Nachdruck daran gehindert. Solche Methoden grenzen an Zensur und sind eines demokratischen Landes, das über eine freie Presse verfügt, unwürdig. Die Berichterstattung über die mit Spannung erwartete Konferenz fiel dann in den internationalen Medien auch entsprechend knapp aus.

Offenbar überraschten und verunsicherten Gerden die Indiskretionen zugleich. Dabei ist es bei Unfalluntersuchungen schon fast der Regelfall, dass der Presse nicht autorisierte Informationen zugespielt werden. Flugzeughersteller, Fluggesellschaften und die involvierten Versicherungen versuchen auf diese Weise Haftungsfragen vorzugreifen. Solche Medienberichte werden dann nämlich in den Gerichtsverfahren zu allen Seiten hin ausgeschlachtet, dienen jedoch nur der Stimmungsmache. Viele Medienvertreter fallen leicht auf solche Strategien herein und werden so zum Spielball übergeordneter Wirtschaftsinteressen.

Im Mai 1999 – neun Monate nach dem Absturz der Swissair-Maschine – waren neunundachtzig Prozent des Gesamtgewichts der Flugzeugstruktur aus dem Meer geborgen. Etwa neunzehn Tonnen Trümmerteile lagen immer noch auf dem Meeresgrund. In aufwändigen Laborexperimenten setzten TSB-Mitarbeiter verschiedene Materialteile, die beim Bau der MD-11 verwendet worden waren und den gleichen Farbanstrich erhalten hatten, unterschiedlichen Temperaturen aus. Weitere Materialproben wurden in Meerwasser eingelegt, um festzustellen, ob und wie der Ozean auf die Teile einwirken würde. Auch toxikologische Tests an sterblichen Überresten wurden durchgeführt. Sie ergaben keine Hinweise darauf, dass Plastikstoffe aus PVC gebrannt hatten. Kohlenmonoxidspuren wurden ebenfalls keine entdeckt.

Am stärksten beeinträchtigt wurde die Untersuchung sicherlich durch den Umstand, dass auf den beiden Aufzeichnungsgeräten die letzten sechs Minuten vor dem Aufprall fehlen. Zuvor, das stand inzwischen fest, musste das gesamte elektrische System innerhalb von Sekunden ausgefallen sein. Vieles von dem, was sich wirklich in jener Nacht an Bord der MD-11 abgespielt hatte, blieb den Unfallermittlern von Halifax daher zunächst verborgen und musste mühsam rekonstruiert werden. Gleichzeitig wuchs der Druck, aus den bislang gewonnenen Erkenntnissen erste Folgerungen zu ziehen sowie klare und richtungweisende Sicherheitsempfehlungen auszusprechen. Doch damit zeigten Vic Gerden und sein Team bis in den Sommer 1999 noch mehr Mühe als mit ihrer Kommunikationsstrategie.

Gerüchteküche: Die Mär von der Strahlenkanone

Die geheimnisvolle Information kam von einem Swissair-Mitarbeiter. Flug SR 111 sei nicht wegen eines technischen Defekts ins Meer gestürzt, berichtete er aufgeregt am Telefon. Nein, schuldig an der Katastrophe seien vielmehr die Geheimdienste der USA und Kanadas. In jener Nacht hätten sie in der Gegend um Halifax eine Übung abgehalten und die Wirkung einer neu entwickelten Strahlenkanone, eine Mischung aus Laser- und Radargerät mit tödlicher Wirkung, getestet. Und dabei sei es wohl zu einer Panne gekommen. Zwei Schweizer hätten von dem ungeheuerlichen Skandal gewusst – beide seien danach unter mysteriösen Umständen ums Leben gekommen. Das sei wohl Beweis genug.

Richtig ist, dass die beiden Männer kurz nach dem Absturz von Flug SR 111 verstarben. Der eine hieß Daniel Dayer und war Schweizer Botschafter in Kanada. Am 5. September 1998, zwei Tage nach dem Absturz, geriet der 58-jährige Diplomat im Bahnhof von Sitten im Wallis unter einen einfahrenden Zug und war auf der Stelle tot. Der andere war 47 Jahre alt, hieß Guido Hirni und war ein erfahrener und langjähriger Mitarbeiter des Büros für Flugunfalluntersuchungen (BFU) in Bern. Er stürzte am 13. Oktober 1998 mit einer Alouette III des BFU in die Eiswüste des Blinnenhorns auf italienischem Hoheitsgebiet, wenige Kilometer südlich der Schweizer Grenze.

Hirni befand sich auf dem Rückflug aus dem Tessin, wo er meteorologische Abklärungen im Zusammenhang mit einem anderen Flugunfall vorgenommen hatte. Hirni habe, so die Folgerungen des Informanten, von den Geheimdienst-Manövern Wind bekommen und Botschafter Dayer am 4. September in das Unfassbare eingeweiht. Deshalb hätten die beiden Mitwisser verschwinden müssen – vermutlich von skrupellosen Agenten für immer zum Schweigen gebracht.

Dass finstere Mächte ihre Finger im Spiel hatten und die Öffentlichkeit im ganz großen Stil getäuscht wurde, dafür mussten als Glieder in der Beweiskette auch zwei weitere Vorfälle herhalten. Am 12. Oktober, einen Tag vor Guido Hirnis Tod, wurde die Chefetage im Hauptquartier der SAirGroup auf dem Flughafengelände in Zürich-Kloten von Dieben heimgesucht. Die Neue Zürcher Zeitung, die den Vorfall publik machte, stellte den Einbruch in Zusammenhang mit dem Absturz von SR 111. Die Diebe hätten möglicherweise gezielt nach internen Dokumenten gesucht, mutmaßte die Zeitung. Am 1. Dezember 1998 erfolgte ein zweiter Einbruch, dieses Mal in das Swissair-Betreuungszentrum in Halifax. Weil einige Laptops verschwanden, keimte abermals der Verdacht auf, dass es die Eindringlinge auf heikle Informationen abgesehen hatten.

Zwei ungewöhnliche Todesfälle, zwei Einbrüche – genug Stoff für eine Verschwörungstheorie, wie sie immer wieder im Zusammenhang mit Flugzeugunglücken verbreitet werden. Oft halten sich solche Gerüchte hartnäckig über Monate hinweg und werden zu unkontrollierbaren Selbstzündern. Doch die Geschichte mit der tödlichen Strahlenkanone gehört am ehesten in die Welt der Sagen und Wanderlügen. Die Ungereimtheiten sind offensichtlich. Auch wenn das eine oder andere Fragezeichen durchaus angebracht ist, hält die direkte Verkettung der vier Ereignisse einer genaueren Betrachtung schlicht nicht stand.

Zuerst zum Tod von Botschafter Dayer: Der Diplomat hatte sich seit Ende August in der Schweiz befunden, um in Bern an der alljährlichen Botschafterkonferenz des Eidgenössischen Departements für auswärtige Angelegenheiten teilzunehmen. Zum Zeitpunkt des Absturzes der Swissair-Maschine hielt er sich nicht in Kanada auf. Dayers Gesundheitszustand war seit einiger Zeit angeschlagen. Zum einen musste er sich wegen Herzproblemen behandeln lassen, zum anderen litt er an den Spätfolgen eines Autounfalls.

Als Dayer in Sitten auf den Zug wartete, muss er einen Schwächeanfall erlitten haben und gestrauchelt sein. Dabei fiel er unglücklicherweise auf das Bahngleis – vor den Augen seiner Frau und seines Sohnes. Die polizeilichen Untersuchungen ergaben keinerlei Hinweise auf Fremdeinwirkung oder andere merkwürdige Umstände. Die Aussagen der geschockten Familienangehörigen und weiterer Zeugen des Zwischenfalls stimmten überein.

Weshalb Guido Hirnis Helikopter – er befand sich alleine an Bord – an dem Berghang auf 3000 Meter Höhe zerschellte, ist bis heute noch nicht geklärt. Die Untersuchungen werden von den italienischen Behörden durchgeführt. Gegen einen Zusammenhang seines Todes mit dem Absturz in Kanada spricht in erster Linie, dass Hirni gar nicht in die Unfalluntersuchungen involviert war. Er war auch nie vor Ort gewesen. Zuständig beim BFU für Halifax waren Hirnis Vorgesetzter Jean Overney, Leiter des Büros, und ein weiterer Untersuchungsleiter. Hirni besass keinen Zugang zu den Akten, die von Beginn an außerhalb der Berner Büroräumlichkeiten aufbewahrt wurden. Einen Schlüssel zu dem Aktenschrank besaßen nur Overney und sein Mitarbeiter, nicht aber Guido Hirni.

Mehr offene Fragen werfen die beiden Einbrüche in die Swissair-Räumlichkeiten auf – allerdings nicht in Bezug auf die angebliche Strahlenkanone. Auf dem Balsberg, dem Hauptquartier der SAirGroup, hatten es die Eindringlinge ausschließlich auf die Chefetage abgesehen. Im Vorzimmer von Konzernchef Philippe Bruggisser wurden Schreibtischschubladen aufgebrochen und eine Kaffeekasse mit etwas Bargeld entwendet. Akten zu SR 111 verschwanden keine. Im Büro von Rolf Winiger, Chef des Konzernbereichs SAirServices, wurden zwar einige das Unglück betreffende Schriftstücke aufbewahrt – wenn auch keine hochbrisanten –, aber sie wurden nicht einmal angerührt.

Offen bleibt, wie es den ungebetenen Gästen überhaupt gelang, bis in die Chefetage vorzudringen. Das Gebäude ist mit elektronischen Eingangsschleusen ausgestattet, die sich nur mit einem persönlichen Ausweis öffnen lassen. Zusätzlich ist es durch Alarmanlagen und einen Wachdienst gesichert.

In Halifax stiegen die Diebe am späten Nachmittag des 1. Dezember 1998 in das Betreuungszentrum der Swissair in der Spring Garden Road ein und nahmen drei tragbare Computer mit. Im selben Gebäude kam es an diesem Nachmittag zu einem weiteren Einbruch in einer Geschäftsniederlassung. Möglich, dass es die Einbrecher auf Adressen oder andere vertrauliche Angaben über die Absturzopfer abgesehen hatten. Diese Informationen hätten beispielsweise für amerikanische Anwälte nützlich sein können, die sich auf die Interessenvertretung von Hinterbliebenen spezialisiert haben. Auf den entwendeten Laptops waren aber keine heiklen Daten zu SR 111 gespeichert. Die örtliche Polizei fand auch keine weiteren Hinweise, die auf ein derartiges Tatmotiv hindeuteten. Der Fall wurde von ihr in die Kategorie »gewöhnlicher Einbruchdiebstahl« eingestuft.

Das Gerücht über die Strahlenkanone, die SR 111 zum Verhängnis geworden sein soll, ist insofern in Frage zu stellen, als dass eine solche Hightech-Waffe bis jetzt nirgends eingesetzt worden ist. Und gesetzt den Fall, man würde tatsächlich eine derartige Kanone testen wollen, so scheint es doch mehr als unwahrscheinlich, dass dies gerade in einem der meistbeflogenen Gebiete der Zivilluftfahrt geschieht. Offiziell bestätigt ist, dass im Raum Halifax in der Nacht auf den 3. September 1998 keine Militärmanöver stattgefunden haben, weder zu Land noch zu Wasser.

Von der Vorstellung, dass militärische Geheimaktionen zum Auslöser für zivile Flugzeugkatastrophen werden, geht offenbar eine ganz besondere Faszination aus. Denn auch nach dem Absturz von Flug TWA 800 im Juli 1996 bei New York tauchten dubiose Hinweise über einen Raketenbeschuss durch ein Navy-Boot auf. 230 Menschen kamen bei diesem Unglück ums Leben. Prominentester Vertreter dieser Theorie war der frühere Pressesprecher von US-Präsident John F. Kennedy, der damals 71-jährige Pierre Salinger. Während eines spektakulären Medienauftritts präsentierte er im November 1996 ein Papier, das den Abschuss des Jumbojets beweisen sollte. Als sich herausstellte, dass es sich bei seiner Quelle um ein nicht verifizierbares Internetdokument handelte, machte Salinger in der Öffentlichkeit einen Rückzieher.

Knapp ein halbes Jahr später tauchte Salinger jedoch erneut auf und gab an, im Besitz der Radaraufzeichnungen aus der Unglücksnacht zu sein, auf denen ein Marschflugkörper zu erkennen sei. Die US-Behörden dementierten diese Angaben heftig. Weder die Unfalluntersuchungen noch die Ermittlungen der amerikanischen Bundespolizei FBI ergaben Anhaltspunkte auf ein Attentat oder einen Raketenbeschuss. Vielmehr geht man heute davon aus, dass sich ein Gasgemisch im leeren Haupttank des Flugzeuges durch einen elektrisch verursachten Funkensprung entzündet und dies zu einer Explosion geführt hat. Die genauen Absturzursachen sind noch nicht endgültig geklärt.

Zwischenfälle im Rahmen militärischer Operationen sind aber nicht a priori Hirngespinste. Sie können durchaus Realität werden. Darauf deutet der mysteriöse Absturz einer DC-9 der italienischen Fluggesellschaft Itavia am 27. Juni 1980 in der Nähe der Mittelmeerinsel Ustica hin, bei dem 81 Menschen starben. Aufwändige Gerichtsgutachten ergaben, dass zwei libysche Militärjets im Schatten der Verkehrsmaschine geflogen waren, um nicht auf dem Radar aufzutauchen. Italienische, französische und amerikanische Abfangjäger stiegen in der Folge von ihren Basen auf. Bei einem anschließenden Luftgefecht soll die DC-9 abgeschossen worden sein – von wem, konnten auch die Experten nicht ermitteln. Ein paar Tage nach dem Unglück wurde in den kalabrischen Bergen das Wrack einer libyschen MiG-23 gefunden. Radaraufzeichnungen ergaben zudem, dass am fraglichen Abend ein Flugzeugträger im Tyrrhenischen Meer kreuzte. Die Abschussthese ließ sich nie schlüssig belegen. Das »Ustica«-Geheimnis ist eines der bestgehüteten der italienischen Nachkriegszeit.

Interview: Vic Gerden, Untersuchungsleiter TSB, Kanada

Angaben zur Person:
Vic Gerden (56) ist der Investigator in Charge des Transportation Safety Board of Canada (TSB). Er leitet und koordiniert die Ermittlungen von SR 111.

Nach dem Abschluss seines Ingenieurstudiums an der Queen's University spezialisierte er sich in den Fächern Flugsystem-Technik, Geschäftsverwaltung und Flugbetriebsführung. Über 28 Jahre diente er bei der Royal Canadian Air Force und den Canadian Forces. Er flog eine Vielzahl von militärischen Flugzeugen und war für die NATO in Deutschland, Belgien, England und den USA stationiert. Er beendete seine Militärkarriere im Rang eines Colonel und kam 1989 zur Vorgänger-Organisation des TSB, dem Canadian Aviation Safety Board. Gerden hat 35 Jahre Flugerfahrung und verfügt ebenfalls über eine Linienpilotenlizenz (ATPL).

Er lebt heute in Ottawa, ist verheiratet und hat zwei Kinder.

Wann und wie haben Sie von dem Unfall erfahren?
Ich erhielt einen Telefonanruf zu Hause in Ottawa. Ich habe an diesem Abend keine Nachrichten gehört, weil ich mit meiner Frau ausgegangen war. Als wir spät abends zurückkamen, waren die Spätnachrichten schon gelaufen. Ich wusste von nichts, bis dieser Anruf kam und mich über den Unfall informierte. Wir haben ein Team aufgestellt und festgelegt, wer welche Aufgabe haben wird.

Ist das bei Ihnen in Kanada ähnlich wie beim amerikanischen NTSB, wo man als Ermittler eine Art Bereitschaftsplan hat, für einen bestimmten Zeitraum?
Wir haben ein Team, das jedoch, was die Aufgabenverteilung angeht, sehr flexibel eingesetzt wird – je nachdem, mit welcher Art von Unfall wir es zu tun haben. Wir haben eine Liste »Schwerwiegende Vorfälle« und gewisse Verfahren, an die wir uns halten, aber das eigentliche Team wird immer erst für den jeweiligen Notfall zusammengestellt. Diese Aufgabe übernimmt der Direktor der Ermittlungen und der Operationsleiter. Ihre Auswahl der beteiligten Mitarbeiter ist auch davon abhängig, in welcher Provinz sich das Unglück ereignet hat.

Wann wurde Ihnen klar, dass Sie der Leiter der Ermittlungen bei SR 111 sind ?
Das wurde während dieses Telefonats noch in der Nacht besprochen, als ich aus dem Schlaf erwacht war und wir diskutierten, wer die Teammitglieder sein würden.

Was empfanden Sie zu diesem Zeitpunkt?
Ich wusste, es wird eine große Herausforderung. Mir war klar, dass es ein sehr umfangreiches Projekt sein wird. Und mir war auch klar, dass diese Aufgabe eine lange Abwesen-

heit von zu Hause erforderlich machen würde, was dann auch so war. Ich glaube, seit dem 1. Januar dieses Jahres war ich insgesamt nur zwei Wochen zu Hause.

Am Anfang traten Sie in der Öffentlichkeit sehr offen auf. Sie beantworteten jede Frage. Dann plötzlich, nach drei bis vier Monaten, wurden Sie zurückhaltender in Ihren Antworten. Sind Sie innerlich ein wenig desillusioniert über den Fortschritt der Ermittlungen, angesichts dieses riesigen Puzzles, das Sie und Ihre Mitarbeiter lösen müssen? Haben Sie mehr Resultate in diesem Zeitraum erwartet?
Ich glaube, dass jeder, der mit dem Vorgang einer Unfallermittlung vertraut ist, mir darin zustimmen wird, wie wichtig hier eine systematische und methodische Arbeitsweise ist. Spekulationen über verschiedene Möglichkeiten und Optionen sind dabei sehr kontraproduktiv. Man kann diese Aufgaben und Problemstellungen nicht schnell oder auf Anhieb lösen. Wir müssen uns auf die Untersuchung an sich konzentrieren. Andere mögen von Zeit zu Zeit über die Relevanz der einzelnen Schritte dieser Untersuchung diskutieren – mir aber steht es nicht zu, mich in einen Dialog oder eine Diskussion über allgemeine Ansichten hineinziehen zu lassen. Ich meine damit, dass ich mich nicht davon beeinflussen lassen darf, wenn irgendjemand ein Interesse hat, einen bestimmten sicherheitsrelevanten Aspekt in den Vordergrund zu rücken. Daher wird man bei mir sicherlich enttäuscht werden, wenn man mich nach einer persönlichen Einschätzung oder Meinung fragt. Meist wird mir dann vorgeworfen: »Sie reden nicht mit uns« oder »Sie geben keine Informationen«. Ich hingegen bitte Sie, eine solche Stellungnahme von mir nicht zu erwarten, und ich denke, Sie verstehen, warum. Ich weiß, dass diese spezielle Untersuchung sehr zeitintensiv ist. Wir sind sicherlich mit einer sehr einzigartigen Situation konfrontiert, wenn wir uns das Ausmaß der Zerstörung und die Vielzahl der Einzelteile ansehen. Insbesondere deshalb, weil immer noch nicht alle Teile geborgen werden konnten, was den Untersuchungsfortgang derzeit ganz erheblich beeinflusst.

Beabsichtigen Sie eine öffentliche Anhörung? In den USA ist es üblich, dass das NTSB ein- bis anderhalbtägige öffentliche Anhörungen veranstaltet, bei denen die Ergebnisse aufbereitet, vorgestellt und diskutiert werden. Ist so etwas in Ihrer Planung, wenn Sie eventuell in einigen Monaten mehr Informationen haben?
Die Untersuchungsbehörde eines jeden Landes hat ihre eigenen Methoden und ist an andere Gesetze gebunden. Unsere Praxis ist es, Informationen zu veröffentlichen, wenn greifbare Fakten vorliegen. Wir richten uns nach dem Fortschritt der Ermittlungen und warten nicht ab bis zu dem Termin, für den eine Anhörung anberaumt wurde. So hatten wir zum Beispiel am 27. Mai 1999 eine ganztägige Informationsveranstaltung, die für jedermann offen war. Wir erlaubten die Aufnahme von jeglicher Art von Bildern, je nachdem, was der Betreffende wollte, und gaben Erklärungen über den Fortgang der Ermittlung in den einzelnen Arbeitsgruppen. Insofern war dieser Tag der US-amerikanischen Praxis

einer öffentlichen Anhörung sehr ähnlich. Es waren 70 verschiedene Medien vertreten, drei Fernsehstationen berichteten live über die anderthalbstündige Veranstaltung. Andere dokumentierten, was immer ihrer Ansicht nach wichtig war. Wir haben Informationen gegeben, und das ist unsere Art des Vorgehens. Wir vermitteln Informationen, wenn gesicherte Erkenntnisse vorliegen. Es gibt also kein bestimmtes Datum, das wir abwarten. Das unterscheidet uns von der Vorgehensweise des US-amerikanischen NTSB.

Das oberste Gremium des TSB besteht aus fünf Personen. Präsentieren Sie diesen Ihre Erkenntnisse öffentlich oder nicht öffentlich?
Beim TSB hat nur dieses oberste Gremium (Board) die Befugnis, Erkenntnisse über Ursachen und an einem Unfall beteiligte Faktoren bekannt zu machen. Der Stab bereitet einen geheimen Entwurfsbericht vor. Dieser wird dem Board unterbreitet, das die Möglichkeit hat, die Untersuchungen zu hinterfragen oder weitere Ermittlungen anzuordnen – eventuell auch in anderen Gebieten. Wenn sie mit dem Inhalt zufrieden sind, dann genehmigen sie den Bericht zur Weiterleitung an die Parteien, die ein bestimmtes Interesse daran haben, also an diejenigen, deren Produkt oder Reputation von den Untersuchungsergebnissen betroffen sein könnte. Es ist eine Art »Fairness-Prozess«, der da stattfindet. Man räumt ihnen eine gewisse Zeitspanne ein, damit sie ihre Kommentare einbringen können. Diese werden dann wiederum vom Board berücksichtigt. Der Stab überprüft diese Informationen, aber es ist letztlich das Board, das entscheidet, ob diese Kommentare in den Bericht aufgenommen werden. Und es ist einzig und allein das Board, das die Verantwortung für die Genehmigung des TSB-Abschlussunfallberichtes trägt, der dann die Ursachen und am Unfall beteiligten Faktoren sowie die Sicherheitsmaßnahmen und Sicherheitsempfehlungen beinhaltet. Natürlich warten wir nicht ab, bis dieser Abschlussbericht fertig gestellt ist, um Sicherheitsmaßnahmen einzuleiten. Wir haben das bereits schon einige Male im Zusammenhang mit dieser Ermittlung getan. Wir haben eine Empfehlung bezüglich der Verkabelung abgegeben, eine Sicherheitsempfehlung in Bezug auf die Flugdatenschreiber, und je nach Fortschritt werde ich als Investigator in Charge dem Board auch andere Vorschläge mit möglichen Empfehlungen machen, die das Board dann genehmigen kann.

Sie führen derzeit ein sehr umfangreiches Testprogramm durch, bei dem es um die Verkabelung der MD-11, Funkenbögen (Arcing)[1] und mögliche zum Unfallereignis beitragende Umstände, wie Anreicherung des Feuers durch Sauerstoffleitungen, Isoliermaterialien und andere Faktoren, geht. Bereits sehr früh gab es Erkenntnisse über Kapton-Kabelmaterial. Kapton ist eigentlich ein gutes Material, aber es ist in der Handhabung sehr sensibel, und es besteht die Gefahr einer »Fehlbehandlung« bei Wartungsmaßnahmen. Haben Ihre Untersuchungen und Tests hier etwas ergeben?

Wir sind jetzt genau in diesem Abschnitt der Untersuchung angekommen. Es gibt noch viel zu tun, was die Beurteilung von Kabelmaterial und auch die Einschätzung der Funkenbögen, für die wir Anzeichen gefunden haben, angeht. Wir hatten eigentlich gehofft, zu diesem Zeitpunkt die Bergung abgeschlossen zu haben und die Analysen nach der Katalogisierung der Fundstücke vornehmen zu können. Die Funkenbogen-Tests an den Kabeln und ihre Auswirkungen sollten also eigentlich schon abgeschlossen sein, aber wir sind noch nicht so weit. Aber Sie haben Recht, wir haben in diesem Bereich bereits sehr viel getan, planen aber gerade hier noch weitere Ermittlungen. Wir überlegen gerade, welche verschiedenen Techniken wir anwenden und wie hilfreich diese sein werden, um uns bei der Beantwortung der Frage »Waren Funkenbögen die Ursache oder resultierten die Funkenbögen aus einer Feuerbeschädigung« zu helfen. Wir überlegen, wer wo für solche Untersuchungen am besten geeignet ist und ob bestimmte Technologien jenseits der Luftfahrtindustrie hier eventuell in Frage kommen könnten. Wir arbeiten daran, die Vorstudien sind noch nicht abgeschlossen, und es wäre zu früh, hier Schlüsse zu ziehen, was die uns vorliegenden Ergebnisse wirklich sagen.

Sind Sie eher Wochen oder Monate von der Auswertung dieser Analysen entfernt?
Wir hoffen, dies im August bearbeiten zu können. Ich weiß nicht, ob wir die Tests dann auch abschließen können, aber wir planen die aktive Testphase im August 1999. Wir fahren einige vorbereitende Analysen, aber es hängt davon ab, ob wir alles, was wir brauchen, bis dahin geborgen haben.

Welche Art von Tests planen Sie hier durchzuführen?
Wir rekonstruieren Kabelstränge zusammen mit Verbindungen in ähnlichen Anordnungen, wie sie hier von Funkenbögen betroffen waren, und setzen sie Hitze und anderen Konditionen aus, die Funkenbögen auslösen. Wir sehen uns an, was dabei herauskommt, und untersuchen die entstehenden Funkenbögen. Wir versuchen dann auszuloten, ob diese Techniken angemessen und hilfreich sind, um Unterschiede festzustellen. Wir arbeiten dabei in einer optimal kontrollierten Versuchsanordnung und generieren Funkenbögen nach zwei Methoden: einen Funkenbogen durch einen elektrischen Kurzschluss und einen Funkenbogen, wie er entstehen kann, wenn Kabelisolationen und/oder Kontakte zerstört wurden. Mit diesen Ergebnissen gehen wir dann an ein richtiges Flugzeug und vergleichen die Ergebnisse, um es schließlich an den beschädigten Kabeln von SR 111 zu verifizieren.

Das ist also die wesentliche Frage: Was ist das Huhn und was ist das Ei?
Ja, genau.

Gab es Anzeichen von Funkenbögen auf dem Band des Cockpit-Voicerecorders?
Ich glaube, da muss ich sagen: Wir haben nichts Eindeutiges. Wir wissen, dass es Vorfälle

gegeben hat, wo Funkenbögen auf den Bändern hörbar waren. Wir haben uns die Bänder daraufhin genau angehört. Aber es ist nicht eindeutig klar hörbar. Oft ist die Aufnahmequalität so schlecht, dass es sehr schwierig ist, zwischen Stimmen und Geräuschen, die ein Anzeichen sein könnten, zu unterscheiden. Aber wir wissen, dass es manchmal durchaus möglich ist, eine rausspringende Sicherung zu identifizieren oder einen Funkenbogen. Aber ich kann Ihnen derzeit keine eindeutige Antwort in Hinblick auf solche Ergebnisse geben. Wir untersuchen das sicherlich und verfügen über die notwendigen Geräte, um es herauszufinden.

Das klingt ganz so, als wenn das, was Sie und Ihr Team da jetzt tun, einen ziemlich großen Einfluss auf die Luftfahrtindustrie haben wird. Das kann durchaus positiv sein, besonders im Hinblick auf zukünftige Designs und um Unfälle zu verhindern. Wissen Sie, ob solche Testreihen in vergleichbarem Ausmaß je durchgeführt wurden?
Ich möchte nicht den falschen Eindruck entstehen lassen, dass wir jetzt etwas machen, was es zuvor nicht gegeben hat. Wir werden alles in unserer Kraft Stehende unternehmen, um die Forschung und die Arbeit anderer Experten auf diesem Gebiet zu nutzen und diese Techniken auf unsere Beweisstücke anzuwenden. Ich kann jedoch das Ergebnis nicht vorhersagen. Es gibt hier einige Technologien aus anderen Industriebereichen, die möglicherweise funktionieren könnten – möglicherweise aber auch nicht. Ich weiß es nicht. Daher beschäftigen wir uns jetzt auch mit diesen Vorstudien, bevor wir die eigentlichen Fundstücke nehmen werden und weitere Tests – vielleicht sogar solche, bei denen das Beweisstück vernichtet wird – durchführen werden. Es ist ein wenig zu früh, um abzuschätzen, wie erfolgreich das sein wird.

Wenn Sie jetzt im August umfangreiche Tests an elektrischen Kabeln durchführen, werden die Ergebnisse dieser Testreihen dann auch veröffentlicht, stehen sie also der Öffentlichkeit dann auch uneingeschränkt zur Verfügung?
Ich erwarte, dass wir die Fakten, sobald sie uns vorliegen, veröffentlichen werden. Es gibt aber kein bestimmtes Datum, an dem das passieren wird. Sobald wir solche Fakten haben, teilen wir sie mit, das ist unser Prinzip. Es wird, je nach Fortgang der Untersuchungen, auch Ergänzungen geben.

Sicher, die aus Ihren Untersuchungen resultierende Sicherheitsempfehlung an das NTSB und die FAA wird zu einer »öffentlichen Information«, für jedermann zugänglich, doch was ist mit den eigentlichen Testabläufen und Ergebnissen?
Tja, wie diese Berichte aussehen werden, weiß ich zurzeit noch nicht. Auch unsere technischen Berichte sind durch den in Kanada üblichen »Zugang zu Informationen«[2] abrufbar, aber ich weiß nicht, wann das sein wird. Mit Sicherheit nicht unmittelbar nach Abschluss

der Testreihen. Und die Entscheidung, was veröffentlicht und was nicht veröffentlicht werden darf, wird von anderen getroffen, nicht von mir.

Was fehlt Ihnen noch vom Meeresboden, was bisher nicht gefunden wurde und Ihnen bei der Arbeit weiterhelfen könnte?
Wir wollen so viel wie möglich aus dem neun Meter langen Vorderteil der Maschine. Natürlich jede Stelle mit Hitzebeschädigung, strukturelle Teile, Kabel, Sauerstoffleitungen und elektrische Komponenten. Dem gilt unsere besondere Aufmerksamkeit. Es gab keine Anzeichen von Besonderheiten im Rest der Maschine, daher interessieren uns diese Teile auch nicht sonderlich.

Im Hinblick auf den Umfang Ihrer Untersuchungen wäre es ja eigentlich – auch wenn das paradox klingen mag – fast ein schlechtes Ergebnis, wenn Sie die genaue Ursache des Feuers ermitteln könnten. Solange Sie Ihre Nachforschungen in alle Bereiche ausdehnen, die möglicherweise sicherheitsrelevante Konsequenzen haben, wird der Nutzen für die Flugsicherheit ein viel größerer sein. Wenn es Ihnen andererseits gelänge, diese eine Ursache zu finden, dann würden Sie eine diesen Umstand betreffende Sicherheitsempfehlung erlassen, und die anderen Untersuchungsergebnisse würden möglicherweise unter den Tisch fallen.
Sehen Sie, das Mandat des TSB ist es, die Sicherheit im Verkehr zu erhöhen. Wann immer es zu einem Unfall kommt, können wir in alle Bereiche hineinsehen. Wir können versuchen, die möglicherweise systematischen Sicherheitsdefizite zu identifizieren. Dabei betrachten wir den ganzen Komplex als »System«, nicht nur eine Person oder einen Aspekt. Wir kümmern uns darum, was hier eine Rolle gespielt haben könnte, ganz unabhängig von der Frage, ob es den Unfall verursacht hat oder nicht. Die Unfallursache ist nicht der wichtigste Aspekt unserer Arbeit. Zum Beispiel hat die Tatsache, dass der Flugdatenschreiber zu wenig Daten zur Verfügung stellt, keine ursächlichen Auswirkungen auf den Unfall, aber schon seit Jahren wird die Verbesserung dieser Geräte diskutiert. Es gab Vorschläge für ähnliche Empfehlungen, wie wir sie abgegeben haben, weil das Defizit bereits seit langem klar identifiziert worden war. Bis zu diesem Unfall hatte es jedoch nicht die gleiche Bedeutung, die wir ihm heute zumessen. Nun wurde mehr als deutlich, wie wichtig es gewesen wäre, zumindest zwei Stunden an Aufzeichnungen zu haben, weil uns dadurch eine Menge an Problemen erspart geblieben wäre, mit denen wir uns jetzt noch immer beschäftigen müssen. Hätten wir diese Aufzeichnungen, wüssten wir, wie es zu der 13-minütigen Lücke in der Funkkommunikation gekommen ist, und wir hätten Anhaltspunkte aus den Gesprächen im Cockpit, die unsere Aufmerksamkeit auf möglicherweise entscheidende Bereiche lenken würden. Ein Ergebnis unserer Ermittlungen ist es offenbar, dass sich die Einsicht in die Notwendigkeit verbesserter Flugdatenschreiber durchgesetzt hat und die entprechenden Schritte für die Umsetzung dieser Empfehlung eingeleitet worden sind.

Ja, aber für die Flugschreiber-Modifizierungen ist die Frist bis zum Jahr 2005 ausgedehnt worden. Die besseren Geräte gibt es bereits. Wie erklären Sie das einem Passagier?

Es gibt da drei Kategorien: Ein Teil der Empfehlungen hat keine zeitlichen Vorgaben, sie könnten sofort umgesetzt werden. Ein anderer Teil beschäftigt sich mit existierenden Flugzeugen und der dritte mit zukünftigen Maschinen. Die Zeitvorgaben sind von daher realistisch. Wenn es keine solchen Vorgaben gäbe, könnte das Datum zur Umsetzung weiter hinausgeschoben werden. Und selbst wenn es noch keine Empfehlung für eine weitere unabhängige Stromversorgung dieser Geräte gibt, so gibt es eine Vorgabe – je nachdem, ob es ein existierendes oder noch zu entwickelndes Flugzeug betrifft. Es braucht Zeit, um solche Konstruktionsänderungen durchzuführen. Und wir sprechen von Tausenden verschiedenen Flugzeugen und unterschiedlichsten Typen. Das mag sich lange hinziehen, aber es ist eben eine praktische Notwendigkeit.

Haben Sie irgendwelche Erkenntnisse, welche Rolle die Sauerstoffleitungen im Cockpit in Bezug auf ein Anfachen des Feuers gespielt haben?

Wir suchen natürlich nicht nur nach der Ursache der Hitze, sondern auch danach, was das dazu notwendige Feuer angefacht hat. Die Sauerstoffversorgungsleitungen fallen da hinein, und deshalb betrachten wir es als eine mögliche Quelle. Momentan fehlen uns jedoch leider ausreichend große Teilstücke dieser Leitungen, und wir haben von daher keine klaren Anhaltspunkte für dieses Szenario. Uns fehlen nicht nur davon Teile, sondern besonders auch noch Strukturteile der vorderen neun Meter. Das, was wir bisher geborgen und untersucht haben, erlaubt keine klaren Rückschlüsse auf ein durch Sauerstoff angereichertes Feuer. Wir sehen uns aber auch die Zuleitungen der Air-Conditioning und die Isoliermatten an, die ebenfalls potentieller »Treibstoff« für ein solches Feuer sein könnten.

Was ist mit der Benutzung des Smoke/Elec-Drehschalters zur Eliminierung einer potentiellen elektrischen Feuerquelle? Ist das eine Besonderheit dieses Flugzeuges? Haben Sie ihn gefunden?

Den Schalter? Nein. Ich glaube aber, dass ich nicht über ausreichende Kenntnisse verfüge, um hier eine allgemeine Aussage zum Problem dieses Schalters auch bei anderen Flugzeugen zu machen. Ich denke, da müssen Sie jemand anderen fragen.

Wenn ein Pilot bei der MD-11 durch die einzelnen drei Schalterstellungen schaltet, dann schaltet er sich doch damit nicht wesentliche Systeme, wie zum Beispiel die Treibstoffpumpen, aus? Er schaltet einzelne Stromgeneratoren und ihre Schaltkreise ab?

Nur in den seltensten Fällen gibt es eine einfache Antwort. Beim Drehen des Schalters stellt man den Stromgenerator Nr. 3 ab, der ungefähr ein Drittel der elektrischen Systeme des

Flugzeuges mit Strom versorgt. Einige dieser Systeme können Treibstoffpumpen sein. Aber dann gibt es auch noch Kreuzschaltungen zwischen einem elektrischen System und einem anderen. Es wird sehr schnell sehr kompliziert. Wenn man sich ein Drittel der Elektrik abstellt, heißt das nicht, dass man damit auch alle Treibstoffpumpen ausgeschaltet hat. Die Frage wird also sehr speziell, und wir müssen daher in die Verkabelungs- und Schaltdiagramme gehen, um herauszufinden, welche Pumpen für welche Triebwerke wirklich noch gearbeitet haben. Es gibt von daher keine einfache Antwort auf eine einfach erscheinende Frage.

Haben wir Sie richtig verstanden? Wenn Sie den Schalter durch die verschiedenen Schalterstellungen drehen, kann es sein, dass Sie sich den Strom für Treibstoffpumpen abschalten?
Ja.

Konnten Sie irgendwelche Informationen aus dem Quick-Access-Recorder, dem Wartungsflugdatenschreiber im Cockpit, gewinnen?
Das Gerät ist beim Aufprall zerstört worden. Wir haben ein kleines Stück Band, das wir vielleicht, vielleicht auch nicht, auslesen können. Wir versuchen es, aber ...

Wie lang ist dieses Stück Band?
Weiß ich nicht ...

... nur so als ein ungefährer Anhaltspunkt ...
Drei Fuß (1 Meter), drei inches (7 Zentimer), eher drei inches ... ich weiß es nicht genau.

Und Sie versuchen noch immer, es auszuwerten?
Ja.

Haben Sie eine Ahnung, mit welcher Checkliste Kapitän Zimmermann und der Erste Offizier Löw befasst waren?
Ich habe keinerlei Ahnungen. Die Checkliste »air conditioning« wird in dem Funkprotokoll erwähnt. Das ist ein Beleg. Das ist eine faktische Information, die nur in dieser Checkliste genannt wird.
(Anmerkung: Gerden kennt als Investigator in Charge natürlich die Abschrift des Cockpit-Voicerecorders und weiß daher mehr, als er hier preisgeben möchte. Auf dem Cockpit-Voicerecorder-Band gibt es vermutlich genauere Anhaltspunkte, doch Gerden will davon offensichtlich keinen Gebrauch machen.)

Wie weit sind Sie mit der Identifizierung und Zuordnung der Kabel in der Kabinenrekonstruktion, und wie weit nach hinten in der Kabine finden sich Spuren einer Beschädigung durch Hitze oder Feuer?
Wir haben kein gleichmäßiges Muster. Wir haben viel Zeit damit zugebracht, um die Methodik zu entwickeln, die uns hier helfen kann, so präzise Aussagen wie möglich zu treffen. Jedes Teil hat eine genaue Untersuchung erfahren mit Farbcodierungen im Vergleich zu Hitzetests, die wir durchgeführt haben, um Anhaltspunkte für die Temperaturen zu bekommen, die zu einer solchen Verfärbung geführt haben. Wir können Hitzemuster in unserem Computermodell simulieren, also das aktuelle Hitzemuster. Es ist jedenfalls kein konstantes Muster. Wenn ich also sage, die Brandspuren erstrecken sich einen Meter in den Cockpitbereich, dann handelt es sich nicht um den gesamten Bereich, auch nicht anderthalb Meter von beiden Seiten der Krone. Daher führen wir diese systematischen dreidimensionalen Animationen durch und vergleichen sie mit den Fakten in der Rekonstruktion auf dem Gerüst. Wir sehen uns die Zuleitungen an und wie die Kabel dort in der unmittelbaren Umgebung laufen. Aber wir können die Brandspuren nicht eindeutig auf bestimmte Bereiche zuordnen.

Bereits sehr früh ist dem IFEN-System im Rahmen der Ermittlungen besondere Aufmerksamkeit zuteil geworden. Es gab Anlass zur Besorgnis über die Art und Qualität der Verkabelung und den gesamten Prozess der Zulassung dieses Systems. Wie stellt sich dieser Komplex heute für Sie dar?
Wir sehen uns jeden Bereich von Zusatzsystemen an, das ist Teil unserer Ermittlungsarbeit. Wir haben noch keine konkreten Ergebnisse. Wir ermitteln gerade den Einfluss des IFEN-Systems, unabhängig davon, ob es Einfluss auf die kausale Ereigniskette hatte oder nicht. Wir haben sieben Kabel dieses Systems, die Funkenbogenspuren aufweisen, aber wir haben auch sechs Kabel von anderen Flugzeugsystemen, die solche Beschädigungen aufweisen. Daher untersuchen wir mit den zuvor beschriebenen Methoden, ob dieses System möglicherweise die ursprüngliche Hitzequelle war oder nicht. Ganz generell, wie auch bei jedem anderen systemimmanenten Mangel, sehen wir uns auch an, ob man Verbesserungen in der Methode für die Zulassung einführen könnte, aber derzeit habe ich nicht mehr Details dazu, wir haben die Ermittlungen in diesem Bereich noch nicht abgeschlossen.

Beim Aufprall ist das mittlere Triebwerk im Heck der Maschine nicht gelaufen. Haben Sie hierzu neue Erkenntnisse?
Ich kann Ihnen nicht sagen, warum es nicht gelaufen ist. Warum, wissen wir noch nicht. Daher sehen wir uns ja auch jedes System erst einmal genau an, selbst wenn es uns auf Anhieb keine weiteren Informationen liefert, aber wenn wir alles zusammenfügen, dann haben wir bessere Chancen, eine Erklärung zu finden. Wir haben zum Beispiel die Treibstoffpumpen einzeln untersucht. Wir müssen auf dieses methodische Niveau herunter und

uns jede Komponente einzeln ansehen, weil es Dutzende von verschiedenen Faktoren geben könnte, warum das Triebwerk gelaufen ist oder nicht.

Im Zusammenhang mit dem Schreiben des TSB an das US-NTSB vom 22. Dezember haben Sie darauf hingewiesen, dass ähnliche Probleme, wie Sie und Ihr Team sie bei der Inspektion von Flugzeugen des Typs MD-11 festgestellt haben, auch für andere Flugzeugtypen zutreffen könnten. Im Schreiben des NTSB an die US-Aufsichtsbehörde FAA vom 11. Januar 1999 vermissen wir allerdings diesen wichtigen Abschnitt.

Das war ein Schreiben mit Hinweischarakter, in dem wir unsere Beobachtungen bei einer Reihe von Maschinen des Typs MD-11 weitergaben. Aufgrund dieser Dinge und Mängel, die wir dabei festgestellt haben, dachten wir, dass es angemessen wäre, zusätzliche Überprüfungen an den Flotten anzuzetteln, wenn Sie so wollen. Das war das Hauptanliegen. Es wird derzeit an den Flotten der »alternden Maschine« gearbeitet, und ein Teil dieser Arbeit beschäftigt sich ganz allgemein mit Verkabelung. Ich denke daher, dass dieses generelle Anliegen nicht ignoriert wurde, es ist ein offner, weiterlaufender Prozess.

Sehr im Gegensatz zu europäischen Denkansätzen sowie Moral- und Ethikvorstellungen werden in den USA Sicherheitsempfehlungen zunächst auf der Basis einer Kosten-Nutzen-Analyse auf ihre wirtschaftlichen Konsequenzen hin überprüft, bevor sie umgesetzt werden. Sie können nur eine Empfehlung machen, können diese aber nicht umsetzen. Besteht da nicht die Gefahr, dass man auf halber Strecke stehen bleibt, gerade weil Kabel in Flugzeugen ein recht unüberschaubares Kostenpotential in sich bergen?

Ich glaube, jeder macht eine solche Abwägung. Ob Sie nun einen Volkswagen oder einen Mercedes kaufen – immer geht dieser Entscheidung die Überlegung voraus, welchen Nutzen Sie für welche Kosten erhalten. Ich bin aber auch überzeugt, dass die Airlines erkannt haben, wie teuer ein Unfall werden kann und dass es daher besser ist, solche Unfälle zu verhindern. Wir hoffen, dass wir mit unseren Untersuchungen abgesicherte Informationen und Empfehlungen liefern können, die der Aufsichtsbehörde und anderen in der Luftfahrtindustrie als Grundlage für ihre Abwägungen dienen können.

Sie haben bisher zwei Sicherheitsempfehlungen veröffentlicht. Wird es weitere Empfehlungen geben?

Also, wir ... das ist ein Hauptteil unserer Arbeit: Wir versuchen Sicherheitsmängel zu identifizieren und geben sie in Form von Sicherheitsanweisungen weiter oder raten zu möglichen Ergänzungen. Wir haben noch einige Vorschläge für Ergänzungen, aber solange unser »Board« nicht sagt: »Ja, wir stimmen zu, das hier ist ein Umstand, der eine Sicherheitsempfehlung rechtfertigt« ...

Also wird es bald weitere Empfehlungen geben?
Ich kann nicht sagen, wann es dazu kommen wird. Ich sage nicht, dass es nicht innerhalb des nächsten Monats sein könnte. Ich sage nur, dass es mir nicht zusteht, darüber zu entscheiden, ob eine Sache jetzt oder später veröffentlicht wird. Wir haben aber immer etwas »auf Lager«. Das ist unsere Aufgabe. Einige Dinge werden aber erst bis zum abschließenden Bericht ausgereift sein. Andere werden wir möglicherweise in Form einer zwischenzeitlichen Sicherheitsanweisung oder -empfehlung ansprechen.

Einige Fluggesellschaften überprüfen derzeit ihre Verfahren für Rauch, obwohl diesbezüglich noch keine Empfehlung gemacht wurde. Haben Sie hier Vorschläge in eine richtige Richtung?
Eine Unfalluntersuchung wie diese führt natürlich dazu, dass Hersteller und Betreiber in sich gehen und anfangen, ihre eigenen Verfahren und Methoden anhand der Informationen, die durch unsere Arbeit vorliegen, zu überprüfen. Ich denke, es ist ein normaler und gesunder Ansatz, sich seine eigenen Verfahren im Hinblick auf Verbesserungsmöglichkeiten anzusehen. Wie gesagt, Airlines und Betreiber bekommen die Kostenseite eines Unfalls auf vielfältige Weise zu spüren. Er kann verhindert werden. Wie man schon sagt: »Wenn Sie meinen, Sicherheit ist zu teuer, versuchen Sie es mit einem Unfall.«

Welche Bedeutung, denken Sie, wird diesem Unfall in fünf Jahren zukommen? Welche Auswirkungen wird er auf die Luftfahrtindustrie haben?
Ich glaube, er zeigt schon jetzt, angesichts der Diskussion vor einiger Zeit, seine Auswirkungen auf die Luftfahrtindustrie. Zum Beispiel wurden verschiedene Verfahren im Hinblick auf ihre Verbesserungsmöglichkeiten überprüft. Einige der bisher veröffentlichten Sicherheitsanweisungen haben zu einem ernsthaften Nachdenken geführt, und es kann noch weitere geben, bis diese Ermittlungen abgeschlossen sind. Für uns ist wichtig: Wir alle können daraus lernen. Es besteht ein Klima, das die Bereitschaft zum Handeln auf der Basis gut fundierter Informationen in sich trägt. Hoffentlich bleibt das so. Wir werden die Flugsicherheit durch diese Ermittlung erhöhen, und zwar dadurch, dass wir Bereiche, die verbessert werden können, identifizieren – unabhängig davon, ob sie Kosten verursachen oder nicht. Das versuchen wir jedenfalls.

---

[1] Siehe auch Kapitel 4, Funkenbögen sind hoch energiereiche elektrische Entladungen zwischen beschädigten Kabelisolationen, ähnlich einem Blitzschlag.

[2] Zugang zu Informationen: Ähnlich dem US-amerikanischen Freedom of Information Act, jedoch müssen in Kanada – anders als in den USA – der Öffentlichkeit nicht alle von staatlichen Stellen gewonnenen Informationen auf Antrag zugänglich gemacht werden.

Kapitel 3:
Crisis, what crisis?

Ernstfall bestanden: Die Notfallorganisation der Swissair

Die Swissair ist als Transportunternehmen im High-Risk-Bereich tätig. Sie verkauft Flüge – ein Produkt, das ein statistisch erwiesenes Gefahrenpotential in sich birgt. Das Fluggeschäft ist vergleichbar mit dem von Eisenbahn- oder Schifffahrtunternehmen. Kommt es zum Unfall, ist meistens eine große Anzahl von Menschen betroffen. Wobei die Überlebenschancen insbesondere bei Flugkatastrophen gering sind. Aufgrund schlechter Erfahrungen hat der Gesetzgeber in den USA die Fluggesellschaften dazu verpflichtet, für den »worst case« vorzusorgen und adäquate Betreuungsstrukturen aufzubauen[1] (vgl. Kapitel 9).

Das gilt auch für ausländische Fluggesellschaften, die nordamerikanische Flughäfen anfliegen. Die Swissair hat diese Vorgaben mit beeindruckender Konsequenz umgesetzt. Für sie steht bei einem Unglück nicht einseitige Schadensbegrenzung im Vordergrund. Als klare Strategie von Konzernchef Philippe Bruggisser formuliert, liegt bei der SAirGroup die Denkweise vor, dass ein Unfall für alle Betroffenen anständig bewältigt werden muss. Bruggisser erkannte rechtzeitig, dass dies gerade für das Schweizer Unternehmen von fundamentaler Bedeutung ist.

Auch wenn die Swissair in ihrer Firmengeschichte immer wieder mit schweren Unfällen konfrontiert war (vgl. Anhang), gelang es ihr, die Zuverlässigkeit ihrer Flugzeuge und deren Besatzungen als eines der wichtigsten Merkmale ihres Marktauftritts zu erhalten. Viele Fluggäste assoziieren Sicherheit im Luftverkehr direkt mit der Schweizer Airline und führen diesen Umstand als eines der wesentlichen Argumente an, weshalb sie gerade mit dieser Gesellschaft reisen wollen.

Die Swissair beließ es nicht nur bei dem strategischen Entscheid auf höchster Ebene. Bereits nach dem Unglück von Athen[2] im Jahre 1979 waren interne Organisationen für ein Krisenmanagement geschaffen worden. In den neunziger Jahren wurden diese Strukturen ausgebaut und durch regelmäßige Übungseinsätze im Hinblick auf ihre Tauglichkeit getestet. Das Krisenmanagement der Swissair beruht auf drei Eckpfeilern:

- Das Emergency Committee (EC), eine zentrale Stabsabteilung, die alle Entscheide nach einer Flugzeugkatastrophe koordiniert.
- Das Swissair Emergency Team (SET), auch Care Team genannt, das für die Betreuung der Hinterbliebenen und der Mitarbeiter zuständig ist.
- Einhaltung einer offenen und transparenten Kommunikationspolitik, die eine rasche und umfassende Information der Öffentlichkeit zum Ziel hat.

Swissair Emergency Committee
Standort: Operations Center, Flughafen Zürich-Kloten

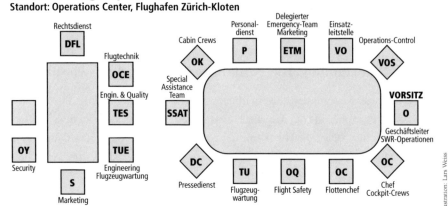

Der Swissair-Krisenstab tagte bereits in den frühen Morgenstunden des 3. September 1998 das erste Mal. Unter dem Vorsitz von Swissair-Geschäftsleitungsmitglied Beat Schär koordinierte er sämtliche Aktivitäten nach dem Flugzeugabsturz und fällte als zentrales Steuerorgan die nötigen Entscheide. Dem Emergency Committee gehören rund 20 Vertreter aller wichtigen Abteilungen der Swissair an.

Unmittelbar nach dem Absturz der Swissair MD-11 überwachte und koordinierte das Emergency Committee der Swissair alle Aktivitäten. Im Krisenstab saßen Vertreter der wichtigsten Firmenzweige: Cockpit und Cabin Crews, Flugsicherheit, Wartung, Mediendienst, Personaldienst, Einsatzleitstelle, Operations Control, Rechtsdienst, Flugtechnik und Marketing. Hauptaufgabe des EC war die fortlaufende Beurteilung der aktuellen Situation mit entsprechender Entscheidungsfindung.

Den Vorsitz des EC führte der Leiter von Swissair Operations, Beat Schär, der als Geschäftsleitungsmitglied verantwortlich für den operationellen Flugbetrieb zeichnet. Der 55-jährige Solothurner ist seit 1991 bei der Schweizer Airline tätig. Zuvor war er militärischer Berufspilot und Fluglehrer, später Kommandant von militärischen Pilotenschulen und zuletzt Chef des Schweizer Überwachungsgeschwaders. Genau wie SAirGroup-Konzernchef Philippe Bruggisser hat Schär eine Generalstabsausbildung absolviert.

Wie die meisten Mitglieder des EC war Schär am frühen Morgen des 3. September 1998 über seinen Funkpager alarmiert worden. Zu diesem Zeitpunkt befand er sich im Grand Hotel Park in Gstaad, wo er an einer Verwaltungsratssitzung der Swisscontrol[3] teilgenommen hatte. Von dort reiste er mitten in der Nacht nach Genf, etwa eineinhalb Autostunden entfernt, um sich an vorderster Front um die Betreuung der eintreffenden Familienangehörigen zu kümmern. Am späten Vormittag fuhr er zurück nach Zürich, um seinen Stellvertreter Manfred Brennwald im Emergency Committee abzulösen.

Die erste Sitzung des Krisenstabes fand am Morgen des 3. September um 4:40 Uhr in einem Raum des Swissair Operations Centers auf dem Flughafen Zürich-Kloten statt. Zu diesem Zeitpunkt war der Informationsstand noch nicht sehr groß. Die allererste Meldung stammte bezeichnenderweise nicht von der zuständigen Bodenstation in Moncton, sondern von einer Reporterin der kanadischen Zeitung TORONTO STAR. Sie rief die Swissair-Einsatzzentrale um 2:30 Uhr an, nachdem sie von Anwohnern der Küstenregion alarmiert worden war. Um 3:15 Uhr bestätigte Moncton dann, dass Flug SR 111 seit knapp zwei Stunden vom Radarschirm verschwunden war. Zugute kam dem Krisenstab, dass erst vor einem halben Jahr, am 16. März 1998, die letzte Einsatzübung stattgefunden hatte.

Als größte Herausforderung erwies sich in der ersten Phase nach dem Absturz die Betreuung der Familienangehörigen und Hinterbliebenen. Diese Aufgabe übernahmen in erster Linie die Emergency Teams der Swissair und die Care Teams ihrer amerikanischen Partnergesellschaft Delta Air Lines.

Das Zusammenspiel der beiden Gesellschaften im Handling der Katastrophe und vor allem die Koordinierung der sofort eingeleiteten Massnahmen funktionierte vorbildlich. Bereits um 22:45 Uhr am 2. September 1998 waren die Führungskräfte bei Delta über den Absturz informiert worden. Fünfzehn Minuten später begannen Mitarbeiter des Benachrichtigungsstabes damit, aufgrund der ihnen vorliegenden Daten die Adressen der Angehörigen zu ermitteln. Um 23:30 Uhr traf Walter Vollenweider, der Swissair-Repräsentant in den USA, auf dem John F. Kennedy Airport (JFK) in New York ein und verblieb dort ohne Unterbrechung die nächsten vierzig Stunden. Er beantwortete erste Fragen von Reportern und fungierte als Verbindungsmann zu Behörden. Unterstützung erhielt er schon bald vom stellvertretenden Generalkonsul der Schweiz, Manuel Sager.

Zum gleichen Zeitpunkt war die Telefonzentrale der Delta voll besetzt und einsatzbereit, um besorgten Anrufern erste Auskünfte zu erteilen. Die Delta-Station auf dem John F. Kennedy Flughafen aktivierte ihren Notfallplan. Eine Kommandozentrale wurde, wie auch schon im Fall von TWA 800, im nahe gelegenen Hotel Ramada Inn etabliert. Dort wurden in aller Eile auch Empfangs- und Unterbringungsmöglichkeiten für Angehörige der Opfer vorbereitet. Um Mitternacht war das Delta-Kommandozentrum voll einsatzfähig, und eine Minute später war auch das Angehörigen-Hilfszentrum bereit für die Betreuung der Angehörigen. Um 01:00 Uhr wurde eine Telefonkonferenz zwischen Atlanta (Heimatflughafen von Delta Air Lines), New York und dem Emergency Committee der Swissair in Zürich geschaltet, um das gemeinsame Vorgehen abzustimmen. Um 01:30 Uhr war auch das Crisis Management Center des US-State Departement aktiviert. Hier mussten sich ebenfalls Delta-Angestellte einfinden, um die Passagierlisten mit den Datenbanken der US-Regierung abzugleichen. Gegen 03:30 Uhr veröffentlichte die Swissair ein erstes Statement, das simultan auch auf der Internetseite des Unternehmens erschien. Um 04:30 Uhr startete in Atlanta der erste Charterflug nach Halifax, und um 06:00 Uhr folgte ein weiterer aus New York. Am 3. September um 22:00 Uhr US-Zeit (EST) wurde die Passagierliste auf der Swissair-Internetseite veröffentlicht, nachdem zwischenzeitlich alle Angehörigen benachrichtigt worden waren.

Die Swissair errichtete in Genf am Morgen des 3. September 1998 ein so genanntes Family Assistance Center. In strikt abgeschirmten Räumlichkeiten des Genfer Flughafens Cointrin sorgten sich dreißig geschulte Betreuer (Care Givers) um die eintreffenden Angehörigen der Opfer von Flug SR 111. Die Zahl der Betreuer wuchs in den darauf folgenden Tagen auf hundertachtzig Personen an; unter ihnen befanden sich zeitweise bis zu fünfzig Psychologen.

Die Delta baute in New York, Atlanta und Halifax analoge Zentren auf und stellte dreihundert ihrer Mitarbeiter zur Verfügung. Auch in Paris und Athen, Endziele etlicher Passagiere des Unglücksfluges, kümmerten sich insgesamt fünfzig Betreuer um die Hinterbliebenen. Als personalintensiv erwies sich der Betrieb Dutzender von Hotlines, die am Unglücksmorgen in Genf, Zürich und in Atlanta eingerichtet worden waren. Zeitweise bis zu tausend Personen beantworteten an den verschiedenen Standorten Anrufe von Angehörigen, besorgten Passagieren und von Mitarbeitern der betroffenen Airlines. Die immense Menge der zu bewältigenden Anfragen führte auch zu Pannen. So wurden nach Zürich durchgestellte Telefonate aus dem französischsprachigen Teil der Schweiz in der Anfangsphase des Öfteren von Mitarbeitern entgegengenommen, die dieser Sprache nicht mächtig waren. Eine derartige Erfahrung machte beispielsweise Alain Amposta aus Genf, der seinen Sohn Mathieu auf dem Unglücksflug verlor. »Jedes Mal, wenn ich anrief, musste ich meinen Namen buchstabieren, zwei- oder dreimal«, sagte er im Herbst 1998 dem Schweizer Nachrichtenmagazin FACTS.

Insgesamt verzeichneten die beiden Fluggesellschaften bis zum 6. September rund 64 000 Telefonanrufe. Diese eindrucksvolle Zahl belegt die Notwendigkeit einer gut eingespielten Betreuungsorganisation. Jedoch ging die Zahl der Anrufe danach im Vergleich zu anderen Absturzkatastrophen der jüngsten Vergangenheit (z.B. TWA 800) auch schnell wieder zurück.

Im Frühjahr 1999 ließ sich die US-Partnergesellschaft Delta ihre »Bemühungen« nach dem Unfall mit stattlichen 10 Millionen Dollar honorieren. Die Swissair zahlte, kurz nachdem sie die Rechnung erhalten hatte. Fachleute für Krisenmanagement in den USA fragen sich allerdings, wie ein derart hoher Betrag zustande gekommen sein soll, denn Vergleichszahlen mit anderen Katastrophen belegen, dass man von einem Kostenansatz von 5000 Dollar pro Opfer ausgehen kann. Delta Air Lines berechnete im Fall von SR 111 jedoch stattliche 43 668 Dollar pro Opfer und blieb die Antwort schuldig.

Das Swissair Emergency Team war in der Form, in der es in der Unglücksnacht in Aktion trat, erst im April 1998 gegründet worden und bestand zu diesem Zeitpunkt aus rund achzig Personen – ausnahmslos Freiwillige, die aus den verschiedensten Abteilungen des Unternehmens rekrutiert wurden. Ein Kurs mit zwanzig neuen Helfern war am 2. September gerade zu Ende gegangen – einen Tag vor dem Unglück. Derart rasch hatte niemand aus dieser Gruppe mit einem Ernstfall gerechnet. Um zusätzliche Kapazitäten zu schaffen, wurden in der Woche nach dem Absturz in einem Schnellkurs weitere Swissair-Mitarbeiter auf ihre problematische Aufgabe vorbereitet und sofort eingesetzt.

Seit der Katastrophe vor Halifax wird die Schulung neuer Betreuer bei Swissair ständig vorangetrieben. Bis April 1999 waren rund zweihundert Personen einsatzbereit, hundertfünfzig stehen kurz vor der Grundausbildung. Doch das genügt immer noch nicht. Für die Berechnung des optimalen Sollbestandes existiert bei Fluggesellschaften eine einfache Regel: Man nimmt das Flugzeug mit der größten Passagierkapazität und verdoppelt diese Zahl. Beim Fassungsvermögen einer Boeing 747 von knapp vierhundert Passagieren bedeutet dies für die Swissair, dass sie über mindestens achthundert Care Givers verfügen sollte – gerechnet wird in der Planung eher mit tausend Personen. Diese Freiwilligen werden in zweitägigen Lehrgängen auf ihre Aufgabe vorbereitet und anschließend immer wiederkehrend zu Auffrischungskursen aufgeboten. Im Brennpunkt stehen psychologische Aspekte wie der Umgang mit schweren Traumata, Schockzuständen und Möglichkeiten der emotionalen Hilfestellung. Die Schulung wird von Marco Lanz, dem Ärztlichen Direktor der Psychiatrischen Klinik Hard bei Zürich, geleitet. Zur Basisausbildung der Care Givers gehört auch ein Grundwissen über die mit dem Tod verbundenen Rituale in den verschiedenen Weltreligionen – ein Faktor, der sich vor allem bei SR 111 als ungemein hilfreich erwies, stammten die Opfer doch aus vier verschiedenen Kontinenten.

Dritter Schwerpunkt der Care-Ausbildung bei Swissair sind die administrativen Abläufe. Dazu zählt der Umgang mit den so genannten Master Files, einer Computerdatenbank, in der alle wesentlichen Informationen über die einzelnen Opfer und sämtliche Schritte im Kontakt mit den Hinterbliebenen festgehalten werden.

Einige wenige Mitglieder der Care Teams zeigten sich den Belastungen, denen sie bei der Betreuung von Angehörigen des Fluges SR 111 ausgesetzt waren, nicht gewachsen. Weil sie ihre eigenen Grenzen nicht erkannten, mussten sie aus dem Betreuungsdienst abgezogen werden. Bei anderen wiederum führte die außergewöhnliche Belastung dazu, dass sie sich nicht mehr um sich selbst kümmerten. Sie vernachlässigten ihre Grundbedürfnisse wie Essen und Schlafen. »In solchen Fällen ist die Führung gefragt«, sagt Franz Bucher, Leiter der Swissair Emergency Teams. Um die Anzeichen von Schwäche und Überforderung frühzeitig zu erkennen, wurden die Betreuer jeweils bei Dienstschluss zusammengerufen, um im Beisein eines Psychologen die Ereignisse ihres Arbeitseinsatzes zu rekapitulieren. Diese kurzen therapeutischen Zusammenkünfte sollten die Mitarbeiter vor allem davor schützen, sich selbst zu überfordern.

Übersicht Betreuungseinsätze SR 111

Passenger Inquiry Centers

	Telefonlinien	Mitarbeiter
Zürich/Genf	55	250
Atlanta	200	bis 800
Total	255	1000

Family Assistance Centers

	Mitarbeiter
Zürich/Genf	30
Atlanta	50
Total	80

Care Givers

	Einsatzort	Mitarbeiter
SR Special Assistance Team	Zürich/Genf/Halifax	130
Psychologen	Zürich/Genf/Halifax	50
Nicht-SSAT-Mitglieder	Paris/ATH/Halifax	50
Delta Special Assistance Team	Atlanta/New York/Halifax	300
Total		530

Telefongespräche

Datum	Einsatzort	Anzahl
3. September	Atlanta	33 200
	Zürich/Genf/Paris	12 000
	Zürich: Crew Care Center	3 000
4. September	Atlanta (Delta)	2 500
	Zürich/Genf/Paris	3 000
	Zürich: Crew Care Center	2 000
5. September	Atlanta (Delta)	500
6. September	Atlanta (Delta)	300
Zwischensumme		56 500
3. – 6. September	Family Assistance Centers Atlanta/Genf	8 000
Total		64 500

Quelle: Swissair

Darüber hinaus zeigte sich, dass nicht nur diejenigen, die unmittelbar in die Krisenbewältigung involviert waren, professionelle Hilfestellung benötigten. Auch an sich unbeteiligte Firmenangestellte baten um Unterstützung, die ihnen auch gewährt wurde. Dieser Bereich oblag dem Leiter des Swissair Personaldienstes (Human Resources), Matthias Mölleney. Er war es auch, der die Familienangehörigen der verstorbenen Crew-Mitglieder betreute – ebenso wie die Angehörigen einer weiteren Swissair-Mitarbeiterin, die sich zufällig auch an Bord der Maschine befunden hatte.

In den ersten Tagen begannen alle Swissair-Mitarbeiter ihren Arbeitstag mit einer Trauerminute, und im Swissair Operations Center auf dem Zürcher Flughafen wurde eine kleine Gedenkstätte für die verstorbenen Kollegen eingerichtet. Seit dem Absturz finden in Zürich und Genf jeden Monat Informationsveranstaltungen zu SR 111 statt, die noch immer regelmäßig von mehr als hundert Mitarbeitern besucht werden.

Dieser beträchtliche Aufwand wird aus einem nahe liegenden Grund betrieben. 1980 hat die Weltgesundheitsorganisation (WHO) mit Hilfe der Diagnose »Posttraumatische Stressreaktion« die psychischen und sozialen Folgen einer Extrembelastung als Krankheit anerkannt. Damit ist es möglich geworden, Regressforderungen an die Unternehmen zu stellen – auch von Seiten der eigenen Mitarbeiter. Hilfsangebote, wie sie die Swissair ihren Angestellten offeriert, verringern möglicherweise den Anspruch auf Schadensersatzleistungen.

Die vom deutschen Lufthansa-Psychologen Reiner Kemmler ausgearbeiteten und durchgeführten Debriefings stießen auf große Resonanz. Alles in allem nahmen in den ersten beiden Monaten nach dem Absturz 1500 Swissair-Mitarbeiter daran teil, darunter viele Angestellte des Flugbetriebs und des Managements. Kemmler, dessen Dienste sich schon bei einigen Katastrophen bewährt haben, war am Tag nach dem Unlück aus seinen Ferien auf der Stelle nach Zürich geeilt. Die Lufthansa, für die Personalchef Mölleney früher als Manager tätig war, hatte der Swissair Kemmlers Dienste angeboten.

In den Debriefings wurden die Teilnehmer aufgefordert, sich in der Gruppe offen auszusprechen und ihren Gefühlszustand mitzuteilen, während Kemmler versuchte, die anwesenden Führungskräfte auf die extremen mentalen Belastungen vorzubereiten, denen sie in den kommenden Tagen und Wochen ausgesetzt sein würden. Der deutsche Psychologe, der sich auf den Umgang mit Extremsituationen spezialisiert hat, weiß aus Erfahrung, wie unter Druck stehende Menschen in Krisensituationen reagieren und welche Spätfolgen auf Betroffene zukommen können, wenn das Erlebte nicht thematisiert und in Gesprächen aufgearbeitet wird. »Erst nach drei bis fünf Jahren zeigt sich, ob der Vorfall wirklich verarbeitet werden konnte«, sagt Kemmler. Seine Erfahrung hat ihn gelehrt, dass

Betroffene höchst unterschiedlich auf eine Katastrophe ansprechen. Etwa fünfzehn Prozent reagieren ruhig und besonnen, zehn Prozent geraten in Panik, und die Übrigen geben zumindest vor, einen gefassten Eindruck zu machen. Kemmler spricht bei den Extremfällen von einem Gemütszustand, der sich als »mentale Disorientierung« bezeichnen lässt.

Als Krise definiert Kemmler ein Ereignis, das die normale Erfahrung eines Menschen übersteigt: Unfälle, Überfälle, Terroranschläge, Großschadensfälle, Kriege und Naturkatastrophen. Kemmler: »Wird durch solch ein dramatisches Ereignis die körperliche und seelische Unversehrtheit eines Menschen bedroht oder verletzt, verändern und reduzieren sich seine Bedürfnisse auf einige wenige, reflexhaft wirkende Überlebensmechanismen, genannt die primären Bedürfnisse.«

Kemmlers Sachkenntnis stammt von mehreren Krisen und Katastrophen, die er in den letzten Jahren analysiert und teils auch miterlebt hat: Golfkrieg, Lufthansa-Unglück 1993 in Warschau, Erdbeben 1995 in Kobe (Japan), Flughafenbrand 1996 in Düsseldorf, Terroranschläge auf Touristen 1997 in Kairo und 1998 in Luxor (Ägypten), ICE-Unglück 1998 in Eschede (Deutschland). Der deutsche Experte fasst die Maßnahmen zur effektiven Handhabung von Krisensituationen in fünf Punkten zusammen:

- Krisenkommunikation: eine sofortige, aktive und verlässliche externe und interne Kommunikation mit geschultem Personal.
- Präsenz am Krisenort: die rasche Anwesenheit eines kompetenten Ansprechpartners, möglichst die hochrangigste medienerfahrene Persönlichkeit am Krisenort.
- Abschirmung der Betroffenen und Angehörigen vor der Zudringlichkeit sensationsgieriger Presseleute und vor den Kamerateams des »Reality-TV«.
- Betreuung von Opfern, Angehörigen und Helfern: organisatorische, finanzielle, juristische, medizinische und psychologische Hilfestellung.
- Nachsorge: um im Anschluss an eine Katastrophe bei den Betroffenen durch professionelles Vorgehen Gesundheit und Leistungsfähigkeit wiederherzustellen.

Angesehene Fluggesellschaften wie British Airways, American Airlines, Lufthansa, Delta Air Lines oder Swissair haben in den letzten Jahren und vor allem im Hinblick auf die gesetzlich vorgeschriebenen Bestimmungen für den Luftverkehr mit den USA große Anstrengungen unternommen, um ihre Krisenorganisation zu verbessern. Mit dem wachsenden Bewusstsein über die möglichen Folgen einer Katastrophe wächst bei zahlreichen Wirtschaftsunternehmen gleichzeitig auch der Bedarf nach fachgerechter Beratung. Da gerade kleinere Firmen, insbesondere regionale Airlines, kaum über die finanziellen Möglichkeiten verfügen, einen eigenen Krisenstab aufzubauen, plant die Lufthansa gemeinsam mit der Flughafen-Betreibergesellschaft die Errichtung eines internationalen Krisenzentrums am Frankfurter Flughafen, das auch anderen High-Risk-Unternehmen Dienstleistungen im Bereich der Krisenbewältigung anbieten wird.

Die erste Betreuungsphase nach dem Unglück bei Halifax ging nach etwa drei Wochen schrittweise zu Ende. Anschließend wurde bewusst eine Pause eingeschaltet, um zwischen Betreuern und Angehörigen etwas Distanz zu schaffen.

Mitte Oktober nahmen die Care Teams wieder Kontakt mit den Familien auf. Galt es in der ersten Phase vor allem seelischen Beistand zu leisten und Auskünfte zu erteilen, verschob sich das Aufgabengebiet zusehends in Richtung praktische Unterstützung bei den verschiedensten Problemen im Zusammenhang mit einem derart außergewöhnlichen Todesfall. Dazu zählte beispielsweise die fachgerechte Hilfe beim Ausfüllen des vorsorglichen Totenscheins[4], die Rückführung sterblicher Überreste, das Einholen von Visa für Reisen nach Halifax, die Vermittlung medizinischer oder psychologischer Spezialisten oder die Unterstützung bei der Übersetzung amtlicher Dokumente.

Die Care-Leute kümmerten sich auch darum, dass persönliche Gegenstände, die keinem Opfer eindeutig zugeordnet werden konnten, wieder in den Besitz der Angehörigen gelangten, insofern diese es wünschten. Um die Rückführung zu ermöglichen, war die in Houston (Texas) ansässige Spezialfirma Kenyon International damit beauftragt worden, die im Atlantik gefundenen Wertgegenstände wie Schmuck, Brieftaschen und Geldbörsen – oftmals auch nur Teile davon – zu fotografieren und zu katalogisieren. Mit Hilfe dieser Kataloge konnten Angehörige die Gegenstände ihrer Nächsten identifizieren und zurückerhalten.

Das Emergency Committee setzte seine Arbeiten bis ungefähr Ende September 1998 fort. Dann wurde eine Nachfolgeorganisation gegründet – das Post Emergency Committee. Ihm fielen im Wesentlichen drei Aufgaben zu:

- Die weitere Betreuung der Hinterbliebenen und die Kontaktpflege mit den Familienorganisationen.
- Gewährleistung einer uneingeschränkten Unterstützung der Unfallermittler in Halifax und – parallel dazu – die Durchführung eigener Analysen von möglicherweise am Unfall beteiligten Faktoren.
- Beratung des Managementes in allen Rechtsfragen betreffend SR 111, insbesondere auch die Instruktion und Unterstützung der externen Anwälte und die Kommunikation mit den Versicherungen.

Die Leitung für das Post Emergency Committee wurde dem 69-jährigen Willi Schurter übertragen. Insgesamt 37 Jahre für die Swissair tätig, befand sich Schurter seit fünfeinhalb Jahren im Ruhestand. Der langjährige Chef der SR-Technics und studierte Ingenieur war bei der Beschaffung der MD-11 selbst dabei gewesen. Schurter wurde von der SAirGroup für zwei Jahre verpflichtet. Sein Kernteam besteht aus zehn Personen, darüber hinaus stehen ihm fünfzehn weitere Mitarbeiter zur Verfügung, die sich vorrangig um die Nachbetreuung der Familienangehörigen kümmern.

Gemäß seinem Auftrag begann Schurters Team – sozusagen parallel zu den offiziellen Unfallermittlern – mit der Suche nach Schwachstellen, die möglicherweise am Unfallablauf beteiligt gewesen sein könnten. Unterstützt wurden sie dabei von den Chef- und Sicherheitspiloten sowie den technischen Abteilungen der Swissair. Ihre Aufmerksamkeit galt den potentiellen Ursachen des Absturzes von SR 111. Dieses Vorgehen hatte sich aufgedrängt, weil es bereits abzusehen war, dass die Arbeit des kanadischen TSB noch viele Monate in Anspruch nehmen würde und mit Resultaten vorerst nicht zu rechnen war.

Diese eigenständige Spurensuche jedoch war in vielfacher Hinsicht mehr als heikel. Immerhin bestand die Möglichkeit, dass die Swissair bei ihren Untersuchungen zu Erkenntnissen gelangen würde, die für die Flugsicherheit eigentlich sofort Konsequenzen zur Folge haben müssten – zum Beispiel in Form von technischen Modifikationen oder Änderungen bei den Verfahren und Vorschriften. Doch wie würden solche Maßnahmen vom TSB, aber auch im Hinblick auf die straf- und zivilrechtliche Bewältigung des Unglücks aufgenommen werden? Galten sie womöglich als Schuldeingeständnis, als Beweis dafür, dass in dem Flugzeug wirklich etwas nicht zum Besten bestellt gewesen war? Würde man dem offiziellen Schlussbericht der Unfalluntersuchung unstatthaft vorgreifen? In diesem Spannungsfeld gestaltete sich die Aufarbeitung des schlimmsten Unglücks in der Geschichte der Schweizer Luftfahrt für die Swissair immer komplizierter.

Aber nicht nur im technischen, sondern auch im menschlichen Bereich sah sich das Post Emergency Committee mit einer kaum zu bewältigenden Aufgabe konfrontiert. Durch die wachsende zeitliche Distanz erwies sich die Betreuung der Angehörigen als zunehmend schwieriger. »Es ist fast eine Überforderung, all den vielen Einzelschicksalen gerecht werden zu wollen«, sagt Willi Schurter. Auch wenn die Swissair bei der Betreuung große Anstrengungen unternahm, waren Fehler und Versäumnisse unvermeidlich. Insgesamt kann man der Fluggesellschaft jedoch bescheinigen, dass sie in Bezug auf die Angehörigenbetreuung einen erstaunlich hohen Standard etabliert hat. Dies betrifft nicht nur die Intensität, sondern auch die Zeitdauer: Während bei einigen Fluggesellschaften in den USA die Überzeugung vorherrscht, dass sich die Betreuer der Airline ungefähr sechs Monate nach einem Flugzeugunglück zurückziehen sollten, entschied die Swissair, bis mindestens zum ersten Jahrestag am 2./3. September 1999 sämtliche Strukturen aufrechtzuerhalten.

Kommunikation in der Krise: Bestnoten

Aus der Atomkraft kennt man einen Begriff, der auch auf Airlines anwendbar ist: größter anzunehmender Unfall (GAU). Mit dem Absturz von Flug 111 ist für die Swissair eben dieser GAU eingetreten. Ein derart schwer wiegendes Ereignis erhöht die Verantwortung der betroffenen Gesellschaft gegenüber den Geschädigten, aber auch gegenüber den eigenen Mitarbeitern und den Aktionären.

Deshalb wird die Schadensbegrenzung zur zentralen Aufgabe – und zwar ohne dass die Betreuung der Hinterbliebenen, die korrekte Abgeltung von Entschädigungsansprüchen oder die Unfallaufklärung darunter zu leiden hat. In der Vergangenheit verdienten sich die von Katastrophen heimgesuchten Airlines in dieser Hinsicht selten Lorbeeren. Der Gedanke an Schadensbegrenzung führte meist zu einer defensiven Haltung, die vor allem auf die Abschottung vor der Öffentlichkeit zielte. Die Sorge galt vordergründig den eigenen finanziellen Interessen.

Ein Beispiel dafür aus der jüngsten Vergangenheit ist das Verhalten der US-Fluggesellschaft TWA nach dem Absturz eines Jumbojets (TWA 800) 1996 vor der nordamerikanischen Atlantikküste. Die Airline zog den Unmut der Öffentlichkeit und von Politikern auf sich, weil sie im Anschluss an das Unglück mehrere schwer wiegende Fehler zu verantworten hatte. Anrufe besorgter Hinterbliebener auf eigens eingerichtete, gebührenfreie Hotlines blieben allzu oft unbeantwortet, Informationen zum Unglück flossen allgemein nur sehr spärlich, und den Familienangehörigen wurde kaum Hilfe bei der Durchführung von Reisen an die Unglücksstätte angeboten. Nach nur drei Wochen stellte TWA die gesamte Betreuungsarbeit ein und zog alles Personal ab. Ein »post-crash-management« fand einfach nicht statt. Diese Unterlassungen erwiesen sich rasch als folgenschwer. Politiker wie New Yorks Bürgermeister Rudolph Giuliani griffen die TWA deswegen scharf an. In den Medien wurde das Vorgehen der Airline als verantwortungslos, ja sogar untragbar dargestellt.

Und das nicht zu Unrecht. Für Dienstleistungsunternehmen, wie es Airlines sind, gehört die mustergültige Handhabung eines Unglücks zu den vordringlichsten Aufgaben. »Ein Crash ist der entscheidende Moment für eine Fluggesellschaft«, sagt Richard George von der Public Relations Society of America[5]. »Ein Fehler genügt, und innerhalb von Minuten kann der mühevoll erlangte gute Ruf zerstört sein.«

Der richtigen Kommunikationsstrategie fällt deshalb eine Schlüsselrolle zu. In dieser Beziehung setzte der Umgang der Swissair mit der Öffentlichkeit und den Medienschaffenden, den so genannten Multiplikatoren, neue Standards – zumindest in der ersten Phase nach dem Unglück. »Proaktive Kommunikation« nennt Beatrice Tschanz, Leiterin Corporate Communications der SAirGroup, die von der

Konzernleitung mitgetragene Vorgehensweise. »Ich bin fest von den Vorteilen der Transparenz überzeugt«, sagt Tschanz. »Defense-attitude kills credibility« (Eine defensive Haltung zerstört die Glaubwürdigkeit). »PR-mäßiges Denken oder Selbstschutzverhalten ist falsch und geht auf Kosten der Glaubwürdigkeit.« Die Swissair hat ihre Krisenkommunikation wie folgt definiert[6]:

Strategische Grundsätze

Immer an den »worst case« denken

Kommunikation in die Gesamtnotfallplanung integrieren

Die Kommunikationsstrategie definieren (schnell, offen, transparent)

Standortwahl eines Medienzentrums

Notfallübungen durchführen

Maßnahmen

Krisenkommunikation ist Chefsache

Sofort eine Medienkonferenz einberufen (spätestens nach zwei Stunden)

Traditionelle Verteidigungshaltung beiseite legen

Nur über Fakten informieren

Das Menschliche kommt zuerst

Keine Angst haben, Gefühle zu zeigen

Soforthilfe offerieren und kommunizieren

Hotline-Nummern über Medien verbreiten lassen

Eigene Kommunikationsspezialisten an den Ereignisort senden

Personelle Ressourcen verdoppeln (innerhalb 48 Stunden)

Kommunikationsteam in einem Raum konzentrieren

Die ersten drei Tage sind entscheidend

Kommunikationsführung übernehmen (Hintergrundberichte etc.)

Zugang zu Top-Management und Spezialisten ermöglichen

Dieser Strategie liegt eine kenntnisreiche Analyse der allgemeinen Rahmenbedingungen zugrunde. Als ehemalige Journalistin ist Beatrice Tschanz mit den Mechanismen der Medienbranche bestens vertraut (vgl. Interview). Ereignisse sind heute augenblicklich global, dies gilt insbesondere für Flugzeugkatastrophen, denen in der Öffentlichkeit erfahrungsgemäß eine hohe Aufmerksamkeit zuteil wird. Die Reaktion der Medien auf Krisen ist wuchtiger und unberechenbarer geworden. »Die Boulevardisierung ist Tatsache«, sagt Tschanz. »Medien verkaufen Emotionen. Damit muss sich das Management eines Unternehmens zwangsläufig auseinander setzen.«

Laut Tschanz hat die zunehmende Komplexität und Vernetzung eine Personalisierung und Emotionalisierung in den Medien zur Folge. Wenn es um wirtschaftliche Interessen oder um Entschädigungsforderungen in Milliardenhöhe geht oder wenn das Image einzelner Unternehmen oder gar einer ganzen Branche auf dem Spiel steht, ist die Gefahr einer Instrumentalisierung der Medien nicht von der Hand zu weisen. Das weiß auch Beatrice Tschanz: »Spekulationen sind unfair, aber erlaubt.« Eine Feststellung, die trotzdem nicht dazu verleiten sollte, dass Medienschaffende ihrer Sorgfaltspflicht bei Katastrophen nicht mehr gerecht werden.

In der praktischen Umsetzung bedingen derart hohe Ansprüche an die Krisenbewältigung, wie sie die SAirGroup definiert hat, eine gut funktionierende Organisation. Ihre Bewährungsprobe hat sie – wie der Absturz von SR 111 beweist – bestanden. Die in den verschiedenen Bereichen der Swissair-Dachgesellschaft tätigen Mediendienst-Mitarbeiter wurden am 3. September 1998 augenblicklich zusammengezogen. In einem großen Raum des Konzernsitzes wurden in der Folge Strukturen errichtet, die denen einer Zeitungsredaktion entsprachen.

An einem so genannten News-Desk liefen alle Informationen zu dem Unglück ein. Bei Vorgängen oder Erkenntnissen, die eine öffentliche Reaktion des Unternehmens erforderten, wurden Medienmitteilungen vorbereitet und anschließend über Fax, Nachrichtenagenturen sowie Internet verbreitet. Trafen Anfragen von Journalisten ein, schalteten die Desk-Mitarbeiter nötigenfalls hausinterne Experten ein und baten um fachlichen Support.

Zitierfähige Auskünfte erteilten nur die offiziellen Pressesprecher, die sich nach Anfragen aus der deutschen Schweiz, der französischsprachigen Schweiz und den übrigen Staaten aufteilten. Zum Aufgabengebiet gehörten des Weiteren die interne Kommunikation und die Betreuung der eigens eingerichteten Internetseite zu dem Absturz. Ein Backoffice übernahm Übersetzungs- und Sekretariatsarbeiten.

Für das Handling des News-Desk hatte Kommunikationschefin Beatrice Tschanz zwei erfahrene Journalisten angeworben, die sich beide zu jener Zeit nicht in festen Anstellungen befanden: Sacha Wigdorovits, ehemaliger Chefredaktor der Schweizer Tageszeitung BLICK und den früheren BLICK-Sportchef Rainer Meier.

In New York zog die SAirGroup die Unterstützung der angesehenen, weltweit zweitgrößten PR-Agentur bei, Hill & Knowlton. Scott Tagliarino, Chef der New Yorker Dependance, unterstützte ab dem Unglückstag das publizistische Krisenmanagement. Als Erstes beriet er den mit einer Sondermaschine in den USA eingetroffenen Swissair-Chef Jeff Katz bei seinen Medienauftritten. Gleichzeitig wurde ein Team von Kommunikationsspezialisten nach Halifax geschickt, um die angereisten Schweizer Mediendienst-Mitarbeiter der SAirGroup zu unterstützen.

Zum Krisenmanagement zählte auch ein Entschluss, den Swissair-Chef Jeff Katz ebenfalls schon am 3. September fällte. Die laufende Werbekampagne mit dem Slogan »Swissair – the refreshing airline« (die erfrischende Fluggesellschaft) wurde umgehend gestoppt. Im November 1998 startete dann eine neue Serie. »Swissair – we care« (wir kümmern uns) hieß jetzt der Leitspruch.

Die Erfahrungen nach dem Absturz von Swissair-Flug 111 zogen für die Kommunikationsabteilung der SAirGroup weitreichende Konsequenzen nach sich. Die einst dezentralisierte Organisationsstruktur des Mediendienstes wurde endgültig aufgehoben und stattdessen zentralisiert. Mit baulichen Veränderungen wurde ein ständiger News-Raum geschaffen, in dem seither alle Anfragen und Informationen koordiniert werden – analog der ersten Phase nach dem Unglück. Sinnigerweise musste ausgerechnet das große Sitzungszimmer des Verwaltungsrates – wegen seiner Holztäfelung auch »Ritterstube« genannt – auf dem Firmensitz Balsberg als neue Nachrichtenzentrale herhalten.

Interview: Beatrice Tschanz, Leiterin Corporate Communications SAirGroup, Zürich

Angaben zur Person:

Beatrice Tschanz wurde am 20. Juli 1944 in Zürich geboren. Nach der Handelsschule studierte sie in Oxford Geschichte, an der Sorbonne in Paris Wirtschaft und Sprache, zuletzt zwischen 1965 und 1967 in Barcelona Sprache und Geschichte. Sie begann ihre berufliche Laufbahn als Executive Assistant bei der Schweizerischen Bankgesellschaft im brasilianischen São Paulo. 1971 wechselte sie zum Journalismus. Bei der SCHWEIZER ILLUSTRIERTEN (Ringier-Verlag) in Zürich schuf sie sich als unerschrockene Reporterin rasch einen Namen. Wo immer in der Welt etwas Außergewöhnliches geschah, war Tschanz mit einem Fotografen zur Stelle. Die SCHWEIZER ILLUSTRIERTE profilierte sich in den siebziger Jahren als Reportagemagazin, das stark der Aktualität verschrieben war. Für kurze Zeit wechselte sie ins Haus des TAGES-ANZEIGERS, um bei der Boulevardzeitung NEUE PRESSE mitzuhelfen. Später war sie Mitglied der Chefredaktion der ANNABELLE. Anschließend ging sie zurück zu Ringier und übernahm bei SONNTAGSBLICK und BLICK verschiedene Führungspositionen. Sie galt als versierte und routinierte Blattmacherin, die sich zu politischen und gesellschaftlichen Themen ebenso souverän äußerte wie zu Fragen über den europäischen Adel. Die groß gewachsene, attraktive Journalistin gehörte in der Schweizer Medienszene zur ersten Garde.

1987 übernahm Tschanz die Leitung der Abteilung Kommunikation der Ringier AG, des größten Verlagshauses der Schweiz. Sie besuchte mehrere Führungsseminare und absolvierte 1991 in den USA ein sechsmonatiges Aufbaustudium in Management und Kommunikation. Im gleichen Jahr wechselte sie zum Schweizer Warenhauskonzern Jelmoli, um dort die Kommunikationsabteilung zu leiten. Das traditionsreiche Unternehmen mit seinem Stammhaus an der Zürcher Bahnhofstrasse wurde Mitte der neunziger Jahre verkauft – eine Transaktion, der die meisten Filialen zum Opfer fielen. Tschanz musste erstmals in der Krise kommunizieren. Sie tat dies nach Auffassung vieler hervorragend. Im April 1997 ging sie zur SAirGroup, nachdem sie vom neuen Unternehmenschef Philippe Bruggisser für diese Aufgabe angeworben worden war. Die Position gilt in der Kommunikationsbranche als »Top-Job«.

Beatrice Tschanz ist verheiratet und hat – wie sie es selbst ausdrückt – »drei angeheiratete Kinder«.

Beatrice Tschanz: Glaubwürdigkeit als oberstes Credo

Frau Tschanz, die Swissair hat nach dem Flugzeugunglück in Halifax Bestnoten für ihre Kommunikationsstrategie erhalten. Sie waren früher selbst eine versierte Boulevardjournalistin. Wussten Sie deshalb besser mit den Medien umzugehen?

Beginnen wir mit der Frage: Was ist Krisenmanagement? Es ist etwas, das man planen muss, und zwar vorher. Ich sage jedem: »plan the worst case« – Plane den schlimmsten Fall. Das kann ich jedem Unternehmen und jeder Organisation nur empfehlen. Wenn sie erst zu planen beginnen, wenn der Krisenfall eintritt, ist es zu spät. Krisenmanagement muss sehr einfach aufgezogen werden. Sie müssen Prioritäten schaffen. Das heißt für uns als Airline, dass an allererster Stelle die Opfer und ihre Angehörigen stehen. Vor allen anderen. Das ist die oberste Priorität. Gleichwertig ist die Ursachenfindung. Man muss offenlegen, dass man für die Ursachenfindung alle Türen auftun wird. Das verstehe ich unter proaktiver Kommunikation. Wir haben unsere Prioritäten im Vorfeld nach einer »Trockenübung« einmal festgelegt. Ich sage das jetzt im Umfeld von SR 111 eigentlich ungern: Bei allem Unglück hatten wir auch ein Quäntchen Glück, dass diese Maschine nicht über Sibirien abgestürzt ist. Dann wären diese Aspekte ungleich viel schwieriger zu bewältigen gewesen als bei zwei zeitverschobenen Zonen, Schweiz und Nordamerika, wo Sie sofort Betreuungsorganisationen aufbauen können. Eine wichtige Erkenntnis ist auch, dass der Sitz einer Fluggesellschaft im Ernstfall immer am meisten betroffen ist. Dort muss die Kommunikation stattfinden, und dafür ist einzig und allein die Unternehmensspitze zuständig. Nur sie kann diesen Auftrag erfüllen.

Wann wurde die letzte große Notfallübung bei der Swissair vor dem SR-111-Unglück durchgeführt?

Das war im Oktober 1997, also ein Jahr davor. Ich war nur als Beobachterin dabei[7]. Am Ende habe ich dem CEO gesagt: Wenn das jetzt der Ernstfall gewesen wäre, dann hätten wir in der Kommunikation sehr schlecht dagestanden. Die erste Amtshandlung war damals noch, die Polizei aufzubieten, um wartende Medienvertreter vor unserem Operations Center zu vertreiben.

Damit ist genügend über den damaligen Stellenwert der Öffentlichkeit gesagt.
Ich glaube nicht einmal. Sie haben einfach nicht gewusst, wie das funktioniert. Niemand hat realisiert, dass die Kommunikation im Krisenfall eine Schlüsselrolle besetzen muss. Im Anschluss an diese Übung habe ich eine flammende Rede gehalten – zuerst einmal im Büro des Chefs. Philippe Bruggisser hat sofort begriffen, was ich meinte. Er fragte mich, was ich denn anders gemacht hätte. Ich bin der Auffassung, dass die Reaktionszeit für uns im Ernstfall gleich null ist. Jedes Ereignis ist heute sofort global. Also muss man zunächst Zeit gewinnen, und wenn es nur eine Stunde ist. Das Erste, was zu machen wäre, ist eine Medienkonferenz einberufen, ein, zwei Stunden nach dem Ereignis. Einfach, um ein wenig Luft rauszuholen. Damit ist aber noch nicht genügend getan. Medien brauchen über Tage hinweg substantielle Informationen. Sie müssen planen können – wobei auch ich die tatsächlichen Dimensionen massiv unterschätzt habe. Der CEO und ich waren uns einig, dass man rasch reagieren und sich proaktiv verhalten muss. Und vor allem waren wir uns einig, dass große Transparenz der einzige gangbare Weg ist. Nehmen Sie ein beliebiges Beispiel, etwa den Chemieunfall in Schweizerhalle bei Basel: Es wurde mit Verlautbarungen immer gewartet, bis alle Informationen vorhanden waren. Aber Schnelligkeit kommt vor Vollständigkeit. Wenn eine Krise ausbricht, ist es nicht so wichtig, was Sie schon alles wissen. Sie müssen ein oder zwei Dinge wissen und dann ständig aufdatieren.

Ist der Wille zur Transparenz bei Ihnen kontinuierlich gewachsen oder entspricht er einer persönlichen Grundeinstellung?
Ich bin fest von den Vorteilen der Transparenz überzeugt. »Defense-attitude kills credibility« (Eine defensive Haltung zerstört die Glaubwürdigkeit). PR-mässiges Denken oder Selbstschutzverhalten ist falsch und geht auf Kosten der Glaubwürdigkeit.

Haben Sie andere Unglücksfälle daraufhin analysiert oder woher stammen diese Ansichten?
Nein, aber ich habe einige Katastrophen als Journalistin selbst erlebt. Da war beispielsweise der Staudammbruch im Wallis mit über hundert Toten. Sie sind zu jung und können sich sicher nicht mehr erinnern. Wir standen dort einen ganzen Tag lang rum und warteten auf einen offiziellen Vertreter, der etwas sagte. Ich habe viele schlechte Beispiele mitgekriegt, weil ich lange auf der anderen Seite gearbeitet habe. Natürlich ging früher alles etwas gemächlicher, und es gab weder Handys noch Internet. Aber eigentlich war es eine Einstellungssache. Es sind Schnelligkeit und Offenheit – eigentlich Selbstverständlichkeiten –, die dazu führen, dass ihr Journalisten sagt: Die haben es gut gemacht.

Trotzdem war es erst jetzt das erste Mal, dass sich eine Airline im Krisenfall öffnete.
Jetzt muss ich das halt schon sagen: Die versammelten Juristen des Hauses mussten wir von dieser Strategie überzeugen. Da kamen sofort die Bedenken, dass sich das negativ für uns auswirken könnte. In dieser Situation kann die Kommunikationschefin alleine natürlich wenig ausrichten. Es braucht den Unternehmensleiter, der sagt, dass unsere oberste Priorität nicht der eigene Schutz ist. Klagen werden so oder so eintreffen, und die Angelegenheit wird auf jeden Fall ein Milliardending. Auch wenn Sie einmal etwas Falsches sagen, dann müssen Sie es halt am anderen Tag korrigieren. Wir hatten die Berührungsängste nicht, etwas falsch zu machen. Wir mussten uns in den ersten Tagen nach dem Unglück ein paar Mal für ungenaue Informationen entschuldigen, aber weil wir nichts zurückgehalten haben, konnten wir Glaubwürdigkeit schaffen. Und die Öffentlichkeit erhielt zu Recht das Gefühl, dass wir mit allem kommen, was wir wissen, und dass nicht noch irgendwo eine Grauzone existiert, die wir verheimlichen.

Wie viel Überzeugungsarbeit mussten Sie denn wirklich im eigenen Haus leisten?
Das war gar nicht so schlimm. Es war Philippe Bruggisser, der Anfang 1997 als CEO begann und eine neue Führung für die Kommunikationsabteilung suchte. Ich habe diesen Job unter zwei Voraussetzungen angenommen. Erstens, dass man eine aktive Kommunikationspolitik betreibt, wobei ich beileibe nicht an den Krisenfall gedacht habe. Und zweitens, dass meine Stelle hierarchisch ganz oben angegliedert ist und ich freien Zugang zu den Entscheidungsgremien in der Unternehmungsführung habe. Das war unter der alten Führung nicht so.

Der Wille zur Veränderung war also ganz oben vorhanden.
Richtig. Natürlich habe ich gleich zu Beginn einiges verändert und mir dadurch einen Glaubwürdigkeitsteppich geschaffen. Aber ich hatte auch Rückendeckung. Und dann kam wohl das Glück dazu, dass ich nicht allzu viele Fehler gemacht habe. Das wäre wohl auch nicht gut gewesen.

Weil Ihre persönliche Glaubwürdigkeit darunter gelitten hätte?
Natürlich. Jetzt verstehen Sie sicher besser, weshalb der CEO und ich uns nach der Übung 1997 rasch einig waren, welche Dinge verändert werden müssen. Allerdings fehlte mir dafür teilweise einfach die Zeit. Ich hätte schon lange die Kommunikationsaspekte in unserem Notfallhandbuch überarbeiten sollen. Ich habe das immer rausgeschoben, und prompt war am Unglückstag nichts Schriftliches hinterlegt. Allerdings wussten meine Mitarbeiter aus einem Gespräch vom letzten Sommer, wie wir uns im Krisenfall nach meiner Ansicht zu verhalten hätten. In Erinnerung ist geblieben, dass wir rasch eine erste Medienkonferenz einberufen müssen. Nur: Wo diese stattfindet, das war nicht organisiert.

Ich habe festgestellt, dass dies gar nicht so wichtig ist. Man muss situativ entscheiden. In jener Nacht konnte man mich zuerst nicht wecken, weil ich tief geschlafen habe. Es war einer meiner Mitarbeiter, der von sich aus sofort das Schulungszentrum der Swissair reservieren liess. Zur Not können Sie eine Medienkonferenz auf dem Garagenvorplatz abhalten. Nur machen müssen Sie es.

Wie haben Sie den Morgen des 3. September erlebt?
Ich war in jener Woche nicht zum Pikettdienst eingeteilt. Deshalb habe ich auch meine Telefone nicht ins Schlafzimmer gezügelt und das Mobiltelefon abgeschaltet. Als sie mich nach drei Uhr morgens zu erreichen versuchten, kriegte ich gar nichts mit. Mein Heimbüro befindet sich am anderen Ende der Wohnung, weshalb ich auch das Faxgerät nicht bemerkte. Entgegen meiner Gewohnheit bin ich dann bereits vor sechs Uhr erwacht. Das Telefon klingelte. Um 5.45 Uhr nahm ich ab. »Du musst sofort kommen, eine MD-11 ist abgestürzt«, sagte ein Mitarbeiter. Ich dachte zuerst: Das kann nicht sein. Ich war noch im Halbschlaf und habe zwei, drei Sekunden lang nichts geglaubt. Dann lief alles automatisch ab. Ich drückte auf die TV-Fernbedienung, wählte CNN und sah die ersten Bilder. Ich bemerkte, dass sie bereits ein Signet für SR 111 kreiert hatten. Anschließend habe ich etwas unsanft meinen Mann geweckt und ihm berichtet. Ich zog mich an, packte Notizblock, Kugelschreiber, Regenjacke, Tennisschuhe und lief in die Garage. Das waren Automatismen aus meiner Journalistenzeit. Erst als ich im Auto saß, hielt ich inne und dachte: Was muss ich jetzt tun? Ich hatte wohl eine Art Panikanfall. Alles ging mir durch den Kopf – vor allem, was ich nicht erledigt hatte. Dann fuhr ich ins Operations Center der Swissair auf dem Flughafen. Um 6.35 Uhr trat ich in den Emergency Room. Ich war wie erschlagen. Da saß der ganze Power dieser Airline beisammen und strahlte eine unglaubliche Ruhe aus. Jeder wusste, was er tun musste. Nur ich hatte einen fürchterlichen Flattermann. Dann sah ich Philippe Bruggisser, habe ihn angeschaut und gesagt: Um acht Uhr ist Pressekonferenz. Er nickte und meinte: Gut, machst du das? Von da an wusste ich, dass wir noch etwa 75 Minuten Zeit hatten, bis wir raus mussten. Nachher wurde ich rasch ruhiger. Ich nahm mit meinem Team im Balsberg[8] Kontakt auf. Wir befanden uns zu dieser Zeit in verschiedenen Gebäuden. Dank unseren Handys hat wenigstens die Verbindung geklappt. Über die Nachrichtenagenturen ließen wir den Acht-Uhr-Termin sofort verbreiten. Schlagartig war der Druck weg. Ich habe an jenem Morgen noch etwas sehr Wichtiges gemacht. Ich habe mir rigoros alle Emotionen verboten. Ich sah Leute weinen, darunter hoch gestellte Leute dieses Unternehmens. Das fährt ihnen gewaltig in die Glieder. Wieder reagierte die alte Journalistin, die sagte, jetzt ist keine Zeit für Emotionen. Ich habe sie radikal nach unten gedrückt. Dabei war auch ich zutiefst getroffen. Es ging mir wie jedem. Um neun Uhr wussten wir schließlich, dass es keine Überlebenden gab und der Aufprall fürchterlich gewesen sein muss.

Lassen Sie uns eine Zwischenfrage stellen. Wie haben Sie Philippe Bruggisser auf den ersten Medienauftritt vorbereitet?
Es gab kein großes Briefing, und es fehlte die Zeit, etwas Schriftliches vorzubereiten. Wir haben uns in ein kleines Büro gesetzt, einen Block genommen und eine »Bubble-List« verfasst. Ich sagte ihm, dass er lediglich bestätigen müsse, was passiert ist. Diese Bestätigung habe ich im offiziellen Wortlaut aus Kanada aufgeschrieben. Und ich habe noch gesagt, er solle alles vergessen, was ihm jemals irgendein PR-Mann eingetrichtert hat. »Sei einfach du selbst.« Natürlich war er auch emotional belastet, aber Bruggisser wusste, dass er eine Botschaft zu übermitteln hatte. Es kam darauf an zu sagen, dass alles getan werde, um die Angehörigen zu unterstützen. Glücklicherweise kann Philippe Bruggisser einmal gespeicherte Informationen wie von einer Festplatte abrufen. Er braucht lediglich die Sicherheit, dass es so, wie er es macht, gut ist. Ich habe ihn vorbereitet, dass er jetzt bald in einen Wust von Mikrofonen sprechen wird – und dass er am Schluss sagen soll, dass in zwei Stunden die nächste Orientierung stattfindet. So hat es denn auch geklappt. Unser Verwaltungsratspräsident Hannes Goetz war bei der ersten Medienkonferenz zwar auch dabei, er sprach aber nicht, weil er sichtlich betroffen war. Ich wollte natürlich verhindern, dass einer meiner obersten Chefs vor der Kamera weint. Nicht, weil Männer nicht weinen dürfen, aber es darf nicht sein, weil schließlich nicht ihre Familien umgekommen sind. Die, die weinen dürfen, sind jene, die direkt betroffen sind. Und nicht die anderen, die eine schwere Aufgabe durchziehen müssen, die zu Recht von ihnen verlangt wird. Diese Gedanken sind vielleicht schwierig auszudrücken, aber trotzdem sehr wichtig.

Es existiert demnach kein Protokoll, wie die Unternehmensspitze vor der Öffentlichkeit aufzutreten hat.
Nein, das gibt es so nicht. Wir handeln, wie man eben handelt in so einer Situation. Das muss man spüren.

Ihnen kam auch entgegen, dass in der Schweiz – trotz der wachsenden Zahl von Medienschaffenden – keine deutschen oder amerikanischen Verhältnisse herrschen. Gerade in einem solch tragischen Fall wird in der Schweiz immer noch Pietät bewiesen. Oder erlebten Sie das anders?
Nein. Wir haben noch am selben Morgen den Medienschaffenden offeriert, mit einer Sondermaschine nach Halifax zu fliegen.[9] Jeder wollte natürlich da hin. Das ist legitim. Man darf nicht meinen, man könne die Journalisten aussperren oder disziplinieren. Es ist doch klar, dass TV-Stationen Bilder brauchen. Wenn Sie das verbieten, dann versucht jeder auf seine Weise ranzukommen. Nur stehen die Absperrmaßnahmen vor Ort nicht mehr unter Ihrer Kontrolle. Zum Schluss kriegen sie Birgen-Air-Verhältnisse.

War es sofort klar, dass die Medien auf diesen Flug durften?
Ja. Darüber gab es keine Diskussionen. Als Journalistin weiß ich, wie man funktioniert: Man geht hin an den Ort des Geschehens, so schnell als möglich. In diesem Moment ging es nicht um die Angehörigen, die vorderhand gar nicht abreisen wollten. Die Hinterbliebenen mussten zuerst abgeschirmt und betreut werden. Aber die Medien, die mussten sofort hin. Ein weiteres Beispiel: Am Freitag nach dem Unglück stellte sich heraus, dass Rauch im Cockpit war. Sofort habe ich Philippe Bruggisser vorgeschlagen, am Samstag den MD-11-Flugsimulator zu reservieren und den Medien zu zeigen, wie das aussieht. Machen wir das nicht, muss sich das Fernsehen anderswo Bilder beschaffen oder Computersimulationen anfertigen. Ich sage immer: Das Wort kann wohl in den ersten achtundvierzig Stunden genügen. Nachher müssen Bilder her.

Setzten Sie auch Grenzen im Umgang mit den Medien?
Es gibt einen Swissair-Schulungsfilm, auf dem man den verstorbenen Kapitän Urs Zimmermann im Cockpit sieht. Wir haben davon nur ein Standbild freigegeben. Für die Familie wäre es unerträglich gewesen, wenn sie nach dem Absturz im Fernsehen diesen Film hätte sehen müssen. Es gibt Pietätgründe, die ich beachte.

Was würden Sie heute besser machen?
Unsere Nabelschnur nach draußen war zeitweise nur noch das Handy. Ladegeräte dafür waren natürlich nicht vorhanden. Genauso wenig wie genügend Filzschreiber und Ähnliches. Würde uns ein Organisationsspezialist durchleuchten, müsste er sicher schlechte Noten erteilen. Wir lebten in den ersten 24 Stunden vom Improvisieren.

Wie viele Stunden haben Sie zu Beginn geschlafen?
Zwei, drei höchstens. Ich ging nach Hause, duschte, legte mich eine Stunde hin, zog frische Kleider an und war wieder weg. Das ist natürlich von der Ressourcenplanung her schlecht. Aber das ganze Team, verstärkt durch pensionierte Mitarbeiter und externe Journalisten, hat mich hervorragend unterstützt.

Gingen Sie persönlich nicht ein großes Risiko ein? Sie arbeiteten quasi ohne Netz.
Sie können sich im Krisenfall auch nicht mehr absichern. Wäre das Handling von mir schlecht gelaufen, hätte ich die Konsequenzen ziehen müssen und wäre jetzt nicht mehr bei der SAirGroup. Das war mir bewusst. Ab einem gewissen Punkt habe ich niemanden mehr gefragt, sondern entschieden, manchmal sogar rigoros befohlen. Dafür hätte auch ich die Verantwortung tragen müssen, wäre es schlecht gelaufen. Es sagte einmal jemand zu mir, das sei ja eine unheimliche Gratwanderung. An so etwas denke ich nicht in einer solchen Situation. Man lässt sehr viele Alltagshemmungen fallen. Erstaunlich war für

mich diese Emotionalität in der Bevölkerung. Ich vergesse nie mehr die Gesichter der Journalisten an jenem Morgen. Als ich den Schock sah, wurde mir erstmals bewusst, dass dies nicht nur für uns ein grauenhaftes Erlebnis war. Und das machte mich wiederum ruhiger. Mein Credo war es, »contenance« zu zeigen. Ich musste alles andere wegschieben – auch wenn es mich ab und zu trotzdem überrollte. Dieses Vorgehen funktioniert nur, wenn Sie keine zusätzliche Front nach oben oder unten bekämpfen müssen. Jeder hat gewusst, wo sein Platz ist. Das ist eine grosse Stärke dieses Unternehmens, wahrscheinlich einmalig.

Wie funktionierte die Feinabstimmung mit der Partnergesellschaft Delta Air Lines, die ebenfalls Passagiere auf dem Unglücksflug hatte?
Der »Operating Carrier« hat immer die Führung in der Kommunikation. Das ist klar. Auch wenn Dutzende Schweizer auf einem Delta-Flug von einem Unglück betroffen wären, kämen wir erst an zweiter Stelle. Delta Air Lines hat das bei SR 111 sofort akzeptiert und uns in den USA mächtig geholfen. Wir haben zusätzlich eine Kommunikationsagentur in New York engagiert, Hill & Knowlton, um mediale Unterstützung für Jeff Katz bereitzustellen, der nach Amerika gereist war.

Gehört zu solchen Abläufen auch, dass man die laufende Werbekampagne unterbricht – wie das bei Swissair der Fall war?
Das hat Jeff Katz entschieden.

Es gibt auch keine Planspiele, ein vielleicht noch vorhandenes Schweizer Kreuz auf dem Wrack des Heckflügels eilig zu übermalen, damit dieses Bild nicht um die Welt geht? Hat es bei anderen Airlines alles schon gegeben.
Das wäre doch Quatsch. Was wollen Sie da noch anmalen? Die Computersignets, die den ganzen Tag über CNN laufen, können Sie ja auch nicht anmalen oder verhindern.

Das meinen wir auch. Gleichzeitig fragen wir uns, wo denn die Firmeninteressen bleiben, die zu wahren sind. Es klingt alles etwas zu schön.
Das übergeordnete Firmeninteresse in solch einem Fall ist einzig, diese Krise anständig zu meistern. Das ist der beste Schutz – und es ist das Einzige, was Sie machen können.

Wie gehen Sie mit der Möglichkeit um, dass am Tag X, wenn der Unfalluntersuchungsbericht veröffentlicht wird, eine Mitschuld an der Swissair hängen bleiben könnte?
Das darf kein Tabuthema sein. Es ist richtig, dass wir mit dieser Variante rechnen müssen. Und deshalb wird darüber auch gesprochen. Von der Kommunikation her möchte ich in diesem Fall verhindern, dass uns ein mentales oder emotionelles Tief erfasst. Ich habe

in der Unternehmensführung nach dem Unglück offen gesagt: Die erste Phase ist die einfachste Zeit, um es gut und anständig zu machen. Es ist einfacher als im Niemandsland, wenn keine Neuigkeiten mehr eintreffen. Irgendwann kriegt man auch genug von der Thematik. Die Phase der Unfalluntersuchung ist viel schwieriger zu handhaben.

Das Ziel einer solchen Kommunikationsstrategie ist doch, einen irreparablen Imageschaden für das Unternehmen zu verhindern. Ist Ihnen das gelungen?
Wir sind die einzige Airline, die einen Flugzeugabsturz ohne nennenswerte Buchungsrückgänge verkraftet hat. Es gab einmal fünfzig Stornierungen nach einer Schlagzeile mit einer MD-11-Panne in Singapur. Im Vergleich zum Buchungsstand ist das zu vernachlässigen. Aber es ist nicht wegzudiskutieren, dass diese Gesellschaft unter dem Absturz imagemäßig massiv gelitten hat. Ein Flugzeugabsturz ist ein gewaltiger Imageschaden, das ist ganz klar. Dass man ein solches Unglück anständig handhabt, wird von den Kunden offensichtlich honoriert. Es schafft Glaubwürdigkeit. Wir werden vielleicht einmal froh sein, auf diesem Teppich der Glaubwürdigkeit das zu kommunizieren, was noch auf uns zukommen könnte.

---

[1] »Aviation Disaster Family Assistance Act«: vom US-Kongress 1996 erlassenes Gesetz zur Betreuung der Hinterbliebenen von Flugzeugabstürzen
[2] Damals starben 14 Insassen, als eine Swissair DC-8 über die Landebahn hinausrollte.
[3] Die Swisscontrol ist für die Überwachung des schweizerischen Luftraums verantwortlich.
[4] Certificate of Persumed Death on the High Seas, ein vorsorglicher Totenschein, der erst seit einigen Jahren von den Behörden gemäss einer ICAO-Richtlinie bei Unglücken über Wasser ausgehändigt wird. Er versetzt die Angehörigen und Erben in die Lage, die anstehenden dringenden Rechtsgeschäfte wie Bankkonten-Klärungen, Kündigungen von Zahlungsverpflichtungen usw. abzuhandeln. Normalerweise bestehen gerade Banken und Behörden zunächst auf einem offiziellen Totenschein als Beweis des Todes eines Erblassers, bevor Auskünfte erteilt werden dürfen.
[5] Amerikanischer Fachverband der PR-Branche
[6] »Kommunikation in Krisensituationen«: Vortrag, Corporate Communications SAirGroup
[7] Beatrice Tschanz trat ihre Stelle im April 1997 an.
[8] Hauptquartier der SAirGroup, in Sichtweite des Flughafens Zürich-Kloten
[9] Um die Mittagszeit am 3. September startete ein Swissair-Airbus mit Medienschaffenden und Airline-Vertretern nach Halifax, wo er acht Stunden später landete.

Kapitel 4
Feuer an Bord: Das Risiko fliegt mit

»*Feuer an Bord ist so das Schlimmste, was ich mir in der Fliegerei vorstellen kann. Das würde Maßnahmen erfordern, die sehr drastisch sind.*«
Flugkapitän Bernd Weiser, Boeing 747-400, Deutsche Lufthansa AG

Von Feuer und Rauch

»Feuer an Bord« – eine dramatische Situation und dennoch keine Seltenheit. Die Geschichte der modernen Zivilluftfahrt berichtet von ungezählten Zwischenfällen, die glimpflich abgelaufen sind, aber auch von einer Reihe schwerer Katastrophen. Es würde den Rahmen dieses Buches sprengen, wenn man hier jeden bekannten Einzelfall näher betrachten wollte, daher beschränken wir uns im Folgenden auf eine Auswahl wesentlicher und vor allem dokumentierter Fälle. Unser besonderes Interesse galt dabei natürlich den Erfahrungen, die die Swissair mit Feuer und Rauch gemacht hat, wodurch jedoch nicht der Eindruck erweckt werden soll, dass die Swissair über Gebühr viele solcher Unfälle und Zwischenfälle erlebt hat.

Eigentlich, so sollte man meinen, muss die Wiederholung von Zwischenfällen und Unfällen, die ähnlich verlaufen und ähnliche Konsequenzen haben, in der Luftfahrt ausgeschlossen sein. Es liegt in der Natur solcher Ereignisse, dass sie die Aufsichtsbehörden – darunter vor allem die FAA und die Hersteller von Flugzeugen – jedes Mal nachhaltig daran erinnern, welche Schritte hätten ergriffen werden müssen, um eine Wiederholung zu vermeiden. Dies trifft vor allem für Unfälle zu, bei denen Menschen völlig unnötig zu Schaden gekommen sind, weil die Aufsichtsbehörde nicht scharf genug durchgegriffen hat, nachdem sie zum Beispiel durch entsprechende Sicherheitsempfehlungen einer Untersuchungsbehörde auf Missstände und potentielle Gefahrenstellen hingewiesen wurde. Leider aber ist es gerade im Zusammenhang mit Feuer und Rauch an Bord eines Flugzeuges immer wieder zu solchen Versäumnissen gekommen.

Swissair-Flug 306, 4. September 1963
An jenem Morgen gegen 6:00 Uhr Lokalzeit war der Flughafen Zürich-Kloten wie so oft mit dichtem Bodennebel überzogen. Die Caravelle III mit der Registrierung HB-ICV rollte vor dem Abheben mit erheblicher Triebwerksleistung einmal die halbe Startbahn entlang, um mit dem Triebwerksstrahl den Nebel ein wenig aufzulockern. Ein spezielles Swissair-Verfahren, das auch noch heute praktiziert wird. Mit 74 Passagieren und 6 Besatzungsmitgliedern an Bord führte der Inlandflug

zunächst nach Genf, von dort sollte es weiter nach Rom gehen. Doch etwa 10 Minuten nach dem Start stürzte die Maschine 25 Kilometer südwestlich von Zürich in dichtem Nebel in das kleine Dorf Dürrenäsch. Wie durch ein Wunder wurden die angrenzenden Bauernhöfe nur leicht beschädigt. Das Wrack der Caravelle wurde in einem sechs Meter tiefen Krater gefunden. Niemand überlebte den Absturz. Da die Flugdatenschreiber damals nur sehr wenige Parameter aufzeichnen konnten und die Daten aufgrund eines Bandfehlers nach wenigen Minuten abbrechen, beruhen die Erkenntnisse der Flugunfalluntersuchung zu einem Großteil auf unbestätigten Hypothesen und Untersuchungen an den Wrackteilen.

Am Ende der Rollbahn fand man später Teile des linken hinteren Hauptfahrwerkes, darunter eine geborstene Felge und Teile eines Reifens. Vermutlich war der Felgenschaft wegen einer Überhitzung der Bremsen gebrochen, als die Maschine nach ihrem »Nebelbeseitigungsmanöver« ihre Startposition einnahm. Anders als bei einem Pkw greifen Flugzeugbremsen nämlich immer, auch wenn die Maschine rollt, und kompensieren so den starken Schub der Triebwerke. Das führt jedoch bei langem Rollen zu heißen, in extremen Fällen zu regelrecht überhitzten Bremsen.

Vermutlich verursachte dann eine Explosion der überhitzten Bremsen und Reifen im Fahrwerkschacht nach dem Einfahren eine Beschädigung der Treibstoffleitungen. Das austretende Kerosin entzündete sich wiederum an den erhitzten Bremsen, und es kam zu einem Feuer. Der Brand breitete sich schnell in Richtung Heck der Maschine aus und führte zum kompletten Versagen des elektrischen Bordsystems. Wahrscheinlich ist auch, dass die Hydrauliksysteme und damit die Steuerung des Flugzeuges durch das Feuer beschädigt wurden. Außerdem fiel das linke Triebwerk aus. Entweder war die Treibstoffzufuhr durch den Brand unterbrochen, oder es wurde von der Besatzung absichtlich stillgelegt.

Der Unfall ereignete sich in einer sehr schnellen Abfolge. Die Maschine stieg nur auf eine Höhe von 2700 Metern und ging schon dann in einen Sinkflug über. Gleichzeitig beobachteten Zeugen am Boden, dass sich Einzelteile von der Maschine zu lösen begannen. Zu diesem Zeitpunkt machte die Besatzung einen Notruf. Noch bevor die Maschine in Dürrenäsch aufschlug, müssen sich Teile der Struktur und der linken Tragfläche gelöst haben. Das Flugzeug war damit nicht mehr steuerbar.

Swissair-Flug 330, 21. Februar 1970
Die vierstrahlige Convair 990-30A-6 mit der Registrierung HB-ICD befand sich auf dem Flug von Zürich nach Tel Aviv. An Bord waren 38 Passagiere und 9 Besatzungsmitglieder. Vermutlich kam es im Flug zu einer Bombenexplosion im hinteren Frachtraum, die rasch zum Ausbruch eines Feuers führte. Am gleichen Tag explodierte auch eine Bombe an Bord einer Caravelle der Austrian Airlines. Die

Maschine konnte aber von der Besatzung sicher gelandet werden. Die mit einem Höhenzünder ausgestattete Bombe an Bord der Swissair Convair war von palästinensischen Extremisten als Postpaket nach Israel geschickt worden. Während die Besatzung verzweifelt versuchte, zum Flughafen zurückzukehren, füllte sich das Cockpit mit Rauch. Außerdem versagte die Stromversorgung und damit wesentliche Navigationsinstrumente. Die Crew verlor die Orientierung und vor allem die Sicht nach außen. In einer Linkskurve kam die Maschine aus den Wolken und schlug mit sehr hoher Geschwindigkeit in einem Waldgebiet bei Würenlingen auf.

Der Unfallbericht führt klar aus, dass die Maschine wohl bis zum Schluss fliegbar gewesen sein muss, die Besatzung jedoch wegen des dichten Rauchs im Cockpit nichts mehr gesehen hat und trotz Sauerstoffmasken und Rauchbrillen in ihrem Handlungsvermögen stark eingeschränkt war. Die Abschrift des Funkverkehrs zwischen der in Not geratenen Swissair-Maschine und der Bodenkontrolle ist ein ausgesprochen dramatisches Dokument. Nachfolgend einige Auszüge:

12:22:50[1] SR 330: »*Wir vermuten eine Explosion im hinteren Frachtraum, im Moment ist alles okay, aber wir erbitten sofortige Sinkflugfreigabe und Feuerlöscheinheiten bei der Landung.*«

12:23:10 ATC: »*Verstanden, sinken Sie auf Flugfläche 100, Sie kommen zurück nach Brunnen ...*«

12:25:40 SR 330: »*Wir erbitten die Polizei, um zu ermitteln ...*«

12:25:40 ATC: »*Bitte wiederholen Sie.*«

12:26:00 SR 330: »*Wir erbitten die Polizei, um den Zwischenfall zu untersuchen. Wir haben Feuer an Bord und erbitten eine sofortige Landung.*«

ATC: »*Das ist verstanden, sinken Sie auf Flugfläche 60.*«

12:26:10 SR 330: »*Wir sinken auf 60 so schnell wie möglich, wir haben Feuer an Bord, hinten.*«

ATC: »*Verstanden.*«

12:26:20 SR 330: »*Zürich, das ist ein Notfall von 330.*«

12:26:50 ATC: »*Alles verstanden ... Sie sind jetzt 5 Meilen von der Kreuzung ALFA.*« (Die Maschine befindet sich kurz vor der Kreuzung zweier Luftstrassen.)

12:27:30 SR 330: »*Erbitten einen vom Boden kontrollierten Anflug, wir haben Feuer an Bord, wir sind schnell, erbitten Boden kontrollierten Anflug, unsere Navigation ist nicht gut.*«

12:27:40 ATC: »*Verstanden.*«

SR 330: »*Aah ...*«

ATC: »*Sie können damit rechnen, Swissair 330.*«

12:28:00 SR 330: »*Wir halten ..., sinken jetzt auf 60, Kurs 330.*«

ATC: »*Anflugfrequenz ist 118.0.*«

SR 330: »*118.0.*«
Die Piloten wechseln auf die Anflugkontrolle (APP).

12:28:20 SR 330: (ruft mit falscher Flugnummer, 338 statt 330) »*Wir haben den Ausfall der Stromversorgung* (Kapitän und Kopilot sprechen gleichzeitig)*, 330, fahren Sie fort.*«

12:28:30 APP: »*Anflug ohne Verzögerung, Radarvektoren ILS Landebahn 16, überprüfen Sie: Wind 220 Grad mit 20 Knoten.*«

12:29:00 APP: »*Höhe?*«

12:29:40 APP: »*Sinkflugfreigabe auf 4000 Fuß, SR 330, Sie dürfen auf 4000 Fuß sinken.*«

12:30:10 APP: »*Ich kann Sie nicht mehr verstehen, bitte bleiben Sie auf Kurs 330 ... null*« (Pfeifton infolge von Doppelbesprechung).

12:30:50 SR 330: »*Auf Frequenz 118.1, wie empfangen Sie mich?*«

12:31:00 TWR (Zürich Tower): »*Verstehe Sie mit drei ...*«

RAD (Zürich Anflug Radar): »*Verstehen Sie mich hier?*«

SR 330: »*Laut und klar, wir sind in 6000 Fuß, und wir glauben, wir haben Kurs 329.*«

Der Lotse am Anflugradar verfolgt die Maschine auf seinem Schirm und gibt Kurskorrekturen an die orientierungslos gewordenen Piloten durch. Doch offenbar ist dem Lotsen der Ernst der Situation nicht bewusst. Etwas später ergibt sich folgende Konversation am Funk:

12:32:40 RAD: »*Möchten Sie einen kurzen Anflug oder ein normales Einreihen?*« (Pilot und Lotse sprechen gleichzeitig, Pilot ist unverständlich.)

12:32:50 RAD: »*Möchten Sie normales Einreihen oder einen kurzen Anflug?*«

12:33:00 SR 330: »*... Notfall ... wir haben ... Rauch an Bord, ich kann nichts mehr sehen ...*«

12:33:10 RAD: »*Rechts, Kurs 080, 330 rechts 080.*« (Der Lotse versucht die Maschine auf den Anflugkurs zur Landebahn zu dirigieren.)

12:33:20 SR 330: »*330 stürzt ab ...*«

12:33:30 RAD: »*Verstanden.*«

12:33:40 SR 330: »*Adieu, alle miteinander. Adieu, alle miteinander ... reduzieren Schub, wir können nichts mehr sehen, können Sie mir eine geringere Höhe geben?*« (Letzter Funkspruch von SR 330)

12:34:00 RAD: »*Sie machen eine 360-Grad-Kurve* (Pfeifton infolge von Doppelbesprechung)*, Sie drehen nach links, behalten Sie mindestens 3500 Fuß Höhe, und wenn möglich, stoppen Sie Ihre Kurve bei Kurs 080, bitte stoppen Sie bei 080, das ist direkt zum Rhine Funkfeuer.*«

12:35:30 RAD: »*Kurs 080, bitte ...*«

RAD: »*Öffnen Sie Ihr Fenster, Swissair 330, bitte öffnen Sie Ihr Fenster ...*«

12:35:40 RAD: »*Kurs 080, Ich verstehe Sie nicht mehr, bitte öffnen Sie Ihr Fenster.*«

12:36:30 RAD: »*Sie sind sehr langsam, beschleunigen Sie, Kurs nach Osten und beschleunigen Sie und öffnen Sie das Fenster ...*«

Varig-Flug 820, 11. Juli 1973

Die vierstrahlige Boeing 707 befand sich auf dem Nonstopflug von Rio de Janeiro nach Paris-Orly. Die Maschine war schon im Bereich der Anflugkontrolle und auf 8000 Fuß gesunken. Um 14:58 Uhr setzte Flug 820 einen dringenden Funkspruch ab: »Wir haben Feuer an Bord und erbitten die Freigabe für einen Notsinkflug.« Die Maschine erhielt sofort oberste Priorität von der Bodenkontrolle und die Genehmigung, die Landebahn 07 in Orly direkt anzufliegen. In der Kabine versuchten die Flugbegleiter das Feuer im Bereich der hinteren Waschräume mit den Bordfeuerlöschern zu bekämpfen. Da sie den eigentlichen Brandherd nicht finden konnten, blieben die Versuche jedoch erfolglos.

Ungefähr fünfzehn Kilometer vom Aufsetzpunkt der Landebahn entfernt, meldete sich der Kapitän und gab durch, dass die ganze Maschine jetzt in Flammen stünde. Sein Chef-Flugbegleiter hatte ihn informiert, dass sich in der Kabine dichter Rauch ausgebreitet hatte und die Passagiere zu ersticken drohten. Die Piloten setzten daraufhin ihre Sauerstoffmasken und Rauchbrillen auf. Binnen weniger Sekunden wurde der Rauch auch im Cockpit jedoch so dicht, dass die Piloten ihre Instrumente nicht mehr ablesen konnten.

Daraufhin entschied sich der Kapitän zu einer sofortigen Notlandung in einem Feld, etwa fünf Kilometer vom Flughafen entfernt. Die Besatzung öffnete die Seitenfenster und steuerte die Maschine »nach Gefühl« und aus den Fenstern gebeugt, um überhaupt Sicht zu haben. Beim Aufsetzen auf einem Acker brach das Hauptfahrwerk unmittelbar beim ersten Bodenkontakt ab, und die Maschine rutschte einen halben Kilometer auf dem Rumpf, verlor alle Triebwerke und Teile der Tragfläche, bis sie endlich zum Stillstand kam.

Schon nach sechs Minuten trafen erste Rettungsmannschaften an der Unfallstelle ein, sie konnten jedoch nicht mehr verhindern, dass die Maschine völlig ausbrannte und dabei 123 Menschen getötet wurden. Ein Passagier überlebte den Unfall. Von den siebzehn Besatzungsmitgliedern konnten sich zehn in Sicherheit bringen. Die meisten Opfer starben an den Folgen einer Rauchvergiftung durch Kohlenmonoxid, das sich beim Verbrennen der Kabinenverkleidung und der Sitzbezüge entwickelte.

Obwohl die eindeutige Ursache nicht gefunden werden konnte, waren sich die Unfalluntersucher schließlich recht sicher, dass das Feuer im Waschschrank der hinteren Toilette ausgebrochen war. Als Ursache hierfür wurde ein elektrischer Kurzschluss an den Kabeln des Wassererhitzers oder eine unachtsam weggeworfene Zigarette in Betracht gezogen. Labortests ergaben, dass die Materialien der Abfallbehälter nicht der Anforderung entsprachen, schwer entflammbar zu sein. Eine der wesentlichen Sicherheitsempfehlungen, die weltweit umgesetzt wurden, war das strikte Rauchverbot in Flugzeugtoiletten.

Cubana-Flug 455, 6. Oktober 1976
Auf dem ersten Teilstück des Fluges mit 48 Passagieren und 25 Besatzungsmitgliedern von Barbados über Jamaika nach Havanna meldete die Besatzung etwa zehn Minuten nach dem Start eine Explosion an Bord. Die Maschine wollte nach Barbados zurückkehren. Augenzeugen sahen die McDonnell-Douglas DC-8, als sie im Sinkflug die Wolkendecke durchstieß. Sie berichteten, dass das Flugzeug eine Rauchfahne hinter sich herzog. Dann nahm die Maschine eine Querlage nach rechts ein und hob die Nase wieder an. Das Flugzeug schlug kurz darauf, etwa fünfzehn Kilometer vor der Küste, ins Meer. Alle Menschen an Bord wurden beim Aufprall getötet.

Die Explosion eines Sprengkörpers im Heckbereich hatte ein Feuer verursacht, das von der Besatzung nicht unter Kontrolle gebracht werden konnte. Die bei dem Brand freigesetzten giftigen Gase machten die Besatzung in kürzester Zeit handlungsunfähig. Auch in diesem Fall konnten die Piloten zuvor ihre Instrumente nicht mehr ablesen. Als Sicherheitsempfehlung schrieb die Unfalluntersuchungsbehörde in den Abschlussbericht: »Die Kriterien zur Zulassung von großen Verkehrsflugzeugen sollten beinhalten, dass eine Möglichkeit zur erfolgreichen Beseitigung von Rauch speziell im Cockpitbereich vorgeschrieben ist.«

Saudia-Flug 163, 19. August 1980
Streng genommen kann man diese bislang schlimmste Feuerkatastrophe in der Geschichte der Luftfahrt nicht als »Absturz« bezeichnen. Der Besatzung gelang in der Nacht vom 19. August 1980, trotz eines Feuers im hinteren Teil der Maschine, eine fast »bilderbuchmäßige« Notlandung. Dennoch führten eine Reihe von Fehlentscheidungen des Kapitäns zu einem tragischen Ende: Keiner der 287 Passagiere – darunter 15 Kleinkinder – und der 14-köpfigen Besatzung kam mit dem Leben davon. Die meisten von ihnen waren, wie bereits im Fall von Varig-Flug 820, durch das Einatmen von Kohlenmonoxid, Stickoxiden, Ammoniak, Formaldehyd und Zyanwasserstoff vergiftet worden. Andere starben schlicht an Sauerstoffmangel oder infolge ihrer schweren Verbrennungen.

Saudia-Flug 163, eine Lockheed L-1011-200 TriStar mit der Registrierung HZ-AHK, war auf seinem Weg von Karatschi in Pakistan nach Dschidda planmäßig in Riad (Vereinigte Emirate) zwischengelandet. Nur sechs Minuten nach dem Start in Riad alarmierten die Sensoren im hinteren Frachtraum die Piloten und den Flugingenieur optisch und durch eine Warnglocke über Rauchentwicklung. Das Flugzeug befand sich zu diesem Zeitpunkt im Steigflug auf 15 000 Fuß Höhe. Doch hier kam es bereits zu einer ersten Panne: Die Besatzung zögerte über vier Minuten, bis sie den Alarm als »real« einstufte und nach den Checklisten für die Rauch-Notfallverfahren zu **suchen**(!) begann. Inzwischen auf 22 000 Fuß angelangt, fällte der Kapitän dann die Entscheidung, nach Riad umzukehren. Erst im Anflug bestätigte sich dann der Ausbruch eines Feuers auch im Cockpit.

Die Auswertung des Cockpit-Voicerecorders ergab, dass die Zusammenarbeit der Besatzung nicht optimal verlief. Zunächst einmal flog der Kapitän die Maschine weiterhin selbst, statt diese Aufgabe an seinen Ersten Offizier zu delegieren und somit einen besseren Überblick über die Entwicklung der Lage zu behalten. Weiterhin, so scheint es, hat er die hochgefährliche Situation völlig unterschätzt. Während des 17-minütigen Anfluges brachte eine Flugbegleiterin insgesamt vier Mal die Frage auf, ob im Anschluss an die Landung eine sofortige Notevakuierung der Kabine durchgeführt werden sollte. Der Kapitän antwortete schlichtweg nicht auf diese legitime Frage. Zweimal wies der Kopilot ihn dann auf diesen kritischen Punkt hin. Erst 35 Sekunden später fällte der Kapitän dann eine fatale Fehlentscheidung: »Sag ihnen, es wird nicht evakuiert.«

Vermutlich hat auch der Flugingenieur erheblich dazu beigetragen, dass dem Kapitän das wirkliche Ausmaß der Notlage nicht bewusst wurde. Statt ihm ein klares Bild von der Krisensituation zu vermitteln, bestand seine Standardantwort aus den Worten: »No problem.« Darüber hinaus steht fest, dass es die Cockpitbesatzung, die bis zur Landung nicht durch Rauch oder sichtbares Feuer beeinträchtigt wurde, unterlassen hatte, sich selbst ein Bild von der Lage in der Kabine zu machen.

Im Anflug musste das Triebwerk Nr. 2 im Heck der dreistrahligen Maschine abgestellt werden, weil plötzlich der Gashebel klemmte. Das Feuer hatte das dazugehörige Schubgestänge zu diesem Zeitpunkt beschädigt. Die Maschine landete 21 Minuten nach der ersten Warnung im Cockpit sicher auf der Rollbahn des Flughafens von Riad. Doch nun beging der Kapitän den wohl folgenschwersten Fehler: Statt die Maschine mit einer sofortigen Notbremsung auf der kürzesten Rollstrecke anzuhalten, ließ er sie langsam ausrollen, bog von der Landebahn auf einen Zurollweg ab und kam erst nach 2 Minuten und 40 Sekunden zum Stillstand. Natürlich waren die Rettungsmannschaften am Boden bereits in Bereitschaft und näherten sich auch sofort dem Flugzeug. Doch der Kapitän drehte die Maschine am Ende der Landebahn um 180 Grad und rollte zu einem Zufahrtsweg. Zwischen der Besatzung, dem Kontrollturm und den Rettungsmannschaften ergab sich jetzt eine heftige Funkdebatte über das weitere Vorgehen, in deren Folge der Turm den Kapitän mehrfach aufforderte, die Triebwerke abzustellen und eine Evakuierung durchzuführen. Doch aus nur schwer nachvollziehbaren Gründen ließ der Kapitän nach dem Anhalten noch für weitere 3 Minuten und 15 Sekunden die Triebwerke laufen. Die Rettungsmannschaften konnten sich in dieser Zeit der Maschine nicht nähern. Auch die Kabinenbesatzung konnte deshalb nicht von sich aus eine Evakuierung einleiten.

Auch erwiesen sich die Rettungsmannschaften als völlig unzureichend ausgebildet. Es fehlte an geeigneten Schutzanzügen, Werkzeug und vor allem an der Schulung, wie man gegebenenfalls auch gewaltsam in die Kabine eindringt. Ihnen war weder die Anzahl der Türen bekannt, noch wussten sie, wie man diese von außen öffnen konnte. So vergingen nach dem Abstellen der Triebwerke weitere 23 Minuten, bis die Retter die vordere linke Tür endlich gewaltsam öffneten. Während dieser Zeit brach hinter der Cockpitkanzel ein Inferno aus. Das Feuer hatte sich an den Seitenwänden vom Frachtraum nach oben in die Kabine ausgebreitet. Durch den in der Kabine vorhandenen Sauerstoff kam es zu einem ersten Flashover, bei dem annähernd die gesamte vorhandene Atemluft aufgezehrt wurde. Dies hat bereits viele Passagiere und die Besatzung handlungsunfähig gemacht.

Über Funk informierte die Besatzung den Turm, dass sie jetzt doch den Versuch einer Evakuierung unternehmen wollten. Doch dazu kam es nicht mehr. Ein zweites Flashover muss sich durch die Abnahme der Atemluft bei gleichzeitiger Zunahme von hochgiftigen Gasen kurz darauf ereignet haben. Die Gase hatten sich beim Verbrennen der Kabinenverkleidung und vor allem der Sitzbezüge gebildet. Da die Air-Conditioning-Anlage gemäß der Checkliste abgeschaltet worden war, gab es keinerlei Frischluftzufuhr von außen. Für die Tatsache, dass die Menschen in der Kabine jedoch nach der Landung noch gelebt haben müssen, spricht der Umstand, dass man alle Leichen im vorderen Teil des Flugzeuges gefunden hat.

Nach dem Unglück unterzog der Hersteller Lockheed das Design der L-1011 einer kritischen Überprüfung und nahm selbstständig zahlreiche Veränderungen vor. So wurden vor allem Isoliermaterialien und die Abdeckung der Laderaumdecke verändert. Das NTSB, das an der Unfalluntersuchung teilgenommen hatte, empfahl der US-Aufsichtsbehörde FAA die Zulassungsbestimmungen für Frachträume einer Überprüfung zu unterziehen. Die FAA setzte bei den gültigen Zertifizierungsverfahren bis zu diesem Zeitpunkt voraus, dass ein eventuelles Feuer in einem Frachtraum aufgrund fehlender Sauerstoffzufuhr von allein verlöschen würde. Umfangreiche Tests auch mit anderen großen Verkehrsmaschinen ergaben jedoch, dass ein solches Feuer über mehr als zehn Minuten anhalten und somit auch auf die Passagierkabine übergreifen kann. Trotzdem lehnte die FAA die Empfehlung des NTSB als nicht gerechtfertigt ab.

Air-Canada-Flug 797, 2. Juli 1983
Die McDonnell-Douglas DC-9-31 mit der Registrierung C-FTLU befand sich gegen 19:00 Uhr in Flugfläche 330 auf dem planmäßigen Flug von Dallas (Texas) nach Quebec in Kanada. An Bord befanden sich 41 Passagiere und 5 Besatzungsmitglieder. Kurz zuvor, um 18:51 Uhr, waren im Cockpit die drei Sicherungen der hinteren Toilettenspülungen schnell hintereinander herausgesprungen. Der Kapitän versuchte die Sicherungen wieder reinzudrücken, aber sie sprangen erneut raus.

Auf den Aufzeichnungen des Cockpit-Voicerecorders entdeckten Unfallermittler des NTSB später zwischen 18:48 Uhr und 19:00 Uhr mehrfach hörbare Anzeichen für elektrische Funkenbögen, die Störgeräusche auf dem Band verursachten[2]. Später hierzu befragt, gab der Kapitän an, diese Störgeräusche im Cockpit nicht gehört zu haben. Gegen 18:59 Uhr unternahm er einen erneuten vergeblichen Versuch, die Sicherungen wieder reinzudrücken. Ziemlich genau um 19:00 Uhr fiel einem Passagier in der letzten Reihe des Flugzeuges, also unmittelbar vor den Toilettenräumen, ein merkwürdiger Geruch auf. Sofort unterrichtete er einen Flugbegleiter von seiner Beobachtung. Die Flugbegleiterin vermutete die Quelle in einer der hinteren Toiletten. Sie nahm einen der CO_2-Feuerlöscher und öffnete die Tür der hinteren linken Toilette einen Spalt. Sie stellte fest, dass heller grauer Rauch den Raum vom Boden bis zur Decke ausfüllte, konnte jedoch keine Flammen erkennen. Bei dieser Inspektion atmete sie auch Rauch ein. Sie verständigte daraufhin eine weitere Flugbegleiterin und bat sie, den Chef-Flugbegleiter über ihre Beobachtung zu informieren. Der Chef-Flugbegleiter ordnete an, dass der Kapitän informiert werden sollte, und begab sich nach hinten zu den Toiletten.

Die Passagiere wurden in den vorderen Teil der Maschine umgesetzt, und die Flugbegleiter richteten die Frischluftdüsen über den Sitzen der hinteren Reihen alle nach hinten, um so Luft in diesen Bereich zu dirigieren. Ebenfalls mit einem CO_2-Feuerlöscher ausgestattet, öffnete der Flugbegleiter dann die Tür zum Waschraum, aber auch er konnte keine Flammen feststellen. Stattdessen sah er jedoch, wie dicke schwarze Rauchschwaden hinter der Wandverkleidung der Toilette hervorquollen. Er benutzte daraufhin seinen CO_2-Feuerlöscher und richtete das Löschmittel auf die rauchenden Verkleidungsteile.

Gegen 19:03 Uhr erschien die zweite Flugbegleiterin im Cockpit. Mit den Worten: »Entschuldigen Sie bitte, da ist ein Feuer im Waschraum hinten ... sie sind gerade nach hinten gegangen, um es zu löschen«, brachte sie den Piloten das Problem zur Kenntnis. Der Kapitän bat daraufhin seinen Kopiloten, in den hinteren Teil des Flugzeuges zu gehen, um sich selbst ein Bild von der Lage zu machen. Der Kopilot versuchte zu den Waschräumen vorzudringen, musste aber wegen des dichten Rauches unverrichteter Dinge wieder umkehren. Der dicke Rauch hatte sich über die letzten vier Sitzreihen ausgedehnt. Da es zu diesem Zeitpunkt nicht vorgeschrieben war, dass an Bord der Maschine transportable Rauchmasken und Atemgeräte mitzuführen sind, bestand keine Möglichkeit, den Waschraum zu inspizieren. Um 19:04 Uhr kam der Kopilot wieder ins Cockpit und erklärte: »Wir gehen besser runter.« In der Folge wurden weitere Passagiere aus dem hinteren Bereich der Maschine auf Sitze im vorderen Teil umgesetzt. Es gab dann einige Verwirrung besonders durch die zum Teil unpräzisen und die Situation verharmlosenden Auskünfte der Flugbegleiter. Der Kapitän ging davon aus, dass es sich lediglich um ein Feuer in einem Abfalleimer handelte, und verzögerte deshalb einen sofortigen Sinkflug.

Nachdem sich der Erste Offizier die Rauchbrille des Kapitäns ausgeliehen hatte, ging er erneut in den hinteren Teil der Maschine und wollte die Tür zum Waschraum öffnen. Dabei stellte er fest, dass sich die Tür »heiß« anfühlte, und öffnete sie nicht. Er wies die Kabinenbesatzung an, die Tür geschlossen zu halten. Während dieser Zeit traten eine Reihe von elektrischen Fehlfunktionen auf. Warnlampen leuchteten im Cockpit auf und signalisierten unter anderem, dass das linke Stromsystem und auch das linke Batteriestromsystem ausgefallen waren. Der Kapitän teilte dies über Funk dem Lotsen mit. Gleichzeitig verschwand der Flug vom Radarschirm, weil der für die Radarführung benötigte Sender an Bord des Flugzeuges ausgefallen war.

Um 19:07 Uhr berichtete der Kopilot dem Kapitän, was er gesehen hatte, und sagte in sehr aufgeregtem Tonfall: »Mir gefällt das nicht, was da vorgeht, wir sollten besser runter.« Außerdem fielen in diesem Moment auch die Notstromsysteme der Maschine aus. Dabei kam es auch zum Totalausfall des Cockpit-Voicerecorders, der ebenfalls keinen Strom mehr erhielt. Das veranlasste den Kapitän schließlich um 19:08 Uhr, die Luftnotlage zu erklären und einen Sinkflug einzuleiten. Dieser Sinkflug wurde mit einer Geschwindigkeit von 310 Knoten und einer Sinkrate von mehr als 6000 Fuß pro Minute geflogen. Die Flugbegleiter bereiteten die Passagiere auf die bevorstehende Notlandung vor. Sie erklärten insbesondere, wie die Notausgänge geöffnet werden können, und teilten nasse Tücher als Atemschutz aus.

Der nächste Flughafen war Cincinnati und lag 25 nautische Meilen entfernt. Die Radarlotsen hatten aufgrund des Senderausfalles an Bord der Maschine große Mühen, den Flug zu dirigieren. Es kam dabei zu Verwechslungen mit anderen Flugzeugen, die ohne Sendersignalkennung im selben Luftraum unterwegs waren. Mehrfach erbat der Lotse von Flug 797 Angaben über Treibstoff und die Anzahl der Personen an Bord, doch der Kopilot antwortete jedesmal: »Wir haben jetzt keine Zeit dafür.« Während des Sinkfluges breitete sich der Rauch kontinuierlich weiter in der Kabine aus. Es drang dann sogar Rauch ins Cockpit ein. Der Kapitän gab später an, dass er große Schwierigkeiten hatte, seine wenigen ihm verbliebenen Instrumente abzulesen, und dass seine Rauchbrille durch Schweißabsonderungen dauernd beschlagen war.

Während des Anfluges öffnete der Kopilot mehrere Male kurzzeitig sein Seitenfenster, um den Rauch aus dem Cockpit zu lassen. Um 19:20 Uhr landete die Maschine auf der Landebahn 27 Links und bremste scharf ab. Die Piloten schalteten alle Systeme ab und wollten in der Kabine bei der Eavkuierung der Passagiere helfen. Der Rauch und die Hitze machten dies jedoch unmöglich, so dass sie die Maschine schließlich durch die Cockpit-Seitenfenster verlassen mussten. Nach der Landung hatten die Flugbegleiter und zuvor von ihnen speziell instruierte Passagiere insgesamt fünf der Ausgänge geöffnet. Die 3 Flugbegleiter und 18 Passagiere verließen die Maschine sofort durch diese Ausgänge. Kurz darauf brach in der Kabine ein offenes Feuer aus, ein so genanntes Flashover, das vermutlich durch die plötzliche starke Sauerstoffzufuhr angefacht wurde. 23 Menschen verbrannten in der Kabine, zum Teil auf ihren Sitzen. Der Flughafenfeuerwehr gelang es nicht, das Feuer rechtzeitig unter Kontrolle zu bekommen oder noch weitere Menschen aus der Kabine zu retten. Von den 100 Sitzen der Passagierkabine waren nach dem Feuer lediglich die Metallrahmen und Bezüge der Sitze 12A und 12B übrig geblieben.

Die Unfalluntersuchung unter Federführung des amerikanischen NTSB beschäftigte sich in der Folge sehr intensiv mit der Wartungsgeschichte der DC-9. Dabei stellte sich heraus, dass im Zeitraum vom Juni 1982 bis zum Juni 1983 insgesamt 76 Einträge wegen Fehlern an den beiden Stromgeneratoren in den Logbüchern verzeichnet waren. Darunter fanden sich auch 35 Einträge, die das so genannte »cross-tie relay[3]« betrafen. Unter dem Datum vom 2. Mai 1983 fanden die Ermittler eine Arbeitskarte mit dem Eintrag »Isolation an der Unterseite des hinteren Druckschotts ist vollgesaugt mit Toilettenspülflüssigkeit. Überprüfe Leck.« Der Eintrag wurde später abgezeichnet mit dem Zusatz: »Kontakte geprüft und festgezogen. Isolierung erneuert, wo notwendig.« Die Ermittler beschäftigten sich auch sehr intensiv mit den verschiedenen Möglichkeiten, die zum Ausbruch des Feuers geführt haben könnten. Sie waren jedoch nicht in der Lage, hier eine eindeutige Ursache festzustellen. Kurzschlüsse, Funkenbögen, Beschädigungen von Kabeln und Isolationen, Fehler bei der Wartung, all dies wurde als denkbare Ursache in Betracht gezogen.

Das NTSB vermutete, dass das Feuer bereits fünfzehn Minuten gebrannt hatte, bevor der erste Rauch in der Kabine festgestellt worden war. Das erste Anzeichen für die Piloten war das Herausspringen der Sicherungen – ungefähr elf Minuten, bevor sie das Feuer bemerkten. Wegen der unklaren und nicht eindeutigen Informationen an den Kapitän kam es zu einer erheblichen Verzögerung hinsichtlich des Einleitens einer Notlandung. So hatte die Maschine keine Möglichkeit mehr, den ursprünglich näher gelegenen Flughafen Louisville anzufliegen. Dort hätte Flug 797 etwa drei bis fünf Minuten früher eintreffen können als in Cincinnati, was die Überlebenschancen der Opfer wesentlich erhöht hätte. Besonders schmerzhaft ist daher die letzte Feststellung des NTSB im Abschlussbericht: »Der Unfall wäre überlebbar gewesen.«

Gulf-Air-Flug 771, 23. September 1983

Die Boeing 737 der in Oman ansässigen Gesellschaft wurde ebenfalls von einem Terroranschlag betroffen. Im Frachtraum war eine Bombe explodiert, die zu einem Feuer führte. Die Piloten versuchten eine Notlandung in Abu Dhabi. Auf dem Cockpit-Voicerecorder fanden sich Anzeichen, dass die Besatzung wegen des dichten Rauchs im Cockpit ihre Instrumente nicht mehr ablesen konnte und die Kontrolle über das Flugzeug verlor. Die Maschine, in der sich 105 Passagiere und 6 Besatzungsmitglieder befanden, stürzte zirka 50 Kilometer nordöstlich der Hauptstadt in die Wüste und wurde beim Aufprall völlig zerstört. Es gab keine Überlebenden.

South-African-Airways-Flug 295, 28. November 1987

Die Boeing 747-244B befand sich auf dem Weg von Taiwan nach Südafrika. Über dem Indischen Ozean meldeten die Piloten zunächst den Ausbruch eines Feuers in einer der sechs Frachtpaletten, später Rauch im Cockpit, dann herrschte Funkstille. Der Rauch führte bei den Piloten zum Verlust der Orientierung, in der Folge vermutlich zur Bewusstlosigkeit der Besatzung. Die Maschine brach noch in der Luft auseinander und versank im Indischen Ozean. Alle 159 Menschen an Bord wurden getötet.

Nationair, Charterflug, 11. Juli 1991
»Schwerer Rauch an Bord« meldeten die Piloten noch als Letztes über den Funk, kurz bevor das brennende Flugzeug mit 463 Stundenkilometern auf dem Boden aufschlug und explodierte.

Nigeria Airways hatte die Maschine bei der kanadischen Nationair geleast und unter eigener Flugnummer 2120 betrieben. Die McDonnell-Douglas DC-8 Super-61 mit der Registrierung C-GMXQ war mit 261 Menschen an Bord gerade in Jeddah gestartet, als wegen eines ungenügenden Druck aufweisenden Reifens ein Feuer im Fahrwerkschacht ausbrach. Der Reifen hatte sich während des Starts vermutlich überhitzt. Als das Fahrwerk dann nach dem Abheben eingezogen wurde, fing der Fahrwerkschacht Feuer, das sich schnell ausbreitete.

Valujet-Flug 592, 11. Mai 1996
Einer der spektakulärsten Unfälle der jüngsten Vergangenheit ereignete sich am 11. Mai 1996 mit einer DC-9-32 der amerikanischen »Billigfluggesellschaft« Valujet, Registrierung N904VJ, bei dem alle Insassen getötet wurden.

Die 35-jährige Flugkapitänin Candylin Kubeck und ihr 52-jähriger Kopilot Richard Hazen befanden sich auf einem Umlauf von Atlanta nach Miami und wieder zurück. Der Rückflug nach Atlanta sollte nur 1 Stunde und 32 Minuten dauern. Um 14:03 Uhr[4] hob die Maschine von der Startbahn 09 Links auf dem internationalen Flughafen in Miami ab und leitete rasch eine ausgedehnte Linkskurve ein. Um 14:10 Uhr wurde ein nicht zu identifizierendes Geräusch auf dem Cockpit-Voicerecorder aufgezeichnet. Kapitänin Kubeck bemerkte daraufhin: »Was war das?« zwölf Sekunden später sagte sie: »Wir haben ein elektrisches Problem.« Und weitere fünf Sekunden später fügte sie hinzu: »Wir verlieren alles.« Heute weiß man, dass das elektrische System der DC-9 in diesem Moment in Begriff war, völlig zusammenzubrechen.

Weitere fünf Sekunden später rief Kubeck über Funk: »Wir müssen, wir müssen nach Miami zurück.« Sie hielt die Funktaste gedrückt, und so gelangten noch drei Sekunden danach Rufe aus der Passagierkabine auf den Funk: »Feuer, Feuer, Feuer, Feuer.« Auf dem Cockpit-Voicerecorder ist danach noch eine männliche Stimme aufgezeichnet, die schreit: »Wir brennen, wir brennen!«

Der erste Offizier Hazen kontaktiert daraufhin über Funk erneut Miami und erbittet die Freigabe für eine sofortige Rückkehr zum Flughafen. Der Lotse erteilt eine Sinkflugfreigabe auf 7000 Fuß und weist die Maschine an, eine Linkskurve einzuleiten. Schon 36 Sekunden nach den ersten Anzeichen verstummen die Schreie im Hintergrund. Der Lotse fragt Flug 592 nach der Ursache ihres Problems. Kubeck, die die Maschine zu diesem Zeitpunkt fliegt, sagt »Feuer«, doch Hazen funkt: »Rauch im Cockp... Rauch in der Kabine.« Um 14:11 Uhr ist eine Flugbegleiterin auf dem Voicerecorder zu hören, die schreit: »Completely on fire!« (Alles brennt).

Die Maschine erhält eine weitere Kursvorgabe in Richtung des Flughafens. Der Kopilot erbittet Navigationshilfe durch Radar-Vektoren. Dann gibt es keine klare Funkkonversation mehr zwischen der Maschine und der Anflugkontrolle von Miami. Dreieinhalb Minuten nachdem die Besatzung erste Anzeichen der Probleme festgestellt hat, kommt noch einmal ein undeutlicher Funkspruch von Flug 592, der jedoch durch den Funkspruch eines anderen Flugzeuges überlagert wird. Um 14:13 Uhr beobachten Augenzeugen in der unmittelbaren Nähe der Absturzstelle, wie die Maschine steil und mit starker Neigung nach rechts aufschlägt. Die Unfallstelle liegt mitten in den Everglades, dem ausgedehnten Sumpfgebiet, etwa 17 Meilen nordwestlich vom internationalen Flughafen Miami entfernt.

Da sich die Absturzstelle in einem nur schwer zugänglichen Teilstück des Nationalparks befand, hatten Notfalldienste zunächst große Schwierigkeit, zur Absturzstelle vorzudringen. Auch war die genaue Position nicht auf Anhieb erkennbar, da Valujet 592 vollständig im Sumpf versunken war. Lediglich ein paar leichte Trümmerstücke und Papierfetzen schwammen auf der Wasseroberfläche. Zudem wimmelte es in diesem Bereich der Everglades von Alligatoren.

Den Rettungsdiensten bot sich ein schreckliches Bild: Es gab praktisch nichts zu bergen, vor allem keine Opfer. Mehrere Wochen dauerte die Bergungsaktion an. Tauchern, bewacht von Polizisten, die die Alligatoren abhielten, gelang es schließlich doch einen Großteil der Trümmer und vor allem die Flugschreiber der Maschine zu bergen. Auch konnten erstmals mit Hilfe von DNA-Analysen alle Opfer identifiziert werden. Das größte Leichenteil jedoch, das geborgen werden konnte, war eine Kniescheibe.

Schnell war klar, dass an Bord von Flug 592 kurz nach dem Start ein Feuer ausgebrochen war. Das NTSB vermutete als Ursache hierfür eine Ladung von Sauerstoffgeneratoren, wie sie für die Versorgung der Passagiere bei einem plötzlichen Druckverlust benutzt werden. Diese etwa fünfzehn Zentimeter großen Zylinder sind normalerweise hinter den Sauerstoffmasken in der Kabinendecke eingebaut und werden automatisch aktiviert, wenn die Masken bei einem Druckverlustvorfall herunterfallen. Die Gesellschaft Valujet, die über keinen eigenen Wartungsbetrieb verfügt, ließ ihre Flugzeuge in Miami bei der Firma Sabre-Tech warten. Dort waren diese Sauerstoffgeneratoren aus einem anderen Flugzeug ausgebaut und in Pappkartons verpackt worden. Jedoch hatte man entgegen den

Wartungsvorschriften vergessen, die vorgeschriebenen Sicherungskappen auf den noch vollen Behältern anzubringen. Etwa sechzig solcher Generatoren waren in den vorderen Laderaum von Flug 592 geladen worden, zusammen mit zwei Flugzeugreifen.

Dies war ein schwerer Verstoss gegen die geltenden Sicherheitsbestimmungen, denn solche Sauerstoffgeneratoren sind offiziell von der FAA als Gefahrengüter klassifiziert und dürfen nur unter besonderen Umständen an Bord eines Flugzeuges mitgeführt werden. Valujet jedenfalls hatte keine Genehmigung, solche Gefahrengüter zu transportieren.

Das NTSB vermutete, dass die Reifen während des Steigfluges nach hinten gerutscht waren, wo sie mit den Pappkisten der Sauerstoffgeneratoren kollidierten. Dabei wurden einige Generatoren wegen der fehlenden Schutzkappen aktiviert. Ist der Sauerstoffproduktionsprozess einmal in Gang, werden die Behälter bis zu 500 Grad heiß. Das muss zu einer Kettenreaktion im Frachtraum geführt haben, in deren Folge die Verpackungskartons und andere Gepäckstücke Feuer fingen. Binnen weniger Minuten zerstörte dieser Brand den gesamten Frachtraum, und die Flammen fraßen sich durch die Decke zur Passagierkabine. Auch war der Frachtraum nicht mit einer Rauchmelde- und Feuerlöschanlage ausgestattet, wie es bei größeren Flugzeugen der Fall ist.

Obwohl das NTSB mehrfach eine solche Empfehlung gegenüber der FAA gemacht hatte, wollte die US-Aufsichtsbehörde eine solche Feuerlöschanlage nicht zur Vorschrift machen. Nur wenige Airlines haben daher ihre DC-9-Flotten mit einem solchen System ausgestattet, unter anderem übrigens die Swissair. Jedoch wurde dieses System bei der Übernahme der Swissair-DC-9-Flotte durch die Crossair wieder ausgebaut. Es war eben nicht vorgeschrieben und führte zu einer Gewichtserhöhung.

In den USA zog der Unfall weite Kreise, bis hinein in die Führungsspitze der FAA. In der Folge schieden dann auch Topfunktionäre wie der langjährige Associate Administrator Anthony Broderick aus der FAA aus – das heißt, sie wurden auf eigenen Wunsch hin in den vorzeitigen Ruhestand entlassen.

Weitergehende Ermittlungen bei Valujet durch die Generalinspekteurin des Verkehrsministeriums Mary Schiavo führten schließlich zur Einstellung des Flugbetriebes von Valujet. Dieses Verbot zeigte jedoch nur kurzzeitig Wirkung. Knapp ein Jahr nach dem Unfall tauchte Valujet unter neuem Namen wieder auf. Sie firmieren heute abermals als Billiganbieter unter dem Namen »AirTran«. Die Flugzeuge wurden einfach umgespritzt, doch bei genauer Betrachtung sieht man schon jetzt die Stellen, wo der Lack abblättert. Dort kommt wieder der alte blaubeige Anstrich von Valujet zum Vorschein.

Auch das rechtliche Nachspiel des Unfalles ist bis heute nicht abgeschlossen.

Viele Familien klagen noch heute auf Entschädigung. Aber es mehrt sich auch die Kritik an der Unfalluntersuchung durch das NTSB. Fachleute wie der amerikanische Kabelexperte Edward Block halten neben der Sauerstoffgenerator-Theorie des NTSB auch noch ein anderes Szenario für wahrscheinlich: einen elektrischen Kabelbrand.

Die Maschine hatte eine Historie von unerklärbaren elektrischen Fehlern. Noch auf dem Hinflug nach Miami war zum Beispiel die Lautsprecheranlage in der Kabine ausgefallen, die Flugbegleiter machten ihre Ansagen per Megafon. Der Abflug von Atlanta hatte sich um 35 Minuten verzögert, weil die elektrische Sicherung einer Hydraulikpumpe ausgefallen war. Der Valujet-Mechaniker hatte bei seiner Reparatur eine Sicherung einfach »überbrückt« und das Kabel direkt mit der Stromversorgung der DC-9 verbunden. Block bezog sich bei seiner Analyse der Geschehnisse vor allem auf umfangreiche Zwischenberichte der Expertengruppen des NTSB aus der Zeit der Unfalluntersuchung. Im abschließenden Unfallbericht heißt es zum Beispiel: »Es konnten keine Rußspuren oder Brandbeschädigungen an den geborgenen Teilen des Cockpits oder der Elektrik festgestellt werden.«[5] Hingegen wird in einem anderen Bericht behauptet: »Es gab zahlreiche Stellen an Kabeln innerhalb jedes einzelnen Kabelbündels, an denen Kabel gebrochen waren. Diese Bruchstellen wiesen sehr kurze geschwärzte Stellen an der ansonsten weißen Isolation auf. Diese geschwärzten Bereiche waren über die gesamte Länge der Kabelbündel sichtbar. Davon betroffen waren auch Bereiche, in denen die Leitung schwere Verrußung und Hitzespuren aufwies, sowie auch Bereiche ohne Ruß- oder Hitzebeschädigung.«

Gemäß dem abschließenden Untersuchungsbericht wurde die stärkste Beschädigung im vorderen linken Teil des Frachtraumes gefunden, wohingegen Feuer- und Rauchspuren auf beiden Seiten der Isoliermatten aus Mylar festgestellt wurden. Aber noch etwas machte Block stutzig:

Eine Sicherheitsempfehlung der FAA aus dem Jahr 1978 verlangt, dass Flugzeugreifen mit 95-prozentigem Nitrogen anstatt Druckluft (Sauerstoff) befüllt werden. Nitrogen sorgt aber aufgrund seiner chemischen Zusammensetzung eher für ein sofortiges Verlöschen einer offenen Flamme, anstatt sie anzufachen. Letzteres wurde jedoch im Zusammenhang mit einem Testversuch von den Unfallermittlern behauptet. Derzeit ist nicht abzusehen, ob die Unfalluntersuchung nach nunmehr 3 Jahren wegen dieser Diskrepanzen erneut aufgerollt wird. Im Juli 1999 wurden, erstmals in der Rechtsgeschichte der USA, Angestellte der Firma Sabre-Tech in einem Strafverfahren unter Anklage gestellt.

Die zuvor beschriebenen Fälle sind, wie bereits erwähnt, eine exemplarische Auswahl. Sie machen jedoch deutlich, daß es Besatzungen immer wieder mit ähnlichen Problemstellungen zu tun hatten, wenn es zu einem Brand gekommen war, und sich die Szenarien gleichen. Allein eine Überprüfung der weltweiten Unfall-Datenbanken im Zeitraum März 1962 (Beginn des Jet-Flugzeitalters) bis zum April 1992 führte zu einer Auflistung von 5980 Unfällen und Zwischenfällen. Der Ausbruch von Feuer zählte in 250 Fällen – das sind knapp 4 Prozent – zu den Hauptursachen. Die Mehrzahl dieser Fälle wiederum war auf Feuer an einem Triebwerk oder im elektrischen System der Flugzeuge zurückzuführen. In den Fällen von Varig-Flug 820 und Air Canada 797 stellten die Untersucher fest, dass die Flugzeuge zwar die damals für die Zertifizierung notwendigen Zulassungsvoraussetzungen erfüllten, dass diese Kriterien aber vor allem hinsichtlich der Verwendung von schwer entflammbaren Materialien für den Kabinenbau völlig unzureichend waren.[6]

Keiner der Unfallberichte befasste sich jedoch intensiv mit den potentiellen Gefährdungen durch elektrische Kabel. Sie fanden zwar immer wieder Erwähnung, gerade bei Air-Canada-Flug 797, aber damals war die Auswahl der zur Verfügung stehenden alternativen Kabelmaterialien nur sehr gering, und es gab zu wenig Hintergrundinformationen. Das veranlasste die Unfallermittler offenbar dazu, die mit den verwendeten Materialien assoziierten Aspekte erst einmal zu ignorieren – frei nach dem Motto: »Das ist halt so, da kann man nichts machen.«

Noch einmal davongekommen …

Swissair-Flug 551, 16. Oktober 1993

Eigentlich sollte es nur ein kurzer Flug von München nach Zürich werden. Um 9:22 Uhr ließ die McDonnell-Douglas DC-9/MD-81 die Triebwerke an und rollte zur Startbahn 26 Links auf dem neuen Münchener Flughafen Franz-Josef Strauß. Der Flug trug die Flugnummer Swissair 551. Um 9:35 Uhr erhielt sie die Startfreigabe und hob ab. Alles verlief routinemäßig, bis die Maschine gegen 9:42 Uhr, kurz vor Kempten, die Flugfläche 180[7] erreichte. Wenige Minuten später bemerkte Kapitän Alexander Thal einen ungewöhnlichen Geruch. Er teilte dies sofort seinem Kopiloten Martin Hörler mit, und die beiden Männer beobachteten, wie leichter Rauch – vergleichbar dem einer brennenden Zigarette – unter den Schaltern für die Landescheinwerfer hervorkroch. In diesem Moment zeigte Flight Attendant René Lüssi, der sich gerade zufällig im Cockpit befand, auf den Emergency Power Switch und sagte: »Hier kommt der Rauch heraus.« Thal überlegte einen kurzen Moment. Nach Zürich weiter zu fliegen würde seiner Schätzung nach – wenn auch nur wenige Minuten – länger dauern, als umzukehren. Er entschied sich für eine Umkehr nach München und informierte die Flugverkehrskontrolle. Mit dem Funkspruch »We have some electrical smoke developing in the cockpit. Request clearance back to Munich immediately« erbat er die sofortige Rückkehr zum Startflughafen. Im Nachhinein gesehen die einzig richtige Entscheidung. Die Untersuchung ergab später, dass die schnelle Reaktion des Piloten maßgeblich verantwortlich war für den glimpflichen Ausgang dieses Zwischenfalls.

Etwa zehn Minuten nach dem Start erhielt er die Genehmigung umzukehren und leitete eine Linkskurve ein. Der Lotse in München fragte ausdrücklich, ob SR 551 eine »Emergency«, also eine Luftnotlage, deklarierte. Das wurde von den Piloten verneint. Heute darauf angesprochen, sagte Thal: »Es sah zu diesem Zeitpunkt nicht so schlimm aus, als dass es einen Emergency gerechtfertigt hätte.«

Im Cockpit zogen die beiden Männer jetzt ihre Sauerstoffmasken und Rauchbrillen an. Kapitän Thal machte daraufhin auch eine Passagieransage, allerdings nur in englischer Sprache, weil ihm beim Einsteigen der Passagiere aufgefallen war, dass viele Ausländer an Bord waren: »Meine Damen und Herren, wegen eines kleinen technischen Fehlers fliegen wir zurück nach München, um dies dort zu untersuchen. Ich werde Sie über die weitere Entwicklung informieren. Zurzeit besteht kein Anlass zur Beunruhigung. Es ist nur zur Überprüfung des elektrischen Systems.« Vor dieser Ansage hatte Thal seinen Kopiloten beauftragt, die Checkliste für das Problem »Electrical Smoke« (elektrischer Rauch) vorzubereiten.

Etwa vier Minuten nach der Entscheidung für die Rückkehr nach München konnten die Piloten mit der Checkliste beginnen. Diese sah unter anderem vor, zunächst einen der beiden Generatoren zur Erzeugung von Bordstrom abzuschalten. Nach der Abschaltung fiel aber nicht nur – wie vom Hersteller für diesen Fall vorgesehen – die gesamte linke Instrumentierung auf der Seite des Kopiloten aus, sondern auch die Instrumente des Kapitäns versagten ihren Dienst. Die Schaltung wurde sofort rückgängig gemacht, worauf die wichtigsten Instrumente auf der Kopilotenseite wieder zur Verfügung standen. Der Rauch wurde jetzt rasch dichter und erschwerte die Sicht auf die verbleibenden Instrumente. Aus diesem Grund entschloss sich Kapitän Thal um 9:51 Uhr mit den Worten »The smoke is becoming heavier (Der Rauch wird dichter). We are declaring emergency now.« die Luftnotlage zu erklären. »Das war ein Unterschied wie Tag und Nacht«, sagt Alexander Thal heute, »innerhalb weniger Minuten war das Cockpit in dichten Rauch eingehüllt.«

Mit den Worten: »Ich kann nicht mehr fliegen, habe keine Instrumente mehr. Übernimm du die Kontrolle«, übergab er jetzt die Steuerung an seinen Kopiloten. Die gesamte Automatik war ausgefallen: kein Autopilot, kein Flight Director[8], keine automatische Schubregelung mehr. Vor ihnen erschien eine Reihe von Warnmeldungen, die das Notstromsystem betrafen, und hinter sich hörten sie die

Sicherungen herausfliegen. Das Abarbeiten der Checkliste »Electrical Smoke in Cockpit« musste dann auch gänzlich eingestellt werden. Erstens nahm der Rauch weiter zu, und die Piloten konnten die Anweisungen in normaler Buchstabengröße auf der Checkliste schlicht nicht mehr lesen, zweitens konnten auch die Schalter nicht mehr lokalisiert werden. Darüber hinaus bestand Grund zur Annahme, dass eine Betätigung des Emergency Power Switches (Notstromschalter) die Situation vielleicht weiter verschlimmern würde. Thal beschränkte sich darauf, die Regulierung für den Kabinendruck auf manuell zu schalten und das entsprechende Ventil aufzumachen, um notfalls ein Fenster öffnen zu können.

Aus der Position des Flugzeuges hätte man jetzt eigentlich schon den Flughafen sehen müssen, doch als sich der Lotse danach erkundigte, musste der Kapitän verneinen. Der Lotse erteilte dennoch eine Freigabe zum Sichtanflug auf die Landebahn 08 Rechts und übermittelte laufend Positionsmeldungen an die Maschine.

Die Landebahn war mit einem ILS-System ausgestattet, das es den Piloten erlaubt, die Rollbahn mit Hilfe ihrer Instrumente anzufliegen. Dazu ist es jedoch notwendig, die Frequenz des Landekurs- und Gleitwegsenders manuell einzustellen. Wegen des dichten Qualms waren weder Thal noch Hörler in der Lage, die richtige Frequenz auf ihrer Anflugkarte abzulesen. Der Lotse musste sie ihnen über Funk durchsagen. Um 9:55 Uhr meldete Kapitän Thal Sichtkontakt zum Flughafen, den er jedoch kurz darauf wieder verlor. Jetzt hatte Hörler so starken Rauch vor sich, dass er nichts mehr sah und rief: »Your controls«. Thal übernahm wieder das Steuer und bat Hörler die Landecheckliste durchzugehen, was auswendig und durch Ertasten der entsprechenden Hebel geschah. Jedoch schon kurz darauf musste Thal die Steuerung wieder an seinen Kopiloten abgeben, weil die Sicht zur Landebahn immer wieder verloren ging und er auch seinen Geschwindigkeitsmesser nicht mehr ablesen konnte. Zuvor hatte Hörler vergeblich versucht, das Cockpit-Seitenfenster zu öffnen. Die Tatsache, dass ihm dies nicht gelang, erwies sich im Nachhinein als Glücksfall. Brandexperten kamen nämlich bei der Untersuchung des Vorfalles zu der Überzeugung, dass eine weitere Luftzufuhr das in der Schalttafel schwelende Feuer geradezu hätte anfachen können, mit dramatischen Konsequenzen für die Besatzung und eventuell auch für die Passagiere.

Kurz darauf übergab Hörler wieder die Steuerung an seinen Kapitän. Er rief bei der Übergabe die Geschwindigkeitsinformation »150 Knoten« aus, da Thal seine Anzeige nur noch schemenhaft erkennen konnte. Außerdem hatte der Kopilot noch eine weitere gute Idee: Er wedelte mit der Notfallcheckliste, um dem Kapitän so eine bessere Sicht zu verschaffen. Die bei der Fehleranalyse wegen der Sichtbehinderung für die Piloten nutzlos gewordene Notfallcheckliste erhielt so zumindest doch noch eine neue, sinnvolle Funktion.

Um 9:58 Uhr landete SR 551 wieder in München. Während des Ausrollens ging jedoch die Sicht nach außen völlig verloren, und Thal entschied sich daher für ein scharfes Bremsmanöver. »Ich wusste nicht mehr, wo wir waren. Wir hätten auf der Rollbahn oder auch schon auf dem Gras stehen können. Man sah absolut nichts mehr«, erinnert er sich. Dann löste er das Notsignal für die Evakuierung aus. Augenzeugen außerhalb der Maschine berichteten später, dass mit dem Öffnen der Fenster dicke Rauchschwaden aus dem Flugzeug stiegen. Während die Passagiere die Maschine über die seitlichen Notrutschen und die Tragflächen verließen, beendeten die Piloten ihre Arbeit im Cockpit, schalteten alle Systeme aus und verließen dann als Letzte die qualmende Maschine. Die MD-81 verfügt auch über einen Notausgang im Heck, doch dort gelang es der Flugbegleiterin nicht, die Rutsche auszulösen. Wie sich später herausstellte, war bei Wartungsarbeiten die Entfernung eines Sicherungsstiftes vergessen worden. Zum Glück für die 88 Passagiere und die 7 Besatzungsmitglieder war die Maschine nicht voll besetzt, und so konnte man mit den geöffneten Ausgängen rasch und erfolgreich evakuieren. Nur 14 Passagiere, die das Flugzeug über die Notausgänge auf den Flügeln verlassen hatten, verletzten sich beim Abrutschen von den Tragflächen leicht.

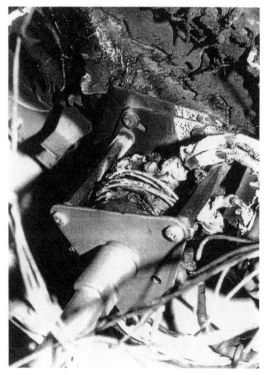

Der stark verkohlte Emergency Power Switch aus SR 551, wie er von den Unfalluntersuchern vorgefunden wurde.

Die Feuerwehr nahm sich des Brands in der Schalttafel des Cockpits sofort an. Dabei verwendeten sie insgesamt sechs Kilogramm Halon, ein spezielles Feuerlöschmittel zur Bekämpfung von elektrischen Bränden. Die Rauchentwicklung kam jedoch erst zum Stillstand, nachdem Feuerwehrleute die Batterie des Flugzeuges abgeklemmt hatten.

Gemäß dem ICAO Annex 13 übernahm die deutsche Flugunfalluntersuchungsstelle beim Luftfahrtbundesamt (FUS) bereits am nächsten Tag die Untersuchung dieses glimpflich abgelaufenen Zwischenfalles. Doch erst zwei Jahre später, am 24. Oktober 1995, erschien der abschließende Unfalluntersuchungsbericht. Demzufolge wurde der Zwischenfall auf einen massiven Schmorbrand im Emergency Power Switch (Schalter für die Notstromversorgung) zurückgeführt.

Experten des Bayerischen Landeskriminalamtes, die von den Flugunfalluntersuchern hinzugezogen worden waren, stellten fest, dass während des Fluges für die Piloten die Gefahr einer Vergiftung durch Brandgase, vor allem durch Kohlenmonoxid, bestanden hatte. Nur der Benutzung der Sauerstoffmasken sei es zu verdanken, dass Thal und Hörler nicht bewusstlos wurden. Da die Tür zwischen dem Cockpit und der Passagierkabine die ganze Zeit geschlossen blieb, waren die Fluggäste und die übrige Besatzung nicht gefährdet. Nach der Begutachtung des Brandherdes führte die Spur sehr schnell zu dem Notstromschalter als Auslöser des Problems. Als die Ermittler bei anderen Betreibern des gleichen Flugzeugtyps eine Befragung durchführten, erfuhren sie, dass in der Vergangenheit schön öfters Probleme mit diesem Schalter aufgetreten waren. So hatte McDonnell-Douglas bereits im September 1991 auf gelöste Schrauben an den Kabelanschlüssen des Schalters hingewiesen, die durch Überhitzungen entstanden waren. Auch Nachforschungen bei der Swissair ergaben, dass dieser Schalter durch eine erhöhte Ausfallrate bereits häufiger aufgefallen und die Swissair in dieser Angelegenheit schon mehrfach bei McDonnell-Douglas vorstellig geworden war. Sie wurde jedoch immer wieder besänftigt, das Problem sei unter Kontrolle, der Hersteller des Schalters informiert. Nicht schlecht gestaunt haben müssen die Unfallermittler jedoch, als sie feststellten, dass exakt dieser Schalter sich schon in der 1959 konstruierten Boeing 707 befunden hat. Allerdings hatte Boeing die »Lebenszeit« des Schalters in seinen Flugzeugen auf maximal 10 000 Schaltvorgänge beschränkt. Dann musste das Teil gegen einen neuen Schalter ausgetauscht werden. McDonnell-Douglas hatte genau den identischen Schalter für seine DC-9/MD-80 Flugzeugserie übernommen – allerdings ohne die Lebenszeit auf 10 000 Schaltungen zu limitieren. Im Gegenteil: Bei der DC-9 gehörte es bis zu diesem Unfall zum Standardverfahren, das korrekte Funktionieren dieses Schalters vor jedem Flug durch Drehen zu überprüfen. Das führte natürlich schnell zum Erreichen von 10 000 Schaltvorgängen.

Das durch den Brand schwer beschädigte Overhead-Panel von SR 551.

Das Feuer hatte mehrere wesentliche elektrische Systeme in Mitleidenschaft gezogen. Unter anderem fiel auch die Notstromversorgung, der »Emergency-AC-Bus«, während des Fluges von SR 551 mehrfach aus. Die Ermittler führten diesen Umstand auf eine Fehlfunktion im Notstromschalter zurück. Für alle Beteiligten glücklich war der Umstand, dass sich im Bereich der Brandstelle, in der Schalttafel, kein brennbares Material befand. So konnte kein offenes Feuer mit Flammenbildung ausbrechen, und es blieb bei der aggressiven Rauchentwicklung. Da sich der defekte Schalter jedoch im Bereich der Notstromversorgung befand und dort auch höhere Ströme flossen, wurde so entsprechend viel elektrische Energie für den Schmorbrand geliefert. Der Beschädigungsgrad der Komponenten zeigte deutlich, dass mit zunehmender Zeit weitere Beschädigungen und Systemausfälle nicht zu verhindern gewesen wären. Zitat aus dem Unfallbericht: »Die Folgen hätten durchaus katastrophalen Charakter annehmen können.«[9] Dies rechtfertigte den schnellen Entschluss Thals, sofort nach München zurückzukehren und nicht etwa bis Zürich weiterzufliegen. Nachträglich angestellte Berechnungen ergaben, dass er nur fünf Minuten später auch in Zürich hätte landen können. Ob die Situation im Cockpit das jedoch dann noch zugelassen hätte, ist fraglich.

Ungeklärt blieb im Zusammenhang mit diesem Zwischenfall jedoch, warum nach dem Abschalten des rechten Generators die Instrumentierung auf der linken Seite des Cockpits ausgefallen war. Gemäß der auf dem Flugschreiber aufgezeichneten Daten waren die Systeme betroffen, die dem rechten Stromversorgungssystem zugeordnet waren. Dazu zählten aber nicht die Anzeigen und Instrumente der linken Seite. Für die Piloten musste so der falsche Eindruck entstehen, dass hier ein Zusammenhang bestehen würde.

Als »ungünstig bei der Systemauslegung der Notstromversorgung der DC-9-Serie« bemängelten die Unfalluntersucher, dass hohe Ströme über den Notstromschalter fließen. Das führt bei einer Überlastung oder einem Brand zu negativen Auswirkungen direkt am Arbeitsplatz der Piloten. Auch waren sie der Ansicht, dass eine solche Konstruktion heute nicht mehr zeitgemäß sei. Immerhin hat die Anzahl der elektrischen Verbraucher bei modernen Flugzeugen erheblich zugenommen. Die Art der elektrischen Belastung eines solchen Bauteils hat sich damit geändert.

In ihrer Würdigung der Unfallaspekte stellten die Ermittler der Flugunfalluntersuchungsstelle ferner fest, dass auch eine erfolgreiche Abarbeitung des Problems nach der vorhandenen Checkliste im Ergebnis nicht unbedingt zum beabsichtigten Effekt geführt hätte und darüber hinaus recht fragwürdig erscheint. Die Unterbrechung der Stromzufuhr zum Emergency Power Switch wäre nämlich nur durch Ziehen der Sicherung im Electronics Bay unter dem Cockpit möglich gewesen. Einer der Piloten hätte dazu seinen Sitz verlassen und in den »Keller« klettern müssen. Mit Sauerstoffmaske und Rauchbrille hätte er die Sicherung jedoch nicht erreicht, weil der Sauerstoffschlauch zu kurz war. Zwangsläufig hätte er sich deshalb giftigen Kohlenmonoxid-Gasen aussetzen müssen.

Großes Lob erhielt die Besatzung für ihr fast vorbildliches Crew-Resource-Management in dieser Extremsituation, obwohl sie wegen der enormen Rauchbehinderung nicht alle Vorschriften hatten einhalten können. Alexander Thal ist auch noch heute seinem Kopiloten Martin Hörler dankbar: »Ohne ihn und seinen besonnenen Einsatz hätte das anders ausgehen können. Immerhin hat er fast den ganzen Anflug alleine gemacht, als ich nichts sehen konnte. Bezüglich der Frage, wer die Landung durchführen sollte, geriet ich freilich in einen Konflikt. Was ist, wenn etwas schief geht? Wenn er fliegt, heißt es vielleicht, warum bist nicht du als der erfahrenere, als der Kapitän geflogen? Andererseits hatte ich keine Instrumente mehr, und da hätte man auch sagen können, warum hast du nicht den Kopiloten landen lassen? Wie man sich entscheidet, es könnte verkehrt sein. Und damit bekommt man dann auch moralisch ein Problem. Andererseits hat der Fall klar gezeigt, wie wichtig eine grundsolide Ausbildung auch im guten, alten Bereich ›basic flying skills‹ ist.«

Die deutsche Flugunfalluntersuchungsstelle erließ insgesamt drei Sicherheitsempfehlungen:

- Für den Notstromschalter sollte eine Laufzeitbegrenzung von 10 000 Schaltungen gefordert werden.
- Der Hersteller McDonnell-Douglas sollte aufgefordert werden, bei neuen Flugzeugen dieser Serie den Notstromschalter durch eine Relaisschaltung modernerer Bauart zu ersetzen. Dabei sollten solche Relais und Leitungen, die hohe Ströme führen, möglichst nicht in der Überkopf-Schalttafel und im Cockpit eingebaut sein.
- McDonnell-Douglas sollte aufgefordert werden, die Ursachen für den extrem hohen Stromfluss im Notstromschalter sowie den Ausfall der Instrumente auf der linken Cockpitseite nach der Anwendung der Checkliste eingehend zu klären.

Die erste Sicherheitsempfehlung wurde durch das amerikanische NTSB am 18. Juni 1994 übernommen. McDonnell-Douglas gab ein entsprechendes Service Bulletin heraus, welches wiederum auch von der FAA als Flugsicherheitsempfehlung übernommen wurde und somit Gesetzescharakter bekommen hat.

Weiterhin baute McDonnell-Douglas bei späteren Serien dieses Flugzeugtyps einen anderen Schalter ein, womit sie der Sicherheitsempfehlung Nr. 2 ebenfalls Folge leistete.

Unbekannt ist jedoch, was zu dem hohen Stromfluss im Overhead-Panel geführt hat. Hier blieb McDonnell-Douglas bislang eine Antwort schuldig. Ver-

steckt zwischen den Zeilen des 35-seitigen Berichtes findet sich noch ein weiterer Hinweis auf eine mögliche Verbesserung. Dort heißt es wörtlich:
»Eine Verbesserung der Sicht nach außen und auf die Instrumente wäre durch einen aufblasbaren Sichtkanal zwischen der Besatzung und der Instrumentierung bzw. Cockpitfenster zu erreichen gewesen.«[10]

Ein solches System war zu diesem Zeitpunkt bereits entwickelt und für den Einsatz in zivilen Verkehrsmaschinen von der FAA auch zugelassen worden. Auch war die Swissair eine der ersten Gesellschaften, die sich dafür interessiert hatten. Doch über diese Aspekte mehr in Kapitel 5.

Thal fliegt immer noch bei der Swissair. Heute ist er Kapitän und Ausbilder auf dem Airbus A320. Die Erlebnisse von damals haben ihn und seinen Kopiloten Martin Hörler sicherlich nachhaltig geprägt. Ein wesentliches Augenmerk richtet Thal seitdem auch auf die Ausbildung: »Wir trainieren das zwar alles im Simulator, schön und gut, aber die psychische Situation lässt sich einfach nicht trainieren«, stellt er nüchtern fest. »Es kann passieren, dass man erst einmal blockiert ist, wenn so etwas eintritt. Auch ich brauchte einen kurzen Augenblick, bevor dann die Professionalität wieder da war und damit die Fähigkeit, Entscheidungen zu fällen.«

Zusammen mit der Besatzung von SR 551 hat die Swissair dann nach dem Zwischenfall einen 45-minütigen Trainingsfilm zu diesem Komplex produziert. Im Simulator wird nochmals der Flug nachgestellt, und im Anschluss daran diskutiert die Besatzung offen die Ereignisse. Ein ausgesprochen guter Film, der eindrücklich vor Augen führt, mit welchen Problemen eine Besatzung beim Auftreten von Rauch und Feuer schlagartig konfrontiert wird. Der Film wurde Lehrstoff für alle Swissair-Besatzungen und damit zur Pflichtlektüre für die Behandlung von Feuer und Rauch an Bord, ungeachtet des jeweiligen Flugzeugtyps.

Als der Autor, dem dieser Film kurz nach seiner Fertigstellung schon einmal vorgeführt worden war, ihn nach dem Absturz von SR 111 noch einmal sehen wollte, gab es allerdings nur eine »zensierte« Fassung. Die Diskussion am Schluss und insbesondere Kapitän Thals und Kopilot Hörlers eindrückliche Schilderung von der schlagartigen Verschlimmerung der Situation im Cockpit fehlten gänzlich.

Zu denken gibt auch der Umstand, dass der Unfallbericht der deutschen Flugunfalluntersuchungsbehörde nicht wie sonst üblich in englischer Sprache existiert. Er war daher auch noch im Frühjahr 1999 nicht nur auf dem amerikanischen Kontinent gänzlich unbekannt, obwohl gerade dort die meisten Maschinen dieses Typs registriert sind. Hinweise im Bericht, dass es sich beim Flug um eine Maschine der Swissair gehandelt hat, fehlen ebenso wie die offizielle Registrierung der Unglücksmaschine. Nur aus dem Ausdruck der Radaraufzeichnung lassen sich Rückschlüsse ziehen. Die Kennung der Maschine ist als »SR 551« angegeben.

FedEx-Flug 1406, 5. September 1996

Dieser Feuerunfall mit dem Vorgängermodell der MD-11, einer DC-10-10 Frachtmaschine der amerikanischen Kurierdienstfirma FedEx, gewinnt gerade hinsichtlich des Unfalles von SR 111 eine besondere Bedeutung.

Die Maschine mit der Registrierung N68055 befand sich mit ihrer dreiköpfigen Cockpitbesatzung (Kapitän, Erster Offizier und ein Flugingenieur), zwei Kurieren und 36 Containern sowie einer Palette unterschiedlichster Fracht auf dem Flug von Memphis nach Boston. Um 5:36[11] Uhr wurde die Crew von einer Feuerwarnung eines Rauchsensors im Frachtraum aufgeschreckt. Der Flugingenieur rief sofort aus: »Rauch, Sauerstoffmasken aufziehen!«, was die Besatzung unmittelbar befolgte.

Das ausgebrannte Wrack eines FedEx-Frachtflugzeuges des Typs DC-10, dem Vorgängermodell der MD-11, auf dem Flughafen Stewart, USA.

Sie baten dann die beiden Kuriere, die sich in einem speziellen Abteil hinter dem Cockpit aufhielten, nach vorne. Die beiden Männer gaben später an, dass sie bis zu diesem Zeitpunkt weder Rauch noch einen ungewöhnlichen Geruch wahrgenommen hatten. Drei Minuten nach der ersten Warnung bat der Kapitän den Flugingenieur, das Rauchmeldesystem auf eine Fehlfunktion zu überprüfen. Eine

Minute später, um 5:40 Uhr, stand für die Besatzung fest, dass es im Frachtraum zu Rauchentwicklung gekommen war. Mit den Worten: »Wir haben definitiv Rauch, Männer ... wir müssen jetzt sofort runter, lasst uns gehen«, wies der Kapitän seinen Kopiloten an, einen sofortigen Sinkflug einzuleiten.

Es blieb bei dieser Aufgabenverteilung. Der Kapitän übernahm den Funkverkehr und arbeitete mit dem Flugingenieur die Checkliste ab, während der Erste Offizier für die Flugzeugführung zuständig war. 4 Minuten und 20 Sekunden nach der ersten Warnung durch das Rauchmeldesystem erklärte der Kapitän über Funk die Luftnotlage und erhielt augenblicklich eine Sinkflugfreigabe auf 11 000 Fuß. Der Radarlotse informierte die Piloten, dass sich zwei Flughäfen in ihrer unmittelbaren Nähe befanden: Albany County, New York, lag etwa 50 Meilen voraus, und Stewart-Newburgh war zu diesem Zeitpunkt etwa 25 Meilen hinter ihrem zurückgelegten Flugweg.

Der Kapitän entschied sich für den nächstgelegenen Flughafen Stewart. Während des Sinkfluges ging der Flugingenieur die Checkliste »Cabin Cargo Smoke Light Illuminated« in Übereinstimmung mit dem letzten Schritt der Checkliste »Fire and Smoke« durch. Bei seiner Befragung durch die Unfallermittler des NTSB erklärte er später, er habe sich durch die hohe Arbeitsbelastung während des Sinkfluges überfordert gefühlt; darüber hinaus habe er zu viel Zeit darauf verwendet, den richtigen Buchstabencode für den Flughafen Stewart in seinem Laptop zu finden. Diesen Code, nachdem er die übrige Besatzung insgesamt fünfmal gefragt hatte, brauchte er, um die Landedaten für die Maschine ermitteln zu können. Weiterhin gab er an, durch einige Aufgaben der Checkliste verwirrt worden zu sein. Er gestand ein, dass ihm beim Abarbeiten ein Fehler unterlaufen sei, weil er vergessen hatte, den Hebel für die Luftzufuhr im Frachtraum zu ziehen, um dort die Sauerstoffzufuhr zu unterbinden. Um 5:47 Uhr wurde FedEx 1406 an die Anflugkontrolle übergeben. Zu diesem Zeitpunkt hatte der Flugingenieur mehrmals die Cockpittür geöffnet und gesehen, wie sich gräulicher Rauch im Foyer des Cockpits ansammelte. Etwas später ermahnte der Kapitän seinen Ersten Offizier, die hohe Anfluggeschwindigkeit beizubehalten: »Bleib schnell, Mann, nicht verlangsamen auf 250 (Knoten)...wir sind hier in einer Notfallsituation.«

Die Besatzung sagte später aus, dass die Sicht im Cockpit uneingeschränkt blieb, obwohl der Kapitän den Rauch sogar unter seiner Sauerstoffmaske noch riechen konnte.

Die Maschine erhielt eine Landeerlaubnis für einen Sichtanflug auf die Landebahn 27, auf der sie dann um 5:54:28 Uhr (exakt 18 Minuten und 5 Sekunden nach der ersten Rauchmeldung) aufsetzte und nach einem kurzen Ausrollen auf einem Zurollweg zum Stehen kam. Einsatzfahrzeuge der Feuerwehr erwarteten sie dort bereits. Der Flugingenieur öffnete die Cockpittür, konnte aber die gegenüberliegende Wand durch den Rauch nicht mehr sehen. Der Kapitän befahl daraufhin eine Notevakuierung. Die Besatzung konnte jedoch die vorderen Türen nicht sofort öffnen. In der Eile hatte man nämlich versäumt, sich an die Checkliste »Emergency Evacuation« zu halten. Demnach hätte der Flugingenieur zunächst den Überdruck in der Kabine ablassen müssen. Erst nachdem das Druckablassventil geöffnet worden war, gelang es ihm, die Türen zu öffnen. Der Kapitän und sein Kopilot verließen die Maschine durch die seitlichen Cockpitfenster unter Zuhilfenahme der Notseile. Die Kuriere und der Flugingenieur benutzten die Notrutschen an den seitlichen Türen.

Der Kapitän erklärte später, dass der Rauch inzwischen tief grau bis schwarz geworden war und einen »schrecklich ätzenden« Geruch angenommen hatte. Er musste seinen Atem anhalten, bis das Fenster geöffnet war und der Rauch dort wie aus einem Schornstein hinausstob.

Trotz sachkundiger Anleitung durch den Flugingenieur gelang es der Feuerwehr jedoch nicht, das Feuer zu löschen, geschweige denn, es unter Kontrolle zu bekommen. Zwar dauerten die Löscharbeiten noch 3 Stunden und 25 Minuten an, es konnte aber nicht verhindert werden, dass die Maschine völlig ausbrannte.

Beide Piloten sowie der Flugingenieur hatten übrigens ihre Flugkarrieren als Militärpiloten bei der US-Air Force und der US-Navy begonnen, bevor sie erst Anfang und Mitte 1996 von der Firma FedEx angestellt wurden. Aufgrund dieser Berufserfahrung waren sie auch an steile Sinkflüge mit einer hohen Sinkrate gewöhnt. Doch obwohl es der Besatzung vor allem durch die schnelle Einleitung einer Notlandung gelungen war, einer Katastrophe zu entgehen und somit ihre eigene Haut zu retten, wurden gerade ihre Handlungen und Aktionen vom NTSB im abschließenden Unfallbericht scharf kritisiert.

Insbesondere bemängelte das NTSB, dass man sich nicht systematisch daran gehalten habe, die Checklisten Punkt für Punkt abzuarbeiten. Dadurch sei es zu Fehlern wie der nicht unterbrochenen Sauerstoffzufuhr im Frachtraum und dem Vergessen des Kabinendruckausgleiches gekommen. Der Kapitän habe insbesondere »nicht genügend Übersicht und Unterstützung bei den anliegenden Arbeitsschritten gezeigt und dadurch seine übrigen Besatzungsmitglieder nur unzureichend durch diese Situation geführt«.

Jedoch zeigt auch dieser Unfall einmal mehr, wie schnell Feuer an Bord eines Flugzeuges zu einer tödlichen Bedrohung werden kann, der zu entrinnen am ehesten durch eine sofortige Notlandung gelingt.

Von Funkenbögen und Kabelbrand

Die traurige Geschichte von Unfällen und Zwischenfällen lehrt, dass ein Feuer an Bord eines Flugzeuges das Leben der Insassen auch dann bedroht, wenn die Notlandung der Maschine noch möglich ist. Die ideale Lösung des Problems läge daher sicherlich in der Vermeidung solcher Brände – seien sie nun durch unachtsame Passagiere oder durch gefährliche und selbstentzündliche Fracht und Gepäckstücke ausgelöst worden. Sicherlich sollten jedoch das »System Flugzeug« und seine installierten Bauteile nicht zu einem Ausbruch beitragen oder diesen sogar ermöglichen. Schwierig wird es da in Bezug auf das elektrische System solcher Maschinen – gemeint sind hier vor allem die viele Kilometer langen Kabelbündel an Bord der heutigen Verkehrsflugzeuge, die für das Funktionieren dieser Maschinen ebenso unverzichtbar sind wie das zentrale Nervensystem für den Menschen.

Heute findet sich in jedem Verkehrsflugzeug eine Vielzahl von verschiedensten Kabelmaterialien, die innerhalb der letzten dreißig Jahre für den Flugzeugbau entwickelt und eingesetzt wurden. Ein Material, das schätzungsweise in fünf Prozent aller Flugzeuge weltweit Verwendung findet, ist Poly-X. Dabei ist weniger das verwendete Material des eigentlich Strom führenden Drahtes als die diesen Draht umgebende Isolation Kriterium der Benennung und der Spezifikationen. Die Isolation besteht aus einer »aliphatischen polyimiden Verbindung«, die von dem US-Hersteller Raychem in den späten 60er-Jahren entwickelt wurde. Poly-X findet man in älteren Flugzeugen des Typs Boeing 747, wie zum Beispiel der TWA-Maschine, die im Juli 1996 vor Long Island abgestürzt ist, und auch in einigen McDonnell-Douglas-DC-10-Flugzeugen.

Fast vierzig Prozent aller kommerziell genutzten Flugzeuge sind mit Kapton-isolierten Kabeln ausgestattet. Kapton ist eine »aromatische polyimide« Verbindung, die ebenfalls Ende der 60er-Jahre durch den DuPont-Konzern entwickelt wurde. Obwohl das Material fast ausschließlich durch Firmen wie Raychem und DuPont an Kabelhersteller geliefert wird, werden Kabel in der Regel durch ihre Isolationsmaterialien klassifiziert statt nach dem Herstellernamen. So bezeichnet man Kabel, das in der Isolation mit Anteilen von Kapton ausgestattet ist, der Einfachheit halber als »Kapton«. Um die Verwirrung zu vervollständigen, spricht man in der Luftfahrtindustrie bei jeder »aromatischen polyimiden« Verbindung von Kapton, ohne damit jedoch ausschließlich das unter diesem Markennamen von DuPont hergestellte Isolationsmaterial zu meinen.

Seit 1972 ist dieses vornehmlich von der US-Firma Raychem hergestellte Kabel bei den Flugzeugherstellern weltweit sehr beliebt, weil es sehr leicht und fest zugleich ist. Im Flugzeugbau, bei dem jedes Gramm Gewicht zählt, ein wesentlicher Faktor. Das amerikanische Naval Research Laboratory, das mit der Untersuchung von elektrischen Problemen an Kampfflugzeugen befasst war, fand jedoch bereits 1985 heraus, dass Kapton, wenn es Feuchtigkeit (beispielsweise durch Meerwasser auf einem Flugzeugträger) ausgesetzt ist, weich und brüchig wird. Die Isolation ist also beschädigt und der eigentliche Draht kann nun Funkenbögen (»arcing«) produzieren.

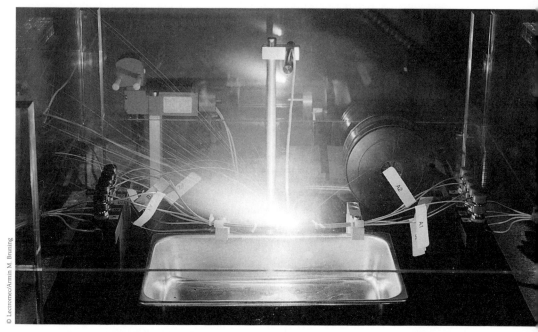

Ein so genannter Funkenbogen (»arching«) unter Laborbedingungen, der bei beschädigten Kabelisolationen entstehen und fatale Folgen haben kann.

Ein US-Experte auf diesem Gebiet, der von deutschen Einwanderern abstammende Dr. Armin Bruning, beschäftigt sich seit 1990 mit diesem Phänomen und führt in seinem Labor in der Nähe von Washington D.C. jährlich um die 750 »Arcing-Tests« durch. Ziel dieser Testreihen ist die weitere wissenschaftliche Erforschung der Kabel- und Isolationsmaterialien insbesondere im Hinblick auf ihre Verwendung für die Luftfahrt. Außerdem testet Bruning seit kurzem auch im Auftrag von Fluggesellschaften Kabelproben aus ihren Flotten. In der Regel haben Dr. Bruning und sein Team bei ihren Versuchen Funkenbögen mit einer Spannung von 30 Ampere getestet, in einigen Fällen auch bis zu 80 000 Ampere. Die Resultate waren für den heute 75-Jährigen, der sich schon seit den 50er-Jahren mit elektrischen Problemstellungen beschäftigt, mehr als beeindruckend. Bruning beschreibt einen Funkenbogen wie folgt (vgl. auch Foto »arcing«): »Es handelt sich dabei um einen ausgesprochen intensiven, blendend hellen Lichtbogen, so als wenn man einen Blitzschlag betrachtet. In der Tat ist es so etwas wie ein Blitz. Die dabei entstehenden Temperaturen erreichen bis zu 5000 Grad Celsius. Diese Energie zerstört die Isolation, schmilzt Metall und kann mit Leichtigkeit einen Brand auslösen, wenn sich brennbares Material in der unmittelbaren Umgebung befindet.« Meist ist ein solches Ereignis eine direkte Folge davon, dass ein Draht mit einem anderen Draht oder zumindest mit einem anderen Metallteil, wie zum Beispiel einer Strebe der Flugzeugkonstruktion, in Berührung kommt. Dafür ist keine große Beschädigung notwendig: Eine Verletzung der Isolationsschicht von der Größe eines Nadelstichs oder eines nur Millimeter großen Risses reicht aus, um einen solchen Funkenbogen entstehen zu lassen.

Einer FAA-Studie aus dem Jahr 1988 zufolge sprechen Wissenschaftler auch von einem »feuchten Funkenbogen« (wet-wire arc tracking). Dieses Phänomen tritt auf, wenn es zu Kriechströmen auf einer zunächst feuchten Isoationsoberfläche kommt. Das kann zum Beispiel passieren, wenn ein Flugzeug aus kalten und trockenen Höhen in feuchtwarme tiefere Schichten sinkt. Es kommt zu einem regelrechten Verdampfungsprozess, und der kann natürlich auch Kabelstränge beeinflussen. Der das Kabel erwärmende Stromfluss reicht aus, um die auf der Isolation abgelagerte Flüssigkeit verdampfen zu lassen. Zurück bleiben so genannte trockene Stellen in Form von kleinen gefärbten Punkten, an denen die Isolationsschicht nun eine andere chemische Zusammensetzung aufweist. Wenn man sich jetzt vor Augen hält, dass es in Flugzeugen immer zu Kondensationsprozessen kommt, wenn die Maschine aus kalten großen Höhen in wärmere niedrigere Regionen absinkt, ist die Wahrscheinlichkeit, dass es gerade an den Kabelsträngen zu Feuchtigkeitsablagerungen kommt, sehr hoch. Diese trockenen Stellen erschweren jedoch den Stromfluss. Andererseits kommt es genau dann zu einer höheren Spannung im Umfeld dieser Stellen, was zu kleinen elektrischen Entladungen an der Oberfläche führt. Als Erstes treten an der Isolationsoberfläche minimale Lichtblitze auf, die jedoch ungeheuer viel Energie freisetzen. Solche Entladungsprozesse führen an den betroffenen Stellen zu Temperaturen, die durchaus 1000 Grad Celsius und mehr betragen können. Das ist ausreichend, um nun die Isolation an anderen bislang intakten Stellen zum Schmelzen zu bringen. Schließlich liegt in der Folge eines solchen Prozesses der Strom führende Draht blank, und weitere Funkenbögen können ungehemmt ihre volle Energie entfalten.

Poly-X-Isolationen haben ihre ganz spezifischen Probleme: Die Isolationsschicht ist so dick wie die Pappe einer Registrierkarte. Bei Tests wurde festgestellt, dass sie einem frühzeitigen Alterungsprozess unterworfen ist, der sie brüchig werden lässt. In der Folge kommt es zu Rissen in der Isolation, wodurch der Draht freigelegt wird. Das Problem wird durch Biegen des Materials und die in einem Flugzeug normalen Vibrationsschwingungen noch verstärkt, was wiederum einen Funkenbogen ermöglicht.

Die Lebensdauer von Poly-X wurde durch den Hersteller auf maximal 60 000 Betriebsstunden eines Flugzeuges begrenzt. Im Fall von TWA 800 hatte der Jumbojet bereits 93 300 Betriebsstunden auf dem Buckel, also satte 36 000 Stunden mehr, als der Hersteller empfohlen hatte. Die US-Unfalluntersuchungsbehörde NTSB sucht immer noch – 3 Jahre nach dem Absturz von TWA 800 vor Long Island – nach dem Auslöser, der das Gasgemisch im leeren Haupttank der Boeing 747-100 zur Explosion brachte. Experten und Unfallermittler des NTSB halten einen Funkenbogen für sehr wahrscheinlich, denn auch dieses Flugzeug hatte Kabelisolationen aus Poly-X. Vielleicht hätte TWA gut daran getan, hier bei Zeiten auf einen Austausch zu drängen. Immerhin schrieb die Technische Abteilung von TWA bereits vor 22 Jahren, am 30. Juni 1977, einen Brief an Boeing, in dem sie nachdrücklich auf die Feuergefährlichkeit von Kapton-isolierten Kabeln hinwies, besonders nach ihren eigenen Erfahrungen mit dem Material. Hier heißt es unter anderem[12]: »Wir sind wegen unserer Erfahrungen mit Kapton-isolierten Kabeln auf der L-1011 darüber besorgt (über die beabsichtigte Verwendung von Kapton-isolierten Kabeln, Anm. d. Verf.). Wie bei unserem Zusammentreffen festgestellt, ist die Anzahl der Kabeldefekte nicht überdurchschnittlich hoch, aber die Art und Weise des Versagens hat einige unserer Flugzeuge für ein bis drei Tage aus dem Verkehr gezogen und in einem Fall erheblichen Feuerschaden verursacht ...«

Schon vor 22 Jahren hatten die Mechaniker bei TWA festgestellt, dass es zwischen den Kabeln oder auch zwischen einem Kabel und einem Metallteil der Konstruktion des Flugzeuges plötzlich zu Kurzschlüssen kommen kann, wenn die Isolierung geknickt oder beschädigt ist. Wenn es zu einem Funkenbogen kommt, tritt das durch die hohe Hitze geschmolzene Metall des eigentlichen Drahtes durch die Beschädigung der Isolation nach außen und beschädigt andere Kabel. Dieser Prozess setzt sich durch ein ganzes Kabelbündel fort, bis ein Großteil der Drähte des Bündels beschädigt ist. Das Schreiben endet daher mit dem Satz: »... daher werden wir der vorgeschlagenen Verwendung dieses Kabelmaterials in zukünftigen TWA-Flugzeugen vehement widersprechen.«

TWA —TRANS WORLD AIRLINES, Inc.— P. O. BOX 20126 — Room 1-462
KANSAS CITY INTERNATIONAL AIRPORT
KANSAS CITY, MISSOURI, U.S.A. 64195

June 30, 1977

Mr. Jack Miller Our Ref: ATA 24-00
727 Customer Engineering
Boeing Commercial Airplane
A Division of The Boeing Company
P. O. Box 3707
Seattle, Washington 98241

Through: Mr. R. J. Schaefer

Subject: General Purpose Airframe Electrical Wire,
Model 727-231 Aircraft

Dear Jack:

An informal meeting of Boeing and TWA wire specialists was held at Renton on June 21, 1977. It was learned from this discussion that BMS 13-51 (Kapton insulated) wire is the prime candidate as a replacement for PVC/Nylon general purpose airframe wire on the B727.

We are concerned about such an application because of our experience with Kapton insulated wire on the L-1011. As brought out in the meeting, wire failures are not excessive in terms of absolute numbers, but the mode of failure has put some of our aircraft out of service for one to three days, and in one case triggered extensive fire damage. A summary of these wire failures was provided at the meeting.

We have found that a wire to wire or wire to ground short circuit can occur if the insulation is nicked or pinched, because Kapton insulation inherently allows the surface damage to propagate to the conductor. When an arc is struck, the tough, high temperature insulation material does not flow, causing the molten copper to spew out of the small fault in the insulation and damage the insulation of adjacent wires. The damage and short circuits progress successively through the bundle until all or most of the conductors in the bundle are severed.

Also discussed was the possibility that Kapton wire will further aggravate the problems of bent and pushed back contacts and moisture contamination experienced with MIL-C-26500 connectors. The most extensive application of Kapton wire has been on the L-1011 which uses MIL-C-83723 Type III connectors that feature closed entry contacts and improved moisture seals. This connector is more forgiving when confronted with the springiness and spiral wrap of Kapton wires which tend to splay the contacts and reduce moisture seal effectiveness. Despite the efforts of TWA and other airlines to switch to MIL-C-83723 connectors, the B727 still incorporates MIL-C-26500 connectors in the basic design.

AROUND THE WORLD   U.S.A. • EUROPE • AFRICA • ASIA • PACIFIC

Brief der US-Airline TWA an Flugzeughersteller Boeing, in dem schon 1977 auf die Gefahren von Kabelbränden und des Materials Kapton aufmerksam gemacht wurde.

Mr. Jack Miller Page 2. June 30, 1977
Boeing Commercial Airplane Co.

Another potential problem we foresee is one that could result from attempting to bring down the cost of Kapton insulated wire to make it competitive with other wire constructions. We understand that wire manufacturers now claim to have a method to process the wire that will permit tin coated conductors to be used. Silver or nickel coated conductor is presently used because of the high temperature required to fuse the Kapton/FEP film wrap. Kapton insulated wire would be highly vulnerable to conductor strand blocking if tin coated conductors are used. This blocking would result in insidious problems of conductor breakage to plague the airlines.

Because of Kapton's notch sensitivity and other minus factors such as springiness, delamination, difficulty in stripping and cost, we will strongly object to any proposed use of this wire on future TWA aircraft.

       Very truly yours,

       W. B. Clark
       Director -
       Electronics Engineering

cc: R. L. Adams
  E. M. Hayes - UAL, SFOEG
  W. H. Spannuth

Derzeit unternimmt das NTSB intensive Testreihen zur Abklärung aller denkbaren Möglichkeiten, die zu einem Funkensprung aufgrund einer Isolationsbeschädigung an den Leitungen im Haupttank der TWA Boeing 747 geführt haben können. Boeing hat bereits 1979 selbst angefangen, Bruchstellen an Poly-X-Materialien mit Teflonüberzügen zu reparieren beziehungsweise zu schützen. Boeing-Ingenieure hatten festgestellt, dass Poly-X-Kabel schon nach 6000 Betriebsstunden bis auf den leitenden Draht herunterbrechen konnten. Boeing bestätigt heute in einem jüngst veröffentlichten Service Bulletin, dass Kabel die Ursache dafür waren, dass in die Aluminiumteile der Tankkonstruktion von Flugzeugen Löcher gebrannt wurden, die zu Explosionen hätten führen können. Ähnliche Geschichten werden jedoch auch von jedem anderen bekannten Kabelmaterial berichtet. Auch gibt es eine Vielzahl von Berichten über beschädigte Isolationsschichten durch Hydraulik-, Toiletten- und Enteisungsflüssigkeiten, die in der Vergangenheit zu Fehlanzeigen von Cockpitinstrumenten oder Fehlfunktionen an Flugzeugsystemen geführt haben. So kam es im März 1991 zu einer Notlandung mit einer Lockheed L-1011 der amerikanischen Gesellschaft Delta in Neufundland, nachdem hinter den Seitenverkleidungen der Kabine Flammen bis auf Hüfthöhe emporgeschossen waren. Als mögliche Ursache wurde ein Funkenbogen in einem Kabelbaum unter dem Kabinenboden identifiziert.

Im Januar 1991 verlor der Pilot eines Ambulanzflugzeuges vom Typ Beech 90 die Kontrolle über seine Höhenruder. Es gelang ihm, die Maschine nur mit unterschiedlicher Schubregelung und Trimmung notzulanden. Das NTSB stellte bei der Untersuchung fest, dass die Isolation eines Kabelbündels an einem der Steuerseile des Höhenruders aufgerieben worden war. Das führte zu einem Kurzschluss, der das Drahtseil der Höhenrudersteuerung durchbrannte. Am 15. Januar 1998 wandte sich das NTSB mit einer besonderen Sicherheitsempfehlung an die FAA. Auslöser dafür waren weitere Vorfälle, die das NTSB in Zusammenhang mit Funkenbögen und beschädigten Kabeln untersucht hatte, wie zum Beispiel den mit einem Business-Jet vom Typ Cessna 650 Citation 3 am 3. April 1997. Die Maschine landete nach einem Feuerausbruch auf dem Flughafen von Buffalo in New York. Im Anflug fielen plötzlich alle Bildschirme und die Funkgeräte aus. Das NTSB stellte fest, dass dieses Feuer durch einen Funkenbogen zwischen der 115-Volt-Bordstromversorgung und einer Hydraulikleitung oberhalb des Frachtraumes entstanden war. Dort kamen Kabel und Hydraulikleitung auf engem Raum zusammen. Anlässlich dieses Unfalles sah sich das NTSB auch andere Flugzeugmuster und gemeldete Zwischenfälle genauer an. Bereits am 25. Juni 1996 versagte bei einer Boeing 767 der US-Gesellschaft Delta kurz nach dem Start vom John F. Kennedy Airport die Querrudersteuerung. Den Piloten gelang es, die Maschine wieder sicher in New York zu landen. Das NTSB stellte fest, dass die Steuerseile der

Querruder durch Funkenbögen durchgetrennt worden waren, weil auch hier Kabel in unmittelbarer Umgebung zu den Drahtseilen verlegt waren. Einige Tage später wiederholte sich ein ähnlicher Zwischenfall mit einer Boeing 767 der Fluggesellschaft Lan-Chile. Weitere Recherchen des NTSB ergaben, dass eine Boeing 767 der Japan Air Lines ein Jahr zuvor einen Zwischenfall hatte, bei dem es zu Funkenbögen zwischen Kabeln und der Not-Sauerstoffversorgung des Kapitäns gekommen war. Das NTSB nahm in der Folge die von der FAA formulierten Richtlinien[13] unter die Lupe. Dabei stießen die Ermittler auf ein weiteres Problem, gerade bei Boeing-Flugzeugen: Die FAA hatte darin bestimmt, dass elektrische Kabel nicht näher als ½ inch (= 1,27 cm) in der Nähe von entflammbaren Flüssigkeiten oder Sauerstoffleitungen verlegt sein dürfen; und wenn der Abstand weniger als 2 inches (= 5 cm) beträgt, besondere Klammern und Schutzhüllen verwendet werden sollen, um die Berührung zu verhindern. Auch heißt es dort, dass zwischen elektrischen Kabeln und Steuerseilen ein Mindestabstand von 3 inches (= 7,62 cm) einzuhalten sei. Zwar hat Boeing in verschiedenen Wartungsbulletins darauf hingewiesen, dass zwischen Kabelbündeln und Steuerseilen sowie Sauerstoffleitungen diese genauen Mindestabstände einzuhalten sind, jedoch wiesen die technischen Zeichnungen, an die sich Mechaniker in der Regel bei der Ausführung von Wartungsarbeiten halten, geringere Abstände von nur 1 inch auf.

Im Fall von TWA 800 waren die Stromkabel, die die 350-Volt-Stromversorgung für die Deckenbeleuchtung führten, über ein kurzes Teilstück in unmittelbarer Nähe der Treibstoffregelung für das Triebwerk Nr. 4 entlang geführt, genau zwischen der Anzeige für den Treibstofffluss und dem Signalmodul. Bei dem Treibstoffflusssystem handelt es sich um eine Niederspannungskomponente, in der nur geringe Ströme fließen. Es besteht die Möglichkeit, dass als Resultat eines Funkenbogens Hochspannungsfunken der Beleuchtungsstromversorgung auf die Kabel des Treibstoffsystems übersprangen und über diese dann weitergeleitet wurden.

Wenn man sich derzeit mit »fanatischen Insidern« über dieses hochkomplexe Thema unterhält und ihren Gedankengängen folgt, dann ist das Thema »Verkabelung von Flugzeugen« heute eher Gegenstand einer hoch konspirativen Verschwörungstheorie von ungeheurer Tragweite als nur ein rein technisches Kommunikationsproblem.

Das Wort »Kabel« ist zum derzeitigen Reizthema der Luftfahrtindustrie geworden und löst überall heftigste Reaktionen aus. Unversöhnlich stehen sich die Anhänger der verschiedensten Theorien gegenüber: Während die einen behaupten, die Rolle von Flugzeugkabeln sei in den vergangenen Unfallermittlungsverfahren dezent, aber bewusst unter den Teppich gekehrt worden, weist die andere Seite – meist Vertreter der Herstellerfirmen und Aufsichtsbehörden – diese Aussage als infame Unterstellung zurück.

Fragte man aber zum Beispiel kurz nach dem Absturz von SR 111 in einem Flugzeugwartungsbetrieb vorsichtig nach, ob die dort arbeitenden Techniker schon einmal etwas von »feuchten oder trockenen Funkenbögen« gehört haben, dann stieß der Fragende meist auf verwundertes Unverständnis und Stirnrunzeln. Wenn man dagegen nach ungewöhnlichen Fehlern, aufgetreten im Flug und von Piloten gemeldet, jedoch am Boden nicht mehr reproduzierbar, fragte, entspann sich schnell eine mehrstündige, angeregte und intensiv geführte Konversation. Ähnlich verhielt es sich, wenn man sie nach beschädigten Isolierungen an Flugzeugverkabelungen fragte. Das ist heute, besonders nach SR 111, sicherlich anders, doch fehlen nach wie vor fundierte Hintergründe, gerade bei den Mechanikern.

Angesichts des Interesses, das Fachleute diesem Thema entgegenbringen, mutet es auch recht merkwürdig an, dass die FAA im Zeitalter von Fly-by-Wire-Flugzeugen (»Fliegen mit Draht«)[14] und einer erhöhten In-Dienst-Stellung solcher Maschinen noch nicht einmal über eine eigene Arbeitsgruppe zum Thema »Kabel« verfügt. Dabei gibt es dort sonst für jeden Fachbereich eine Sonderkommission mit besonderen Aufgaben. Aber von Seiten der Verantwortlichen, wie Thomas McSweeny, war bislang immer wieder zu hören: »Kabel ist Kabel!« Herr McSweeny, der bei der FAA ehemals für Zertifizierungsangelegenheiten zuständig war und über ein abgeschlossenes Ingenieurstudium verfügt, sollte das eigentlich besser wissen. Kabel ist eben nicht gleich Kabel – wie jeder Elektrikermeister, auch ohne Luftfahrthintergrund, weiss.

Und auch einmal ganz unabhängig von den unterschiedlichen Charakteristika der derzeit im Umlauf befindlichen Kabelmaterialien und ihrer Isolationen betrachtet, sind elektrische Drähte natürlich ganz spezifischen Alterungsprozessen unterworfen. Neuerdings mehren sich warnende Stimmen von in der Luftfahrt tätigen Elektroingenieuren, die darauf hinweisen, dass die Kabelbäume im Inneren der Flugzeugrümpfe ebenso wie die Maschinen selbst einem Alterungsprozess unterliegen.

Diese Mahnung kommt ausgesprochen ungelegen – zumal es starke Bestrebungen gibt, die durchschnittliche Lebensdauer eines Verkehrsflugzeuges von zwanzig Dienstjahren auf vierzig zu erhöhen. Namentlich die Vertreter verschiedener Airlines und andere Mitspieler im Luftfahrtgeschäft treten seit geraumer Zeit unter stetigem Hinweis auf die Statistik und Performance für diese Verlängerung der Lebenszeitlimitierung ein. Daran ist im Prinzip erst einmal nichts auszusetzen. Ein bis zu diesem Datum perfekt gewartetes Flugzeug erfüllt mit Sicherheit die strengen Anforderungen an die Lufttüchtigkeit. Der einzige Schönheitsfehler ist, dass man bei solchen Überlegungen meist Schrauben, Bleche und Nieten im Auge hat, niemand spricht jedoch in diesem Zusammenhang die Wörter »elektrische Verkabelung« aus.

Doch das könnte sich jetzt so anhören, als wenn wir es ganz plötzlich mit einem quasi aus dem »Nichts« aufgetauchten neuen Problem zu tun hätten. Leider nicht, wie schon der zuvor zitierte Brief von TWA belegt. Das Problem ist so alt wie die Luftfahrt. Das »Funkenbogen-Phänomen« wurde bereits zu Beginn der 50er-Jahre von Physikern wie dem Deutschen Heinz Maecker im Auftrag der Firma Siemens untersucht. Leider hat Siemens die Untersuchungsergebnisse von Maecker damals zu einem Firmengeheimnis erklärt und seine umfangreichen Feldstudien nicht veröffentlicht. Erst in den 70er- und 80er-Jahren fanden sich seine Thesen und Forschungsergebnisse in einigen Fachzeitungen wieder. In der jüngsten Zeit hat dieses Problem nachweislich bereits seit 1982 ernsthafte Besorgnis ausgelöst, wenn auch nicht im Bereich der Zivilluftfahrt – dafür aber bei den ebenfalls mit der Fliegerei betrauten Militärs.

Ein F/A-14-Kampfflugzeug beim Start auf einem amerikanischen Flugzeugträger: Bereits 1985 erkannte die Navy Probleme mit dem Isolationsmaterial Kapton bei diesem Flugzeugtyp.

Bereits zu Beginn der 80er-Jahre nahmen Experten der US-Air Force und der US-Navy die Verkabelung von Kampfflugzeugen genauer unter die Lupe, nachdem es zu einer Vielzahl von unerklärlichen Systemausfällen und damit einhergehenden Abstürzen gekommen war. Das US-Verteidigungsministerium beschäftigte sich

Mitte der 80er-Jahre intensiv mit der Kabelisolation aus Kapton, nachdem die Militärs 144 von insgesamt 359 produzierten Kampfflugzeugen vom Typ F-14 durch mysteriöse Abstürze verloren hatten[15]. Bereits 1985 hat die Navy die weitere Verwendung von Kapton in ihren Flugzeugen, auch für kleinere Reparaturen, ausdrücklich untersagt. Doch die Erkenntnisse der Expertenkommission des US-Verteidigungsministeriums wurden von der damaligen FAA-Administration offensichtlich nicht zur Kenntnis genommen – geschweige denn, dass man aus ihnen sicherheitsrelevante Lehren für die Zivilluftfahrt gezogen und umgesetzt hätte. Dabei waren die Erkenntnisse alarmierend genug: Der mit den Untersuchungen beauftragte Experte Edward Block aus Pennsylvenia fand heraus, dass die Isolation von einigen bestimmten Kabelmaterialien beschädigt war oder brüchig wurde, sogar wenn eine Außeneinwirkung, beispielsweise durch eine Unachtsamkeit eines Mechanikers bei Reparaturen, ausgeschlossen werden konnte. Herr Block wurde allerdings für seine Erkenntnisse von den Militärs nicht honoriert – im Gegenteil: Er wurde gefeuert. Nach eigener Einschätzung wahrscheinlich deshalb, weil er seine Einsichten auch außerhalb der eng abgeschirmten Militärs kommunizierte und somit zum »Denunzianten« von sicherheitsrelevanten Militärgeheimnissen wurde. Interessanterweise wurde das Kabelproblem nach diesen Versuchen von der US-Air Force (Luftwaffe) nachhaltig geleugnet, während es die Verantwortlichen bei den Marinefliegern, der Navy, immer wieder herausstellten. Block ist auch heute noch davon überzeugt, dass vor allem die Flugzeughersteller, ihre Kabellieferanten und die Aufsichtsbehörde FAA das bekannte Problem von Kabelisolationen im Flugzeugbau absichtlich verschleiern und verharmlosen. Besonders, so Block, fürchten sie sich vor den wirtschaftlichen Konsequenzen, wenn Flugzeuge flottenweit mit neuen Kabelmaterialien ausgestattet werden müssten, weil hier ein potentielles und vor allen Dingen gravierendes Sicherheitsproblem vorliegt. Natürlich fürchtet man sich außerdem vor den Reaktionen der Öffentlichkeit, wenn diese Fakten in den Medien breitgetreten würden.

Dr. Armin Bruning betrachtet das Problem aus einem anderen Blickwinkel: »Vor zirka 60 Jahren gab es maximal 30 Meter elektrische Leitungen in einem Flugzeug. Heute verfügt eine moderne Boeing 747 über 100 Kilometer Leitungen, ein wesentlich kleinerer Militärjet kommt auf immerhin noch etwa 40 Kilometer.« Die Probleme haben sich damit verlagert, meint Bruning. »Es ist nicht unbedingt ein Problem von schlechtem Kabelmaterial, es gibt hervorragende Materialien mit sehr guten Eigenschaften, es mangelt jedoch an Ausbildung und Erfahrung auf Seiten der Mechaniker, die an diesen Leitungen arbeiten.«

In dem Bestreben, möglichst viel Gewicht in einem Flugzeug einzusparen und damit den Nutzladefaktor signifikant zu erhöhen, hat man besonders die Isolationen der Kabel immer weiter abgespeckt. In vielen Fällen haben diese Schutzhüllen um den Strom führenden Draht gerade einmal einen Durchmesser von wenigen Millimetern. Anschaulich wird das im Vergleich mit einem menschlichen Haar: Die Isolationsschicht erreicht in den überwiegenden Fällen verwendeter Materialien gerade einmal die Dicke des Durchmessers von 4 Menschenhaaren. Etwa 40 Prozent des Gewichts von elektrischen Leitungen bei Flugzeugen gehen auf die Isolation zurück. Eine geringfügige Verstärkung der Isolationsschicht hätte die Einbuße von zwei bis vier Passagieren mit Gepäck zur Folge. Dazu der Kabelspezialist Bruning: »Das grenzt schon an ein Wunder. Wenn man sich einmal vorstellt, Sie haben die Dicke von vier menschlichen Haaren, und das schützt Sie als Passagier und das Flugzeug vor dem Strom im Inneren des Kabels. Sie haben bis zu 60 Kilometer davon in einem mittelgroßen Flugzeug verlegt, und Sie gehen einfach davon aus, dass es bei diesen 60 Kilometern an keiner Stelle zu einem Bruch oder einer Beschädigung dieser 4-Menschenhaar-breiten Isolation kommt. Nehmen wir einmal an, Sie wären ein Ingenieur und würden mir den Vorschlag einer neuen Isolierung machen, die acht Millimeter dick sein soll – ich würde Sie sofort entlassen. Aber in der Luftfahrt ist diese Praxis seit zwanzig Jahren völlig normale Routine.«

Wenn man sich einmal ein Passagierflugzeug in einem Hangar ansieht, das von allen Bauteilen der Kabine und der Innenverkleidung befreit wurde, sieht man sehr deutlich, wie heute fast überall armbreite Kabelbündel mit Hunderten von Einzelleitungen durch den Rumpf verlegt werden. Das Bild des menschlichen Nervensystems ist da ein guter Vergleich, denn elektrische Leitungen erfüllen in modernen Flugzeugen die Aufgaben, die das Nervensystem beim Menschen übernimmt. An schwer zugänglichen Bauteilen kann es aber auch schon mal wie der Blick auf einen Teller mit Spaghetti wirken. Mit elektrischen Impulsen werden Komponenten wie Triebwerke überwacht und gesteuert, und einige Hersteller wie das europäische Airbus-Konsortium benutzen elektrische Impulse sogar zur Steuerung der Höhen-, Seiten- und Querruder, was den Begriff »Fly by Wire« geprägt hat. Doch immer wieder kommt es bei Wartungsarbeiten vor, dass Mechaniker sich erst einmal einen Zugang zu den Systemen verschaffen müssen, die sie eigentlich warten sollen, und ihnen dabei eines dieser recht unflexiblen Kabelbündel in die Quere kommt. Eine kleine Unachtsamkeit führt dazu, dass einige der Leitungen an ihrer Isolation beschädigt werden können. Doch das hat zunächst einmal keine Auswirkung auf ihre Funktionstüchtigkeit. Sie leiten natürlich weiter den Strom, der durch sie fließt, und das ist das Einzige, was der Techniker beim Anlegen des Messgerätes als Ergebnis erhält.

Weiter gibt es in den Augen von zahlreichen Experten wie Block und Dr. Bruning kaum geeignete Grundschulungs- und Fortbildungskurse für Mechaniker, die an elektrischen Flugzeugleitungen arbeiten. Wird ein Problem an einem Kabel gefunden, so sieht der Ablauf in der Regel wie folgt aus: Der Mechaniker klemmt das defekte Teilstück ab, geht dann ins Lager und rollt ein entsprechendes Teilstück von einer Kabeltrommel ab. Dies wird dann eingesetzt, und das Problem ist erledigt. Im Gegensatz zu den sonst auftretenden Problemen an den vielen einzelnen Bauteilen eines Flugzeuges werden elektrische Leitungen nur sehr selten einer genauen Inspektion unterzogen, weil sie eben oft in nur schwer zugänglichen Bereichen verlegt sind. Auch stellt eine solche Überprüfung bereits ein Risiko dar. Es kann passieren, dass eigentlich intakte Leitungen und deren Isolierung bei der Suche unter Zuhilfenahme von Werkzeugen beschädigt werden, ohne dass dies beabsichtigt war. Dies gilt besonders für starre Isolationsmaterialen, die schon geraume Zeit gealtert sind. Nur wenige Techniker haben ausreichende Kenntnisse, wie viele und vor allem welche verschiedenen Materialien in einem Bündel zusammengefasst werden dürfen. Noch weniger bekannt sind die negativen Auswirkungen auf die Kabelisolation, wenn sie beispielsweise mit einer Klammer oder Kunststoffschelle zusammengepresst werden. Besonders nachteilig wirkt sich in diesem Zusammenhang auch aus, dass der Techniker weder von Seiten der Kabelhersteller noch durch die Wartungsvorschriften des Flugzeugherstellers hinreichend genaue Angaben erhält.

Anlass zur Sorge liefert auch die im Zusammenhang mit Kabeln und elektrischer Energie weit verbreitete Fehleinschätzung, dass elektrische Sicherungen, wie sie in jedem Flugzeugcockpit in ansehnlicher Zahl zu finden sind, ausreichenden Schutz vor Fehlfunktionen und der Möglichkeit eines elektrischen Feuers bieten. Die so genannten Circuit Breakers bieten keinen Schutz für die ihnen zugeordneten Komponenten, wie Stellmotoren für Steuerflächen, Landeklappen oder Fahrwerk. Sie schützen die Kabelisolation der jeweiligen Leitung vor einer Beschädigung, die auf einen Kurzschluss oder eine kurzfristig zu hohe Betriebsspannung (Stromspannung) zurückzuführen ist, wenn der entsprechende Motor plötzlich mehr Stromleistung fordert, als die Leitung unter normalen Umständen liefern kann und vor allem für die sie überhaupt ausgelegt ist. Ein Kurzschluss stellt in diesem Zusammenhang eine Stromanforderung an ein Kabel dar, dem es nicht standhalten kann. In der Industrie ist der Irrglaube weit verbreitet, dass ein Kurzschluss zwischen einem Strom führenden Kabel und einem anderen neutralen Bauteil die hauptsächliche Feuergefahr darstellt. Das FAA-Testlabor in Atlantic City, New Jersey, hat sich jedoch in einer umfangreichen Testreihe schon zu Beginn der 90er-Jahre mit diesem Problem befasst und dabei festgestellt, dass ein direkter Kurzschluss keine so schwer wiegende und unmittelbare Auswirkung auf die Isolation eines Kabels hat wie ein so genannter »ticking fault«. Die Untersuchung weist auch darauf hin, dass Sicherungen bei einem »ticking fault« keinen Schutz vor der Entzündung von entflammbaren Materialien bieten. Das bedeutet: Es gibt ein weit verbreitetes falsches Sicherheitsempfinden, wenn es um Kabel, Isolationen und Sicherungen geht.

Normalerweise stellt das Wiedereinsetzen einer Sicherung, das den Piloten auch in vielen Flugbetriebshandbüchern empfohlen wird, kein gravierendes Problem dar. Wenn es aber in Wirklichkeit während des aufgetretenen elektrischen Fehlers zu einem Funkenbogen gekommen ist, kann ein Wiedereinsetzen der Sicherung fatale Konsequenzen haben: Irgendwo entlang der zuvor durch den Funkenbogen beschädigten Kabelisolationen erhält das Feuer nun die Energie, die es braucht, um sich überhaupt erst weiter zu entfalten.

Natürlich wollten auch die Autoren dieses Buches im Zuge ihrer Recherchen entsprechende Fachleute bei Flugzeug- und Kabelmaterialherstellern sowie bei der US-Luftaufsichtsbehörde FAA zu diesem Thema befragen, aber auf keine ihrer zahlreichen Anfragen erhielten sie eine Reaktion – geschweige denn eine Antwort. Sobald das Wort »Kabel« auch nur ausgesprochen wurde, reagierten die verantwortlichen Pressestellen mit angespannter Nervosität. Mehrfach erbaten wir ein Interview mit den Zuständigen der US-Aufsichtsbehörde FAA, entweder Jane Garvey oder ihres zweiten Manns Thomas McSweeny. Statt eines Schreibens fand sich folgende Nachricht auf dem Anrufbeantworter: »Sie schreiben ein Buch über Swissair 111, und dabei handelt es sich ja um eine laufende Unfallermittlung. Wir äußern uns grundsätzlich nicht in diesem Zusammenhang und lehnen Ihren Interviewwunsch daher ab. Wenn Sie Fragen haben, fragen Sie die amerikanische Unfalluntersuchungsbehörde NTSB.« – Dabei war ganz speziell im Hinblick auf die von der FAA erlassenen Sicherheitsdirektiven und von der Behörde ja unabhängig davon initiierten Workshops zum Thema »Isolationen« gefragt worden, und mit dem NTSB standen wir ohnehin in Kontakt. Doch ist das NTSB sicherlich der völlig falsche Adressat, wenn es um Dinge im Zuständigkeitsbereich der FAA geht.

»In Bezug auf die Gefahr eines elektrisch ausgelösten Feuers an Bord eines Flugzeuges spielen die Airlines und die Flugzeughersteller seit Jahrzehnten russisches Roulette mit dem Leben der Passagiere, ungestraft, bis heute.« Dies behauptet zumindest Patrick Price aus Tacoma, USA. – Beunruhigend, denn der heute 71-jährige Price weiss nur zu gut, wovon er spricht. Bis zu seiner Pensionierung hat er über 30 Jahre lang für den amerikanischen Flugzeughersteller Boeing Kabel auf Herz und Nieren geprüft. Dabei hat Price in seinen umfangreichen Labortests bereits Anfang der 90er-Jahre festgestellt, dass die gängigen, in fast allen zivilen Flugzeugen verwendeten Isolierungen der vitalen elektrischen Leitungen zu brandgefährlichen Feuerteufeln werden können. Besonders, wenn es durch äußere Beschädigung oder unsachgemäße Verlegung eines Kabels zu einem elektrischen Funkensprung kommt. »Es reicht, wenn ein Kabel durch die hohe Vibration der Triebwerke an Metall scheuert und die Isolierung beschädigt wird. Hier kann dann später ein fataler Funkenschlag entstehen, der zu einem elektrisch induzierten Feuer führt. Wenn man Glück hat, fliegt die Sicherung raus. Aber es gab auch schon Fälle, in denen die Piloten die Sicherung wieder reingedrückt haben und sich das Feuer weiter ausgebreitet hat oder die Sicherung gar nicht rausgeflogen ist«, weiß Price zu berichten. Ausschlaggebend für seinen Auftrag bei Boeing, eine feuersicherere Kabelisolation zu entwickeln, war ein Zwischenfall mit einer Boeing 757 der britischen Monarch Airlines am 14. Januar 1985: Das Flugzeug verlor auf dem Flug von den Kanarischen Inseln nach England plötzlich die gesamte Stromversorgung nach einem elektrischen Feuer. Mit Notstromversorgung von der Batterie gelang der Besatzung eine Notlandung in Portugal. Die Unfalluntersuchung ergab, dass Urin aus einer Toilette auf ein defektes Kabel getropft war. Dies hatte zum Funkensprung geführt und das Feuer verursacht. Besorgt ist Price vor allem über Poly-X. Wird Kapton nämlich extrem hohen Temperaturen ausgesetzt, wie es zum Beispiel bei einem elektrisch induzierten Feuer durch Funkensprung der Fall ist, »wirkt es geradezu wie Benzin, das man auf die Flammen kippt. Das Kunststoffgemisch«, so fand Price bei seinen Laborversuchen heraus, »verändert unter der großen Hitze seine chemische Zusammensetzung dramatisch und wird seinem Auftrag kaum noch gerecht. Im Gegenteil: Wenn es einmal richtig brennt, facht es das Feuer geradezu an und entwickelt nebenbei eine Rauchdichte von 97 Prozent. Die Piloten sind dann blind, es kann zu Verätzungen der Augen kommen.« Das schwerwiegendste Übel ist nach Auffassung von Price jedoch der Umstand, dass Kapton durch Feuer zu einem Kohlenstoffgemisch verbrennt, denn Kohlenstoff leitet Strom. So haben die Piloten in einem solchen Fall kaum Chancen, das Problem durch Ziehen der Sicherung einzudämmen. Der Strom von in Mitleidenschaft gezogenen Drähten in der Umgebung kann ungehindert weiterfließen, und das Feuer erhält so weiterhin ungestört Energie.

Bereits 1991 hat Price bei seinen Tests im Boeing-Labor ein Kabelmaterial gefunden, das sich im Brandfall nicht so gefährlich verhält: TKT. Diese Abkürzung steht für eine Teflon-Kapton-Teflon-Isolation, bei der das Kapton wie in einem Sandwich von Teflon umgeben wird. Auch diese Verbindung kann natürlich noch brennen, jedoch liegt die dabei entstehende Rauchdichte unter 3 Prozent. Eine Besatzung würde dabei wohl kaum über ein erträgliches Maß bei der Kontrolle der Maschine behindert, meint Price. Der Pensionär hat TKT seinerzeit nach umfangreichen Tests für Boeing zur Verwendung in Flugzeugen zertifiziert. Seit 1992 benutzt das Boeing-Werk in Renton diese Kabelisolation bei den Maschinen vom Typ Boeing 737 und 757. Vermutlich geht diese Änderung auch auf Intervention der amerikanischen Fluggesellschaft United Airlines zurück, die bei Boeing einen Großauftrag für diese Flugzeugtypen platzierte, jedoch unter der Auflage, kein Poly-X-Material zu verwenden.

Doch für Fachleute wie Price völlig unverständlich, werden alle anderen Boeing-Flugzeuge, vornehmlich solche, die Boeing im Werk Everett baut (Boeing 747, 767 bis hin zur modernen 777), seit 1992 mit den von ihm ebenfalls als »brandgefährlich« bezeichneten Kabelisolierungen aus Tefzel ausgestattet. Auch die Maschinen von Boeings einzigem verbliebenem Konkurrenten, dem europäischen Airbus-Konsortium, haben lediglich eine Kapton-Teflon-Kabelisolation, mit der Typenbezeichnung ASNE 0261, auch bekannt als »Extrudable Teflon«. Das sind nach Price alles »tickende Zeitbomben«.

Interview: Ed Block und Patrick Price, USA

Angaben zur Person:
Patrick Price ist heute 71 Jahre alt und lebt als Pensionär im Bundesstaat Washington. Price hat über 30 Jahre für den Flugzeughersteller Boeing gearbeitet. Er war als Spezialist insbesondere mit den Bereichen Marschflugkörper und Flugzeugelektronik befasst und stand diesen Sparten zwölf Jahre als Abteilungsleiter vor. Bereits mit dreizehn Jahren entdeckte er seine Leidenschaft für Elektronik und Funk und hatte eine Amateurfunkerlizenz erworben. Auch während seiner Militärzeit beschäftigte er sich vor allem mit Radiokommunikation; für den US-Geheimdienst arbeitete er als Kommunikationsspezialist. Patrick Price ist studierter Elektroingenieur.

Edward B. Block ist 49 Jahre alt und lebt in Pennsylvania, USA. 1969 trat er in die US-Navy ein und besuchte dort verschiedene technische Hochschulen. Er spezialisierte sich in den 70er-Jahren unter anderem auf nukleare Forschungsprojekte und überwachte Zulieferfirmen, die Radioaktivitätsmessgeräte für das Militär herstellten. Von 1974 bis 1985 arbeitete er als Senior Equipment Specialist und Management-Analytiker im Versorgungszentrum der Verteidigungsindustrie in Philadelphia. Nach seiner Entlassung[16] aus dem Staatsdienst wurde er freiberuflicher Luftfahrtberater für Kabelmaterialien und arbeitete unter anderem mit dem NTSB, der FAA, dem FBI, der Navy, der White House Commission on Aircraft Safety, dem US-Kongress und dem Verkehrsministerium zusammen. Seit 1999 ist er Technischer Leiter von der SR-111-Witwe Lyn Romano gegründeten Organisation IASA (International Air Safety Association). Im Jahr 1981 wurde er als die Most Outstanding Personnel des Jahres ausgezeichnet, nachdem seine Empfehlungen dem Verteidigungsministerium Haushaltseinsparungen in Höhe von zwei Milliarden Dollar eingebracht hatten.

Seit wann beschäftigen Sie beide sich mit dem Problembereich »Flugzeugverkabelung«?
Block: *Seit 1974, das Thema gehörte zu meinen Aufgabenbereichen beim US-Verteidigungsministerium. Ich war beauftragt, mich mit der Fehleranalyse des Kampfflugzeuges F-14 zu befassen, als die Schwierigkeiten 1978 erstmals ans Tageslicht kamen. Das zog sich fort, bis man 1983 öffentlich erklärte, dass die US-Navy 360 Millionen Dollar benötigt, um die mit Poly-X verkabelten Maschinen auf Kapton-Verkabelungen umzurüsten. Das war allerdings schon nachdem 1981 ein internes Memorandum klar darauf hingewiesen hatte, dass Poly-X und Kapton die Sicherheit der F-14 nachträglich kompromittiert hatten.*

Price: *In den letzten 8 Jahren, die ich für Boeing gearbeitet habe, war ich damit beschäftigt, ihr Arc-Tracking-Labor zu konzipieren und aufzubauen und das Kabelmaterial BMS 13-60 TKT für die Boeing-Produktionsstätte in Renton zur Verwendung in Boeing-737- und -757-Flugzeugen zu qualifizieren.*

Was waren Ihre ersten Erkenntnisse?
Price: *Alle Kabelmaterialien, die heute in zivilen Flugzeugen benutzt werden, sind gefährlich. Kapton-Kabelmaterial ist extrem gefährlich. Das einzig sichere Kabelmaterial ist das neue TKT-Material, das ich für Boeing geprüft habe. Es handelt sich um ein funkenbogenresistentes Material. Es wurde 1991 geprüft und wird seit Ende 1992 in allen Boeing-737- und -757-Flugzeugen verwendet.*

Wenn die Verwendung dieses Materials in Flugzeugen so gefährlich ist, wie konnte es dann überhaupt zum Einbau zugelassen werden?
Block: *Der Zertifizierungsprozess erlaubt dem Flugzeughersteller das Kabelmaterial zu bestimmen, das dann verwendet werden soll. Die einzige Beteiligung der FAA daran ist, dass sie es zur Bedingung macht und überprüft, ob die verwendeten Kabel ihren 60-Grad-Flammentest bestehen[17]. Es gibt keinerlei Auflagen oder Einschränkungen hinsichtlich des Isolationsmaterials, was Rauch, Giftigkeit oder irgendetwas anderes angeht. Die Fluggesellschaften wissen von der Funkenbogenproblematik seit 1972, das ist belegt. Im Jahr 1984 haben die FAA-Vertreter bei den Airlines erneut nachgefragt. Im Anschluss daran fanden Besprechungen statt, und man kam zum Ergebniss: Es passiert halt nicht so oft ...*

Sie behaupten, TKT sei das einzige sichere Kabelmaterial und alle anderen Materialien, die sich in Flugzeugen im Einsatz befinden, seien gefährlich. Ihrer Meinung nach sollte nur TKT verwendet werden. Warum?
Price: *TKT ist sehr sicher. Kapton-Kabel sind gefährlich. Ich möchte sogar behaupten, dass ein mit Kapton verkabeltes Flugzeug mit einer tickenden Zeitzünderbombe ausge-*

stattet ist, die jederzeit explodieren kann, wenn gewisse Vorraussetzungen eintreten. TKT ist als einziges Material funkenbogenresistent. Es kann natürlich auch zu einem Funkenbogen kommen, aber wenn es zu einem Flashover kommt, entwickelt es nur etwa drei Prozent Rauchdichte, es entsteht kein offenes Feuer, die Kabel verschmelzen, und dadurch springen die Sicherungen raus. Ende der Geschichte, die Leitung bekommt keinen Strom mehr. Die Isolation wird nicht zu einer Art »Benzin« für ein elektrisches Feuer, wie es bei Kapton der Fall ist.

Einmal haben Sie bei Ihren Tests im Boeing-Labor ein sehr beeindruckendes Erlebnis gehabt. Können Sie das kurz beschreiben?
Price: Ich hatte ein Kabelbündel mit verschiedenen Kabelmaterialien hergestellt. Ein überwiegender Teil waren Kapton-Kabel und einige aus X-Linked Tefzel. Ich legte das etwa einen Meter lange Stück auf eine Pressspanplatte, um die Testbank vor Beschädigungen zu schützen. Dann habe ich das Kabelbündel an Sicherungen, Messgeräte und unseren Dry-Arc-Tester angeschlossen. Der Test wurde gestartet, und innerhalb von fünf Minuten hatten wir einen Flashover durch einen Kurzschluss. Das Kabelbündel war zerstört. Ungefähr drei Viertel wurden durch ein elektrisches Feuer verzehrt, das jede Menge Rauch produzierte. Überall flogen Teile von geschmolzenem Draht herum. Solange nur ein Draht im Bündel Strom führte, ging der Zerstörungsprozess weiter. Es sah aus wie eine abbrennende Zündschnur. Das Feuer hörte erst auf, wenn entweder die Sicherung rausgeflogen oder das Kabel schlicht verbrannt war oder nach einer Kombination von beidem. Ich konnte die Überreste des Kabelbündels nur anhand der schwarzen Brandspuren auf der Pressspanplatte identifizieren. Mitarbeiter von der Ingenieursabteilung von Boeing, die bei dem Test dabei waren, sagten daraufhin: »Haltet das ja unter dem Deckel!«

Herr Block, was tun Sie derzeit?
Block: Ich bin zurzeit Mitglied in der ASTF-Arbeitsgruppe (Aging System Task Force) unter der Schirmherrschaft der FAA und damit beauftragt, Kabel in Flugzeugen zu untersuchen sowie die mit Kabelproblemen in Verbindung stehenden Meldungen und Zwischenfallsberichte zu analysieren. Ich habe diese Gruppe darüber unterrichtet, warum den unterschiedlichen Kabelmaterialien bei der Untersuchung eine so wesentliche Bedeutung zukommt, und in Übereinstimmung mit der Arbeitsgruppe angeregt, dass wir nach spezifischen benannten Kabelmaterialien vorgehen. Bedauernswerterweise wurde diese Entscheidung einen Tag später durch die ATA[18] wieder über den Haufen geworfen. Die ATA hat entschieden, den Kabeltyp nur dann zu benennen, wenn an einem damit ausgerüsteten Flugzeug wirklich ein Problem festgestellt wird. Ich habe bei der Direktorin der FAA, Jane Garvey, persönlich protestiert und erhielt die Antwort, dass über die Vorgehensweise am 4. Juni 1999 erneut entschieden werden soll. Der Prozess dauert jetzt

weiter an, weil die Mitglieder der ATA natürlich kein Interesse daran haben, dass durch die Untersuchungen offengelegt wird, welche der von ihnen benutzten Flugzeugtypen mit Kapton verkabelt sind. Und das, obwohl genau diese Kabeltypenfrage wesentliche andere Punkte beinhaltet, wie Lebenszeitbestimmung, ob man Sicherungen wieder reindrücken darf oder nicht, Entflammbarkeit. Ich habe außerdem das Executive Office des Präsidenten, das NTSB, den US-Kongress, das Militär und die FAA unterrichtet. Seit 1984 habe ich immer wieder Empfehlungen abgegeben und auf die Problematik hingewiesen. Auch in der Öffentlichkeit – mit keinerlei Erfolg. 1995 wurde eine gemeinsame Taskforce des NTSB und der FAA eingerichtet, die sich mit Flugzeugkabeln beschäftigt hat. Das Ergebnis war: Man ging zu Boeing und McDonnell-Douglas, um ihre Ansichten zu hören. Die Antwort war: Kein Problem. Übrigens die gleiche Person, die damals an der Valujet-Unfalluntersuchung teilgenommen hat, antwortete hier für McDonnell-Douglas[19]*.*

Herr Price, warum, meinen Sie, spielen die Aufsichtsbehörden, die Fluggesellschaften und die Flugzeughersteller russisches Roulette mit dem Leben der Passagiere?
Price: *Die Luftfahrtindustrie reitet immer auf ihrem Slogan »Fliegen ist mit Abstand die sicherste Art der Fortbewegung« herum. Es würde schlicht zu teuer werden, wenn man jetzt alle Flugzeuge nachträglich mit TKT-Kabeln ausrüsten würde. Also wiegt man die Leute in Sicherheit, indem man ihnen erzählt, dass Fliegen die sicherste Art der Fortbewegung sei. Und wenn ein Flugzeug abstürzt, war's das halt. Statistisch gesehen haben die Passagiere bessere Überlebenschancen. Wenn sie aber in ein mit Kapton verkabeltes Flugzeug einsteigen, ist das so, als wenn sie russisches Roulette spielen würden.*

Herr Block, welche Vorschläge haben Sie konkret in der jetzigen Arbeitsgruppe gemacht, und was wird jetzt daraus?
Block: *Der augenblickliche Plan der FAA wird von den Lobbyisten der Fluggesellschaften, der ATA, diktiert, und man wird daher keine Probleme finden (wollen). Am 22. und 23. September 1999 findet eine gemeinsame Konferenz des Verteidigungsministeriums, der FAA und der NASA statt, die sich mit dem Problem von alternder Verkabelung in Flugzeugen befassen wird. Das ist so, als wenn die ATA die Show angibt. Es gibt einfach keine effektive Aufsicht durch die Regierung, sondern nur kommerzielle Empfehlungen der Lobbyisten und der Betreiber.*

Herr Price, haben Sie denn damals bei Boeing Empfehlungen gemacht, und was ist daraus geworden?
Price: *Ich habe empfohlen, dass TKT-Kabel in allen Boeing-Modellen benutzt werden sollen. Es gibt dort zwei große Abteilungen. Renton, wo die Boeing 737 und 757 gebaut*

wird, und Everett, die die Boeing 747, 767 und 777 herstellen. Es gibt zwei verschiedene Ingenieursgruppen, die hier zuständig sind. Renton hat sich entschieden, ausschließlich TKT zu benutzen, nachdem United Airlines gedroht hat, dass sie sonst keine Boeing 737 und 757 mehr kaufen würden. Everett wurde weiterhin gestattet, mit BMS 13-48 X-Linked Tefzel zu arbeiten, und das machen sie auch.

Warum ist es so schwer, dem Kabelproblem auf den Grund zu gehen? Welche Hindernisse müssen dabei überwunden werden? Wie sieht es beispielsweise mit den offiziellen Datenbanken[20] und den dort aufgeführten Zwischenfallsmeldungen aus?
Block: *Wahrscheinlich gäbe es viel mehr gemeldete Zwischenfälle, als derzeit dort registriert sind, wenn FAA-Inspektoren, Mechaniker und Piloten ein besseres Hintergrundwissen und eine bessere Ausbildung in diesem Bereich hätten und man ihnen darüber hinaus gestatten würde, sich ohne Angst vor Repressalien frei darüber zu äußern. Zurzeit gibt es in den Datenbanken keine Berichte, weil die Fluggesellschaften einen System-Betrachtungsansatz für ihre Meldungen wählen. Piloten, die Meldung über einen Zwischenfall während eines Fluges machen, müssen eine hohe Hemmschwelle überwinden, weil die Leistung der Fluggesellschaft an der Gesamtmenge dieser Meldungen gemessen wird. Aus diesem Grund gibt es allenfalls anonyme Meldungen. Sogar dann, wenn es mal zu einem Aufsichts-Hearing durch den Kongress[21] kommt, trauen sich die Zeugen nicht, persönlich auszusagen, und man stößt auf veränderte Stimmen und Schattenrisse von den Zeugen.*

Glauben Sie, dass die Wartungstechniker, die an Kabelsträngen arbeiten oder neue Systeme in Flugzeuge einbauen, ausreichend über die Risiken von Verkabelung informiert sind?
Block: *Nein, ich meine, die Techniker haben nicht die leiseste Ahnung, was passiert, wenn Sicherungen wieder reingedrückt werden oder gemischte Kabelbündel mit unterschiedlichen Kabelmaterialien verlegt werden. Ein Service Bulletin[22] schreibt ihnen vor, was sie genau machen sollen, aber die wenigsten wissen über die Kabelspezifikationen Bescheid, also beispielsweise darüber, wie hoch die unterschiedliche Temperaturbelastung für ein bestimmtes Material maximal sein darf. Ich denke, gerade in diesem Bereich herrscht weltweit ein sehr großes Informationsdefizit, und das wird durch den tragischen Fall von SR 111 noch einmal deutlich unterstrichen.*

---

[1] Zeiten in UTC

[2] Durch Spektralanalysen ist es möglich, bestimmte Geräusche auf dem Band eindeutig zuzuordnen. Das gilt insbesondere für im Cockpit hörbare Geräusche wie das Schließen der Tür oder das Einrasten des Fahrwerkshebels; mit Hilfe von Computeranalysen ist es jedoch auch möglich, statische Störgeräusche auf dem Band zu erkennen, wenn sie einen elektrischen Ursprung haben.

[3] cross-tie relay: ein elektrisches Kreuzschaltungsrelais

[4] Lokalzeit in Miami, EST
[5] zitiert nach Seite 2 Sektion D (Details of Investigation), Bericht der Feuer- und Explosions-Arbeitsgruppe vom 4.3.1997
[6] Vgl. Flight Safety Digest, March 1993, S. 18 ff.
[7] FL 180 = 18 000 Fuß
[8] Flight Director: Ein Fadenkreuz auf dem künstlichen Horizont, das dem Piloten anzeigt, dass er sich auf vorprogrammiertem Kurs und in vorprogrammierter Höhe befindet.
[9] Zitiert nach Seite 26, Mitte: »Bericht über die Untersuchung der flugbetrieblichen Störung mit dem Verkehrsflugzeug McDonnell-Douglas DC-9-81 am 16. Oktober 1993 in München« der Flugunfalluntersuchungsstelle beim Luftfahrtbundesamt, AZ: E X 003-0/93.
[10] Zitiert nach Seite 29, unten: »Bericht über die Untersuchung der flugbetrieblichen Störung mit dem Verkehrsflugzeug McDonnell-Douglas DC-9-81 am 16. Oktober 1993 in München« der Flugunfalluntersuchungsstelle beim Luftfahrtbundesamt, AZ: E X 003-0/93.
[11] Lokalzeit in New York, EST
[12] Schreiben von W. B. Clark, TWA Director Electronics Engineering, an Jack Miller, 727 Customer Engineering, Boeing Commercial Airplane Group, vom 30. Juni 1977, AZ: ATA 24-00.
[13] FAA Advisory Circular (AC) 43.13-1A »Acceptable Methods, Techniques, and Practices-Aircraft Inspection And Repair« sowie FAA AC 65-15 »Airframe and Powerplant Mechanics Airframe Book«.
[14] Fly by Wire: Früher wurden Steuersignale der Piloten über Stahlseile, eventuell mit Hydraulikunterstützung übertragen. Heute geschieht dies zunehmend über Kabelleitungen, elektrische Stellmotoren und Hydraulik.
[15] Vgl. auch Kapitel 4, Interview Ed Block und Patrick Price
[16] Vgl. auch Kapitel 4, Von Funkenbögen und Kabelbrand: Die Erkenntnisse der US-Militärs und der NASA
[17] Vgl. auch Kapitel 5, Die Grabsteinbehörde FAA oder »Find Another Answer«
[18] ATA = Air Transport Association, Interessengemeinschaft der US-amerikanischen Fluggesellschaften
[19] Vgl. auch Kapitel 4, Valujet, Seite 13
[20] Datenbanken: Die FAA führt eine Datenbank, in der so genannte Service Difficulty Reports aufgezeichnet werden, die von den Fluggesellschaften gemeldet werden sollen. Doch es besteht kein bestimmter Zwang, hier zu melden. Nach dem US-amerikanischen Prinzip sind alle Daten der FAA, die diese als öffentliche Behörde sammelt, auch der Öffentlichkeit zugänglich und können eingesehen werden.
[21] Der US-Kongress führt bei Bedarf so genannte Overseight Hearings durch, bei denen die Verantwortlichen der FAA wie Zeugen in einem Gerichtsverfahren berichten müssen. In gravierenden Fällen müssen sie dort auch Dinge bezeugen, mit denen sie Missstände innerhalb ihrer eigenen Behörde oder ihres eigenen Betriebes offenlegen. Deshalb kam es in den letzten Jahren vermehrt vor, dass Zeugen aus Angst vor Repressalien von Seiten ihres Arbeitgebers (Airline oder FAA) nur aussagten, wenn ihre Anonymität gewahrt blieb.
[22] Service Bulletin: Wartungsdirektive eines Flugzeugherstellers

Kapitel 5
Die zweifelhafte Rolle der Aufsichtsbehörden

Der Administrator soll seine Befugnisse unter diesem Gesetz in einer solchen Weise ausüben und verrichten, dass sie dazu führen, die Möglichkeit oder die Wiederholung von Unfällen im Luftverkehr zu vermindern oder auszuschließen, aber er ist in seiner Tätigkeit und der Durchsetzung dieses Abschnittes nicht verpflichtet, entweder den Luftverkehr oder die Luftwirtschaft zu bevorzugen.
Federal Aviation Act of 1958, Title VI, Section 601 (B)

Die Grabsteinbehörde FAA oder »Find Another Answer«

Eigentlich sollte man vor dem wuchtigen Hauptgebäude der Federal Aviation Administration auf der Independence Avenue in Washington D.C. die berühmten drei asiatischen Affen (Nichts Sehen, Nichts Hören, Nichts Sagen) ebenso monströs in Bronze gegossen aufstellen. Sie würden die Situation dieser gigantischen Verwaltungsbehörde vermutlich treffender charakterisieren, als es die FAA in ihrer Selbstdarstellung auf der hauseigenen Homepage im Internet tut. Da heißt es unter dem Bereich »Regulierung und Zertifizierung«: »...(wir) fördern die höchsten Sicherheitsstandards der Welt und sorgen im Interesse der Öffentlichkeit für Qualität.«

Spricht man in den USA Piloten oder Wartungstechniker auf die FAA an, kommt meist schnell eine abwertende Handbewegung. Die Initialen der Behörde stehen hier für »**F**ind **A**nother **A**nswer« (Finde eine andere Antwort). Im politischen Washington hat die FAA einen bekannten und überall verbreiteten Spitznamen: »die Grabsteinbehörde«. Nicht nur Abgeordnete, Ausschussmitglieder, Journalisten und Flugsicherheitsaktivisten sagen der Behörde nach, immer erst dann tätig zu werden, wenn durch einen fatalen Unfall mit einem Flugzeug die Reihe der Grabsteine wieder länger geworden ist. Nein, sogar Mitarbeiter dieser Behörde führen diesen Begriff von Zeit zu Zeit selbst im Munde, und zwar ohne dabei vor Scham im Boden zu versinken.

Noch 1993 rühmte sich die Behörde in ihrer jährlich erscheinenden Public Relations-Broschüre »This is the FAA« mit den Worten: »Die FAA verwaltet das geschäftigste zivile Luftfahrtsystem der Welt ... Sie sind für die Sicherheit einer halben Milliarde Passagiere pro Jahr verantwortlich ... Im gleichen Zeitraum (1992 Anm. d. Verf.) haben FAA-Spezialisten 30 000 Sicherheitsinspektionen und Überprüfungen vorgenommen, mehr als 5000 Sicherheitsseminare veranstaltet und

300 000 Flugsicherheitsinspektionen bei Fluggesellschaften und andere Luftfahrtaktivitäten durchgeführt.«

Die FAA steht weltweit als Synonym für Flugsicherheit und Aufsicht. Das liegt vor allem daran, weil es sich bei dieser US-Behörde um eine wahre Mega-Bürokratie handelt. Allein über die USA verteilt unterhält die FAA neun Regionalbüros, teilweise erheblich größer als die städtischen Verwaltungen bekannter Metropolen. Es kommen noch über 125 Auslandsbüros in aller Welt hinzu. Sie überwacht etwa 7300 kommerzielle Fluggesellschaften und private Flugdienste in den USA. Schließlich betreibt die FAA in den USA auch die Radar- und Wetterzentren und unterhält natürlich auch noch eine eigene Flugzeugflotte, bestehend aus 48 Maschinen. Außerdem ist sie für die Luftverkehrs- und Radarüberwachung am amerikanischen Himmel zuständig. Die FAA hat auch die Aufgabe, ein wachsames Auge auf die Operation der in Dienst gestellten Flugzeuge zu haben und bei Auftauchen von Sicherheitsrisiken geeignete Abwehrmaßnahmen zu ergreifen. Dies geschieht in aller Regel durch die »Lufttüchtigkeitsdirektiven« (AD-Notes), also Sicherheitsdirektiven, die die FAA jederzeit erlassen und anordnen kann, in besonders dringenden Fällen sogar telegrafisch, also binnen weniger Stunden. Als letzte Konsequenz kann die FAA den Betrieb eines bestimmten Flugzeugtyps völlig untersagen, zumindest in ihrem Hoheitsbereich, den USA (vgl. auch Kapitel 1, DC-10), und zwar so lange, bis ein potentielles Sicherheitsdefizit abgestellt wurde. Der Jahresetat der FAA wurde für 1999 mit 9,7 Milliarden Dollar veranschlagt, und im März dieses Jahres standen 49 367 Mitarbeiter auf der Gehaltsliste. Die FAA muss Flugzeuge und deren Bauteile – von der Schraube bis zum Triebwerk – zulassen und zertifizieren, bevor sie eingebaut und in Betrieb genommen werden dürfen. Nur wenn neue Teile unter Verwendung von bereits zertifizierten Einzelteilen entstehen, dann sind diese automatisch auch zertifiziert. Man redet in diesem Zusammenhang auch von sogenannten Erbschaftsrechten oder auch Großvaterrechten (Grandfatherrights).

Die FAA ist zuständig für alle Flugzeuge, die in den USA betrieben werden sollen, und für solche, die in den USA hergestellt werden. Die FAA ist damit eine eigentlich alles, was die Luftfahrt in den USA angeht, überwachende Aufsichtsbehörde. Da ein derartig umfassender Kontrollauftrag auf Dauer und gerade bei der starken Expansion in diesem Industriebereich für eine Behörde allein immer schwerer zu bewerkstelligen ist, hat sich die FAA auch schon von einigen belastenden Arbeitsbereichen getrennt. So hat sie – wie die Luftaufsichtsbehörden europäischer Staaten auch – eine Vielzahl ihrer eigentlichen Kontrollfunktionen auf die luftfahrttechnischen Betriebe übertragen und die ordnungsgemäße Ausführung von Anweisungen völlig in deren Verantwortungsbereich überwiesen, ohne dies in jedem Einzelfall zu überprüfen. Gemeint sind damit beispielsweise die

Ausführungen von Wartungs- und Reparaturarbeiten oder auch der Einbau von zusätzlichen Systemen und Komponenten in das Flugzeug. Theoretisch kann zwar zu jeder Zeit in jedem Betrieb der USA ein FAA-Kontrolleur auftauchen und eine Überprüfung anordnen, doch dies geschieht, von wenigen Ausnahmen abgesehen, eigentlich nur dann, wenn es einen Unfall oder schwerwiegenden Zwischenfall gegeben hat, in den der betroffene Betrieb verwickelt war. Und selbst in diesen Fällen meldet die FAA ihre Überprüfungsabsicht meist schon Wochen zuvor an, was dazu führt, dass sie bei ihrem Erscheinen alles in bester Ordnung vorfindet. Die »strengen« Prüfer der FAA sind in der Industrie eigentlich weniger wegen ihrer peniblen Genauigkeit gefürchtet als wegen ihrer Inkompetenz und ihrer sturen Beamtenmentalität. So wurde anlässlich einer öffentlichen Anhörung vor dem US-Kongress über die Überprüfung von Wartungsbetrieben durch die FAA im Jahr 1995 bekannt, dass ein FAA-Kontrolleur regelmäßig Wartungsarbeiten an einem Boeing 747 Jumbojet überprüfte und abzeichnete, obwohl er eigentlich nur ausgebildet war, um Kleinflugzeuge vom Typ Cessna 172 und Piper zu kontrollieren. Nach seiner eigenen Zeugenaussage hatte er sogar immer Schwierigkeiten, bei einem Jumbo die Tür zu öffnen. Die Mitarbeiter der FAA sind durchschnittlich bezahlt, und es gab in der Vergangenheit genügend Fälle, in denen zuständige Kontrolleure von den zu kontrollierenden Betrieben durch Geld- oder Sachleistungen »ermuntert« wurden. Sei es auch nur durch eine kleine »Aufmerksamkeit« oder durch eine bezahlte Prostituierte im nächtlichen Hotelquartier. Hinzu kommen die kleinen bekannten Probleme – ganz nach dem Motto: »Was passiert alles, wenn die linke Hand nicht weiß, was die rechte gerade tut.« Denn wie es sich für eine ordentliche Behörde gehört, hat sich auch die FAA hinter einem Bollwerk von Regularien und Vorschriften, in Amerika Federal Aviation Regulations (FAR) genannt, verschanzt.

Durch diese FAR, ein Labyrinth von Anweisungen, Spezifikationen und Vorschriften, blickt in der Regel kein menschliches Wesen auf Anhieb durch. Man braucht schon ein umfassendes luftfahrttechnisches und juristisches Hintergrundwissen, um die Anweisungen nicht falsch zu interpretieren. In dem schlecht gegliederten und unübersichtlich strukturierten Regelwerk gibt es zahlreiche Querverweise und auch sich teilweise widersprechende Vorschriften, so dass selbst viele FAA-Mitarbeiter mit der richtigen Auslegung oft schlicht überfordert sind.

Nimmt man die Arbeitsweise der Behörde genauer unter die Lupe, stellt man fest, dass die FAA oftmals mehrere Jahre braucht, um neue Vorschriften zu erlassen, die zur Verbesserung der Sicherheit dringend notwendig wären – und dies, obwohl das zugrunde liegende Problem seit langem identifiziert und ein angemessenes Gegenmittel verfügbar ist. Dieser Verzögerungsprozess hat ausgesprochen dramatische Auswirkungen. Wenn die FAA nicht mit Entschlossenheit handelt, um die Sicherheit in einem bestimmten Bereich der Luftfahrt zu verbessern, dann stehen durch diese Nachlässigkeit auch immer Menschenleben auf dem Spiel. Natürlich haben auch die Hersteller ein Interesse daran, ein einmal erkanntes Defizit zu beseitigen, um weiteren Unfällen vorzubeugen, und ergreifen deshalb möglicherweise selbst die Initiative für sicherheitsrelevante Verbesserungen. Doch oft verschanzen sich die Hersteller dann doch lieber hinter der FAA, besonders wenn es um kostenintensive Verbesserungen geht. »Solange die FAA es nicht explizit fordert, brauchen wir ja nichts zu ändern«, ist eine auf Herstellerseite in diesem Zusammenhang beliebte Floskel.

Eine Besonderheit der US-Behörde FAA, die oft zu Missverständnissen führt, besteht darin, dass sie für die Durchsetzung von Sicherheitsmaßnahmen nur innerhalb ihres Hoheitsbereiches – also innerhalb der USA – zuständig ist. Sie muss handeln und aktiv werden, wenn es bei einer amerikanischen Fluglinie oder bei einem in den USA produzierten oder auch im Einsatz befindlichen Flugzeug zur Feststellung eines Sicherheitsmangels kommt. Dagegen ist es der FAA jedoch erst einmal ziemlich egal, was in anderen Teilen der Welt passiert. Sie sind rechtlich gesehen einfach nicht zuständig. Bevor die Behörde also reagiert, prüft sie zunächst einmal genau, ob der Flugbetrieb in den USA durch den festgestellten Sicherheitsmangel überhaupt tangiert ist. So sah sich die FAA zum Beispiel auch nicht veranlasst, in der Frage des von der Swissair verwendeten Bordunterhaltungssystems IFEN aktiv zu werden, denn dieses System ist in keinem in den USA registrierten Flugzeug eingebaut. Obwohl die FAA ursprünglich einmal für die Zertifizierung zuständig war, fällt diese Problematik nicht in ihren Hoheitsbereich, weil es derzeit in keinem US-Flugzeug betrieben wird. Folglich besteht aus Sicht der FAA auch kein Handlungsbedarf. Hier wäre nach FAA-Auffassung allenfalls das Schweizer BAZL zuständig.

Umgekehrt jedoch sehen die meisten vergleichbaren Aufsichtsbehörden anderer Nationen mit einer gewissen Portion Neid auf ihre US-Kollegen. Der riesigen Administration, die weltweit hohe Anerkennung genießt, kommt eine unangefochtene Vorreiterrolle zu. In der Regel warten kleinere Länder oder gerade die vergleichbaren Verwaltungen europäischer Nationen erst einmal ab, was die FAA tut und vorschlägt. Meistens werden diese Anweisungen dann für die eigene Luftfahrt übernommen. Vielfach wird das entsprechende FAA-Dokument einfach mit dem eigenen Briefkopf versehen und über den Fotokopierer geschoben, bevor es dann an die nationalen Luftfahrtbetriebe weiter versandt wird. Diese Praxis ist nicht nur in Europa weit verbreitet.

Ein weiteres gravierendes Handicap, welches das bisweilen zögerliche Vorgehen der amerikanischen Luftaufsichtsbehörde erklärt, liegt im Mandat der FAA selbst. Hier handelt es sich eigentlich um ein unvereinbares Doppelmandat: Einerseits hat die FAA nämlich den Auftrag, die Luftfahrt zu fördern, andererseits soll sie Kontrolle und Aufsicht ausüben. Als die FAA im Jahr 1958 durch einen Gesetzgebungsprozess des US-Kongresses gegründet wurde, fiel diese paradoxe Aufgabenzuordnung anscheinend niemandem so richtig auf.

Die Luftfahrt war damals streng reguliert. Die Regierung kontrollierte Flugstrecken, Ticketpreise und sogar die Verkaufspreise der Flugzeuge. Innovationen in der Luftfahrt gingen meist auf die militärische Forschung zurück, die mit enormen finanziellen Ressourcen ausgestattet war. Überall, wo es um Luftfahrt ging, fanden sich die gleichen »Mitspieler« und »Schlüsselfiguren«, die entweder den Herstellerfirmen oder der FAA angehörten. Ganz selbstverständlich rekrutierte sich das Peronal der FAA, insbesondere das obere und mittlere Management, aus ehemaligen Militärs und Führungskräften der Luftfahrtindustrie. Sie waren es, die die Struktur der Behörde maßgeblich prägten und die darüber entschieden, in welchen Bereichen die Behörde zukünftig aktiv werden sollte. Sie repräsentierten das eigentliche Knowhow der Behörde und waren maßgeblich verantwortlich für die Anordnungen, die die FAA herausgab. Nach ihrem Ausscheiden aus der Luftaufsichtsbehörde dauerte es meist nicht lange, bis man dieselben Herren als gut dotierte Berater in den Unternehmen wieder fand, denen sie schon vor ihrer Berufung zur FAA angehört hatten. Jetzt allerdings halfen sie der Industrie bei der Umsetzung ihrer Projekte, und zwar gerade im Hinblick auf die Zulassungs- und Anerkennungshürden, die es bei der FAA erst einmal zu überbrücken galt.

Die FAA ist zuständig für die Zertifizierung von neuen Flugzeugen, insbesondere für solche, die in den USA produziert werden – und diese kommen mittlerweile überwiegend aus dem Hause Boeing. Sie entscheidet darüber, wann ein neues Flugzeug erstmalig fliegen darf, wann es für den Passagiertransport zugelassen wird und ob die Modifikationen an einem bereits in Betrieb befindlichen Flugzeug akzeptiert werden können. Ein solcher Zulassungsprozess kann bis zu fünf Jahre dauern. In dieser Zeit überprüfen die Spezialisten der FAA die Zeichnungen und Testergebnisse, sie kontrollieren verwendete Materialien und die Einhaltung bestehender Sicherheitsanforderungen. Die FAA besteht auf der Durchführung von Testflügen und wertet deren Ergebnisse aus.

Bereits 1979 hat die National Academy of Science die Zertifizierungspraxis der FAA einer sehr kritischen Evaluierung unterzogen, nachdem wegen eines Designfehlers an der Frachttür bei der McDonnell-Douglas DC-10 in Paris 273 Menschen getötet worden waren (vgl. Kapitel 1). Das Ergebnis war, dass die FAA zwar »akzeptierbar« gehandelt habe, jedoch in der Gefahr stünde, hinter ihre Kompetenzen zurückzufallen. Die Akademie führte in ihrer Studie aus, dass die FAA-Ingenieure weitaus weniger kompetent gewesen seien als ihre Kollegen in der Industrie – also die auf Seiten des Herstellers McDonnell-Douglas. Eine andere Studie aus dem Jahr

1991 zeigte auf, dass der gesamte Zertifizierungsstab der FAA über kein umfassendes und zeitgemäßes Weiterbildungsprogramm verfügt. Es mangelt an allgemeiner Schulung und aufgabenspezifischen Fortbildungskursen. Der einzige je entwickelte Kurs, der sich mit Zertifizierungsfragen beschäftigt, wurde erst von 1982 bis 1993 entwickelt. Anstatt sich schnellstmöglich den gestiegenen Anforderungen, besonders durch die Entwicklung und Einführung neuer Technologien wie dem vermehrten Einsatz von Computern und automatischen Systemen, anzupassen, kam die FAA auf eine andere Idee: Sie lieh sich dieses Fachwissen einfach direkt bei den Herstellern aus, also beispielsweise beim Boeing-Konzern. Dies war völlig legal und wurde natürlich von den Herstellern sehr begrüßt. Die FAA erklärte die fachkompetenten Angestellten von Boeing zu ihren Vertretern und die zertifizierten fortan somit ihre eigenen Flugzeuge. Von 1980 bis 1992 erhöhte die FAA die Anzahl solcher Vertreter von 299 auf 1287 – das entspricht einem Anstieg von 330 Prozent.

Anfang der 90er-Jahre geriet die bislang führende US-Luftfahrtindustrie in eine schwere Krise. Ursächlich dafür war vor allem der Konkurrenzdruck, der durch den europäischen Anbieter, das Airbus-Konsortium, entstanden war. Bis zu diesem Zeitpunkt war die Zertifizierung von Flugzeugen ein notwendiges Übel, mit dem sich die FAA herumzuschlagen hatte, doch auf einmal stand auf der anderen Seite des Atlantiks ein leistungsfähiger und technisch äußerst innovativer Konkurrent. Dieser Mitbewerber auf dem global gesehen relativ kleinen Markt machte sich erfolgreich daran, den alteingesessenen Marktführern in den USA das Wasser abzugraben. Zudem wurde das europäische Airbus-Konsortium durch die jeweiligen Regierungen der Mitgliedstaaten stark gefördert und nach allen Kräften unterstützt. Die Amerikaner mussten umdenken und in der Folge selbst neue Designs entwickeln, um überhaupt wettbewerbsfähig zu bleiben. Die MD-11 ist genau in dieser Phase entstanden, und erstmalig gab es auch hier ein computerunterstütztes Glascockpit, vergleichbar denen, die Airbus schon seit Jahren in ihre Flugzeuge einbaute. Auf einmal beschränkte sich die FAA nicht mehr auf die bloße Überwachung der Zertifizierungs- und Zulassungsprozesse, sondern ging mit der Industrie Hand in Hand, gab Hilfestellungen und erleichterte in einigen Fällen zeitraubende bürokratische Vorgänge. Sie tat das vornehmlich mit dem Ziel, die eigenen Produkte wettbewerbsfähig zu halten und so die nationale Industrie gegenüber den Europäern zu stärken. Nicht alle Abteilungen der Behörde kamen jedoch bei diesem Wettlauf so ohne weiteres mit. Für die FAA-Inspektoren und -Ingenieure wäre es sicherlich wichtig gewesen, die hochkomplexen neuen Systeme, die sie plötzlich überprüfen und zulassen sollten, auch bis ins Detail zu verstehen. Doch dazu fehlten vielen schlicht die Grundlagen. Deshalb wurden noch mehr Zuständigkeitsbereiche der FAA an die Herstellerfirmen delegiert. Ähnlich verhielt es sich bei der

Entwicklung und Zulassung zusätzlicher Komponenten, die zum nachträglichen Einbau in ein Flugzeug vorgesehen waren, wie zum Beispiel Kollisionswarngeräte (TCAS), Upgrades für Flug-Management-Systeme und Autopiloten, GPS, aber auch nur simple Kaffeemaschinen, Toilettenspülungen und beispielsweise auch die zunehmende Anzahl von Bordunterhaltungssystemen, wie das IFEN der Swissair.

Ein sehr krasses Beispiel für diese Praxis ist auch die Zulassung von Boeings zweistrahligem Großraumflugzeug, der Boeing 777. Das Entwicklungsprogramm stand seit Beginn im Oktober 1990 unter enormem Zeitdruck, nicht zuletzt weil Hauptkonkurrent Airbus schon mit zugelassenen Produkten am Markt vertreten war und seine Auftragsbücher immer schneller mit Bestellungen ehemaliger Boeing-Kunden füllte. In einer Rekordzeit stampfte Boeing ein völlig neues Flugzeug aus dem Boden, mit Glascockpit, Fly-by-Wire-Technologie und speziell einem für die Größe dieser Maschine neu konstruierten Triebwerk, das es zuvor in den USA so noch nicht gegeben hatte. Folglich musste dieses völlig neue Flugzeug durch die FAA zertifiziert werden. Um die Entwicklung und Zulassung der umfangreichen Softwareprogramme, die wesentliche Computer der Boeing 777 steuern sollten, noch fristgerecht bewerkstelligen zu können, wich Boeing sogar nach Europa aus. Ein bereits in der militärischen Luftfahrt lange erfolgreiches Unternehmen erhielt den Auftrag zur Entwicklung der Software für die mehrfach vorhandenen Flugsteuerungscomputer. Diese Systeme sollten mindestens drei- bis fünffach vorhanden sein, damit beim Ausfall eines Systems die Sicherheit nicht gefährdet ist und ein anderes System übernehmen kann. Aus diesem Grund wird auch die Software, die diese Computersysteme steuert, normalerweise von ganz verschiedenen Firmen und Entwicklungsteams, die völlig unabhängig voneinander arbeiten, entwickelt. Man will so vermeiden, dass derselbe Programmierungsfehler in allen Softwareprogrammen auftaucht. Bei Airbus sind es daher fünf verschiedene Computer, von drei verschiedenen Herstellern, die mit drei völlig verschiedenen und unabhängig voneinander entwickelten Softwareprogrammen betrieben werden. Das Unternehmen, das nun für Boeing die neue 777-Software schreiben und testen sollte, meldete schon bald, dass es Schwierigkeiten mit der fristgerechten Fertigstellung von nur zwei völlig unabhängig voneinander entwickelten Softwareprogrammen habe. Der Zeitdruck war zu enorm, die Programmierer kamen nicht mit, und das Programm stürzte im Testbetrieb regelmäßig ab. Für die Zulassung dieser Software war, da es sich bei dem Zulieferer um ein europäisches Unternehmen mit Sitz in England handelte, die europäische Luftfahrtbehörde JAA zuständig. Boeing gelang es, die in diesen Fragen recht unbedarfte JAA davon zu überzeugen, dass es völlig ausreichend sei, wenn nur eine einzige Software alle Computer steuert. Mit der Zulassung der Software durch die JAA hatte Boeing auch gleich die FAA-Zulassung in der Tasche, denn ein zwischenzeitlich verabschiedetes bilaterales Abkommen sieht vor, dass die FAA und die JAA im Wege der Harmonisierung und Vereinfachung ihre Zulassungen gegenseitig anerkennen.

Die FAA kam dann erst wieder ins Spiel, als es um die erforderlichen Flugtests ging. Auch hier gab es bei der Boeing 777 eine nie zuvor dagewesene Besonderheit: Erstmalig in der Geschichte der internationalen Luftfahrt wurde das neue Flugzeug in nur wenigen Testflügen sehr beschränkten Belastungstests unterzogen. Die FAA akzeptierte Boeings Computermodellsimulationen von weiteren Testflügen statt der real geflogenen Stunden, um das Zertifizierungsverfahren und die In-Dienst-Stellung der Boeing 777 zu beschleunigen.[1]

Zügiger und umfassender Informationstransfer ist in der heutigen Zeit ein wesentlicher Faktor wirtschaftlicher Entscheidungsfindung geworden. Genauso ist er ein extrem wichtiger Faktor in Bezug auf Sicherheit, gerade im sensiblen Bereich Luftfahrt. Mehrere Millionen Dollar gibt die FAA jährlich aus, um ihre Erkenntnisse und Anordnungen mit einer Vielzahl von Medien und Datenträgern an den Mann zu bringen. Für jede Fluggesellschaft, jeden Wartungsbetrieb, jeden Inspektor und Mechaniker, der dann als letztes Glied in der Kette Hand an ein Flugzeug anlegt, sollen die Informationen zugänglich sein. Andererseits unterhält die FAA ein riesiges Archiv, in dem jedes Dokument, das diese Behörde je produziert hat, seinen Platz findet. Durch eine in Europa eher nicht so verbreitete Besonderheit der amerikanischen Verfassung und Gesetzgebung sind alle diese Dokumente öffentliches Eigentum, da es sich bei der FAA ja auch um eine öffentliche Behörde handelt, die im Interesse eines jeden Bürgers tätig ist und durch dessen Steuergelder finanziert wird. Anders als in europäischen Demokratien hat daher in den USA auch jeder Bürger das Recht, alle diese Dokumente einzusehen. Das dazugehörige Gesetz nennt sich Freedom of Information Act (FOIA) und ist in den USA ein fest verankertes Grundrecht. Man stellt einen entsprechenden Antrag und binnen 30 Tagen muss die angesprochene Behörde darauf antworten und in aller Regel die gewünschten Unterlagen in kostenpflichtigen Kopien rausrücken. Im Prinzip funktioniert dieses System auch ganz gut, nur hat gerade die FAA mit solchen FOIA oftmals erhebliche Schwierigkeiten. Denn obwohl es sich um eine Behörde handelt – nach dem US-Verständnis zur Offenheit verpflichtet –, ist die FAA verschwiegener als beispielsweise die CIA, wenn es um konkrete Fragen geht oder um Dinge, die streng genommen von der FAA zu verantworten sind. Ein Beispiel: Seit einigen Jahren sammelt die FAA sicherheitsrelevante Informationen in ihrer Datenbank. Darunter auch so genannte Service Difficulty Reports (SDR). Ferner veröffentlicht die FAA von Zeit zu Zeit die gesammelten Informationen über Zwischenfälle und Unfälle und über Probleme bei der Wartung – jedoch ohne die Airline beim Namen zu nennen. Diese Informationen werden entfernt. Es gibt daher auch keine Daten über das Sicherheitsverhalten von Fluggesellschaften oder über einen bestimmten Flugzeugtyp. Wissen ist Macht, und die Luftfahrtindustrie möchte nicht, dass die Öffentlichkeit zu viel Wissen über interne Zusammenhänge erhält. Schließlich wäre es denkbar, dass die Passagiere dann Ansprüche an höhere Sicherheitsstandards formulieren und mit Hilfe einflussreicher Senatoren oder Minister durchsetzen würden. Auch hier macht sich die FAA lieber zum Handlanger der Industrie, die sie eigentlich kontrollieren soll.

Die Autoren dieses Buches stellten bereits Anfang Januar bei der FAA einen entsprechenden Antrag auf Herausgabe der Unterlagen im Zusammenhang mit der Zertifizierung des IFEN Systems von IFT. Immerhin antwortete die FAA innerhalb von zehn Tagen, dass sie die Anfrage erhalten habe und dass es noch einige Wochen in Anspruch nehmen könne, bis die umfangreichen Unterlagen herausgesucht seien. Als Nächstes wurde uns dann mitgeteilt, dass die Halterin des Supplemental Type Certificates (STC) für das IFEN System, die kalifornische Firma Santa Barbara Aerospace, der Aushändigung von Unterlagen unter Hinweis auf ihre Persönlichkeitsschutzrechte widersprochen habe. Ein recht wackeliges Argument, denn gefragt war nach den öffentlichen Unterlagen, nicht etwa nach eventuell geschütztem geistigem Eigentum, wie etwa Konstruktionszeichnungen usw. Nein, eigentlich ging es nur um neun spezielle Unterlagen, die im Zuge eines Zulassungsprozesses und er Erlangung eines STC notwendig sind. Doch die FAA wand sich und zog den Prozess unter Hinweis auf banale Ausreden wie Personalmangel, Urlaub und Fortbildungsmaßnahmen der zuständigen Sachbearbeiterin immerhin über mehr als ein halbes Jahr in die Länge. Als ihnen dann jedoch eine Herausgabeklage angedroht wurde, ging plötzlich alles sehr schnell. Es sollte zwar immer noch bis zum 16. Juni 1999 dauern, bis die Anfrage erfüllt war, doch eines Morgens fanden sich über 1400 Seiten Fotokopien in der Post (vgl. auch Kapitel 6). Weitergehende Anfragen, die sich auf die Zulassung und Zertifizierung der MD-11 sowie auf die von der FAA seit dem 2. September 1998 erlassenen Sicherheitsdirektiven bezogen, wurden ebenso beharrlich abgelehnt, wie man sich unserem Wunsch nach einem Interview über die Kabel- und Isoliermattenproblematik widersetzte. Sowohl Administratorin Jane Garvey wie auch der zweite Mann in der FAA, Thomas McSweeny, verweigerten jede Aussage, obwohl gerade Thomas McSweeny seinerzeit als Stellvertreter und später als Direktor der Zulassungsabteilung der FAA für die Zertifizierung der MD-11 zuständig gewesen war.

Viele Kritiker des Systems FAA sind aufgrund der oben genannten oder ähnlicher Fallbeispiele davon überzeugt, dass die Luftaufsichtsbehörde ihrem Doppelmandat nicht gerecht werden kann. Die Verpflichtung, einen Industriezweig zu fördern, den man gleichzeitig kontrollieren soll, muss sich letztlich negativ auf die zu überwachenden Sicherheitsstandards auswirken. Darüber hinaus prangern sie noch eine weitere gesetzliche Bestimmung an, die die FAA in ihrer Handlungsfreiheit einschränkt, und zwar die Verpflichtung zur Durchführung einer Kosten-Nutzen-Analyse. Bevor die FAA eine neue Maßnahme überhaupt anordnen darf, muss sie den zu erwartenden Nutzen und die entstehenden Kosten gegeneinander abwägen. Die FAA argumentiert in diesem Kontext gerne mit folgendem Beispiel: »Sicherheitsanweisungen kosten Geld, und so betrachten wir die zur Durchsetzung unserer Anweisungen notwendigen Ausgaben als Investition für die Sicherheit. Als Gegenwert erhält man das Vertrauen der Passagiere und der Öffentlichkeit in dieses System.«[2]

Hier also werden die Kosten dem Sicherheitsnutzen gegenübergestellt. Doch welche Überlegung überwiegt? Oftmals, so scheint es jedenfalls bei genauerer Betrachtung, sind es die finanziellen Aspekte. Da dieser Abwägungsprozess in vielen Fällen jedoch sehr schwierg und auch nur bedingt geeignet ist, eine schnelle Entscheidung herbeizuführen, kommt es leider oft vor, dass die FAA ihre einmal begonnene Arbeit an einer Sicherheitsmaßnahme nicht beendet oder im Dschungel bürokratischer Prozeduren auf halber Strecke stecken bleibt. Meist bedarf es dann erst eines weiteren Unfalles mit zahlreichen Toten, der in der Öffentlichkeit einen Sturm der Entrüstung auslöst, bis die FAA erneut in die Gänge kommt und ein zum Stillstand gekommenes Projekt wieder vorantreibt. So hat beispielsweise das NTSB die FAA bereits seit 1991 immer wieder darauf hingewiesen, dass alle Flugzeuge mit verbesserten Flugdatenschreibern ausgestattet werden sollten. Besonders sehr alte Maschinen verfügen in der Regel über Systeme aus der Anfangszeit, die nur sehr wenige Parameter aufzeichnen – manchmal nicht mehr als 30. Darüber hinaus sind Flugschreiber seltsamerweise bei den meisten Notfällen schon geraume Zeit vor dem Absturz ausgefallen oder haben »ungenaue Daten« aufgezeichnet. Auch der Flugdatenschreiber von SR 111 funktionierte ja bereits sechs Minuten vor dem eigentlichen Absturz nicht mehr, weil wahrscheinlich die Stromversorgung unterbrochen war. Modernere Flugschreiber, darunter gerade digital arbeitende Geräte, können mehrere Hundert Einzelinformationen in Halbsekundenschritten erfassen, wodurch die Arbeit der Unfallermittler nach einem Unfall deutlich erleichtert wird, vorausgesetzt, sie fallen nicht wegen Stromversorgungsproblemen aus. Um sicherzustellen, dass die Geräte in jeder Situation funktionsfähig bleiben, wäre es daher notwendig und sinnvoll, sie mit einer vom Bordnetz unabhängigen Stromversorgung auszustatten.

Bevor die FAA darüber nachdachte, den Vorschlag des NTSB umzusetzen, wollte sie zunächst einmal wissen, wie viel eine solche Umrüstung mit Datenschreibern von größerer Aufzeichnungskapazität bei allen Flugzeugflotten kosten wird. Vor allem interessierte sie sich dafür, welche Verluste den Fluggesellschaften dadurch entstünden, dass die Maschinen für die Zeit der Umrüstung aus dem Verkehr gezogen werden müssten. Gleichermaßen verhielt sich die FAA, als das NTSB Initiativen ergriff, um die Feuersicherheit an Bord von Flugzeugen zu verbessern. Der Luftaufsichtsbehörde war es wichtiger, die Kosten zu ermitteln, die durch neue und verbesserte Rauchsensoren entstehen würden, als eine Anweisung zu erlassen, solche Rauchsensoren verpflichtend in alle Flugzeugfrachträume einzubauen. Das Beispiel von Valujet-Flug 592 (vgl. Kapitel 4) hat gezeigt, wie wichtig Rauchmelder im Frachtraum gewesen wären.

Der Schriftsteller Clint Oster, Co-Autor des Fachbuches »Why Airplanes Crash« schätzte die Problematik, die besonders in den USA für die FAA zum Synonym geworden ist, in einem Interview so ein: »Wenn man sich die Geschichte der Flugsicherheit genauer ansieht, stellt man fest, dass immer nur auf Unfälle hin reagiert wurde. Genauso trifft zu, dass der administrative Prozess einer neuen Sicherheitsdirektive und die Notwendigkeit einer Kosten-Nutzen-Analyse die Sache verlangsamt.«

In den meisten europäischen Staaten, die durch eine humanistische Weltanschauung geprägt sind, wird wohl niemand den ernsthaften Versuch unternehmen, ein Menschenleben mit einem Preisschild zu versehen. Ein Menschenleben ist nach unserer europäisch geprägten Auffassung wertvoller, als dass man es mit einem Geldbetrag aufwiegen könnte. Die Sache sieht schon anders aus, wenn ein Mensch durch einen Unfall getötet wird und es um Schadensersatz geht. Doch auch hier gibt es für den eigentlichen Verlust nichts. Für einen Hund, da er nach europäischer Rechtsauffassung ja eine Sache darstellt, käme sicherlich ein so genannter Wiederbeschaffungswert zum Ansatz, also der Betrag, den man auf die Ladentheke einer Tierhandlung legen müsste, um ein vergleichbares Exemplar zu erwerben. Zugegeben, diese Überlegungen haben schon einen etwas makabren Anstrich.

In den USA und damit auch bei der FAA ist es jedoch möglich, ein Menschenleben gegen Geld aufzuwiegen. Diese Wertbestimmung erfolgt nach ganz klaren Prinzipien, die in den Statuten fest verankert sind und sich auf ein Gesetz stützen, das nach wie vor – wir schreiben das Jahr 1999 – uneingeschränkt Anwendung findet.

Gemeint ist die Kosten-Nutzen-Analyse, zu der die FAA (wie jede andere US-Behörde auch) durch ein entsprechendes Bundesgesetz verpflichtet ist, bevor sie eine Anordnung erlässt. Gegebenenfalls muss sie vor Anordnung der Maßnahme den davon direkt betroffenen Parteien auch die Möglichkeit zur Diskussion einräumen. Und was ist nun ein Mensch in den Augen der FAA wert? Beruhigenderweise ist zunächst einmal festzustellen, dass die Behörde für ihre Berechnungen nicht etwa den reinen »Materialwert« eines Menschen, gemessen an den im Körper vorhandenen Mineralstoffen, zugrunde legt. Dieser würde sich nämlich gerade einmal auf 8–10 Dollar pro Mensch belaufen. Das Prinzip ist aber dennoch sehr einfach: Man setzt einen Geldbetrag von 2,7 Millionen Dollar an. Diese Summe entspricht der durchschnittlichen Höhe der Schadensersatzzahlungen, die nach amerikanischem Recht für einen zu Tode gekommenen Menschen bezahlt werden müssen. Die FAA multipliziert diese 2,7 Millionen Dollar mit der Anzahl der bei einem Flugzeugunglück getöteten Menschen. Im Fall von SR 111 würden wir so mit den Werten 229 x 2,7 die exemplarische Summe von 618 300 000 Dollar, kurz 618 Millionen Dollar erhalten. Somit ist die so genannte Nutzen-Seite der Berechnung festgelegt. Dieser Betrag könnte eingespart werden, wenn eine beabsichtigte Sicherheitsmaßnahme zur Vorschrift erhoben würde und dadurch ein Unfall wie SR 111 verhindert werden könnte. In einem zweiten Schritt ermittelt die FAA die Kosten, die den Flugzeugherstellern und/oder Fluggesellschaften – je nachdem, wer davon betroffen ist – durch eine von ihr geplante Sicherheitsmaßnahme entstehen würden. Übersteigen die Kosten zur Durchführung dieser Sicherheitsmaßnahme den Betrag von 618 Millionen Dollar, dann ist die Maßnahme zu teuer und wird von daher abgelehnt – Ende der Fahnenstange.

Unterstellen wir jetzt einmal, die Idee einer Maßnahme wäre eine komplette Neuverkabelung aller existierenden MD-11-Flugzeuge, und sie würde nur 10 Millionen Dollar pro Flugzeug kosten, auch dann würde eine solche Kosten-Nutzen-Analyse dieses Unterfangen schon im Keim ersticken. Es gibt derzeit 186 MD-11-Maschinen x 10 Millionen Dollar macht im Ergebnis 1,8 Milliarden Dollar, und das übersteigt den Nutzen von 618 Millionen Dollar durch 229 getötete Menschen um ein Vielfaches.

Bis hier ist alles reine Mathematik. Am Ergebnis dieser knallharten Zahlenspielchen würde sich möglicherweise erst dann etwas ändern, wenn noch weitere Flugzeuge vom Typ MD-11 mit möglichst vielen Passagieren und wegen exakt der gleichen Ursachen abstürzen würden. Nun wird verständlich, warum die FAA auch als »Grabsteinbehörde« bezeichnet wird. Der US-Kongress-Abgeordnete Peter DeFazio, der sich seit Jahren im US-Kongress für die Abschaffung dieser Berechnungsformel einsetzt, bringt das so auf den Punkt: »Wenn es billiger ist, Menschen zu töten, dann töten wir sie eben.« Bei der FAA vermeidet man jedoch in diesem Zusammenhang den Begriff »Opfer« oder »Getötete«. Man spricht einfach von »Verlusten« – ganz so, wie es ein Buchhalter im Bilanzbericht tun würde. Die ehemalige Chefin der Sicherheitsabteilung der FAA, Cathal Flynn, legte für diese Denkungsart einmal ein deutliches Zeugnis ab. Im Zusammenhang mit dem Absturz von Pan-Am-Flug 103 über Lockerbie sagte sie: Der Unfall, als direkte Konsequenz einer Bombe, die von Terroristen ins Gepäck geschmuggelt worden war, hat Kosten in Höhe von 1 Milliarde Dollar verursacht. Die Kosten, die man über 10 Jahre aufwenden müsste, um einen weiteren ähnlichen Unfall zu verhindern, würden sich auf 5–10 Milliarden Dollar belaufen.[3]

Es mutet schon sehr merkwürdig an, dass Sicherheit in der Luftfahrt, insbesondere das »bisschen Mehr« einer zusätzlichen behördlichen Anordnung oder Maßnahme, nicht daran gemessen wird, wie viele Unfälle dadurch verhindert werden oder gar wie viele Menschen am Leben bleiben könnten. Im Gegenteil: Ausschlaggebend sind in den meisten Fällen die Kosten, die Fluglinien, Wartungsbetrieben, Flugzeugherstellern und den Zulieferern von Komponenten und Systemen entstehen. Auch wird als zusätzliche Variable in diesen »Bilanzpoker« gerne die statistische Wahrscheinlichkeit eines Unfalles einbezogen. Die liegt je nach Auffassung in einem Bereich von 10^{-9} und endet auf Herstellerseite noch höher, nämlich 10^{-16}.[4] Kosten für zusätzliche Sicherheitseinrichtungen, wie die zuvor erwähnten Rauchmelder in einem Flugzeugfrachtraum, werden so natürlich schnell zu einer »untragbaren Belastung« für die Luftfahrtindustrie, wenn man die nur geringe statistische Wahrscheinlichkeit eines ernsthaften Zwischen- oder Unfalles zugrunde legt. Das gleiche Prinzip wendet auch die Industrie an. Boeing hat sich schon vor über 20 Jahren mit dem Problem des Haupttankes bei ihrem Modell B-747 befasst. Es gab auch bereits den Verlust von einigen Boeing-Flugzeugen zu beklagen, weil der Haupttank explodiert ist. Darunter befand sich eine Boeing-747-Frachtmaschine aus dem Iran, bei der die genaue Unfallursache jedoch nicht geklärt werden konnte. Aufgrund einer Studie wurde festgestellt, dass ein solcher Unfall »statistisch« nur alle 10 Jahre mit durchschnittlich 200 Todesopfern vorkommen könnte. Daher wurde das Problem erst einmal wieder beiseite geschoben, da es zu diesem Zeitpunkt noch nicht »kosten-effektiv« geworden war.

Erst kürzlich brachte der Sprecher der US-Airline Tower-Air bei den Verhandlungen des Verkehrsministers zur Durchführung des Aviation Disaster Family Assistance Act ähnliche Bedenken ein, als er mit Hinweis auf die Kosten-Nutzen-Analyse darauf hinwies, welche Mehrkosten den Fluggesellschaften bei der zusätzlichen Einspeicherung von Passagierdaten in ihre Buchungssysteme entstehen. Das Gesetz verpflichtet die Gesellschaften im Hinblick auf einen Unfall, umfangreichere Daten als nur den Namen des Passagiers zu speichern, damit Angehörige zukünftig schneller benachrichtigt werden können.

Angesichts der Menschen verachtenden Denkungsart einer für die Garantie der Sicherheit verantwortlichen und weltweit als »führend« eingestuften Aufsichtsbehörde muss man sich eigentlich wundern, dass nicht noch viel mehr passiert. Doch leider genießt die FAA nach wie vor weltweit uneingeschränkt großes Ansehen und den Ruf, eine sehr gut ausgestattete und mit hervorragenden Experten besetzte Behörde zu sein. Sicherlich muss man der FAA zugute halten, dass sie eine Vielzahl der ihr übertragenen Aufgaben, wie zum Beispiel die Luftraumüberwachung oder die routinemäßigen Sicherheitsüberprüfungen in zahlreichen luftfahrttechnischen Betrieben, in vielen Fällen zuverlässig abhandelt. Doch dies trifft leider nicht für jeden Einzelfall zu, und oftmals kommt es daher in sicherheitssensiblen Bereichen zu Versäumnissen. Untersucht man die Strukturen und Handlungen der FAA genauer, kommt man schnell zu dem Schluss, dass auch sie unter den Problemen leidet, die jede Mega-Bürokratie mit sich bringt. Die Tatsache, dass die FAA im Ausland glorifiziert wird, ist natürlich hilfreich, wenn es darum geht, die eigenen Schwächen zu kaschieren. Eine genauere Analyse offenbart jedoch, dass die Anerkennung, die der FAA von allen Seiten zuteil wird, weniger ein Beweis für ihre Funktionstüchtigkeit ist als vielmehr die Folge davon, daß die sie lobenden Staaten noch nicht einmal ansatzweise über eine vergleichbare Institution verfügen. Dazu gehören neben der Schweiz sicherlich auch die Bundesrepublik Deutschland. Das Schweizer BAZL und das deutsche Luftfahrtbundesamt werden, was ihre Größe und den Mitarbeiterstab angeht, von jedem Finanzamt einer mittelgroßen Stadt um Längen geschlagen.

Die offensichtlichen Mängel der amerikanischen Luftaufsichtsbehörde werden auch und insbesondere im Fall von SR 111 deutlich: Die McDonnell-Douglas MD-11, ihre Systeme und auch ihre Checklisten wurden von der FAA vor der Zulassung zum Liniendienst zertifiziert. Auch die verwendeten Kabelmaterialien und die Mylar-Isoliermatten waren zugelassen. Das STC für das IFEN trägt den Zulassungsstempel der FAA. Die Zulassung und der Einbau des Systems erfolgte durch US-Betriebe, die der FAA-Aufsicht unterliegen und sich an ihre Vorschriften und Verfahren halten müssen.

Doch ist es wirklich so, dass es erst des Todes von 229 unschuldigen Menschen an Bord von SR 111 bedurfte, damit sich das Augenmerk der Luftfahrt und insbesondere der FAA auf ein Kabel- und Isolationsproblem an Bord von alten und neuen Flugzeugtypen richtet? Klare Antwort: Nein. Tief in den Archiven der FAA schlummerten über Jahre mindestens fünf Studien, die sich sehr deutlich mit den möglicherweise katastrophalen Konsequenzen von Kabelproblemen, feuergefährlichen Materialien und den Folgen eines unsachgemäßen Einbaus oder falscher Handhabung solcher Materialien bei der Wartung beschäftigen. Diese Studien wurden von den Labors der FAA in Atlantic City, New Jersey, von Mitarbeitern der FAA erstellt. Eigentlich sollte die FAA sie schon vor Jahren in Form eines Art Leitfadens an alle Beteiligten in der Luftfahrtindustrie ausgehändigt haben. Doch sogar noch im Jahr 1998 leugnete die FAA nachhaltig die Existenz dieser Studien, selbst wenn man sie direkt darauf ansprach.

Bereits im August 1988 hat die FAA in ihrem Technical Center umfangreiche Test, in Bezug auf elektrische Funkenbögen durchgeführt. Wesentliche Feststellungen waren, dass es bei feuchten Funkenbögen zur Beschädigung der Isolationsschicht kommen kann. Voraussetzung für feuchte Funkenbögen sind Wasserrückstände, wie sie zum Beispiel durch Temperaturunterschiede zwischen der

Außenhaut und der gewärmten Kabine entstehen. Wassertropfen lagern sich dann an den Kabelsträngen ab. Der durch das Kabel fliessende Strom erhitzt diese Wassertropfen, die verdunsten und dabei die Kabelisolation beschädigen. Solche mit bloßem Auge auf der Isolation feststellbaren bräunlichen Flecken sind manchmal nur stecknadelgroß. Jedoch ist die Isolationsschicht hier beschädigt und dünner als an anderen Stellen. Schreitet dieser Prozess ungehindert fort, verbrennt die Isolation, und es kommt in der Folge zu Entladungen an den beschädigten Stellen mit Temperaturentwicklungen von mehr als 1000 Grad Celsius. Das führt zur weiteren großflächigen Zerstörung der Isolation, ganz abhängig vom verwendeten Kabelmaterial. Der Zerfall der Kabelisolation aus Kapton bei den hier getesteten Kabeln ergab auch, dass es bei Fortschreiten der Beschädigung zu einer Karbonisierung der verbrannten Isolationsschicht kommt. Kapton zerfällt also zu Kohlenstoff und Kohlenstoff leitet Strom. Der Bericht führt aus: »Die Hitze, die durch den hohen Stromfluss durch den wenig resistenten Kohlenstoffleiter generiert wird, führt zu einem rapiden schweren Funkenbogen oder einem Flashover.«[5] Dieses Dokument, eine der Öffentlichkeit jederzeit zugängliche Information, wurde unter dem Signum »FAA/CT-88/4« in die Datenbank der FAA aufgenommen. Nur ein Jahr später untersuchte dasselbe Team der FAA die Auswirkungen trockener Funkenbögen. Der Unterschied zum feuchten Funkenbogen besteht darin, dass hier in der Regel bereits eine mechanische Beschädigung der Isolation eingetreten ist, zum Beispiel durch Abscheuern der Hülle oder etwa einen Schnitt. Es wurde auch ein besonderes Augenmerk auf die Rauchentwicklung verschiedener im Flugzeugbau häufig verwendeter Kabelmaterialien gerichtet. Die Ergebnisse sind erschreckend, denn manche von der FAA durchaus zugelassene und in Flugzeugen verwendete Kabelisolationen wiesen sich durch extrem starke Rauchentwicklung aus, in einigen Fällen waren die Dämpfe hochtoxisch. Unter anderem wurde bei dieser Gelegenheit auch ein Kabel vom Typ des im Wrack von SR 111 gefundenen Materials getestet, mit dem das IFEN an die Hauptstromversorgung angeschlossen war: Extruded Tefzel (ETFE), Typenbezeichnung MIL-W 22759. Das ausgewählte Testverfahren, mit dem nachgewiesen werden sollte, dass das Material schwer entflammbar war, erwies sich im Nachhinein als völlig unzulänglich, und auch das Material selbst verhielt sich nicht gerade optimal. Bei dem Test wurde ein Bunsenbrenner in einem 60-Grad-Winkel 30 Sekunden lang an ein Kabel gehalten. In einem Flugzeug und gerade in den Sicherungstafeln über den Köpfen der Piloten verlaufen die Kabel jedoch senkrecht nach oben. Einen simplen Test, der die hier auftretende Problematik anschaulich macht, kann man zu Hause mit Hilfe einer gewöhnlichen Zeitung selbst bewerkstelligen: Man rollt die Zeitung und hält ein Feuerzeug im Winkel von 60 Grad darunter. Es wird einige Zeit brauchen, bis die Zeitung anfängt zu schmoren, und noch länger, bis sie richtig brennt. Hält man die Zeitungsrolle jetzt jedoch vertikal nach oben und hält das Feuerzeug unter das untere Ende, wird die Zeitung in wenigen Sekunden lichterloh in Flammen aufgehen. Ganz ähnlich verhält es sich mit Kabelisolationen in einem Flugzeug. Tefzel-Kabelisolationen wurden vom US-Militär-Flugzeughersteller Grumman bereits 1982 wegen der erschreckenden Ergebnisse eigener Untersuchungen zur Verwendung im Flugzeugbau ausgeschlossen, weil das Material bei einem Brand hochtoxisch reagiert. Die US-Luft- und Weltraumbehörde NASA untersagte ebenfalls eine Verwendung dieses Materials, da ihre Tests ergeben hatten, dass sich Tefzel in einer mit Sauerstoff angereicherten Umgebung »explosiv« verhält. Doch diese Erkenntnisse waren der FAA bis zu ihren eigenen Testreihen und darüber hinaus offenbar entgangen.

Die Testreihen in den FAA-Labors kamen allerdings zu dem Ergebnis, dass das von der Behörde zur Verwendung in Flugzeugen lange Zeit zugelassene Kabelmaterial aus PVC mit der Typenbezeichnug MIL-W-5086/1 noch nicht einmal die ursprünglichen Anforderungen bestand.

Im Februar 1991 beschäftigte sich das gleiche Labor mit dem Problem der »Entstehung und der Vergrößerung von Flugzeugbränden in unzugänglichen Bereichen unter flugähnlichen Luftstrombedingungen«. Eine wesentliche Feststellung dieses Berichtes nach der Durchführung von 57 Einzeltests in einer Kabinenrekonstruktion einer DC-10 war, dass kontaminierte Isolationsmatten ein Feuer anfachen konnten und dass die in die Toilettenabfallbehälter eingebauten Halonlöscher nicht immer ausreichten, um ein Feuer erfolgreich zu löschen. Grund für diese Untersuchung waren unter anderem die in Kapitel 4 beschriebenen Feuerunfälle mit dem Varig-Flug im Jahr 1974 und dem Air-Canada-Flug 797 im Jahr 1983. Immerhin reagierte die FAA hier schon 17 Jahre nach dem am weitesten zurückliegenden Fall mit eigenen Forschungsaktivitäten. Der Bericht weist auch darauf hin, dass besonders Kabel mit Isolationen aus Kapton zu den intensivsten Funkenbögen führen, wenn z. B. eine Sicherung wieder hineingedrückt wird und der Funkenbogen am Kabelbündel entlang zu wandern beginnt.[6]

Schließlich beschäftigte sich eine vierte Testreihe mit dem Verhalten von Flugzeugkabeln bei Kurzschlüssen und Überladungen. Die wesentliche Erkenntnis dieser Testreihe war, dass Sicherungen nicht unbedingt vor der Entzündung von entflammbarem Material schützen können.[7]

Man sollte meinen, dass es im Interesse der allgemeinen Sicherheit der Luftfahrt und auch im eigenen Interesse der FAA liegt, solche Testergebnisse schnellstmöglich der Allgemeinheit zugänglich zu machen. Weit gefehlt, denn die traurige Realität sieht leider ganz anders aus: John King, ein ehemaliger lizenzierter FAA-Mechaniker, machte die Probe aufs Exempel. Er brauchte über ein Jahr, um den 1995 verfassten Bericht von der FAA in Kopie zu erhalten. Über ein Jahr leugnete die Behörde schlicht die Existenz dieses Dokuments, obwohl sie eigentlich dazu verpflichtet war, ihn binnen 30 Tagen auszuhändigen. King wusste von der Existenz des Dokuments, doch die FAA unterstellte ihm mehrfach, er müsse sich geirrt haben. Aber im Zuge der Anfrage kamen eben auch die anderen zuvor erwähnten Berichte ans Tageslicht, und seit kurzer Zeit sind sie auch offiziell im Register der FAA-Datenbank zu finden.

Doch nach wie vor behaupten die Oberen der FAA, wie der ehemalige Direktor für Zertifizierungsfragen und heutige Associated Administrator, Thomas McSweeny, öffentlich, es gebe kein Problem: »Kabel ist Kabel« – Kabel ist eben nicht Kabel, wie jeder Elektrikermeister weiß. Jedes Kabel hat unterschiedliche Spezifikationen und reagiert insbesondere auch ganz unterschiedlich in verschiedenen Situationen. Eine Vielzahl von Faktoren muss hier in Betracht gezogen werden wie die Dicke der Isolation, die Dicke und die Zusammensetzung des eigentlichen Drahtes beziehungsweise der Drähte unter einer Isolation, die Leitfähigkeit des Materials, die Hitzebeständigkeit, die maximale Strombelastbarkeit und vieles mehr.

Ins Zwielicht rückte jedoch noch ein weiteres von der FAA zugelassenes Material, das an Bord von vielen Flugzeugen zur Temperatur und Geräuschisolation verwendet wird. Es wird auch als Thermal Acoustic Insulation Blanket bezeichnet. Dabei handelt es sich um Matten, die mit einer Metallfolie ausgestattet sind, ähnlich den Isoliermatten, die zur Wärme- und Geräuschdämmung beim Hausbau verwendet werden. Im Flugzeugbau findet man diese Isolationsmatten zwischen der Innenverkleidung und der äußeren Kabinenhülle, und sie erfüllen dort einen ähnlichen Zweck: Sie sollen die Fahrtgeräusche mindern und die Kabine gegenüber der ziemlich kühlen Außenwelt in großen Höhen isolieren. Außerdem sollen sie – so schreibt es die FAA in der FAR 25.853 vor – einen Schwerentflammbarkeitstest bestehen. Bei diesem Test wird ein Stück des Materials über 12 Sekunden vertikal einem Bunsenbrenner ausgesetzt. Die maximale Länge des dabei verbrannten Materials darf 24 Zentimeter nicht überschreiten, dann gilt der Test als bestanden, und das Material darf in Flugzeugen verwendet werden. Solche Matten werden seit Jahrzehnten auf allen möglichen Flugzeugtypen verwendet. Es gibt sie aus unterschiedlichsten Materialien, die mit einer dünnen Filmschicht als Schutz vor Feuchtigkeit überzogen sind. Eines dieser Materialien, auch unter dem Zungenbrecher Polyethylen Terphthalate (PET) oder besser unter seinem Markennamen Mylar bekannt, ist sehr weit verbreitet. Man unterscheidet zwischen »metallisiertem« oder »unmetallisiertem« Mylar, das im Flugzeugbau zur Isolation benutzt wird. Daneben gibt es auch ähnliche Verbindungen aus so genanntem Tedlar oder auch aus Kapton. Für die FAA schien mit diesen Mylar-Isolationsmatten alles in bester Ordnung, hätten da nicht ausgerechnet ihre Kollegen in China eine hochinteressante und zugleich alarmierende Entdeckung gemacht. Die chinesische

Schwesterbehörde der FAA hatte einen schwerwiegenden Zwischenfall an Bord einer MD-11 untersucht, bei dem es im September 1995 zu einem Feuer gekommen war. Als die Besatzung dieser MD-11 ihre Triebwerke anlassen wollte, bemerkten sie deutlichen Rauch im Cockpit, der offenbar aus dem E and E Compartement[8] unter dem Cockpit aufstieg. Die Piloten stellten fest, dass eine ganze Sektion dort bereits brannte. Die chinesischen Unfallermittler stießen später auf Spuren von geschmolzenem Metall des eigentlichen Leitungsdrahtes, das durch Funkenbögen an den Kabeln heruntergefallen war und die Isolationsmatten im unteren Bereich des E and E Compartements in Brand gesteckt hatte. Am 24. Juni 1996[9] schrieb der Direktor der chinesischen Luftfahrttüchtigkeitsabteilung Wu Xiangru einen Brief an die FAA und unterrichtete seine Kollegen von dem Vorfall sowie den Erkenntnissen der chinesischen Unfallermittler. »Es gab eine extensive Ausdehnung der Flammen von den Isolationsmatten aufwärts in das E and E Compartement mit weit reichender Beschädigung.« Von den Chinesen daraufhin durchgeführte Tests zeigten, dass die Isolationsmatten Feuer fangen können, wenn sie großer Hitze ausgesetzt werden. Das veranlasste Wu Xiangru, der FAA zu empfehlen, die »Angemessenheit Ihrer Materialzulassungsverfahren einer kritischen Überprüfung zu unterziehen«. Die FAA hielt ihre Testverfahren zu diesem Zeitpunkt aber für angemessen und erklärte sich die Testergebnisse der Chinesen dadurch, dass sie das Material wesentlich extremeren Bedingungen ausgesetzt hatten, als es nach den US-Vorschriften notwendig sei. Vermutlich, weil dem Vorfall mit dieser MD-11 schon zwei andere Brandzwischenfälle mit McDonnell-Douglas-Flugzeugen vorausgegangen waren, bei denen die Isolationsmatten Feuer gefangen hatten, sah sich einzig und allein der Hersteller veranlasst, den Betreibern zu empfehlen, die Isolationsmatten aus Mylar gegen andere Isolationsmaterialien auszutauschen. Diese Aktion betraf mindestens 1000 Flugzeuge verschiedenster Typen. McDonnell-Douglas empfahl in seinem Rundschreiben, den Austausch sobald als möglich vorzunehmen, also wenn das Wartungsprogramm der betroffenen Flugzeuge es zuließ. Da aber zu diesem Zweck die gesamte Innenverkleidung der Maschine entfernt werden muss, kamen nur die umfangreichen D-Checks, die in der Regel alle 4–5 Jahre stattfinden, dafür in Frage. Eine Empfehlung des Herstellers stellt für den Betreiber eines Flugzeuges keine zwingende Verpflichtung zur Handlung dar. Die FAA erließ keine Anordnung, die diesen Austausch binnen einer bestimmten Frist zur gesetzlichen Auflage gemacht hätte. Das entsprechende Service Bulletin von McDonnell-Douglas wurde genau einen Monat nach dem letzten großen Wartungsereignis an der Unglücksmaschine der Swissair verschickt, und deshalb war die »Vaud« zum Unfallzeitpunkt noch nicht umgerüstet worden. Ihre Isolationsmatten bestanden aus metallisiertem Mylar, und die Ermittler des TSB fanden schnell Teilstücke mit erheblichen Brandspuren.

Erst nach dem Absturz von SR 111 nahm sich die FAA das Schreiben von Herrn Wu Xiangru erneut vor. Die Behörde lehnte es jedoch ab, der Swissair auf Anfrage eine Kopie dieses Briefes auszuhändigen. Es handle sich hierbei um »interne Korrespondenz zwischen zwei Regierungen«, hieß es in der Begründung. Offenbar wollte die FAA hier nicht ihre Flanken entblößen, denn das Problem der Isolationsmatten zog zu diesem Zeitpunkt schon industrieweite Kreise. Unter dem nun entstandenen öffentlichen Druck durch den Unfall musste die FAA zugestehen, dass die Materialien, die sie in den vergangenen 35 Jahren als schwer entflammbar und zur Verwendung in fast allen großen Transport- und Passagierflugzeugen zugelassen hatte, in Wirklichkeit hochentflammbar sind, wenn sie großer Hitze ausgesetzt werden. Etwa 12 000 Flugzeuge von Boeing, McDonnell-Douglas, Fokker und Airbus, die seit den 60er-Jahren hergestellt wurden, sind davon betroffen. Die FAA musste eingestehen, dass ihre selbst entwickelten gängigen Testverfahren zur Prüfung der Feuerfestigkeit von Isolierungen bei weitem nicht ausreichen, um die Situation von Feuer an Bord eines Flugzeuges realistisch zu simulieren.

Dieses Eingeständnis war genau genommen nichts Neues, denn die FAA hatte bereits vor geraumer Zeit im Technical Center Atlantic City einige Testreihen durchgeführt, bei denen die fraglichen Materialien realistischeren Feuerkonditionen ausgesetzt worden waren. Die Ergebnisse wurden im September 1997 als FAA-Dokument veröffentlicht. Sie bestätigen, dass der überwiegende Teil der zugelassenen und im Flugzeugbau verwendeten Isolationsmaterialien ein Feuer geradezu anfachen können und somit wirken wie das sprichwörtliche Benzin auf ein offenes Feuer.[10] In dem 35-seitigen Testbericht wird ausdrücklich auch die große Hitze, die infolge von Funkenbögen entstehen kann, als mögliche Brandursache bezeichnet.

Trotz diesen Forschungsergebnissen und dem öffentlichen Druck beschied die Administratorin der FAA, Jane Garvey – sehr zum Erstaunen ihrer Kritiker –, dass die FAA vorerst keine Veranlassung habe, auf eine sofortige Auswechslung der Isoliermatten zu drängen. Feuer an

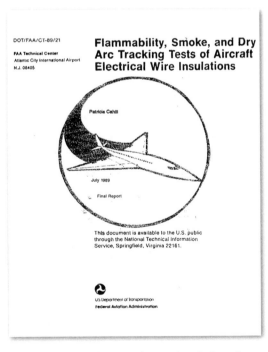

Das FAA Technical Center hatte schon früh umfangreiche Tests durchgeführt. Doch die Studien blieben weitgehend unbeachtet.

167

Bord von Flugzeugen sei nur für insgesamt sieben Prozent aller Unfalltoten im Luftverkehr verantwortlich. Statt einer Vorschrift zum Austausch appellierte sie an die Betreiber der betroffenen Maschinen, die Materialien freiwillig im Zuge der kommenden Wartungsarbeiten zu ersetzen. Die FAA sei damit beschäftigt, neue Testverfahren zur Zulassung solcher Materialien zu entwickeln, und dieser Prozess würde mindestens noch sechs Monate in Anspruch nehmen.

Die amerikanischen Flugzeugbetreiber waren mehr als verärgert. Schließlich hatten viele von ihnen aufgrund der Empfehlung von McDonnell-Douglas bereits damit angefangen, die Materialien auszutauschen, doch jetzt waren sie verunsichert, ob das von ihnen gewählte neue Material die noch zu entwickelnden neuen Standards erfüllen würde. »Wenn die FAA es schon seit einigen Jahren weiß, warum haben sie so lange gewartet? – Die Airlines werden am Ende die Zeche zahlen müssen, die durch Desinteresse oder zögerliche Entscheidungsfindung verursacht wurde«, hieß es aus Kreisen der Fluggesellschaften.

Garveys Adlatus, der Chef für Regulation und Zertifikation Thomas McSweeny, machte den verunsicherten Betreibern wieder Hoffnung. Er sicherte den Airlines zu, dass sie nicht wieder alles rausnehmen müssten. »Was immer die endgültige Vorschrift sein wird, wir werden die Großvaterregelung[11] auf diese Materialien anwenden, selbst wenn sie die neuesten Sicherheitsanforderungen nicht erfüllen.« Doch solche beschwichtigenden Erklärungen gegenüber der Industrie ändern nichts an der Tatsache, dass die FAA schon lange vor dem tragischen Unfall von SR 111 von der Feuergefährlichkeit der Isolationsmatten aus Mylar wusste und nicht gehandelt hat. Kurzschlüsse und Funkenbögen können hier fatale Folgen haben: Das Isolationsmaterial kann schmelzen oder brennen, ja es können ganze chemische Reaktionen ablaufen, die zum Teil zu hochgiftiger Qualmentwicklung führen – je nachdem, wie die chemische Zusammensetzung des Isolationsmaterials und anderer Stoffe in seiner Umgebung beschaffen ist. Andere Kabelstränge können dadurch erheblich in Mitleidenschaft gezogen werden. Sind diese weiterhin unter Strom, kann ein anfangs recht harmlos wirkender Funke ein wahres Inferno verursachen. Und ein solches Inferno hat sich möglicherweise in der Nacht vom 2. September an Bord von SR 111 ereignet.

Von Seiten der FAA gab es im Zeitraum von 1988 bis 1998 praktisch keine »sicherheitsrelevanten Anweisungen«, die hätten dazu beitragen können, ein solches Szenario zu verhindern. In diesem Zusammenhang sind nur zwei Veröffentlichungen erwähnenswert. Zum einen das Bulletin von William C. Withycombs, der bei der FAA als Manager in der Field Programs Division tätig ist. Withycombs machte die FAA-Inspektoren darauf aufmerksam, dass verschmutzte Isoliermatten einen Entzündungsprozess fördern können, und er empfahl ihnen, sich die Vorschriften zum ordnungsgemäßen Verlegen von elektrischen Kabeln in Flugzeugen doch noch einmal zu Gemüte zu führen. Insbesondere wies er auch auf die Verlege-Radi von Kabelmaterialien hin und dass diese nicht zu stark oder eng sein sollen.[12] Zum anderen hat die FAA am 5. April 1991 ein umfangreiches Advisory Circular[13] veröffentlicht, in dem sie die Erkenntnisse aus den Testreihen teilweise vorstellt und diskutiert, ohne jedoch auf die zuvor erwähnten Tests hinzuweisen. Merkwürdigerweise ist dieses Dokument jedoch kaum jemandem bekannt, am wenigsten eben den Mechanikern, die letztlich an den Kabeln arbeiten. Eine stichprobenartige Umfrage in zehn Betrieben ergab, dass nur in einem Betrieb eine Kopie dieses Advisory Circulars in den Unterlagen vorhanden war und dass es etwa 90 Prozent der mit entsprechenden Aufgaben betrauten Mechaniker bis zum April 1999 völlig unbekannt war. Hat die FAA hier etwa ein Kommunikationsproblem?

Es ist ziemlich unwahrscheinlich, dass die FAA und ihre Mitarbeiter für Unzulänglichkeiten im Amt jemals zur Verantwortung gezogen werden. Sie sind gegen prinzipiell mögliche »juristische Schritte« durch Gerichte gut geschützt. In den USA gilt der Grundsatz »You can not sue the Government« – Man kann die Regierung nicht verklagen. Individuelle oder kollektive Fehlleistungen der Behörde und ihrer Mitarbeiter werden daher kaum rechtliche Konsequenzen vor einem Gericht nach sich ziehen. Die einzige Sanktion, die einen FAA-Beamten wegen einer Fehlleistung treffen kann, ist seine Suspendierung vom Dienst, wodurch er eventuell auch seine Pensionsansprüche verliert. Von daher ist es nicht weiter verwunderlich, dass führende Persönlichkeiten der FAA nicht sehr lange zögerten, ihr Rücktrittsgesuch schnellstmöglich einzureichen, wenn eine Situation, an der sie maßgeblich beteiligt waren, zu eskalieren drohte. Auch hier gibt es zahlreiche Beispiele in der jüngsten Vergangenheit der Behörde.

Man muss der FAA – besonders unter der neuen Administratorin Jane Garvey – jedoch zugute halten, dass sich die ursprünglich fatalistische Grundhaltung der letzten 15 Jahre zum Besseren verändert hat. Heute dauert es nicht mehr so lange, bis dringende Anforderungen auf den Weg gebracht werden. Die Sicherheitsdirektiven der FAA kommen jetzt wesentlich schneller und drastischer. Das war insbesondere bei den Ruderproblemen mit der Boeing 737 und bei den Kabelinspektionen der Boeing-Modelle 727, 737 und 747 zu spüren. Jane Garvey pflegt auch als Erste einen engen Kontakt zu Familiengruppen von Absturzopfern, die sich in den vergangenen Jahren besonders in den USA zu einer einflussreichen Gruppe von Sicherheitsaktivisten entwickelt haben. Aber auch Garvey ist erstens nur eine politische Figur, die je nach Willen der Regierenden – beziehungsweise auf Betreiben politischer oder wirtschaftlicher Lobbyisten – ausgetauscht werden kann, obwohl sie für eine Amtszeit von fünf Jahren ernannt wurde. Sie wäre nicht die Erste, die um eine »vorzeitige Versetzung in den Ruhestand« nachsucht, weil der politische Druck zu groß wird. Zweitens ist sie auf die Zusammenarbeit mit ihren alteingesessenen Beamten angewiesen. Diese bilden mit ihren über Jahre gewachsenen Seilschaften das eigentliche Rückgrat der FAA, gerade was die Führungs- und Entscheidungsebene angeht. Daran kann auch Garvey so schnell nichts ändern, es sei denn, sie würde die gesamte Führungsspitze der FAA radikal entlassen und auch bis in die unteren Bereiche mit einem groben Besen auskehren. Damit aber wäre die FAA auf absehbare Zeit paralysiert, was sich wiederum nachteilig für die Passagiere und den Luftverkehr auswirken würde.

Woran Sicherheitsempfehlungen scheitern

Es ist für den außenstehenden Betrachter immer wieder verwunderlich, dass es manchmal über Jahre dauert, bis sicherheitsrelevante Verbesserungen in der Luftfahrt zur Vorschrift werden und dadurch eine Implementierung auch wirklich vorgenommen wird. Die FAA versteckt sich gerne hinter der Kosten-Nutzen-Analyse, doch ist dieses Argument wirklich immer stichhaltig? Was war zum Beispiel vor einigen Jahren mit den insgesamt vier Unfällen, bei denen Kleinkinder durch einen Airbag auf dem Beifahrersitz getötet wurden? Die amerikanische Autoindustrie reagierte sofort und änderte das Design. Wie ist das auf der Basis einer Kosten-Nutzen-Analyse vertretbar? Vier Kinder, meist Säuglinge, die nach den Entschädigungsformeln sicherlich am untersten Ende für Kompensationszahlungen stehen, da den Eltern durch ihren Tod kein erheblicher wirtschaftlicher Schaden entsteht (vgl. auch Kapitel 9).

Das Gesetz verpflichtet die FAA nur im Fall von neuen Anweisungen, eine Kosten-Nutzen-Analyse vorzunehmen. Sie ist keineswegs verpflichtet, die Kosten-Nutzen-Analyse auf bestehende Anweisungen und Gesetze sowie auf die Sicherstellung ihrer Umsetzung und Befolgung anzuwenden.

Sieht man sich die Auflistung der Feuerunfälle in Kapitel 4 genauer an, ist festzustellen, dass Passagiere bei diesen Unfällen über einen Zeitraum von mehr als zehn Jahren regelmäßig durch giftige Gase erstickten. Die Gase bildeten sich bei der Verbrennung von Teilen der Kabinenverkleidungen und vor allem den Sitzbezügen. Durch Feuer, Rauch und giftige Dämpfe starben im Schnitt jedes Mal drei von vier Passagieren, die nach einem Absturz eigentlich noch gute Überlebenschancen gehabt hätten. Erst im Oktober 1984 erließ die FAA neue Vorschriften darüber, wie neue Sitzmaterialien beschaffen sein müssen und welche Nachweise für die Schwerentflammbarkeit der Stoffe beigebracht werden müssen. Als Einführungsdatum dieser Vorschrift wurde der 26. November 1987 gewählt. Die Regelung galt gleichermaßen für im Betrieb befindliche und für neu hergestellte Düsenflugzeuge. Nach Ansicht der FAA gab diese Vorschrift den Passagieren im Fall eines Feuerausbruches einen zusätzlichen zeitlichen Spielraum von 40 bis 60 Sekunden. Das war sicherlich ein Fortschritt, aber bei weitem noch nicht ausreichend. Das NTSB hatte die FAA bis zu diesem Zeitpunkt mehrfach darauf hingewiesen und mit allem Nachdruck gebeten, eine Verordnung zu erlassen, die die Airlines verpflichtet, feuerhemmende und rauchverzögernde Kabinenverkleidungen einzubauen. Die FAA stimmte dem zwar zu, entschied sich bei der Durchsetzung dieser Anordnung aber für eine sehr großzügige und den Airlines entgegenkommende Haltung: Alle nach 1985 hergestellten Flugzeuge sollten diese neuen Materialien verwenden. Aber was passierte mit den bereits im Betrieb befindlichen Maschinen? Die FAA überließ es den Airlines, diese Modifikationen erst dann vorzunehmen, wenn für das Flugzeug planmäßig eine komplette Renovierung des Kabinenraums anstand. Nun fliegen Verkehrsmaschinen jedoch über Jahre, manchmal Jahrzehnte, ohne dass eine solche Auswechslung des Kabineninterieurs ansteht. Gerade viele ältere Maschinen der großen amerikanischen Fluggesellschaften sind hier, aus Sicht des Passagiers, ein manchmal recht abschreckendes Beispiel. Fachleute und die FAA selbst schätzen daher, dass es bis in das nächste Jahrtausend dauern wird, bis die neuen Sicherheitsstandards für Kabinensicherheit von 1985 für alle im Betrieb befindlichen Maschinen auch wirklich umgesetzt sind.

Aufgrund der Unfallserie mit Feuer und Rauch, in deren Folge Passagiere immer wieder zu Tode kamen, weil sie giftige Dämpfe eingeatmet hatten, sah sich der Ingenieur Bert Werjefelt in Hawaii zu weiteren Studien veranlasst. Werjefelt, ursprünglich schwedischer Abstammung, war selbst Privatpilot, Eigentümer mehrerer Flugzeuge und hatte sich in der Vergangenheit besonders mit Belüftungsproblemen in modernen Großraumflugzeugen befasst. Auslöser für diese Studien waren die Beobachtungen einer Krankenschwester im Herzbehandlungszentrum der Klinik von Honolulu: Ihr war nämlich aufgefallen, dass eine hohe Anzahl von US-amerikanischen Patienten unmittelbar nach der langen Flugreise zwischen dem Festland der USA und der Insel Hawaii mit Herzbeschwerden bei ihnen eingeliefert wurden. Werjefelt vermutete einen Zusammenhang zwischen den Beschwerden dieser Patienten und der Tatsache, dass sie alle natürlich per Flugzeug auf die Insel gekommen waren. So fand er dann im Zuge von umfangreichen Feldstudien heraus, dass das Luftaufbereitungs- und Ventilationssystem in vielen modernen Großraumflugzeugen unzureichend war und insbesondere bei Herz-Kreislaufbelasteten Menschen zu Beschwerden führt. Seine Erkenntnisse behagten der FAA natürlich wenig, noch weniger der Luftfahrtindustrie und den Fluglinien. Diese rechneten seinerzeit schon sehr spitz, was den Spritverbrauch der Maschinen auf Langstrecken anging. Mit einer gedrosselten Luftzufuhr für die Kabine, die ja durch die Triebwerke letztlich überhaupt hergestellt wird, ließ sich einiges einsparen. Nach wie vor wird der Kabinendruck gerade auf Langstrecken-Nachtflügen hochgesetzt, weil das die Passagiere eher dahindösen lässt. Das Herz von Herzkranken jedoch muss erheblich schneller pumpen, was sich nicht unbedingt positiv auf deren Gesundheitsverfassung auswirkt. Werjefelt hatte den US-Senat und den Kongress von seinen Untersuchungsergebnissen als technischer Sachverständiger und Experte in Luftfahrtangelegenheiten mehrfach in Kenntnis gesetzt. Dabei hatte er sich mit seiner offenen und ehrlichen Art nicht gerade Freunde auf Seiten der FAA-Oberen gemacht.

Daneben entwickelte er in mehr als siebenjähriger Arbeit schließlich ein System, mit dessen Hilfe Passagiere und Besatzungsmitglieder an Bord eines Verkehrsflugzeuges vor giftigen Dämpfen geschützt werden können und das darüber hinaus auch noch als Sauerstoffmaske für den Fall eines plötzlichen Druckverlustes in der Kabine geeignet ist. Werjefelt hatte bei seinen gründlichen Recherchen herausgefunden, dass etwa 90 Prozent der Feuer an Bord eines Verkehrsflugzeuges im Flug auftraten. Dies ist einleuchtend, denn die Bodenzeiten eines Flugzeuges machen im Verhältnis zu den Flugzeiten nur einen Bruchteil aus.

Doch die falsche Voraussetzung, von der unter anderem auch die FAA bei ihrer Betrachtung ausging, war die, dass ein eventuell zu entwickelndes Schutzsystem nur für ungefähr fünf Minuten einsatzfähig sein müsse, weil diese Zeitspanne ausreichend sei, um aus einem brennenden Flugzeug herauszukommen. Ein wirklich effektives Schutzsystem muss jedoch in der Lage sein, Passagiere und Piloten für genau den Zeitraum mit Sauerstoff zu versorgen, den die Piloten benötigen, um ein Flugzeug aus Reiseflughöhe auf den Boden zu bekommen, das heißt, es muss für 30 bis 40 Minuten Schutz vor giftigen Gasen und Rauch gewähren. Der Zeitraum von fünf Minuten, den die FAA bei ihren Berechnungen zum Schutz der Passagiere einmal zugrunde gelegt hatte, war also völlig unzureichend. Das von Werjefelt schließlich erdachte System wiegt 700 Gramm und sieht aus wie eine aufblasbare Plastiktüte, die zusammengefaltet ungefähr die Größe eines Taschenbuches hat. Es ist mit einem unabhängigen Sauerstoffgenerator ausgestattet und gewährt bis zu einer Stunde zuverlässigen Schutz vor giftigen Gasen, Rauch und Sauerstoffmangel – dies zumindest ergaben die Testergebnisse der Air Force und des Secret Service, die dieses System verwenden. Der Dupont-Konzern war an PELS (Personel Emergency Life Support) – wie das System schließlich getauft wurde – interessiert und erwarb die Lizenzrechte zur Herstellung.

Anlässlich eines Hearings, das 1983 vor dem Senat stattfand, sprach Werjefelt mit dem Chef der FAA-Sicherheitsabteilung, Jack Harrison. Er wollte erreichen, dass sein System nunmehr auf zivilen Verkehrsflugzeugen mitgeführt wird, zum Schutz für die Passagiere, für die er es entwickelt hatte.

Das PELS-System wurde zwar von der FAA zugelassen, wird aber bis heute in zivilen Flugzeugen ausschließlich zum Schutz der Besatzungsmitglieder mitgeführt und eingesetzt. Etwa 80 Prozent der US-Fluggesellschaften und 50 Prozent der Gesellschaften weltweit nutzen diese Technologie zum Schutz von Kabinenbesatzungsmitgliedern für den Fall der Brandbekämpfung an Bord. Die Antwort, die Werjefelt erhielt, war typisch für die FAA: »Wir haben keine Vorschrift, die verlangt, dass Passagiere geschützt sind, und es wird auch keine solche Vorschrift geben.« Werjefelt war irritiert. Er konterte damit, dass es aber eine Vorschrift gebe, derzufolge das Auftreten von Rauch in der Kabine verhindert werden müsse. »Gibt es da nicht ein kleines Problem, das einer Beseitigung bedarf?«, wollte er wissen. Harrison blieb ihm die Antwort nicht lange schuldig: »Wenn das Rauchproblem in der Kabine so groß ist, dass die Passagiere an Rauchvergiftungen sterben, dann besteht aus unserer Sicht ein viel größeres Problem im Cockpit – nämlich, dass die Piloten wegen Rauchs nichts mehr sehen können. Wir verlieren derzeit durchschnittlich ein bis zwei Flugzeuge pro Jahr, bei denen die Sichtbehinderung durch Rauch im Cockpit eine der Hauptunfallursachen ist. Warum sollen dann also die Passagiere hinten vor Rauchvergiftung geschützt werden, wenn das Flugzeug sowieso abstürzt, weil die Piloten nichts mehr sehen?«

Als pragmatisch veranlagtem Menschen leuchtete Werjefelt dieses Argument sogar ein, und so gab ihm der FAA-Sicherheitschef Harrison den Anstoss für eine weitere Erfindung. Er machte sich auf die Suche nach etwas, was den Piloten selbst bei extremer Rauchentwicklung die Sicht auf die Instrumente und durch die Frontscheibe ermöglichen würde, damit sie ihr Flugzeug auch im Brandfall noch führen konnten. Falls ihm dies gelänge – so dachte er zumindest –, könne er mit der FAA auch das Thema Rauchschutz für Passagiere diskutieren. Folglich begab sich Werjefelt ans Werk, und wieder war er erfolgreich: Er entwickelte einen aufblasbaren Sichtkanal, der bequem in jedem Cockpit oder Pilotenkoffer Platz findet und durch den es auch bei dichtem Rauch im Cockpit noch möglich ist – wenn auch mit Einschränkungen – zu sehen. Unter dem Namen EVAS (Emergency Vision Assurance System) wurde dieses System

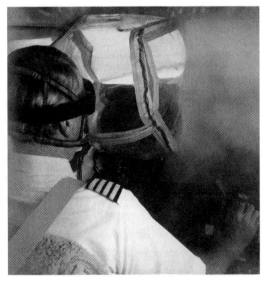

Durch das aufgeblasene EVAS kann der Pilot sogar bei dichtem Rauch Instrumente ablesen und auch nach aussen sehen.

schließlich erfolgreich getestet und 1990 von der FAA zertifiziert. Es war damit ganz offiziell zugelassen. EVAS wurde in den kommenden Jahren konsequent verbessert. Inzwischen ist es ein sehr leichter Sichtkanal aus feuerfestem Material, mit einer eigenen Sauerstoffversorgung, der im Fall von Rauch von den Piloten aktiviert wird. Wie ein aufgeblasener überdimensionaler Klarsichtballon wird EVAS zwischen seinen Augen, den Instrumenten und der Frontscheibe platziert. An den Seiten ist es möglich, Anflugkarten und Checklisten einzuschieben und diese ohne Probleme sogar noch bei dichtestem Rauch im übrigen Cockpit klar abzulesen (vgl. Foto Seite 173).

Der Einbau beziehungsweise die Mitführung von EVAS ist jedoch freiwillig. Eine Vielzahl der in den USA genutzten Privat- und Geschäftsflugzeuge sind heute mit diesem System ausgestattet. Wie gesagt, freiwillig, ohne dass die FAA eine Anordnung erlassen hätte. Eine flottenweite Einführung des Systems auf allen kommerziellen Flugzeugen würde mit dem Preis von gerade mal 5 Cent pro Ticket ins Gewicht fallen.

Im Frühjahr 1991 wurde Werjefelt mit den Mitarbeitern aus der Entwicklungsabteilung seiner Firma Visionsafe bei der FAA erneut vorstellig, sie blitzten jedoch wieder ab. Der Associated Administrator Anthony Broderick stritt vehement ab, dass es hier überhaupt irgendein Problem gebe. Die FAA reagierte nicht, obwohl beide Erfindungen zweifellos dazu beitragen würden, die Sicherheit an Bord von Flugzeugen für den Fall eines Feuers maßgeblich zu erhöhen. Eine wirkliche Erklärung für ihre Entscheidung blieben Broderick und seine Gefolgsleute in der FAA schuldig, stattdessen wiegelten sie das berechtigte Anliegen mit fadenscheinigen Argumenten ab (vgl. Kasten).

In der Zwischenzeit gehörte das PELS zur Standardausrüstung in den Transportmaschinen der US-Air Force. Sie hatte über 50 000 Stück davon erworben und jeden Passagiersitzplatz auf einer Air-Force-Maschine damit ausgestattet. Wer jetzt glaubt, er könne seine eigene Sicherheit für den Fall eines Feuers an Bord mit intensiver und toxischer Rauchentwicklung dadurch erhöhen, dass er das System kurzerhand für 300 Dollar selbst erwirbt und für den Fall der Fälle mit an Bord eines Verkehrsflugzeuges nimmt, der irrt. Die FAA und die Fluggesellschaften erlauben dies nicht. Zwar schützen gerade Gesellschaften wie United und andere ihre Besatzungsmitglieder damit, jedoch noch lange nicht ihre zahlende Kundschaft. Berechnungen staatlicher Stellen in den USA haben ergeben, dass die Kosten einer weltweiten Einführung den Preis eines Flugtickets um ungefähr zwei bis drei Cent erhöhen würde.

200 erfolgreiche Simulator-Landungen wurden mit Hilfe von EVAS bei dichtem Rauch im Simulator-Cockpit durchgeführt. Piloten, die das EVAS in Simulatoren unter schwierigsten Bedingungen wie Nacht und dichtestem Rauch getestet haben,

waren begeistert. Augenzeugen beschrieben diese Tests folgendermaßen: »Der Rauch war so dicht, dass die Piloten ihre eigene Nasenspitze nicht mehr sehen konnten, aber jedesmal haben sie den Simulator sicher gelandet.« Tests wurden auch in richtigen Flugzeugen durchgeführt, jedoch sicherheitshalber ohne Rauch. Auch diese Versuche waren erfolgreich.

Auszüge aus der Abschrift des Telefongespräches vom 5. März 1992 zwischen Anthony Broderick (FAA) und Bert Werjefelt (Visionsafe)[14]

Werjefelt: … Es ist eine Tatsache: Flugzeuge sind abgestürzt, und Rauch im Cockpit war möglicherweise die Ursache.
Broderick: Verkehrsflugzeuge?
Werjefelt: Ja, klar.
Broderick: Welche?
Werjefelt: Also, lassen Sie mich ausführen … (wird unterbrochen)
Broderick: Ich meine, ich würde es einfach gerne wissen … Welche Verkehrsflugzeuge mit Passagieren sind in den Vereinigten Staaten oder von einer US-Fluggesellschaft irgendwo anders wegen Rauch im Cockpit als mögliche Unfallursache abgestürzt?
Werjefelt: Nun, ich würde sagen, es ist eine ausländische Fluggesellschaft, aber ein in den USA hergestelltes … (wird unterbrochen)
Broderick: Ich habe mit ausländischen Gesellschaften nichts zu tun.
Werjefelt: Wirklich? Das ist lustig, denn wie kommt es, dass Sie, nachdem ein schwedisches Flugzeug abgestürzt ist oder ein skandinavisches, wegen Vereisungsproblemen – sehr gut bekannten Vereisungsproblemen – nebenbei bemerkt, innerhalb von einigen Wochen eine Mitteilung erlassen haben, die Vereisungsprobleme betreffen?
Broderick: Dr. Werjefelt, ich habe keine Vereisungsmitteilung erlassen, die ausländische Gesellschaften betrifft.
Werjefelt: Richtig, sie trifft für US-Gesellschaften zu, nicht wahr?
Broderick: Lassen Sie mich Ihnen etwas sagen: Es hat bisher kein in den USA hergestelltes, von einer US-Gesellschaft betriebenes Flugzeug gegeben, wo Menschenleben, also Passagiere, durch Rauch im Cockpit oder Feuer umgekommen sind. Okay. Zeigen Sie mir, welche Sie haben. Nur … sehen Sie, eine Sache, mit der wir hier ein Problem haben, ist, dass Sie der Meinung sind, es gäbe ein Problem, das nicht angegangen wird. Wir glauben, dass unsere Standards diese Probleme angehen.
Werjefelt: Klar, ich bin überzeugt, dass Sie das glauben …
…
Broderick: Ich beschränke mich nur auf die USA in dieser Diskussion. Ich kann nur eine Vorschrift erlassen, die US-Fluggesellschaften betrifft. Ich muss demonstrieren, dass die Kosten, die dies den US-Fluggesellschaften verursacht, aufgewogen werden durch den Nutzen für die Vereinigten Staaten, wenn ich eine Vorschrift erlasse. Und wenn ich keinen Nutzen habe, dann darf ich sicherlich auch keine hohen Kosten haben.
Werjefelt: Ich kann Ihnen den Nutzen demonstrieren, aber ich denke…(unterbrochen)

Broderick: Sie können den Nutzen nicht demonstrieren, weil es keine Unfälle gegeben hat.
Werjefelt: Nun, wenn die Unfälle woanders stattfinden, aber Sie sich dafür entscheiden, diese zu ignorieren und lieber abzuwarten, bis einer in den USA passiert, bevor Sie aktiv werden. Wie kann da irgendjemand überhaupt argumentieren ... (unterbrochen)
Broderick: Wir entscheiden uns nicht, sie zu ignorieren.
Werjefelt: Klar tun Sie das ...

...

Broderick: (geht vom Lautsprecher und nimmt den Hörer in die Hand) Ich glaube, dass Sie über die Existenz eines Problems eine fundamental andere Auffassung gegenüber unserer vertreten. Sie definieren ein Problem, das unserer Ansicht nach nicht vorhanden ist, und Sie haben es gelöst. Dann schelten Sie uns dafür, dass wir Ihre Lösung nicht anerkennen.
Werjefelt: Ihre eigenen Experten haben das Problem anerkannt.
Broderick: Es tut mir leid, aber wir akzeptieren den Umstand nicht, dass wir hier ein Problem haben, das einer Lösung bedarf.
Werjefelt: Dann lassen Sie mich Ihnen vorlesen, was Ihre eigenen Experten sagen. Okay? Einen Moment ... (wird unterbrochen)
Broderick: Nein, nein, Dr. Werjefelt, ich will nicht mit Ihnen über die Existenz dieses Problems debattieren.
Werjefelt: Sie wollen nicht darüber reden?
Broderick: ... die Lösung ist. Jetzt können Sie sich einen von tausend Leuten da draußen suchen, der jetzt für die FAA arbeitet oder für uns gearbeitet hat oder sonstwie den Titel »Luftfahrtsicherheits-Experte« ausfüllt. Was ich Ihnen sage, ist, dass wir nicht denken, dass wir hier ein Problem haben, das einer Lösung durch eine Anordnung oder Vorschrift bedarf. Sie können mit uns darüber streiten, aber Sie können nicht ... ich meine, es gibt, soweit ich weiß, nichts, was Sie unternehmen können, um uns davon abzuhalten, mit Ihnen nicht einer Meinung zu sein. Wir haben die Angelegenheit untersucht, wir haben das Material, das Sie uns geschickt haben, ausgewertet. Wir glauben nicht, wir wissen, dass Sie uns bisher nicht davon überzeugt haben, dass wir ein Problem haben, das einer Lösung durch eine Anweisung bedarf.

...

Broderick: Lassen Sie mich Ihnen nochmals in aller Deutlichkeit sagen, dass wir nicht davon überzeugt sind, dass wir ein Problem haben, das einer Lösung durch eine Anweisung bedarf. Punkt.
Werjefelt: Okay, wenn Piloten dann berichten, dass sie in Flugzeugen, die erst so kurzfristig wie 1989 (von der FAA) zertifiziert wurden, durch den Rauch nichts mehr sehen konnten, der Rauch so dicht war, dass sich diese Piloten gegenseitig nicht mehr sehen konnten, ist es das, was ihr da mit euren Tests und Zulassungsvoraussetzungen beabsichtigt habt?
Broderick: Wir haben kein Problem, das einer Lösung durch eine Anweisung bedarf.
Werjefelt: So, Sie denken also, es sei absolut in Ordnung, dass Piloten nichts mehr sehen können?
Broderick: Wir haben kein Problem, das einer Lösung durch eine Anweisung bedarf.
Werjefelt: Ich kann nicht glauben, was ich da höre...

...

Werjefelt: Einen Moment mal. Wenn gemeldet wird, wenn in einem Unfallbericht steht, es (das Flugzeug) stürzte ab, weil die Piloten nicht sehen konnten, dann wollen Sie das nicht hören? (unterbrochen)

Broderick: Ich habe Ihnen gesagt, wir haben hier Operations- und Wartungsverfahren, die von denen ausländischer Fluggesellschaften abweichen. Sie können den ausländischen Betrieb nicht mit unserem hier vergleichen.
Werjefelt: Das ist doch Geschwafel! Sie zertifizieren Flugzeuge hier, auch wenn sie in anderen Ländern betrieben werden sollten. Die Rauch-Evakuierungsverfahren ändern sich doch nicht.
Broderick: Ah ... wie ich Ihnen bereits gesagt habe, ich glaube nicht, dass wir eine Anweisung für diesen Bereich erlassen müssen.
Werjefelt: Es interessiert mich nicht, wie Sie es anstellen, der Hauptpunkt ist: Piloten sollten in der Lage sein zu sehen, wenn es zu anhaltendem Rauch in der Kabine kommt. Sie haben derzeit keinerlei Vorkehrungen für einen solchen Fall, und Flugzeuge stürzen daher auch weiter ab.
Broderick: Nein, nicht in diesem Land.
Werjefelt: Nicht in diesem Land – o du heiliger Rauch! Sie wollen einfach nicht hören, dass Flugzeuge um Sie herum runterkommen. Solange sie nicht genau auf Ihre Türschwelle fallen, wollen Sie sich damit nicht befassen. Sie befassen sich aber mit anderen Dingen, wenn Flugzeuge in Übersee abstürzen. Sie kümmern sich sofort darum.
Broderick: Weil es Sinn macht, sich damit zu befassen. In diesem Fall macht es aber keinen Sinn.
Werjefelt: Gut, gut. Also wenn das nächste Flugzeug abstürzt, weil die Piloten nichts sehen konnten, und wenn es irgendwo im Ausland runterkommt, tun Sie dann was?
Broderick: Wir werden untersuchen und lernen, was wir können, und sehen, was angemessen ist.
Werjefelt: Ja, aber eine gewisse Anzahl hat sich schon ereignet. Sie untersuchen das nicht, und Sie wollen nichts davon hören. Das haben Sie mir eben gesagt.
Broderick: Nein, das habe ich Ihnen nicht gesagt.
Werjefelt: Doch, Sie haben. Sie wollen nichts von ausländischen Fluggesellschaften hören. Erzählen Sie mir von den US-amerikanischen, haben Sie gesagt.
Broderick: Mr. Werjefelt, ich denke ich kenne die Fakten. Und Fakt ist, wir haben kein Problem, das einer Anweisung bedarf, um es zu lösen.
Werjefelt: Okay, und wenn es dann zu einem Unfall kommt oder bei einem, der sich kürzlich ereignet hat, im Bericht steht: »In Sekunden hat dicker Rauch die Sichtverhältnisse im Cockpit auf das Schwerste eingeschränkt. Zu diesem Zeitpunkt konnten die Piloten sich gegenseitig nicht mehr sehen.« Ist das die Art von Sicherheitsstandard, den die FAA sich vorstellt?
Broderick: Ich würde vorschlagen, dass diese Leute ihre Wartungs- und Betriebsstandards überprüfen sollten.
Werjefelt: Das ist einfach unglaublich. Es handelt sich um ein Flugzeug, das Sie zugelassen haben (wird unterbrochen)
Broderick: Es hat sich in den letzten 20 Jahren in den USA auch gut bewährt.
Werjefelt: Wirklich?
Broderick: Ja.
Werjefelt: Gut, wissen Sie was? Das nächste Mal, wenn ein Flugzeug abstürzt, glauben Sie mir, dann werde ich mich dafür einsetzen, dass Sie persönlich zur Verantwortung gezogen werden, und wenn es das Letzte ist, was ich tun werde, mein Freund.
Broderick: Okay, danke Ihnen vielmals.
Werjefelt: Bitte.

Nur die FAA konnte sich mit dem EVAS nicht anfreunden. Anstatt dieses »Mehr an Sicherheit« freudig aufzunehmen, unternahm die Behörde alle Schritte, damit es nicht auf den Flugzeugflotten eingeführt wurde. Nach Ansicht von Werjefelt hat dies verschiedene Gründe. Zunächst haben die Hersteller, allen voran Boeing, spezifische Verfahren in ihren Flugbetriebshandbüchern veröffentlicht, die von der FAA abgesegnet und genehmigt wurden. Diese Verfahren führen dazu, dass Piloten auch heute noch davon ausgehen, sie könnten mit der Notsituation von anhaltendem Rauch im Cockpit umgehen und ein Flugzeug trotzdem noch sicher landen. Das ist jedoch falsch. Keiner der vielen noch heute im Betrieb befindlichen Flugzeugtypen wurde unter der Voraussetzung zertifiziert, dass es im Cockpit wirklich zu anhaltendem Rauch kommt. Ein Advisory Circular der FAA vom 29. Juli 1986 gibt zwar explizit an, welche Voraussetzungen für den Fall von anhaltendem Rauch erfüllt sein müssen, damit ein Flugzeug zertifiziert werden kann, aber diese Vorschriften haben sich nicht als praxisrelevant erwiesen. In vielen Fällen kann kontinuierlicher Rauch mit den vorgesehenen Verfahren nämlich nicht erfolgreich aus dem Cockpit eliminiert werden. Die FAA war deshalb jetzt in der peinlichen Situation, gegenüber den Flugzeugherstellern, und vor allem gegenüber der internationalen Pilotenschaft, bekennen zu müssen, dass die Informationen in den von ihr selbst abgesegneten Handbüchern nicht unbedingt zutreffend sind. Man kann nicht mit anhaltendem Rauch fertig werden, und Piloten können demzufolge nicht das leisten, was die FAA für diesen Fall von ihnen fordert, nämlich das Flugzeug sicher zu landen.

Einer der interessiertesten Erstkunden für EVAS war unter anderem die Swissair. Die Schweizer Airline hatte in der Vergangenheit bei tragischen Unfällen einige Flugzeuge verloren (siehe Kapitel 4), bei denen die Piloten nichts mehr sehen konnten, das Flugzeug selbst aber durchaus steuerbar gewesen ist. Die Swissair-Verantwortlichen für den Bereich Flugsicherheit waren daher sehr bemüht, das EVAS-System für ihre Flotten zu übernehmen. In Zürich wurden gemeinsam mit dem Hersteller über zwei Jahre umfangreiche Tests absolviert, und es kam zu einem Schreiben, in dem die Swissair ihre Kaufabsicht dokumentiert hat. Doch dann wurde dieses ambitionierte Projekt aus »wirtschaftlichen Gründen« 1992/93 einfach wieder fallen gelassen.

Als der Flugzeughersteller Boeing von dem EVAS-System erfuhr, bestellte er die Entwickler zu sich nach Seattle, um das System kennen zu lernen. Boeing hatte in den vergangenen Jahren mindestens sieben Flugzeuge verloren, bei denen aller Wahrscheinlichkeit nach Rauch im Cockpit die hauptsächliche Ursache gewesen war. Die Boeing-Leute erklärten, dass sie selbst und andere bereits seit Jahrzehnten an einem solchen System gearbeitet hätten, bislang jedoch noch keine technische Lösung gefunden hatten. Nach einer dreitägigen Konsultation zwischen den

Boeing-Experten und den Entwicklern von Visionsafe kam es jedoch immer noch nicht zu einem Durchbruch. Zwar war Boeing begeistert von der Einfachheit und Effektivität des Systems, jedoch erklärte die Firma, dass sie nicht bereit sei, dieses System in ihre Flugzeuge einzubauen, solange nicht entweder die FAA eine entsprechende Anordnung erteile oder die Fluggesellschaften ein solches System beim Kauf verlangen würden.

1994 forderte der US-Senat die FAA auf, die bereits erlassenen Vorschriften der Behörde in Bezug auf das Sichtvermögen von Piloten während eines Notfalles mit Rauch an Bord auch verschärft durchzusetzen. Aber diese Forderung fand nie ihren Weg aus dem Konferenz-Komitee heraus. Im Zusammenhang mit dieser Maßnahme des Senats wurde die FAA auch durch den US-Kongress aufgefordert, Informationen über die Sicherheitsrisiken im Zusammenhang mit dichtem und anhaltendem Rauch zur Verfügung zu stellen. Das Management der FAA erklärte daraufhin dem Kongress, dass es durch Sichteinschränkungen der Piloten im Zusammenhang mit dichtem und anhaltendem Rauch bisher zu keiner unsicheren Situation gekommen sei. Dies war jedoch eine Aussage wider besseres Wissen, denn Mitarbeiter der FAA hatten zu diesem Zeitpunkt durchaus Informationen über solche Zwischen- und Unfälle.

Gleichzeitig gab es innerhalb der FAA schon über geraume Zeit Überlegungen, ein Testverfahren zu entwickeln, durch das die uneingeschränkte Sicht für Piloten bei der Zulassung von neuen Flugzeugen sichergestellt werden sollte. Weiter wusste das FAA-Management seit Jahren, dass es für die Besatzung bei anhaltendem Rauch im Cockpit häufig unmöglich war, noch irgendetwas zu sehen. Warum sonst hätten die von der FAA zugelassenen Flughandbücher für einen solchen Fall die sofortige Landung des Flugzeugs (Land ASAP) vorschreiben sollen? Es liegt in der Natur der Sache, und war daher der FAA auch bewusst, dass dies nur möglich ist, wenn Piloten ihre Instrumente ablesen

Auszug aus dem Protokoll des US-Kongresses, in dem die FAA aufgefordert wird, die bestehenden Anweisungen in Bezug auf Pilotensicht und Rauch-Notfälle durchzusetzen und dem Kongress innerhalb eines Jahres darüber zu berichten.

können und darüber hinaus sehen können, wohin sie fliegen. Auch die ALPA, die Interessenvertretung der Verkehrspiloten, war über die unzureichenden Rauchbeseitigungsmaßnahmen und -möglichkeiten sehr besorgt und hatte dies der FAA bereits in einem Schreiben vom 11. Dezember 1992 mitgeteilt.

Der FAA war bekannt, dass EVAS die Voraussetzungen für die Bewältigung einer solchen Situation schafft, nämlich dass Piloten bei dichtem Rauch sehen können. Jedoch haben Vertreter der Behörde dem US-Kongress mehrfach mitgeteilt, dass die Piloten schlicht keinerlei Probleme damit haben würden – und dies obwohl die FAA Kenntnis von zahlreichen Unfällen hatte, die sich mit Flugzeugen aus US-Herstellung ereignet hatten.

So hatte zum Beispiel das NTSB in seiner Unfalluntersuchung des Air-Canada-Fluges 797 (vgl. Kapitel 4) eindeutig festgestellt: »...dass es unmöglich sein kann, ein Feuer zu löschen oder die anhaltende Entwicklung von Rauch zu stoppen, bevor man einen geeigneten Landeplatz findet.« In seiner Zeugenaussage im November 1983 vor dem US-Kongress über diesen Unfall führte der Vorsitzende des NTSB unter anderem aus: »Der Rauch im Cockpit war so dicht geworden, dass der Kapitän Schwierigkeiten hatte, im Endanflug seinen Geschwindigkeitsmesser abzulesen.« Die gleiche Aussage findet sich fast wörtlich in dem Unfallbericht der deutschen Flugunfalluntersuchungsstelle über den Rauchzwischenfall mit SR 511 am 16. Oktober 1993, also knapp zehn Jahre später.[15] Tatsache ist: In diesen zehn Jahren war nichts passiert, um dieses Problem effektiv in den Griff zu bekommen.

Auch haben Vertreter der FAA dem Kongress bis Mitte der neunziger Jahre mehrfach wörtlich erklärt, dass die bislang angewandten Verfahren und Technologien ausreichend seien, um die Sicht der Besatzung zu gewährleisten, obwohl sie selbst wissen mussten, dass gerade dies nicht der Fall ist. Auch dies wird noch einmal durch den Vorfall mit SR 511 im Oktober 1993 deutlich unterstrichen.

Darüber hinaus ist die FAA per Gesetz verpflichtet, »dass keine Eigenschaft oder Charakteristikum (eines Flugzeuges, Anm. d. Verf.) es unsicher macht...« (14 CFR § 21.21 (b) (2)). Weiter steht im Gesetz: »Wenn ein unsicherer Zustand besteht, ist der Verwalter (FAA Administrator, Anm. d. Verf.) verpflichtet, eine Sicherheitsdirektive (airworthiness directive) zu erlassen«, und »niemand darf ein Produkt betreiben, das von einer Sicherheitsdirektive betroffen ist, ausgenommen es geschieht im Einklang mit den Anweisungen in dieser Sicherheitsdirektive« (14 CFR §§ 39.1. und 39.3).

In einem FAA Advisory Circular (25-9) mit dem Titel »Rauch Entdeckung, Eindringen und Evakuierungs Test und damit im Zusammenhang stehende Flughandbuch-Notfall-Verfahren« vom Juli 1992 werden verschiedene »durchaus mögliche Ereignisse« genannt, die zu Raucheinwirkung führen können: »Feuer verursacht durch Zigaretten, zündbare oder explosive Stoffe (z. B. Bomben, Anm. d. Verf.), Feuer im Frachtraum und Versagen von elektrischen und pneumatischen Systemen, Austritt von Flüssigkeiten usw. im Zusammenspiel mit Hitze oder einer Zündquelle können gefährliche Mengen von Rauch produzieren.« Das Advisory Circular warnt weiter, dass »Zwischenfälle mit Feuer und Rauch, die nicht sofort bekämpft werden können, auch weiterhin vorkommen.« Weiter heißt es daher unter dem Abschnitt Flughandbücher (Aircraft Flight Manuals, AFM): »(Das Flughandbuch)...soll für Rauch und Notfallverfahren die Anweisung an die Besatzung enthalten, sich sofort zu dem nächsten verfügbaren Flughafen zu begeben, wenn Feuer oder Rauch festgestellt wird.« Es ist wohl selbstverständlich, dass solche Handlungsanweisungen an eine Cockpitbesatzung zur Voraussetzung haben, dass die Piloten überhaupt etwas sehen können.

Wie sehr sich die FAA im Zuge dieser Auseinandersetzung selbst widerspricht, wird auch an folgendem Beispiel deutlich: Im Oktober 1993 berichtete die FAA dem US-Kongress über den Fortgang in diesem Bereich. Die FAA führt in ihrem Bericht aus, dass »es keine Anhaltspunkte dafür gibt, dass die existierenden Vorschriften und Anweisungen in einer unsicheren Situation gegipfelt hätten«. Im Hinblick auf das EVAS-System von Visionsafe stellt der Bericht fest: »In Bezug auf die Unfälle und Zwischenfälle, die untersucht wurden, gibt es keinen Beweis, dass dieses System hilfreich gewesen wäre.« Ironischerweise erschien dieser Bericht an den Kongress fast gleichzeitig mit dem Zwischenfall an Bord von SR 511 und einer Neufassung des Advisory Circulars 25-9, in dem die Verfasser ausdrücklich hervorheben, dass es auch weiterhin zu »Zwischenfällen mit Feuer und Rauch, die nicht sofort bekämpft werden können«, kommt.

Als diese Neufassung des Advisory Circulars dann im Januar 1994 als AC 25-9A abschließend veröffentlicht wurde, fand man darin allerdings einen neuen Wortlaut: »Schutz gegen sich anhaltend entwickelnden Rauch im Cockpit, obwohl nicht ausdrücklich durch die Vorschriften gefordert, wird durch die derzeitigen Rauch-Evakuierungs(Beseitigungs)-Verfahren (Smoke-Evacuation Procedures) sichergestellt. Derzeitige Rauch-Beseitigungs-Tests demonstrieren die Fähigkeit des Rauch-Beseitigungs-Systems, mit Rauch aus einer wahrscheinlichen anhaltenden Rauchquelle« fertig zu werden. In dieser Endfassung war dann auch plötzlich von der ehemalig eingenommenen Position der FAA nichts mehr zu lesen, dass durch solche Tests die uneingeschränkte Sicht der Piloten unter Beweis gestellt wird.

Die FAA wendete viel Zeit und Mühe auf, um eine Gefährdung des Flugzeugs durch Rauch völlig in Abrede zu stellen. Würde sie diesen Umstand akzeptieren, müsste die Behörde gemäß ihrer eigenen Vorschrift FAR 21.21 und FAR 39.1 handeln und diesen Umstand abstellen. Stattdessen versuchte die FAA den US-Kongress davon zu überzeugen, dass einige dort bereits angesprochene Unfälle sich in Wirklichkeit anders abgespielt hätten. Im Fall von SR 330 zum Beispiel gab der damalige FAA-Administrator David Hinson in seinem Bericht an den US-Kongress[16] nicht nur eine falsche Flugzeit der verunglückten Maschine an, sondern verschwieg die Tatsache, dass die Maschine sich bereits vor dem Absturz in unmittelbarer Nähe des Flughafens befunden hatte (und somit hätte gelandet werden können), aber die Piloten die Anweisungen vom Boden nicht befolgen konnten, weil sie einfach nichts mehr gesehen hatten.

Offensichtlich ignoriert oder »überlesen« hat die FAA auch die im März 1977 veröffentlichten Feststellungen der Unfalluntersuchungskommission von Barbados im Zusammenhang mit dem Absturz einer DC-8 der Cubana (vgl. Kapitel 4). Dort heißt es klar auf Seite 25 des Untersuchungsberichtes: »Schwerer schwarzer Rauch und Qualm drang anhaltend in das Cockpit ein, und die Piloten hatten große Schwierigkeiten, ihre Instrumente abzulesen. Trotzdem brachten sie es fertig, ihr Flugzeug annähernd auf die verlängerte Mittelline der Landebahn 09 in Seawell auszurichten. Schließlich wurde es unmöglich, die Instrumente wegen des Rauches abzulesen.« Unter dem Kapitel »Sicherheitsempfehlungen« steht im gleichen Bericht eine eindeutige Aufforderung an die FAA, als Zulassungsbehörde des Herstellerlandes: »Die Kriterien für die Zulassung großer kommerziell genutzter Flugzeuge sollten positive Mittel und Wege zur Rauchbeseitigung, besonders aus dem Cockpitbereich, als Erfordernis enthalten.« Ähnliche Hinweise fanden sich auch in den Unfallberichten, die im Zusammenhang mit der in der Nähe von Abu Dhabi abgestürzten Boeing 737 und im Fall der South African Boeing 747 erstellt worden waren.

Doch die FAA versteht sich auf die Kunst, sich trotz klarer und eindeutiger Faktenlage immer wieder aus einer Hintertür hinauszuschlängeln. Gemäß dieser Tradition handelt auch der heutige »Zweite Mann« der FAA, Thomas McSweeny. Im Jahr 1993 war er für die FAA als Direktor der Zulassungsabteilung tätig. Anlässlich eines Treffens mit dem Senator Daniel Inuoye in Washington, bei dem es um Sicherheitsaspekte bei Rauch im Cockpit ging, machte er seinen eigenen Standpunkt und den der FAA folgendermaßen klar: Die FAA beabsichtigt nicht, die Vorschriften und die Entwicklung von zulassungsrelevanten Testverfahren für die Beseitigung von dichtem und anhaltendem Rauch im Cockpit zu ändern. Offenbar, so kam es den an diesem Gespräch Beteiligten vor, hatten die FAA und McSweeny eine andere Definition davon, was eine gefährliche Situation ist. Während dieses Gespräches wurde McSweeny dann auch gefragt, ob er es nicht als gefährliche Situation bezeichnen würde, wenn ein Pilot durch Rauch im Cockpit sozusagen blind wird. McSweeny vertrat darauf die Auffassung, dass ein solcher Vorfall so lange nicht als gefährliche Situation einzuschätzen sei, solange niemand dabei getötet werde. Im November 1993 fand vor dem US-Senat eine Anhörung statt. Im Zuge dieser Anhörung wurde Thomas McSweeny gebeten zu definieren, ab wann die FAA von einem unsicheren Zustand spricht. Die Antwort war bezeichnend, zumal McSweeny sich fast versprochen hätte: »Ein unsicherer Zustand ist jeder Zustand, der dazu führt ... – der den fortgesetzten sicheren Flug und die Landung eines Flugzeuges gefährdet.« Wollte McSweeny etwa sagen: »...dass Menschen getötet werden«?

Es fällt schwer in diesem Zusammenhang nachzuvollziehen, warum die FAA nicht schon lange Systeme wie PELS und EVAS zur Pflichteinrichtung von Verkehrsflugzeugen gemacht hat. Führt die Behörde hier etwa eine anhaltende Art »Hexenjagd« gegen unliebsame Kritiker durch? Ist Werjefelt führenden FAA-Managern zu sehr auf den großen Zeh getreten? Sind gekränkte Eitelkeiten die Ursache dafür, dass auf ein deutliches Mehr an Sicherheit für Millionen von Passagieren verzichtet wird? Aus Sicht der FAA scheint die Reihe der Grabsteine noch nicht lange genug zu sein. Zumindest gibt es keine Anzeichen dafür, dass sie sich mit der Durchsetzung verschärfter Vorschriften in diesem Bereich befasst.

Angesichts dieser Untätigkeit darf man gespannt sein, wie die FAA auf weitere Sicherheitsempfehlungen seitens des kanadischen TSB, vor allem hinsichtlich der Feststellungen über die möglichen Unfallursachen und die am Unfall beteiligten Faktoren im Fall von SR 111, reagieren wird. Eines ist schon jetzt klar: Der Bereich »Kabel« ist und bleibt ein Sorgenkind, denn es ist aus wirtschaftlichen Gründen praktisch unmöglich, alle im Dienst befindlichen Flugzeuge kurzfristig mit anderen, sichereren Kabelisolationen auszustatten. Es wäre wesentlich billiger alte, Flugzeuge zu verschrotten und neue zu kaufen. Dennoch, und das zeichnet sich immer mehr ab, ist die FAA und die Luftfahrtindustrie hier in einer Zwangslage und müsste eigentlich schnellstens handeln. Ein weiterer Unfall wegen eines elektrischen Feuers an Bord einer Verkehrsmaschine hätte sicherlich auch in der Öffentlichkeit fatale Konsequenzen für die Luftfahrt. Zu befürchten ist jedoch, dass man jeden Strohhalm ergreifen wird, der sich bietet, um das Augenmerk auf Nebenkriegsschauplätze zu lenken, die nicht mit verantwortungsträchtigen Maßnahmen für die FAA und kostspieligen Auflagen für Airlines und Hersteller verbunden sind.

Die gleiche Tendenz zeichnet sich leider bereits im Umgang mit dem Problem der Isoliermatten ab. Nach einem Bericht der WASHINGTON POST[17] hat die FAA im Juli 1999 entschieden, den Austausch der Isolationsmatten nicht so umfassend, wie neun Monate zuvor angekündigt, vornehmen zu lassen. Nur die verwendeten Materialien in neu produzierten Flugzeugen sollen die neu entwickelten, schärferen Testanforderungen an die Schwerentflammbarkeit dieser Materialien erfüllen. Isolationsmatten wie die, die in der verunglückten Swissair-Maschine vorhanden waren, müssen gemäß den Anweisungen der FAA jedoch ausgetauscht werden.

Doch hier hinkt die Behörde abermals hinterher. Der Hersteller hatte eine solche Maßnahme schon vor einem Jahr in seinem Service Bulletin empfohlen, und viele Airlines waren der Aufforderung gefolgt.

Beruhigend ist da nur, dass die führenden Mitarbeiter der FAA spätestens nach ihrem Ausscheiden aus der Behörde wie jeder andere zahlende Passagier auf die Benutzung ziviler Verkehrsflugzeuge angewiesen sind. So wie auch jeder hochrangige Politiker, Präsident, Mitarbeiter einer Fluggesellschaft oder eines Flugzeugherstellers. Bezeichnenderweise ist nämlich die berühmte Air Force One, das Flugzeug des US-Präsidenten, von keinem der zuvor angesprochenen Probleme betroffen. Hier gelten wirklich die höchsten Standards, wurden besondere Kabelmaterialien verwendet, und Systeme wie PELS sind für jeden an Bord des Jumbojets in ausreichender Zahl vorhanden.

Interview: Ralph Nader, Konsumentenanwalt, Washington D. C.

Angaben zur Person:
Ralph Nader wurde am 27. Februar 1934 in Winsted, Connecticut, USA, geboren. Er ist Jurist und der geistige Vater der US-amerikanischen Konsumentenschutzbewegung. Das LIFE-Magazin bezeichnete ihn einst als »einen der hundert einflussreichsten Amerikaner des 20. Jahrhunderts«. Er ist auch heute noch Vorsitzender der 1971 von ihm gegründeten Organisation »Public Citizen« in Washington D. C. Public Citizen ist die größte Konsumenten-Interessenvertretung der USA. 1994 schrieb er zusammen mit dem Rechtsanwalt Wesley J. Smith das Buch »Collision Course – The Truth about Airline Safety«, das in den USA für einige Aufregung sorgte. Seit Jahren ist er als scharfer Kritiker der Luftaufsichtsbehörde FAA bekannt und von dieser gefürchtet. Nader kandidierte bei den Wahlen 1996 auch für das Amt des US-Präsidenten. Politisch steht er den amerikanischen »Grünen« nahe, ist aber kein Parteimitglied. Auch heute benutzt er noch lieber seine Schreibmaschine als einen Word-Prozessor.

Herr Nader, die Federal Aviation Administration der USA genießt gerade im Ausland ein großes Ansehen für ihre Bemühungen um die Flugsicherheit. Ist das gerechtfertigt, oder wie sehen Sie die FAA heute?
Seit ihrem Bestehen setzt sich die FAA für die Interessen der Flugzeughersteller und Airlines ein. Sie fühlt sich beiden gegenüber verpflichtet – das ist ihr Wesenszug. Die FAA schützt die Arbeitsplätze beider Industriezweige, trifft sich mit deren Vertretern, und sie

überträgt ihre Aufsichtsverantwortung auf Leute bei Boeing und Beraterfirmen, Luftfahrt-Ingenieurbüros etc. Im Ausland wird die FAA als eine riesige Aufsichtsbehörde mit überdurchschnittlichen Ressourcen und Erfahrungen dargestellt, aber gerade das ist nicht der Fall.

Die Situation – statistisch gesehen – war für die FAA im vergangenen Jahr sehr gut. Sie kann sagen, dass in den USA niemand bei einem kommerziellen Flug getötet wurde, und diese Bilanz macht sie sehr, sehr selbstgefällig, geheimnistuerisch und arrogant. Dann passiert der Unfall, ein Unfall oder zwei, vielleicht auch drei, und dann zeigen sie ihre eigentliche »Grabstein-Mentalität«, indem sie aufwachen und nur so tun, als wenn sie etwas tun würden. In einigen Fällen tun sie sogar wirklich etwas. Aber: Diese institutionelle Verbindung, dieses eiserne Dreieck zwischen der FAA, den Airlines und den Herstellern – nicht nur dem einen Großen hier in den USA – bleibt davon unberührt, alles bleibt beim Alten, »business as usual«. Die FAA ist nicht besonders erfolgreich darin, sich selbst einer kritischen Betrachtung zu unterziehen. Das heißt: Es handelt sich um eine geschlossene bürokratische Kultur. Man hört so gut wie nie von einer mit Nachdruck geführten Untersuchung oder von Topfunktionären der FAA, die wegen Nachlässigkeit oder gar einer Fahrlässigkeit, eines Verbrechens, Verdunkelung eines Sachverhaltes oder Inkompetenz im Amt angeprangert werden. Diese Art der Protektion des ganzen »Clubs«, des »FAA Clubs«, ist eigentlich sehr unüblich, auch für eine föderalistische Bürokratie wie die unsere.

Sie sagen also, dass die FAA stark verknüpft ist mit der Industrie, die sie eigentlich überwachen sollte. Ist das wirklich so?
Ja, es ist wie eine Drehtür: Die Leute in der FAA sind aus der Luftfahrtindustrie, und die Luftfahrtindustrie wiederum versorgt die FAA mit Leuten. Sie ist damit quasi eine staatliche Behörde der Boeings für die United Airlines, TWAs und umgekehrt.

Sicherlich ein Problem ist, dass die FAA eine Art »Zwitterstellung«, sozusagen ein »Doppelmandat«, hat. Einerseits soll sie die Luftfahrt beaufsichtigen und reglementieren, andererseits soll sie die Luftfahrt auch fördern. Das ist streng genommen eigentlich unvereinbar. Wird es hier in absehbarer Zeit eine Änderung geben? Es ist ja bekannt, dass es hier in den USA verschiedene Vorstösse gibt, die Aufgaben der FAA aufzuteilen. Ein Teil der FAA soll die Aufsichtsrolle wahrnehmen, während ein anderer davon unabhängiger Teil die Luftfahrt fördern soll.
Nein, das wird nicht passieren. Das einzig Vorstellbare ist, dass man die FAA vom Transportministerium absplittet und sie zu einer sozusagen »unabhängigen« Behörde macht, weil man hier meint, dass die Unfalluntersuchungsbehörde, das NTSB, die eigentliche »Wachhundfunktion« erfüllt. In der Tat leistet das NTSB eine gute Arbeit, das Problem ist nur, dass das NTSB keine Autorität und Befugnisse hat, irgendetwas anzuordnen oder umzusetzen.

Sie haben erwähnt, dass 1998 niemand auf einem nationalen Flug in den USA getötet wurde. Aber die FAA beaufsichtigt auch den Flugzeughersteller Nr. 1, Boeing. Und Boeing-Flugzeuge verunglücken nach wie vor, und bei den Untersuchungen treten auch fast immer Unzulänglichkeiten bei den Herstellern zutage.

Natürlich, und es gibt ebenso Hunderte von Getöteten in kleineren Flugzeugen, so genannte Commuter und bei zivilen Verkehrsflugzeugen. Boeing ist gerade jetzt in ernsthaften Schwierigkeiten. Sie haben alle möglichen Probleme auf ihren Fertigungsstraßen, sie suchen nach Experten. Sie haben zu wenig Experten. Sie versuchen Länder wie China politisch dadurch zu beruhigen, dass sie Produktionsteilungs- und Zulieferverträge schließen, die zu weiteren Qualitätskontrollproblemen bei der Herstellung von Flugzeugen führen. Ich habe Boeing geschrieben und sie vor den Auswirkungen ihrer »Hochgeschwindigkeitsfabrikation« im Hinblick auf spätere Probleme in diesen Flugzeugen gewarnt. Und sie sind selbst darüber besorgt.

Wie es scheint, unterdrückt die FAA Informationen und Anweisungen in Form von Sicherheitsdirektiven, die kostspielige Auswirkungen für die Luftfahrtindustrie haben könnten. Zum Beispiel das Kabelproblem: Dies bedeutet unter Umständen ein völliges Neuverkabeln von Teilen der weltweit im Einsatz befindlichen Flugzeugflotten mit einem sichereren Kabelmaterial, das es schon gibt und das auch von Boeing in seinen eigenen Labors getestet wurde, jedoch noch nicht in allen Flugzeugen verwendet wird. Ist dieser Rückhalt von Informationen und Anweisungen für die FAA eher unüblich, oder ist das schon eine Art Strategie?

Das Kabelproblem beunruhigt die FAA mehr als jedes andere Problem in den vergangenen Jahren, aus folgendem Grund: Sie wissen von den Defiziten, sie wissen, dass es sicherere Alternativen gäbe, sie wissen, dass sich katastrophale Unfälle ereignen können und dass diese Änderungen – sie nennen es Retro-Fits – an allen Flugzeugen vorgenommen werden müssten. Und sie wissen, dass weitere Unfälle das Augenmerk der Öffentlichkeit auf die FAA richten werden. Die FAA wird sehr nervös, wenn die Öffentlichkeit weiß, was die FAA weiß. Wenn die Öffentlichkeit weiß, dass die FAA es weiß, und es gibt einen Unfall, dann bekommt die FAA zumindest politisch sehr ernsthafte Probleme.

Politisch, aber niemals wird jemand bei der FAA persönlich belangt, weil man in Amerika eine staatliche Einrichtung und ihre Mitarbeiter nicht verklagen kann. Somit kann keiner der dort Angestellten persönlich zur Rechenschaft gezogen werden oder gar wegen Informationsunterdrückung oder Totschlags vor ein Gericht gestellt werden. Was kann man dann machen, was können die Verbraucher, die Passagiere tun?

Sie können leider derzeit gar nichts machen, vielleicht einzeln protestieren – oder gemeinsam. Die Gerichte haben die FAA gegen Klagen weitestgehend immunisiert, obwohl es *hier einige Anwälte gibt, die überzeugt sind, dass es möglich wäre, einige dieser Verantwortlichen durch die Gerichte zur Rechenschaft zu ziehen. Doch solche Prozesse gibt es bislang nicht.*

---

[1] siehe auch: Karl Sabbagh: The Twenty-First Century Jet
[2] Anthony Broderick im Interview mit Tim van Beveren im Januar 1994 in Washington D. C.
[3] zitiert nach Mary Schiavo: Flying Blind, Flying Safe, S. 65
[4] Airbus-Industrie im Verfahren vor dem Landgericht Hamburg, AZ 324 O 44/95 und AZ 324 O 203/96
[5] Final Report: Aircraft Electrical Wet-Wire Arc Tracking, DOT/FAA/CT-88/4, Patricia Cahill & James Dailey, August 1988
[6] Final Report: Development and Groth of Inaccessible Aircraft Fires Under Inflight Airflow Conditions, DOT/FAA/CT-91/2, David Blake, February 1991
[7] Final Report: Electrical Short Circuit and Current Overload Tests on Aircraft Wiring, DOT/FAA/CT-TN94/55 Patricia Cahill, March 1995
[8] E and E Compartement: Meist unter dem Cockpit gelegener Bereich, in dem die elektrischen Komponenten des Flugzeuges wie Computer und Ähnliches untergebracht sind.
[9] zitiert nach Aviation Week & Space Technology vom 19. 10. 1998
[10] Final Report: Evaluation of Fire Test Methods for Aircraft Thermal Acoustic Insulation, DOT/FAA/AR-97/58, Patricia Cahill, September 1997
[11] Grandfatherrights: Man kann sich in den USA bedingt auf ehemalige Vorschriften berufen. Diese »Großvaterrechte« finden verbreitet Anwendung, selbst wenn neue Vorschriften erlassen wurden.
[12] Vgl. Airworthiness Inspector's Handbook Bulletin 91-15, FAA Order 8300.10, Volume 3, Chapter 36-38
[13] Vgl. FAA Advisory Circular Nr. 25-16, Electrical Fault and Fire Prevention and Protection vom 5. 4. 1991
[14] zitiert nach der »Beschwerde bei der US-Generalstaatsanwältin vom 11. Juni 1996, wegen sachlich falscher Äußerungen durch Mitarbeiter der Federal Aviation Administration im Zusammenhang mit unsicheren Zuständen durch den Sichtverlust von Piloten während Rauch-Notfällen«
[15] Vgl. Bericht über die Untersuchung der flugbetrieblichen Störung mit dem Verkehrsflugzeug McDonnell-Douglas DC-9-81 am 16. Oktober 1993 in München, Seite 10
[16] FAA Report to Congress »Smoke in the Cockpit of Transport Category Airplanes«
[17] Vgl. Washington Post vom 19. 7. 99, Seite A 12

Kapitel 6
Das IFEN – oder wie aus einem »Meilenstein« ein »Stolperstein« wurde

»Die Swissair-Chronisten werden den 24. Januar 1997 dereinst vielleicht als Meilenstein in der Firmengeschichte bezeichnen. Wenn alles planmäßig verläuft, wird die Einführung des branchenweit modernsten Inflight-Entertainment-Systems als Wendepunkt im Bereich des Unterhaltungsangebots für Flugreisende in die Annalen der Zivilluftfahrt eingehen.« Mit diesen schwärmerischen Worten stellte Swissair-Hausredaktor Alan Millen im März 1997 das wohl ehrgeizigste Renommierprojekt der Swissair in der Hauszeitung SAirGroup News vor.

Mittlerweile hat sich das moderne Bordunterhaltungssystem, das die Swissair 1997 in 16 ihrer MD-11-Maschinen und 5 ihrer Boeing 747 Jumbojets einbauen ließ, zum Sorgenkind entwickelt. Bereits in einem frühen Stadium der Unfallermittlungen hatten Vic Gerden und sein Team ein kritisches Auge darauf geworfen, als sie unter den Wrackteilen der »Vaud« auch verschmorte Stromzuleitungskabel des Inflight-Entertainment-Systems fanden. Im Zuge der Unfalluntersuchung wurde daher auch die Zulassung dieses Systems einer kritischen Betrachtung unterzogen. Es ist heute mit abschließender Sicherheit nicht festzustellen, welche Rolle dieses System beim Unfall von SR 111 gespielt hat. Im Gegenteil: Es ist höchst fraglich, ob seine »Schuld« oder »Unschuld« jemals mit abschließender Sicherheit erwiesen werden kann. Die Entwicklungsgeschichte, der Kauf des Systems durch die Swissair, seine Zertifizierung und die Umstände, unter denen der Einbau erfolgte, sind jedoch geradezu ein Paradebeispiel dafür, wie leicht es in der zivilen Luftfahrt trotz ausgefeilter Vorschriften und Sicherheitsbarrieren jederzeit zu potentiellen Gefährdungen kommen kann.

Das Vorspiel
Die Idee zu dem Bordunterhaltungssystem, das unter seinem Kürzel IFEN (Inflight Entertainment Network) zu trauriger Berühmtheit gelangte, stammt ursprünglich aus dem Glücksspielparadies Las Vegas. Dort in der künstlichen Metropole inmitten der Wüste des Bundesstaates Nevada betrieb eine russische Einwandererfamilie bereits seit geraumer Zeit einige Glücksspielautomaten. Diese »einarmigen Banditen« sind dazu gedacht, den Spielsüchtigen in den riesigen Hallen der großen Casinos schon mal das Geld aus der Tasche zu ziehen, bevor sie ihr Glück an den eigentlichen Spieltischen beim Poker oder Roulette herausfordern. Das Prinzip ist

genial einfach und birgt allein für die Betreiber keinerlei Verlustrisiko: Längst nämlich sind solche Automaten mit aufwändigen Softwareprogrammen ausgestattet, die mit Hilfe ausgeklügelter Algorithmen dafür Sorge tragen, dass die Einnahmen für die Betreiber stets höher bleiben als die Gewinnausschüttungen an die Spieler. Für die Herstellung solch ausgetüftelter Programme war der jüngste Spross der Familie Itkis mit Namen Boris zuständig. Sein Bruder Michael hatte einige Jahre in Los Angeles bei einer Firma gearbeitet, die am Bau von Satelliten beteiligt war. Als studierter Luft- und Raumfahrtingenieur brachte Michael somit einiges an technischem Knowhow in den Familienbetrieb ein. Vater Juri Itkis trat nach außen hin als Präsident des Familienunternehmens mit dem schönen Namen Fortunet auf.

Offenbar aufgrund ihrer in Las Vegas gemachten Erfahrungen kam die Familie Itkis dann Anfang der 90er-Jahre auf eine ihrer Meinung nach zukunftsträchtige Idee: Sie wollten Glücksspielautomaten entwickeln, die an Bord von zivilen Verkehrsmaschinen betrieben werden könnten. Auf der Suche nach potentiellen Kunden wies Michael Itkis bei jeder sich bietenden Gelegenheit auf die bekannte Spielleidenschaft vieler Asiaten und einiger Europäer hin. Warum also sollte man sich diese nicht zu Nutze machen – zumal einem die potentielle Kundschaft, eingepfercht in einen Großraumjet und sich langweilend, während der Langstreckenflüge über Stunden praktisch ausgeliefert war. Die Überlegungen gingen dahin, das Glücksspielangebot in ein Bordunterhaltungssystem zu integrieren, das darüber hinaus auch eine Auswahl an Spielfilmen (Video on Demand) zur Verfügung stellen sollte. Bereits seit mehreren Jahren hatten die Marktführer im Bordunterhaltungsbereich, die japanischen Hersteller Sony und Matsushita, hier einige Produkte entwickelt, die im Zuge des rasanten technischen Fortschritts im Bereich der digitalen Computertechnologie ständig verbessert worden waren. Bislang gab es jedoch noch kein System, das ein Flugzeug in ein »fliegendes Casino« verwandeln würde, und genau diese »Marktlücke« wollte Fortunet nun erobern. Gedacht war an die Installation eines Computer-Netzwerks (Network), bei dem jeder Passagiersitz über ein eigenes Terminal und einen Touchscreen-Bildschirm zur Eingabe verfügen sollte.

Die technisch sicherlich interessante und in wirtschaftlicher Hinsicht sehr ehrgeizige Zielsetzung hatte jedoch schon damals einen gravierenden Haken: Glücksspiele sind in vielen US-Bundesstaaten per Gesetz verboten. Solche Geräte und Vorrichtungen dürfen daher weder innerhalb bestimmter Landesgrenzen noch an Bord von in den USA registrierten oder die Vereinigten Staaten anfliegenden Flugzeugen betrieben werden. Michael Itkis war aber fest davon überzeugt, dass sich dieses antiquierte Denken bald ändern würde.

Um das Projekt zwischenzeitlich aber vorantreiben zu können, brauchte die Firma einen potentiellen Kunden, vornehmlich aus dem Ausland, wo Glücksspiele erlaubt sind. Kurzfristig bestand daher ein Kontakt zur australischen Fluggesellschaft Qantas, die sich jedoch mit dem System nicht anfreunden konnte. Als nächster Kunde war dann die italienische Alitalia im Gespräch.

Itkis kalkulierte die Entwicklungskosten für sein IFEN zu Beginn mit etwa 70 Millionen US-Dollar. Diese Rechnung sollte jedoch nicht aufgehen. Ehemalige Partner und Mitarbeiter schätzen, dass die effektiven Kosten, die bis zur Zulassung des IFEN entstanden, ungefähr doppelt bis drei Mal so hoch gewesen sind.

Im Zuge der Projektarbeit gründete die Familie Itkis auch ein weiteres Unternehmen, und zwar die Firma Interactive Flight Technologies (IFT), eine Aktiengesellschaft mit Sitz in Phoenix, Arizona. Michael Itkis wurde Chief Executive Officer (CEO) und Direktor von IFT. Sein Bruder Boris war dort ebenfalls im Rang eines Direktors angestellt. Hauptaktionär der IFT war Vater Juri. Im Oktober 1994 wurde dann zwischen der Firma Fortunet und IFT ein Verwertungslizenzvertrag geschlossen. Fortunet übertrug IFT das Recht, aktuelle und zukünftige Patente, Copyrights, Firmengeheimnisse und das damit verbundene Knowhow weltweit auszuwerten. Im Gegenzug erhielt Fortunent von IFT eine monatliche Zahlung von 100 000 US-Dollar, zunächst bis ins Jahr 2002.

Nun galt es, die größte Hürde überhaupt zu überwinden: Man brauchte ein funktionstüchtiges, für die Verwendung in zivilen Verkehrsflugzeugen geeignetes System, das von der amerikanischen Luftaufsichtsbehörde für den Einbau und den Betrieb zugelassen werden musste.

Wann immer eine Veränderung an einem Flugzeug vorgenommen wird, muss die FAA diese zunächst genehmigen. Das gilt für den Einbau jedweden Einzelteils, das mit der Konstruktion oder aber einer Komponente des Flugzeugs verbunden ist, unabhängig davon, ob es sich auf die Flugeigenschaften oder die Flugtauglichkeit eines Flugzeuges auswirkt oder nicht.

Um eine solche Genehmigung zu erhalten, die im FAA-Jargon als »Zusätzliches Typen-Zertifikat« (Supplemental Type Certificate, kurz STC) bezeichnet wird, gibt es für einen Hersteller zwei Wege: Entweder der Hersteller arbeitet mit einem von der FAA speziell autorisierten Ingenieur zusammen, einem so genannten DER (Designated Engineering Representative), der die Firma berät und als Bindeglied zu einem zuständigen Flugzeug-Zertifizierungs-Büro (Aircraft Certification Office, ACO) – einer Außenstelle der FAA – fungiert. Das STC wird dann nach beanstandungsloser Überprüfung aller wesentlichen Unterlagen direkt von der Außenstelle der FAA für/auf die Herstellerfirma ausgestellt.

Der Hersteller hat auch die Möglichkeit, sich direkt an eine DAS (Designated Alteration Station) zu wenden. Das sind in der Regel speziell von der FAA lizenzierte Fachbetriebe, die im Auftrag der FAA und als ihr »verlängerter Arm« den gesamten Vorgang bis hin zur physischen Ausstellung des STC überprüfen, überwachen und letztlich ausführen. Das für diese DAS zuständige FAA ACO erhält die Zertifizierungsunterlagen in Kopie, schreitet aber nur bei offensichtlichen Problemen oder Bedenken in den Zertifizierungsprozess ein. Das DAS-System ist in der US-Luftfahrtindustrie weit verbreitet und beliebt, da es gerade den meist überlasteten und technisch nicht so spezialisierten Mitarbeitern der FAA aufwändige Arbeiten vom Hals hält (vgl. auch Kapitel 5). Welche Vorraussetzungen und genauen Verfahrensabläufe nun für die Ausstellung eines STC gelten, hat die FAA in einer verbindlichen Vorschrift festgeschrieben – dem FAA Order 8110.4a. Das 126 Seiten starke Dokument schreibt jeden einzelnen Schritt minutiös vor und enthält in seinen umfangreichen Anlagen Beispiele zum korrekten Ausfüllen benötigter Formulare so wie übrigens auch ein Blanko des eigentlichen STC selbst. In der unteren linken Ecke prangt bereits das Siegel der FAA.

IFT entschied sich im Frühjahr 1994 zunächst dafür, sein IFEN-System mit Hilfe eines DER zu zertifizieren. Sie beauftragte daher das Ingenieurbüro von Ed Mlynarzik in Florida, das über eine FAA-Zulassung als DER verfügt.

Nach Einschätzung von Mlynarzik steckte das IFEN-Projekt noch in den Kinderschuhen, als die Firma IFT bei ihm im April 1994 vorstellig wurde. Zum damaligen Zeitpunkt verfügte das Familienunternehmen gerade einmal über die Software, die für ein »Video on Demand« und für das Glücksspielsystem notwendig war. Schon sehr bald ergaben sich in der Zusammenarbeit zwischen den beiden Firmen unüberwindliche Reibungspunkte. Der »Luftfahrt-Profi-Betrieb« von Mlynarzik kam sehr bald zu der Überzeugung, dass die Itkis-Familie keine Ahnung hatte, was alles auf sie zukommen würde. Als völlige Neulinge in der Luftfahrtbranche machten sie sich vor allem keine Vorstellung davon, wie viele Voraussetzungen und Anforderungen erfüllt sein müssten, bis die FAA eine Zulassung auch nur in Erwägung ziehen würde.

Mlynarzik gab ihnen zunächst einmal die Adressen von Herstellern für ihre »schwarzen Kästen«, die Gehäuse, in denen die einzelnen Komponenten des Systems letztlich untergebracht werden sollten. Dann ergaben sich Fragen, welche Kabelverbindungen man zum Beispiel nehmen könnte. Mlynarzik empfahl ihnen die gängigen und in der Luftfahrt üblichen Stecker. Zunächst hatte sich IFT für abgeschirmte Kabel entschieden, die aber erwiesen sich bald als zu schwer. Der Kontakt lief in der eigentlichen Entwicklungsphase ausschließlich über das Telefon, und das war aus Sicht des Ingenieurs sicherlich ein Handicap. Auch hatten Mlynarzik und sein Mitarbeiterstab aus erfahrenen Luftfahrtingenieuren erhebliche Probleme im Umgang mit der Firma IFT. Dazu Mlynarzik: »Die IFT-Leute hatten eine sehr voreingenommene Haltung. Wann immer wir etwas vorschlugen, mussten wir uns von IFT anhören: ›Wir wissen das besser als ihr.‹ Das war ihre Einstellung. Es war sehr schwierig, ihnen klarzumachen, warum wir aus unserer

Sicht manche Sachen nicht so haben wollten, wie sie sich das vorstellten. Pausenlos änderten sie etwas an einem Design. Das, was wir am Montag zur Überprüfung bekamen, war bis Freitag fünfmal verändert worden. Wir unterbreiteten ihnen dann Verbesserungsvorschläge, die manchmal einfach etwas kostspieliger waren. IFT brachte dann immer wieder die Frage auf, warum das alles so viel kosten muss.« Probleme gab es in dieser Anfangsphase aber auch mit einer wesentlichen Charakteristik des IFEN-Systems: Im Prinzip sollte ja in jedem Passagiersitz ein kleiner Hochleistungscomputer vom Format eines Laptop eingebaut werden. Somit erwies sich das System schon damals als recht gieriger Stromverbraucher. Mlynarzik erschien dieser Umstand bedenklich, denn er bezweifelte, dass das IFEN-System somit geeignet sein würde, an einer nicht essentiellen Stromversorgungsquelle eines Flugzeuges angeschlossen werden zu können.

Bereits in dieser Phase des Projekts, unmittelbar bevor die erste erforderliche Konformitätsinspektion erfolgen sollte, begann sich dann auch das zuständige FAA-Büro in Atlanta mit dem IFEN-Projekt näher zu beschäftigen. Die FAA war misstrauisch geworden und wollte daher die aktuellen Konstruktionszeichnungen sehen. Vermutlich war die FAA auch hellhörig geworden, weil IFT mit einem völlig neuen System auftauchte, das es auf dem Markt bisher nicht gegeben hatte. Dies umso mehr, als es von einer in der Branche völlig unbekannten Firma entwickelt und hergestellt werden sollte, über die es keinerlei Referenzen gab. An diesem Punkt brach IFT dann auch den Kontakt und die weitere Zusammenarbeit zu Mlynarzik von einem auf den anderen Tag ab. Mlynarzik hatte im Auftrag der FAA nach Daten gefragt, die auch er bislang nicht erhalten hatte. IFT erklärte daraufhin: »Wir sehen nicht ein, warum wir das tun müssen. Wir brauchen diese Informationen nicht herauszugeben.«

Mlynarzik, dem diese vorzeitige Beendigung der für seine Firma mühsamen und unbefriedigenden Zusammenarbeit mit IFT eigentlich gelegen kam, war dann aber doch überrascht, in welcher Art und Weise die Auflösung herbeigeführt wurde. Eines Tages erschienen in seinen Büros drei Herren, als Abgesandte der Firma IFT, die das bislang gelieferte Material und die Dokumente abholen sollten. Besonders auffällig waren zwei Dunkelmänner des Trios, das mit einem Privatflugzeug aus Atlantic City – einer weiteren legalen Glücksspielhochburg in den USA – extra eingeflogen kamen. Die auffällig muskulös gebauten Herren mit Pferdeschwanz, deren Maßanzüge an einer bestimmten Stelle stark ausbeulten, sahen nicht gerade aus wie Businessmen. Als sich herausstellte, dass eines der Gehäuse in seiner Länge nicht in den Kofferraum des Wagens passte, gaben sie Anweisung, es einfach zu zersägen. Mlynarzik ist heute noch davon überzeugt, dass man bei IFT diese Art des Auftritts wählte, um ihn und seine Mitarbeiter einzuschüchtern.

IFT hatte zwischenzeitlich bereits eine finanzielle Durststrecke zu überwinden.

Über einen New Yorker Investor, der als ehemaliger Headhunter im Investmentgeschäft über gute Beziehungen zu Bankern verfügt haben soll, gelang es, weitere Investoren und damit benötigte Finanzspritzen aufzutun. Zu diesem Zeitpunkt war jedoch von der Swissair noch nicht die Rede. Als Mlynarzik seine Arbeit am IFEN beendete, sollte das System immer noch für die Alitalia entwickelt werden. Doch dieser Deal soll, so Mlynarzik, dann geplatzt sein, und plötzlich war die Swissair im Gespräch.

Merkwürdig ist in diesem Zusammenhang jedoch eine Pressemeldung in einem Flight International Newsletter vom 12. Dezember 1995. Da heisst es: »Das IFEN-System, das von Interactive Flight Technologies (IFT) hergestellt wird, wurde in der Magnifica First/Business-Klasse einer McDonnell-Douglas MD-11 eingebaut.« Die Airline, die gleich vier ihrer MD-11 mit dem IFEN bestückte, war die Alitalia. Es ist jedoch weiterhin fraglich, auf welcher Zertifizierungsgrundlage das IFEN zu jener Zeit in den Alitalia-Flugzeugen eingebaut war. Ein STC findet sich dafür in der FAA-Datenbank nämlich nicht.

Der Joker

Bei der Schweizer Airline fand der Itkis-Familien-Clan schließlich einen glühenden Anhänger des IFEN-Systems – den für das Marketing der Swissair zuständigen Karl Laasner. Der Marketing-Direktor setzte alle Hebel in Bewegung und überwand alle Zweifel und Widerstände in den eigenen Reihen, um das IFEN-System durchzusetzen. Mit Hilfe von geschickten Werbekampagnen, gerade auch in hausinternen Publikationen, gelang es ihm schließlich, auch jene Entscheidungsträger auf seine Seite zu ziehen, die diesem System eher skeptisch gegenübergestanden hatten. Hier ein Auszug aus der SWISSAIR GAZETTE 4/97:

»Lärm um die Neueinführung? – Erstens: Sie ermöglicht ein bisher nie gekanntes Maß an Freiheit und Individualität bei der Wahl des Unterhaltungsprogramms – die Zeiten des Einheitsbrei-Entertainments an Bord sind dank den findigen Techno-Tüftlern von IFT endgültig vorbei. Zweitens: Das System bietet den Passagieren die größten je in einer Flugzeugkabine installierten Touchscreen-Bildschirme, eine Auswahl von bis zu 20 Spielfilmen (einer von ihnen gratis), 60 Stunden Musik, zahlreiche Videogames, eine Reihe von Glücksspielen, bei denen der mögliche Maximalgewinn 3500 Dollar beträgt (die Verluste sind in allen Klassen auf 200 Dollar limitiert)...«

Laasner riss in der Folge die gesamte IFEN-Projektbetreuung an sich und kontrollierte alle damit in Zusammenhang stehenden Vorgänge im Unternehmen. Als Nächstes musste das IFEN-Projekt der Geschäftsleitung schmackhaft gemacht werden. Laasner betonte bei seinen Präsentationen vor allem den zu erwartenden wirtschaftlichen Nutzen dieser Investition – und er hatte schließlich Erfolg. Im

Frühjahr 1996 kam es zu einem ersten Vertrag zwischen der Swissair und IFT. Nach diesem Vertrag bekam die Swissair das IFEN von IFT geschenkt. Eine Refinanzierung der Kosten sollte aus den Einnahmen des Videofilmabspiels und durch die Erlöse aus den Glücksspielen erfolgen. Wie stark die Entscheidungsfindung von wirtschaftlichen Überlegungen beeinflusst war, wird in einer weiteren hausinternen Publikation, der SAirGroup News 3/97 deutlich: Hier behauptete Laasner: »IFT übernimmt die gesamten Investitionskosten, rund 100 Millionen Schweizer Franken. Dieser Betrag wird durch die diversen Erträge, die das System erwirtschaftet, amortisiert. Der Vertrag zwischen IFT und Swissair sieht vor, dass das System vollumfänglich bezahlt wird und danach in den Besitz der Swissair übergeht ... Es wird dabei von der Annahme ausgegangen, dass jedes Flugzeug pro Jahr zwei bis drei Millionen Franken einspielen muss, damit das System langfristig Erfolg hat.«

Die Absicht der Swissair, auf ihren Langstreckenflügen zukünftig neben einer größeren Auswahl von Videofilmen auch Glücksspiele anzubieten, machte bald die Runde in den Medien und wurde von der Presse nicht gerade wohlwollend aufgenommen. Abermals sah sich Laasner veranlasst, für das IFEN in die Bresche zu springen. Unter dem Titel »Fliegendes Casino?« veröffentlichte er unter der Rubrik Swissair News am 13. Juni 1996: »Falsch! Geplant ist eine Auswahl an Glücksspielen wie Lotto oder Bingo mit begrenztem Einsatz. Diese Spiele unterstehen dem schweizerischen Lotteriegesetz und werden durch die Landeslotterie organisiert. Auch die Gewinne gehen an die Landeslotterie und kommen kulturellen Zwecken zugute.«

Inzwischen arbeitete man bei IFT unter Hochdruck an der Fertigstellung des Systems. Die ersten Wartungsintervalle für die Swissair-Langstreckenjets standen schon lange fest, und das System musste während dieser mehrtägigen Generalüberholung in den Hangars der Swissair-Technics eingebaut werden. Verzögerungen hätten zu exorbitanten Mehrkosten beigetragen.

Bingo

Das IFT-Projekt wurde in einem Tempo realisiert, das selbst für unsere heutige, schnelllebige Zeit ungewöhnlich ist. Karl Laasner skizziert die Stationen des IFT-Projekts: »Das Management entschied sich im vergangenen April zu einer Auftragserteilung, im Juli wurde der Vertrag unterzeichnet – und etwa sechs Monate später war das System im ersten unserer Flugzeuge installiert. Bemerkenswert daran ist die Tatsache, dass wir die Entwicklung, Konstruktion und Installation eines komplexen Systems aus 680 Teilen in weniger als einem Jahr geschafft haben, während andere Fluggesellschaften für ähnliche Projekte über zwei Jahre investiert und immer noch keinen Erfolg vorzuweisen haben.« Diese Aussage aus den SAirGroup

NEWS 3/97 erweckt den Anschein, als sei es die Swissair gewesen, die dieses Projekt eigentlich geleitet und durchgezogen hätte, während es sich in Wirklichkeit doch etwas anders verhielt. IFT hatte zwischenzeitlich zwei Firmen mit ins Spiel gebracht. Für die immer noch ausstehende Zertifizierung durch die FAA entschied sich IFT, nun doch lieber auf die Dienste einer DAS zu setzen. Mit der Zertifizierung wurde das kalifornische Unternehmen Santa Barbara Aerospace mit Sitz in der gleichnamigen Stadt in Kalifornien betraut. Im WORLD AVIATION DIRECTORY vom Sommer 1997 wirbt die Firma großflächig mit einem Inserat, das sie als Fachbetrieb für schwere Wartungsarbeiten und Umbauten zu Frachtmaschinen sowie als Ingenieursbüro und Modifikations- und Zertifizierungsunternehmen ausweist. In diesem Zusammenhang erscheint es jedoch erwähnenswert, dass genau diese Firma im Sommer 1998 wegen eines schweren Vergehens in die Schlagzeilen gerückt war: Die FAA sah sich veranlasst, die Santa Barbara Aerospace mit einem Bußgeld von 300 000 Dollar zu belegen, weil sie Gefahrengüter (Sauerstoffbehälter, Anm. d. Verf.) mit einem zivilen Verkehrsflugzeug als Fracht verschickt hatte. Wegen ähnlicher Kanister brach gemäß dem abschließenden offiziellen Unfallbericht des NTSB auch bei Valujet 592 ein Feuer aus (vgl. Kapitel 4).

IFT hatte jedoch noch einen weiteren Subunternehmer angeheuert, und zwar die in Santa Fe Springs, Kalifornien, ansässige Hollingsead International, die auch über eine Niederlassung in Salisbury, England, verfügte. Die Rollenverteilung war klar: Santa Barbara hatte sich um das FAA STC zu kümmern, und Hollingsead übernahm den physischen Einbau des IFEN in die Swissair-Maschinen. Die Firma ist nämlich ebenfalls ein von der FAA zugelassener und lizenzierter Wartungsbetrieb. Auffällig ist in diesem Zusammenhang jedoch, dass Hollingsead – nicht anders als Ed Mlynarzik – eine Autorisation von der FAA als DER innehat. Somit wäre es möglich gewesen, diese eine Firma sowohl mit dem Einbau als auch mit der Zertifizierung des Systems zu betrauen, ganz im Sinne einer Fortführung der bisherigen Arbeiten von Mlynarzik. IFT hätte also auch diese Möglichkeit zur Erlangung des STC gehabt, und alles wäre damit in einer Hand geblieben. Es muss demnach offenbar schwerwiegende Gründe dafür gegeben haben, die Entscheidung über die Zertifizierung des IFEN nicht unmittelbar in die Hände der amerikanischen Luftaufsichtsbehörde FAA zu legen, sondern den auch mit höheren Kosten verbundenen Umweg über Santa Barbara Aerospace zu gehen.

Durch ihren Vertrag mit der Swissair war IFT dazu verpflichtet, das STC – die Voraussetzung für einen legalen Einbau und die Inbetriebnahme – zu beschaffen. Die Swissair bestand darüber hinaus darauf, dass alle verwendeten Bauteile auch den in Europa geltenden technischen Bestimmungen gerecht werden müssten. Ferner sollte jedes IFEN-Bauteil bestimmte zwischen den Parteien vereinbarte Spezifikationen erfüllen sowie von der FAA durch ein STC zugelassen sein. Nur dadurch konnte die Swissair sicherstellen, dass die europäische Luftfahrtbehörde JAA und das für die Schweiz zuständige BAZL das IFEN-System ebenfalls anerkennen würden. Darüber hinaus musste IFT für einen fachgerechten und betriebsfertigen Einbau des IFEN aufkommen beziehungsweise diesen zur Verfügung stellen und durchführen lassen.

Vor allem dieser letztgenannte Punkt der Vertragsbedingungen, der auf Betreiben des mittlerweile zum Projektmanager IFEN avancierten Karl Laasner manchmal mit Druck auf die Geschäftsleitung vorangetrieben wurde, stieß bei vielen Swissair-Mitarbeitern, besonders im Bereich der SR-Technics auf ernste Bedenken und teilweise sogar auch offenen Widerstand. Dazu muss man wissen, dass es für einen zu Recht stolzen Wartungstechniker und Ingenieur eigentlich nichts Schlimmeres gibt, als dass wichtige Modifikationsarbeiten an einem ihrer »heiß geliebten« Flugzeuge in fremde Hände gegeben werden. Das hat mitunter auch seine Berechtigung, denn kaum einer kennt die Problembereiche, mit dem fast jedes Flugzeug irgendwo behaftet sein kann, besser als diejenigen, die es andauernd warten und somit über ein enormes Erfahrungspotential verfügen. »Der ganze IFEN-Hokus-Pokus war uns von Anfang an nicht geheuer«, äußerte ein SR-Techniker den Autoren gegenüber in einem vertraulichen Gespräch. »Aber wann immer wir was gesagt haben, tauchte der Laasner auf und schlug alle unsere Bedenken in den Wind.«

So manchem altgedienten Mechaniker blutete dann schließlich das Herz, als im Herbst 1996 die Einbauspezialisten von Hollingsead in der Zürcher Swissair-Werft Quartier bezogen und im Januar 1997 bei der MD-11 mit der Kennung HB-IWG »Hand anlegten«. Die IWG sollte als Zertifizierungsflugzeug dienen.

Die misstrauischen Swissair-Techniker waren dann aber von ihren eigenen Wartungsarbeiten am Flugzeug zu sehr in Anspruch genommen, als dass sie den »Kollegen von der Ami-Firma« ununterbrochen hätten kritisch über die Schulter sehen können. Da neben dem Einbau des IFEN auch noch eine reguläre Generalüberholung stattfand, ging es in dem sonst gründlichen und aufgeräumten Paradebetrieb für Schweizer Maßstäbe »unüberschaubar« zu. Der SR-Technics-Projektleiter Adolf Siegenthaler beschrieb die Zustände in der Januarausgabe der SAirGroup News von 1997 mit den Worten: »Der Zeitdruck war enorm. Das Inflight-Entertainment-System ist noch nicht ganz fertig entwickelt, und es war bis zum Schluss unsicher, ob wir die erforderlichen Teile überhaupt rechtzeitig erhalten würden. Gleichzeitig standen aber 55 Leute von der amerikanischen Firma, die den Einbau für uns erledigen, bei uns im Hangar und wollten sich im Flugzeug ans Werk machen – neben unseren Mechanikern, die mit den üblichen Überholungsarbeiten beschäftigt waren …«

Diese Aussage belegt nicht nur die Hektik, die wegen des IFEN entstand, sondern sie ist noch aus einem ganz anderen Blickwinkel höchst bedeutsam. Ausweislich dieses Zitates nämlich war das IFEN-System zum Zeitpunkt des erstmaligen Einbaus noch nicht ganz fertig entwickelt. Wie aber will man etwas, das noch nicht fertig entwickelt ist, gleichzeitig ordnungsgemäß zulassen? Die damit befasste Firma Santa Barbara saß ja abseits des geschäftigen Treibens in den Zürcher Hangars im weit entfernten Kalifornien?

Die Antwort könnte sich aus dem knapp 900 Seiten umfassenden Dokument ergeben, das die Autoren im Zuge einer Freedom of Information Act Request nach sechsmonatigem Tauziehen von der FAA in Kopie erhielten. In den Papieren finden sich zahlreiche Dokumente, aus denen hervorgeht, dass Santa Barbara Aerospace einige ihrer Überprüfungs- und Abzeichnungsberechtigungen einfach an Hollingsead und IFT übertrug. Dies ist zwar rechtlich nicht zu beanstanden, aber dennoch nicht gerade üblich. Somit stellte sich beispielsweise IFT quasi seine eigenen Zertifikate aus, und zwar im Namen der durch die FAA zur Zulassung von Flugzeugbauteilen autorisierten Santa Barbara Aerospace. Dennoch gelang es IFT nicht, alle erforderlichen Systemkomponenten im Rahmen des vereinbarten Modifikationszeitplanes zu liefern.

Der Einbau der Monitore in die Sitze erfolgte direkt bei den Sitzherstellern Recaro und Rumbold in deren Werken in Deutschland beziehungsweise England. Auch hierfür war ein entsprechendes STC erforderlich, das von dem FAA ACO in Atlanta, Georgia, ausgestellt wurde. Die Sitze wurden dann zur Swissair nach Zürich geliefert. Dort bauten die Hollingsead-Installateure die eigentlichen IFEN-Komponenten ein. Darunter zum Beispiel das fast 3 Meter lange und 170 Kilogramm schwere Equipment Rack. Es beherbergt die eigentlichen Rechner, Interfaces und den Filmespeicher. Hollingsead verkabelte diese Teile einerseits mit dem Stromnetz der Maschine und den bereits vorbereiteten Anschlüssen für die Displays an den Sitzen selbst.

Wann immer es in dieser Phase zu Widerständen seitens der Swissair Technics kam, erschien Karl Laasner auf der Bildfläche und machte Tempo. Die Techniker der eigenen Firma mussten schließlich klein beigeben und machtlos zusehen, wie in ihren MD-11 Kabelstrippen in einer Art und Weise verlegt und befestigt wurden, die keineswegs dem bei Swissair üblichen Qualitätsstandard entsprach.

Schwerwiegender als die lieblose Arbeitsweise, mit der sich der Subunternehmer an den Einbau des IFEN-Systems machte, waren jedoch die Verstöße gegen die gängige Verkabelungspraxis in Flugzeugen, die auf den Vorschriften der FAA und Erfahrungen der Flugzeughersteller basieren. So wurden die IFEN-Kabel zunächst durch im Flugzeug bereits vorhandene Kunststoffröhren aus fluriniertem Proby-Ethylene verlegt. Dabei fällt auf, dass sich diese Kunststoffröhren gar nicht im illustrierten Teilekatalog von McDonnell-Douglas wiederfinden, einem Nach-

Blick hinter die Deckenverkleidung im vorderen Türbereich einer SR-MD-11: Die IFEN-Stromkabel wurden durch die Kunststoffrohre (rechts) aus dem Cockpit in die Kabine geführt. Genau in diesem Bereich vermutet das TSB den Ausbruch des Feuers bei SR 111.

schlagewerk von zugelassenen und verwendeten Materialien und Bauteilen einer MD-11. Auch finden sie sich nicht in dem Verzeichnis der FAA über zugelassene Bauteile und Materialien. Trotzdem spricht einiges dafür, dass diese Leerrohre bereits vom Hersteller bei der Produktion der »Vaud« eingebaut worden waren. Hollingsead verwendete diese Leerrohre dann auch bei ihrer Installation, um die Stromzufuhrleitungen des IFEN aus dem Cockpit in die Kabine zu führen. Dabei verstieß man jedoch erneut gegen die gängige Verfahrenspraxis, weil man nur kleine Kabelbündel in das viel zu große Leerrohr verlegte. Hier kann es gerade an den Ecken zu Scheuerstellen kommen. Weiterhin wurden die IFEN-Kabel recht abenteuerlich mit den übrigen originalen Kabelbäumen aus dem Cockpit zusammengeführt und mit Plastikschellen vereint. Auch das war wiederum ein Verstoss gegen die gängige Verkabelungspraxis und geschah unter Missachtung der ausdrücklichen Empfehlung des Flugzeugherstellers, der davon abriet, unterschiedliche Kabelmaterialien (in diesem Fall Tefzel beim IFEN und Kapton bei den Originalkabeln) in einem einzigen Kabelbaum zusammenzufassen. Da die Kapton-Kabelisolation rauer ist als das weichere Tefzel, kann es hier zu einem Schmirgelpapiereffekt kommen. Dies wird gerade durch die in einem Flugzeug auftretenden

Vibrationen begünstigt. (Siehe Foto Seite 198: Das Bild zeigt den Blick unter die Kabinendecke im Bereich der vorderen rechten Einstiegstür [in der oberen rechten Bildecke zu sehen]. Im Vordergrund sind die IFEN-Stromkabel aus dem Cockpit durch Plastikrohre in die Kabine geführt worden. Im Hintergrund liegen Originalkabel, die jedoch entgegen der Verkabelungspraxis von Kapton-Kabeln mehr als 45 Grad gebogen wurden.)

Weiterhin wurden originale Kabelbäume des Flugzeuges und IFEN-Kabel im Passagierkabinenbereich mit einer ziemlichen Sorglosigkeit an scharfen Metallkanten vorbeigeführt. Ferner waren die Kabel an den Steckverbindungen zu straff gezogen, so dass sie unter Zug standen und leicht hätten abreißen können. Nicht zuletzt liefen sie zu nahe an Teilen der Air-Conditioning vorbei (siehe Foto unten, im Hintergrund rechts). Offenbar unbemerkt blieb auch, dass beispielsweise ein IFEN-Kabelstrang sehr nahe an den Isolationsmatten aus Mylar entlangläuft und an den Befestigungsstellen Kabelschoner fehlen, die verhindern sollen, dass die Kabelisolation an der Schelle gequetscht und so beschädigt wird.

Die Kabel wurden über scharfe Metallkanten verlegt (links) und mehrfach gebogen. Siehe auch, wie viel Zug auf dem Stecker unten rechts lastet.

Der Swissair musste den Einbau schließlich aber so akzeptieren, da diese »Missstände« mangels eindeutig formulierter Spezifikationen leider einen ziemlich großen Interpretationsspielraum zulassen und man sich mit den eigenen Argumenten letztlich nicht durchsetzen konnte. Es muss an dieser Stelle jedoch noch einmal hervorgehoben werden, dass diese Verkabelungspraxis keineswegs den Swissair-eigenen Standards entsprach.

Einen kleinen »Sieg« erzielte die Technik dann, als sie nach Beendigung der Installation auf einem eigentlich nicht vorgesehenen Testflug bestand. Mit eingeschaltetem IFEN musste die MD-11 im automatischen Landemodus ohne Probleme landen. Aufgrund ihrer vorher gemachten Erfahrungen vermuteten die Swissair-Leute eventuelle Störungen der sensiblen Flugzeugelektronik. Doch das IFEN bestand diese »Feuertaufe«. Unklar ist jedoch, wie die Firma IFT das System unter Flugbedingungen vor der regulären Inbetriebnahme an Bord einer MD-11 getestet haben will. Ein entsprechender Testflugbericht findet sich in den Unterlagen der FAA jedenfalls nicht.

Am 19. November 1996 stellte Santa Barbara Aerospace kraft seiner durch die FAA verliehenen Befugnisse das erste STC für das IFEN aus. Damit lag ein amtliches Dokument vor, auf das sich schließlich auch die Schweizer Luftaufsichtsbehörde BAZL bei ihrer Validierung bezog. Somit war der Einbau und der Betrieb des IFEN-Systems legalisiert. Das BAZL gab später auf Befragen zu, daß man außer diesem Dokument keine weiteren Unterlagen zur Validierung herangezogen hatte. Die Schweizer Behörde vertraute voll und ganz auf die bestehenden Verfahren der FAA, und deren Siegel prangte ja auch recht deutlich auf der linken unteren Hälfte des Dokuments (siehe nebenstehende Seite). Unterschrieben wurde es übrigens von einem gewissen Herrn Glen Mills, der als Koordinator bei Santa Barbara Aerospace arbeitet – ein Delegierter der US-Aufsichtsbehörde FAA –, jedoch keineswegs, wie in diesem Zusammenhang auch behauptet wurde, die Behörde selbst.

Projektleiter Karl Laasner hatte allen Grund zum Jubilieren. In den SAirGroup News 3/97 erfährt man auch, warum der Einbau in halsbrecherischem Tempo erfolgt war: »Ein Grund für das rasante Vorgehen bestand darin, dass die Swissair dank der vorzeitigen Installierung des Systems die Einrichtung mit D-Checks und anderen Anpassungen kombinieren und so rund 20 Millionen Franken an Bodenzeit einsparen konnte.«

Nun also, da alle Hürden genommen waren und das Bordunterhaltungssystem installiert war, hätten die Swissair und IFT damit beginnen können, über den Wolken »ganz große Kasse zu machen«. Offensichtlich waren davon aber noch immer nicht alle überzeugt. In den SAirGroup News vom Februar 1997 findet sich unter der Rubrik »Fokus« eine Textpassage, die nicht gerade euphorisch anmutet: Da heißt es: »Vorerst soll allerdings während einer Testphase auf drei MD-11 und einer Boeing 747 das einwandfreie Funktionieren des Systems und die Akzeptanz durch die Passagiere geprüft werden.« Die Akzeptanz des neuen Systems auf Seiten der Passagiere zu überprüfen, erscheint legitim, wie aber bitte ist es zu verstehen,

Das STC, ausgestellt von Santa Barbara Aerospace, berechtigt zum Einbau und Betrieb des IFEN.

dass sich die Funktionstüchtigkeit des Systems in einer Testphase erst noch erweisen muss? Waren hiermit etwa Testflüge gemeint, bei denen zahlende Passagiere als »Versuchskaninchen« fungieren und den Beweis erbringen, ob das System »einwandfrei« arbeitet? Wurden solche Tests nicht lange vor dem Einbau in ein Flugzeug am Boden in einem so genannten Kabinen-Mock-Up durchgeführt? Solche ausgedehnten Testreihen mit minutiös aufgezeichneten Stromspannungsmessungen und Fehlerprotokollen gehören bei den großen Konkurrenzanbietern Matsushita und Sony in eine Entwicklungsphase, in der an den Einbau und Betrieb eines solchen Systems an Bord eines Flugzeuges noch gar nicht gedacht wird. Die Systeme beider Anbieter wurden über einen Zeitraum von zwei Jahren getestet, und zwar lange bevor sie schließlich zertifiziert und in Passagiermaschinen eingebaut wurden. Doch bei IFT in Phoenix hatte man nur in einigen Regalen eine »Testanordnung« mit etwa 100 simulierten IFEN-Einheiten installiert. Das dürfte kaum den realen Belastungen und Bedingungen im Flug entsprechen. Die Swissair erklärt heute, dass mit der vorbenannten »Testphase« lediglich eine Funktionsüberprüfung der IFEN-Software gemeint gewesen sei.

Laasner, der sich inzwischen mit dem Titel Leiter Inflight Communications and Telematics schmückte, verbreitete munter neue Erfolgsmeldungen: »Was den Airline-Managern mit Sicherheit kein Kopfzerbrechen bereiten wird, ist das System selbst. Obwohl wir noch viel Feinabstimmung zu leisten haben und noch nicht alle vertraglich vereinbarten Angebotsteile installiert sind, zeigen sich selbst die Experten von der hohen Verlässlichkeit der Technik überrascht.« – zwei Wochen nachdem das System in einem Langstreckenflugzeug zum ersten Mal eingesetzt und auf zahlreichen Schlüsselstrecken vorgestellt worden war.

Unerwähnt blieben dabei die kleinen technischen Problemchen, die schon mal schnell als »Kinderkrankheiten« abgetan wurden, wie zum Beispiel der spürbare Anstieg der Kabinentemperatur, wenn das System von vielen Passagieren gleichzeitig benutzt wurde. Kein Wunder, handelt es sich im Prinzip um nichts anderes als um einen Hochleistungs-Laptop in jedem Sitz der First, Business und Economy Class.

Zügig wurden weitere Swissair MD-11 und Jumbojets mit dem System ausgestattet.

Rien ne va plus
Dann plötzlich, im Frühjahr 1997, trafen auf dem Zürcher Balsberg, dem Sitz der SAirGroup, schlechte Nachrichten aus Phoenix ein. Dem IFEN-Hersteller IFT ging langsam die »finanzielle Luft« aus. Wahrscheinlich hatte sich die Newcomer-Firma mit dem Projekt übernommen. IFT drohte mit dem Ausstieg. Hinzu kam, dass die Akzeptanz der Swissair-Passagiere, besonders in der Economy Class, keineswegs

den kühnen Prognosen entsprach. Die Einnahmen aus Videofilm und Spielbetrieb lagen nämlich weit unter den Erwartungen. Offenbar waren gerade die Schweizer Passagiere naturgemäß »zu geizig« oder in diesem Falle auch »zu clever«, um ihre angesparte Reisekasse im Flug zu verspielen. IFT und Swissair hatten sich verkalkuliert. Erschwerend kam hinzu, dass sich ja gerade IFT auf die Anteile an den Gewinnen aus dem Filmabspiel und ihres Flug-Casinos verlassen hatte. Der Fehlbedarf bei IFT lag jedenfalls in mehrstelliger Millionenhöhe, und somit war die vertragsgemäße Lieferung der noch ausstehenden Systeme gefährdet. Zu diesem Zeitpunkt erschien Karl Laasner in der Chefetage und hatte die Lösung der Probleme schon in der Tasche: Die Swissair handelt für sich einen neuen Vertrag mit IFT aus und kauft das System einfach auf. Der Konzernleitung blieb gar keine andere Möglichkeit, als auf diesen Vorschlag einzugehen. Zu hoch waren die finanziellen Risiken, wenn IFT nun in den Konkurs ginge und die Swissair ohne weitere Systeme dastünde – ganz zu schweigen vom Gesichtsverlust. Immerhin war ja schon lange die Entscheidung gefallen, die ab Herbst 1998 zur Auslieferung anstehenden neuen Airbusse ebenfalls mit diesem System auszurüsten, damit in der Swissair-Flotte zumindest in dieser Hinsicht Konformität herrsche. Die Swissair-Führung hat schließlich schweren Herzens entschieden, das IFEN-System nunmehr zum Preis von 46 Millionen Franken selbst zu erwerben, und einen entsprechenden Vertrag mit IFT ausgehandelt. Auch in diesem neuen Vertrag ist IFT weiterhin für den ordnungsgemäßen Einbau und die Zertifizierung verantwortlich. Die Entscheidung des Swissair-Managements beruhte abermals auf Erhebungen und Empfehlungen der Abteilung Produkt-Management – sie stützte sich also auf Karl Laasner, wie aus einer Information von Beat Gmünder in der INFLIGHT 5/97 hervorgeht.

Dem »Geldsegen« aus der Schweiz verdankte der Hersteller IFT das wirtschaftliche Überleben. IFT konnte somit seinen Verpflichtungen nachkommen und die vertraglich geschuldeten Systeme liefern sowie seinen Subunternehmer Hollingsead bezahlen. Dennoch entwickelte sich der Kurs der IFT-Aktien stark rückläufig. War die Aktie im Juni 1996 noch 16 Dollar wert, fiel der Kurswert im Laufe des Jahres 1997 auf einen Dollar herunter.

In der Zeit zwischen dem 20. und 21. Februar sowie dann zwischen dem 21. August und dem 11. September 1997 wurde auch die »Vaud«, die spätere Unglücksmaschine von Halifax, mit dem IFEN-System ausgestattet, aufgrund der Erfahrungen mit der Passagierresonanz jedoch nur in der First und in der Business Class.

Vom Einbau des IFEN in die neuen Airbusse nahm die Swissair dann doch wieder Abstand. Swissair-Pressesprecher Peter Gutknecht begründete diese Entscheidung gegenüber dem Schweizer Nachrichtenmagazin FACTS wie folgt: Das IFT-

System »könne die Funktionsfähigkeit der neuen Flugzeuge ›gefährden‹: Es läuft nur auf McDonnell-Douglas-Maschinen, für den Airbus dagegen ist es nicht zertifiziert, die komplizierte Elektronik nicht abgestimmt.« Was meinte Peter Gutknecht mit »nicht abgestimmt«? Waren zu diesem Zeitpunkt bei der Swissair schon Überlegungen in Bezug auf den unglücklichen Anschluss an einen vitalen Stromkreislauf im Flugzeug im Gange, weil die Energie des Kabinenstromkreises für den Betrieb nicht ausreichte?

Das IFEN in einem Sitz der Business Class. Video und Glücksspiele in 30 000 Fuß.

Im Februar 1998 ließ die Swissair das IFEN von IFT gänzlich fallen und bestellte für seine neuen Airbusse das bewährte System von Matsushita. Dennoch hob Karl Laasner in den SAirGroup News 3/98 zum Lobgesang für das IFT/IFEN an: »Die Tatsache, dass die Konkurrenz in der Entwicklung ähnlich hoch entwickelter Systeme mindestens zwei Jahre hintennach hinkt, ist ein Beweis dafür, dass die Swissair nach wie vor eine innovative und führende Airline ist.«

Game over

Unter den Kabelsträngen, die Marinetaucher in den ersten Wochen nach dem Absturz von SR 111 vom Boden des Atlantiks aufsammelten, fanden sich auch verschmorte Zuleitungskabel des IFEN. Das Augenmerk der Ermittler richtete sich damit schnell auf einen Kabelstrang, der das System mit den Sicherungen im Cockpit verbindet. Es dauerte auch nicht lange, bis dieser Strang zusammen mit anderen Originalkabeln der MD-11 gefunden wurde. Auch er wies Brandspuren auf. Es war den kanadischen Unfallermittlern jedoch nicht möglich zu ergründen, ob nun die IFEN-Kabel ursächlich für den Brand waren oder durch ihn nur in Mitleidenschaft gezogen wurden. Verwundert zeigten sich Luftfahrtexperten und Ingenieure über die Tatsache, dass dieses System direkt an die Hauptstromversorgung des Flugzeuges, den AC Bus Nr. 2 angeschlossen war. Boeing/McDonnell-Douglas teilte auf Anfrage mit, dass der Hersteller, wenn immer er ein solches System in seinen Flugzeugen installiert, dieses in der Regel mit einer Nebenstromversorgung verbindet, die unwesentliche Systeme mit Energie versorgt, wie beispielsweise die Lautsprecheranlage und die Kabinenbeleuchtung. Ferner bestätigte ein Firmensprecher, dass der Flugzeughersteller in der Entwicklungs- und Einbauphase von IFT nie zu möglichen Anschlussproblemen bei der beabsichtigten Installation befragt worden war.

Auch die Art der hierfür verwendeten Kabel lässt zumindest US-amerikanische Kabelexperten stutzen: Die Typenbezeichnung MIL 22759-16-12 weist auf einen spezifischen Kabeltyp hin, der so eigentlich nur selten in zivilen Flugzeugen verwendet wird. Er wurde ursprünglich zur Verwendung in dem US-Jagdflugzeug F-5 entwickelt, jedoch bereits 1982 vom Hersteller Grumann aus dem Verkehr gezogen. Grumann war damals besonders besorgt über die extrem giftigen Dämpfe, die sich entwickeln, wenn dieses Material brennt. Und noch ein Detail ist bedenklich: Dieser Kabeltyp hat nämlich eine Hitzebeständigkeit von nur 150 Grad Celsius und sollte daher auf nur maximal 110 Grad Celsius erwärmt werden, so steht es in einem Rundschreiben der amerikanischen Luftaufsichtsbehörde FAA (FAA AC 43.13-18). IFT lehnte in diesem Zusammenhang jegliche Beantwortung von Sachfragen kategorisch ab. Die schlechte PR im Zusammenhang mit SR 111 sorgte nach einer ohnehin schon katastrophalen Verlustmeldung von 31 Millionen Dollar im Jahr 1998 binnen weniger Tage für einen endgültigen Sturz des Aktienkurses auf einen Wert von nur noch 16 Cent. Im Oktober 1998 gab IFT mehr oder weniger still bekannt, diesen Geschäftsbereich aufzugeben.

Im Zuge der kanadischen Unfalluntersuchung geriet nun auch das gesamte IFEN-Zertifizierungsverfahren ins Zwielicht. Am 28. Oktober 1998 fand eine gemeinsame Besprechung zwischen der Swissair, Vertretern von Boeing, dem kanadischen TSB, dem amerikanischen NTSB, dem Schweizer Büro für Flugunfalluntersuchung und dem BAZL statt. Dabei wurden von den Teilnehmern gegenüber dem BAZL Bedenken an der »Sicherheit der Integration der IFEN-Installation« geäussert. Die Swissair entschied sich daraufhin, das System vorsichtshalber bis auf weiteres stillzulegen und die Stromzuleitungen zu unterbrechen. Einen Tag später teilte der Executive Vice President Operations, Beat Schär, in einem Rundschreiben auch den Mitarbeitern und Mitarbeiterinnen der Swissair mit, dass das System auf den verbliebenen 15 Maschinen vom Typ MD-11 und auf den 3 Maschinen vom Typ Boeing 747 ausgeschaltet wird. Er hob dabei jedoch hervor: »Alle individuellen Inflight-Entertainment-Systeme der Swissair-Flotte, wie übrigens alle technischen Installationen unserer Flugzeuge, sind von den zuständigen Luftfahrtbehörden zertifiziert ... Über eine allfällige Reaktivierung und Systemänderungen wird in Absprache mit FAA und BAZL entschieden.« Seine Mitteilung schließt mit den Worten: »Wir sind überzeugt, dass vorsorgliche Maßnahmen mit eindeutiger Auswirkung zweckmäßig sind und unseren Werten und Zielen entsprechen.«

Am 13. November 1998 flatterte der Swissair dann auch, mit »bürokratischer Verzögerung«, ein Einschreiben des BAZL ins Haus. Die Schweizer Luftaufsichtsbehörde verfügt darin, dass die Validierung der bisher ausgestellten FAA STC für das IFEN-System zum Einbau und Betrieb in der MD-11- und in der Boeing-747-Flotte mit sofortiger Wirkung aufgehoben wird. Somit war es der Swissair auch von amtlicher Seite untersagt, das System zu betreiben.

Seitdem wundern sich manche Business- und First-Class-Passagiere auf Swissair-Flügen, warum sie die Monitore in ihren Armlehnen nicht mehr ausklappen können. Für die Boeing-747-Flotte ist die Entscheidung mittlerweile endgültig gefallen: Es wird dort nie mehr aktiviert werden, da die Flugzeuge im Januar 2000 aus der Swissair-Flotte ausscheiden werden.

Das Nachspiel

Nicht nur in der Schweiz reagierte man mit gesteigerter Nervosität, als erste Erkenntnisse über eine mögliche Rolle des IFEN im Zusammenhang mit dem Absturz von SR 111 auftauchten. Neben den Verantwortlichen bei IFT, Santa Barbara Aerospace und Hollingsead International litt auch ein gewisser Albert Lam unter schlaflosen Nächten. Mr. Lam nämlich war im FAA ACO in Los Angeles für den Vorgang IFEN-STC auf Seiten der FAA zuständig. Hatte er da etwas übersehen? Herr Lam nämlich hätte eingreifen müssen, wenn ihm bei der Überwachung des Vorganges etwas komisch vorgekommen wäre. Also, hat er die Dokumente jemals zuvor genauer betrachtet, oder füllten sie nur die Regale seiner Registratur?

Nach dem Absturz von SR 111 hatten es auch andere Damen und Herren, die im Dienste der FAA stehen, eilig, die Akten zum STC Nr. ST 00236LA-D des IFEN von IFT aus dem Aktenschrank zu holen und sie – angeblich im Zuge einer speziellen Zulassungsüberprüfung – erneut zu begutachten. Dazu gehörten sämtliche Unterlagen zum Design, die Santa Barbara zu diesem Zeitpunkt hatte: das Zertifizierungsverfahren, die Antragstellung und die Qualifikationen des Technischen Teams der FAA – also von Santa Barbara Aerospace und Hollingsead International, die ja im Auftrag der FAA gehandelt und den Papierwust für die Behörde abgesegnet hatten. Auch die Autoren erhielten diese Unterlagen, die nach Auskunft der FAA den »kompletten administrativen Akt« beinhaltet, und ließen sie von einem ehemaligen FAA DER überprüfen. Der wiederum traute seinen Augen nicht, als er die knapp 900 Seiten begutachtete. Denn bei den zum FAA-Akt gehörenden Formularen stechen zahlreiche, gravierende Ungereimtheiten ins Auge, die im Widerspruch mit den von der FAA erlassenen Vorschriften und Verfahren stehen:

1. In einer so genannten »part conformity request« auf dem FAA-Formblatt 8120-10 fällt auf, dass die vorgeschriebene Konformität für fünf IFEN-Systeme bescheinigt wird. Dies ist eine sehr unübliche Praxis bei der Installation eines Prototyps auf nur einem Flugzeug. Offfensichtlich sollten hier gleich fünf Systeme als Prototyp zertifiziert werden. Das aber geht nicht, nur ein Prototyp kann die Zulassung erhalten. Bevor das IFEN nun in Serie in weitere Maschinen eingebaut werden kann, müsste die Halterin des STC (Santa Barbara Aerospace) zunächst IFT oder Hollingsead eine so genannte PMA (Parts Manufacturing Authority), die Genehmigung zur Herstellung der Bauteile, erteilen. Diese lag aber zu dieser Zeit nicht vor. Was geschah folglich mit den anderen verbliebenen vier Prototyp-Systemen, nachdem das IFEN im ersten Flugzeug, der Swissair MD-11 mit der Registrierung HB-IWG, im Januar 1997 eingebaut worden war?

Die verbliebenen vier Systeme ermangeln einer FAA-Anerkennungsbasis. Damit diese in anderen Maschinen eingebaut werden können, müssen sie zurückgegeben werden und unter einer PMA erneut untersucht und zertifiziert werden. Damit wird sichergestellt, dass sie mit den abschließend zugelassenen Design-Daten des STC übereinstimmen. Allenfalls hätten sie in ein anderes Flugzeug als Prototyp eingebaut werden dürfen. Doch darüber findet sich keine Dokumentation.

IFT-Mitarbeiter Frank Gomer behauptet in diesem Zusammenhang, die PMA sei von Santa Barbara Aerospace bereits am 20. Februar beziehungsweise am 18. April 1997 an IFT und Hollingsead erteilt worden. Seltsamerweise waren diese Übertragungen jedoch entgegen der gängigen Praxis in der monatlich aktualisierten FAA-Datenbank im Oktober 1998 noch nicht vermerkt.

Die FAA hierzu konkret angesprochen erklärte schriftlich, dass es sich »keineswegs um ein ungewöhnliches Vorgehen« handeln würde. Sie verwies in ihrer Begründung auf den Umstand, dass mehrere Swissair-Maschinen in das Verfahren zur Ausstellung des STC verwickelt gewesen sein. Diese Aussage steht jedoch im Gegensatz zu den von der FAA selbst aufgestellten Richtlinien und Verfahren, niedergelegt im FAA Order 8110.4a. Diese Vorschrift gibt genaue Anleitung zum Vorgang bei der Ausstellung eines STC.

2. Alle notwendigerweise auszufüllenden Lufttüchtigkeitsbescheinigungen wurden falsch ausgefüllt. Normalerweise bestätigt der Prüfer mit dieser Bescheinigung – dem FAA-Formblatt 8130-3, das für jedes einzelne in einem Flugzeug installierte Bauteil vorliegen muss – die Lufttüchtigkeit des betreffenden Teils. Wenn es sich dabei um ein Teil handelt, das zuvor noch nicht im Flugzeugbau verwendet wurde, liegt demzufolge auch noch keine Einbauberechtigung für einen bestimmten Flugzeugtyp vor. Unter »Punkt 9« auf dem Formular findet sich unter der Überschrift »Berechtigung« jedoch der Eintrag »MD-11«.

Ein falsch ausgefülltes FAA-8130-3-Formular. Mit diesem Dokument wird die »Lufttüchtigkeit« eines Bauteils bescheinigt.

Damit wird missverständlich festgestellt, dass dieses Teil zur Verwendung auf einem Flugzeug vom Typ MD-11 zugelassen ist. Das ist jedoch falsch, denn Prototyp-Bauteile sind für überhaupt kein Flugzeug berechtigt, solange sie nicht abschließend die ausdrückliche FAA-Zulassung erhalten haben. Auch die FAA schloss sich dieser Auffassung an, wies in ihrem Antwortschreiben aber darauf hin, dass es sich bei diesem Patzer um einen »minor fault«, also einen geringfügigen Fehler, beim Ausfüllen des Formulars handeln würde.

Weiter ist unter »Block 12«, in dem der Status des jeweiligen Bauteiles zu vermerken ist, oft das Wort »new« für »neu« statt der Formulierung »Prototype« eingetragen. Das erweckt den falschen Eindruck, dass es sich bei diesem Teil um ein bereits zugelassenes Bauteil handelt. Doch dieser Umstand störte die FAA wenig. Gemäß ihrer Auffassung sei es wichtiger, dass mit diesem Formular die »Konformheit des Designs« bescheinigt wird. Eine Erklärung, über die erfahrene Experten auf diesem Gebiet, die selbst bereits zahlreiche STC bearbeitet haben, in schallendes Gelächter ausbrechen.

Schließlich ist auf zahlreichen dieser 8130-3-Formulare in der »Spalte 13« unter »Bemerkungen« deutlich eingetragen worden: »units are not for aircraft use«, also die betreffenden Teile sind nicht zur Verwendung in einem Flugzeug gedacht. Diese Bemerkung aber ist geradezu absurd, denn das Formular 8130-3 soll und muss überhaupt nur dann ausgefüllt werden, wenn ein Bauteil in einem Flugzeug installiert werden soll. Als wir die FAA abermals mit der Frage konfrontieren, warum ihr dieser schon beinahe groteske Widerspruch bei der Überprüfung nicht aufgefallen sei, gibt sie erneut zur Antwort, dass mit diesem Formular – einem Formular zur Feststellung der Lufttauglichkeit – lediglich die Konformheit mit dem Design bescheinigt werden soll. Die von uns befragten Experten, die sich mit der Interpretation der von der FAA erlassenen Vorschriften offenbar leichter tun, erklärten sich daraufhin gerne bereit, den zuständigen Mitarbeitern der Luftaufsichtsbehörde Nachhilfestunden zu erteilen.

3. Unter den weiteren 8130-3-Formularen befindet sich auch ein Blatt, das ganz klar ein CD-System der Firma Airshow für Flugzeuge vom Typ Boeing 777 als zugelassen ausweist. Ein weiterer Patzer, denn gemäß diesem Dokument darf dieses Gerät eben nur in einer Boeing 777 eingebaut werden, nicht jedoch in einer MD-11.

4. Schließlich fällt als gravierendes Manko der Dokumentation auf, dass ein notwendiges und wesentliches Formular gänzlich fehlt, und zwar: die Bestätigung der ordnungsgemäßen Installation des Systems in einem Flugzeug vom Typ MD-11 in Zürich. Nach Auskunft der Swissair wurde diese Installation am 24. Januar 1997 in Zürich beendet und von dem Chef-Prüfer der Firma Hollingsead auf einem FAA-Formblatt 337 bescheinigt. Doch dieses Formular befindet sich nicht in der Akte der FAA. Ohne dieses Formular kann das STC jedoch nicht ordnungsgemäß ausgestellt werden. Und noch etwas Gravierendes fehlt bis heute: Ein STC benötigt zu seiner Gültigkeit auch jeweils zwei Kopien der Ergänzungen in den Flugbetriebshandbüchern des Flugzeuges. Die Vorschrift 14 CFR § 21.463 bestimmt in ihrem letzten Absatz eindeutig, dass eine solche »Ergänzung und andere zum sicheren Betrieb des Produktes erforderliche Informationen in den STC-Unterlagen enthalten sein müssen«.

Das IFEN wurde bei den Swissair-Maschinen vom Typ MD-11 direkt mit einem Hauptstromkreis verbunden. An diesem Stromkreis sind jedoch auch andere vitale und zur sicheren Flugdurchführung benötigte Systeme angeschlossen. Ein elektrischer Fehler am IFEN könnte somit auch diese Systeme in Mitleidenschaft ziehen, und genau über diesen Umstand sollten gerade die Piloten informiert sein. Doch eine solche Ergänzung gibt es nicht. Am 21. Juli 1997, also knapp 6 Monate nachdem das System erstmalig in einem Swissair-Flugzeug eingebaut und betrieben worden war, erfuhren die Piloten in einem Zusatzbulletin zu ihrem Handbuch, mit welcher Sicherung sie das System im Bedarfsfall abschalten können.

Gleiches gilt übrigens auch für die Installation des IFEN auf den Maschinen vom Typ Boeing 747 der Swissair. Mehrere dazu befragte Swissair-Flugingenieure und Piloten konnten auch zwei Jahre nach der Installation des Bordunterhaltungssystems nicht sagen, an welchem Stromkreis das IFEN ehemals angeschlossen war. Auch zu diesem Komplex gab die FAA auf Befragung eine recht hilflose Antwort ab: »Während des Zertifizierungsprozesses des STC wurden keine Beschränkungen für den Betrieb ermittelt. Daher wurde auch keine Ergänzung des Flughandbuchs herausgegeben.« Auch diese Äußerung steht im krassen Widerspruch zu geltenden Verordnungen. Die MD-11 wurde – so wie sie vor dem Einbau des IFEN war – durch die FAA zugelassen. Voraussetzung dafür ist auch die Überprüfung der Flugbetriebshandbücher, denn auch die dort beschriebenen Manuals, nach denen sich die Piloten zu richten haben, werden von der FAA zugelassen.

Die vorbenannten Antworten erfolgten durch die Pressestelle in Washington D. C., nachdem sich Sprecher Les Dorr zuvor in Los Angeles erkundigt hatte. Es scheint, dass die in diesem Zusammenhang zunächst von der FAA befragten zuständigen Mitarbeiter des Büros in Los Angeles jedoch von Problemen ablenken wollen. Womöglich käme ja noch jemand auf die nicht ganz abwegige Idee, sie persönlich zur Rechenschaft zu ziehen ...

Ganz im Gegensatz dazu steht nämlich ein Bericht, der am 14. Juni 1999 ebenfalls von der FAA veröffentlicht wurde. Das 11-köpfige Expertenteam einer FAA-Untersuchungskommission hatte bereits im Zeitraum vom 9. November 1998 bis zum 29. Januar 1999 eine spezielle Zertifizierungs-Untersuchung durchgeführt. Doch diese Evaluierung sollte bis zur Veröffentlichung des abschließenden kanadischen Untersuchungsberichtes zu SR 111 unter Verschluss bleiben. Die FAA-Kommission hat insgesamt neun gravierende Feststellungen gemacht und beschließt ihren 30-seitigen Bericht mit acht Empfehlungen:

Das derzeitige Design der IFEN-Stromführung ist im Hinblick auf die von den Piloten bei einem Rauch/Feuer-Notfall zu ergreifenden Maßnahmen nicht kompatibel mit dem Designkonzept der MD-11.

Die Besatzung hat keine Möglichkeit, das System beispielsweise durch einen simplen Schalter auszuschalten, sie muss die Sicherungen ziehen. Das Konzept des Flugzeugherstellers sieht jedoch vor, dass im Fall von Rauch oder einem Feuer als Erstes der Kabinenstromkreis (Cabin Bus vgl. Checkliste Seite 234) abgeschaltet wird. Das IFEN-System aber bleibt von dieser Notfallmaßnahme unberührt, weil es nicht an den Kabinenstromkreis, sondern an einen Hauptstromkreis angeschlossen wurde, der erst mit der Benutzung des Smoke/Elec-Drehschalters stromlos würde. Dieses IFT-Anschluss-Design widerspricht den Intentionen des Herstellers. Weiterhin wird festgestellt, dass es der Kabinenbesatzung nicht möglich ist, durch die Abschaltung einzelner Bildschirme an ihrer Bedienkonsole auch die Stromzufuhr zu diesen und anderen IFEN-Bauteilen in der Kabine zu unterbrechen.

In Bezug auf Santa Barbara Aerospace wird festgestellt, dass die Firma sich nicht an die einzelnen Schritte eines ordentlichen Zertifizierungsverfahrens gehalten hat. Als Beispiel wird genannt, dass Santa Barbara Aerospace am 7. August 1997 bereits eine Ergänzung zum STC ausgestellt hat, bevor überhaupt alle erforderlichen Zulassungsvoraussetzungen nachgewiesen worden waren. Insbesondere wurde jedoch bemängelt, dass ein Flugtest erst nach mehr als zwei Monaten nach der Ausstellung des STC durchgeführt wurde.

Ferner fehlt für die IFEN-Systemkonfigurationen eine Typeninspektions-Autorisation, die vor den Flugtests hätte vorliegen müssen, sowie verschiedene Zertifikationsformulare, die Aufschluss darüber geben, ob die DAS-Spezialisten die Zertifikationsdaten überhaupt geprüft und genehmigt haben. Davon waren unter anderen Brennbarkeitstests, Flugtestberichte und Gewichtsverteilungsanalysen betroffen.

Santa Barbara Aerospace hat PMA-Lizenzen an IFT übertragen, obwohl bestimmte davon betroffene IFEN-Komponenten gar nicht unter das STC fielen.

Zwar spricht die FAA-Kommission in ihrem Bericht erfreulicherweise auch Unzulänglichkeiten an, die die eigene Behörde betreffen, andererseits jedoch bleiben viele Formulierungen so vage, dass sie ein Schlupfloch schaffen, durch das man bequem einen Jumbojet schieben könnte. Da heißt es beispielsweise: »Die von der FAA entwickelten Verfahren definieren nicht eindeutig, wie die FAA die Mitwirkung an einem vorgeschlagenen STC-Projekt dokumentieren soll ...« oder »... aufgrund der FAA-Verfahren war Santa Barbara Aerospace nicht verpflichtet, die FAA darüber zu verständigen, dass sich das Ausmaß und der Zeitplan des Projektes erheblich geändert hatten ...« oder »... die FAA versäumte es sicherzustellen, dass Probleme, die während einer Überprüfung von Santa Barbara Aerospace festgestellt worden waren, korrigiert wurden. Auch wurde festgestellt, dass Santa Barbara Aerospace selbst keine korrigierenden Maßnahmen ergriffen hatte ...« oder »Die führenden Mitarbeiter von Santa Barbara hatten kein ausreichendes Wissen über die MD-11, deren Design-Philosophie, Standards, Betriebsvorraussetzungen und Swissair-Verfahren.«

Die FAA-Kommission hatte auch die Installation des IFEN in Swissair-Flugzeugen inspiziert. Hierzu heisst es: »... dass die in den Swissair-Flugzeugen vorgefundene Verkabelungs- und Installationspraxis akzeptierbar sei, trotz kleiner

Zeichnungs- und Installationsunstimmigkeiten.« Seltsamerweise hat eine erste Überprüfung einer Swissair MD-11 auf dem Flughafen von Los Angeles ergeben, dass »Kabel zusammengepresst waren, Biegeradi nicht eingehalten wurden, Drehmomente falsch waren und die Kabelführung und Separation mit mangelnder Sorgfalt durchgeführt worden war«. Bei der später erfolgten zweiten Überprüfung von vier Swissair-Maschinen wurden keine weiteren gravierenden Mängel mehr gefunden. Das bedeutet jedoch noch lange keinen »Persilschein« für das IFEN. Es wird gemäß TSB-Chefermittler Vic Gerden derzeit noch nicht als möglicher Faktor bei dem Unfallgeschehen ausgeschlossen. Und auch das Schweizer BAZL hält seine Aufhebungsverfügung weiterhin aufrecht.

Auch in der Schweizer Behörde ist man spätestens seit SR 111 jäh aus einem Dornröschenschlaf erwacht. Das BAZL versicherte, zukünftig Dokumente einer ausländischen Behörde nicht mehr vorbehaltlos anerkennen zu wollen, sondern sie vielmehr einer genaueren Überprüfung zu unterziehen. Diese Möglichkeit hatte das BAZL jedoch auch schon 1997, als man ihm das FAA STC für das IFEN vorlegte. Aber offenbar verhinderte auch hier der Zeitdruck eine genauere Überprüfung. Als sich die Inspektoren der Aufsichtsbehörde in den Swissair-Hangars die Installation des Systems ansehen wollten, war diese bereits längst schon wieder hinter den Kabinenverkleidungen verschwunden. Man begnügte sich daher mit »Stichproben«.

Revanche?

Am 8. Mai 1999 reichte Rechtsanwalt Timothy J. Thomason eine Klage gegen die Swissair, die SR Technics und die SAirGroup beim District Court in Arizona ein. 100 Millionen Dollar Schadensersatz für Vertragsverletzung und Rufschädigung möchte der Anwalt für seine Klienten rausholen. Herr Thomason vertritt die IFT. Die 10-seitige Klageschrift ist genauso dünn wie die darin vorgebrachten Argumente.

Einige Sachverhalte sind schlichtweg falsch interpretiert oder offenbar absichtlich falsch vorgetragen, wie zum Beispiel die Behauptung, IFT habe auf SR Technics vertraut, um sicherzustellen, dass der Einbau des IFEN in die Swissair-Flugzeuge ordnungsgemäß erfolge. Laut den Vertragsvereinbarungen oblag diese Verantwortung jedoch der Firma IFT. Die Swissair stellt sich auf den Standpunkt, dass ihr die Lieferung eines betriebsbereiten und ordnungsgemäß zugelassenen IFEN-Systems zugesagt worden war. Auch die Behauptung des Rechtsanwaltes Thomason, dass die Airline dem IFEN-Hersteller IFT noch Geld schulde, ist nach Auskunft der Swissair-Rechtsabteilung falsch. Alle vereinbarten Beträge wurden gemäß den Vertragskonditionen an IFT gezahlt.

Sollte dieser Fall jemals zur Verhandlung kommen, darf man gespannt sein, wie die Firma IFT der Swissair eine schädigende Absicht nachweisen will. Diese Anklage stützt sich nämlich wesentlich darauf, dass die Airline sich gegen die weitere Verwendung dieses Systems in ihren Flugzeugen entschieden hat. Doch selbst wenn sie es wollte, könnte sie nicht anders, denn aufgrund der Verfügungen des BAZL würde sie sich in der Schweiz strafbar machen, wenn sie das System weiterhin betreiben würde. Außerdem steht der das System möglicherweise entlastende Unfallabschlussbericht des TSB noch aus.

Insider der US-Rechtsszene interpretieren die IFT-Klage daher als einen wenig geeigneten Versuch der Firma, sich angesichts drohender Schadensersatzklagen von Seiten der Unfallopfer schon mal eine »günstigere« Ausgangsposition zu verschaffen. Frei nach dem Motto: »Angriff ist die beste Verteidigung.« Außerdem muss IFT nach den herben Kursverlusten darum bemüht sein, die aufgebrachten Investoren und Aktionäre zu besänftigen.

Kurzfristig tauchte IFT im Zusammenhang mit der englischen Lottogesellschaft auf, im Frühjahr 1999 bewarb man sich um einen lukrativen Auftrag zusammen mit einer Telefongesellschaft. Sehr still geworden ist es jedoch um die Gebrüder und den Vater Itkis. Sie haben sich schon vor einiger Zeit aus IFT zurückgezogen.

Gezinkte Karten?
Wurde bei der Zertifizierung des IFEN gemauschelt? Hat sich Santa Barbara von einem lukrativen Auftrag ködern lassen und die ihr von der FAA übertragenen Sorgfaltspflichten vernachlässigt? Hat man an kritischen Stellen absichtlich beide Augen zugedrückt? Dies werden Fragen sein, die Santa Barbara Aerospace und alle anderen Beteiligten wahrscheinlich im Zuge von Schadensersatzklagen und möglicherweise auch strafrechtlichen Untersuchungsverfahren durch die US-Behörden beantworten müssen. Jedenfalls ist man in den USA auf diesen speziellen Fall aufmerksam geworden.

Ins Rampenlicht einer Swissair-internen Ermittlung ist auch der Marketing-Direktor Karl Laasner gerückt. Auf Befragung hat er zugegeben, von IFT Aktien erworben zu haben und somit am Gewinn des Unternehmens beteiligt gewesen zu sein. Pech für ihn, dass sich das IFEN durch SR 111 zum Flop entwickelt hat und die Aktien heute kaum noch etwas wert sind. Nach seinem Arbeitsvertrag bei der Swissair ist es ihm untersagt, »Insider-Geschäfte« zu tätigen. Laasner erklärte in einer Stellungnahme, dass er 2700 IFT-Aktien zum Preis von 11 Dollar pro Stück erworben habe. Der Kauf sei jedoch erst am Tag nach der Entscheidung durch das Swissair-Management vom 29. April 1996 über seinen Börsenmakler getätigt worden. Das ist zumindest ein legales Vorgehen. Er besitzt diese Aktien noch heute, weil er auch immer noch von dem System überzeugt ist.

Dieses Verhalten erklärt aber vielleicht auch, weshalb er sich so vehement für das System eingesetzt hat. Wären der Swissair noch andere Gesellschaften gefolgt, hätten Laasners IFT-Aktien beachtliche Gewinne abwerfen können. Dies aber lässt auch neue Fragen auftauchen: War der Deal vielleicht von ihm bewusst eingefädelt worden? Hat er möglicherweise Provisionszahlungen von IFT erhalten? Wusste er bereits bei Abschluss des ersten Vertrages im Sommer 1996, dass die Finanzlage im Hause IFT nicht gerade rosig aussah, und hat er so unter Zuhilfenahme seiner internen Detailkenntnisse über Wartungstermine der Flugzeuge und den für diesen Zeitpunkt geplanten Einbau des IFEN in die Swissair-Flotte auf eine Gesamtübernahme des Systems hingesteuert? Faktisch blieb seiner Firma schließlich kein anderer wirtschaftlich vertretbarer Ausweg aus der drohenden Misere, als das komplette System dann im Sommer 1997 zu erwerben.

Mit der Klärung, ob beim IFEN mit »gezinkten Karten« gespielt wurde, könnten Ermittlungsbehörden diesseits und jenseits des Atlantiks sicherlich noch einige Zeit beschäftigt sein.

Kapitel 7
Noch 16 Minuten bis Halifax

»Straight in 06« oder »Downwind 24«: Simulation einer Notlandung

Vorbemerkung

Kurz nach dem Absturz von SR 111 behauptete die Swissair auf einer Pressekonferenz, es sei aus der aktuellen Position der Maschine nicht möglich gewesen, den Flughafen von Halifax innerhalb der verbleibenden Zeit direkt anzufliegen. Diese Äußerung wurde von zahlreichen Experten, Flugkapitänen und Ersten Offizieren in Frage gestellt. Darunter viele, die die MD-11 selbst geflogen sind.

Sinn und Zweck der nachfolgend beschriebenen »Testflüge« in einem Simulator ist und war es zu keinem Zeitpunkt, den beiden Piloten von SR 111, Urs Zimmermann und Stephan Löw, ihr Verhalten zum Vorwurf zu machen – geschweige denn, sie wegen eines Unterlassens oder Versagens zu verurteilen. Piloten sind keine Hasardeure, und kein Pilot versagt freiwillig. Sie sind Menschen, auf denen gerade in Krisensituationen ein hohes Maß an Verantwortung lastet und die wie jeder andere auch Fehler machen können. Hinzu kommt, dass auch sie in Extremsituationen den gleichen Verhaltensmustern ausgesetzt sind, wie sie für alle Menschen typisch sind. Es kommt mitunter zu instinkthaften Reaktionen, gerade auch das eigene Leben retten zu wollen, zu Rückfällen in antrainierte Verhaltensmuster, wie man mit einer solchen Situation umgehen soll, und natürlich auch zu Angstzuständen.

Nach einem Unfall, und vor allem in Kenntnis von Details, die bei einer solchen Notsituation eine Rolle gespielt haben, ist es immer wesentlich einfacher, es »anders« oder auch »besser« zu machen. Hätten Zimmermann und Löw in der Nacht vom 2. September 1998 gewusst, wie gefährlich die Situation war, in der sie sich befanden, hätten wahrscheinlich auch sie andere Entscheidungen getroffen und andere Maßnahmen ergriffen. Es ist vorstellbar, dass sie als letztes Mittel vielleicht sogar eine bewusste Bruchlandung in einem Feld, auf einer Straße oder sogar auf dem Meer ins Kalkül gezogen hätten, nur um möglichst viele der ihnen anvertrauten Passagiere zu retten.

Ferner muss berücksichtigt werden, dass auch das realistischste Szenario in einem Flugsimulator niemals die Wirklichkeit einer konkreten Flugsituation abbilden kann. Auch der ausgeklügeltste Simulator »simuliert« eben nur, wie sich ein Flugzeug verhalten würde, und dieses Verhalten muss nicht hundertprozentig dem einer realen MD-11 im Flug entsprechen. Darüber hinaus ist zum Beispiel auch die

Simulation von Rauch im Cockpit in höchstem Maße unrealistisch: Er ist hell und nicht toxisch, wo hingegen wirklicher Rauch von brennenden elektrischen Leitungen dunkel und hochgiftig ist.

Nach kurzer Zeit bildet sich eine schmierige Ablage auf den Sauerstoffmasken, den Bildschirmen und den Scheiben, die eine Besatzung in ihrer Sicht und bei der Arbeit erheblich behindert. Es fehlen zudem die fast unmenschlichen Temperaturen, die in einem zuvor klimatisierten Cockpit binnen Minuten eine unerträgliche Ofenatmosphäre schaffen.

Dennoch ist es unserer Auffassung nach legitim, wenn man sich mit den Aspekten eines Unfalles kritisch und möglichst objektiv auseinander setzt, und das heißt eben auch, den möglichen Spielraum für alternative Handlungsmöglichkeiten auszuloten. Eine Schlussfolgerung, die sich bei dieser Untersuchung ergab, liegt auf der Hand: Keine Besatzung kann eine Situation, wie sie bei SR 111 aufgetreten ist, mit eigenen an Bord verfügbaren Mitteln angemessen bekämpfen und abwehren. »Feuer an Bord« ist für jeden Piloten die schlimmste denkbare Notsituation, in die er geraten kann. Daher erfordert sie sofortige und auch drastische Maßnahmen, denn jede Sekunde zählt.

* * *

Es ist 3:50 Uhr in der Nacht. Der Sicherheitsmann am Eingang des Simulatorzentrums einer großen Airline blickt gelangweilt auf seinen Fernseher. John, ein mittlerweile pensionierter MD-11-Kapitän, und Bob, ein noch amtierender Erster Offizier auf der MD-11, sowie der Luftfahrtjournalist und Privatpilot Tim van Beveren geben sich möglichst gelassen. Sie tragen sich in das Besucherbuch ein und gehen vom Wachmann unbeachtet in Richtung des Simulatorzentrums. Die Gruppe betritt den Vollflugsimulator mit einem originalen MD-11-Cockpit.

Es ist für Tim van Beveren das fünfte Mal, dass er auf dem rechten Sitz in einem solchen Simulator Platz nimmt. John und Bob programmieren auf der Schaltkonsole die Navigationsdaten und laden das Simulationsprogramm hoch. Minuten später befindet sich die Crew etwa 66 Meilen südlich von Halifax, auf 33 000 Fuß, ziemlich genau an jener Stelle, an der SR 111 am 2. September 1998 einen ersten dringlichen Funkspruch (»Pan Pan Pan«) absetzte. Auch die übrigen Flugparameter, wie Treibstoff und Gewicht und der auf dieser Flughöhe herrschende Rückenwind, sind an die allgemein bekannten Daten von Flug SR 111 angepasst.

Die Maschine fliegt mit dem Autopiloten, der zuverlässig auf seinem vorprogrammierten Kurs von Wegpunkt zu Wegpunkt bleibt. Dem nächtlichen Abenteuer ist ein dreistündiges Briefing zur Vorbereitung vorangegangen, denn die Simulatorsitzung hat einen Haken: Tim van Beveren verfügt über keine Lizenz, um eine MD-11 zu fliegen – nicht einmal über eine ausreichende Grundschulung auf diesem Flugzeugtyp. Dennoch hat er keine Probleme, sich im Cockpit dieses Flugzeuges zurechtzufinden. Anders verhält es sich natürlich bei John. Er ist die MD-11 in seinen knapp 30 Jahren als Berufspilot über vier Jahre lang regelmäßig geflogen. Auch das Vorgängermodell, die legendäre DC-10, ist ihm bestens vertraut. »Die MD-11 ist ein ehrliches Flugzeug, ausgereift und durchdacht. Nicht vollgestopft mit all dem Schnickschnack wie die modernen Airbusse«, sagt John.

Sinn dieser Übung ist es, herauszufinden, ob für SR 111 zumindest theoretisch die Möglichkeit bestanden hätte, den Flughafen von Halifax anzufliegen und dort zu landen. Die Swissair behauptete nach dem Unfall, dass ein solches Manöver aus der Position und Höhe von SR 111 nicht möglich gewesen wäre. »Blödsinn«, meint John, als er davon hört. John war davon überzeugt, dass es ihm gelingen würde – und zwar sogar mit einem unerfahrenen Kopiloten an der Seite –, die MD-11 zur Landebahn zu fliegen.

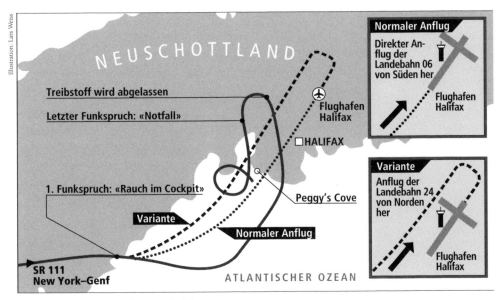

Alternative Landeanflugmöglichkeiten
Neben der direkten Anflugroute auf Landebahn 06 des Flughafens von Halifax hätte für SR 111 die Variante bestanden, die Landebahn 24 von Norden her anzufliegen. Die schematische Darstellung gibt darüber Aufschluss.

Auf der oberen Instrumententafel im Cockpit ist eine Stoppuhr platziert, die einen 16 Minuten langen Countdown bis zur Absturzzeit von SR 111 vorgibt. Bob drückt eine Taste auf dem Bedienfeld, und van Beveren startet die Stoppuhr. Im gleichen Moment quillt weißer Parafinqualm hinter den Anzeigetafeln hervor. »We have smoke! Oxygen masks on! You have control«, erklärt John mit der ruhigen, aber bestimmten Stimme eines erfahrenen Flugzeugkommandanten. Die Crew greift in die Boxen neben den Sitzen und setzt die Sauerstoffmasken auf. »Wir haben Rauch«, bestätigt van Beveren, »Sauerstoffmasken an. Wir informieren ATC und landen so schnell wie möglich auf dem nächsten verfügbaren Platz.«

John simuliert mit Bob den Funkverkehr, während van Beveren über den Drehschalter am Autopiloten den Kurs ändert. Da sich die Maschine auf einer offiziellen Luftstraße befindet, auf der in verschiedenen Höhen noch andere Flugzeuge verkehren, muss die in Not geratene MD-11 erst einmal von dieser Luftstraße weg, bevor sie sinken kann. Die Maschine dreht nach links auf einen nördlichen Kurs.

»Mayday, Mayday«, erklingt Johns Stimme im Kopfhörer, »Swissair 111 erklärt einen Notfall um 0114 Zulu, wir haben Rauch im Cockpit. Wir drehen auf Kurs 360 für einen Notsinkflug, zunächst auf 10 000 Fuß. Wir bitten um Unterstützung und Vektoren zum nächst gelegenen Flughafen.« Damit gibt John im Gegensatz zu Zimmermann und dem konkreten Fall der SR 111 die Marschrichtung klar vor. Er macht vor allem Gebrauch von seinen Rechten als Kommandant, indem er klare Informationen über den jetzt eingenommenen Kurs, die angestrebte Höhe und die Art des Sinkfluges erteilt. Die Lotsen am Boden wüssten damit genau, was die Maschine in den nächsten Sekunden tun wird, und sie müssten gegebenenfalls jetzt den anderen Flugverkehr in dem Gebiet umleiten.

Bob antwortet: »SR 111, hier ist Moncton Center, bestätige, Sie erklären Luftnotlage um 0114 Zulu, warten Sie wegen der Angaben zum nächsten Flughafen.«

Wiederum mit Hilfe des Autopiloten verlangsamt van Beveren jetzt die Geschwindigkeit auf 260 Knoten und wählt als nächste Flughöhe erst einmal 10 000 Fuß. Das bringt den Jet in eine Höhe, in der die Crew nicht mehr auf die Druckkabine angewiesen ist und eventuell sogar die Fenster in der Pilotenkabine öffnen kann, um den Rauch loszuwerden.

»Speedbrake full, power to idle.« Durch Ziehen eines Hebels werden jetzt die Luftbremsen (auch Störklappen genannt) an den Tragflächen ausgefahren. Das verlangsamt rasch die Fluggeschwindigkeit und führt außerdem zu einem schnelleren und steileren Absinken. Auf dem mittleren Monitor verschafft sich John einen Überblick über das aktuelle Gewicht. Es ist in einer solchen Situation sinnvoll, so viel Treibstoff wie möglich abzulassen. Dies verringert das Landegewicht und damit die Gefahr von strukturellen Beschädigungen am Flugzeug. Außerdem reduziert es die Feuergefahr für den Fall, dass es aus irgendeinem Grund eine Bruchlandung gibt und sich der Treibstoff in den Tanks beim Aufprall entzündet.

»We have to dump fuel«, stellt John fest. Das Flugzeug muss Sprit ablassen. Er öffnet die Ablassventile an den Tragflächenenden durch einen Schalter an der oberen Schalttafel und bestätigt: »Dumping fuel.« Jetzt simuliert Bob wieder den Funkverkehr mit John: »SR 111, hier Moncton, fliegen Sie jetzt erst einmal Kurs

080, sinken Sie auf Flugfläche 100, erwarten Sie 5000 Fuß, nächster Flughafen ist Halifax, Landebahn ist aktiv, backbeam approach. Flughafen und Rettungsmannschaften sind informiert. Sagen Sie, wie viele Personen an Bord sind und wie viel Treibstoff.«

John antwortet: »SR 111, Kurs 080, wir gehen nach Halifax, Runway 06, backbeam approach, warten Sie.«

John programmiert die Daten in das Flug-Management-System (FMS), und auf den Bildschirmen erscheint eine Linie, die den direkten Kurs zum Flughafen und zu den Anflugpunkten anzeigt. Dann benachrichtigt John die Passagierkabine mit knappen, aber präzisen Worten: »Kabinenbesatzung, bereiten Sie eine Notlandung innerhalb von zehn Minuten vor.«

Die Geschwindigkeit liegt jetzt bei 260 Knoten. »Gear down«, lautet Johns Anweisung. Tim van Beveren greift zum Fahrwerkshebel. Ein Trick, der das Flugzeug in eine noch bessere Ausgangsposition bringt. Wenn das Fahrwerk ausgefahren wird, steigt der Widerstand der Maschine. Mehr Widerstand bedeutet auch ein noch schnelleres Absinken. Genau das ist nun nötig, denn die MD-11 ist noch immer ziemlich hoch. Gleichzeitig kann die Crew wieder beschleunigen. Die MD-11 ist zugelassen, um mit ausgefahrenem Fahrwerk bis zu 300 Knoten schnell zu fliegen. Um es aber ausfahren zu können, darf sie nicht schneller als 260 Knoten sein, da sonst die Tore des Fahrwerks abreißen können und das Fahrwerk verklemmt. Die Räder senken sich ordnungsgemäß in ihre Landestellung. Die vier grünen Signallampen zeigen an, dass alles in Ordnung ist.

»Beschleunigen auf 300 Knoten«, sagt John, und van Beveren stellt die neue Geschwindigkeit am Autopiloten ein. »Moncton, SR 111 meldet schnellen Notsinkflug, wir lassen Treibstoff ab, 229 Personen an Bord, wir brauchen Rettungsmannschaften in Bereitschaft, erwarten Vektoren für einen direkten Anflug auf Landebahn 06 Halifax, keine Verzögerung. Können Sie mir bitte das letzte Wetter geben?«

Die Crew blickt gebannt auf den Höhenmesser, der sich rasch nach unten bewegt. Gleichzeitig rückt das Ziel, die Landebahn in Halifax, auf der Monitoranzeige konstant näher. Doch der schwierigste Teil der Übung steht noch bevor: die Landung in Halifax.

»Es wird eng«, bemerkt van Beveren und zeigt auf das Display. John's Augen schweifen über die Anzeigen. Er überprüft die ständig kleiner werdende Menge an Kerosin. »Mach ein paar S-Kurven zur Landebahn hin. Ich gehe die Checkliste durch«, weist John ihn an. Tim van Beveren justiert den Kurswahlschalter am Autopiloten und verändert mehrfach nur geringfügig den Kurs. Durch diesen »Slalomflug« gewinnt die MD-11 mehr Zeit und Strecke, um weitere Höhe abzubauen.

John hat jetzt in seiner linken Hand die Emergency Checklist for Smoke of Unknown Origin und beginnt mit den ersten Schritten: »Cabin bus off« (damit wird die Kabinenbeleuchtung abgeschaltet, und die Notbeleuchtung glimmt auf), »Smoke elec switch rotate...« Er zögert. »Nein, wir landen. Ich fange jetzt nicht an, damit herumzuspielen«, entscheidet John und blickt durch den Rauch angestrengt auf das große Videobild vor den Cockpitscheiben, das die Außenansicht simuliert. Es ist stockdunkel. Erst vereinzelt erkennt man Sterne am Horizont, und unter dem Flugzeug tauchen einige wenige Lichter von Häusern und Straßenzügen auf.

»Platz auf 11:00 Uhr«, meldet John. Die Crew hat erstmals Sichtkontakt zum Flughafen. Ein Blick auf die Stoppuhr: Die Piloten liegen in der Zeit.

Der Höhenmesser hat 10 000 Fuß erreicht. Tim van Beveren stellt ihn jetzt auf 5000 Fuß ein. Bob simuliert wieder den Funkverkehr: »SR 111, sinken Sie auf 3000, und reduzieren Sie die Geschwindigkeit auf 180 Knoten, wechseln Sie auf Anflugkontrolle Halifax auf 119.2.« John antwortet: »Moncton, wir wechseln auf Frequenz 119.2 und zu Ihrer Information, wir sinken weiter mit hoher Geschwindigkeit.« John macht an dieser Stelle erneut von seinen Rechten als Kommandant in einem Notfall Gebrauch. Eigentlich gilt die Vorschrift, dass ein Flugzeug unter 10 000 Fuß und gerade im Anflug nicht so schnell anfliegen darf. Doch da es sich um einen bestätigten Notfall handelt, kann er sich diese Freiheit herausnehmen. Es ist an der Zeit, die Maschine jetzt abzubremsen, die Landebahn kommt rasch näher. Jetzt wird der Hebel für die Landeklappen in die 15-Grad-Stellung gesetzt, damit fahren sowohl die Vorflügelklappen (»slats«) wie auch die Landeklappen in die erste Stellung.

»Verlangsame jetzt auf 200 Knoten und Klappen zunächst auf 28.« Dann schließt John die Ablassventile. Van Beveren zieht die Nase der Maschine weiter hoch zurück, die Geschwindigkeit baut ab. Als der Geschwindigkeitsmesser 210 Knoten anzeigt, bewegt er den Hebel für die Landeklappen in die 28-Grad-Stellung. Das wars – zumindest für Tim van Beveren. Der Treibstoffablass ist beendet, und die Ventile sind geschlossen. John übernimmt die Kontrolle und wechselt vom Autopiloten auf manuelle Flugführung. Seine rechte Hand ruht auf den Gashebeln, die in der Leerlaufstellung sind. Er drückt die Steuersäule ganz leicht nach unten. »Checklist smoke evacuation«, weist John an. Der Kopilot greift nach der Checkliste für eine Evakuierung im Rauchfall und geht sie durch: »Econ pushbottom – off, cockpit air outlets – full open, Cabin Pressure System – System manual/climb, establish cabin rate at 1000 to 2000.« Van Beveren zögert etwas, da er den entsprechenden Schalter erst einmal hinter dem Qualm auf der Schalttafel über ihm suchen muss. Der Kabinendruck wird jetzt abgelassen. Van Beveren überprüft die Anzeige links neben dem Drehschalter und fährt fort, die Checkliste abzuarbeiten: »When depressurized, position outflow valve at ¾ open ...« Anzeige ist bei diesem Wert angelangt. »Cockpit smoke severe ... wir haben schweren Rauch«, sagt van Beveren zu John, der sich ganz auf das Fliegen der Maschine konzentriert. John bestätigt: »Cockpit smoke is severe.« Van Beveren überprüft den Geschwindigkeitsmesser, der 190 Knoten anzeigt. Dann wendet er sich wieder der Checkliste zu: »Speed – max. 205 knots indicated, or minimum maneuvering speed, whichever ist lower. Kopfhörer an – sind an, Schiebefenster – eines öffnen, etwa 7 cm.« Er simuliert nun das Öffnen seines Seitenfensters, da sich die Fenster im Simulator nicht öffnen lassen. Bob hat den Rauch abgestellt, die Sicht wird sofort besser. Jetzt übernimmt van Beveren wieder den Funkverkehr: »Halifax approach, wir haben den Platz in Sicht.« Bob antwortet: »SR 111, Sie haben Landegenehmigung, Wind aus 100 mit 10, viel Glück.« John gibt jetzt die Anweisung zum weiteren Ausfahren der Landeklappen: »Flaps 35, speedbrake armed. Noch acht Meilen zur Bahn.« John fragt über das Intercom in unserer nicht vorhandenen Passagierkabine nach: »Kabine?« »Kabine klar«, meldet Bob und simuliert jetzt noch einen Flugbegleiter. »Achtung... Auf mein Kommando. Nach Bremsen und Abstellen der Triebwerke Evakuierung einleiten.« John fragt van Beveren nach der letzten Pflichtcheckliste vor der Landung und erbittet volle Landeklappen: »Flaps 50, Landing Checklist?« Van Beveren bewegt den Hebel in die letzte Raste und antwortet: »Flaps 50, Fahrwerk unten, vier grüne Lampen, Speed armed, Freigabe erhalten, Landecheckliste fertig.« Aber irgendetwas ist nicht so, wie es sein sollte. Auch Bob rutscht nervös auf seinem Beobachtersitz an der Kontrolltafel herum. Zwar ist die MD-11 mittlerweile nur noch 170 Knoten schnell, aber die Maschine ist etwas zu hoch. Die Lampen an der linken Seite der Landebahn leuchten alle weiß – kein gutes Zeichen. Im selben Moment sagt John: »Go around!« – der Befehl zum Durchstarten. »Flaps 28.«

Und genau das tut der Kapitän jetzt auch. »Wir bleiben auf 2000 Fuß, steile Kurve rechts und landen wieder ohne Verzögerung.«

Tim van Beveren hat jetzt den Funkverkehr übernommen und informiert den Turm: »Halifax Tower, SR 111 going around.« – »Roger SR 111, you are cleared to land, no other traffic«, erwidert Bob, der die Szene von seinem Beobachtersitz aufmerksam mitverfolgt. Nun leitet John eine Rechtskurve ein und dreht auf den entgegengesetzten Anflugkurs. Kurz darauf verlangsamt er wieder: »Flaps 30.« Das Flugzeug schwenkt auf den Queranflugkurs. John: »Cabin prepare for landing, 1 minute.« (Anweisung an die Kabine: Landung in einer Minute.)

Diesmal sieht es besser aus: zwei rote und zwei weiße Lampen – die Höhe stimmt genau. Die MD-11 ist »established on final«, wie es in der Pilotensprache heißt, bereit zur Landung. Sekunden später setzt John das immer noch 218 Tonnen schwere Flugzeug sanft auf. Obwohl ein automatisches System kurz nach dem Aufsetzen aller Räder mit dem Bremsvorgang begonnen hat, steigen beide Piloten mit ihrem ganzen Körpergewicht in die Bremsen. John zieht die Gashebel voll zurück und öffnet die Schubumkehrer. Die Triebwerke heulen nochmals auf. Die Geschwindigkeit baut rapide ab. Dann ist alles vorbei. »On-Ground Emergency-Evacuation«, ruft John. Flink wandert seine Hand über eine Reihe von Hebeln und Schaltern. Van Beveren hat die Treibstoffpumpen sofort nach dem Stillstand der Maschine abgestellt und an der oberen Schalttafel über den Köpfen die Feuerhebel für die Triebwerke und die Hilfstromturbine gezogen und einzeln gedreht. So wird für alle Fälle Halon-Löschmittel in die Triebwerke und die Hilfstromturbine geführt. Dann drückt John auf den Schalter über van Beverens Kopf, auf dem groß die Buchstaben EVAC für das Evakuierungssignal ins Auge stechen.

Das Flugzeug steht. 11 Minuten und 8 Sekunden sind vergangen. Noch 20 Sekunden wären bis zu dem Zeitpunkt verblieben, an dem der Funkkontakt in der Nacht auf den 3. September 1998 abgerissen ist – 5 Minuten und 33 Sekunden vor dem Aufprall, der durch das Seismologische Institut in Bedford registriert wurde.

Nach einer kurzen Pause wird der Simulator wieder in die Ausgangsposition gefahren. Die Crew will eine weitere Variante einer möglichen Notlandung fliegen. Wieder wird die Uhr gestartet, wieder quillt Qualm hinter den Monitoren hervor. Diesmal drückt John beim ersten Auftauchen des Rauchs auf die Programmiertasten seines Flug-Management-Systems.

»Wir haben Rauch, möglicherweise ein Feuer, wir landen auf dem nächsten Flughafen. Links Kurve, weg von der Luftstraße und runter auf 10 000 Fuß. Ich informiere ATC. Anschnallzeichen an, Besatzung Sauerstoffmasken aufsetzen!« Wieder greifen die Piloten zu den Sauerstoffmasken und setzen sie auf. Auf dem Display erscheint eine Auswahl von Flughäfen in der Nähe, samt Entfernungen und Richtungsdaten. »Wir nehmen Halifax«, entscheidet John. Mit einem Knopfdruck ändert sich die Anzeige auf den Navigationsbildschirmen. Eine gerade Linie erscheint, an deren Ende der Flughafen von Halifax liegt.

John: »Mayday, mayday, mayday, Moncton Center, SR 111 erklärt einen Notfall um 0114 Zulu, wir haben Rauch im Cockpit. Wir drehen auf Kurs 360 für einen Notfallsinkflug, zunächst auf 10 000 Fuß. Wir fliegen direkt nach Halifax, bitte geben Sie uns Anweisung über Wetter und Vektoren.« Währenddessen hat Tim van Beveren wie zuvor die Triebwerksleistung auf Leerlauf gestellt und die Spoiler ausgefahren. Die Maschine beginnt schnell zu sinken.

Das hat jetzt sogar Bob überrascht, und er muss erst einmal schlucken, bevor er antwortet. An seinem Kontrollpult sieht er ein Bild, ähnlich dem eines Radarlotsen. »Roger SR 111, Luftnotlage um 0114 Zulu, Sie fliegen nach Halifax. Aktive Landebahn ist 06, backbeam approach, Wind ist 100 mit 10. Drehen Sie jetzt rechts, Kurs 080 und erwarten Sie Vektoren für Landebahn 06.«

»SR 111 verstanden, warten Sie.« Noch während er mit dem Radarlotsen gesprochen hat, programmierte John die Daten in sein FMS und drückt einige Tasten. »Wir müssen Treibstoff ablassen, dumping fuel, vales open.« Mit einer Handbewegung öffnet er den Schalter für die Ablassventile. Dann nimmt er sich einen Zettel und beginnt zu rechnen.

»SR 111, drehen Sie jetzt links, Kurs 065«, meldet Bob im selben Moment.

»Roger, SR 111 drehen links auf 065, und wir hätten gerne Landebahn 24, ILS (Instrumenten-Landehilfe) Anflug, um Geschwindigkeit abzubauen und Treibstoff abzulassen«, gibt John durch. Bob gibt als Halifax Tower die genauen Koordinaten durch: »Roger SR 111, die Option ist freigegeben, wir führen Sie zur Landebahn 24 Halifax mit Vektoren, Wind 100, Variabel mit 10, ILS Frequenz ist 109.9.«

John bestätigt die Angaben und informiert dann die Passagiere, dass er wegen eines technischen Problems in Halifax landen müsse, dass aber kein Anlass zur Sorge bestünde und die Kabinenbeleuchtung aus Gründen der Vorsicht abgeschaltet werde. Zum Schluss weist er die Crew an, sich für eine Landung in 6 Minuten vorzubereiten. Dann schaltet er die Kabinenbeleuchtung ab.

John überprüft die wesentlichen Flugparameter. »Es ist Zeit, die Sache jetzt ein wenig schwieriger zu machen. Fertig für ein paar Herausforderungen?«, fragt er van Beveren. Der nickt. »Okay, dann flieg mal von Hand.« Mit einem Knopfdruck schaltet er den Autopiloten aus. Tim van Beveren fliegt die MD-11 jetzt ohne Automatik, nur von Hand. »Verlangsamen auf 260 Knoten«, lautet die Anweisung des Kapitäns. Van Beveren zieht die Steuersäule zu sich, gleichzeitig baut die Geschwindigkeit ab. Als sie bei 260 Knoten ankommt, fährt John das Fahrwerk aus. »Gear down.« Der Simulator macht ein höllisches Geräusch, das den jetzt sehr starken Fahrtwind simulieren soll. Als die vier grünen Lampen leuchten, schiebt John die Gashebel ein Stück nach vorne. »Behalte 300 Knoten und weiter sinken.«

»Sie will dauernd mit der Nase hoch«, beschwert sich van Beveren. In der Tat fängt die Maschine an, ein wenig nach unten und oben zu schlingern. »My controls«, erwidert John und übernimmt das Steuer. Mit sehr feinen Korrekturbewegungen am Steuer gelingt es ihm, die Schlingerbewegungen abzufangen und den Sinkflug erneut zu stabilisieren. Das Ganze ähnelt einer Fahrt in der Geisterbahn. Mit einem wahnsinnigen Tempo verliert die Maschine an Höhe.

»Jetzt ist es Zeit für ein paar Fehlfunktionen«, sagt John. Bob drückt eine Taste, und die Warnleuchten vor den Piloten flackern auf. »Triebwerksausfall Nr. 2«, stellt van Beveren fest. John übergibt ihm wieder das Steuer und schaltet das Triebwerk ab. »Okay, Triebwerkfehler bei Nr. 2, wir haben Nr. 1 und 3, weitermachen.«

Durch den Rauch noch so gerade sichtbar, taucht in diesem Moment vor uns der Flughafen auf. Die Landebahn liegt ein wenig rechts. »Runter auf 2000 Fuß«, ordnet John an. Dann schließt er die Spritablassventile. »Dumping completed.« Jetzt zieht er die Gashebel weiter zurück, die Maschine beginnt zu verlangsamen. »Halifax Tower, SR 111, wir haben unser Triebwerk Nr. 2 verloren, fliegen jetzt in den Downwind Landebahn 24 ein, wir haben Sichtkontakt.«

Halifax Tower: »Roger SR 111, klar zur Landung Landebahn 24. Melden Sie, wenn Sie auf das Base eindrehen.« Dann wendet sich John an van Beveren. »Noch ein paar Meilen, um Geschwindigkeit abzubauen, dann drehst du rechts und folgst dem ILS.« Wir sind auf 3000 Fuß, neben uns rast die Landebahn vorbei. Die Maschine verlangsamt weiter. »Flaps 15«, sagt John an und fährt die Landeklappen in die erste Stellung. »Any problems?« »Nein, sag mir nur, wann ich eindrehen soll.« Auf seiner Anzeige bewegt sich jetzt auch das Fadenkreuz, das den Gleitweg und Kurs zur Landebahn symbolisiert. »Jetzt ins Base«, erfolgt die Anweisung von links. Die Maschine rollt steil in eine Rechtskurve. John fährt die Störklappen ein und gleich danach die Landeklappen auf die nächste Stellung. »Speedbrake armed, gear down, all green, Flaps 35«, meldet John. Jetzt bewegt sich die vertikale Linie auf der Anzeige des Horizonts. Van Beveren dreht erneut ein, vor uns erscheint die Landebahn. John gibt unbemerkt ein Zeichen an Bob, und dieser drückt eine weitere Taste auf seinem Bildschirm. Auf einmal fallen die Bildschirme aus. »Lost Displays, weiter nach Sicht, Geschwindigkeit ist gut, weiter sinken«, befiehlt John mit ruhiger, aber energischer Stimme. »Klappen voll«. Er greift zum Hebel und rastet ihn in die unterste Stellung.

Als ob der Ausfall der Anzeigen überhaupt nicht stören würde, nähert sich die Maschine der Landebahn. John gibt jetzt unmerklich ein wenig mehr Gas. Dann ertönt plötzlich die Computerstimme des Radiohöhenmessers. »100, 50, 30, 20, 10...« Mit einem harten Rumpeln setzt die MD-11 auf. »My controls«, sagt John, übernimmt die Steuerung und öffnet die Schubumkehrer durch Umlegen der Gashebel. »Wir haben kein Anti-Skid, Bremswirkung gering, hilf mir bremsen«, sagt John. Rasch nähert sich das entgegengesetzte Ende der Landebahn. Endlich greifen die Bremsen, und die Fahrt verlangsamt sich schlagartig. Die Maschine steht, etwa 100 Meter vom Ende der Bahn entfernt. Die beiden Piloten beugen sich über die Stoppuhr: 9 Minuten und 27 Sekunden – noch 7 Minuten und 40 Sekunden bis zur Absturzzeit von SR 111.

In dieser Nacht werden noch drei weitere Varianten geflogen. Als Extremsituation erwies sich der Ausfall aller Triebwerke und weiterer Systeme, vor allem der gesamten Cockpitbeleuchtung, zu einem Zeitpunkt, als sich das Flugzeug parallel zur Landebahn befand. Selbst aus dieser Situation lief zumindest im Simulator alles glimpflich ab. Die MD-11 landete auf der Bahn und überrollte das Ende um einige hundert Meter.

Am nachdenklichsten war am Ende Bob, der aus seiner Position hinter den Piloten den besten Überblick hatte: »Nicht mal meinem ärgsten Feind würde ich eine solche Situation wünschen, noch dazu mit 228 Menschen in ihren Sitzen hinter dir. Sie waren so nahe dran – aber Gott entschied, dass sie kein Glück haben sollten.«

Verpatzte Notlandung oder Checklisten und ihre trügerische Sicherheit

Der Countdown für die Katastrophe begann mit einem Funkspruch: »Swissair eins elf, schwer, wir erklären Pan Pan Pan.« Noch 16 Minuten dauerte der Flug der MD-11, dann zerschellte die Maschine auf dem Atlantik. Seit dem Absturz am 2. September diskutiert die internationale Pilotenschaft heftig über die Details dieses Unfalles: Hätte der Todesflug von SR 111 nicht auch glimpflich beendet werden können? Was verleitete den erfahrenen Kapitän und Ausbildungspiloten Urs Zimmermann und seinen Kopiloten Stephan Löw dazu, die tödliche Bedrohung in jener Nacht über mehrere Minuten so fatal zu unterschätzen?

Immerhin standen die Vorzeichen gut: Als SR 111 ihren ersten Notruf absetzte, war die Maschine 130 Kilometer vom Flughafen Halifax entfernt. Dort gab es eine Landebahn von 2,6 Kilometer Länge, auf der die MD-11 ohne große Probleme, sogar beim Ausfall der Schubumkehrer oder der automatischen Störklappen, hätte landen können. Auch herrschten gute Sicht- und Wetterbedingungen. Doch die »Vaud«, so die offizielle Version der Swissair, war aus dieser Position mit 230 Tonnen Gewicht für eine Landung zu schwer. Der designierte Chefpilot Rainer Hiltebrandt erklärte auf einer Pressekonferenz am 6. September 1998, dass man den Unfallflug im Simulator der Swissair nachgeflogen sei. Dabei hätten die Piloten aus dieser Position und Höhe eine direkte Landung nicht geschafft.

Ihm war offenbar nicht bekannt, dass bereits kurz nach dem Unfall noch eine weitere MD-11-Crew im gleichen Simulator aus der gleichen Position das gleiche Szenario geflogen war und eine sichere Landung auf der Rollbahn 06 in Halifax geschafft hatte – allerdings nur im Simulator, und weil man sich nicht an die bei der Swissair üblichen Verfahren und das Zeit raubende Abarbeiten der Checkliste gehalten hatte.

Wahrscheinlich ist, dass genau dieser Zeitverlust den Piloten sowie 227 Menschen an Bord von SR 111 zum Verhängnis wurde. Leitet man allerdings, entgegen allen bislang publizierten Verfahren, auf direktem Kurs einen sofortigen Sinkflug mit einer maximalen Sinkrate von bis zu 1600 Metern pro Minute ein, erreicht die Maschine in knapp acht bis neun Minuten den Flughafen von Halifax. Lässt man gleichzeitig Sprit ab, wird das Gewicht in dieser Zeit immerhin um 15,6 Tonnen verringert. Damit lässt sich die MD-11 sogar innerhalb ihres zertifizierten Gewichtslimits von 220 Tonnen landen. Erfahrene Verkehrspiloten merken in diesem Zusammenhang an, dass die innere Einstellung für ein solches Manöver entscheidend ist. Es kommt darauf an, sich ein klares Ziel zu setzen: der Flughafen, diese Landebahn, Landung so schnell wie möglich, ob nun mit oder ohne Übergewicht, oder sogar in einem steilen Sturzflug, um möglichst schnell viel Höhe abzubauen.

Doch es gibt ja noch die andere Variante des Anfluges, nämlich auf die Runway 24 von Halifax, die in entgegengesetzter Richtung verläuft. Hier kann man sogar ganze 23 Tonnen Sprit bis zur Landung ablassen und hat zusätzlich eine Instrumenten-Landehilfe (ILS) zur Verfügung, was den Anflug wesentlich erleichtert. Für Piloten in einer Emergency-Situation, unter Umständen noch mit schwer eingeschränkten Sichtverhältnissen durch Rauch, ist das eine große Entlastung. Weiter wäre SR 111 schneller in einer Höhe gewesen, in der die Piloten ein Cockpitfenster hätten öffnen können, um den Rauch aus dem Cockpit zu entfernen. Dies hätte sicherlich auch zur Abkühlung ihres auf mehrere hundert Grad aufgeheizten Arbeitsplatzes geführt.

Andererseits hätte diese plötzliche Zufuhr von Sauerstoff ein bis dahin vor sich hin schwelendes Feuer hinter den Abdeckungen der Kabinen und Schalttafelverkleidungen auch geradezu anfachen können. Außerdem ist es fraglich, ob es ihnen zu diesem Zeitpunkt gelungen wäre, den Druck der Kabine abzubauen. Zum Öffnen der entsprechenden Ventile für den Kabinendruck braucht man elektrische Energie, also einen funktionierenden Stromkreis. Erfolgt dies nicht, ist es schlicht unmöglich, ein Fenster mit rein menschlicher Kraft zu öffnen, da der Überdruck im Inneren der Kabine es nach außen gegen den Rahmen drückt. Nach bislang unbestätigten Angaben der kanadischen Unfalluntersuchungsbehörde TSB befand sich das linke Cockpitfenster von Kapitän Zimmermann in der entriegelten Stellung, ohne jedoch geöffnet gewesen zu sein.

Ein weiterer Vorteil des Anfluges unter Zuhilfenahme des ILS auf die Landebahn 24 wäre gewesen, dass diese Anflugroute die SR 111 in unmittelbare Nähe des Flughafens gebracht hätte, die Piloten hätten Sichtkontakt zur Landebahn gehabt, was eben auch psychologisch ein Vorteil ist – vorausgesetzt, sie hätten durch den Rauch im Cockpit noch etwas durch die Front- und Seitenscheiben sehen können. Selbst wenn ihnen dann, durch den Ausfall weiterer Systeme, ein Instrumentenanflug erschwert worden wäre, hätten sie so eine gute Ausgangsposition für einen manuellen Sichtanflug gehabt. Ein Backbeam Approach, der in Europa kaum noch gängige Praxis für Berufspiloten ist, führt zu einer extrem hohen Arbeitsbelastung der Piloten – dies aber erscheint unter ohnehin schon extremen Bedingungen wenig sinnvoll. Ziel sollte daher sein, die Arbeitsbelastung im Cockpit so gering wie möglich zu halten.

Natürlich gibt es auch Argumente, die gegen eine sofortige Landung sprachen: Erstens ist ein solcher sturzflugartiger Sinkflug nicht gerade angenehm für die Passagiere. Es wäre mit Sicherheit zu einer Panik in der Kabine gekommen, denn ein solcher Flug, dauert er auch nur verhältnismäßig kurz, kommt für den üblicherweise Komfort gewohnten Passagier einer alptraumhaften Achterbahnfahrt gleich. Aber in einer solchen Situation, da sind sich viele Piloten einig, kann man auf Passagierkomfort keine Rücksicht mehr nehmen. Außerdem gehört ein solches Manöver zur Standardausbildung von Verkehrs- und insbesondere Militärpiloten. Stephan Löw war nebenbei noch aktiver Militärpilot, und es liegt damit auf der Hand, dass er Kapitän Zimmermann mehrfach einen solchen Vorschlag gemacht hat, wie es vom WALL STREET JOURNAL berichtet wurde.

Gegen eine sofortige Landung mit Übergewicht, also ohne Ablassen von Treibstoff, spricht aber auch, dass vermutlich die Bremsen überhitzt worden und einige Reifen geplatzt wären, wenn nicht gar das Fahrwerk zerstört worden wäre. Im ungünstigsten Fall wäre die MD-11 über das Ende der Landebahn hinausgerollt und erst im daran angrenzenden Feld zum Stehen gekommen.

Doch solche alternativen »Planspielchen« sind in dem streng reglementierten Ausbildungsverfahren von Berufspiloten eigentlich nicht vorgesehen. »Kreativität« bei der Bewältigung von Störungen – da sind sich viele Piloten von großen und renommierten Airlines einig – ist hier nicht unbedingt gefragt oder gerne gesehen. Nach wie vor wird ihnen eingepaukt, Störfälle streng nach einmal erlassenen Vorschriften abzuarbeiten, unter Zuhilfenahme zum Teil firmeneigener Checklisten und Anweisungen (vgl. Kapitel 12).

Leider viel zu selten, so kritisieren neben ihren Linien-Kollegen auch erfahrene Ausbildungspiloten, finden Erfahrungen aus bekannten Zwischenfällen und Unfällen ihren Niederschlag in diesen Anweisungen und Trainingsprogrammen oder führen gar zu Revision an den einmal eingeführten Checklisten. Gerade der Fall »Feuer und Rauch an Bord« ist hiervon seit Jahren betroffen. Zwar werden solche Szenarien in den regelmäßigen Flugsimulatorübungen immer wieder durchgespielt, aber auch wenn sie mit großem Aufwand und allerlei Schnickschnack, wie zum Beispiel mit künstlichem Rauch aus einem Rauchgenerator, inszeniert werden, ändert das – nach Ansicht der Piloten – nichts daran, dass diese Simulationen letztlich unrealistisch sind.

Der Fall ist klar, die Crew ist auf das, was kommt, vorbereitet, und der weiße Qualm unterscheidet sich extrem von dem beißenden, dicken, schwarzen Rauch, der ein Cockpit in Dunkelheit hüllt, Instrumente und Sichtscheiben der Sauerstoffmasken binnen Sekunden mit einem schmierigen, dunklen Film belegt und den kühlen Führerstand in eine Sauna verwandelt, wenn es dort zu einem realen Kabelbrand kommt.

So gut wie nie wird eine Besatzung im Simulatortraining in wirklich realistische Extremsituationen gebracht. Der Hintergrund ist vor allem der, dass man weder ihr Selbstvertrauen noch ihr Vertrauen in das System erschüttern will. Das könnte sich negativ auf ihre Grundeinstellung und ihre Berufsauffassung auswirken. Der Pilot muss im Simulator immer »Sieger« bleiben und die Situation meistern. Wenn eine Besatzung mit dem Simulator »crasht«, würde das nach derzeitiger Auffassung eine sofortige Suspendierung vom aktiven Flugdienst nach sich ziehen.

Dabei muss es ja gar nicht so weit kommen. Jeder Flugsimulator verfügt über eine so genannte Flight-Freeze-Funktion, die ihn auf Knopfdruck des Ausbilders jederzeit anhalten lässt. Keine Crew müsste Angst haben, sich durch einen »Crash« zu disqualifizieren, wenn der Ausbilder eben nur im richtigen Moment anhält, um dann die Probleme, Fehler und Alternativen in Ruhe mit dem Piloten zu erörtern. Niemand ist perfekt, vor allem kein menschliches Wesen. Gerade in der Qualifikation von Piloten gibt es je nach Persönlichkeitsprofil, Ausbildung und Flugerfahrung große Unterschiede. Damit aber dann doch alle miteinander klarkommen, wird die Messlatte insbesondere durch die vom Flugzeughersteller empfohlenen Verfahren beim größten gemeinsamen Nenner angelegt – also ziemlich weit unten. Somit ist sichergestellt, dass alle Piloten, unabhängig vom Ausbildungs- und Erfahrungsstand und kulturellem Hintergrund die Anforderungen erfüllen. Damit sie in Notsituationen dennoch effektiv handeln, gibt man ihnen in Form von Checklisten standardisierte und systematisierte Vorgehensweisen an die Hand, die unter anderem dazu dienen sollen, den aufgetretenen Fehler zu isolieren. Daneben gibt es eine Vielzahl von so genannten »procedures« (Verfahren), die sie so gründlich verinnerlichen müssen, dass sie auch der durchschnittlichste Pilot noch im Schlaf aufsagen kann. Es ist jedoch zu bezweifeln, dass sich solche Vorgaben in der Realität immer als tauglich oder praxisrelevant erweisen. Viel zu selten werden diese Checklisten und Procedures im Hinblick auf ihre Krisentauglichkeit jenseits des normal vorstellbaren Routinebetriebes kritisch hinterfragt.

Merkwürdig ist zum Beispiel, dass kaum eine Checkliste im Fall von Feuer oder Rauch an Bord einen sofortigen Notsinkflug vorsieht, wie er beispielsweise bei einem plötzlichen Druckverlust in der Kabine vorgeschrieben ist. Konsequenterweise wird ein Feuerstörfall im Training dann auch so nicht abgehandelt. Doch ein Blick in die Historie vergleichbarer Fälle mit Feuer an Bord eines Passagierflugzeuges zeigt, dass sie immer dann einen glimpflichen Ausgang nahmen – zahlreiche Opfer waren dennoch zu beklagen –, wenn die Piloten unverzüglich den nächsten verfügbaren Flughafen ansteuerten (vgl. Kapitel 4).

Im Fall von SR 111 ging ohne Zweifel wertvolle Zeit verloren, als sie zunächst nach Westen, dann nach Süden vom Flughafen weg abdrehte und wieder Kurs auf das Meer nahm, offenbar in der Absicht, den Sprit »ökologisch vertretbar« – wie es in der firmeninternen Amtssprache heißt – abseits der Zivilisation über dem Meer abzulassen. Immerhin fragte SR 111 den Fluglotsen mehrfach, wann sie mit dem Ablassen des Sprits beginnen dürfen (vgl. Funkprotokoll, Kapitel 1). Vermutlich hätte der Lotse ihnen schon früher freistellen sollen, selbst zu entscheiden, wann sie den Ablass beginnen. Auch hätte Zimmermann sich dieses Recht jederzeit herausnehmen können, denn er trägt die Verantwortung. Eine solche Entscheidung rechtfertigende Gründe gab es genug. Aber die Situation muss sich für ihn völlig anders präsentiert haben. Keinerlei Anzeichen von akuter Lebensgefahr, denn immerhin wollte er mit dem Anflug noch zuwarten, bis auch die Passagierkabine klar gemeldet wurde, dass heißt, so lange, bis die Abendessen wieder eingesammelt und die Servicewagen verstaut waren. Alles ganz nach Vorschrift, so wie es im Buch steht und wie es die Ausbildungsrichtlinien vorsehen.

Interessant ist in diesem Zusammenhang auch, dass nach dem Unfall von SR 111 weltweit eine heftige Diskussion über die Auslegung des Begriffes »Land ASAP« (so schnell wie möglich landen) entbrannt ist. Diese Diskussion geht eigentlich völlig am Thema vorbei, denn jedem Piloten sollte klar sein, was sich hinter dem Kürzel »ASAP« verbirgt: keine Verzögerung, so schnell wie möglich. Doch offenbar muss hier nun erst einmal ein neue Begriffsinterpretation durchgeführt werden. Erfahrene Piloten, besonders viele, die nach über 20 oder 30 Jahren aktivem Dienst mittlerweile ihre Pensionierung genießen, können darüber nur heftig den Kopf schütteln.

Man kann den Piloten für ihre Entscheidung aus heutiger Sicht fairerweise keinen Vorwurf machen, denn hätten Zimmermann und Löw ihre MD-11 unter Umständen mit einigen Beschädigungen in Rekordzeit in Halifax auf die Bahn gezwungen, so wären ihnen, selbst wenn alle Passagiere die Maschine unverletzt verlassen hätten, mit Sicherheit Fragen gestellt worden: »Warum habt ihr euch nicht an die Verfahren gehalten? – Warum habt ihr nicht erst die Checkliste ›Smoke‹ abgearbeitet, es war doch nur ein kleiner Kabelbrand?«

Das Perfide in einer solch konkreten Situation ist, dass die betroffene Besatzung und vornehmlich der verantwortliche Kapitän zur Abwägung aller Argumente kaum mehr als Bruchteile von Sekunden hat. Dann muss eine Entscheidung getroffen sein, und zwar nach Möglichkeit die richtige. Hat man sich einmal für einen Weg entschieden, wäre es auch nicht gut, kurz darauf eine andere Variante zu wählen. Das verunsichert bei der Teamarbeit und kann zu anderen fatalen Fehlleistungen der Besatzung führen.

Wie weit Theorie und Praxis in der Luftfahrt auseinander liegen können, wird an einem weiteren, systembedingten Aspekt deutlich: Die MD-11 verfügt für den Fall eines Feuers an Bord eigentlich über ein gut durchdachtes Abwehr- und Bekämpfungssystem: den so genannten Smoke-Elec/Air-Drehschalter. Je nach

Stellung werden die Hauptstromkreise einzeln abgeschaltet. So soll ein elektrisches Feuer an einem der drei Hauptstromkreise (Bus) isoliert werden. Wird der betroffene Stromkreis stillgelegt, sind die Kabelstränge stromlos, und das Feuer sollte von alleine verlöschen, da es keine weitere Energie in Form von elektrischer Spannung mehr erhält.

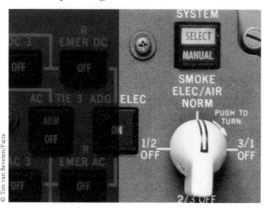

Mit dem Smoke-Elec/Air-Schalter sollen Piloten einen möglichen Brandherd im elektrischen System isolieren können.

Dazu ein MD-11-Pilot: »Dieses Ding suggeriert dem Piloten, über einen Schalter zu verfügen, der den Herd eines elektrischen Feuers im Flug erfolgreich eliminieren kann. So habe ich das jedenfalls in meiner Ausbildung mehr als einmal eingetrichtert bekommen und bis SR 111 auch bedingungslos geglaubt.« Der Nachteil: Man muss gemäß der Checkliste erst die einzelnen Schalterstellungen vornehmen und warten, ob der Rauch geringer wird. Das kann bis zu 30 Minuten dauern. Dabei schaltet der Pilot teilweise wichtige Systeme zur Flugdurchführung ab und später wieder zu. Erst wenn eine Schalterstellung zum Erfolg geführt hat oder erfolglos alle Schaltungsvarianten abgearbeitet wurden, sieht diese Checkliste vor, dass die Piloten den nächsten verfügbaren Flughafen anfliegen sollen.

Die Swissair gehört zu den Fluggesellschaften, die ihre eigenen Checklisten schreibt und in die Betriebshandbücher ihrer Flotten einfügt. Die MD-11-Checklisten wurden vom technischen Piloten der Gesellschaft, Kapitän Ruedi Bornhauser, in enger Zusammenarbeit mit dem Flugzeughersteller McDonnell-Douglas konzipiert. Im Wesentlichen handelt es sich um die Originalchecklisten, die Bornhauser auf einen Swissair-Standard gebracht hat, wobei er sie an einigen Stellen sogar gegenüber dem Original verbesserte. »Wir sind damals bei der Überarbeitung dieser Checklisten zu keiner Sekunde von einer solchen Situation ausgegangen, wie sie hier bei SR 111 dann eingetreten ist. Das war schlicht außerhalb selbst unserer kühnsten Überlegungen, was einer MD-11 alles widerfahren könnte«, sagt Bornhauser heute.

Die Swissair-eigene Checkliste ging davon aus, dass im Fall eines elektrischen Feuers zunächst der Strom für alle Nebensysteme in der Kabine abgeschaltet wird. Das erfolgt durch Betätigung des so genannten Cabin-Bus-Schalters. Der Kabinenstromkreis versorgt für den Flug unwichtige Nebensysteme, wie die Öfen der Bordküchen, die Kabinenbeleuchtung oder die Toilettenspülungen, mit Strom.

Dazu gehört eigentlich auch das Bordunterhaltungssystem IFEN. Genau an dieser Stelle gibt es jedoch ein Problem: Das IFEN war dort gar nicht angeschlossen, folglich wurde es mit der ersten Schaltung auch nicht abgestellt. Vielmehr war es an einem Stromkreis angeschlossen, der für die Flugführung wesentliche Systeme der Flugzeuges mit Strom versorgte. Dass diese Art des Anschlusses keine gute Lösung war und dass das System besser an die für die Flugdurchführung unwesentliche Stromversorgung angeschlossen sein sollte, räumt die Swissair in einem internen Rundschreiben sogar selbst ein. Zum eigentlich sinnvolleren Anschluss an den Cabin Bus schreibt der Technische Pilot der MD-11 in einer Information von 1998: » ... Dies würde es einfacher machen, das System abzuschalten, wenn es zu irgendeiner Störung kommt, und nicht wesentliche Systeme zur gleichen Zeit beschädigen.«

Doch waren diese Details den Piloten Zimmermann und Löw in jener verhängnisvollen Nacht auch bekannt? Hätten sie eine Chance gehabt, das IFEN – wäre es ursächlich gewesen – mit den ihnen zur Verfügung stehenden Verfahren stillzulegen? Das IFEN hing an der Hauptstromversorgung, dem AC BUS Nr. 2. Dieses System wird erst durch die Smoke-Elec/Air-Schalter-Position Nr. 2 stromlos. Doch wird es das wirklich? Das MD-11-Flughandbuch ist hier nicht sehr präzise, wie ein dadurch verunsicherter MD-11-Pilot bestätigt: »Bisher hatte ich nie Anlass, das zu hinterfragen«, sagt er, der die MD-11 inzwischen über 3000 Stunden geflogen ist. »Ich bin mir heute, nach dem Unfall, überhaupt nicht mehr sicher, ob die gesamte Stromversorgung aller Systeme am AC BUS Nr. 2 abgeschaltet wird. Das Handbuch spricht da nämlich von der Abschaltung verschiedener einzelner ›Kanäle‹. Wie das letztlich wirklich alles verkabelt ist und wo der Strom entlang fließt, kann ich beim besten Willen nicht sagen.« Und auch der Chefermittler Vic Gerden räumt heute ein, dass es infolge der Bedienung zu einer Vielzahl von komplexen, teilweise vollautomatischen Schaltvorgängen hinter der Bedieneroberfläche im Cockpit kommt. So kann es zum Beispiel vorkommen, dass sich der Pilot in einer bestimmten Schalterstellung den Strom zu den Kraftstoffpumpen ausstellt, was dazu führt, dass die Turbine aufgrund von Spritmangel einfach stehen bleibt oder er die Ablassventile leicht öffnen kann.

Es ist höchst fraglich, ob den Piloten von SR 111 diese Zusammenhänge in der Kürze der ihnen zur Analyse des Problems verbliebenen Zeit überhaupt klar geworden sind. Aufgrund des Mitschnittes des Funkverkehrs gibt es Anhaltspunkte dafür, dass Zimmermann begonnen hatte, die Checkliste abzuarbeiten, jedoch ohne rettenden Erfolg. Aufgrund der irrtümlich auf den Funkverkehr gelangten Sätze ist auch denkbar, dass Zimmermann zunächst mit der Checkliste »Air-Conditioning Smoke« begonnen hatte. Diese Checkliste kommt in der Reihenfolge noch vor der Checkliste für »Electrical Smoke« und ist ähnlich aufgebaut.

Nur werden hier die einzelnen Druckluftsysteme ab- und wieder zugeschaltet. Zwischenzeitlich soll die Besatzung warten, ob der Rauch nachlässt. Tut er das, soll das betreffende System abgeschaltet bleiben. Aber genau dieses systematische Befolgen der Checklisten erfordert Zeit, und die Situation an Bord von SR 111 ließ genau das nicht zu. Zehneinhalb Minuten nach dem »Pan Pan Pan«-Funkruf erklärt SR 111 die Luftnotlage und teilt mit, dass man jetzt sofort landen müsse. Eine Minute später bricht die Stromversorgung der Maschine zusammen. Der Funkkontakt reißt ab. Das lässt den Schluss zu, dass das Feuer zwischenzeitlich so fortgeschritten war, dass die Kabelbündel zu zahlreichen Systemen wie Funkkommunikation, Flugdatenschreiber, Instrumentenanzeigen und einigen mehr stark beschädigt beziehungsweise verbrannt waren.

Wenn ausschließlich das Unterhaltungssystem IFEN für den Rauch an Bord verantwortlich gewesen wäre, dann hätten Zimmermann und Löw eventuell eine Chance gehabt, das System erfolgreich stillzulegen: Sie hätten das IFEN durch das Ziehen aller Sicherungen des Systems an der seitlichen Schalttafel im Cockpit abschalten können. Doch hierfür gibt es bei der Swissair kein Verfahren. Das System war nachträglich eingebaut worden. In den Checklisten taucht es nicht auf. Nur ein technisches Bulletin aus der Einführungsphase gab Aufschluss über die entsprechenden Sicherungen. Ein Bulletin hat jedoch nicht die gleiche Wertigkeit wie eine Checkliste und ist vor allem nicht so schnell zur Hand, wenn man die Anweisung braucht. Der Pilot ist auf seinen Wissensstand über die Systeme angewiesen, also auf das, was ihm im Gedächtnis haften geblieben ist.

Zudem hätte einer der Piloten zunächst diese Sicherungen auf der seitlichen Schalttafel ziehen müssen. Ein höchst unrealistisches Szenario also, insbesondere in der extremen Situation, in der sich beide Piloten befanden. Es ist ferner fraglich, ob diese Aktion das Feuer hinter der Deckenverkleidung damit auch wirklich zum Verlöschen gebracht hätte. Denn solche Überlegungen setzen voraus, dass zwischenzeitlich nicht gar schon andere für die Flugdurchführung wesentliche und somit weiter unter Strom stehende Kabelbündel in Mitleidenschaft gezogen worden waren.

Jedoch sind nach dem derzeitigen Stand der Erkenntnisse auch ganz andere Szenarien denkbar. Darunter ist etwa ein defekter Dimmerschalter im Cockpit, ein Kurzschluss in einem der Bordküchenöfen, ein eventuell überhitztes Gebläse der Klimaanlage, Beschädigungen der Kabel im unmittelbaren Bereich der vorderen Schiebetüren, ganz allgemein Schädigung von Kabelsträngen durch Wartungsarbeiten oder sogar durch vorzeitige Alterungsprozesse, die unglückliche und gefährlich nahe Verlegung von Sauerstoffleitungen und Teilen der Klimaanlage an elektrischen Leitungen und vieles mehr. Die vertrauliche Liste des TSB umfasst immerhin 25 Punkte, die die Unfallermittler von Halifax genauer unter die Lupe genommen haben, jedoch ohne bisher dirkete Erkenntnisse daraus ableiten zu wollen oder zu können. Wie soll das einer Cockpitbesatzung in 16 Minuten gelingen, die zwischen Leben und Tod liegen?

Aufgrund der Erkenntnisse, die erst nach dem Unfall von SR 111 in Luftfahrt-Expertenkreisen zu zirkulieren begonnen haben, wird klar, dass wohl eine der Ursachen unter anderem mit dem Verkabelungsprinzip zusammenhängen könnte. Niemand war bei der Konstruktion, der Zulassung und dem Bau der MD-11 davon ausgegangen, dass das ausgeklügelte Smoke-Elec-Switch-System überhaupt keinen Sinn mehr macht, wenn durch elektrischen Funkensprung ein Feuer in den Kabelsträngen fortschreitet (vgl. Kapitel 4). Dies vor allem noch an einer Stelle, wo viele wesentliche Kabelstränge zusammenlaufen. Damit waren Maschine und Piloten möglicherweise einer Vielzahl ihrer Redundanzsysteme beraubt. Umso wichtiger wäre es gewesen, die MD-11 unter allen Umständen in der kürzesten Zeit auf den Boden zu bringen. Das weiß man zumindest heute.

Auch der amerikanische Swissair-Partner Delta-Air-Lines fliegt die MD-11. Beim Blick in die Checklisten der Delta-Piloten fällt jedoch auf: Hier gibt es beim gleichen Flugzeugtyp zum Teil völlig andere Verfahren. Insbesondere für den Fall von Rauchentwicklung weist eine erste Checkliste mit dem Titel »SMOKE IDENTIFICATION/REMOVAL« (Rauchidentifizierung/Beseitigung) die Piloten ganz entschieden auf eine Gefahr hin, die in der Swissair/McDonnell-Douglas-Checkliste nicht erwähnt wird: Nachdem die Piloten bei Delta als Erstes die Sauerstoffmasken aufzuziehen haben und die Anschnall-/Nicht-Rauchen-Zeichen einschalten sollen, kommt ein kleiner abgesetzter Abschnitt mit der Überschrift »WARNUNG«: »– Besatzungsmitglieder müssen auf ihre Stationen. – Gehen Sie davon aus, dass aller Rauch und Dämpfe toxisch sind ...«

Es folgt das Einschalten der Notfallbeleuchtung und eine ganz klare Anweisung, wie jetzt weiter zu verfahren ist: »Sinken Sie und fliegen Sie den nächsten geeigneten Flughafen an.« Erst dann folgt das eigentliche Abarbeiten von spezifischen Verfahren und Schalterstellungen, wie es der Hersteller auch in seiner Original-Checkliste vorgesehen hat.

Noch ein Aspekt ist in diesem Zusammenhang möglicherweise von Bedeutung: Die Sauerstoffvorräte für die Masken der Piloten sind auf maximal 78 Minuten begrenzt. Zimmermann und Löw flogen seit 1:14 Uhr mit Sauerstoff. Die Maschine stürzte um 1:31 Uhr ab. – Waren die Zuleitungen vom Feuer in Mitleidenschaft gezogen worden, der Sauerstoff ausgeströmt, und hatte das ein Feuer weiter angefacht?

Die Zeitspanne, die verging, bis die Piloten nach den ersten Anzeichen von Rauch das Ausmaß der Gefahr richtig einschätzten, wird für die spätere, juristische Betrachtung des Unfalls sicherlich von entscheidender Bedeutung sein. Schwer wiegt in diesem Zusammenhang das Argument, dass Kapitän Zimmermann als

Ausbilder und Trainingspilot hätte wissen müssen, wie wichtig eine sofortige Landung unter allen Umständen gewesen wäre. Immerhin war das Thema von Feuer und Rauch im Flug bei Swissair kein Novum. Der glücklich abgelaufene Zwischenfall von SR 551 in München (vgl. Kapitel 4), der ja von der Gesellschaft zu einem Trainingsschwerpunkt gemacht wurde und Zimmermann bestens bekannt war, unterstrich deutlich die Notwendigkeit einer raschen Entscheidung zur Landung.

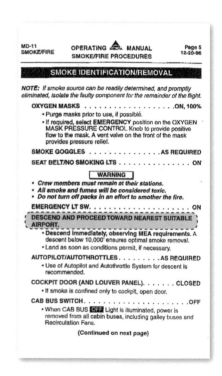

Links die Original-MD-11-Checkliste der Swissair. Das Abarbeiten kann bis zu 30 Minuten dauern. Erst ganz unten steht: »Auf dem nächsten verfügbaren Flughafen landen.« Rechts dagegen die Delta MD-11-Checkliste: Hier erfolgt diese Anweisung früher, bevor zeitraubendes Abarbeiten durchgeführt wird.

Im Mai 1999 begann dann die Swissair, wie viele andere Fluggesellschaften schon kurz nach dem Unfall, ihre eigenen Verfahren und Checklisten einer kritischen Überprüfung zu unterziehen und konsequenterweise zu ändern. Im Juni 1999 teilte man den Piloten der unterschiedlichen Flotten mit, dass mit den Sicherungen im Cockpit zukünftig anders als bisher zu verfahren sei. Den Besatzungen ist es jetzt ausdrücklich verboten, herausgesprungene Sicherungen während des Rollvorgangs oder im Flug wieder reinzudrücken. Jeder Vorfall soll ausdrücklich im Logbuch festgehalten werden.

SR 111 hat auf dramatische Weise klargemacht, dass die Bekämpfung eines elektrischen Feuers an Kabelsträngen, irgendwo hinter Verkleidungen und Abdeckungen, für eine 2-Mann-Besatzung im Flug schier unmöglich ist. Checklisten, und sind sie noch so ausgeklügelt, können einfach nicht jeden erdenklichen Notfall abdecken. Im Gegenteil: Im Fall von SR 111 führten sie sogar in eine Sackgasse. Daher haben zahlreiche internationale Fluggesellschaften schon kurz nach Bekanntwerden erster Details über den Unfall – bereits im Oktober 1998 – zumindest im Stillen und ganz »intern« reagiert: Flottenchefs und Ausbildungspiloten verschiedenster Flugzeugtypen gaben mündlich die Parole an ihre Kollegen aus: »Wenn ihr Feuer oder Rauch habt, sofort landen! Vergesst die Checkliste ›Feuer und Rauch‹. Macht sie allenfalls erst, wenn ihr im steilen Sinkflug auf den nächsten Flughafen seid und dafür Zeit habt.«

Nirgendwo findet sich diese Anweisung bislang jedoch schriftlich dokumentiert. In diesem Zusammenhang weiterhin unbeantwortet blieb auch die schüchtern vorgetragene Frage eines altgedienten Boeing-747-400-Kapitäns einer großen europäischen Fluggesellschaft: »Schön, und was bitte mache ich mitten über dem Atlantik …?«

Ratlosigkeit bei Boeing–McDonnell-Douglas

Fast neun Monate brauchte der Flugzeughersteller Nr. 1, um mit einem so genannten All Operator Letter (AOL) seine Ratlosigkeit auf Papier zu dokumentieren. Mit dem Bulletin, das Boeings MD-11-Chef-Testpilot Tom Melody am 1. Juni 1999 an alle MD-11-Betreiber verschickte, erntete die Abteilung »Kundenbetreuung« allerdings nur wenig Lob von Seiten der internationalen Pilotenschaft. Die Reaktionen kamen eher einem konzertierten Aufschrei gleich. Verschiedene MD-11-Betreiber, darunter an erster Stelle die Swissair, hatten seit dem Absturz von SR 111 auf den sachkundigen Rat und die Hilfe des Herstellers gedrängt. Wie sollen sich die Piloten im Fall eines Feuers am besten verhalten? Was empfiehlt derjenige, der das

Flugzeug und seine Systeme konstruiert hat und es daher besser kennt als jeder andere?

Die Antworten, die sich über vier Seiten erstrecken, sind in ihrer Quintessenz alles andere als befriedigend: Piloten müssen ein Verfahren improvisieren, das der jeweiligen Situation gerecht wird. Vermutlich wurde das Schreiben jedoch auch im Hinblick auf die noch anstehenden Gerichtsverfahren von einem »Rechtsgelehrten« vor der Versendung noch ein wenig verwässert. Ein übliches Procedere bei US-amerikanischen Großkonzernen.

Immerhin macht das Bulletin ein paar glasklare Aussagen zum Thema »Rauch- und Feuer-Verfahren« an Bord der MD-11:

Boeing stellt heraus, dass die Checkliste für Rauch in der MD-11 von der Checkliste des Vorgängermodells DC-10 abstammt. Der Smoke-Elec-Drehschalter übernimmt dabei die Funktion, die ehemals dem Flugingenieur oblag, der einzelne Systeme der Reihe nach abschaltete, um eine mögliche Rauchquelle zu isolieren. Doch gleich im darauf folgenden Abschnitt kommt eine gravierende Einschränkung: »Wenn eine elektrische Fehlfunktion zu einem Feuer führt, wird eine Isolation und Abschaltung dieser Quelle nicht unbedingt das Feuer zum Verlöschen bringen.« Weiter heißt es: »Er (der Smoke-Elec-Drehschalter, Anm. d. Verf.) kann nicht dazu benutzt werden, alle möglichen Gefahren, die aus einem elektrischen Kurzschluss herrühren, zu verhindern.«

Im nächsten Abschnitt beschäftigt sich Boeing mit den Verfahrensschritten der Checkliste »Smoke/Fumes Of Electrical, Air Conditioning, Or Unknown Origin«, die von der Besatzung der SR 111 zumindest in Anfängen abgearbeitet worden war. Boeing schätzt, dass das Abarbeiten dieser Checkliste bis zu 30 Minuten Zeit in Anspruch nehmen kann – die SR 111 zerschellte jedoch 16 Minuten, nachdem man Rauch im Cockpit gemeldet hatte. Die dann folgenden Ausführungen des Flugzeugherstellers Boeing könnten ebenso gut aus dem Buch »Catch 22« des amerikanischen Autors Joseph Heller stammen: »Die Besatzung muss Vorsicht walten lassen und nicht zu schnell durch die verschiedenen Schalterstellungen gehen, weil die Ursache des Rauches und/oder des Feuers sonst unentdeckt bleiben könnte. Andererseits, je mehr Zeit man in einer Schalterstellung verweilt, um so länger wird es dauern, bis andere potentielle Quellen isoliert werden.« Das heißt mit anderen Worten, für welche Möglichkeit man sich auch immer entscheidet, es könnte die verkehrte sein. Piloten, die das Bulletin bis hierher gelesen haben, ohne zu verzweifeln, büßen ihren Optimismus spätestens zwei Sätze später ein. Da heißt es: »Die Besatzung muss sich darüber bewusst sein, dass im Falle eines schwer wiegenden Kurzschlusses die vollständige Isolation eines Hauptstromkreises nicht möglich sein kann. Weitere Fehlersuche, wie das Ziehen von Sicherungen – wenn der betroffene Stromkreis identifiziert werden kann –, könnte notwendig sein.«

Aber es soll noch besser kommen. Im nun folgenden Abschnitt beschreibt Boeing einige Optionen, die sich einer Besatzung in einer solch prekären Situation noch bieten. »Wenn sich das Flugzeug in einer zumutbaren Position zur Landung befindet, kann die Besatzung alternative Verfahren wählen.« Es folgen einige Ratschläge, wie man das Notstromsystem aktivieren könnte. Die Entscheidung jedoch, welches Verfahren in der jeweiligen Situation angemessen ist, bleibt dann wieder dem Kapitän überlassen. Boeing stellt hier selbst einige Überlegungen an und schreibt wörtlich: »Wie weit ist der nächste verfügbare Flughafen? Muss Treibstoff abgelassen werden? Gibt es ein bestätigtes Feuer? Die Liste der Variablen ist für den Hersteller zu groß, als dass er ein einziges Verfahren für alle erdenklichen Fälle entwickeln könnte. Basierend auf seiner Erfahrung und Einschätzung, soll der Kapitän sein Verständnis über Flugzeugsysteme und die persönliche Einschätzung der Situation nutzen, um die beste Vorgehensweise zu finden.«

Hier ist dann der Punkt erreicht, an dem man Militärpiloten in ihrer Ausbildung mit allem Nachdruck klarmacht, dass sie jetzt spätestens ihren Schleudersitz benutzen müssen und ihr Flugzeug augenblicklich zu verlassen haben. Doch leider werden MD-11 bislang serienmäßig nicht mit bis zu 250 Schleudersitzen ausgestattet.

Offenbar ist dieses Schreiben in großer Eile verfasst worden, denn einige wesentliche Aspekte, die zum Teil auch im Fall von SR 111 eine Rolle gespielt haben, werden hier überhaupt nicht erwähnt. Wie zum Beispiel soll eine Besatzung mitten in der Nacht, bei möglicherweise schlechtem Wetter, ohne Licht und wesentliche Bildschirmanzeigen im Cockpit, dem Ausfall von Landescheinwerfern sowie elektrischen Treibstoffablassventilen, die sich zu allem Überfluss wegen des Ausfalls oder der Abschaltung des Stroms nicht öffnen lassen, auf einem ihr völlig unbekannten Flugplatz mit einer vielleicht gerade ausreichenden Landebahnlänge eine Notlandung hinlegen? Boeings Ratschlag auf Seite 3 des Bulletins: »Überlegen Sie, ob Sie lieber auf dem Boden – oder in der Luft sind«, grenzt da fast schon an Zynismus.

Aber damit noch immer nicht genug: Der auf derselben Seite weiter unten folgende Abschnitt bringt nicht nur erfahrene MD-11-Piloten zur Weißglut: »Boeing hat Monate damit verbracht zu überlegen, ob die existierenden Verfahren für die Identifikation und Isolierung von Rauch und Dämpfen hinreichend sind, und ist zu der Überzeugung gelangt, dass die derzeitigen Verfahren angemessen sind. Eine Überprüfung aller vorangegangenen Rauchzwischenfälle von in Betrieb befindlichen Maschinen hat bestätigt, dass eine überwiegende Mehrheit durch die Benutzung des existierenden Cabin-Bus-Abschalten/Rauchschalter-Verfahrens hätte isoliert werden können. Wie dem auch sei, die ein spezifisches Ereignis begleitenden Umstände können es erforderlich machen, dass eine Besatzung ihr Urteilsvermögen nutzen muss, um sich Verfahren zu modifizieren oder zuzuschneidern.«

Zum Schluss gibt Boeing den Ball dann gleich noch an die gesamte Luftfahrtindustrie weiter: »Hier sind einige Punkte, von denen Boeing meint, dass sie geeignet sind, um auf einer Industrie-weiten Basis (gemeint ist: aller an der Luftfahrt beteiligten Parteien, Anm. d. Verf.) weiter überlegt zu werden:

- **A.** Gibt es Trainingsprogramme, wie Feuer im Flug bekämpft werden können? Gibt es Anleitung durch Feuerbekämpfungsspezialisten?
- **B.** Sind Feuer im Flug anders als Feuer am Boden?
- **C.** Gibt es Verfahren, die den Einsatz von Flugbegleitern im Cockpit beinhalten?
- **D.** Haben Besatzungen Feuerbekämpfungspläne? Gibt es einen Feuer-Hauptmann? Wenn Sie ein Feuer im Flug haben, ist es zu spät, einen Plan zu entwickeln.«

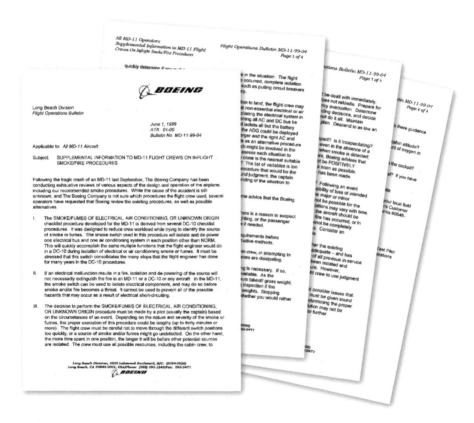

Schreiben des Flugzeugherstellers Boeing an seine MD-11-Kunden, Juli 1999: Mehr offene Fragen als klärende Antworten ...

Diese letzten vier Punkte offenbaren nicht nur die Ratlosigkeit im Hause Boeing, sondern sie zeigen auch ziemlich deutlich die Richtung an, in die Boeing die Lösung des Problems am liebsten verlagern würde: Wir begegnen dem Problem eines Feuers an Bord mit einigen zusätzlichen Trainingsprogrammen für die Besatzungen, und schon ist das Problem im Griff. – Sicher, Flugbegleiter werden zukünftig auch als Feuerwehrmänner und -frauen in die Pflicht genommen und erhalten eine Grundschulung, wie man ein elektrisches Feuer hinter geschlossenen Kabinendecken und Verkleidungen in Schach halten kann. Da die auf zwei Piloten reduzierten Cockpitbesatzungen mit der Bewältigung einer solchen Situation eventuell überfordert sein könnten, wird ein Flugbegleiter zur Hilfskraft im Cockpit abgestellt. Ist man den dritten Mann dort, dank des technischen Fortschritts, gerade losgeworden, könnte man ja jetzt den »Chef der Kabine« zu einer Art »Hilfsflugingenieur« mit besonderen Aufgaben befördern. Fehlt eigentlich nur noch, dass die Airlines Frequent-Flyer-Bonusmeilen an diejenigen Passagiere verteilen, die dann die Kabinenbesatzung bei ihren Aufgaben der Feuerbekämpfung sowie bei der Vorbereitung auf eine anstehende Notlandung unterstützen und sich dazu schon vor dem Abflug bereit erklären …

Die Vertretung des fliegenden Personals der Swissair – die Aeropers – entschied sich für einen anderen Weg in der Auseinandersetzung mit dem Themenbereich »Feuer und Rauch an Bord«. In einem internen Communiqué vom 1. Mai 1999 teilt man den Kolleginnen und Kollegen immerhin schon einmal mit, welche Gefahren mit einem Funkenbogen assoziiert sind. Auch findet sich dort der für Piloten wertvolle Hinweis, dass die Sicherungen in einem solchen Fall nicht unbedingt ansprechen müssen, und es wird davor gewarnt, eine eventuell doch rausgesprungene Sicherung wieder reinzudrücken (vgl. Kapitel 4).

Auch bei der Aeropers weiß man nicht, was zu dem Ausbruch des Feuers geführt hat, aber man zieht einen »Kurzschluss« oder einen »Funkenbogen« als Möglichkeit in Betracht.

Der letzte Teil des einseitigen Schreibens der Aeropers befasst sich mit den Themenbereichen, die von dem Unfalluntersuchungsteam des internationalen Dachverbandes der Berufspiloten (IFALPA) zur Diskussion gestellt werden: Als Erstes werden die Checklisten angesprochen. Im Zusammenhang mit ihnen wünschen sich die Piloten ein Verfahren, das so viel elektrische Energie wie möglich von den Flugzeugsystemen abzieht und dadurch das Niveau der Stromversorgung auf ein Mindestmaß herunterfährt. Weiterhin wünscht man sich ein System, mit dem die Besatzung im Cockpit ein Feuer frühzeitig entdecken und löschen kann, ohne dabei ihre Sitze verlassen zu müssen. Die so genannten Standby-Instrumente sollen mit einer eigenen (Batterie-)Stromversorgung im Instrument ausgestattet werden. Außerdem wird ein unabhängiges Stromversorgungssystem gewünscht, das die Flug- und Navigationsinstrumente des Kapitäns sowie sein Funkgerät versorgt. Besorgt ist man über das Design, die Schriftart, Größe, Druckfarbe und Hintergrundfarbe der Checklisten, da diese nach Ansicht der Piloten für die Crew von SR 111 nicht optimal waren. Zu guter Letzt hätte man gerne ein Rauch- und Hitzemeldesystem im Schaltraum unter dem Cockpit. Zu all diesen Punkten hat Boeing sich bislang nicht geäußert – jedenfalls nicht öffentlich.

Dabei ist die nachdrückliche Forderung nach einer abgeschirmten Notstromversorgung wesentlicher Flugzeugsysteme nichts Neues. Ein pensionierter Flugkapitän in Australien hat solche Überlegungen auf seiner Internetseite schon kurz nach dem Absturz angestellt und umfangreiches Material dazu zusammengetragen. Für ihn ist dieser »Virgen-Bus«, wie er ihn nennt, die einzige gangbare Lösung, um ein Flugzeug im Falle eines elektrischen Feuers überhaupt noch halbwegs sicher an den Boden zu bekommen. Unabhängig davon, ob man dieser Überzeugung nun zustimmt oder nicht – in jedem Fall ist festzustellen, dass sich derartige Überlegungen erheblich konkreter und rationaler ausnehmen als die, mit denen die Hersteller Boeing–McDonnell-Douglas aufwarteten.

Interview: Jürg Schmid, Leiter Swissair Flight Safety, MD-11-Pilot, Zürich

Angaben zur Person:
Kapitän Jürg Schmid wurde am 8. November 1944 geboren. Er ist verheiratet und Vater von vier erwachsenen Kindern. Schmid durchlief eine klassische Pilotenausbildung und übernahm bereits früh Zusatzfunktionen in der Flugaus- und -weiterbildung. Er gehört seit Beginn seiner beruflichen Karriere der Swissair an.

Nach der C-Matura begann Schmid ein Studium in Philosophie, Geschichte und deutscher Literatur. 1966 wechselte er in die Schweizerische Luftverkehrsschule (SLS) und trat ein Jahr später als Kopilot in die Dienste der in Kloten ansässigen Airline. Während seiner Pilotenlaufbahn flog er zahlreiche große Linienmaschinen: Caravelle SE 210, DC-8, DC-9, MD-80, A310, B-747 (»Jumbojet«) und MD-11. 1979 übernahm er seine erste Zusatzfunktion als so genannter Route Check Pilot auf der DC-9. Später führte Schmid diese Aufgabe auch auf den anderen Flugzeugtypen aus, die er selbst flog. Er war zudem als Simulator-Instruktor und Check-Pilot tätig und stieg 1991 zum Chefpiloten der B-747-Flotte auf. Seit Oktober 1995 ist Schmid Leiter der Flight Safety – und damit verantwortlich für sicherheitsspezifische Fragen im Zusammenhang mit den Flugoperationen der gesamten Swissair-Flotte. Wie die meisten Swissair-Piloten mit Management-Zusatzfunktionen fliegt Schmid regelmäßig im normalen Flugbetrieb als MD-11-Kapitän.

Mitte der 80er-Jahre war Schmid knapp zwei Jahre lang Präsident des Schweizer Piloten-Berufsverbandes Aeropers. Neben Vertrags- und Gehaltsverhandlungen zählte die Reglementrevision bei Schlichtungsfällen zu seinen Aufgaben. Erstmals wurde ein mehrstufiges Verfahren eingeführt, das zwischen leichten und schweren Fällen von disziplinarischen Vergehen unterschied und die letztinstanzliche Anrufung eines Schiedsgerichts vorsah.

Im Militär bekleidete Schmid zuletzt den Rang eines Oberstleutnants (1994) und war Chef der – später aufgelösten – Einsatzzentrale Erdkampf. Zuvor war er Kommandant einer Hunter-Staffel, Geschwaderführer und stellvertretender Regimentskommandant.

Jürg Schmid ist ein passionierter Bodensee-Segler.

Jürg Schmid: Zwischen Sicherheit und Profit

Herr Schmid, wie haben Sie in der Nacht auf den 3. September von dem Unglück erfahren?
Es war bei mir zu Hause etwa 5:20 Uhr. Ich schlief, und das Telefon weckte mich auf. Es war die Einsatzleitstelle der Swissair: »Wir haben den 111 verloren.« Ich solle sofort kommen, das Emergency Team werde einberufen. Ich saß zehn Minuten später im Auto, ohne Dusche und nichts. Zu diesem Zeitpunkt war mir nicht klar, ob es sich möglicherweise um eine »hot exercise« handelte, wobei ich es gewesen bin, der die letzte große Übung mit einem ähnlichen Szenario angelegt hatte. Üblicherweise verwenden wir immer ein Codewort, damit aus einer Übung nicht ein »real case« gemacht wird. Als ich abfuhr, hatte ich nichts außer meinem Aktenkoffer dabei. Wenn ich den Motor anlasse, stellt sich automatisch das Radio an, mit DRS 1. Dort läuft frühmorgens immer Volksmusik. Aber es erklang klassische Musik. Nun war es für mich klar: Es war geschehen. Mit der Musik kam für mich das Realitätsverständnis. Ich machte sofort den Link zu Würenlingen. Das war damals am Mittag, und im Radio lief ebenfalls klassische Musik. Während der Fahrt hörte ich dann erstmals die Meldung, dass SR 111 abgestürzt ist.

Wo wohnen Sie?
Nördlich von St. Gallen. Ich habe normalerweise eine Stunde, an diesem Morgen war es etwas weniger. Ich habe mich aber sehr aufs Fahren konzentriert, weil ich wusste, dass ich jetzt heil ins Operations Center kommen musste. Dort ging ich sofort in den Emergency Room. Das Team war bereits etwa zu 80 Prozent bereit. Ich hatte einen der längsten Anfahrtswege. Es war eine hoch konzentrierte, bedrückte, absolut arbeitsfähige Stimmung, etwas ganz Sonderbares. Alle waren sehr traurig, aber es wurde ganz konzentriert gearbeitet und keine überflüssigen Gespräche geführt. Man musste Fakten sammeln in dieser Phase. CNN lief ständig. Alle, die reinkamen, wurden auf den letzten Stand

gebracht. Beat Schär, der Leiter des Emergency Committee, war zu dieser Zeit unterwegs nach Genf. Sein Stellvertreter, Manfred Brennwald, hat das Committee anfänglich geleitet. Hannes Goetz, Philippe Bruggisser, Jeff Katz, alle waren schon anwesend. Sie gehören nicht zum Emergency Committee, aber sie standen hinten bei der Wand, vorne wurde gearbeitet. Ich versuchte mit meinem »counterpart« bei Delta Air Lines, Jim Anderson, Kontakt aufzunehmen. Ich erreichte ihn vorerst nicht. Etwa um acht Uhr wurde entschieden, das »Go-Team« zu bestellen. Ich übernahm die Punkte Operations und Investigation. Kurt Straumann kam als mein Stellvertreter mit. Ich wollte MD-11-Knowhow bei mir haben. Er ist Instruktor. Weiter kamen mit Martin Rau, stellvertretender Chefpilot MD-11, Jeff Katz und Lee Shave vom Management sowie Vertreter der Medienstelle, von SR-Technics und vom Care Team, insgesamt etwa 15 Personen, ferner die Medienleute. Ein Airbus A310 wurde freigemacht, der vor dem Mittag abflog.

Sie hatten gar keine Ersatzkleider dabei.
Nein, die habe ich mir von einem Kollegen geborgt, der in der Nähe wohnte. Rückblickend hätte ich mir diese fünf Minuten zu Hause natürlich nehmen sollen, um einen Koffer zu packen. Aber das spielt keine Rolle in solch einem Fall.

Sie sind selbst MD-11-Pilot. Wann haben Sie zum ersten Mal an ihre beiden Kollegen gedacht?
Im Emergency Room bat ich zuerst um aktuelle Informationen, dann fragte ich sofort, wer geflogen war. Urs Zimmermann kannte ich sehr gut, wir arbeiteten auch im Militär zusammen. Stephan Löw kannte ich nur vom Sehen, wir waren nie gemeinsam geflogen. Von der Kabinenbesatzung waren mir drei, vier Mitglieder persönlich bekannt. Meine Reaktion war, wenn es diese beiden Piloten waren, dann kann nicht irgendein kleiner Zwischenfall der Auslöser gewesen sein. Ich habe die Professionalität des Cockpits als sehr hoch beurteilt. Insofern spürte ich sogar Erleichterung in dieser Traurigkeit. Ein seltsames Gefühl, um es zu beschreiben. Wobei wir zu diesem Zeitpunkt immer noch nichts Genaues über den Zustand der Leute wussten. Aber es herrschte wenig Optimismus.

Hatten Sie jemals Hoffnung?
So wie die Meldungen lauteten, dachte ich, wenn es Überlebende gibt, dann nur wenige. Es gab Unfälle, wo 80 oder 90 Prozent der Passagiere davonkamen. Aber so hörte sich das nicht an. Ich wäre um jeden Überlebenden froh gewesen. Aber ich hatte kein gutes Gefühl.

Sie flogen dann in der Sondermaschine nach Halifax. Was spielte sich an Bord ab?
Die A310 hat kein Satellitentelefon. Also saß ich während des ganzen Fluges im Cockpit und versuchte, über Radio Berna auf einer Funkfrequenz praktisch nur für mich, mit

Zürich in Verbindung zu stehen und letzte Updates zu kriegen. Wir mussten die acht Stunden Flugzeit informationsmäßig überbrücken können. Gemeinsam mit den anderen haben wir die Organisation vorbesprochen – und uns immer wieder gefragt, was eigentlich geschehen ist. Das normale pilotische Denken lief dauernd mit. Als Verantwortlicher für die Flugsicherheit stellten sich mir bald auch die Fragen: Habe ich etwas nicht gesehen? Habe ich einen Anteil an der ganzen Geschichte? Habe ich in den Bereichen Training oder Verfahren etwas nicht gesehen?

Zu welchem Resultat kamen Sie?
Ich würde gerne wissen, wo wir etwas verbessern müssen. Das ist ja das Problem, in dem wir drinstecken. Die Faktenlage ist so wenig aussagekräftig, dass wir einfach keine Rückschlüsse ziehen können.

Durch den Absturz bei Halifax ist das Kabelproblem zu einem der brisantesten Themen in der Flugsicherheit geworden. Deshalb ist SR 111 auch ein derart herausragender Unfall. Ohne den Unfalluntersuchungen vorgreifen zu wollen: Ist der Bereich Kabel Ihrer Meinung nach ein Problemkind?
Aus der momentanen Perspektive ist es tatsächlich ein Problemkind. Aber nicht auf unserer Stufe. Wenn, dann besteht ein Problem bei den Herstellern und Aufsichtsbehörden.

Aber im Bereich Training müssten Sie eigentlich trotzdem beunruhigt sein. Feuer an Bord bedeutet: Sofort landen. Das hat das Unglück von Halifax einmal mehr bewiesen. Und da gerät unweigerlich die Verantwortung der Flugsicherheit ins Spiel.
95 Prozent der Rauchfälle in Flugzeugen haben nichts mit Feuer zu tun. Das ist ja das Problem.

Sondern?
Zum Beispiel mit Air-Conditioning. Irgendein Öltropfen gerät in dieses System und produziert Geschmack oder sichtbaren Rauch. Das ist am häufigsten. Dass Rauch und Feuer zusammen kommen, ist viel seltener.

An Bord von SR 111 haben die Flugzeugkabel bei dem Feuer eine entscheidende Rolle gespielt. Diese Erkenntnis lassen die bisherigen Untersuchungsergebnisse zu. Sie fliegen selbst die MD-11. Was überlegen Sie sich, was man tun könnte?
Wenn ich wüsste, es war die Isolation bei einem bestimmten Kabel, gäbe es nur eine Konsequenz: Kein Flugzeug kaufen. Aber man darf nicht das Gefühl haben, man könne einen Hersteller beeinflussen und sagen, ich will dieses oder jenes nicht so.

Nochmals Thema Kabel. Man weiß, dass das Verhalten des Kabelisolationsmaterials Kapton ...

... sehr gut ist. Kapton brennt nicht. Es verkohlt direkt. Das Problem ist, dass bei einer Verkohlung Sprünge entstehen, und das kann zu Funkenbögen führen. Aber es brennt nicht. Es ist ein feuerresistentes Isolationsmaterial. Andere sind feueranfälliger.

Weshalb wurde Kapton dann vom US-Militär aus allen Kampfflugzeugen verbannt? Und warum wird es von Boeing und Airbus seit einem halben Jahr nicht mehr eingebaut?

Alle Komponenten von Flugzeugen werden dauernd weiter entwickelt, so auch die Kabel. Ich selbst bin nicht Kabelexperte, um hier kompetent Auskunft geben zu können.

In einer Schwestermaschine der abgestürzten MD-11 aus der Swissair-Flotte haben wir Originalkabel von Boeing aus Kapton gefunden, die mehr als 90 Grad gebogen waren. Das ist untersagt.

All das hängt eben mit den Entschlüssen zusammen, was wir künftig tun müssen.

Aber was sagen Sie Ihren Piloten in dieser Zwischenphase der Unfalluntersuchung, in der eben nichts klar ist und die Flugzeuge weiter ihren Dienst verrichten – mit der Gefahr, dass jeden Tag dasselbe Problem wieder eine Katastrophe auslösen kann?

Wir haben unsere Verfahren überprüft und gefragt: Stimmen sie auch jetzt, genau unter diesen Voraussetzungen? Die Antwort ist ja. Wir haben momentan keinen Grund, unsere Vorschriften zu ändern. Wir haben zwar gewisse Fragezeichen, aber nicht mehr. Wir kennen weder den Brandherd noch die Brandursache. Vielleicht besäßen wir dann eher einen Grund, konkrete Schritte zu unternehmen, was die Verfahren im Cockpit anbelangt. Was wir uns überlegen, ist, ob wir die verschiedenen Checklisten für den Rauchnotfall zusammenlegen sollen. Rauch ist einer der schwierigsten Vorfälle, um im Cockpit zu beurteilen, wo die Quelle ist. Vor allem, wenn ich kein sichtbares Feuer habe, das ich bekämpfen kann. Wenn sich Rauch durch die Air-Condition im Flugzeug verteilt, kann er von überall her stammen.

Die Cockpitbesatzungen wurden in den modernen Passagiermaschinen auf zwei Personen verkleinert. Früher gab es noch den Bordingenieur, einen versierten Techniker, der auch Kapazitäten hatte, einer Ursache auf den Grund zu gehen oder ein Feuer zu bekämpfen. Heute ist die Crew im Notfall festgenagelt: Einer fliegt, der andere geht durch die Checklisten. Ist es deshalb nicht angebracht zu sagen: Wenn Rauch auftritt, wird gelandet. In jedem Fall. Und das wird auch im Training konsequent so geübt.

Da bin ich einverstanden. Rauch ist eines der kritischsten Bedrohungsszenarien auf einem Flug. Und da wird gelandet, das ist klar. Es wird immer wieder gerne vergessen: SR 111 ist notfallmäßig abgesunken. Darauf weisen alle Indikatoren hin.

In Kanada werden die Aufzeichnungen des Cockpit-Voicerecorders für die Öffentlichkeit unter Verschluss gehalten. Würden Sie das anders machen wollen?
Entweder man publiziert sie gleich im Blick, *oder man hält sie restriktiv zurück. Es gibt nichts zwischendrin. Mir ist die kanadische Lösung lieber.*

Diese Haltung kann Vorfälle wie im Wall Street Journal **provozieren, das Auszüge abdruckte und dadurch eine Indiskretion beging.**
Meine Erfahrungen sind, dass man die Presse nicht beeinflussen kann. Sie macht, was sie will – nicht, was die Fakten sagen. Sonst hätte das Wall Street Journal *auch die Darstellung des TSB zu diesem Auszug abdrucken müssen. Das wurde nicht gemacht. Diesen Glauben habe ich schon lange verloren. Das Cockpitaufzeichnungsgerät ist ein Werkzeug, um Unfälle aufzuklären und die Sicherheit zu erhöhen. Es ist nicht dazu da, Effekthascherei in der Öffentlichkeit zu betreiben. Dann müsste man in jeder Verwaltungsratssitzung ein Mikrofon platzieren und bei einem Konkurs des Betriebes diese Bänder veröffentlichen. Das wäre ein Äquivalent. Oder bei jeder Redaktionssitzung. Wenn dann wieder ein Mist herauskommt, etwas, das faktisch absolut daneben ist, dann müsste man ja den verantwortlichen Mann sofort entlassen. Was würden Sie da sagen?*

Das geschieht immer wieder mal. Gehen wir nochmals zurück zu den ersten Stunden. Was trafen Sie an, als Sie am Unglücksmorgen in der Swissair-Sondermaschine in Halifax ankamen?
Wir wurden erwartet und mussten wunderbarerweise in Halifax keine Formalitäten erledigen. Wir haben uns aufgeteilt. Unter Führung von Jeff Katz ging eine Gruppe in die Stadt, ins Lord Nelson Hotel, wo die Delta Air Lines uns einquartiert hatte. Ich fuhr mit Lee Shave auf die Militärbasis Shearwater. Von dort flogen wir an Bord einer Hercules-Maschine über das Absturzgebiet. In dieser Phase wurde auf dem Meer immer noch gesucht. Die Bergung begann erst am nächsten Tag. Die Hercules hat Plexiglas bei den Türen. Wir flogen auf etwa 1000 Fuß. Dort oben wurde mir sofort klar, dass niemand eine Chance gehabt hatte. Auf dem Meer schwammen immer noch die Leichtteile, meistens in streifenartigen Gruppen, die sich auf der Dünung hin und her bewegten. Es waren sehr kleine Stücke, höchstens einen Meter groß. Was auffiel, war auch die Petrollache. Von der Destruktion der gefundenen Körperteile her war klar, dass der Aufprall sehr heftig gewesen sein muss. Als ich gegen Abend ins Hotel zurückkam, war ich erstaunt, wie gut die Infrastruktur bereits funktionierte. Die Delta-Leute waren etwa acht Stunden früher als wir in Halifax angekommen und hatten in der Zwischenzeit im Lord Nelson

eine perfekte Organisation eingerichtet, mit verkabelten Computern, Mobiltelefonen und anderen Hilfsmitteln. Delta hat in der ganzen Gegend sofort sämtliche Hotelzimmer reservieren lassen. Die Vertreter des TSB quartierten sich zunächst im Holiday Inn in Dartmouth ein. So waren Untersucher und Betreuer korrekterweise getrennt. Ich wechselte später nach Dartmouth, bevor wir alle nach Shearwater zogen, wo das TSB seine Basis einrichten konnte. Die äußeren Verhältnisse gestalteten sich natürlich ideal: Es gibt in Halifax einen internationalen Flughafen, eine Militärbasis samt eigenem Flugplatz und einen Kriegshafen, alles in einem Umkreis von 40 Meilen.

Ist dies das erste Mal, dass Sie die Folgen eines Flugzeugabsturzes miterleben?
Als ganz junger Pilot bekam ich den Absturz eines Schulflugzeuges mit. Ich kannte die Piloten und den Fluglehrer. An die Entführung einer unserer DC-8 sowie an die Unglücke von Würenlingen und Athen kann ich mich ebenfalls erinnern. Als nach Athen die Gerichtsverfahren stattfanden, war ich Präsident der Piloten-Gewerkschaft Aeropers. Deshalb war ich stark involviert.

Was ging in Ihnen vor, als Sie das Ausmaß der Zerstörung nach dem Absturz von SR 111 erkannten?
Zu Beginn kam ich nicht an meine Gefühle heran. Ich habe zu Beginn nur gearbeitet, 20 Stunden am Tag. Ich telefonierte mit meiner Frau, sie ist Psychotherapeutin, und erzählte ihr davon. Wir sprachen dann sehr viel miteinander, damit ich mich lösen konnte. Etwa am siebten Tag nach meiner Ankunft fuhr ich nach Peggy's Cove und konnte das erste Mal richtig traurig sein. Vorher habe ich nur funktioniert. Bei mir fand eine Art Spaltung zwischen Arbeit und Gefühlen statt. Beim Betrachten der Trümmer während der Untersuchung lief ein analytischer Vorgang ab. Ich versuchte mir immer wieder vorzustellen, was im Cockpit passiert war. Ich habe zu einem frühen Zeitpunkt die Tonbandaufzeichnungen zwischen Piloten und Flugleitstelle gehört. Ich bekam das Gefühl, dass sie wirklich wenig Indikationen und die Sache im Griff hatten, bis zu dem Punkt, wo alles zusammenbrach. Sie waren natürlich unter hohem Stress, das merkte man auch an falschen Antworten, die sie gaben. Aber ihre Sprache war verständlich.

Wie lange blieben Sie damals in Halifax?
Genau zehn Tage. Ab dem dritten Tag musste ich die Information der Angehörigen übernehmen, weil Jeff Katz nach New York flog. Ich habe immer alles Organisatorische übernommen, als Vertreter von Swissair Operations, aber diesen Teil empfand ich als sehr schwierig. Da saßen 400 Personen in einem Saal des Lord Nelson Hotels, alle in einem verschiedenen Betroffenheitsgrad. Es war eine sehr bewegte Stimmung. Zuerst musste ich mein Bedauern ausdrücken. Das ist in zwei Fremdsprachen, Englisch und Französisch, nicht sehr einfach. Weil ich selbst auch sehr betroffen war, kam das aber ziemlich gut

rüber. Ich habe mir viel Zeit genommen für ausführliche Gespräche mit den Hinterbliebenen. Das war nicht immer einfach, weil ich selbst noch nicht viele Antworten wusste.

Was ist die genaue Rolle der Swissair-Vertreter bei der Unfalluntersuchung?
Wir sind die Verbindungsleute, falls das TSB Fragen hat, was technische Details betrifft oder Verfahrensabläufe. Wir leiten diese weiter nach Zürich, wo entsprechende Teile beschafft oder Auskünfte zusammengetragen werden. Wir haben rasch grosse Akzeptanz gespürt – weil wir immer offen waren und sagten: Wir müssen wissen, was wir korrigieren müssen, falls etwas zu korrigieren ist. Das geht aber nur, wenn wir offen sind und nichts verheimlichen. Das bringt nichts und dauert viel länger, bis man zum Punkt kommt.

Sie haben uns in einem früheren Interview gesagt, dass dieses Unglück Sie im Selbstverständnis, nicht aber im Selbstvertrauen getroffen hat. Ansonsten könnten Piloten gar nicht mehr fliegen. Gilt das noch?
Ich habe das mit Kollegen von Lufthansa oder British Airways besprochen. Wir haben etwa dasselbe Verständnis von Sicherheit, versuchen wirklich das uns möglich Erscheinende zu tun, um einen solchen Unfall zu vermeiden. Und dann passiert es. Das trifft das Selbstverständnis. Ich hielt bis letzten Winter öfters einen Vortrag, in dem ich an einer Stelle sagte, dass die Swissair seit bald zwanzig Jahren keinen grösseren Unfall mehr gehabt hat. Ich vertrat sogar die Ansicht, dass die unfallfreie Operation einer Fluglinie möglich ist. Das ist jetzt weg.

Kapitel 8
Allein in der Trauer

»Family Act«: Mehr Schutz für die Angehörigen

Die Nachricht auf dem Anrufbeantworter war ein Schock: »Guten Tag, hier Pan Am am Apparat. Ihre Tochter Diana war auf unserem Flug 103[1]. Das Flugzeug ist über Schottland abgestürzt. Es gab keine Überlebenden. Wenn Sie irgendwelche Fragen haben, können Sie uns anrufen.« Eine andere Familie versuchte nach dem Absturz der Boeing 747 über die Pan-Am-Hotline Informationen über ihren Sohn zu erhalten. Sie kam erst am nächsten Morgen durch. Ein Airline-Mitarbeiter bestätigte den Eltern, dass ihr Sohn in der Maschine war. Weil er zu jenem Zeitpunkt nicht viel mehr wusste, versprach er, alle fünfzehn Minuten anzurufen, um sie auf dem Laufenden zu halten. Doch der Mann meldete sich nie mehr.

Die Liste empörender Zwischenfälle im Anschluss an große Flugzeugunglücke ließe sich beliebig erweitern. Wenn die Swissair heute ein schon fast überschwängliches Lob für ihr vorbildliches Verhalten nach dem Absturz von Flug SR 111 in Kanada erhält, ist das auch ein Beleg dafür, wie desolat die Zustände in der Vergangenheit waren. Im Umgang mit Angehörigen führten sich viele Airlines auf wie der Elefant im Porzellanladen.

So auch im Fall einer 1994 bei Pittsburgh, USA, abgestürzten Boeing 737 der US-Air. Sechs Monate nach dem Unglück fanden Angehörige in Abfallcontainern neben einem Hangar persönliche Gegenstände der Opfer, darunter Eheringe, Agenden, Adressverzeichnisse und Brieftaschen. Einige Erinnerungsstücke waren beschädigt, andere halb vermodert. Sie mussten offensichtlich gleich nach dem Unfall »entsorgt« worden sein.

Es war bereits der zweite Schlag, den diese Angehörigen einstecken mussten. Kurz nach dem Absturz der 737 wurden während einer Gedenkfeier zwei Behälter mit unidentifizierten Leichenteilen gezeigt. Erst im Nachhinein erfuhren die Hinterbliebenen, dass insgesamt 38 solche Behälter existiert hatten. Die übrigen waren am Tag vor dem offiziellen Anlass heimlich bestattet worden – um den Angehörigen diesen »quälenden« Anblick zu ersparen, wie sich die Airline später rechtfertigte.

Auch im Fall der am 6. Februar 1996 vor der dominikanischen Küste verunglückten Chartermaschine der türkischen Birgenair kam es zu ähnlichen Szenen. An Bord befanden sich 189 Menschen, darunter 164 deutsche Urlauber. Nur 73 Leichen konnten von Booten auf der Meeresoberfläche geborgen werden. Viele Angehörige bekamen weder menschliche Überreste zu einer Bestattung noch irgendwelche persönlichen Gegenstände oder Gepäckstücke zurück. Die aufwändige Bergungsaktion, die mit Hilfe von ferngesteuerten Tauchbooten durchgeführt wurde, galt allein den im Meer versunkenen Trümmern der Maschine. Es wurden keinerlei Anstrengungen unternommen, auch die Leichen der Opfer aus dem Wrack zu bergen. Man begnügte sich damit, die Szenen auf Video festzuhalten, doch auch die Originalbänder werden den Angehörigen bis heute vorenthalten. Die Behörden – darunter auch Vertreter der Deutschen – waren allein an der Bergung der Flugschreiber und damit an der Klärung der Absturzursache interessiert.

Wie unsensibel man auch auf Behördenseite in Europa noch im Jahr 1998 mit diesem Komplex umging, macht auch folgender Dialog aus einem Fernsehinterview mit dem hohen Beamten Joachim Lischka vom deutschen Bundesverkehrsministerium deutlich. Auf die Frage, ob die Toten nicht aus dem Wrack hätten geborgen werden können, antwortete Lischka: »Das kann ich im Augenblick von hier aus nicht beurteilen, ob die noch geborgen werden konnten, aber wenn ich mal vergleiche, dass viele Menschen von sich aus freiwillig eine Seebestattung wünschen, ist das so makaber, dass dann jedes einzelne Leichenteil noch heraufgebracht werden muss?« Die Angehörigen der Birgenair-Opfer wurden jedoch nie dazu befragt. Als sie dann am ersten Jahrestag der Katastrophe nach eigenen Nachforschungen auf eine Müllhalde in der Nähe des Flughafens stießen, mussten sie dort eine schockierende Entdeckung machen: Zwischen den aus dem Meer gefischten Trümmern der verunglückten Boeing 757 befanden sich etliche verfaulte Koffer und Reisetaschen, samt Inhalt, mit der persönlichen Habe der Opfer. Und nach über zwei Jahren befanden sich auch noch menschliche Überreste, wie beispielsweise ein Zahn, zwischen den vermoderten Wrackteilen.

Da solche und ähnliche Vorkommnisse leider keine Finzelfälle sind, verursachten sie in Amerika einen Report an das US-Repräsentantenhaus, der im September 1996 von der parlamentarischen Kommission für Transportwesen und Infrastruktur veröffentlicht wurde.[2] In dem Bericht wurden die Bestimmungen für ein neues Gesetz ausgeführt, das künftig nach Flugzeugunglücken in den USA zum Tragen kommen sollte. Sein Name: Aviation Disaster Family Assistance Act of 1996 (sinngemäß übersetzt: Gesetz zur Unterstützung von Familien nach Flugzeugunglücken).

Als wichtiger Punkt wurde darin festgehalten, dass die US-Unfalluntersuchungsbehörde NTSB eine spezielle Abteilung einzurichten hat, die sich um die Belange von Angehörigen kümmert und im Unglücksfall die Koordination der Information und Betreuung übernimmt.

Die neuen Regelungen waren eine direkte Antwort auf die Erfahrungen der vergangenen Jahre – insbesondere auf die Fälle TWA 800 und Valujet 592 –, bei denen nicht nur die Airlines versagt, sondern sich auch einige auf Flugzeugunfälle spezialisierte Klägeranwälte von ihrer übelsten Seite gezeigt hatten (vgl. Kapitel 10).

Mit dem neuen Gesetz wurde diesem Missstand unter dem Kapitel »unaufgeforderte Kommunikation« endlich ein Riegel vorgeschoben. Klägeranwälten oder Versicherungsvertretern ist es seither untersagt, mit den Hinterbliebenen von Passagieren oder Crewmitgliedern innerhalb der ersten 30 Tage nach einem Absturz in Kontakt zu treten. Zudem wurden alle in den USA operierenden Airlines verpflichtet, innerhalb von sechs Monaten einen Notfall- und Betreuungsplan auszuarbeiten und diesen den Behörden vorzulegen.

Im Anschluss an den parlamentarischen Bericht wurde im März 1997 eine Taskforce eingesetzt, die praxisnahe Empfehlungen für die Umsetzung der neuen gesetzlichen Bestimmungen erarbeiten musste.[3] Ihr gehörten 22 Mitglieder an, darunter auch Familienangehörige, Anwälte und Medienvertreter. Bereits ein halbes Jahr später, im Oktober 1997, präsentierte sie ihren Schlussbericht. Ihm waren intensive Sitzungen und mehrere Hearings vorangegangen. Der »final report« beinhaltete als Kernstück 61 Empfehlungen an Parlament, Regierung, Airlines, Anwälte, Medien und an die Angehörigen von Absturzopfern selbst.

»Wir müssen sicher sein, dass Familienangehörige nach einem Flugzeugunglück genau die Unterstützung erhalten, die sie wirklich brauchen«, sagte US-Vizepräsident Al Gore, der die US-Kommission für Flugsicherheit leitete. Gleichzeitig mit der Veröffentlichung des Abschlussberichtes wurde aus der Taskforce heraus ein Beratungsgremium gebildet, das die Umsetzung der Empfehlungen begleiten und überwachen sollte. Folgende Punkte, die vor allem dem Schutz der trauernden Familien zugute kommen sollen, sind dabei besonders wichtig:

- Fluggesellschaften müssen ihre Mitarbeiter in Ausbildungs- und Trainingsprogrammen auf einen Unglücksfall vorbereiten.
- Sie sollen bei der Benachrichtigung der Angehörigen rücksichtsvoll vorgehen, diese vor den Medien vornehmen und den Begriff »Hinterbliebene« weiter fassen als bisher, also auch nicht-eheliche Lebenspartner, erwachsene Kinder oder Exehepartner informieren.
- Wenn nötig, sollen in den ersten Tagen auch nicht endgültig verifizierte Informationen weitergegeben werden, damit sich die Familien nicht allein gelassen fühlen.
- Gratis-Hotlines müssen eingerichtet und kommuniziert werden.
- Airlines müssen versichern, dass alle persönlichen Gegenstände, die keinem der Opfer zugeordnet werden können, mindestens 18 Monate lang aufbewahrt werden.
- Alle Familien müssen zuerst befragt werden, falls auf amerikanischem Territorium eine Gedenkstätte für die Opfer errichtet werden soll.

Das Rote Kreuz erhielt die Aufgabe, Betreuungsstrukturen sicherzustellen, die nach einem Unglück sofort mobilisiert werden können, falls eine Fluggesellschaft dies nicht aus ihren eigenen Mitteln schafft. Das Rote Kreuz muss dafür gemäß den Vorschriften des Family Acts von den Airlines entschädigt werden.

Das neue Gesetz galt vorerst nur für US-amerikanische Fluggesellschaften – 166 an der Zahl. Doch ein Jahr später wurde diese Lücke gefüllt. Auch ausländische Firmen, die Flüge nach und in den USA anbieten, wurden dem Foreign Air Carrier Family Support Act unterstellt. Am 29. Januar 1998 erhielten 317 ausländische Airlines einen Brief der US-Unfalluntersuchungsbehörde NTSB. Sie wurden aufgefordert, innerhalb von sechs Monaten ihre Pläne für den »worst case« vorzulegen. Für sie gelten seither dieselben Vorschriften wie für amerikanische Airlines. Andernfalls werden sie mit einem Flugverbot belegt.

Die Swissair mit ihrem umfangreichen Nordamerika-Flugangebot war der neuen Verpflichtung umgehend nachgekommen. Und obwohl SR 111 vor dem kanadischen Festland ins Meer gestürzt war, versuchte sie sich genau an die im US-Family Act vorgeschriebenen und empfohlenen Maßnahmen zu halten. Was meistens auch gelang – aber nicht immer. Bislang gelten entsprechende Vorschriften jedoch leider nur in den USA. Auch viele führende Industrienationen in Europa haben diesen wichtigen Bereich bisher sträflich vernachlässigt, obwohl sich ein solcher Unfall jederzeit und überall wiederholen kann.

Umgang mit dem Unfassbaren

Marc Rosset, Schweizer Tennisprofi und Olympiasieger von 1992, war sichtlich geschockt. »Es ist unglaublich. Es gibt keine Worte, das zu erklären«, sagte er am 3. September 1998 in einem Interview des Deutschschweizer Fernsehens. Rosset war dem Absturz von SR 111 im letzten Moment entronnen, weil er kurzfristig auf den bereits gebuchten Flug verzichtet hatte. »Es ist fast wie eine zweite Geburt«, sagte Rosset, »ein zweites Leben.« Sein Coach wollte unbedingt mit der Abendmaschine nach Europa zurückkehren, nachdem Rosset beim US Open ausgeschieden war. Doch der Tennisspieler beschloss, einen Tag länger in New York zu bleiben und zu trainieren. Dieser intuitiv gefällte Entschluss rettete dem heute 28-jährigen Westschweizer das Leben.

Den Passagieren und Besatzungsmitgliedern von Flug Swissair 111 blieb dieses Glück verwehrt. Sie wurden ohne jede Vorankündigung von einer Sekunde zur anderen aus ihrem Leben gerissen. Ihr jähes und letztlich unvorstellbares Ende ist es, das den Schmerz für die Angehörigen so unfassbar macht. Menschen steigen in ein Flugzeug im Wissen um die potentielle Gefahr eines Unfalls. Niemand jedoch rechnet damit, dass gerade er der statistischen Wahrscheinlichkeit eines Absturzes zum Opfer fallen könnte – außer vielleicht jenen Passagieren, die immer mit Flugangst zu kämpfen haben.

Stattdessen wird die Furcht vor dem Schlimmsten verdrängt. Sie weicht einer wohl tuenden Sorglosigkeit, die in den engen Kabinen moderner Passagierflugzeuge durch andauernde Aktivitäten gefördert wird, wenn Mahlzeiten serviert, Duty-Free-Artikel angeboten und Videofilme abgespielt werden. Und wenn es auf den Interkontinentalflügen draußen langsam dunkler wird, werden die Sichtblenden geschlossen und das Licht gedämpft. Im Schlaf verschwinden dann die letzten quälenden Gedanken, ob auch wirklich alles gut geht.

Zu den Opfern von SR 111 zählte auch rund ein Dutzend Mitarbeiter der Vereinten Nationen (UNO). Fast alle befanden sich auf dem Rückweg von Besprechungen im UNO-Hauptquartier oder wollten im Auftrag einer der New Yorker Organisationen an Konferenzen der in Genf beheimateten Unterorganisationen teilnehmen. Von den jährlich 100 000 zwischen Genf und New York hin und her transportierten Swissair-Passagieren arbeitet ein Großteil für die Vereinten Nationen. Die Route gilt als eine Art Nabelschnur der Weltorganisation, da es sich um den einzigen Direktflug zwischen den beiden UNO-Sitzen handelt.

Zu den hochrangigen UNO-Mitarbeitern, die vor der Küste Kanadas im Atlantik ums Leben kamen, gehörte Jonathan Mann und seine Ehefrau Mary-Lou, zwei Mediziner von Weltruf. Jonathan Mann war der erste Leiter des Anti-Aids-Programmes der Weltgesundheitsorganisation (WHO) und ein angesehener Experte auf dem Gebiet der Viruskrankheiten. Mary-Lou Mann war eine Spezialistin für Impfstoffe und Leiterin des Forschungszentrums für Immunkrankheiten an der John Hopkins Universitätsklinik in Baltimore, USA. Des Weiteren zählten zu den Opfern: Pierce Gerety, Leiter des Hilfsprogramms des UNO-Flüchtlingswerkes (UNHCR) für die Region der Großen Seen in Afrika; Ludwig Baeumer, Direktor der UNO-Organisation für geistiges Eigentum (WIPO) und sein Mitarbeiter Joachim Bilger; Klaus Kinder-Geiger, Mitarbeiter des Kernforschungszentrums (CERN) in Genf; Yves de Roussan, aus Kanada stammender Berater des UNO-Kinderhilfswerkes (UNICEF) für die Regionen Zentral- und Osteuropa; Ingrid Acevedo, Leiterin Public Relations der UNICEF. Am Tag nach dem Flugzeugabsturz gedachte man der verstorbenen Mitarbeiter in Genf und in New York mit einer Schweigeminute und Sirenengeheul. Auch UNO-Generalsekretär Kofi Annan nahm an den gemeinsamen Trauerzeremonien teil.

Als überaus hilfreich erwies sich in der Vergangenheit die Gründung von Selbsthilfeorganisationen für die Hinterbliebenen von Flugkatastrophen. Doch dafür braucht es immer eine Person, die einen solchen Zusammenschluss vorantreibt und die die Kraft findet, die eigene Trauer und Hilflosigkeit zu überwinden. Nach dem

Absturz von Flug Swissair 111 war es der Bruder des verunfallten UNO-Mitarbeiters Pierce Gerety, der die Energie aufbrachte, die Angehörigen einander näher zu bringen. Miles Gerety stammt aus Connecticut, wo er als Strafverteidiger im öffentlichen Dienst arbeitet. Pierce war der älteste von vier Brüdern, Miles ist der jüngste.

Bereits Ende September 1998 entwickelte sich zwischen einigen Angehörigen per E-Mail ein reger Kontaktaustausch. Gegenseitig versuchten sie sich bei ihrer Trauerarbeit zu unterstützen, tauschten Gedanken und Gefühle aus – aber auch ihren Unmut darüber, dass die Informationen über das Unglück nach einer ersten Phase immer spärlicher zu fließen begonnen hatten. Die Swissair stellte ihnen auf ihrer Homepage ein Forum zur Verfügung, eine erste Plattform, um über das World Wide Web besser in Kontakt treten zu können.[4] Die Familien schätzten dieses Angebot zwar, doch rasch stellte sich heraus, dass dies nur eine vorübergehende Lösung sein konnte. Es gab keinen hinreichenden Schutz für die Privatsphäre – konnte doch die Swissair sämtliche elektronischen Mitteilungen ebenfalls lesen.

Das dringende Bedürfnis nach einem Forum bestand jedoch weiterhin: Praktische Fragen bedrückten die Angehörigen, etwa zur Rückführung der sterblichen Überreste oder über den Verbleib persönlicher Gegenstände. Die Swissair hatte zwar ein über das Telefon abrufbares, täglich aktualisiertes Informationstonband eingerichtet, aber viele wussten davon gar nichts oder hatten es in ihrer Trauer einfach wieder vergessen. Zudem war der Begriff Angehörige insbesondere von der Swissair ziemlich eng definiert worden. Wenn eine Information an den Ehemann eines Opfers weitergeleitet wurde, hieß dies noch lange nicht, dass auch ein neuer Lebenspartner, die Mutter oder die erwachsene Tochter des Opfers davon in Kenntnis gesetzt war. Die Auswirkungen heutiger Lebens- und Beziehungsformen wurden im administrativen Bereich viel zu wenig berücksichtigt.

Es drängte sich deshalb die Einrichtung einer eigenen, von den Familien betriebenen Web-Plattform auf. Zumal sich das Internet aufgrund der internationalen Verteilung der Hinterbliebenen als ideales Kommunikationsmedium anbot. In dieser Situation bat Miles Gerety seinen 13-jährigen Sohn, einen begeisterten Web-Benützer, um Hilfe. Der Junge benützte das Clubangebot von »Yahoo!« und errichtete umgehend ein neues Forum[5]– samt verschiedenen Nachrichtenbrettern, Chat-Rooms, einer E-Mail-Liste, Links, einem Kalender und einem Archiv. Zuerst blieb der Club allgemein zugänglich, später wurde dann ein passwortgeschützter Bereich nur für die Angehörigen geschaffen. Daneben blieben die beteiligten Angehörigen natürlich auch übers Telefon oder mit Briefen in Verbindung, zumal nicht alle über einen eigenen Internetanschluss verfügten.

Mitte Oktober 1998 nahm der in Genf lebende Software-Spezialist Myron Ratnavale mit Miles Gerety Kontakt auf. Ratnavales Eltern Joyce und Victor – der Vater war ein hoher UNO-Mitarbeiter im Ruhestand gewesen – waren beim

Absturz in Kanada ums Leben gekommen. Er bot Gerety seine Mitarbeit bei der Schaffung einer internationalen Familienorganisation an. Zum engen Kreis der Gründer gesellten sich rasch weitere Hinterbliebene, darunter Naomi Mann, Tochter des verunglückten Ärztepaares, und die beiden Amerikanerinnen Monica Hawkins und Lyn Romano.

Am 5. November 1998 war es dann so weit. In einer Medienmitteilung gaben sie die Gründung der Organisation The Families of Swissair Flight 111 bekannt, mit Sitzen in den USA und in Genf. Miles Gerety wurde zum Vorsitzenden gewählt, Myron Ratnavale zum Koordinator für Europa. Um möglichst vielen Familienangehörigen die Teilnahme an der Organisation ermöglichen zu können, hatten die amerikanischen Vertreter bereits Ende Oktober Kontakt mit dem Außenministerium der USA (State Departement) aufgenommen. Sie brauchten Unterstützung, um unter Wahrung der Privatsphäre einen ersten Informationsbrief an die Hinterbliebenen verschicken zu können.

Dank der Hilfe des Außenministeriums, das über entsprechendes Adressmaterial verfügte, war es möglich, allen Angehörigen von US-Opfern ein von Miles Gerety verfasstes Schreiben zukommen zu lassen. Dieses Vorgehen war von der US-Unfalluntersuchungsbehörde NTSB unterstützt worden, die über eine eigene Abteilung verfügt, die sich um die Belange von Hinterbliebenen kümmert, wenn auch nicht offiziell um jene von SR 111.

Mit demselben Anliegen wandte sich Gerety auch an die Swissair und später an das Eidgenössische Departement für auswärtige Angelegenheiten (EDA), um die in Europa lebenden Familien informieren zu können. Die Initianten der Familienorganisation stießen auf eine Mauer der Ablehnung. Sowohl die Swissair wie das EDA verweigerten ihre Unterstützung. Insbesondere die sture Haltung der Swissair verärgerte viele Betroffene – und blieb ihnen völlig unverständlich. In seiner Enttäuschung wandte sich Miles Gerety an Gillian M. Sorensen, einen engen Mitarbeiter von UNO-Generalsekretär Kofi Annan. Er bat ihn, bei einem zufällig bevorstehenden Besuch von Swissair-Chef Jeffrey Katz am Genfer UNO-Sitz darauf hinzuwirken, dass die Schweizer Airline ihren Entschluss überdenkt. Doch auch diese Intervention auf höchster Ebene blieb erfolglos.

Um die Gründung der Familienorganisation in Europa bekannt zu machen, veranstaltete Myron Ratnavale am 9. Dezember 1998, vier Monate nach dem Absturz, im Genfer Hotel des Bergues ein Treffen für Familienangehörige der Opfer von SR 111. Als Gäste waren anwesend Benoit Bouchard, Direktor der kanadischen Unfalluntersuchungsbehörde TSB, Hélène Beaulieu von der Royal Canadian Mounted Police, Réal Lévasseur, ebenfalls vom TSB, sowie Hans Ephraimson-Abt, Präsident der Familienvereinigung Flug KAL 007 (vgl. Interview in Kapitel 9).

Trotz ihrer fehlenden Unterstützung reagierte die Swissair auf die Aktivitäten der Familienorganisation in der Öffentlichkeit mit Wohlwollen. »Wir begrüssen die Gründung«, sagte Mediensprecher Jean-Claude Donzel am 4. November 1998 der Schweizerischen Depeschenagentur (SDA). Er versprach, dass sich die Swissair mit den Vertretern in Verbindung setzen werde. Jean-Pierre Allemann, Vizepräsident der Swissair in Genf, dessen Sohn bei einem früheren Flugzeugunglück ums Leben gekommen war, wurde zum Verbindungsmann in Europa bestimmt. Walter Vollenweider, Vizepräsident der Swissair Amerika, übernahm dieselbe Rolle in den Vereinigten Staaten. Später kam es auch zu einem Treffen mit Swissair-Chef Jeffrey Katz in New York.

Die Vertreter der Familienorganisation setzten sich zudem, quasi in offizieller Mission, mit den an der Unfallaufklärung beteiligten Behörden in Kanada, den USA und der Schweiz sowie auch mit der UNO in Verbindung – immer mit dem Ziel, den Informationsfluss an die Angehörigen ständig verbessern zu können. In täglichen Telefonaten mit den Bergungs- und Untersuchungsteams in Halifax und dem Chef-Pathologen John Butt ließ sich die Organisation über den neusten Stand der Dinge unterrichten. In Newslettern sandten sie diese Informationen dann an ihre Mitglieder. Die Organisation kümmerte sich tatkräftig um Formalitäten bei der Bestattung der Opfer und spielte eine wichtige Rolle in der Diskussion um die Gedenkstätten am Ufer des Nordatlantiks sowie bei der Planung für den ersten Jahrestag des Unglücks. Unterstützung erteilt sie auch heute noch bei der Planung und Durchführung von Reisen an die Unglücksstätte.

Die Angehörigen von Flug SR 111 lassen sich jedoch nicht einfach als eine homogene Gruppe darstellen. In ihren Reihen spielten sich zum Teil gehässige Auseinandersetzungen ab, die letztlich sogar zu Abspaltungen führten. Diese unterschiedlichen Positionen sind nichts Ungewöhnliches und nach Flugzeugunfällen oft anzutreffen – schließlich verbindet die Hinterbliebenen nicht mehr als die Trauer um ihre Angehörigen. Sie sind Teil einer Schicksalsgemeinschaft, aber diese Gemeinschaft kann nicht ausreichen, um alle unterschiedlichen Auffassungen und Standpunkte zu überbrücken. Reibereien entzünden sich oftmals an sehr einfachen, menschlichen Problemen.

Als Beispiel sei hier Lyn Romano aus New York erwähnt, deren Ehemann Ray, ein Geschäftsmann, beim Absturz vor Halifax ums Leben kam. Die Witwe nahm bereits in der Auseinandersetzung um den letzten Ruheort der nicht identifizierten Leichenteile eine Sonderrolle ein. Romano wollte sich nicht damit abfinden, dass einzelne der gefundenen Körperteile nicht identifiziert werden konnten und in der Folge an der Küste Neuschottlands in einem Sammelgrab bestattet werden sollten. Stattdessen forderte sie von der Swissair, die Kosten für die komplette Identifizierung zu übernehmen und ihren Mann »so vollständig wie möglich« an sie auszuhändigen.

Sie übersah dabei, dass der Schweizer Airline in dieser Frage die Hände gebunden waren. Die Aspekte der Identifizierung waren in einem Staatsvertrag zwischen der Schweiz und Kanada geregelt worden. Die Swissair konnte darauf gar keinen Einfluss nehmen. Außerdem stellt ein solches Unterfangen nach derzeitigen Erkenntnissen einen unverhältnismäßig hohen Aufwand dar.

Zwar hätte man theoretisch den Versuch unternehmen können, die verbliebenen menschlichen Überreste den einzelnen Opfern zuzuordnen. Hierfür aber hätten zusätzliche DNA- und Knochenmarksanalysen durchgeführt werden müssen. Der international renommierte amerikanische Gerichtsmediziner Dr. Peter DeForrest, der von der Familienorganisation der Opfer von SR 111 hierzu konsultiert wurde, beurteilte derartige Anstrengungen aus seiner Erfahrung jedoch eher skeptisch: »Das würde bedeuten, dass man eigens dafür ein entsprechend ausgerüstetes Labor hätte errichten müssen. Dieses Labor wäre dann mindestens anderthalb Jahre mit den Analysen beschäftigt. Ob dann aber alle Gewebe- und Knochenreste wirklich eindeutig zugeordnet werden können, ist höchst fraglich. Die Methoden der DNA-Analyse sind heute zwar sehr fortgeschritten, aber nicht der Stein des Weisen.«

Dr. DeForrest wies besonders auf die Möglichkeit hin, dass Gewebereste durch die Wucht des Aufpralls miteinander vermengt worden sein könnten. »Es kann passieren, dass Sie eine Probe am linken Ende eines solchen Gewebes entnehmen und diese dem Passagier A zuordnen können. Nehmen Sie dann jedoch eine weitere Probe vom rechten Ende, ergibt die Analyse, dass dieser Teil zu einem Passagier B gehört. Wo wollen Sie jetzt die Trennlinien ziehen?«

Ebenso schwierig gestaltet sich die Untersuchung von Knochenresten und deren Zuordnung. »Eine Mutter und ihr Kind haben die gleiche Struktur. Ähnlich ist es bei Geschwistern. In vielen Fällen handelt es sich um kleinste Splitter, die Sie zur Analyse vollständig zerstören müssen. Gelingt dann eventuell eine Zuordnung, was wollen Sie dann am Ende beerdigen?«

Abgesehen von den unüberschaubaren Kosten in Höhe von mehreren Millionen Dollar und den ungewissen Erfolgsaussichten warnen Psychologen auch aus anderen Gründen vor den Folgen eines solchen Unterfangens: Für viele Angehörige ist es wichtig, dass sie eine Art Abschluss finden. In der Regel vollzieht sich diese Abschiednahme bei der Beerdigung. Weitere, langjährige Identifikationsarbeit hätte dazu führen können, dass ein oder zwei Jahre nach der Beerdigung weitere Leichenteile an die Angehörigen zur Bestattung übergeben worden wären. Genau dies nämlich war in den USA im Zusammenhang mit den Abstürzen von Valujet 1996 in Miami und von TWA 800 geschehen, und in beiden Fällen hatte dieses Vorgehen bei den Angehörigen schwere traumatische Reaktionen ausgelöst. Ein überwiegender Teil der Angehörigen von SR 111 hatte sich daher auch sehr bestimmt gegen weitere Identifizierungsprozesse ausgesprochen.

Lyn Romano stand mit ihrer Haltung innerhalb der Gemeinschaft der Hinterbliebenen ziemlich alleine da. Sie wurde lediglich von Barbara Feltherolf aus Baltimore öffentlich unterstützt, die beim Absturz ihre 16-jährige Tochter Tara verloren hat.

Der Alleingang von Romano führte so weit, dass sie – die nach dem Tod ihres Mannes über ein kleines Erbvermögen verfügte – sich zur Gründung einer eigenen Organisation entschloss. Unter dem Namen IASA (International Air Safety Association) organisierte sie den Zusammenschluss von Interessierten, darunter leider auch einige »Hobby-Experten«, rund um den Globus, und diese betreiben seitdem eigene Recherchen und Nachforschungen über das Internet. Romano hofft auf eine hohe Schadensersatz- respektive Abfindungssumme, die sie dann, so zumindest ihre Absichten im Februar 1999, voll und ganz der Organisation zugute kommen lassen will. Die IASA wird außer in den USA durch Romano selbst auch noch in Australien und in Europa vertreten.

Kritiker sind jedoch höchst skeptisch, ob es dieser Organisation wirklich gelingen wird, ihr oberstes Ziel – mehr Sicherheit und die Aufklärung über die Gefahren des Flugverkehrs – zu erreichen. Von Romano kontaktierte Behörden wie zum Beispiel das TSB, die FAA oder das NTSB reagierten höflich und mit allem Respekt – jedoch eher verhalten, was die Substanz angeht. Offenbar lastet Lyn Romano die direkte Betroffenheit über den Verlust ihres Mannes zu sehr an, was sie in den Augen vieler Institutionen, aufgrund von Erfahrungen mit ähnlichen Bewegungen in der Vergangenheit, disqualifiziert. Verständlicherweise spielen bei ihr starke Emotionen mit, wann immer die Rede von SR 111 ist. Eine Differenzierung ist erfahrungsgemäß schwerer, wenn man persönlich betroffen ist.

Wahrscheinlich wäre Lyn Romano besser beraten gewesen, die Organisation in die Hände von Außenstehenden zu geben, die über berufliche Erfahrungen im Bereich der Flugsicherheit oder einer Untersuchungsbehörde verfügen. Sie selbst hätte dann eine nach außen hin passivere Position im Aufsichtsrat bekleiden können.

Für die Angehörigen der SR-111-Opfer war das erste Jahr nach dem Absturz eine Zeit der tiefen Trauer, die zu verarbeiten vor allem deshalb so schwer ist, weil ihre Nächsten eines derart ungewöhnlichen Todes gestorben waren. Gefangen in einem ganz speziellen Abhängigkeitsverhältnis mit den Behörden und mit den Fluggesellschaften reagierten viele von ihnen intensiv auf alle Ereignisse im Zusammenhang mit dem Unglücksfall, wie die Beispiele zeigten. Manchmal waren es aber auch die Swissair oder ihr Code-Share-Partner Delta, die den Angehörigen die Trauerarbeit durch eine wenig sensible Vorgehensweise erschwerten – wenn auch nicht in böser Absicht.

So hatte Barbara Feltherolf fünf Monate nach dem Absturz einen Werbebrief des Vielfliegerangebotes der Delta Air Lines erhalten, adressiert an ihre bei Halifax getötete Tochter. Die Frau war schockiert darüber, dass die Verstorbene nicht sofort aus der Adresskartei gestrichen worden war. Zumindest entschuldigte sich die Fluggesellschaft umgehend für den pietätlosen Zwischenfall.

Ein aufwühlendes Gespräch

Priska Zimmermann und Sonja Löw verloren beim Absturz von Halifax ihre Ehemänner, Kapitän Urs Zimmermann und Kopilot Stephan Löw. Bisher sind die beiden Frau in der Öffentlichkeit kaum aufgetreten. Einzig Priska Zimmermann stellte sich im Dezember 1998 dem Wochenmagazin SCHWEIZER ILLUSTRIERTE für eine Reportage zur Verfügung. Andere Medienschaffende hatten nach dem Unglück nichts unversucht gelassen, um an die Familien der beiden getöteten Piloten heranzukommen. Sie stellten den Kindern in der Schule und sogar auf einem Waldspaziergang nach, riefen spät abends an oder fragten Nachbarn aus. Sie zeigten keinerlei Respekt vor der Trauer der Angehörigen und verletzten die Regeln des fairen Journalismus. Nach reiflicher Überlegung und ausführlichen telefonischen Vorgesprächen erklärten sich Priska Zimmermann und Sonja Löw bereit, ein gemeinsames Gespräch zu führen. Es wurde am 30. Juni 1999 in der Wohnung von Sonja Löw geführt und dauerte über zwei Stunden. (Die geschriebene Fassung ist von ihnen anschließend gelesen, ergänzt und für den Abdruck freigegeben worden.)

Frau Löw, Sie haben die Unglücksstätte in Halifax soeben zum ersten Mal besucht. Wie erlebten Sie diese Reise?
Löw: Im Moment ist es noch sehr schwierig für mich, darüber zu sprechen. Es braucht Zeit, bis sich die Eindrücke ein wenig gesetzt haben. Es hat – wie alles seit dem vergangenen Herbst – positive und negative Seiten. Ich habe diese Reise lange hinausgezögert. Mein Wunsch war es, mit den Kindern als Familie nach Halifax zu gehen. Die Kinder hatten nach dem Unglück Flugangst, und der kanadische Winter bot sich für einen Besuch auch nicht gerade an. Aber es ist gut, dass eine gewisse Zeit vergangen ist. Ich hatte viel mehr Abstand gewonnen. Ich versuchte mir im Voraus kein Bild von der Gegend, der Absturzstelle und von den Untersuchungslokalitäten zu machen. In diesem Sinne habe ich eine Enttäuschung erleben müssen, weil wir nicht aufs Meer hinausfahren konnten. Deshalb habe ich heute das Gefühl, als wäre ich doch noch nicht richtig dort gewesen.

Weshalb konnten Sie nicht zur Unglücksstelle fahren?
Löw: Es ging aus organisatorischen Gründen nicht. Ich hatte lange das Gefühl gehabt, dass dieser Ort für mich eine immer unbedeutendere Rolle spielt. Dieser Eindruck änder-

te sich aber, je näher der Abflugtermin rückte, und machte einem Unbehagen Platz, dass uns dieser geografische Fleck auf keinen Fall enttäuschen dürfe.

Aber die Fahrt aufs Meer wäre doch für Sie eben aus diesen Gründen enorm wichtig gewesen.
Löw: Es ist dort geschehen, nicht ein, zehn oder hundert Kilometer weiter weg oder an irgendeinem anderen Platz. Es ist draußen auf dem Meer passiert, genau an jener Stelle. Ich denke, ich werde später sicher einmal hinausfahren können.

Frau Zimmermann, Sie haben dieses Erlebnis bereits früher gehabt. Wie oft waren Sie in Halifax?
Zimmermann: Zweimal. Die Gegend von Halifax ist für mich ein enorm wichtiger Ort. Ich erlebe bereits den dritten Unglücksfall in meiner Familie. Unser erster Sohn ist als Dreijähriger ertrunken, mein Bruder starb bei einem Bergunglück. Die Unglücksstellen haben für mich immer eine besondere Bedeutung gehabt. Es ist der Platz, an dem diese Menschen zurückgeblieben sind. Aus diesem Grund wollte ich auch nicht, dass Urs in der Schweiz beerdigt wird. Er ist für mich in Halifax. Es hat mich nach dem Unfall sofort an diesen Ort hingezogen. Ich musste sehen, wo er seine letzten Minuten gelebt hat. Das erste Mal ging ich mit meinen Kindern im Oktober während der Schulferien dorthin. Wir fuhren aufs Meer. Ich erinnere mich noch, dass die Kinder auf der Rückfahrt extrem aufgewühlt waren. Für mich war nicht einmal die genaue Stelle wichtig. Ich musste nur meine Hand ins Meer halten können, um zu wissen: Das ist also dieses Wasser. Wir sind später mit dem Schiff ein wenig herumgefahren, sahen Wale und Delfine, und das hat uns sehr beruhigt.

Es war Leben in diesem Gewässer.
Zimmermann: Richtig. Mein Sohn sagte zu mir: »Du, Mami, es ist gar nicht so schlimm hier, wo Papi ist. Eigentlich ist es ein schönes Grab.« Das war ein wunderbarer, versöhnlicher Gedanke. Der Kleine hat dann nachher durchgeschlafen und war richtiggehend beruhigt. Als wir zurück waren, wollte ich nicht, dass die sterblichen Überreste meines Mannes in die Schweiz überführt werden. Ich wusste zu dem Zeitpunkt nur, dass ich kein Grab wollte. Bei unserem Kind war es eines Tages von der Friedhofsverwaltung einfach leer geräumt worden. Das war ein riesiger Schock. In mir war deshalb der Gedanke gereift, eine Seebeerdigung auf dem Meer durchzuführen. In den letzten Ferien sind wir nochmals nach Halifax gereist. Zuerst haben wir die Flugzeugteile angeschaut und das Tonband mit der Bodenkontrolle abgehört. Ich wollte wissen, wie sich seine Stimme anhörte. Sie war ruhig, und ich wusste, dass Urs zu jener Zeit sicher noch keine Todesängste ausstehen musste. Später fuhren wir mit einem Boot der Küstenwache hinaus zur Absturzstelle. Meine Kinder warfen ihre Abschiedsbriefe und Blumen ins Wasser.

Dann habe ich die Asche aufs Wasser verstreut. Es herrschte ziemlich raue See, und der Wind trug die Asche sogleich davon. Der Himmel war von grauen Wolken verhangen. Es war eine Stimmung, die unsere Gefühle an diesem Tag treffend widerspiegelte.

Frau Löw, wo wurde Ihr Mann bestattet?
Löw: Bei uns. Meine Kinder sind noch kleiner, und es wäre zu abstrakt gewesen, wenn wir die Asche beispielsweise aufs Meer verteilt hätten. Es war für sie wichtiger, das Gefühl zu haben, ein Teil von ihrem Papi sei wieder hier. Vielleicht ist es auch für mich wichtig, weil ich die Erfahrungen von Priska nicht teilen muss. Es war sehr schwierig, in dem ganzen Umfeld nach dem Unglück einen Platz nur für uns selbst zu finden, eine Nische, wo wir einfach wir sein dürfen. Ständig sind übergeordnete Interessen im Spiel, und das macht mir Mühe. Zuerst wurden die sterblichen Überreste von den Pathologen begutachtet, bevor ich das Gefühl bekam, ich dürfe sie jetzt besitzen. Man konnte auch nicht selbst bestimmen, wann wir die Teile beerdigen dürfen. Irgendwann bekam man sie dann zugestellt. Das Grab aber gehört uns, es ist unser kleiner Ort. Das geht ja noch weiter. Jeder Schritt unserer Männer wird nun erforscht, jedes Telefonat untersucht. Ich habe fast das Gefühl, als hätten sie im Nachhinein ihre letzten Wochen nicht selbstständig verbringen dürfen. Das darf und muss wohl von den Untersuchungsbehörden gemacht werden. Die Vernunft sagt mir natürlich, dass es sein muss. Aber gerade deshalb ist diese Nische derart wichtig.

Sie haben drei kleine Kinder. Wie gehen sie damit um, dass ihr Vater nicht mehr nach Hause kommt?
Löw: Unglaublich offen. Die Kinder sind mir eine Hilfe. Sogar der Jüngste, der knapp acht Monate alt war, zeigte Reaktionen. Wenn zu Beginn jemand mit einer Männerstimme hereintrat, hat er diese Person minutenlang genau fixiert. Man merkte, dass er etwas suchte. Ich bin überzeugt, dass bereits bei den Kleinen das Bewusstsein vorhanden ist, dass ihnen etwas fehlt. Die Dreijährige hat sicher sehr viel mitbekommen. Wenn sie mal einen Nachmittag bei einer guten Kollegin ist, kann sie lange von ihrem Papi erzählen, bei uns allerdings weniger. Da spielt wohl auch der Konkurrenzdruck zur älteren Schwester mit, die sich diesbezüglich geläufiger auszudrücken weiß. Die Älteste wünschte am Unglücksmorgen in den Kindergarten zu gehen mit der Begründung, dass sie beim Spielen weniger »denken« müsse – eine beinahe unheimliche Reife für ein knapp fünfjähriges Kind. Ich habe sie verstanden, weil hier bei uns natürlich eine grauenvolle Stimmung geherrscht hat. Als dann die Todesanzeige in der Zeitung stand, wurde sie von einem anderen Kind etwas provokativ darauf angesprochen. Sie antwortete ihm offen und bestimmt: »Natürlich steht es in der Zeitung, bei uns ist auch Totenfeier.« Die Kinder haben diese Zeit als etwas Besonderes erlebt, so wie ihr Vater etwas Besonderes war. Er war viel mit den Kindern zusammen und für sie da. Die Anteilnahme der vielen Menschen hat ihnen ihr Bild vom Papi bestätigt.

Frau Zimmermann: Ihre Kinder sind bereits etwas älter. Wie ist es ihnen ergangen?
Zimmermann: *Meine Kinder sind zwölf, vierzehn und sechzehn Jahre alt. Meine Tochter Andrea war an diesem Morgen die Erste, die am Radio von einem Flugzeugabsturz hörte. Sie stürzte zu mir ins Schlafzimmer. Sie wollte mit ihrem Vater am Mittag ein Mathematikproblem besprechen und wusste deshalb, welche Flugnummer er hatte. Ich sagte zuerst, es könne doch auch der andere New-York-Flug gewesen sein, aber meine Tochter war sich sicher, dass es Flug 111 sein müsse. Ich überlegte, wer mir zu dieser frühen Stunde sagen könnte, was geschehen ist. Ich schaltete CNN ein und sah eine Reporterin in einer Regenjacke draussen am Wasser stehen. Da wusste ich, dass es stimmen musste. Sie sprach zuerst noch von Überlebenden, aber daran konnte ich nicht glauben. Ich wollte mich nicht an eine Hoffnung klammern, die später wieder zerschlagen würde. Wir haben uns dann angezogen, gefrühstückt, alles lief wie automatisch ab. Wir wussten gar nicht, was uns eigentlich geschieht. Später wollte ich meine Tochter in die Schule fahren. Ich bin mit dem Auto ziellos durch die Stadt gefahren und habe nicht mehr gewusst, wo das Schulhaus liegt. Urs wäre am 4. September fünfzig Jahre alt geworden, und deshalb waren mehrere Feste geplant. Wie programmiert setzte ich mich ans Telefon und annullierte alle Einladungen, um mich irgendwie zu beschäftigen. Im Verlaufe des Morgens besuchte uns Christian Stüssi, Chefpilot der MD-11-Flotte, um uns offiziell die Nachricht zu überbringen. Bei seinem Erscheinen musste ich meine Wut unterdrücken, die in mir aufstieg, weil Urs ja lieber nicht auf die MD-11 gewechselt hätte. Er war sehr gerne zu Hause, deshalb versuchte er Langstreckenflüge zu vermeiden.*

Suchten Sie in jenem Moment nach Schuldigen?
Zimmermann: *Zu diesem Zeitpunkt beschäftigten mich ganz andere Probleme. Ich musste zuerst begreifen, dass Urs nicht mehr nach Hause kommen wird.*

Löw: *Es ist einerseits die Schuldfrage, andererseits aber auch die Angst, ob man womöglich selbst das Schicksal mitgelenkt hat. Wir hatten die Taufe des Kleinsten geplant, und prompt bekam ich grosse Angst, ob die zwei Terminvarianten auf Stephans Flugplan einen Einfluss ausgeübt hatten und er ansonsten vielleicht gar nicht in der abgestürzten Maschine gesessen hätte. Als ich nachträglich seinen Flugplan kontrollierte, bekam ich beinahe keine Luft mehr. Es war dann wie eine Erlösung, als ich sah, dass es nicht so gelaufen war.*

Piloten und ihre Familien wissen über die Risiken dieses Berufes Bescheid. War das zu Hause ein Thema? Sprach man darüber?
Löw: *Sicher nicht in Zusammenhang mit der Swissair. Ein Swissair-Pilot hat in meinen Augen ein viel geringeres Berufsrisiko als jeder, der mit dem Auto zur Arbeit fährt. Da muss man nur die Statistiken anschauen. Es war kein Thema bei uns, höchstens in Bezug*

auf die Militärfliegerei. Mein Mann war auch noch Militärpilot. Aber damit fand ich mich ab – andere Ehemänner frönen dem Gleitschirmsport oder betreiben sonst ein gefährliches Hobby. Ich war immer wieder positiv erstaunt, mit welcher Seriosität die Fliegerei betrieben wird. Bei der Swissair wird man zweimal im Jahr überprüft – in welchem Beruf gibt es das schon, dass zweimal im Jahr ausführlich kontrolliert wird, ob man seine Arbeit richtig macht? Darüber hat sich Stephan auch nicht ein einziges Mal beklagt. Es war eine Selbstverständlichkeit.

Zimmermann: *Auch mein Mann war Militärpilot, Staffelkommandant und Fluglehrer. Die Angst vor Flugunfällen bezog sich bei mir eigentlich immer nur auf die Militärfliegerei. Auch sah ich stets, wie seriös sich Urs vorbereitet hat und wie wichtig ihm selbst die Sicherheit war. Als er dann altershalber aus der Fliegerstaffel ausschied, war ich der Ansicht, dass das Risiko eines Flugunfalls ausgeschaltet ist. Meine größte Sorge war höchstens, ob er mit dem Auto sicher zum Flughafen kommt. Deshalb hat mir dieser Absturz derart den Boden unter den Füssen weggezogen.*

Löw: *Mein Mann ging sogar so weit, dass er vor Langstreckeneinsätzen mit dem Zug zum Flughafen fuhr, um ein zusätzliches Risiko auszuschalten. Er wäre nie mit einem der Kinder auch nur fünf Meter ohne Sicherheitsgurte im Auto gefahren. Das Sicherheitsdenken war ganz fest verankert, und das kam natürlich mit vom Beruf her.*

Zimmermann: *Das Problem eines elektrischen Feuers beschäftigte Urs ganz speziell. Er sagte mir immer wieder, wie komplex das alles geworden sei. Ich habe daheim in seinen Unterlagen Seiten gefunden, wo das Problem eines »electrical fire« erwähnt wird, und diese Stellen waren von ihm unterstrichen worden.*

Dass beim Absturz von SR 111 ein elektrischer Brand eine Rolle gespielt haben muss, mutet in diesem Licht wie die Ironie des Schicksals an.
Löw: *Ich kann mich gut daran erinnern, wie sensibel Stephan auf den Swissair-Vorfall in München reagiert hat, wo Rauch im Cockpit ausgebrochen war und es den Piloten dank ausgezeichnetem Handeln und idealen Rahmenparametern nur ganz knapp zurück auf den Boden gereicht hat. Wenn in den Swissair-Mitteilungen etwas dazu stand, hat er es mir immer aufs Bett gelegt und gesagt, ich solle das lesen. Diese mitgelebte Gefahr und ihre möglichen Konsequenzen hat die Piloten offenbar sehr beschäftigt.*

Über die letzten sechs Minuten von Flug SR 111 existieren keine Daten und keine Gesprächsaufzeichnungen. Ist es für Sie besonders schlimm oder eher eine Erleichterung, dass man nicht weiß, was vor dem Aufprall im Cockpit genau geschehen ist?

Zimmermann: Diese Zeit ist für mich ein Schreckgespenst. Ich habe den Observersitz des Cockpits in Halifax gesehen, auf dem Brandlöcher zu erkennen sind. Es muss eine fürchterliche Hitze geherrscht haben, wenn man sich vorstellt, dass Metallteile zu schmelzen begannen. Ich kann nur hoffen, dass die beiden zum Schluss nicht mehr bei Besinnung waren. Diese Zeitspanne ist für mich ein Horror, und sie verfolgt mich manchmal sogar noch, wenn ich im Bett liege.

Löw: Das ist eine sehr schwierige Frage. Im ersten Vierteljahr haben mich die letzten sechs Minuten immer wieder beschäftigt. Aber man rettet sich dann in die Argumentation, dass es besser ist, gar nicht zu wissen, was sich am Schluss abgespielt hat. Es ist ein Zwiespalt. Ich habe das Tonband mit der Bodenkontrolle ebenfalls gehört, und es hat mich beruhigt zu wissen, dass beide Piloten in dieser Phase gefasst waren. Niemand weiß – auch wenn er im Training darauf vorbereitet wird –, wie er in solch einer außergewöhnlichen Situation reagieren wird. Ich bin ganz fest überzeugt, dass jeder der Crew 111 sein Bestes gegeben hat und die bestmöglichen Reaktionen stattgefunden haben. Wäre auch nur bei einem Besatzungsmitglied Hektik aufgekommen, so hätte sich dies wohl auch auf das bewundernswert professionelle Handeln im Cockpit ausgewirkt.

Wie wichtig ist es für Sie herauszufinden, was das Unglück ausgelöst hat?
Löw: Sie sprechen die Schuldfrage an. Ich bin felsenfest überzeugt, dass die Schuldfrage nicht im Cockpit anzusiedeln ist. Aber es ist natürlich ein urmenschliches Bedürfnis zu wissen, woran es gelegen hat.

Zimmermann: Es ist eine ganz wichtige Frage auch deshalb, weil man doch wissen muss, ob etwas Ähnliches morgen wieder passieren kann.

Wie gehen Sie mit der Möglichkeit um, dass man möglicherweise die Ursachen gar nie exakt wird definieren können?
Löw: Ich wäre überrascht, wenn man sie wirklich herausfinden könnte. Wir haben in Halifax gesehen, in wie viele Teile das Flugzeug zersplittert worden ist. Es ist eine Riesenleistung, damit überhaupt etwas anfangen zu können. Aber ich hoffe es natürlich ganz fest – für mich, meine Kinder, aber auch für alle unsere Kollegen, die im Flugdienst stehen. Es wäre für mich lähmend, wenn man aus dem ganzen Unglück nicht wenigstens etwas Sinnbringendes herausziehen könnte.

Zimmermann: Für die Fliegerei ist es grundsätzlich wichtig herauszufinden, weshalb die Maschine abgestürzt ist. Aber um meinen persönlichen Verlust verarbeiten zu können, spielt es eigentlich keine Rolle.

In den Medien wurde nach einem Artikel des Wall Street Journal *darüber spekuliert, ob sich die beiden Piloten zu streng an die vorgeschriebenen Verfahren gehalten haben und ob zwischen ihnen Unstimmigkeiten geherrscht haben. Haben Sie diese Berichte verletzt?*
Zimmermann: Ja, weil diese Spekulationen völlig aus dem Zusammenhang gerissen wurden. Es war nahe liegend, dass sich die beiden an das hielten, was sie gelernt hatten und selbst an ihre Flugschüler weitergaben. Es kam dann der Augenblick, wo ich nichts Geschriebenes mehr lesen wollte. Ich verlasse mich in dieser Frage auf die Swissair, alles andere hätte mich nur schlaflose Nächte gekostet. Ich habe das von mir gewiesen.

Löw: Es kann nicht die Aufgabe unserer Männer gewesen sein, in diesen schwierigen Minuten die eingespielten Verfahren zu ändern. Das durften sie auch nicht. Stellen Sie sich vor, sie hätten so etwas gemacht und es hätte bei einer Notlandung trotzdem Tote gegeben. Niemand hätte sie dann mehr in Schutz genommen. Diskussionen um Änderungen an Checklisten oder Ähnlichem sind für mich ganz klar loszulösen vom Vorgehen der Piloten in diesen Minuten. Sie können aber eine Folge der angestellten Nachforschungen sein. Ich würde für den Ruf meines Mannes jahrelang kämpfen, weil ich sicher bin, dass die Absturzursache nichts mit den beiden Individuen im Cockpit zu tun hat.

Zimmermann: Ich würde einen Streit im Cockpit nicht einmal in Erwägung ziehen. Urs war ein besonders friedfertiger Mensch. Er konnte Konflikte sehr gut ohne Streit austragen. Er war immer der Schlichter, auch am Arbeitsplatz, im Militär oder in der Familie. Sich selbst hielt er keineswegs für unfehlbar. Man müsse immer in Erwägung ziehen, dass der andere Recht haben könnte, sagte er manchmal.

Löw: Die beiden waren sich charakterlich sehr ähnlich. Ich weiß wirklich nicht, ob man ein besseres Team in dieses Cockpit hätte setzen können. Und das beruhigt mich natürlich sehr. Es wäre schlimmer zu wissen, dass mein Mann mit jemandem geflogen ist, der nicht dieselbe Wellenlänge hatte. Aber das Gegenteil war der Fall.

Frau Zimmermann, Sie arbeiten seit einigen Wochen wieder als Flight Attendant bei der Swissair. Hilft Ihnen dies bei der Trauerbewältigung?
Zimmermann: Wir müssen gleich mit zwei Verlusten fertig werden. Einmal ist Urs nicht mehr da. Das ist das Schlimmste. Gleichzeitig fehlt uns die Welt der Fliegerei, die Urs mit seinem Beruf in unser Leben getragen hat. Er erzählte zu Hause viel darüber, was er erlebt hatte, und wir alle nahmen gerne an seinen Erlebnissen teil. Mit meinem Wiedereinstieg kommt ein Teil dieser Welt zu uns zurück. Und es tut mir natürlich sehr gut, einer Beschäftigung nachgehen zu können, die mich etwas ablenkt. Irgendwie hilft es auch, mir und meinen Kindern beweisen zu können, dass Fliegen etwas Normales

bleibt. Meine berufliche Tätigkeit belebt unser Familienleben, und das ist für alle nur von Vorteil.

Wie reagierte die Swissair auf Ihren Entschluss, wieder fliegen zu wollen?
Zimmermann: Von Beginn weg äußerst positiv. Sie haben mich sehr unterstützt.

Frau Löw, mit drei kleinen Kindern sind Sie mehr gebunden als Frau Zimmermann. Vermissen Sie es, nicht arbeiten zu können?
Löw: Es ist im Moment eine große Aufgabe mit meinen Kindern. Ich war eigentlich nie nur Hausfrau und habe bis zu meinem zweiten Kind vierzig Prozent gearbeitet, zuvor war ich voll beschäftigt. Stephan hat diese Betreuungslücke beim ersten Kind praktisch selbst schließen können. Er durfte es erleben, dass das Kind auch mitten in der Nacht nach Mami und Papi rief. Es war unser Entscheid, eine Familie in dieser Größe zu gründen. In diesem Sinne vermisse ich zurzeit nichts. Ich will es auch nicht, dass die Betreuung der Kinder von zwei engen Bezugspersonen quasi auf null reduziert wird. Ich hätte mir einen Wiedereinstieg in naher Zukunft zwar vorstellen können, aber das ist mir später ja nicht verschlossen. Ich habe Geografie studiert. Wir wollten den Beruf meines Mannes mit dazu nutzen, unseren Kindern ein bestimmtes Weltbild zu vermitteln. Wir wollten das Besondere dieses Berufes bewusst in die Erziehung integrieren, indem wir den Kindern davon erzählen, wo der Vater dieses Mal gewesen ist, wie es dort aussieht und welche Probleme diese Länder haben. Wir wollten ihnen die Möglichkeit bieten, zu gesunden Weltbürgern heranzuwachsen. Wie ich jetzt mit dieser neuen Situation umgehen soll, ist mir noch unklar.

Haben Sie seit dem Unglück professionelle Hilfe, beispielsweise eines Psychologen, in Anspruch genommen?
Zimmermann: Drei Tage nach dem Absturz bot mir die Swissair die Unterstützung des Winterthurer Psychologen Peter Fässler an. Für mich wollte ich diese anfänglich gar nicht in Anspruch nehmen, für die Kinder aber erschien es mir sehr sinnvoll. Peter Fässler ist seither zu einer Vertrauensperson geworden, und ich bin mit ihm und seiner Frau gut befreundet. Inzwischen hilft Peter Fässler auch mir zuweilen, wenn ich mit einem der Kinder mal Probleme habe. Mein Sohn ist in der vorpubertären Phase, und das ist sicher die schwierigste Zeit, um den Umgang mit einem solchen Verlust zu erlernen. Er war gerade im Begriff, sich von mir zu lösen und eine intensive Beziehung zu seinem Vater aufzubauen. Und genau in dieser wichtigen Phase muss er den Vater hergeben.

Löw: Ich habe Schwierigkeiten damit, mich in dieser Situation jemandem Außenstehenden anzuvertrauen. Mit aus diesem Grund fehlt mir mein Partner auch derart. Diese Vertrautheit ist verloren gegangen. Die Kinder in diese Rolle zu drängen, wäre sehr egois-

tisch. Sie sind dafür auch noch zu klein. Aber ich hatte natürlich auch die Sorge, ob ich erkennen würde, wann meine Kinder vielleicht Schaden erleiden würden. Als Ansprechpartner für solche Schwierigkeiten dient uns vorerst der Kinderarzt, der in den letzten fünf Jahren eine Beziehung zu den Kindern aufgebaut hat. Mit der angebotenen Hilfe durch eine äußere Fachkraft wurde mir das Gefühl vermittelt, ich müsse nun quasi in ein Loch geführt werden, damit ich nicht unvermittelt hineinstürze. Aber ich bin ein widerspenstiger Mensch und lasse mich nicht gerne führen. Mich verunsicherte diese Form der Betreuung mehr, als dass sie mir geholfen hätte. Aber die Möglichkeit, die Person Peter Fässler beizuziehen, hat jederzeit bestanden. Das war sehr gut, auch wenn ich sie schließlich kaum in Anspruch genommen habe. Hinzu kommt, dass es wahrscheinlich wahnsinnig schwierig ist, uns etwas recht zu machen. Wir sind zu zweihundert Prozent betroffen, Tag und Nacht, und wissen oft selbst nicht, was richtig wäre und was falsch.

Zimmermann: *Genau. Und deshalb ist es für mich gut, jemanden vor mir zu haben, während ich meine Gedanken im Hintergrund sammeln kann. Das gibt mir die Möglichkeit, erst dann einen Schritt nach vorne zu machen, wenn ich auch wirklich bereit dazu bin.*

Interview: Philippe Bruggisser, Chief Executive Officer SAirGroup, Zürich

Angaben zur Person:

Philippe Bruggisser wurde am 11. September 1948 in Wohlen im Kanton Aargau geboren. Von 1965 bis 1966 war er Gastschüler an der High School in Lafayette, USA. 1974 erwarb er an der Universität Basel ein Lizentiat in Volkswirtschaft, dazu kam 1975 ein weiterer Abschluss in Betriebswirtschaftslehre und Recht an der Universität Genf. Seine Berufslaufbahn begann Bruggisser bei der Schweizerischen Bankgesellschaft in Zürich. 1979 wurde er als Controller Mitarbeiter der Swissair und machte dort eine steile Karriere. 1982 wurde er Finanzchef der Suisse Romande, 1984 Finanzchef des Swissair-Bereichs Nordamerika. Von 1987 bis 1990 war er Leiter des Controllingbereichs der Luftfahrtgesellschaft, anschließend Projektleiter des Ergebnisverbesserungsprogramms »Move«. 1991 übernahm Bruggisser den Direktionsvorsitz der Swissair Beteiligungen AG (bis 1995), von 1992 bis 1994 gehörte er außerdem der Geschäftsleitung der Swissair an. Seit Anfang 1995 ist er Mitglied der Swissair-Konzernleitung. Anfang 1996 übernahm er als Chief Operation Officer die operative Führung der Dachgesellschaft SAirGroup (Holding) und wurde gleichzeitig Stellvertreter des Präsidenten der Konzernleitung, Otto Loepfe, mit der Maßgabe, diesen ab 1997 als Chief Executive

Officer (CEO) abzulösen. Bruggisser präsidiert insgesamt acht Verwaltungsräte (darunter SAirLines, Swissair, Crossair) und sitzt in weiteren vier als Mitglied (Austrian Airlines, Sabena, Cargolux). Er ist verheiratet und Vater eines Sohnes.

Philippe Bruggisser: Der starke Mann vom Balsberg

Herr Bruggisser, wie haben Sie in der Nacht auf den 3. September von dem Unglück erfahren?
Kurz nach 5:00 Uhr morgens läutete zu Hause das Telefon. Mein Mitarbeiter Rolf Winiger hat mich informiert. Es war noch nicht klar, was genau geschehen war. Es fehlte zu dieser Zeit einfach ein Flugzeug. Auf dem Weg nach Kloten erreichte mich Fred Reid von Delta Air Lines auf meinem Mobiltelefon. Er war besser informiert, weil er zeitlich näher am Geschehen lag.

Was haben Sie zuerst gefühlt?
Ich dachte, alles würde wieder gut werden. Ich spürte Hoffnung, die dann in Verdrängung überging, bis ich in einer letzten Phase schließlich akzeptiert habe, was wirklich passiert ist. Ich stellte mir rasch viele Fragen. Vor allem, was jetzt zu tun sei.

War es Ihnen von Anfang an möglich, zwischen Ihren Gefühlen und wichtigen Entscheiden zu trennen?
Es kommt in einem solchen Moment derart viel auf Sie zu, dass Sie es sich nicht erlauben dürfen, ständig Gefühle zuzulassen und womöglich handlungsunfähig zu werden.

Was bedeutet es, als Chef einer Airline-Dachgesellschaft ein Flugzeug zu verlieren?
Das ist der schlimmste Fall, ganz klar. Man fragt sich sofort: Warum? Haben wir irgendwo etwas falsch gemacht? Sind bei den Systemen, die man beeinflussen kann, Fehler passiert, etwa bei der Pilotenausbildung, den Verfahren, den technischen Aspekten oder der Sicherheit? Aber es blieb nicht viel Zeit übrig für Fragen. Wir mussten in erster Linie handeln. Deshalb haben wir rasch entschieden, um 8:00 Uhr Schweizer Zeit eine erste Medienkonferenz abzuhalten.

Die offene Informationspolitik der Swissair hat Ihnen weltweit Achtung und Anerkennung eingebracht.
Das war ein Grundsatzentscheid, den ich innerlich gefällt habe. Es hätte die Variante gegeben, den Laden erst mal runter zu lassen, in die Defensive zu gehen und dichtzumachen. Aber das hat keinen Sinn bei einem Flugzeugabsturz. Das ist der »worst case«. Da darf man sich nicht verstecken – oder Hoffnungen schüren, wo es keine Hoffnung mehr gibt. Weshalb zuerst mit Floskeln reagieren und sagen, man wisse noch nicht, wie

viele Menschen überlebt hätten, wenn man ein paar Stunden später eingestehen muss, dass niemand überlebt hat. Einen Absturz aus mehreren Tausend Meter Höhe kann man kaum überleben. Wir haben gesagt, was wir wussten, und wir haben nicht spekuliert. Ich bin heute sehr froh, mich für diesen Weg entschieden zu haben.

Andere Fluggesellschaften haben in der Vergangenheit nach Abstürzen meist eine Verteidigungshaltung eingenommen. Was hat Sie dazu bewogen, im Krisenfall für Transparenz einzustehen?
Die Gründe liegen wahrscheinlich in meiner Person. Es wird wohl einige Leute geben, die das jetzt nicht gerne hören, aber ebenso wie der Leiter des Krisenstabes, Beat Schär, habe ich eine spezielle Ausbildung im Generalstab der Armee hinter mir. Dort lernt man systematisch, nach einem bestimmten Ablauf zu entscheiden. Ich bin überzeugt, dass uns diese Kenntnisse geholfen haben.

Hohe Militärs sind nicht dafür bekannt, in Sachen Öffentlichkeitsarbeit besonders offensiv vorzugehen.
Das habe ich anders erlebt. Auch im Militär herrscht die Überzeugung vor, offen zu sein. Es ist wichtig, gegen außen möglichst wenig Angriffsfläche zu bieten. Und das können Sie nur mit Offenheit erreichen. Wichtig war auch mein Entscheid, mich von der eigentlichen Krisenzelle abzusondern. Sonst läuft man Gefahr, dass man den Leuten dreinreden will. Mit Beat Schär war die operationelle Krisenbewältigung in besten Händen. Es war meine Aufgabe, gedanklich etwa einen halben Tag weiter als die anderen zu sein und mich nicht von den Ereignissen überrollen zu lassen. Bereits am ersten Nachmittag nach dem Absturz wurde beispielsweise eine Person beauftragt, die Trauerfeier vorzubereiten. Ich habe in jenen Tagen peinlichst darauf geachtet, keine Ermüdungserscheinungen zu zeigen. Wir haben uns stur an die Ablösungspläne gehalten und sind schlafen gegangen. Ich rede jetzt nur von mir. Viele Leute haben damals hervorragende Arbeit geleistet. Es hat es gar nicht gebraucht, dass ich überall ständig nachfragte und alles kontrollierte.

Gab es Widerstand gegen Ihre Informationspolitik?
Ganz zu Beginn meinten einige, es sei noch zu früh für eine Pressekonferenz. Aber ich habe anders entschieden.

Haben Sie Ihre Kräfte eingeteilt, weil Sie wussten, dass Sie dieses Unglück über einen langen Zeitraum beschäftigen wird?
Ja, das ist klar. Ich weiß, wie ich arbeite, wenn ich müde bin. Ich weiß, was ich mir zumuten kann und wann die Qualität meiner Entscheide abnimmt. Ich bin bereits früher an meine Belastungsgrenzen geführt worden. Ich wusste, dass dies nicht passieren darf. Das gehört zum Vorausdenken.

Bereits während der ersten Phase der Bergungsarbeiten haben die Unfallermittler wichtige Erkenntnisse gewonnen. Zum Beispiel, dass an Bord ein Feuer ausgebrochen sein muss. Es wurden auch beschädigte Kabel des Bordunterhaltungssystems IFEN gefunden. Wie gehen Sie mit der Möglichkeit um, dass vielleicht Fehler bei der Swissair geschehen sind?
Wir wissen heute immer noch nicht, was die Ursache war[6]. Alles, was bis jetzt vorliegt, sind mehr oder weniger Spekulationen. Bis heute ist niemand in der Lage zu sagen, was dort oben passiert ist, welche Abläufe zu dem Unglück geführt haben. Kürzlich habe ich mit einem pensionierten MD-11-Piloten gesprochen. Er war überzeugt gewesen, dass ein Großraumflugzeug nicht abstürzen kann, wenn es erst einmal die Reiseflughöhe erreicht hat. Dass beim Start oder bei der Landung etwas passieren kann, wissen wir. Aber doch nicht, wenn das Ding einmal oben und stabilisiert ist. Der Mann wurde eines Besseren belehrt. Wenn wir später wissen, was die Ursachen waren, müssen die Schuldfragen geklärt und Korrekturmaßnahmen getroffen werden. Im Moment muss ich damit leben, dass es dies oder jenes gewesen sein kann. Mit dem IFEN wurde rasch etwas gefunden, das man hochspielen konnte. Auch damit muss ich leben, weil ich aus anderen Untersuchungen weiß, dass man die Unfallursachen nicht schon nach zwei oder drei Monaten herausgefunden hat.

Durch den Absturz von SR 111 ist das Problem der Flugzeugkabel und der Isolationsmaterialien erstmals ins zentrale Blickfeld gerückt. An Bord der Unglücksmaschine wurden Original-Kabelstränge gefunden, die mehr als neunzig Grad gebogen waren, was eigentlich nicht erlaubt ist.
Bis zu diesem Absturz habe ich von Kabelproblemen im Flugzeugbau nie gehört. Es kam nie jemand und sagte, in Flugzeugen gebe es tonnenweise Kabel, die nicht aus bestem Material gebaut sind und die kritisch werden könnten. Offenbar beginnt diese Diskussion zu spät. Vielleicht hätte man dieses Unglück sogar verhindern können. Wenn man vor jedem Flugzeugunglück die Ursachen bereits korrigiert hätte, dann gäbe es ja keine Unfälle mehr. Aber es wird den nächsten Unfall geben, und man wird wieder etwas finden. Der Luftverkehr wächst mit sechs, sieben Prozent Steigerung. Neue Flugzeuge werden entwickelt, und gleichzeitig werden neue, unbekannte Schwachstellen mit eingebaut. Es werden also wieder Unfälle geschehen. Wenn ich damit als Mensch nicht leben kann, darf ich weder bei einer Airline arbeiten noch ein Passagierflugzeug besteigen.

Was empfinden Sie, wenn Sie hören, dass die US-Aufsichtsbehörde FAA seit Jahren Studien besaß, die vor den Risiken bei Flugzeugkabeln warnten? Ihre Mechaniker hatten davon keine Kenntnis. Beim Austausch von Erfahrungen hapert es offensichtlich. Wie kann man das verbessern?
Angenommen, die Kabel seien der Ursprung des Problems und die FAA hätte von der

potentiellen Gefahr eines solchen Unfalls gewusst und nichts unternommen, dann stimmt sicher etwas nicht. Aber ich kenne es aus meinem eigenen Unternehmen, dass jemand eine Analyse macht und anschließend eine Behauptung aufstellt. Wie viele Tausende von Menschen arbeiten bei der FAA? Dann spielt die Politik hinein. Die FAA sitzt im Land der größten Flugzeughersteller der Welt. Es bestehen also wirtschaftliche Interessen. Deshalb habe ich stets betont, wie froh ich bin, dass das Unglück nicht in den USA geschehen ist. Letztlich verfolgen dort Flugzeugindustrie und Aufsichtsbehörden dieselben nationalen Interessen. Kanada kann die Aufklärung sicher am neutralsten bewältigen, weil das Flugzeug nicht dort gebaut worden ist, nicht dort zertifiziert wurde und auch die betroffene Airline nicht von dort stammt. Ich bin überzeugt, dass alles unternommen wird, um die Ursachen herauszufinden und zu kommunizieren.

Das ist insbesondere ein Balanceakt für den kanadischen Untersuchungsleiter Vic Gerden.
Vic Gerden hat eine wichtige Funktion zu spielen, im Sinne des versessenen Untersuchers, der die Ursachen finden und die Interessen der anderen erst mal zur Seite schieben muss.

Die Rahmenbedingungen in der Luftfahrt haben sich in den letzten Jahren massiv verändert. Früher, als die Airlines viel Geld verdienten, war es einfacher, Sicherheit an erste Stelle zu setzen. Heute werden die Triebwerke länger betrieben, bevor sie gewartet werden – aus Kostengründen. Auch die Pilotenausbildung wurde verkürzt. Sehen Sie Gefahren durch diese Umwälzungen?
Ich habe bis heute in dieser Beziehung bei der Swissair ein gutes Gefühl. Wir haben nicht nur von Sicherheit geredet, sondern sie auch gelebt. Es wäre gelogen, wenn ich sagen würde, dass der Kostendruck nicht zugenommen hat. Aber wir haben nie bei Selektion, Ausbildung oder Technik einen »short cut« gemacht. Wenn jemand gekommen ist und gesagt hat »Halt, das ist sicherheitsrelevant, das könnt ihr nicht machen«, dann ließen wir es auch bleiben. Ich kenne keinen Fall bei uns, wo gesagt wurde, wir müssen jetzt eine Million Franken sparen und deshalb machen wir das jetzt anders. Ich habe ein gutes Gefühl, solange mir niemand das Gegenteil beweist. Triebwerke laufen zwar länger, aber das ist dank des Fortschritts im Flugzeugbau problemlos möglich. Die Lebensdauer einzelner Komponenten ist länger geworden. Auch Autos müssen heute später zum Ölwechsel.

Als Abnehmer von millionenteuren Flugzeugen sind Sie in der Position, die Hersteller mit Forderungen konfrontieren zu können. Nehmen Sie diese Möglichkeit wahr?
Wir müssen gegenüber den Passagieren sicherstellen, dass alles unternommen wurde, um ein Flugzeug so sicher wie möglich zu bauen. Das kann aber niemals eine hundertprozentige Sicherheit sein. Wir müssen akzeptieren, dass Flugzeuge abstürzen können.

Wie wird sich die Swissair verhalten, wenn die Unfalluntersuchung ergeben sollte, dass es bei der Airline entscheidende Versäumnisse gab?
Wir werden mit den Ergebnissen umgehen, wie sie kommen. Ich möchte aber die Gelegenheit erhalten, unsere Ansicht ebenfalls darlegen zu können. Wir werden sagen, was wir akzeptieren. Und wir werden erklären, wo wir der Meinung sind, dass bei den Ergebnissen zu stark an den Schrauben gedreht worden ist. Für mich stellt sich zunehmend die Frage, ob wir im Luftverkehr nicht zu einer supranationalen Aufsichtsbehörde gelangen müssen, die losgelöst von den Herstellerländern operieren kann. Ich bin nicht unbedingt Anhänger einer noch größeren UNO-Organisation. Ich kann mir aber gut vorstellen, dass man die ICAO[7] etwas umpolt und eine Behörde für Sicherheit anhängt, um den internationalen Luftverkehr zu verbessern. Dann würden nationale und herstellerbezogene Interessen keine Rolle mehr spielen.

Versprechen Sie sich davon mehr Sicherheit?
Ob es dazu kommen wird, weiß ich nicht. Ich verspreche mir zumindest den Wegfall der Vorwürfe, dass nationale Interessen in der Luftfahrt immer im Vordergrund stünden. Das könnte mehr Transparenz zur Folge haben. Verbesserungen könnten auch dort erzielt werden, wo wir heute sagen müssen, amerikanische Flugaufsichtsbehörden sind besser als schweizerische. Das ist jetzt der Fall, weil die Schweizer Behörden einfach ein fertiges Flugzeug vorgesetzt bekommen und es höchstens nochmals anschauen können. Die Erfahrung, die ein langjähriger Boeing-Mitarbeiter mitbringt, wenn er zur FAA wechselt, fehlt hier natürlich.

Sie haben Anfang März 1999 bekannt gegeben, dass die europäischen Hinterbliebenen den amerikanischen bei Sofortzahlungen gleichgestellt werden. Ein beispielloser Vorgang, zumal er der Swissair am Schluss zusätzliche Kosten verursachen könnte. Weshalb haben Sie so entschieden?
Ich habe kurz nach dem Unglück einen amerikanischen Versicherungsjuristen aus diesem Büro rausgeworfen. Der wollte mir verbieten, eine erste Sofortzahlung an die Angehörigen auszurichten. Nachher habe ich mich zwar selbst »gelöffelt«, dass ich nicht ruhiger reagiert habe, aber da hörte es bei mir einfach auf. Der Mann sagte, das könne man in den USA nicht machen. Ich antwortete: »Hier sind nicht die USA, hier ist die Schweiz.« Die ungleiche Behandlung der Hinterbliebenen empfand ich als nicht fair. Im Gesamtzusammenhang sprechen wir von vergleichsweise kleinen Beträgen. Da muss man gesunden Menschenverstand zeigen und pragmatisch vorgehen.

Sind Sie das erste Mal mit solchen juristischen Verfahren konfrontiert?
Nein, ich habe schon einmal einen fünf Jahre andauernden Prozess führen müssen. Und ich verfüge über Kenntnisse in der Zusammenarbeit mit Juristen aus Akquisitionen und

Prozessen. Ich weiß, dass Juristen manchmal sehr stur sein können, Paragrafenreiter, die nur die rechtlichen Aspekte sehen und die menschlichen nicht sehen wollen. Da muss man sagen: Mein Lieber, das ist Juristerei, aber das will ich so, und du sollst das dementsprechend regeln.

Die Swissair gehört zu den ersten Airlines, die das Intercarrier Agreement unterzeichnet haben und damit auf eine begrenzte Haftung nach Flugzeugabstürzen freiwillig verzichteten.

In diesem Fall hätte ich unabhängig davon gleich entschieden. Fairness und Gleichbehandlung sollte etwas Wichtiges sein. Ich möchte nicht für eine derartige Dummheit angeschossen werden. Manchmal zeigen die Leute einfach zu wenig Fingerspitzengefühl. Ein anderes Beispiel: Wenn in Zürich Angehörige französischer Sprache anrufen und jemand abnimmt, der nur Deutsch spricht, ist das schlecht und fördert Vorurteile. Es ist ein technisches Problem, das aber im menschlichen Bereich wichtig ist. Deshalb muss das auch zu lösen sein.

Der hohe Stellenwert der Kommunikation zieht sich offensichtlich durch alle Ebenen Ihrer Entscheide. Nur des Images wegen?

Es ist sehr wichtig, wie gut die Swissair diese ganze Affäre meistert. Nicht nur im Interesse der Kunden, sondern auch im Interesse der eigenen Mitarbeiter. Die Öffentlichkeit kann sich wahrscheinlich schwer vorstellen, wie schlecht die Situation in dieser Firma sein könnte, wenn in den ersten zwei Monaten nach dem Unglück alles verkehrt gelaufen wäre. Dann wird man auch von den Mitarbeitern angeschossen.

Was hat der Absturz von SR 111 innerhalb der Firma ausgelöst?

Das Unglück hat uns sicher zusammengeschweißt. Nur: Nach sieben Monaten geht man wieder über zum »business as usual«. Es gibt heute Seilschaften, die noch besser funktionieren, weil sie in diesen schwierigen Wochen zusammenarbeiten mussten und das auch sehr gut gemacht haben. Ich habe bei uns Leute beobachtet, die ich heute anders beurteile als vorher. Einige sind in dieser Krisenzeit über sich hinausgewachsen und haben einen super Job geleistet. Das System hat aber auch gewisse Leute ausgeschieden, die mit der Krise nicht fertig wurden – ohne dass ein Vorgesetzter eingegriffen hat. Es nützt nichts, wenn jemand am Telefon nur heult. Die andere Seite weint ja schon. Es muss jemand sein, der trotz der Trauer sagen kann: Okay, jetzt müssen wir ein paar Probleme lösen. Die Ausnahme war das Care Team. Dort mussten wir das Ausscheiden einiger Mitarbeiter provozieren, weil sie ihre Belastungsgrenzen nicht erkannt haben. Das ist aber nach Meinung der Spezialisten ein normaler Vorgang.

Wir haben viel über das Thema Kommunikation geredet. Sie persönlich haben die Leiterin dieser Abteilung, Beatrice Tschanz, in das Unternehmen geholt. Weshalb gerade sie?
Weil wir sie brauchten. Das war 1997, nachdem ich das Amt des CEO übernommen habe. Ich stellte damals fest, dass die Kommunikation, die wir hatten und zum Teil noch haben, immer nur reagierte. Wir machten eine Beurteilung über den damaligen Chef. Es ging nicht einmal um einen Unglücksfall, sondern um den Normalbetrieb. Das Resultat zeigte, dass wir einen neuen Kommunikationsleiter suchen mussten. Ich unterhielt mich mit jemandem darüber, der ein wenig nachdachte und mir dann drei Namen nannte. Ein Name hieß Tschanz. Im Hinblick auf den Flugzeugabsturz darf ich mir gar nicht ausmalen, was mit der alten Besetzung passiert wäre.

Glauben Sie, dass die Art und Weise, wie sich die Swissair nach diesem Unglück verhalten hat, zum Standard unter den Airlines wird?
Wir haben in der Kommunikation zu viel improvisieren müssen. Es geht darum, wie wir das intern produziert haben. Da gibt es auf jeden Fall noch Verbesserungsmöglichkeiten.

Wie andere Fluggesellschaften auch übt die Swissair das Szenario eines Absturzes regelmäßig. Hilft das bei der Bewältigung einer derartigen Katastrophe?
Ja, man muss das tun. Man kann sicher nicht die Realität üben. Aber man kann minus 30 oder 40 Prozent üben. Dann sind die anderen 60 Prozent eingeschliffen. Viele machen das zu wenig seriös, weil sie glauben, dass nichts passiert. Ich sage, wenn man zu 100 Prozent improvisieren muss, geht es schief. Den psychischen Stress allerdings kann man überhaupt nicht üben.

Sind Sie der Ansicht, dank Ihrem Vorgehen einen bleibenden Schaden von der Firma abgewendet zu haben?
Einen Schaden haben Sie immer nach einem solchen Unfall. Vielleicht ist er nicht feststellbar, sind bei den Buchungen keine statistischen Auffälligkeiten sichtbar. Trotzdem ist ein Schaden da. Das Image hat sicher gelitten.

Ihr Management lässt auf ein sehr hohes Maß an Humanität schließen. Managern von Großbetrieben wird sonst eher vorgeworfen, kühle, berechnende Zahlenmenschen zu sein. Ist humanes Management wirklich machbar?
Das muss es, vor allem in einem Dienstleistungsunternehmen. Die Leute sind das Produkt. Deshalb müssen Sie die Leute auch begeistern können, und zwar auf jeder Stufe. Erfolg motiviert, Misserfolg demotiviert. »Erfolg« in Anführungszeichen ist auch im Krisenfall wichtig. Ohne humanes Management geht es doch nicht. Das gilt auch für Produktionsbetriebe – ob Sie nun Autos bauen oder Pillen herstellen. Natürlich stehen die Zahlen im

Vordergrund, und es wird über Zahlen geführt, aber letztlich führt man Menschen und nicht Zahlen. Kürzlich bin ich in London einem jungen Analysten begegnet. Nachher ging mir durch den Kopf, dass ich mir eigentlich einen Spaß hätte erlauben sollen. Wenn ich ihm gesagt hätte, ich würde morgen 3000 Mitarbeiter feuern, dann wäre der Mann aufgesprungen, an den Computer geeilt und hätte begeistert eine Kaufempfehlung für Swissair-Akien eingetippt. Aber so geht es doch nicht. Wie wir gegenüber Aktionären und Kapitalgebern eine Verantwortung tragen, so haben wir auch eine soziale Verantwortung gegenüber der Gesellschaft, den Mitarbeitern und den Kunden. Gerade im Fall SR 111. Am Schluss wird sich die Frage stellen: Haben wir die Verantwortung gegenüber den Kunden ernst genug genommen? Wenn wir nachweisbare Fehler gemacht haben, dann haben wir die Verantwortungspflicht verletzt.

Niki Lauda sagte nach dem Absturz einer seiner Maschinen in Thailand, dass er seinen Job aufgeben würde, wenn ihn direkt eine Schuld an dem Unglück treffe. Welche Konsequenzen würden Sie ziehen? Würden Sie eigene Leute, denen ein Fehlverhalten nachgewiesen werden kann, entlassen?
Man muss zuerst zwischen den straf- und den zivilrechtlichen Aspekten unterscheiden. Aber ich kann mir schwer einen Fall vorstellen, wo wir jemanden ersetzen müssten, weil er einen Fehler gemacht hat – vorausgesetzt, es war kein vorsätzliches Vergehen. Ich müsste die genauen Umstände kennen. Ich weiß es heute nicht.

Wenn Fehler außerhalb Ihres Bereiches passiert sind, beispielsweise Designfehler oder Unregelmäßigkeiten bei der Zertifizierung, müsste das denn Konsequenzen haben?
Wie meinen Sie das? Dass wir keine Flugzeuge mehr bei Boeing bestellen würden?

Zum Beispiel.
Das ist dann die wirklich feine Linie, ob das jetzt ein Designrisiko ist oder etwas anderes. Wir alle wissen, dass es keinen Flugzeugbau ohne Risiko geben kann. Wir müssen mit Risiken leben. Wenn sich ein Designfehler herausstellen würde, wäre für mich entscheidend, ob man die möglichen Konsequenzen gekannt und trotzdem nichts unternommen hat. Das wäre etwas anderes, als wenn man sagen muss, jetzt haben wir etwas gelernt und müssen Korrekturen vornehmen. Das sind sehr schwierige Fragen, die man nicht beantworten kann, wenn man die genauen Umstände nicht kennt.

Amerikanische Anwälte haben wenige Tage nach dem Absturz von SR 111 Vorwürfe erhoben und Klagen eingereicht. Was halten Sie von einem System, in dem ein Todesfall gegen immense Summen aufgerechnet wird?
Ich muss die amerikanische Rechtsauffassung und Rechtsprechung akzeptieren, wie sie ist.

Es nützt mir nichts, wenn ich sage, das sind alles Halunken. Das Recht lässt das zu, und es ist deshalb auch nichts Falsches, wenn sie dieses Recht ausschöpfen. Auch ein Schweizer Anwalt geht bis ans Limit des geltenden Rechts. Ethisch ist das eine andere Frage. Dort sage ich: Wohin führt das? Es führt zu einem Immobilismus. Es kann nicht sein, dass private und unternehmerische Handlungen erschwert werden, weil das Risiko als zu hoch einzuschätzen ist. Ich bin mir bewusst, dass diese Haltung unter der »Pax americana« mehr und mehr nach Europa kommt. Die Frage ist, ob wir das haben wollen oder nicht.

---

[1] Eine Bombe zerfetzte 1988 eine Boeing 747 der Pan Am auf dem Flug in die USA. Die Maschine stürzte auf die schottische Ortschaft Lockerbie. In der Luft und am Boden starben insgesamt 220 Menschen.
[2] House of Representatives, Report from the Committee on Transportation and Infrastructure, 17. September 1996
[3] Task Force on Assistance to Families of Aviation Disasters
[4] www.swissair.com
[5] clubs.yahoo.com/clubs/familiesofswissairflight111
[6] Das Gespräch fand Mitte April 1999 statt.
[7] International Civil Aviation Organisation: Internationale Zivilluftfahrt-Organisation der UNO

Kapitel 9
Versicherungen

Der lange Weg zu besseren Haftungsabkommen

Vor siebzig Jahren steckte die internationale Zivilluftfahrt, wie wir sie heute kennen, noch in den Kinderschuhen: Zwar waren J. Alcock und A. W. Brown bereits 1919 erfolgreich von Neufundland nach Irland geflogen, aber erst acht Jahre später, 1927, riskierte Charles Lindbergh den ersten Direktflug von New York nach Paris. In seiner einmotorigen »Spirit of St. Louis« bewies er der staunenden Weltöffentlichkeit, dass es möglich war, den Atlantik nonstop zu überqueren. Im Jahr 1929 schließlich feierte man die erste Weltumrundung mit einem Luftschiff, der »Graf Zeppelin«. In den USA gab es Mitte der zwanziger Jahre gerade mal vierzehn inländische Fluggesellschaften, die zunächst noch mehr Post als Passagiere beförderten. In der Schweiz existierten die Basler Luftverkehrs AG Balair und die Ad Astra-Aero AG, die sich 1931 zur Swissair zusammenschlossen.

Doch die kommerzielle Ausweitung der neuen, praktischen Beförderungsmethode zur Luft stand unmittelbar bevor und war bereits zu diesem Zeitpunkt nicht mehr aufzuhalten. Dreißig Länder, die dem Völkerbund angehörten, erkannten in der Folge die Notwendigkeit, für die Luftfahrt international einheitliche und verbindliche Standards einzuführen. 1925 begann man in Paris mit der Arbeit an einem Vertragswerk, das 1929 unter dem Namen »Warschauer Abkommen« oder »Warschauer Konvention« in die Rechtsgeschichte einging.[1]

Das Abkommen hat sich zu einem der erfolgreichsten Verträge des 20. Jahrhunderts entwickelt und regelt bis heute maßgeblich die internationale Luftbeförderung von Personen, Gepäck und Fracht. Neben Bestimmungen für die Flug- und Frachtscheine, die Klagefristen oder den Gerichtsstand beinhaltet es vor allem auch Fragen der Haftung und der Entschädigungen im Unglücksfall. Dadurch erwies es sich insbesondere für die Versicherungsbranche, die sich im Schatten eines weltweit operierenden Transportwesens ein völlig neues Geschäftsfeld erschloss, als äußerst profitabel. Heute zählt die Luftfahrt zu den ertragreichsten Sparten der internationalen Rückversicherungsindustrie: So weist Lloyds of London in seinem Geschäftsbericht von 1997 einen Gewinn von 31% an den in der Luftfahrt eingenommenen Versicherungsprämien aus.

Da es der amerikanische Kongress 1920 abgelehnt hatte, den Völkerbundvertrag zu ratifizieren, konnten die Vereinigten Staaten an den Verhandlungen zum Warschauer Abkommen nur als Beobachter teilnehmen. Die Tatsache, dass die USA auf die inhaltliche Gestaltung der Konvention keinen direkten Einfluss hatten ausüben können, erwies sich langfristig als folgenschwer. Denn dadurch war es ausgerechnet der Nation, die sich in den Bereichen Luftfahrt und Flugzeugproduktion zu der führenden entwickeln sollte, nicht möglich gewesen, ihr auf dem Common Law basierendes Rechts- und Sozialsystem in ein durch die europäische Rechtsauffassung geprägtes Vertragswerk mit einzubringen. Auch wenn die Vereinigten Staaten das Abkommen im Jahr 1934 ratifizierten, vertraten sie vor allem in haftungsrechtlichen Fragen von Anfang an einen grundsätzlich anderen Standpunkt als die übrigen 142 Unterzeichnerstaaten. In den USA nämlich gab es bereits zu diesem Zeitpunkt keinerlei Haftungsbegrenzung, und das Warschauer Abkommen benachteiligte durch seine Limitierung die amerikanischen Auslandsreisenden. Die Folge war, dass der Warschauer Vertrag in den USA langwierige Rechtsverfahren auslöste, die sich vor allem für die Opfer von Flugzeugunglücken nachteilig auswirkten. Die juristischen Verfahren im Anschluss an den Abschuss der KAL 007 im Jahr 1983 zum Beispiel sind bis heute – 16 Jahre später – noch immer nicht abgeschlossen. Auch im Fall der Unglücksflüge von TWA 800 und Swissair 111 hat sich gezeigt, dass die konkurrierende Rechtsauffassung zwischen amerikanischer Gesetzgebung und der im Warschauer Vertrag festgelegten Richtlinien zu zahlreichen Prozessen geführt hat und weitere bevorstehen.

Die unterschiedlichen nationalen Rechts- und Sozialsysteme der Länder, innerhalb deren das Warschauer Abkommen zur Anwendung kommt, blockierten über Jahrzehnte auch eine Modernisierung des Vertrages, die angesichts der rasanten Entwicklung in der Luftfahrt eigentlich schon nach dem Zweiten Weltkrieg überfällig wurde.

1975 konnte man sich in Montreal endlich darauf einigen, die Haftungs- und Beförderungsvorschriften im Bereich von Luftfracht, Gepäck und Dokumentation zu modernisieren. Es dauerte jedoch noch 23 Jahre, bevor sich 30 Länder bereit fanden, diese Modernisierung zu ratifizieren und somit in Kraft zu setzen. Doch während es in diesem Bereich somit einen Fortschritt gab, blieb die Haftung für die Passagiere bis vor kurzem praktisch auf dem ungenügenden Stand von 1929 stehen. Die Vertragsstaaten konnten sich schlicht nicht einigen. Damals waren die Schadensersatzansprüche von geschädigten Passagieren oder Hinterbliebenen auf maximal 125 000 französische Poincaré-Goldfranken (etwa 8300 Dollar) beschränkt worden. Nur wenn es den Geschädigten selbst oder den Angehörigen von Unfallopfern gelang, der Fluggesellschaft ein vorsätzliches schweres Verschulden nachzuweisen, wurde dieses Limit aufgehoben.

Einzig mit dem Haager Zusatzprotokoll von 1955 wurde die Haftungshöhe etwas nach oben angepasst, indem man den Betrag auf 250 000 Poincaré-Goldfranken (etwa 20 000 Dollar) pro Passagier verdoppelte. Schon diesem Kompromiss war ein zähes Ringen zwischen den Vertragsstaaten vorausgegangen. Unterschiedlichste Interessen und auch unterschiedliche Möglichkeiten – man bedenke die Kluft zwischen westlichen Industrienationen und Entwicklungsländern – waren aufeinander geprallt. Zudem waren damals die eigentlich Betroffenen von Luftfahrtunglücken, die Flugzeugpassagiere, so gut wie ohne Interessenvertreter.

Die Vereinigten Staaten, die für die Binnenluftfahrt in ihrem eigenen Land überhaupt keine Limitierung von Schadensersatzansprüchen kannten, lehnten das Haager Zusatzprotokoll als unzureichend ab. Es wurde von ihnen nicht ratifiziert. Stattdessen unternahmen sie in der Haftungsfrage einen Alleingang: Als die USA nach Den Haag sahen, dass die Warschauer Mitgliedstaaten sich nicht auf die Modernisierung des Haftungswesens einigen konnten, entschlossen sie sich 1965, ihre Teilnahme an »Warschau« zu kündigen. Sie nahmen diese Entscheidung jedoch zurück, nachdem sich die Airlines, die von, nach und über amerikanisches Hoheitsgebiet flogen, bereit erklärt hatten, einen unter dem Warschauer Vertrag zulässigen Sondervertrag abzuschließen. Dieses Privatabkommen wurde dann von der amerikanischen Regierung als verbindlicher Tarif für alle im internationalen Luftverkehr tätigen Fluggesellschaften anerkannt. Man verpflichtete sich, das Haftungslimit auf 75 000 Dollar zu erhöhen.[2] Alle anderen Vertragsvorschriften des Warschauer Abkommens blieben von dieser Sonderregelung unberührt.

Die unüberbrückbare Kluft zwischen der unlimitierten[3] Haftungsverpflichtung in den Vereinigten Staaten und den geringen Schadensgrenzen im internationalen Luftverkehr setzte jedoch eine Entwicklung in Gang, in deren Folge es zu einer Vielzahl weiterer Sonderregelungen kam, nachdem die Notwendigkeit für höhere Entschädigungssummen gerade in westlich orientierten Industriestaaten spürbar geworden war: So vereinbarten zum Beispiel die 32 europäischen Staaten, die 1976 der European Civil Aviation Conference (ECAC) angehörten, im Abkommen von Malta eine weitere Erhöhung des Haftungslimits. Mit jeder neuen Sonderregelung jedoch wuchs im Fall von Flugzeugunglücken die Verwirrung bei der Abwicklung von Schadensansprüchen. Die Höhe der zu leistenden Entschädigung wird noch heute von zahlreichen, kaum zu überblickenden Faktoren beeinflusst – wie zum Beispiel Reisestrecke, Herkunftsland der Airline, Ausstellungsort des Tickets, Wohnort des Geschädigten, jedoch ohne Rücksicht auf seine Staatsangehörigkeit. Ein ständig in den USA lebender Schweizer würde der US-Gerichtsbarkeit unterliegen und umgekehrt. Die Rechtsprechung im Luftfahrtbereich ist derart kompliziert, dass Anspruchsteller ohne spezialisierte Anwälte kaum eine Chance auf die Durchsetzung ihrer Entschädigungsrechte haben, und auch auf diese Materie spezialisierte Fachanwälte müssen jeden Fall zunächst einer aufwändigen rechtlichen Prüfung unterziehen, bevor sie Klarheit erlangen, welche Voraussetzungen nun genau zutreffen. Darüber hinaus dauert es meist Jahre, bis in aufwändigen Gerichtsverfahren ein abschließendes Urteil über die Haftungsfragen gefällt und erst dann im Anschluss über die Höhe der Entschädigungen entschieden werden kann (vgl. Kapitel 10).

Nachdem es 1994 klar geworden war, dass die Bemühungen, »Warschau« zu modernisieren, weltweit nicht ratifizierbar waren, kam es in den Vereinigten Staaten zu Beratungen. Diese führten dazu, dass – ähnlich wie 1966 – eine Zwischenlösung gefunden wurde, die für Passagiere eine schnellere und unbürokratischere Regelung mit höheren Haftungsbeträgen durchsetzte. Die Mitglieder des internationalen Luftfahrtverbandes (IATA) schlossen im Herbst 1995 in der malaysischen Hauptstadt Kuala Lumpur ein Sonderabkommen ab, das bis 1999 von 122 Mitgliedsfluggesellschaften, die über 90% der internationalen Passagiere befördern, unterschrieben wurde.

Achtzig Mitglieder der internationalen Luftverkehrsorganisation IATA einigten sich am 31. Oktober 1995 auf das so genannte Intercarrier Agreement on Passenger Liability (IIA). Die Swissair gehörte neben elf weiteren Gesellschaften zu den Erstunterzeichnern.[4] Dieses Übereinkommen hat das ursprüngliche Haftungsverfahren von 1929 erweitert, indem es vorschreibt, dass Fluggesellschaften für nachweisbare Schäden in unlimitierter Höhe haften. Aufgrund der Bestimmungen im IIA hat die Fluggesellschaft jedoch die Möglichkeit, ihre Unschuld zu beweisen. Im Übrigen bewahrt sie ihre Regressansprüche gegenüber Dritten, zum Beispiel gegenüber dem Flugzeughersteller, sollte auch er an einem Unfall eine Schuld oder Teilschuld haben. Unabhängig davon, ob die Fluggesellschaft ein eigenes Verschulden trifft oder nicht, hat sie in jedem Fall einen Betrag von bis zu 100 000 Sonderziehungsrechten (SZR) zu leisten, insofern der Anspruch auf Schadensersatz von den Opfern beziehungsweise deren Angehörigen geltend gemacht werden kann.[5] Für die Bemessung des Schadensersatzanspruches werden die jeweiligen Gesetze des Wohnsitzes des verunglückten Passagiers angewendet.

Das IATA Intercarrier Agreement wurde allgemein als großer Fortschritt betrachtet. Bereits 1997, nur ein Jahr nach seinem Inkrafttreten, beschloss die Europäische Union (EU) eine ähnliche Haftungsregelung für Personenschäden und machte sie für alle EU-Fluggesellschaften verbindlich. Als Limit, bis zu dem eine Airline in jedem Fall zahlen soll, wurde der Betrag von 250 000 SZR empfohlen. Dieser Betrag entspricht den durch Inflation bereinigten 75 000 Dollar des Abkommens für den US-Luftverkehr von 1966. Zudem wurden die Fluggesellschaften im Unglücksfall zu einer Sofortzahlung von 15 000 ECU verpflichtet. Sobald ermittelt ist, wer schadensersatzberechtigt ist, muss dieser Betrag innerhalb von fünfzehn Tagen bereitgestellt werden.

Auf internationaler Ebene wuchs in der Folge der Druck, in der Haftungsfrage endlich allgemein verbindliche Regelungen zu treffen. Siebzig Jahre nach dem Warschauer Abkommen war es dann endlich so weit. Der Durchbruch gelang im

Frühjahr 1999 in Montreal, dem Sitz der Internationalen Zivilluftfahrtorganisation ICAO. Die Haftpflichtregelung für verunglückte Flugzeugpassagiere wurde weltweit auf eine einheitliche Basis gestellt.

Das neue Abkommen für die Zivilluftfahrt beinhaltete die unbegrenzte Haftung bei Unfällen und Sofortvorauszahlungen, wie sie zum Beispiel von der EU beschlossen worden waren. Allerdings bleibt es auch in der neuen Vereinbarung dem Ermessen der einzelnen Vertragsstaaten überlassen, die Höhe der Sofortzahlungen festzulegen. Ansonsten lehnt sich die neue Regelung an das Intercarrier Agreement an, wonach die Airlines selbst im Fall erwiesener Unschuld bis zu einem Betrag von 100 000 Sonderziehungsrechten entschädigungspflichtig sind. Neu sind die Schadensvergütung für nachweisbare höhere Schäden, der Zugang zu der Gerichtsbarkeit des Wohnsitzes des Geschädigten, eine Erhöhung der Schadensbemessungsgrundlage für Gepäck und Fracht sowie Entschädigungsleistungen bei Verspätungen.

Dass sich eine Konferenz mit 122 Landesvertretungen und einer Beteiligung von 544 Delegierten sowie Beobachtern zu dieser Einigung durchringen konnte, war keine Selbstverständlichkeit. Bis zur sprichwörtlich letzten Minute bestanden grosse Differenzen. Doch die neue Konvention, von jetzt an »Vertrag von Montreal« genannt, wurde zum Schluss mit Akklamation der Mitglieder angenommen und von 52 Delegationsvertretern – erstmals auch von den Vereinigten Staaten – direkt abgezeichnet. Auch die Schweiz gehörte zu dieser Gruppe.

Damit war der erste und wichtigste Schritt für das Transportwesen eines neuen Jahrtausends gemacht – ein weltweit verbindliches Haftpflichtverfahren, das alle bisher in Spezialabkommen erzielten Fortschritte einschliesst. Es tritt nach der endgültigen Zustimmung und Unterzeichnung von mindestens 30 Vertragsstaaten der ICAO in Kraft. Bis dahin aber wird es noch einige Zeit dauern, denn die neue Konvention muss zuerst auch von den zuständigen Regierungen der ICAO-Mitgliedsländer ratifiziert werden. Die ECAC hat bereits beschlossen, mit dem Ratifikationsprozess, wenn notwendig auch ohne die USA und andere Staaten, voranzugehen. Die ECAC hat genügend Verbundstaaten, um das neue Abkommen in Kraft treten zu lassen, nämlich mehr als 30 Einzelstaaten.

Milliardenkosten: Wer zahlt?

Die SAirGroup gehört zu den Fluggesellschaften, die das IATA Intercarrier Agreement (IIA) von 1995 unterschrieben haben. Das heisst, dass sie bei Tod oder Verletzung von Passagieren in unlimitierter Höhe haftet, sofern sie ihre vollumfängliche Unschuld nicht beweisen kann. Bis zum Betrag von 100 000 SZR (entspricht derzeit etwa 195 000 Schweizer Franken) muss sie allerdings auf die Einrede verzichten, es treffe sie keine Schuld. Diese 100 000 SZR sind deshalb jener Betrag, auf den im Falle von SR 111 alle Hinterbliebenen Anspruch haben, wenn sie nachweisen können, dass ihnen durch den Tod ihres Angehörigen ein Schaden in dieser Höhe entstanden ist.

Unmittelbar nach dem Unglück von Halifax zahlte die Swissair insgesamt 163 Angehörigen neben 3000 Franken Reisespesen auch 30 000 Schweizer Franken zur Deckung der ersten dringlichen Kosten aus. Beide Zahlungen erfolgten zunächst ohne Prüfung der Rechtsansprüche aus humanitären Gründen. Zu dieser Soforthilfe war die Swissair keineswegs verpflichtet, sie leistete sie aber als eine Vorauszahlung, die zu einem späteren Zeitpunkt mit den noch zu vereinbarenden Entschädigungsansprüchen verrechnet werden sollte.

Prinzipiell werden die Folgen des Halifax-Unglücks über die Haftpflichtversicherung der SAirGroup geregelt. Die Höhe der Deckungssumme will die Firma nicht bekannt geben. Laut Expertenmeinung dürfte sie bei mindestens 1,5 Milliarden Dollar pro Unfall liegen. Die SAirGroup hat ihre Versicherungen gemeinsam mit vier weiteren europäischen Airlines in einem Verbund namens KSSAF (KLM, SAS, Swissair, Austrian Airlines und Finnair) geregelt. Hauptversicherer ist neben der »Zürich« die legendäre Lloyds in London. Ein kompliziertes Geflecht mit rund 25 Unterversicherern teilt sich das Risiko und hat sich selbst wiederum bei Rückversicherungen abgedeckt.

Im Falle eines Unfalls wird zwischen Schäden an Flugzeugen (Kasko) und Personenschäden (Haftpflicht) unterschieden. Die bei Halifax abgestürzte MD-11 hatte bei einem Totalverlust einen Versicherungswert von ungefähr 125 Millionen Dollar. Eine Vollkasko-Police deckt einen Schaden unabhängig von dessen Ursache zum Marktwert. Nur wenn der Absturz auf einen technischen Mangel zurückzuführen ist, für den der Hersteller verantwortlich zeichnet, könnte Boeing im Rahmen der Produkthaftung belangt werden. Auf die Swissair wiederum können Regressforderungen lediglich dann zukommen, falls sich nachweisen lässt, dass etwelche Mängel an der Unglücksmaschine mit Wissen der Geschäftsleitung bestanden, also willentlich eine Gefährdung der Passagiere in Kauf genommen wurde. Ansonsten sind sogar Piloten- oder Mechanikerfehler, gleichbedeutend mit fahrlässigem oder grobem Vorsatz, gedeckt.

Was die Bewältigung des materiellen Schadens im Zusammenhang mit dem Absturz anging, nahm die Schweizer Airline den Angehörigen gegenüber von Anfang an eine kulante Haltung ein. Sie hob dies in ihren Äußerungen auch immer wieder deutlich hervor. Karin Anderegg, Leiterin des Rechtsdienstes der SAirGroup, war nach dem Unglück nach Halifax gereist und legte bereits dort die Haltung ihrer Firma unmissverständlich dar: »Es ist uns ein großes Anliegen, die

Ansprüche, die den Betroffenen zustehen, auch abzudecken. Das ist das wenigste, was man machen kann.«

Zwischen den Anwälten der Versicherungen, der Swissair-Holdinggesellschaft und Konzernchef Philippe Bruggisser kam es trotz dieser Beteuerungen zu unterschiedlichen Auffassungen im Umgang mit den Sofortzahlungen an die Hinterbliebenen. Bislang setzte sich die großzügige, über das Mindestmaß hinausgehende Haltung Bruggissers durch. Besonders deutlich wurde der Konflikt im Zusammenhang mit der Auszahlung der 100 000 Sonderziehungsrechte (SZR) an die Hinterbliebenen der Opfer des MD-11-Absturzes.[6] Denn obwohl das IATA Intercarrier Agreement vorsieht, dass die Fluggesellschaft im Falle eines Unfalls unabhängig von der Schuldfrage für jeden zu Schaden gekommenen Passagier in Höhe von 100 000 SZR haftet, heißt das noch lange nicht, dass dieser Betrag auch in jedem Fall in voller Höhe entrichtet werden muss. Er kann nämlich nur dann eingefordert werden, wenn die Angehörigen auch belegen können, dass ihnen durch den Tod ihres Familienmitgliedes ein Schaden in dieser Höhe entstanden ist. In Europa, wo ein ausgebautes Sozialversicherungssystem die Angehörigen nach einem Todesfall mit Witwen- und Waisenrenten weitgehend absichert, ist es jedoch viel schwieriger, einen solchen Anspruch zu belegen als zum Beispiel in den Vereinigten Staaten, wo die staatliche Fürsorge viel geringer ausgeprägt ist. Von daher ist es möglich, dass bei einigen aus Europa stammenden Opfern am Schluss Entschädigungsverpflichtungen bestehen, die niedriger als die erwähnten 100 000 Sonderziehungsrechte sein könnten. Dies gilt insbesondere im Fall von Minderjährigen, da den Eltern durch ihren Tod – juristisch gesprochen – kein wirtschaftlicher Schaden entsteht.

Philippe Bruggisser entschied sich trotz der national unterschiedlichen Bestimmungen im Entschädigungsrecht, in der Frage der Sofortzahlungen die europäischen Opfer den amerikanischen gleichzustellen. Auf einer Pressekonferenz Anfang März 1999 erklärte er: »Aus menschlicher Sicht ist aber nicht einzusehen, weshalb Angehörige in den USA und in Europa unterschiedlich behandelt werden.« Er setzte sich damit über die Bedenken der Versicherungs- und Konzernjuristen hinweg, die ihn mehrfach darauf hingewiesen hatten, dass eine allfällige Differenz zwischen den 100 000 SZR und nicht belegbaren Schadensersatzansprüchen nicht durch die Versicherung der SAirGroup gedeckt sei.

Die Strategie der Versicherungsanwälte, die 100 000 SZR in Europa nicht pro Opfer, sondern pro Familie auszuzahlen, um dem Unternehmen unnötige Kosten zu ersparen, lehnte Bruggisser ab und beging damit einen neuen Weg in der Abwicklung der ersten Hilfszahlungen. Ohne diese Entscheidung wäre zum Beispiel die Westschweizerin Carol Tschudin, die ihre 20-jährigen Zwillinge beim Absturz vor Peggy's Cove verlor, davon betroffen gewesen; und in Frankreich gab es sogar einzelne Familien, die bis zu fünf verunglückte Angehörige zu beklagen hatten. Sie alle hätten nach dem Willen der Versicherungen nur eine Zahlung in Höhe von maximal 100 000 SZR erhalten sollen.

Mit der Bemerkung: »Das müssen wir uns aber leisten können«, schlug Bruggisser alle Bedenken in den Wind, wobei er keinen Hehl daraus machte, dass seine Auffassung innerhalb des Konzerns äußerst kontrovers diskutiert worden war.

Ein weiterer Grund, warum ihn die Rechtsbeistände der Versicherungen und der SAirGroup zu einem verhalteneren Vorgehen rieten, hat ebenfalls mit den Regelungen des IATA Intercarrier Agreements zu tun. Die Haftungsfrage wird nämlich auch dadurch beeinflusst, welcher Passagier welches Ticket an welchem Ort gekauft hat. Flug SR 111 war ein so genanntes Code-Sharing zwischen den beiden Partnergesellschaften Swissair und Delta Air Lines. Das heißt, dass Airlines Flugdienste im eigenen Namen verkaufen können, obwohl der angebotene Flug von einer anderen Gesellschaft durchgeführt wird. Von den 136 Passagieren des Fluges SR 111, die die amerikanische Staatsbürgerschaft hatten, besaßen 53 ein Delta-Ticket. Damit stand zumindest die Frage im Raum, ob die Delta Air Lines einen Teil der Haftung wird übernehmen müssen. Eine Frage, die ohne eine Einigung zwischen den Parteien nur durch einen Gerichtsentscheid geklärt werden kann, weil es bisher für Code-Sharing-Flüge keine rechtsverbindliche Praxis gibt.

Die Bereitschaft innerhalb der SAirGroup, sich der offensiven Gangart der Konzernleitung anzuschließen, wuchs nicht zuletzt auch unter dem Druck der Familienorganisationen. An einem Treffen in Genf Ende Februar 1999 ließen die Vertreter der Hinterbliebenen ihrem Unmut über die unterschiedliche Behandlung freien Lauf. Das Treffen zeigte offensichtlich Wirkung. »Wir mussten ein wenig nachhelfen, aber es ist gut, dass die Swissair auf uns gehört hat«, sagte Myron Ratnavale, Schweizer Vorstandsmitglied der internationalen Vereinigung The Families of Swissair Flight 111.

Um sich die Dimension der rechtlichen Konsequenzen vor Augen zu führen, die der Absturz des Fluges SR 111 für die SAirGroup haben kann, ist es notwendig, sich die amerikanische Rechtsprechung im Zusammenhang mit Flugzeugunglücken zumindest in groben Zügen zu vergegenwärtigen. Das Ableben durch einen Flugzeugabsturz wird im US-Zivilrecht unter dem juristischen Begriff »wrongful death« (unrechtmäßiger Tod) behandelt. Bei Forderungen von Familienangehörigen wird demzufolge in erster Linie zwischen wirtschaftlichen und nicht wirtschaftlichen Schäden unterschieden.

Der wirtschaftliche Schaden wird in den USA maßgeblich von den persönlichen Lebensumständen bestimmt. Ein tödlich verunglückter Familienvater beispielsweise hinterlässt in der Regel Ehefrau und oftmals in der Ausbildung stehende Kinder. Wegen der in Amerika weniger guten sozialen Absicherung müssen dort höhere Entschädigungszahlungen geleistet werden. In Europa wird dieser Anteil durch die Sozialversicherungsträger erbracht – und damit also letztlich durch die Allgemeinheit der Beitragszahler. In diesem Zusammenhang stellt sich die Frage, ob solche Sozialleistungen bei einem Flugzeugunglück nicht als indirekte Subvention der Versicherungen betrachtet werden könnten. Beim Verlust von Kindern wird den Eltern in einigen US-Bundesstaaten zugestanden, dass ihnen im Alter die Unterstützung der Kinder versagt bleibt und sie deshalb womöglich in ein Altersheim ziehen müssen. Die Kosten eines Heimes, der Hauspflege und die Arztkosten können als mögliche Grundlage für die Berechnung des wirtschaftlichen Schadens dienen. Das sind in den USA in der Regel über 100 000 Dollar pro Jahr allein an Unterhaltskosten.

Insbesondere bei verunglückten Angestellten in führenden Positionen oder Topmanagern wird auch die zu erwartende Einkommens- und Vermögensentwicklung bei der Bemessung des wirtschaftlichen Schadens mit einbezogen. Das ist für Flug SR 111 insofern bedeutend, weil sich an Bord der Unglücksmaschine zahlreiche hohe UNO-Beamte und prominente Geschäftsleute befanden. Nach dem Bombenattentat auf den Pan-Am-Flug-103 im Jahr 1988 über der schottischen Ortschaft Lockerbie beispielsweise wurden der Witwe von Michael Pescatore, einem gut verdienenden US-Manager der Erdölgesellschaft BP, insgesamt 19,5 Millionen Dollar zugesprochen.

Allein 9 Millionen wurden der Witwe ausgezahlt, um sicherzustellen, dass sie durch das Ableben ihres Mannes keine materiellen Einschränkungen hinnehmen musste. Es handelt sich bei dieser Summe um einen Ersatz für verlorenes Einkommen, das auf der Basis der bis zum Ruhestand noch verbleibenden Arbeitsjahre hochgerechnet wurde. Aufgrund der Gesetze des Bundesstaates Ohio wurden ihr darüber hinaus 5 Millionen Dollar für den Verlust an Partnerschaft (»loss of society«) zugestanden. Der Rest von 5,5 Millionen Dollar waren Zinszahlungen auf die Entschädigungssumme, die ihr seit dem Tag des Unglücks zustanden. Von der Gesamtsumme wurden jedoch über 30 Prozent Erfolgshonorar für den Anwalt und aufgelaufene Verfahrenskosten abgezogen.

In den USA existiert weiter die Möglichkeit, auch nicht wirtschaftliche Schäden geltend zu machen, zum Beispiel für das Leiden der verunglückten Flugzeuginsassen (»pain and suffering«). Entscheidend ist dabei der Zeitpunkt, ab dem sich die Passagiere bewusst gewesen sein mussten, dass sie in Todesgefahr schwebten. Swissair 111 flog mindestens 16 Minuten lang mit Rauch im Innern, und vom Totalausfall der elektrischen Systeme bis zum Aufprall dauerte es weitere 6 Minuten – für die Zumessung des Schmerzensgeldes eine halbe Ewigkeit. Da es sich bei diesen Schäden streng genommen um einen Anspruch des Opfers und nicht der Hinterbliebenen handelt, muss »pain and suffering« vom juristischen

Vertreter der Erbengemeinschaft geltend gemacht werden und nicht nur von einem einzelnen Angehörigen. Sie unterliegen daher auch der Erbschaftssteuer, die mitunter einen Großteil dieser Zuwendung absorbieren kann. Darüber hinaus ergeben sich bei Zahlungen für das Leiden der Opfer im Allgemeinen große Unterschiede, die unter anderem abhängig sind vom jeweiligen Gerichtsstand und von der Zusammensetzung der Geschworenen. Richter prüfen zu hohe Schöffen-(Geschworenen)urteile und korrigieren sie durch Kürzungen.

In den USA sind als Letztes auch Strafzahlungen, also Bußen, zulässig. Doch weder das Warschauer Abkommen noch das Intercarrier Agreement lassen Strafzahlungen gegen eine Airline zu – höchstens gegen den Hersteller, in diesem Falle also Boeing, die den Erbauer der MD-11, McDonnell-Douglas, übernommen hat.

Betrachtet man die Klagen, die bis Sommer 1999 von den Angehörigen im Zusammenhang mit SR 111 eingereicht wurden, sind alle diese feinen Unterscheidungen kaum mehr nachvollziehbar. Bislang sind vor allem Forderungen nach wirtschaftlichen Entschädigungszahlungen eingereicht worden, aber auch Klagen für nicht wirtschaftliche Schäden und sogar Bußen sind eingegangen. Teilweise richten sich die Klagen gleichzeitig gegen mehrere Adressaten, nämlich Swissair, Delta, Boeing/McDonnell-Douglas, IFT – und dies in den unterschiedlichsten Kombinationen. Ein halbes Jahr nach dem Absturz waren insgesamt 22 Klagen eingegangen. Insgesamt wurden 14 Milliarden Dollar gefordert. Bis Sommer 1999 erhöhte sich die Zahl der Klagen auf über 40 und der Streitwert auf 16 Milliarden Dollar. Aber nicht nur die Angehörigen der Opfer verklagten die Swissair. So reichten zum Beispiel zwei Dudelsackspieler von Peggy's Cove eine Klage wegen Einkommensausfalls ein, der ihnen durch die Absperrung und das Ausbleiben der Touristen in der Gegend entstanden sei. Fischer stellen Ansprüche, weil sie während der Bergungsarbeiten ihren Beruf nicht ausüben konnten. Der Hersteller des Bordunterhaltungssystems IFT verklagte die Swissair auf 100 Millionen Dollar, weil sie das IFEN stillgelegt hatte und angeblich ihren vertraglichen Verpflichtungen zur Abnahme weiterer Systeme bisher nicht nachgekommen war.

Die meisten Angehörigen – darunter auch einige europäische – versuchen ihre Forderungen vor US-amerikanischen Gerichten anzubringen, weil sie annehmen, dass die Rechtslage dort eben vorteilhafter sei. Auch die in England lebende Patricia Gayer unternahm diesen Versuch. Sie hat über ihren Anwalt Sean McCarthy eine Forderung von zwei Milliarden Dollar bei einem US-Gericht deponiert, weil die verunglückte Familie – Gayers Schwester Caroline mit Ehemann Norman und den Kindern Jane und Michael – ihren Wohnsitz in Massachusetts hatte.

Von diesen astronomisch hohen Beträgen bleibt jedoch meist nicht mehr viel übrig. Zum Schluss bekommen die Angehörigen von diesen Summen zwischen einem Zehntel und zehn Prozent. Konkrete Beispiele: Die Forderung beläuft sich auf zwei Milliarden Dollar, im Vergleich wurden drei Millionen Dollar bezahlt, eine andere Forderung betrug 75 Millionen Dollar, der Vergleich brachte sieben Millionen Dollar, in einem ähnlichen Fall belief sich die Forderung auf 75 Millionen Dollar, im Vergleich wurden aber nur 575 000 Dollar gezahlt. Die überzogenen Forderungen werden von Anwälten vor allem deshalb gestellt, weil sie sich als besonders öffentlichkeitswirksam erweisen. Dies geschieht häufig ohne das Wissen und zum Entsetzen ihrer Klienten, die unter dieser Art von Publizität zu leiden haben, weil man sie in der Öffentlichkeit nicht als trauernde Familien, sondern als raffgierige Profiteure darstellt.

Manchmal kann sogar der Eindruck entstehen, dass Millionenforderungen einzig und alleine aus Gründen der Publicity eingereicht werden. Dann nämlich, wenn ihre Chancen von vornherein sehr gering sind. Diesen Schluss lässt beispielsweise das Begehren der New Yorker Kanzlei Broder & Reiter zu. Im Namen der Hinterbliebenen, einer bei SR 111 getöteten griechischen Staatsangehörigen, verlangt Anwalt Jonathan C. Reiter von Swissair, Delta Air Lines, McDonnell-Douglas und Boeing insgesamt 1,7 Milliarden Dollar Entschädigungs- und Strafzahlungen. Das Opfer allerdings war Griechin, lebte in Griechenland und hatte das Flugticket außerhalb der USA erstanden. Deshalb wird den Angehörigen voraussichtlich nicht mehr als der Betrag zustehen, den sie gemäß den Vereinbarungen des IATA Intercarrier Agreement auf der Grundlage der griechischen Rechtsprechung einklagen können. Wie eine Anwaltskanzlei bei diesen schlechten Voraussetzungen eine derartig horrende Klagesumme einfordern will, bleibt das Geheimnis der gelegentlich etwas seltsamen amerikanischen Anwaltsbranche (vgl. Kapitel 10).

Trotz aller Einschränkungen ist damit zu rechnen, dass sich die Versicherungszahlungen bei SR 111 in ihrer Höhe von anderen Flugzeugunglücken abheben werden. Bei der Swissair-Holdinggesellschaft wird nach eigenen Angaben mit einem durchschnittlichen Betrag zwischen einer und drei Millionen Dollar pro Passagier gerechnet[7]. Die Gesamtsumme könnte sich demnach auf über 600 Millionen Dollar belaufen. Offensichtlich stellen sich auch die Versicherungen der SAirGroup auf eine Summe in dieser Größenordnung ein – darauf weisen zumindest die von ihnen bisher getätigten Rückstellungen hin. Sie betrugen im Juni 1999 rund 500 Millionen Dollar. Zusätzlich ins Gewicht fallen können auch die Zinsen, die in den USA von den Gerichten in eigener Kompetenz zugesprochen werden und derzeit rund vier Prozent betragen. Sie können, je nach Entscheidung eines Richters, ab dem Klagedatum berechnet werden. Weil es meist einige Jahre dauert, bis alle Ansprüche abgedeckt sind, können sich auch diese Kosten durchaus summieren.

Obwohl es nicht unüblich ist, dass in einer Gerichtsverhandlung die Haftbarkeit der beklagten Parteien festgestellt werden muss, kommt es nur selten zu Gerichtsverhandlungen in den eigentlichen Entschädigungsfällen. So wurden beispielsweise im Fall von Pan Am 103 nach einem 3-monatigen Haftpflichtverfahren über »wilful misconduct« nur fünf Gerichtsverhandlungen über Entschädigungsfragen geführt, von denen drei vom gleichen Schöffen-(Geschworenen)gremium entschieden wurden. Das heißt, dass 98 Prozent der Forderungen durch Vergleiche geregelt wurden. Im Gegensatz dazu waren bei KAL 007 allein in Amerika in 20 Prozent der Fälle Entschädigungsverfahren notwendig, die fast alle auch im Berufungsgericht und dreimal vor dem Obersten Bundesgericht verhandelt werden mussten. Ob es zu einer solchen gerichtlichen Auseinandersetzung zwischen den Hinterbliebenen und der SAirGroup kommen wird, ist höchst ungewiss. Es ist nämlich die erklärte Absicht der Schweizer Fluggesellschaft, die materiellen Ansprüche in außergerichtlichen Vergleichen zu regeln. Die Erfahrung im Anschluss an andere große Flugzeugunglücke zeigt, dass in über 80 Prozent der Fälle dieser Weg beschritten wird. Dieses Vorgehen wird meist auch von den Angehörigen selbst bevorzugt, lassen sich dadurch doch aufwändige juristische Verfahren vermeiden.

Ob sich dieser Wunsch der SAirGroup – und auch der Angehörigen – verwirklichen lassen wird, hängt aber nicht nur von den beiden Parteien ab. Ein gewichtiges Wörtchen haben dabei die Versicherer mitzureden. Versicherungen haben zwei Ziele: Prämien einzunehmen und möglichst wenig auszahlen zu müssen. Stellt sich heraus, dass am Absturz von SR 111 herstellerbedingte Ursachen beteiligt waren, werden die Versicherer der Schweizer Airline mit größter Wahrscheinlichkeit Regressforderungen an Boeing stellen wollen, um Teile der Schadenssumme abwälzen zu können. Die bislang gewonnenen Untersuchungserkenntnisse lassen durchaus den Schluss zu, dass ein elektrisch bedingter Kabelbrand eine entscheidende Rolle bei der Katastrophe gespielt haben könnte. Und das wiederum könnte unter Umständen auch auf den Hersteller zurückfallen. Interessenkonflikte können entstehen, wenn Hersteller und Fluggesellschaft über dieselben Versicherer verfügen, was bei den Rückversicherungen oft der Fall ist.

Regressforderungen bedeuten für die Angehörigen der Opfer, dass sich die juristischen Verfahren in die Länge ziehen werden und womöglich in einem ausgedehnten Rechtsstreit enden. Die Verlierer sind damit natürlich die Hinterbliebenen: Sie müssen nicht nur bis zum Ende eines solchen langwierigen Prozesses auf ihre Entschädigung warten, sondern sie werden auch immer wieder von neuem mit den tragischen Ereignissen konfrontiert. Dadurch aber wird es für sie immer schwieriger, über den Verlust ihrer Angehörigen hinwegzukommen.

In der Entschädigungsfrage nehmen die beiden getöteten Piloten und die zwölf

Mitglieder des Kabinenpersonals – wie bei allen Airlines – eine Sonderstellung ein. Die Swissair verfügt über eine Unfallversicherung für ihre Angestellten, die im Todesfall 75 000 Schweizer Franken ausbezahlt. Sie gilt für alle Risiken, beispielsweise auch für nebenberufliche wie Sportunfälle. Des Weiteren ist die volle Lohnfortzahlung nach dem Gesamtarbeitsvertrag für mindestens sechs Monate gewährleistet. Hinzu kommen die gesetzlich geregelten Witwen- und Waisenrenten.

Über diese Haftungszahlungen hinausgehende Entschädigungen könnten die Angehörigen der verunglückten Flugzeugcrew nur von Dritten einfordern, beispielsweise vom Hersteller Boeing, wenn ihn eine Mitschuld am Absturz trifft. Aber auch im Fall der verunglückten Mitarbeiter ging die SAirGroup wiederum über das Mindestmaß hinaus und stellte sie den Passagieren gleich. Allen Angehörigen, die keine Entschädigungsansprüche in Höhe der ihnen durch das Intercarrier Agreement garantierten 195 000 Franken geltend machen konnten, wurde die Differenz auf freiwilliger Basis ausgezahlt.

Abgetrennt von den Haftungs- und Wiedergutmachungsregelungen zieht eine derartige Katastrophe auch eine strafrechtliche Beurteilung der Schuldfrage nach sich. Strafbare Handlungen an Bord eines Flugzeuges werden durch das schweizerische Luftverkehrsgesetz erfasst und sind der Bundesgerichtsbarkeit unterstellt. Dazu zählen im weitesten Sinne auch unterlassene oder fehlerhaft ausgeführte Wartungsarbeiten am Boden. Am 14. Dezember 1998 eröffnete die Bundesanwaltschaft in Bern ein gerichtspolizeiliches Ermittlungsverfahren zu SR 111 gegen Unbekannt wegen des Verdachts auf fahrlässige Tötung – als Reaktion auf die Einreichung von Strafklagen durch die Eltern zweier Absturzopfer. Bereits Anfang November war in Genf eine Untersuchung wegen fahrlässiger Tötung aufgenommen worden, nachdem die Eltern des verunglückten 20-jährigen Mathieu Amposta Klage erhoben hatten.

Dass neben den kanadischen Polizeibehörden nun auch noch zwei schweizerische Stellen eine Strafuntersuchung durchführen sollten, erwies sich als wenig sinnvoll. Zumal derartige Ermittlungen, da es sich um einen zwei Kontinente umspannenden Auslandsfall handelt, auch kaum durchführbar sind. Trotzdem entbrannte in der Folge eine juristische Auseinandersetzung um die Frage, wer nun in der Schweiz ermitteln soll – und wer nicht. Als die Genfer Untersuchungsrichterin Christine Junod[8] von der Swissair die Aushändigung sämtlicher benötigter Unterlagen und Akten zu dem Unglück verlangte, wurde ihr dies verweigert. Die Swissair, unzufrieden und eine Verzettelung der Verfahren befürchtend, ließ beim St. Galler Rechtsprofessor Stefan Trechsel ein Gutachten erstellen. Der Experte kam zum Schluss, dass die Zuständigkeit für die Strafuntersuchung bei den Bundesbehörden in Bern liegen muss.

Die Airline rekurrierte in der Folge bei der Genfer Anklagekammer und verlangte, dass die Strafuntersuchung durch Bern vorgenommen wird. Die Kammer wies ihre Zuständigkeit in dieser heiklen Frage zurück und beauftragte die beiden Behörden, sich selbst zu einigen. Die Bundesanwaltschaft beanspruchte in der Folge zwar die Zuständigkeit für sich, delegierte die Ermittlungen aber trotzdem an die Genfer Untersuchungsbehörden.

Resultate lassen aber noch auf sich warten. Betrachtet man die Arbeitsweise von überlasteten Justizbehörden, wird wahrscheinlich erst einmal ein abschließender Unfalluntersuchungsbericht abgewartet, bevor eine strafrechtliche Untersuchung richtig in Gang kommt.

Von einem Relikt und unheilvollen Allianzen

Das Gesetz stammt aus den zwanziger Jahren, als Luftpionier Charles Lindbergh noch nicht einmal von seiner Atlantiküberquerung zu träumen wagte und selbst kühne Prognostiker die rasante Entwicklung im öffentlichen Lufttransportwesen nicht voraussehen konnten. Im amerikanischen Kongress wurde das Gesetz mehr als zwölf Jahre debattiert. Seine Notwendigkeit ergab sich aus einer Entscheidung im amerikanischen Bundesgericht aus dem letzten Jahrhundert, nachdem Opfer von Unglücksfällen außerhalb der Landesgrenzen der Vereinigten Staaten keine Entschädigung nach amerikanischem Recht beanspruchen können. Der Untergang der »Titanic« im Jahre 1912 unterstrich die Dringlichkeit des Handlungsbedarfs. Die Rede ist von dem Death on The High Seas Act (Tod auf hoher See), kurz als DOHSA bekannt. Dieses Gesetz sollte erstmals den Witwen und Waisen von Seeleuten, die auf hoher See – also in internationalen Gewässern – umkamen, einen Ersatz für die sich aus dem Tod des Seemannes ergebenden wirtschaftlichen Schäden zukommen lassen.

Zu dieser Zeit gab es noch keine soziale Gesetzgebung, die dies ermöglichte. Das Gesetz erstreckte sich dann auch auf Passagiere beziehungsweise deren Angehörige.

Als internationale Gewässer galt alles außerhalb der damals üblichen Drei-Meilen-Zone vor der Küste. Warum gerade drei Meilen, also fünf Kilometer? Das war die Grenze der Reichweite der Kanonenkugel eines Küstenforts, für unsere Zeit von Raketen und Marschflugkörpern eine sehr antiquierte Vorstellung. Seitdem sind die drei Meilen denn auch international auf 12 Meilen (20 Kilometer) erweitert worden. Viele Länder haben darüber hinaus für ihre wirtschaftlichen oder Sicherheitsinteressen ihr Hoheitsgebiet von 50 bis zu 200 Meilen (85 bis zu 340 Kilometer) erweitert. Auch die Vereinigten Staaten haben 1988 durch Proklamation des damaligen Präsidenten Ronald Reagan das Hoheitsgebiet auf 12 Meilen von der Küste ausgedehnt – jedoch mit der Einschränkung, dass diese nicht auf bereits bestehende Gesetze anzuwenden sei – womit DOHSA mit seiner Drei-Meilen-Zone erhalten blieb.

Um die Situation weiter zu verkomplizieren, entschied die amerikanische Luftfahrtbehörde FAA, dass zumindest im Flugverkehr diese »Reagan-12-Meilen-Zone« angewendet wird.

Da viele grosse Flughäfen in den Vereinigten Staaten an der Ost- und der Westküste des Landes liegen, erstrecken sich die An- und Abflugrouten über den Atlantik beziehungsweise den Pazifik und somit meist weiter als 5 Kilometer von der Küste entfernt, und damit würden die DOHSA-Beschränkungen sich streng genommen auch auf so genannte Binnenflüge ausdehnen.

Der Absturzort der SR 111 liegt 8 Meilen vom Festland der kanadischen Küste. In den Entschädigungsverfahren der Angehörigen wird DOHSA daher zweifellos ins Spiel gebracht, ähnlich wie in den TWA-800- und den KAL-007-Abstürzen schon in der Vergangenheit. Bei TWA 800 hat allerdings der Ermittlungsrichter im Voraus entschieden, dass DOHSA aufgrund der FAA-Entscheidung über die heutige Ausdehnung des Luftraumes nicht anzuwenden sei. Dieser Beschluss wurde von TWA- und Boeing-Anwälten in die Berufungsinstanz gebracht. Juristisch gesehen ist die Auslegung des Gesetzes ein verzwickter Streitpunkt. Ist DOHSA anwendbar bei einem Unfall 5 Kilometer von der Landesgrenze der Vereinigten Staaten oder von der Landesgrenze jenes Staates, wo das Unglück passierte?

In der Vergangenheit wurde DOHSA oft bei kleinen Flugzeugunglücken angewendet, vor allem bei Abstürzen von Helikoptern, die Arbeiter zu Ölbohrinseln hin und her transportieren. In einem solchen Fall entschied das amerikanische Bundesgericht, dass DOHSA für Flugverkehr anwendbar sei, denn es handle sich hier um eine Ausweitung des Seeverkehrs. Da hatten die Richter damals leider aus Sicht von Angehörigen Recht, denn ursprünglich wurde der sich entwickelnde Luftverkehr tatsächlich als Modernisierung des Seeverkehrs betrachtet. In den frühen Jahren der internationalen Luftfahrt wurden für den Langstreckenverkehr zunächst auf dem Wasser landende Flugboote entwickelt, die Geschwindigkeit nach Knoten berechnet, das Personal mit Marinetiteln versehen und in Marineuniformen gekleidet (z.B. Flugkapitän, Erster Offizier, Stewards usw.).

DOHSA kam das erste Mal ins Rampenlicht der Öffentlichkeit, als Korean Airlines 1989 wegen eines »vorsätzlichen willentlichen Vergehens« verurteilt wurde, was nach dem Warschauer Abkommen den hinterbliebenen Familien der Opfer von Flug 007 die Tür öffnete, für nachweisbar eingetretene Schäden eine Entschädigung zu erhalten, also die Haftungsgrenze von 75 000 US-Dollar zu überschreiten.

In dem Bestreben, nicht mehr an Entschädigungen zahlen zu müssen als notwendig, holten nun Korean Airlines und ihre Schwestergesellschaft Oriental Fire and Marine Insurance Company sowie ihre Rückversicherer bei Lloyds of London, vertreten durch das Anwaltsbüro von Beaumont & Sons, den Death on The High Seas Act aus dem Hut. Anfänglich hatte diese Taktik nicht viel Erfolg, denn in erster Instanz entschieden Richter, dass DOHSA nicht auf die KAL-007-Fälle angewendet werden könne. Verschiedene Berufungsgerichte waren dann allerdings unterschiedlicher Meinung, so dass schließlich das Oberste US-Bundesgericht sich zweimal mit DOHSA zu befassen hatte und zum Schluss kam, dass DOHSA modernisiert werden müsse. Aber bis zur Neuregelung dieses Gesetzes, so entschieden die Richter, sollten Flugzeugunglücke, die sich mehr als drei Meilen vor der Küste ereignen, unter die DOHSA-Beschränkungen fallen. Diese rechtliche Prozedur verzögerte die Abwicklung der KAL-007-Rechtsprozesse um weitere 6 Jahre. Auch davon betroffen war die Beendigung bereits in zwei Instanzen durchgeführter Gerichtsverfahren von Angehörigen.

Wo immer in der Abwicklung der Haftpflicht von Flugzeugunternehmen der Name des Anwaltsbüros Beaumont & Sons auftaucht, erscheint auch der von Sean Gates. Gates vertritt als Anwalt den Versicherungsgiganten Lloyds, bei dem zahlreiche Fluggesellschaften rückversichert sind, auch die »Zürich« Versicherung der SAirGroup und damit SR 111. Es handelt sich bei Gates um einen anerkannten Taktiker in der Abwicklung von Schadensansprüchen und in der Beschränkung der Haftpflicht seiner Klienten, aber auch um eine Kassandra im Versicherungswesen. Wo immer über die Kompensation nach Flugzeugunglücken gerangelt wird, mischt auch Sean Gates mit und eben auch im Fall von SR 111. Auf Fachtreffen der Branche hat sich Herr Gates in den vergangenen Jahren bitter darüber beklagt, dass die Modernisierung des Haftpflichtwesens den Versicherungen neue Risiken aufbürden würde, ohne dass es bisher möglich gewesen sei, die Jahresprämien entsprechend zu erhöhen. Das ist auch nicht erstaunlich, denn die Versicherung von Flugzeugen in der internationalen Luftfahrt gehört zu den einträglichsten Sparten der Versicherungsindustrie, so dass entgegen den Klagen von Herrn Gates die Prämiensätze bei erhöhten Haftungssummen laufend zurückgegangen sind. Herr Gates versuchte auch bei jeder sich bietenden Gelegenheit – allerdings vergeblich – den Abschluss der neuen Konvention von Montreal zu verhindern.

Und was hat all das mit DOHSA zu tun? Es sind eben gerade solche Gesetze, die die Haftpflicht der Versicherer beschränken – zu Ungunsten der Opfer von Flugzeugunglücken. Und für diese ist es meist nur sehr schwer verständlich, warum die Schäden unterschiedlich bemessen werden sollten, je nachdem, ob ihre Angehörigen nun 5 oder nur 4,9 Kilometer von der Küste entfernt umgekommen sind. Denn fast gleichzeitig mit dem KAL-007-Fall entschied das Oberste US-Bundesgericht in einem anderen Fall, dass bei einem Unglück, das sich innerhalb von territorialen Gewässern ereignet, amerikanisches Landesrecht anwendbar ist.

Nach Beaumont & Sons, vertreten durch Herrn Gates, macht auch der Anwalt Keith Gerrard aus Seattle gerne für seine Klienten von jeder Möglichkeit Gebrauch, sich der Haftpflicht zu entziehen, worunter unter anderem DOHSA fällt. Herr Gerrard vertritt die Boeing Corporation bei Flugzeugabstürzen. Im Falle des 1996 vor New York abgestürzten Jumbo Jets Flug TWA 800 stellte er den Antrag, dass DOHSA in Bemessung der Schäden für die TWA-800-Angehörigen Anwendung finden solle, bevor das Gericht überhaupt festgestellt hat, ob sein Klient eventuell haftpflichtig sei. Das brachte das gerichtliche Ermittlungsverfahren zunächst einmal zum Stillstand, da der Richter zunächst Boeings Einlassung ablehnte und der Rechtsstreit über DOHSA nun vor dem Berufungsgericht liegt. Aber die Herren Gates und Gerrard, die sich offensichtlich auch untereinander bestens verstehen, gingen noch weiter, um die Haftpflicht ihrer Klienten zu beschränken. Das führt zur Frage der »Wahl des zuständigen Gerichtsstandes«. In allen Unglücksfällen ist dies ein Rechtsproblem, denn jede Partei will sehen, dass ihre Fälle an dem für sie günstigsten Gerichtsstand und, wenn möglich, vor dem für sie am sympathischsten Richter abgewickelt werden. So beantragen Herr Gerrard und seine Kollegen kürzlich, dass alle französischen Fälle in den TWA-800-Verfahren von den amerikanischen Gerichten eingestellt werden und die Familien dann neue Ansprüche in der französischen Gerichtsbarkeit einbringen können. »Großzügig« bot Gerrard den Familien an, ihnen für die Einbringung eines französischen Verfahrens eine 120-tägige Karenzzeit zu gewähren. Gleichzeitig erklärte er, dass Boeing in Frankreich (aber nicht in den USA) ihre Haftpflicht anerkenne und daher gleich zur Schadensbemessung übergegangen werden könnte. Nur hatte es Herr Gerrard leider »vergessen«, darauf aufmerksam zu machen, dass seine Eingabe nahezu drei Jahre nach dem Unglück eingebracht wurde und die Verjährungszeit zur Geltendmachung der Schäden bereits nach 2 Jahren ausläuft. Er vergaß auch, darauf hinzuweisen, dass nach französischem Gesetz der Verlust von Kindern keine oder nur eine geringe Schmerzensgeldentschädigung zulässt. Doch sein »großzügiges Angebot« steht in der besten Tradition seiner bisher an den Tag gelegten Taktiken. Es ist somit leider auch »bezeichnend« für die Rolle, die der weltgrößte Flugzeughersteller einnimmt, wann immer dieser mit einem seiner Produkte nach einem Unfall in rechtliche Auseinandersetzungen gerät. Doch einmal rein ökonomisch betrachtet ist das dann immer noch ein »gutes Geschäft« für Boeing, ihren Anwalt Keith Gerrard und die beteiligten Versicherungen. Auch aus einem tragischen Unfall lässt sich offenbar so noch ein Geschäft machen. Doch es ist eine alte Taktik von Boeing, durch mit solchen »juristischen Schachzügen« verbundenen Verzögerungen die Verfahren in die

Länge zu ziehen. Damit sollen vor allem die gegnerischen Anwälte und vor allem die Angehörigen der Opfer mürbe gemacht werden und somit verleitet sein, am Ende niedrigere Vergleichssummen zu akzeptieren, als sie sie sonst eventuell in langjährigen Gerichtsverfahren erstreiten könnten. Das wird im Fall von SR 111 leider wohl nicht anders sein, denn ähnliche Gedanken sind inoffiziell auch schon im Fall von SR 111 geäußert worden: Anerkennung der Haftpflicht ohne Gerichtsstand in den USA. Daher stehen diese Probleme auch den Angehörigen von SR 111 bevor, selbst solchen, die in Amerika ansässig sind, deren Flugschein jedoch in einem anderen Land gekauft wurde. Ein besonders krasser Fall, was man in der juristischen Terminologie als »Forum non conveniens« bezeichnet, ereignete sich in einem anderen Unglücksfall. Die Firma eines Geschäftsmannes, der nur wenige Kilometer vom Flughafen JFK in New York wohnte, wollte etwas sparen und kaufte ein billigeres Ticket in Kanada. Ein öfters angewendeter Einsparungskunstgriff in vielen Unternehmen, die so ihre kostenintensiven Reisekostenbudgets in den Griff bekommen wollen. Als der Geschäftsmann dann jedoch in einem Flugzeugunglück umkam, wurde sein Fall vom amerikanischen Gericht, das 10 Minuten von dem Haus der Familie entfernt tagt, nach Toronto in Kanada verwiesen. Herr Gates war aber auch damit nicht zufrieden. Nach mehreren Jahren wurde der Antrag gestellt, das Verfahren aus der kanadisch/englischen in die kanadisch/französische Gerichtsbarkeit in Montreal zu übertragen, da dort die Schadensabwicklung noch einmal günstiger ist. – Natürlich nur für die von der Haftung betroffenen Versicherer.

DOHSA war damals im Jahr 1920 als ein Fortschritt zu betrachten, denn es schaffte eine Gerichtsbarkeit für Witwen und Waisen für Unglücke außerhalb der Landesgrenzen, in internationalen Gewässern. Der Ausschluss von nicht wirtschaftlichen Schäden war zu jener Zeit nicht erheblich, da nach alten Seegewohnheiten ohnehin Mütter, Kinder und ältere Leute in einem Schiffsunglück als Erste in die Rettungsboote kamen (daher der Spruch: »Frauen und Kinder zuerst«) und somit meist überlebten. Das ist nun bei Flugzeugunglücken anders. Hier gibt es keine Rettungsboote, und es gibt auch keine Fallschirme. Passagiere und Mannschaft werden ziemlich eng in einer unter Druck stehenden Röhre, in großer Höhe und mit beträchtlicher Geschwindigkeit durch die Luft transportiert. Stürzt das Flugzeug ab, kommen meist alle Insassen um. Auch das Gemisch der Passagiere und der Besatzung hat sich geändert. Heute fliegen viele junge Leute, ganze Schulklassen, Altenvereine, eben jene, deren überlebende Familienangehörige nach DOHSA keine Entschädigungen erhalten könnten. Auch das Betriebspersonal hat sich geändert. Es sind eben nicht mehr Seeleute oder Matrosen, sondern vor allem oft allein stehendes weibliches Personal, zunehmend eingeschlossen auch weibliche Piloten.

So liegen heute, 79 Jahre später, dem amerikanischen Kongress zwei Gesetzesentwürfe vor, die DOHSA modernisieren würden. Das Abgeordnetenhaus verabschiedete ein Gesetz, das allgemein rückwirkend das Luftfahrtgesetz einfach von DOHSA abtrennt. Im Senat wurde ein anderes Gesetz erlassen, hauptsächlich auf Druck der Boeing Corporation. Dieses Gesetz ist zunächst einmal rückwirkend auf das Absturzdatum von TWA 800 beschränkt. Nicht wirtschaftliche Schäden werden genau definiert, und es soll nur für den Flugverkehr und damit verbundene nicht wirtschaftliche Schäden beziehungsweise das Äquivalent der diesen Betrag übersteigenden wirtschaftlichen Schäden bis zu einer Grenze von 750 000 Dollar angewandt werden. Es ist auch eine so genannte Eskalationsklausel vorgesehen, nach der der Grundbetrag jedes Jahr an die Entwicklung des Lebenshaltungsindexes angepasst wird.

Wird dieses Gerangel je aufhören? Bei den Herren Gates, Gerrard und ihren Kollegen ist das leider kaum zu erwarten. Sie werden auch weiterhin jeden juristischen Versuch unternehmen, die Haftung ihrer Unternehmen zu beschränken und damit den Opfern und ihren Angehörigen faire Entschädigungen vorzuenthalten. Daher bleibt für die Betroffenen nur als Konsequenz übrig, selbst ihre Abgeordneten anzugehen und sich politisches Gehör zu verschaffen, damit die dafür notwendigen Gesetze modernisiert und wo sie noch nicht bestehen, neue schützende Verfügungen erlassen werden.

Interview: Hans Ephraimson-Abt, New York

Angaben zur Person:
Hans Ephraimson-Abt ist gebürtiger Berliner. Seine Schulzeit verbrachte er in der Schweiz. Während des Zweiten Weltkrieges war er dort an der Betreuung von Flüchtlingen beteiligt. Später ging er nach Deutschland zurück, um am Wiederaufbau der Bundesrepublik teilzunehmen. 1949 kam er als Korrespondent der Zeitung RHEINISCHER MERKUR in die Vereinigten Staaten, um mit seiner Familie nach elfjähriger Trennung wieder zusammenzukommen. Ephraimson wurde dann gebeten, beratend an der Wiedereröffnung des Generalkonsulats der Bundesrepublik in New York und später auch der Botschaft in Washington D.C. mitzuwirken. Ephraimson hat drei Kinder. Am 1. September 1983 kam seine älteste Tochter an Bord des Korean-Airlines-Fluges 007 (KAL 007) um, der über Sakhalin Island von einem sowjetischen Kampfflugzeug angeschossen wurde und abstürzte.

Seitdem hilft Ephraimson als Vorsitzender eines Familienverbandes den Opfern anderer Flugzeugunglücke und tritt aktiv für die Verbesserung der Flugsicherheit ein. Nicht zuletzt durch sein Engagement sind die Familienorganisationen geschätzte – von manchen Seiten auch gefürchtete – Gesprächspartner geworden, mit denen man den Dialog sucht und jederzeit findet. Als Haupterfolg der bisherigen Tätigkeit betrachtet Ephraimson die Beteiligung an der Schaffung eines vollständig neuen internationalen Haftungsregimes, Gesetze und Vorschriften über die Rechte und die Behandlung der Opfer von Flugzeugunglücken, genauere Überwachung der Flugsicherheit und der Verantwortlichkeit der Luftfahrtindustrie.

Wann haben Sie von dem Absturz der Swissair-Maschine gehört, und was war Ihre erste Reaktion?
Ich habe es kurz vor 23:00 Uhr am 2. September 1998 erfahren. Zunächst war ich tief erschüttert. Nachdem es über ein ganzes Jahr in den USA kein großes Unglück mehr gegeben hatte und über 600 Millionen Passagiere ohne Todesopfer sicher befördert worden waren, wurden wir wieder mit dieser Realität konfrontiert. Solche Unglücke sind nicht vermeidbar. Aber dass es ausgerechnet die Swissair traf – eine Gesellschaft, die für viele den Inbegriff von Sicherheit und höchstem Qualitätsstandard darstellt. Nachdem ich mich gefasst hatte, rief ich den stellvertretenden Schweizer Generalkonsul Manuel Sager zu Hause an, um ihm unsere Hilfe anzubieten. Es war mir aus Erfahrung klar, dass schon bald Familienmitglieder auch zum Kennedy Airport kommen würden. Wir besprachen die Notwendigkeit zum Flughafen, zu fahren, dort präsent zu sein und eine Presseerklärung vorzubereiten. Sager verbrachte dann auch 40 Stunden im Ramada Inn, um sich der Familien anzunehmen.

Was machen Sie heute, in der Nachfolge des SR-111-Unfalles?
Ich bin fast täglich mit den Folgen dieser Tragödie beschäftigt. Zuerst besprachen wir regelmäßig mit dem Schweizer Konsulat die jeweilige Situation, was zu erwarten und was zu machen war.

Hatten Sie auch Kontakt zur Swissair?
Nach einigen Tagen, ja. Wir trafen uns dann mit Walter Vollenweider, dem Vizepräsidenten der Swissair für Nord- und Südamerika, und mit Mark Ellinger, dem Generaldirektor für Ostamerika. Es war eine sehr ergreifende Zusammenkunft, denn ich konnte sehr gut verstehen, wie sehr die beiden von diesem Unglück persönlich betroffen waren. Auch ich war sehr berührt, nicht zuletzt weil ich während des Zweiten Weltkrieges zwölf Jahre meines Lebens in der Schweiz verbracht hatte und mich daher ein ganz besonderes Gefühl mit diesem Land verbindet.

Was für eine Einstellung hatte die Swissair, und wie entwickelte sich dann der weitere Dialog?
Nach sonst üblichem europäischem Ritus erwartete ich zunächst eine Erklärung der

Selbstverteidigung. Ich war aber zutiefst erstaunt, als Herr Vollenweider sich nach einem Gespräch über die Interessen, Intentionen und Absichten der Familienhilfsorganisation an mich wandte und fragte: »Was sollten wir Ihrer Ansicht nach tun, über das hinaus, was bereits getan wird?« Das war das erste Mal, dass eine Fluggesellschaft sich bereit erklärte, von einer Familiengruppe zu lernen, was für die hinterbliebenen Familien wichtig ist und wie man sie betreuen und pflegen kann. Aus diesem und späteren Treffen und Telefonaten entwickelte sich dann eine Zusammenarbeit, wobei wir uns besonders darauf konzentrierten, die Swissair an unseren Erfahrungen aus mehr als sechzehn Jahren Arbeit teilhaben zu lassen. In diesem Prozess konnten wir sie Schritt für Schritt darauf aufmerksam machen, welche Probleme zu lösen sind und was auf sie zukommen wird. Man muss sich vorbereiten, darüber waren wir uns einig, aber man muss auch in seinen Entscheidungen und Planungen flexibel sein, um der aktuellen Situation gerecht zu werden.

Warum interessieren Sie sich so für Flugzeugunglücke?
Es begann, als ich meine älteste Tochter verlor, die mit dem Korean-Airlines-Flug 007 von New York nach Seoul reiste. Diese Maschine war über fünf Stunden von ihrem normalen Kurs abgewichen, sie war mehr als 800 km über sowjetisches Hoheitsgebiet geflogen, bis sie schließlich über Sakhalin Island von einem sowjetischen Jagdflugzeug gestellt und von zwei Raketen angeschossen und beschädigt worden war. Das Flugzeug stürzte dann auch, ähnlich wie SR 111, innerhalb der territorialen Gewässer von Sakhalin Island ins Meer – mit allen 269 Passagieren und der Besatzung. Keine Leichen sind je geborgen worden. Die russische Regierung hat uns bis heute nicht mitgeteilt, ob Leichen geborgen wurden und was mit ihnen geschah. Wie können 269 Personen spurlos verschwinden?

Wie haben Sie damals davon erfahren?
Die NEW YORK TIMES berichtete am 1. September, dass ein koreanisches Flugzeug von den Sowjets zu einer Landung in Sakhalin Island gezwungen wurde. Zunächst habe ich diese Nachricht wegen der Zeitdifferenz mit dem Flug meiner Tochter nicht in Verbindung gebracht. Vorsichtshalber rief ich dann dennoch den Generaldirektor des Peninsula Hotels in Hong Kong an, wo sie eintreffen sollte, um ihn zu bitten, sich um meine Tochter zu kümmern, wenn sie – im Fall, dass die Nachricht doch ihren Flug betreffen sollte – ohne Gepäck ankäme. Urs Aebi, ein Schweizer, versicherte mir zwar, dass er sich gerne um sie kümmern würde, jedoch müsse er mir leider mitteilen, dass KAL 007 nicht zwangsgelandet, sondern abgeschossen worden sei und dass es keine Überlebenden gebe. Offiziell bin ich von Korean Airlines bis heute nicht vom Tod meiner Tochter unterrichtet worden.

Dieses Ereignis hat Sie sicherlich nachhaltig geprägt. War es sozusagen auch der »Initiator« für die Familienorganisation KAL 007?
Sicherlich. Viel Zeit zum Trauern war mir nicht vergönnt, denn ich hatte zwei weitere

Kinder, ihre Mutter, meine alte Mutter und andere Familienmitglieder, die alle zu betreuen waren. Weiter war mir klar, dass da draußen noch viele andere Familien sein mussten, die nicht nur trauern würden, sondern auch Probleme haben könnten, an Nachrichten und Informationen zu gelangen. Dann eben auch solche, die andere, mehr praktische Hilfe brauchen würden. Am zweiten Tag nach dem Unglück sprach ich mit einem mir bekannten Anwalt und beauftragte ihn, herauszufinden, ob es bedürftige Familien gebe. Darüber hinaus bat ich ihn, die Ursachen und Umstände dieses ziemlich unverständlichen Flugverlaufes und seiner Konsequenzen zu ergründen. Wie konnte eine Boeing 747 mit allen technischen Ausrüstungen, darunter drei Kompasse, 800 km vom Kurs abweichen, auf einer Flugroute an der Grenze der östlichen und westlichen Welt, die zweifellos unter ständiger Radarbeobachtung stand? Doch es kam zunächst alles anders. Mein Anwalt leitete, ohne mich davon in Kenntnis zu setzen, sofort eine Haftungsklage gegen Korean Airlines, Boeing, Litton Industries, die Sowjetunion und die Besatzung des Flugzeuges ein – mit einer Schadensersatzforderung in Höhe von 63 Millionen Dollar. Das war für meine Familie und mich schockierend, und jetzt, sechzehn Jahre später, ist diese Klage immer noch nicht abgewickelt. Mir wurde jedoch klar, dass es auf diesem Wege nicht möglich sein würde, die Bedürfnisse anderer Familien zu eruieren und den Ursachen der Tragödie auf die Spur zu kommen.

Wie kam es dann zu einer Familienorganisation?
Das war 1983 noch ein ziemlich außergewöhnliches Unterfangen. Zu dieser Zeit gab es kein Krisenmanagement und auch gar keine Betreuung. Korean Airlines machte nichts und hat mit den Angehörigen seit sechzehn Jahren auch nicht gesprochen. Keiner war daran interessiert, die Leichen zu bergen, obwohl dies möglich gewesen wäre, wie bei SR 111. Es gab aber auch andere Familien, die unabhängig voneinander Anschluss suchten. Wir bekamen keine Informationen, außer den Spekulationen in den Medien, dass es sich bei KAL 007 um einen Spionageflug gehandelt habe. Einige Familien, die sich in Korea anlässlich einer politischen Demonstration gegen die Sowjetunion getroffen hatten, fingen langsam an, eine Familiengruppe zu formen. Ähnliche Bemühungen entwickelten sich in Japan und in Korea. Diese Gruppe war allerdings anfangs eher politisch ausgerichtet. Wie konnten die zivilen und militärischen Behörden einen Flug aus ihrem Blickfeld verlieren und somit das Unglück möglicherweise provozieren? Solche politischen Probleme waren der Anfang, sie führten auch beinahe zum frühen Ende dieser sich noch formenden Familiengruppe. Nachdem klar geworden war, dass es noch viele andere Probleme zu lösen gab, für die eine Familiengruppe notwendig war, und somit Änderungen in der Führung der Gruppe anstanden, wurde ich davon überzeugt, eine aktivere Rolle zu übernehmen, und schließlich zum Vorsitzenden der Organisation gewählt. Nun fingen wir an, uns zunächst um die Bedürfnisse einzelner vom Unglück betroffener Familien zu kümmern. Es gab viele in finanzieller Hinsicht sehr bedürftige Familien. Informationen zu bekommen, war unser

erstes Ziel. Das Rechtsverfahren für Entschädigungen war noch kaum angelaufen. Unser Unglück betraf die Sowjetunion, die es stets ableugnete die Black Boxes geborgen zu haben. Korean Airlines und die koreanische Regierung behinderten die Ermittlungen unserer Anwälte, und sie tun das auch heute noch in anderen Fällen, wie zum Beispiel im Fall von Korean-Airlines-Flug 801 in Guam. Manche Familien standen vor dem Bankrott. Die Erziehungskosten der Kinder waren nicht gesichert. Es gab Familien mit schweren emotionalen Problemen, um die sich keiner kümmerte, denn ein entsprechendes Fürsorgesystem war in Amerika damals nicht vorhanden.

Was für konkrete Aufgaben stellten sich?
Es wurde uns klar, dass unsere Tragödie dazu dienen könnte, das System, das uns vollständig vernachlässigt hatte, zu ändern. Für unsere Regierung waren wir in diesen Jahren eher ein »peinliches Politikum«, denn dieser Fall passierte gerade zu der Zeit, in der sich die USA und die UdSSR um Annäherung bemühten – und eine internationale menschliche Tragödie dieses Ausmaßes war zweifellos nicht geeignet, diese Initiative zu fördern. Wir wollten vor allem verhindern, dass sich eine derartige Katastrophe jemals wiederholen könnte. 1985 kam es dann zu einem Abkommen zwischen den USA, Japan und der UdSSR, bei dem die Einrichtung einer permanenten Hot Line mit Verbindungen zu den Luftaufsichtsbehörden in Tokio (Japan), Khabarovsk (UdSSR) und in Anchorage (Alaska) beschlossen wurde. Damit war – so hofften wir – das Loch gestopft, um weitere Unglücke dieser Art zu vermeiden. Nun konnte gefragt und gewarnt werden, bevor das Schießen begann.

Sie haben aber dann angefangen, sich auch um die Familien anderer Flugzeugunglücke zu kümmern, warum?
Das war 1988 – Pan-Am-Flug 103 in Lockerbie. In diesem Flugzeug saßen 30 Studenten der Syracuse-Universität. Ich war damals Mitglied des Elternbeirates dieser Universität, an der mein Sohn studiert hatte. Wir haben dann den betroffenen Familien geholfen, sich zu organisieren. Seitdem helfen wir anderen von Flugzeugabstürzen betroffenen Familien sowie überhaupt Betroffenen und Geschädigten, die von Katastrophen heimgesucht werden. Victoria Cummock von Pan Am 103 betreute zum Beispiel jene, die in der Oklahoma-City-Explosion ins Unglück gestürzt wurden. Wir haben seit 1996 auch engen Kontakt zu ECHO Deutschland, dem Familienverband der Birgenair-Katastrophe.

Aber Sie sind dann noch weitergegangen und haben sich sogar in die Verfahren der internationalen Gesetzgebung eingeschaltet. Warum?
Nach unserer Beteiligung am Abschluss des Übereinkommens über die Sicherheit des nordpazifischen Flugraumes haben wir uns zunächst um die Probleme unserer Rechtsverfahren kümmern müssen – und auch um die Absicherung und Kompensation unserer

Familien. Das war ein zeitraubendes Unterfangen, denn Korean Airlines und ihre Versicherer taten alles, was sie konnten, um unsere Verfahren in die Länge zu ziehen. Als es dann endlich nach sechs Jahren zu einer Gerichtsverhandlung kam, in der Korean Airlines wegen »wilful misconduct« verurteilt wurde, kamen wir in der Folge 1989 mit Warren Dean, dem Washingtoner Rechtsberater der IATA, zusammen. Der Grund waren die Probleme des Warschauer Abkommens von 1929, also die Ursache unserer langen Rechtsverfahren. Wir wollten herausfinden, ob dieser Vertrag nicht modernisiert und liberalisiert werden könne. Zu dieser Zeit lag dem außenpolitischen Senatsausschuss bereits seit 1975 ein Zusatzvertrag vor – die Montrealer Protokolle Nummer 3 und 4 –, über den bereits zwei Mal vorher abgestimmt worden war. Bisher hatte er jedoch noch nicht die notwendige Zweidrittelmehrheit der Senatsstimmen erhalten. In diesem Vertrag war vorgesehen, eine Haftung von 100 000 Sonderziehungsrechten einzuführen. Darüber hinaus sollte ein zusätzlicher Entschädigungsplan, der über einen Zuschlag zum Flugpreis finanziert werden sollte, eingeführt werden.

Dieses Projekt entwickelte sich jedoch zu einem ziemlich zähen Unterfangen. Welche Erfahrungen machten Sie damals?
Federführend bei den Bemühungen, die Montrealer Protokolle zu ratifizieren, war zunächst die Leiterin der Rechtsabteilung der IATA, Huguette LaRose. Zusammen mit Politikern, Anwälten und Interessenvertretern versuchte sie, die Ratifizierung der Montrealer Verträge durchzusetzen. Es kam zur einer Anhörung, in der allerdings ein sehr prominenter New Yorker Luftfahrtanwalt gegen Montreal opponierte. Der außenpolitische Ausschuss empfahl die Ratifizierung, doch der Senat stimmte darüber nie ab. Die nächste Gelegenheit ergab sich für uns 1992 auf verschiedenen Ebenen: Zunächst gelang es uns, neun Jahre nach dem Abschuss von KAL 007, Präsident Jelzin davon zu überzeugen, uns nach Moskau einzuladen. US-Präsident Bush hatte unsere Gruppe offiziell in den Rang einer präsidialen Familiendelegation erhoben. In einem Staatsakt im Kreml wurden mir als Sprecher dieser Delegation die ersten sowjetischen Akten des Politbüros von 1983 sowie erste Teile der Niederschriften aus den Black Boxes übergeben. Die eigentlichen Bänder sollten dann später folgen. Wir erfuhren damals erstmalig, dass KAL 007 von den zwei Raketen nicht abgeschossen, sondern nur beschädigt worden war und dass die Piloten noch 12 Minuten versuchten, einen kontrollierten Sinkflug durchzuführen, was ihnen jedoch nicht gelang. Alle Passagiere lebten und starben erst, als das Flugzeug mit hoher Geschwindigkeit aufs Meer aufprallte, zerbrach und sank – ähnlich wie bei SR 111. Dank dieser Informationen war es der ICAO überhaupt erst möglich, ein Jahr später ihren Bericht über den KAL-007-Vorfall abzuschließen. Als wir in Moskau waren, haben wir dann auch nachhaltig auf die Notwendigkeit hingewiesen, das internationale Warschauer Haftungsverfahren zu modernisieren. Das gleiche taten wir ein Jahr später in unseren Gesprächen mit dem damaligen Generalsekretär der ICAO, dem Schweizer Philippe Rochat.

Was geschah dann? Es kam zu einer Zwischenlösung?
Inzwischen waren wir zusammen mit anderen bemüht, eine Zwischenlösung zu finden. Da der amerikanische Senat auch nicht über einen Gesetzesentwurf zur Schaffung eines Entschädigungsplans abstimmte, überzeugten wir die internationalen Fluggesellschaften, ähnlich wie bereits 1966 in Amerika, das Haftungssystem freiwillig zu modernisieren. Diesem Abkommen, dem IATA Inter Carrier Agreement, gehören heute über 120 Gesellschaften an, darunter auch die Swissair. Anschließend haben wir mit der ICAO daran gearbeitet, das IATA-Abkommen, aber auch alle anderen Vereinbarungen und Gesetze, die zwischenzeitlich in der EU, in England, Australien, Japan und in anderen Ländern erlassen worden waren, in einem neuen Vertrag zu vereinigen, was uns gemeinsam am 28. Mai 1999 mit dem neuen Montrealer Abkommen gelungen ist. Dies war aber nur möglich, weil sich die bestehende Koalition über die Jahre auch gerade international erweitert hatte. Interessant war, dass sich China diesmal, wie auch bereits 1929, aktiv und konstruktiv an den Verhandlungen beteiligte.

Familienorganisationen waren aber auch noch an anderen Gesetzesänderungen aktiv beteiligt?
In Amerika sind Familiengruppen in den letzten zehn Jahren an drei Präsidialkommissionen beteiligt oder durch Mitglieder vertreten gewesen. Daneben sind gemeinsam einige Gesetze entstanden, wie zum Beispiel das Sicherheitsgesetz von 1990. Seither sind die Airlines verpflichtet, Passagierlisten mit ausreichenden Informationen zu unterhalten und diese mit unserem Außenministerium innerhalb von zwei Stunden nach einem Flugzeugunglück auszutauschen, damit Angehörige kurzfristig unterrichtet werden können. Weiter gab es vor allem den Aviation Disaster Family Assistance Act von 1996, der im Jahr 1997 – nach dem Absturz des Korean-Airlines-Fluges 801 in Guam – auch auf ausländische Fluglinien ausgedehnt wurde.

Leider aber geht unseren Fortschritten meist eine Katastrophe voraus, anstatt dass wir in der Lage wären, Katastrophen durch vorherige Entscheidungen zu vermeiden. Wir haben dann den Airlines geholfen, nach 23 Jahren das Montrealer Protokoll Nr. 4 zur Ratifizierung zu bringen. Zurzeit bemühen wir uns, die Bestimmungen des Seerechtes (DOHSA) auf nicht wirtschaftliche Schäden zu erweitern.

Haben sich dann nach anderen Flugzeugunglücken auch Familienorganisationen entwickelt?
Heute bilden sich nach fast allen größeren Flugzeugunglücken schnell Interessengruppen der Familien. Wir helfen dabei. Es besteht die Notwendigkeit, dass sich Schicksalsgenossen von solchen Ereignissen zusammenfinden und sich wechselseitig unterstützen. Selbsthilfegruppen schaffen menschliche Verbindungen, die oft hilfreicher sind als profes-

sionelle psychologische Betreuung, um mit der Trauer und dem Leid fertig zu werden. Ganz abgesehen von anderen gut gemeinten, aber eher akademisch tendierenden Beratern und Helfern, die ihre Dienste den Fluggesellschaften offerieren.

Wie kam es dann zu den Krisenplänen, besonders in den USA?
Die Erfahrungen der KAL 007, Pan Am 103, Valujet 592, US-Air 427 in Pittsburgh, Birgenair und anderer Flugzeugunglücke, bei denen eine Familienbetreuung fehlte, führten zu Überlegungen, ob es nicht tunlich sei, die Abwicklung der Nachwehen eines Unfalles unter den verschiedenen Behörden und Dienststellen zu koordinieren. Alleine bei TWA 800 waren in den ersten Tagen 23 verschiedene Gruppen und Dienststellen aktiv. Das NTSB ist eine unabhängige Dienststelle in der amerikanischen Regierungsstruktur. Es erschien den Familienverbänden daher besonders geeignet, die Verantwortung der Koordination eines Krisenmanagements zu übernehmen. Weiter kam das Rote Kreuz in Frage, da diese Organisation weltweit humanitär tätig und in fast allen Städten vertreten ist. Außerdem fanden wir, dass die Fluglinien selbst Krisenpläne ausarbeiten könnten, um sich mit den Nachwirkungen von Flugzeugunglücken zu befassen. Continental Airlines forderte dann im Jahre 1995 Opfer verschiedenster Unglücke auf, zu einer ersten Konferenz nach Houston zu kommen, um ein Krisenprogramm auszuarbeiten. Aus diesem ersten Treffen ist inzwischen eine enge Zusammenarbeit zwischen Continental und den Familien erwachsen – und ein gut organisiertes Krisenprogramm, einschließlich einiger ihrer Partnerunternehmen.

Was machen denn andere Fluggesellschaften?
Kaum eine Fluglinie hatte vor 1995 detaillierte Krisenpläne oder feste Krisenstäbe. Es gab auch keine Standards, wie man mit den Überlebenden von Flugzeugunglücken oder den Angehörigen von Verunglückten umgehen sollte. Weder gab es Vorschriften über die Rückgabe von Besitz und Gepäck, noch gab es ein System zur Benachrichtigung der Familien. Auch darüber, ob und wie man die Bergung und die Identifizierung von Leichen angehen sollte, hatte sich noch niemand Gedanken gemacht. Im Falle von Birgenair wurden zwar die Black Boxes aus über 2000 Meter Meerestiefe geborgen, die dort befindlichen Leichen jedoch wurden völlig ignoriert. In vielen Fällen wurden das persönliche Gut der Passagiere einfach zerstört. Es ist nun notwendig, die Krisenprogramme zu standardisieren. Auch eine enge Zusammenarbeit und ein Austausch unter den Fluglinien sowie mit den jeweiligen Flughäfen ist notwendig. Die ICAO befasst sich bereits mit der Planung eines internationalen Krisenprogrammes. Sie können sich dabei auf die Pioniere der Krisenplanung und der Katastrophenabwicklung stützen, Johanna O'Flaherty, früher bei Pan Am und heute bei TWA, Mary Connor und ihren Stab von Continental, Russell Gutierrez von American Airlines und natürlich auf die Erfahrungen von SR 111, also Walter Vollenweider, Jean Pierre Alleman und deren Mitarbeiter.

Wann hat sich das Verhalten der Gesellschaften denn geändert?
Schon 1988 bei Pan Am 103 haben sich viele Familien bitter beschwert, wie sie behandelt wurden; und besondere Aufregung entstand, als einige Familien feststellten, dass sie die falschen Leichen zurückbekamen. Das hat sich letztes Jahr leider nochmals wiederholt, als Thai Airlines Leichen falsch identifizierte. Es ist inzwischen aber wohl den meisten Fluglinien klar geworden, dass für die Abwicklung eines Katastrophenfalls feste Pläne aufgestellt werden müssen, besonders nach Valujet 592, TWA 800 sowie nach dem Zusammenstoß einer Maschine der Saudi Airline mit einem Frachtflugzeug aus Kasachstan über New Delhi, wo Leichen ohne vorherige Identifikation einfach eingeäschert wurden. Aus Valujet und TWA 800 ging 1996 eine White House Commission for Aviation Safety and Security unter dem Vorsitz des amerikanischen Vizepräsidenten Al Gore hervor, an der auch Familienangehörige von Pan Am 103 teilnahmen. Zu dieser Zeit war bereits ein Gesetzentwurf im Kongress eingebracht worden, der die Krisenkoordination bei Flugunglücken in den Vereinigten Staaten dem NTSB übertrug und die Betreuung dem amerikanischen Roten Kreuz. 1997 erhielten dann auch die ausländischen Fluglinien die Auflage, beim US-Verkehrsministerium Krisenpläne einzureichen, nachdem sich herausgestellt hatte, dass Korean Airlines beim Absturz ihres Fluges KAL 801 auf Guam auf keinen Krisenplan zurückgreifen konnte. Größere Fluglinien wie Continental, American, United, Delta gingen darüber hinaus und organisierten einen permanenten Krisenstab. Jede dieser großen Fluglinien verfügt heute über 1000 freiwillige Betriebsangehörige, die sofort bei einer Katastrophe eingesetzt werden können.

Welches sind die vorrangigsten und wichtigsten Bedürfnisse der Angehörigen nach einer solchen Katastrophe?
Flugzeugunglücke sind, anders als andere Katastrophen, besonders schmerzhaft – mit langen Auswirkungen. Bei einem Autounfall zum Beispiel können die Nachfwehen verhältnismäßig schnell abgewickelt werden, nachdem die Leichen geborgen, identifiziert und begraben sind. Der Schmerz des Verlustes ist nicht weniger groß, die praktische Abwicklung ist jedoch »natürlicher« und »unglücksnäher«. Die meisten Katastrophen ereignen sich in erreichbarer Nähe der Familien. Das ist selten bei Flugzeugunglücken der Fall, die meistens weit weg vom Wohnort der Opfer stattfinden. Außerdem ist bis auf wenige Ausnahmen die Zahl der Todesopfer beschränkter. Flugzeugunglücke sind meistens Katastrophen ohne Überlebende und in vielen Fällen sogar ohne direkt identifizierbare Tote. Die Angehörigen sind für lange Zeit der Unsicherheit ausgesetzt, was mit ihren Lieben passiert ist, ob und wann sie identifiziert werden können, ob und wann sie geheilt werden können, falls sie überlebten. Dazu kommt, dass ohne identifizierbare Leichen zunächst keine Todesscheine ausgestellt werden können, was die Hinterbliebenen nicht selten bei der Bewältigung ihres täglichen Lebens stark beeinträchtigt. Diese praktischen Auswirkungen können sogar so weit gehen, dass eine Familie in der Zeit, in der sie auf

den Totenschein wartet, die Kontrolle über ihr Vermögen verliert. Mir ist der Fall einer Familie bekannt, die durch nicht autorisierte Fehlspekulationen anderer Millionenverluste erlitt. Die Überlebenden und die Familien der Opfer benötigen sofortige Betreuung, sie bedürfen der Unterstützung, um durch die schweren Wochen und Monate zu gehen, bis sie die Gewissheit haben, dass die Toten geborgen, identifiziert und an sie zurückgegeben wurden. In vielen Fällen, wie bei Valujet, Swissair und anderen Unglücken, wo nur eine oder keine Leiche sofort identifiziert werden konnte, muss durch DNA-Analysen festgestellt werden, was zu wem gehört. Das dauert nicht nur sehr lange, sondern hat auch zur Folge, dass die Familien eben nur Leichenteile zurückbekommen. Im Fall von SR 111 füllt der Anteil an nicht identifizierbaren Leichenteilen 22 Särge. Die Wunden aus solchen Unglücken sind besonders tief und wirken sich noch nach Jahren aus. Ebenso belastend ist die Auseinandersetzung über die Abwicklung der Schäden und die damit verbundenen rechtlichen Verfahren. Solche Familien finden auf Jahre keinen Abschluss, wenn jemals überhaupt.

Und dann kommen noch die zahlreichen Probleme bei der rechtlichen Abwicklung hinzu. Hat dies eigentlich erheblichen Stellenwert für die Betroffenen?
Im Grunde genommen haben die rechtlichen Probleme keinen Stellenwert für die Betroffenen. Es gibt aber leider keinen anderen Weg als unser bestehendes Haftpflichtsrechtssystem, um die praktischen Auswirkungen solcher Unglücke abzuwickeln.

Unser Rechtssystem und unser Entschädigungswesen sind so kompliziert, dass eine Betreuung durch sehr erfahrene und kompetente Rechtsberater vonnöten ist. Wenn sich die Angehörigen nur mit der Fluggesellschaft auseinander setzen müssten, dann wäre das bei einem internationalen Flug heute kaum mehr ein Problem. Das IATA-Abkommen und der neue Vertrag von Montreal, wenn er in Kraft tritt, anerkennen die Haftbarkeit des Transportführers, also der Airline – von daher müssen die Schäden eigentlich nur nachgewiesen werden. Kompliziert wird es jedoch, sobald dritte Parteien, etwa der Flugzeughersteller oder andere, mit haftbar sind und die verantwortlichen Parteien sich nicht einigen können. Darunter fallen insbesondere verschiedene Versicherungsgruppen, wenn sie sich uneinig sind, wie sie den Schaden aufteilen. Dann kommt es zu gerichtlichen Verfahren, die sich über geraume Zeit hinziehen können. Die Familien leiden daher mehrfach: Der Verlust ihrer Lieben, langwierige Rechtsverfahren, Gezerre über Entschädigungen. Das kann zu Differenzen in den Familien selbst führen, denn nur wenige können diesen »Geldprozess« verstehen, noch können sie ihn billigen.

Wie findet man qualifizierte Rechtsberater und Vertreter, also Anwälte?
Die Frage muss umgekehrt beantwortet werden. Die Rechtsvertreter verfolgen die Familien wie Fliegen den Honig, um sie als Klienten zu gewinnen. In der Tat finden Familien spezialisierte Rechtsvertreter durch ihre Lokalanwälte, Steuerberater, Freunde

und Bekannte, die ihnen Nachweise geben können. Zum anderen kommen ihnen Werbungen von Anwaltskanzleien ins Haus, sie hören oder sehen Anwälte im Fernsehen, oder sie lesen deren Namen in der Presse und neuerdings auch im Internet.

Welche Bedingungen sind an die Mandatsübertragung an einen Anwalt geknüpft?
Zumindest in den Vereinigten Staaten ist die Rechtsvertretung in Flugzeugunglücken ein sehr einträgliches Geschäft. Da die meisten Familien sich die hohen Kosten, die aus solchen langwierigen Verfahren entstehen, nicht leisten können, gibt es in den USA das Konzept des »Erfolgshonorars«. Der Anwalt erhält einen Prozentsatz des Entschädigungsbetrages und die Rückvergütung seiner Spesen. Das ist für ihn von Vorteil und von Nachteil. Von Vorteil, weil das Erfolgshonorar oftmals höher ist als das, was er für seine Arbeitsstunden bekommen hätte. Von Nachteil, weil der Anwalt zwei Risiken eingeht: Er bekommt kein Honorar und keinen Spesenersatz, wenn er keinen Erfolg hat, zum anderen muss er sämtliche Spesen vorschießen und sich sogar noch daran beteiligen, denn sein Erfolgshonorar wird nur auf den Nettobetrag nach Abzug der Spesen berechnet. Misserfolg kann einen Anwalt teuer zu stehen kommen: In einem Fall, wo Schöffen sich nicht über den »wilful misconduct« der Airline einigen konnten, da es sich um eine an Bord geschmuggelte Bombe handelte, mussten die beteiligten Anwaltsfirmen ihre über 1 Million Dollar hohen Barauslagen entschädigungslos verkraften und bekamen natürlich auch kein Erfolgshonorar.

Wie hoch sind solche Honorare?
In den Vereinigten Staaten sind Erfolgshonorare in manchen Bundesländern durch das Gesetz festgelegt, in anderen nicht. Die Höhe der Honorare richtet sich im Wesentlichen danach, wie viel Erfolg der Anwalt sich von dem Fall verspricht, wie viel Zeit er für die Abwicklung des Falles veranschlagt, wie groß die Wahrscheinlichkeit eines Vergleiches oder eines Gerichtsverfahrens mit vielen Instanzen ist. Berücksichtigt wird auch, ob der Anwalt mehrere Mandanten vom gleichen Unglück vertritt, die möglicherweise dieselben oder ähnliche Probleme haben, und welche Kosten entstehen können, die er vorfinanzieren muss. Im Swissair-111-Unglück berechnen die führenden Kanzleien erstmals einen Honorarsatz von 15% zuzüglich der Kosten. Wenn jedoch ein Referenzanwalt mit eingeschaltet wird, kann sich der Honorarsatz auf bis zu 20% erhöhen. Es gibt aber Anwälte, die ihren Klienten höhere Honorarsätze in Rechnung stellen und dies damit begründen, dass sie nur wenige Mandanten annehmen, um sich dem Fall mit besonderem Nachdruck widmen zu können. Das aber ist wenig überzeugend, denn die Haftungsfrage wird in einem Sonderverfahren für alle Familien gemeinsam geklärt. In diesem Verfahren werden die Familien von einem Steering Committee jener Anwälte vertreten, die die meisten Mandanten haben. Die meisten außenstehenden Anwälte haben daher direkt mit dem Verfahren nichts mehr zu tun, sie treten erst dann wieder in Erscheinung, wenn es sich

um die Feststellung der Schadensregelung handelt. Dieser Prozess rechtfertigt kaum höhere Erfolgshonorare. Vorsehen muss man sich vor Anwälten, die Fälle annehmen, lediglich um sie dann an eine andere Kanzlei gegen Provision weiterzugeben.

Wie werden die Entschädigungszahlungen bemessen?

Es gibt zwei Möglichkeiten, Entschädigungen zu bemessen. Entweder durch Verhandlung der Parteien, die zu einem Vergleich führt. Grundlage hierfür sind Fragebögen, die die Angehörigen für die Versicherungsanwälte ausfüllen müssen. Da wird nach Einkommenssteuererklärungen gefragt, um das steuerliche Einkommen des Opfers festzustellen, Anstellungsverträge, Familienverhältnisse, Gesundheitsverhältnisse und vieles anderes. Dazu kommen Befragungen der Familienangehörigen, wenn notwendig. Bei der Bemessung von Vergleichsofferten werden auch die Gesetze des jeweiligen Bundeslandes, aber auch andere Gesetze, die die Schäden erweitern oder beschränken können, berücksichtigt. So stehen einer Witwe oder einem Witwer nach den Gesetzen des Bundeslandes Ohio Entschädigungen für den »Verlust des Partners« zu, die sie oder er von dem Bundesgericht in New York nicht zugesprochen bekäme. Im Staat New Jersey oder in Pennsylvania, aber nicht in New York, können die Schäden für junge Leute nach ihrem statistisch zu erwartenden Lebenseinkommen berechnet werden. In Colorado sind nicht wirtschaftliche Schäden auf 250 000 Dollar beschränkt. Nachdem die Anwälte von Korean Airlines im Fall des Abschusses von KAL 007 die Verurteilung wegen vorsätzlichen Vergehens durch alle Instanzen hindurch nicht hatten verhindern können und die Familien damit den Anspruch auf alle nachweisbaren wirtschaftlichen und nicht wirtschaftlichen Schäden erkämpft hatten, holten die Anwälte von Korean Airlines ein neues Kaninchen aus dem Hut – den Death on High Seas Act, der die Entschädigung für nicht wirtschaftliche Schäden ablehnt, wenn die Maschine außerhalb der territorialen Gewässer der USA abgestürzt ist. Dieses Argument wird nun auch von den Anwälten der TWA und Boeing im Fall von TWA 800 angewandt, um die Summe der zu bezahlenden Entschädigungen zu beschränken. Die Familienverbände haben daher dafür plädiert, dieses Gesetz schnellstmöglich zu ändern.

Es wird immer wieder behauptet, dass die Entschädigungszahlungen in den USA astronomisch hoch seien. Stimmt das?

Im Durchschnitt liegen die Entschädigungen für Luftfahrtunglücke bei ungefähr 2,7 Millionen Dollar pro Person, in Japan liegen sie etwas höher. Aber das ist der Durchschnitt. Es gibt Fälle mit höheren Zahlen, und es gibt Familien, die mit nichts nach Hause gehen. Der Durchschnittsbetrag ist nicht sehr hoch, wenn man bedenkt, dass eine Witwe mit zwei Kindern, die ihren Mann und das Jahreseinkommen von 100 000 Dollar durch ein Flugzeugunglück verloren hat, ungefähr eine Entschädigung von 3 Millionen Dollar benötigt, nur um das verlorene Familieneinkommen zu ersetzen. Wohl gemerkt:

3 Millionen minus 25 Prozent Erfolgshonorar und Spesen, verbleibendes Kapital angelegt in festverzinslichen Wertpapieren, mit einer Verzinsung von 5 Prozent! Im Fall von Pan Am 103 sind ungefähr 500 Millionen Dollar an Entschädigungen ausgezahlt worden. Mit Ausnahme von fünf Fällen wurden die restlichen über 200 Fälle per Vergleich geregelt. Die meisten Eltern der jungen Studenten erhielten eine Entschädigung von 575 000 Dollar, wovon Erfolgshonorare und Spesen abzuziehen waren. Anderseits wurde ein anderer Fall, der vor Gericht war, während des Verfahrens für 2 Millionen Dollar geregelt. Der Ruf, dass amerikanische Gerichte so großzügige Schadensersatzzahlungen ausgeben, ist also weit übertrieben. Einem durch den Absturz von KAL 007 Geschädigten wurden für den Verlust seiner Ehefrau 1,4 Millionen Dollar angeboten. Er bestand auf ein Schöffen-(Geschworenen)gerichtsverfahren. Die Schöffen erkannten ihm 199 000 Dollar zu, und das Berufungsgericht in der nächsten Instanz strich auch diesen Betrag weiter zusammen. Der Anwalt Gerald H. Baker erreichte bislang für einen Mandanten den höchsten Zuschlag für Conscious Pain and Suffering in der Höhe von 2 Millionen Dollar. Der Richter strich dieses Schöffenurteil dann aber sofort auf 365 000 Dollar zusammen, mit der Option eines neuen Verfahrens. Die Frage, ob dieser Betrag ausbezahlt werden muss, wurde dem Berufungsgericht vorgelegt – und zwar mit Hinweis auf die Beschränkung durch den Death on High Seas Act. Im Fall der KAL 007 erlaubte der Richter den Schöffen über eine Bußgeldzahlung zu entscheiden. Sie gaben den Familien 50 Millionen Dollar, ungefähr 450 000 Dollar pro Familie. Das Berufungsgericht setzte den Betrag ab, mit dem Hinweis, dass der Warschauer Vertrag Bußgeldzahlungen nicht zulasse. Neffen und Nichten eines Opfers, die von der Sozialfürsorge lebten, wurden Zuschläge von 2000 bis 5000 Dollar aberkannt, weil die Gesetze im Bundesstaat New York für Geschädigte in diesem Verwandtschaftsgrad keine Entschädigungen kennen.

Welche Bedeutung haben Entschädigungszahlungen für Familien?

Die Angehörigen der Opfer eines Flugzeugunglückes betrachten Kompensationen als »Blutgeld«. Es gibt in der Tat Familien, die sich deshalb nur sehr zögerlich und mit Widerwillen dazu entschließen, einen »Entschädigungsprozess« zu führen. Bei Swissair zögern einige Familien, den Rechtsweg zu wählen, weil sie von der Gesellschaft so kulant behandelt wurden. Natürlich sind Witwen und Waisen auf eine Kompensation für den Ausfall des Einkommens angewiesen. Darüber hinaus sind Familien vor allem aber auch daran interessiert, diejenigen zu bestrafen, die für das Ableben ihrer Lieben verantwortlich sind; ferner wollen sie jene Korrekturen und Verbesserungen durchsetzen, die helfen, eine Wiederholung der Tragödie zu vermeiden. Im Allgemeinen ist es kaum möglich, die Schuldigen wirklich zur Verantwortung zu ziehen, aber manchmal kommt es vor. Für viele Familien von Pan Am 103 hat die Tatsache, dass die beiden Libyer, die möglicherweise an ihrer Tragödie schuld sind, als Angeklagte vor Gericht stehen, weitaus größere Bedeutung, als es jede Entschädigung materieller Art jemals haben könnte. Auch für die

Familien von Valujet 592 ist es eine Befriedigung zu wissen, dass die Firma und die für ihr Unglück Verantwortlichen unter Anklage stehen. In den meisten Fällen ist jedoch lediglich die materielle Entschädigung für erlittene Schäden verfügbar. Aber: Materielle Entschädigung in welcher Höhe und für was? Was ist der »materielle Wert« der Verantwortung?

Wie ist denn in der Regel die Einstellung der Versicherer zu solchen Entschädigungszahlungen?
Die Versicherer und auch andere, die wie die Flugzeughersteller haftbar gemacht werden können, haben andere Motive: Die Versicherer sind bemüht, ihr Engagement so weit als möglich zu kontrollieren und zu beschränken, denn sie sind es, die für die Entschädigungen ganz oder zu wesentlichen Teilen aufkommen müssen. Andere Haftbare sind ebenfalls interessiert, sich so weit als möglich ihrer direkten Verantwortung zu entziehen. Sobald sie in irgendeiner Weise involviert sind, sind sie auch voll mitverantwortlich: Wenn zum Beispiel eine der Parteien finanziell nicht in der Lage ist, ihren Teil der Entschädigung zu bezahlen, oder gar in Konkurs geht, dann müssen die anderen Parteien für deren Verpflichtung aufkommen. Pan Am ging in Konkurs, noch während die Verfahren über Lockerbie liefen. Die Hinterbliebenen der Opfer waren davon jedoch nicht betroffen, da Pan Am versichert war. Heute besteht zweifellos ein Interessenkonflikt zwischen den Airlines, die Schäden möglichst schnell und kulant abgewickelt sehen wollen, und ihren Versicherern, die bemüht sind, ihre Haftpflicht, wo möglich, zu begrenzen.

Welchen Effekt hat das auf die Hinterbliebenen und ihre Ansprüche?
Das von Versicherungen und Drittverantwortlichen am häufigsten angewendete Mittel ist der Versuch, die Hinterbliebenen unter Druck zu setzen, um ihre Bereitschaft für eine gütliche Einigung zu erzwingen. Oft kann man beobachten, dass die Versicherung der Fluggesellschaft und der Hersteller schon früh eine Art Zweckgemeinschaft bilden und als eine Front auftreten, um dann eventuell Vergleiche zu Gunsten von beiden »Schädigerseiten« abzuschließen, ohne dass die »Schuldfrage« überhaupt nur gestreift wurde. Um den »Druck« zu verstärken, gehört es auch zur Strategie, den Familien möglichst nicht mit Sofortzahlungen unter die Arme zu greifen – denn eine finanziell in Bedrängnis geratene Familie ist eher bereit, einen Vergleich anzunehmen. Andererseits haben die Versicherer aber auch die Tendenz, die Entschädigungsverfahren herauszuziehen. Man darf nicht vergessen, dass sie die Zeit bis zum Auszahlungstermin nutzen können, um die zur Entschädigung bestimmten Versicherungsreserven Zins bringend anzulegen, was sich bei solchen Millionenbeträgen natürlich bemerkbar macht. Ferner haben sie natürlich immer ein Interesse daran, die anstehenden Verfahren vor eine Gerichtsbarkeit zu bringen, die aufgrund der herrschenden Gesetze oder Rechtsauffassungen für sie selbst günstig ist.

Sich lange hinziehende Gerichtsprozesse sind zermürbend und führen schließlich dazu, dass die Familien nur noch das Ende des Verfahrens herbeisehnen – auch um den Preis, dass sie sich mit wesentlich weniger zufrieden geben als ihnen zustünde. Ihr Durchhaltevermögen wird vor allem dadurch strapaziert, dass sie den Versicherungen detaillierte Auskunft über ihre finanzielle Situation, ihr Privatleben und das Leben des Verstorbenen geben müssen – und wer will schon gerne seine Privatangelegenheiten in einem Gerichtssaal öffentlich ausbreiten? Schon in Vorverfahren werden Freunde, Feinde und Kollegen von den Versicherungsanwälten als Zeugen einvernommen. In einem Fall, der noch nicht lange zurückliegt, wurde eine Witwe 25 solcher Einvernahmen unterzogen. Sie musste durch das halbe Land reisen, um sich einer psychologischen Untersuchung zu stellen, obwohl sie Kleinkinder zu Hause hatte. Die gleiche Untersuchung hätte man auch 50 km von ihrem Wohnort entfernt durchführen können. Da sie eine Südamerikanerin ist, die in den USA lebt, wurde ihr schließlich ein Drittel von dem als Entschädigung angeboten, was einer gebürtigen Amerikanerin offeriert worden wäre. Kommt es dann letztlich doch zu einem offiziellen Verfahren vor Gericht, werden die Hinterbliebenen oft einem Kreuzverhör unterzogen, als seien sie Beschuldigte in einem Mordfall.

In einem Fall wurde eine Mutter, die vormals als Kassiererin in der U-Bahn tätig war und von einer bescheidenen Sozial- und Landesrente lebte, über ihre finanziellen Verhältnisse befragt. Als stolze Mutter erklärte sie, dass sie von ihrer verunglückten Tochter nicht finanziell abhängig gewesen sei, da erkannten ihr die Schöffen nur 28 000 Dollar Entschädigung zu. Da der Death on High Seas Act keine nicht wirtschaftlichen Schäden kennt, verlor diese Mutter auch diesen Betrag. Die Versicherung brauchte letztlich keinen Cent zu bezahlen. Hätte die Tochter gelebt, so wäre die Mutter zweifellos von ihr versorgt worden. In einem Fall, wo die Geschädigte das Flugzeugunglück mit schweren Brandwunden im Gesicht überlebte, wurde sie gefragt, ob sie Sonnenbäder nehme. Der Versicherungsanwalt wollte den Schöffen suggerieren, dass die Wunden nicht von den Flammen des Flugzeugunglücks, sondern möglicherweise vom Sonnenbrand herrühren könnten. In einem anderen Fall versuchte der Versicherungsanwalt zu beweisen, dass die Familie keine Entschädigung bekommen sollte, weil sie es materiell nicht nötig habe. Das weibliche Unfallopfer hatte auf mehreren Universitäten weltweit studiert und jeweils ein Bankkonto eröffnet, um von ihrer Familie Geldtransfers für Studienkosten zu bekommen. Sie hatte diese Konten zum Unfallzeitpunkt natürlich noch nicht geschlossen. In der Gerichtsverhandlung wurden die Angehörigen nun gefragt, ob die Verstorbene über diese Konten verfügt habe. Eine Tatsache, die der Vater bestätigen musste. Die Schöffen aber, die keine Informationen über die Höhe der Kontostände haben durften, erfuhren nicht, dass auf keinem dieser Konten mehr als zwanzig Schweizer Franken angelegt waren, und bekamen so den Eindruck, als handle es sich bei dem Opfer um eine gut situierte Studentin. Ihr Vater wurde während des Verfahrens überraschend über ein nicht existierendes Konto mit einem angeblich beträchtlichen Saldo befragt. Im Berufungsverfahren *argumentierte der clevere Versicherungsanwalt dann, der Befragte habe im vorangegangenen Verfahren keinen Beweis erbracht, dass das Konto nicht existiert. Wie sollte er das auch, wenn es das Konto gar nicht gibt? Zweck der Übung war es, den Schöffen, die selbst Personen mit bescheidenem Einkommen waren, zu suggerieren, dass die Familie keinen materiellen Schaden erlitten habe und deshalb auch keiner Entschädigung bedürfe.*

Auf die Familien wirken sich solche Erfahrungen katastrophal aus, dennoch setzen Versicherer und Drittverantwortliche derartige Methoden bewusst ein, um mit allen Mitteln zu versuchen, ihre Beteiligung abzuwenden.

Hat sich an solchen Zuständen jetzt etwas geändert?
Zweifellos. Sowohl Swissair wie auch kürzlich American Airlines haben den Mut gehabt, Entscheidungen zu treffen, die den Versicherern nicht genehm waren. Nicht jeder ist ein Philippe Bruggisser oder ein Don Carty. Aber es gehört eben Mut und Charakter dazu, so etwas auch durchzusetzen. Thai Airlines und auch Korean Airlines tun dies nicht. So sind diese Familien vollständig verlassen und den zuvor beschriebenen Druckmitteln wehrlos ausgesetzt. Am kulantesten hat sich bisher wohl China Airlines gezeigt, die den Familien, die von dem Unglück in Taipeh betroffen waren, 18 200 Dollar Vorschuss gaben und dann Abfindungen anboten, die zwar nicht amerikanischen Standards entsprachen, aber für die dortigen Verhältnisse durchaus vernünftig waren. Die Entschädigungsansprüche waren in weniger als zwölf Monaten abgewickelt. Dabei ist es klar, dass sich »Kulanz seitens der jeweiligen Airline« auf lange Sicht bezahlt macht. Pan Am 103 verursachte 250 Millionen Dollar an Ticketausfall, US-Air-Unglücke 90 Millionen, TWA 800 bisher über 800 Millionen Dollar. Die kulante Swissair schloss ihr Geschäftsjahr 1998 mit Gewinn ab.

Nach Ihren Schilderungen scheinen Angehörige und Familien fast unmenschlichen Willkürakten ausgesetzt zu sein. Wie verkraften sie so etwas, und was tun Sie dagegen?
Die zahlreichen Familienverbände haben noch keine Dachorganisation. Sie sind Verbände, die sich aus spezifischen Unglücken und Situationen heraus gebildet haben – also formlos zusammenarbeiten. Es gibt auch eine Gruppe, der einzelne Mitglieder verschiedener Unglücke angehören. Die Familiengruppen finanzieren sich selbst und sind sehr wesentlich auf die freiwillige Mitarbeit ihrer Mitglieder angewiesen. Durch ihre Unterschiedlichkeit bringen sie viele Talente mit sich. Aber es gehört ein ungeheures Engagement dazu, den Aufwand an Zeit und Arbeit zu bewältigen. Wir haben heute Familienorganisationen weltweit, und aus jedem Flugzeugunglück erwächst das Potential eines neuen Verbandes. Jetzt haben sich einige Familienverbände in einer International Air Crash Victims Family Group zusammengefunden, die sich gemeinsam mit dem Abschluss des neuen Montreal-Abkommens befasste. In der Zukunft werden sich diese

Vereine in einem internationalen Verband organisieren müssen. Das Ziel wird sein, ausreichend finanzielle und personelle Mittel aufzubringen, um die Interessen eines jeden Passagiers weltweit effektiv vertreten zu können. Wir haben inzwischen in Amerika Verbindungen zu einigen Fluglinien und zu gewissen Regierungen sowie zu internationalen Organisationen aufgebaut, und wir sind im Begriff, das Gleiche in anderen Ländern zu tun. In der Zukunft müssen diese Verbindungen gepflegt, verstärkt und ausgebaut werden. Wir sind damit beschäftigt, an der Verbesserung der Sicherheit im Flugverkehr konkret mitzuarbeiten. Über 16 Jahre sind hier laufend Fortschritte gemacht worden. Auch Swissair 111 wäre nicht nötig gewesen – es war vermeidbar. Aber in der Abwicklung dieses Unfalles haben wir erstmals deutlich die Unterschiede zu früheren Katastrophen zu sehen und zu spüren bekommen. Wir verdanken der Swissair den Beweis, dass die beispielhafte Betreuung der Angehörigen im Fall einer Tragödie möglich ist. Sie hat somit deutliche Zeichen für die Zukunft gesetzt und den Kritikern unserer Arbeit gezeigt, dass es eben auch anders geht.

---

[1] The Convention for the Unification of Certain Rules Relating to the International Transportation by Air (Warsaw Convention 1929)

[2] Im Montreal Interim Agreement 1966 verankert.

[3] Anm. d.Verf.: In den USA gibt es zwar unlimitierte Haftungshöhen, jedoch muss der eingetretene Schaden in einem Verfahren unter Beweis gestellt werden.

[4] Die Fluggesellschaften, die das Abkommen sofort unterzeichneten, waren: Air Canada, Air Mauritius, Austrian Airlines, Canada Airlines International, Egyptair, Japan Airlines, KLM Royal Dutch Airlines, Saudi Arabian Airlines, Scandinavian Airline Systems, South African Airways, Swissair, Taca.

[5] Sonderziehungsrechte sind eine Zahlungsform des Internationalen Währungsfonds, die mit Hilfe einer Valuta-Mischrechnung in die jeweiligen Landeswährungen umgerechnet werden. 100 000 SZR entsprechen derzeit rund 195 000 Schweizer Franken.

[6] Bis Ende Juni 1999 ließen sich insgesamt 82 anspruchsberechtigte Hinterbliebene den Betrag von 100 000 Sonderziehungsrechten auszahlen.

[7] Die durchschnittliche Entschädigungssumme nach Flugzeugunfällen beträgt in den USA 2,7 Millionen Dollar.

[8] Junod führte zu Beginn die Ermittlungen beim mysteriösen Todesfall des deutschen Politikers Uwe Barschel in einem Genfer Hotel.

Kapitel 10
Das Multi-Millionen-Dollar-Geschäft

US-Anwälte: Von Haien und ehrenhaften Männern

Das umständliche Wortgebilde nennt sich Atlantic Aviation Accident Assistance Coalition – oder besser: AAAAC. Um im Internet unter dieser Buchstabenreihe fündig zu werden, muss man das Kürzel ».org« für Organisation anhängen. Ehrlicher wäre das Kürzel ».com« für kommerziell gewesen. Denn hinter der Internetadresse aaaac.org verbirgt sich keine gemeinnützige Interessensgruppierung, die sich normalerweise der Endung ».org« bedienen. Die AAAAC ist das Konstrukt zweier geschäftstüchtiger amerikanischer Anwälte, die ihre Dienste auf besonders einfallsreiche Weise anzubieten versuchen.

Robert S. Bennett, genannt Bob, arbeitet in Houston, Texas. Er ist Spezialist im Bereich des Konsumrechts. Nach dem Absturz des Fluges Valujet 592 vor zwei Jahren in die Everglades bei Miami vertrat er drei Opferfamilien. Sein Berufskollege Wayne E. Ferrell, 53, stammt aus Jackson, Mississippi. Ferrell, selbst Privatpilot, zählt zu den Experten auf dem Gebiet des Luftfahrtrechtes und hat nach eigenen Aussagen bereits in mehreren Fällen Hinterbliebenen zur Seite gestanden. In der Anwaltsliste der großen internationalen Flugzeugunglücke sucht man ihn jedoch vergebens. Früher war Bennett bei der Air Force.

Die AAAAC haben die beiden Rechtsanwälte wohl ausschließlich deshalb gegründet, damit ihr eigentliches Anliegen – nämlich die Kontaktaufnahme zu den Angehörigen der Opfer des Fluges Swissair 111 – nicht gar so offensichtlich erkennbar wird. Auch wenn auf ihrer Internetseite Zeitungsartikel über das Unglück, tröstende Worte eines Geistlichen und andere Informationen nicht fehlen, suchen Bennett und Ferrell in erster Linie Mandanten – Hinterbliebene, die Klage gegen die Swissair, Flugzeughersteller Boeing oder weitere Beteiligte einreichen wollen. Ein Internetformular muss nur noch ausgefüllt werden, um mit der AAAAC in Verbindung zu treten. Rechtlich ist gegen diese Vorgehensweise wohl nur schwer etwas einzuwenden, zumal die AAAAC ihre eigentlichen Absichten nicht verschleiert, aber dennoch empfinden viele Betroffene eine derart aggressive Form der Kundenwerbung als unseriös.

So wie Flug SR 111 zwei Kontinente miteinander verband und Passagiere aus aller Herren Länder transportierte, so verschieden sind auch die Mentalitäten und kulturellen Hintergründe der Menschen, die an der Aufarbeitung des Unglücks in irgendeiner Form beteiligt sind. Ein Blick auf die unterschiedlichen Rechtssysteme zwischen Nordamerika und Europa verdeutlicht dies. Das Duo Bennett und Ferrell ist geradezu ein Paradebeispiel für die Raffinesse, mit der amerikanische Rechtsvertreter bisweilen vorgehen: Drei Tage nach dem Absturz vor der kanadischen Küste flogen die beiden an die Unglücksstätte und hielten am 12. September 1998 eine – wie sie es nannten – »Informationsveranstaltung« im Hotel Halifax ab. Keine Frage, dass sie die weite Reise nicht aus eigenem Antrieb, sondern »auf Einladung« lokaler Anwälte angetreten hatten.

Eigentlich schreibt der 1996 vom US-Kongress beschlossene Aviation Disaster Family Assistance Act vor, dass Anwälte mit Angehörigen von Absturzopfern in den ersten 30 Tagen nach einem Unglück nicht in Kontakt treten dürfen. Doch Halifax liegt in Kanada, nicht in den USA, und diesen feinen Unterschied machten sich Bennett und Ferrell zunutze.

Obwohl sich die beiden sicherlich im Klaren darüber waren, dass sie sich in einen Grenzbereich anwaltschaftlicher Ethik vorwagten, gingen sie äußerst offensiv vor. Gegenüber allfälligen standesrechtlichen Folgen versuchten sie sich abzusichern, indem sie die Öffentlichkeit demonstrativ über ihre Absichten in Kenntnis setzten. Im HALIFAX HERALD vom 8. September 1998 versicherte Bob Bennett, dass er keine Anrufe von Familienangehörigen akzeptiere: »Ich weiß nicht, wer sie sind, und sie wissen nicht, wer ich bin.« Er sei lediglich hier, um Hinterbliebene vor »unpassenden Ansuchen« zu schützen. Wie das ohne persönlichen Kontakt funktionieren sollte, ließ er offen.

Bennett schreckte nicht davor zurück, sich in der Öffentlichkeit als ritterlicher und uneigennütziger Wohltäter zu präsentieren. Tatsächlich aber treibt ein ganz anderer Motor die auf Schadensersatzfälle spezialisierten US-Anwälte an: das liebe Geld. Als beinahe einziges Land der Welt kennen die Vereinigten Staaten das Prinzip des Erfolgshonorars, die so genannte »contingency fee«. Renommierte Anwälte verlangen im Luftfahrtbereich einen Anteil von rund 15 Prozent der erstrittenen Entschädigung – weniger redliche Rechtsberater kassieren zum Teil deutlich mehr. Bei Sammelklagen oder Schadensersatzverfahren außerhalb der Luftfahrt liegen die Provisionen meist ohnehin bei einem Drittel.

»Man nennt das Erfolgshonorar den Schlüssel zum Gerichtssaal«, sagt der New Yorker Rechtsexperte Lester Brickman. Untersuchungen ergaben, dass Klägeranwälte in den USA jährlich etwa 18 Milliarden Dollar an Honoraren einstreichen. Ziel amerikanischer Anwaltskanzleien ist es also, möglichst die fetten Brocken an Land zu ziehen. Flugzeugabstürze sind in dieser Hinsicht immer ein großer Anreiz, da sie wegen der hohen Zahl von Todesopfern mit hohen Entschädigungssummen verbunden sind. Andererseits stellen solche Fälle ein nicht unerhebliches unternehmerisches Risiko dar, denn die Beteiligung an der erstrittenen Summe muss auch sämtliche internen Büroausgaben decken – bis hin zur Sekretärin. Deshalb werden allfällige Honorareinkünfte im Voraus möglichst genau berechnet und sorgfältig gegenüber dem eigenen Aufwand abgewogen. Die Klägeranwälte können ihren Mandanten nur weitergehende Auslagen extra in Rechnung stellen, etwa für Expertengutachten, Gerichtsgebühren, Kopien, teure Datenbankrecherchen sowie die rasch ziemlich ins Gewicht fallenden Hotel- und Transportspesen.

Aus diesem Grund sind Anwälte stets darum bemüht, in einem viel versprechenden Fall gleich mehrere Kläger an sich zu binden. Die Streitsumme wird erheblich größer, während sich der vom Anwalt zu tragende Aufwand kaum in derselben Höhe vervielfacht. Auf diese Weise bleibt vom Erfolgshonorar am Schluss bedeutend mehr übrig.

Im Zuge seiner wohltätigen Informationsarbeit riet Bennett den von SR 111 betroffenen Familienangehörigen ab, die von der Schweizer Airline angebotenen 30 000 Franken zur Begleichung erster Unkosten anzunehmen. Er tat dies mit dem Hinweis darauf, dass die Angehörigen auf diese Weise eventuell die Chance verspielen könnten, später eine »anständige Kompensation« für den Tod ihrer Nächsten zu verlangen. Dabei hatte Philippe Bruggisser, Konzernchef der SAir-Group, gleich nach Bekanntwerden dieser Offerte in der Öffentlichkeit dargelegt, dass die Zahlung mit der Abgeltung von Ansprüchen nichts zu tun habe, sondern lediglich am Schluss mit den Ansprüchen verrechnet werde.

Insofern kommt Bennetts Äußerung, die der Swissair eine bewusste Manipulation der Hinterbliebenen unterstellt, einer ebenso bewussten Irreführung der Betroffenen gleich. Sein forsches Vorgehen brachte dem texanischen Anwalt rasch eine erste – telefonische – Anfrage ein, und zwar von Carol Tschudin aus Genf, deren 20-jährige Zwillinge Alexandre und Emmanuel Thioudellet beim Absturz ums Leben kamen. Bennett erklärte, dass seine Kanzlei von Frau Tschudin kontaktiert worden sei, nachdem sie im Schweizer Fernsehen ein Interview mit ihm gesehen habe, das in Halifax aufgezeichnet worden war. Erneut strich er seine passive Rolle heraus, um sich nicht eines allzu offensichtlichen Verstosses gegen den amerikanischen Family Act schuldig zu machen.

Nach ihrem Aufenthalt in Halifax reisten Bob Bennett und Wayne Ferrell in die Schweiz. Am 19. September luden sie im Namen der AAAAC auch hier wiederum zu einer Informationsveranstaltung ein – dieses Mal ins vornehme Hotel Mirador auf dem Mont-Pèlerin oberhalb von Vevey. Gegenüber anwesenden Medienvertretern betonte Bennett, dass es sich bei seinem Engagement um ein »juristisches, öffentliches Forum« handle und dass sie nicht gekommen seien, »um Schweizer Klienten zu angeln«. Es sei Carol Tschudin gewesen, die die AAAAC gebeten habe, eine solche Veranstaltung abzuhalten. Sie hätten lediglich diesem Wunsch entsprochen, betonte Bennett mehrmals. Seltsam fiel allerdings auf, dass Frau Tschudin selbst der Einladung ins Hotel Mirador gar nicht gefolgt war. Diesen merkwürdigen Umstand konnte dann auch der sonst überaus schlagfertige amerikanische Anwalt nicht erklären. Auch wusste er damals wohl noch nicht, dass inzwischen die Bundes- und die Kantonalpolizei auf ihn aufmerksam geworden war.

Die trauernde Mutter der getöteten Zwillinge hatte bewusst davon abgesehen, das Forum zu besuchen. Denn laut Informationen aus dem nahen Umfeld von Frau Tschudin spielten sich die Dinge etwas anders ab. Demnach soll Anwalt Bennett, der hoffte, die direkt Betroffene, Frau Tschudin, für seine Zwecke gewinnen zu können, das Treffen in Genf selbst iniziert haben. Berücksichtigt man die unübersehbaren Parallelen zwischen dem Vorgehen der beiden Anwälte in Halifax und in Genf, dürfte diese Darstellung der Ereignisse doch um einiges näher bei der Realität liegen. Pech, dass sich der ganze Aufwand zum Schluss für den Anwalt gar nicht ausbezahlt hat. Carol Tschudin wählte einen anderen Rechtsvertreter, und zwar Michael Baumeister, während Bennett im Fall SR 111 bis Sommer 1999 leer ausging.

Auch die Kanzlei Sterns & Walker aus San Francisco sandte einen ihrer Anwälte nach Genf, den gebürtigen Deutschen Udo Büdding. Er verneinte ebenfalls, Angehörige direkt kontaktieren zu wollen. Stattdessen verteilte er Hochglanzbroschüren an Journalisten, denen zu entnehmen war, bei welchen großen Flugzeugunglücken die Kanzlei Angehörige schon erfolgreich vertreten hatte.

Rechtsanwalt Gerald Sterns ist in der Branche bestens bekannt. Sein Spitzname lautet »the parachuter«, der Fallschirmspringer, weil er meist kurz nach einem Absturz wie aus heiterem Himmel auf der Szene erscheint und um Mandanten wirbt. Manchmal auch mit recht unkonventionellen Mitteln: Im Falle des Absturzes eines türkischen Charterflugzeuges im Februar 1996 vor der Dominikanischen Republik reiste Sterns unmittelbar nach dem Absturz nach Deutschland und engagierte einen Privatdetektiv, der ihm die Anschriften der Hinterbliebenen ermittelte. Gleichzeitig sorgte er für werbewirksame Auftritte im deutschen Boulevardfernsehen, wo er nach Möglichkeit immer von Schadensersatzsummen in Millionenhöhe sprach.

Der direkte Kontakt zu Medienschaffenden ist einer der beliebtesten Tricks amerikanischer Klägeranwälte, um das Verbot der unmittelbaren Kontaktaufnahme während der ersten 30 Tage möglichst geschickt umgehen zu können. Nie stellen sich die hochspezialisierten Rechtsbeistände – ansonsten eher als presseschau bekannt – derart eilfertig für Interviews zur Verfügung wie in den ersten Wochen nach einem Flugzeugunglück. Als »Aviatik-Experte« pries der Schweizer BLICK am 9. September 1998 beispielsweise den Rechtsvertreter und Piloten Arthur Alan Wolk aus Philadelphia an: »Die Kanzlei von Wolk ist weltweit führend in Prozessen gegen Fluggesellschaften«, hieß es weiter. In einem Interview äußerte Wolk eine knappe Woche nach dem Absturz bereits große Zweifel am Vorgehen der beiden verunglückten Piloten: »Ich anerkenne die Stresssituation der Piloten und habe großes Mitgefühl mit den Angehörigen. Aber wir werden nicht darum herumkommen, die Crew zu kritisieren.« Zuckerbrot und Peitsche schwingend wurde die Swissair zum Schluss des Artikels dann aber auch noch mit ein wenig Lob von Wolk bedacht: »Sie hat mit Menschlichkeit und Würde gehandelt. Ich beschäftige mich seit 30 Jahren mit Flugzeugabstürzen, und noch keine Airline hat das besser gemacht.«

Prompt erschien Wolk später wieder auf der Bildfläche, als er bekannt gab, dass er für die Amerikanerin Peggy Coburn, Mutter dreier Kinder und seit dem Halifax-Unglück Witwe, 770 Millionen Franken erstreiten wolle. Trotzdem blieb Wolks Ausbeute bei SR 111 unter dem erhofften Ausmaß: Außer Frau Coburn konnte Wolk keine weiteren Mandantinnen oder Mandanten verbuchen.

Die allererste Klage nach dem Absturz von SR 111 war bereits am 9. September – nur eine Woche nach dem Unglück – im Bundesgericht New York Ost (Brooklyn) eingereicht worden. Kläger war die Boxlegende im Mittelgewicht, Jake LaMotta, dessen einzigartige Karriere 1980 von Regisseur Martin Scorsese mit Hauptdarsteller Robert De Niro verfilmt worden war (»Raging Bull«). Der 49-jährige Sohn von LaMotta, Joseph, befand sich an Bord der MD-11. Er war für Promotionsaufträge im Namen des familieneigenen Unternehmens nach Europa unterwegs. Die Klageschrift wendet sich gegen Swissair, Delta Air Lines sowie Hersteller Boeing (respektive die frühere McDonnell-Douglas). Die Forderungen belaufen sich auf 50 Millionen Dollar Schadenersatz und zusätzlich 75 Millionen Dollar Strafzahlungen.

LaMotta engagierte denselben Anwalt wie Carol Tschudin, den in New York arbeitenden Michael Baumeister. Erstaunlich war, mit welcher Schnelligkeit Baumeister in seiner ersten Klage bereits eindeutige, die Schuldfrage betreffende Schlüsse zog. Der Absturz sei durch »elektrisches, mechanisches und/oder strukturelles Versagen« ausgelöst worden. Die Swissair wurde der »Fahrlässigkeit, Leichtsinnigkeit und Sorglosigkeit« beschuldigt. Sie habe das Flugzeug unbeachtet seiner »gefährlichen und unsicheren Verfassung« in Betrieb gelassen. Zudem habe die Swissair nicht alle nötigen Maßnahmen getroffen, um das Unglück zu verhindern, und die Flugzeugbesatzung habe darüber hinaus während des Notfalls falsch reagiert. Anwalt Baumeister bezog sich in seiner Begründung unter anderem auf die US-Luftfahrtbehörde FAA, die vor Problemen mit Flugzeugkabeln und der daraus erwachsenden Gefahr von Kabelbränden gewarnt habe. Das war aber leider nicht der Fall – im Gegenteil: Bis heute versucht die FAA das Problem herunterzuspielen.

Für einen amerikanischen Anwalt stellt es eine besondere Herausforderung dar, nach einem Unglück als Erster eine Klage einreichen zu können. Er verspricht sich davon einerseits große Publizität, andererseits aber auch eine bessere Ausgangsposition im Kampf um den Vorsitz im so genannten Plaintiff's Steering Committee (PSC). Bei großen Klagefällen wird in den USA von den Anwälten ein spezieller Lenkungsausschuss eingerichtet, eine Arbeitsgruppe, die den Fall vorbereitet und die Haftungsphase des Verfahrens durchführt. Dieser Ausschuss steht unter Anleitung des zuständigen Bundesrichters, wodurch das Verfahren eigentlich beschleunigt werden soll. Normalerweise übernehmen ein oder zwei Anwälte die Führung der Lenkungsgruppe, meist jene mit zahlreichen Klägern. Im Fall von SR 111 wurde entschieden, dass alle Kläгеranwälte im Steering Committee vertreten sein können. Insofern hat sich der Einsatz von Michael Baumeister, als Erster mit einer Klage aufzuwarten, nachträglich gar nicht ausgezahlt. Zum Vorsitzenden des Ausschusses wurde sein Berufskollege Lee Kreindler aus New York gewählt. Baumeister ist einfaches Mitglied im Komitee. Das Steering Committee hat für die Anwälte einige Vorteile: Erstens erhöht es das Prestige, zweitens die Publizität, und drittens gibt es noch eine Steering Committee Fee, also eine besondere finanzielle Vergütung von sechs bis neun Prozent, zahlbar aus den Honoraren der nicht teilnehmenden Anwälte.

Mit Lee Kreindler hat sich ein sehr renommierter US-Anwalt bei SR 111 an die Spitze der Kläger gesetzt. Kreindler vertritt 54 Opfer. Sein fast schon legendärer Ruf stützt sich vor allem auf seine Rolle nach dem Absturz einer DC-10 der Turkish Airlines 1974 bei Paris. Kreindler vertrat mit 97 Fällen auch rund die Hälfte der Klagenden des Pan-AM-103-Lockerbie-Absturzes und war Vorsitzender des Steering Committees. Das Verfahren zu Pan Am 103 führte zu insgesamt 500 Millionen Dollar Entschädigungszahlungen für alle 220 Opfer. Die Sozietät Kreindler & Kreindler vertritt überdies 84 Angehörige, die beim Absturz von Flug TWA 800 vor drei Jahren ihre Verwandten verloren.

Im Gegensatz zu vielen anderen auf die Luftfahrt spezialisierten Rechtsberatern verfügt Lee Kreindler über einen ausgezeichneten Ruf. Er gilt als anständig. Die Sozietät erlaubt sich auch den Luxus von qualifizierten Luftfahrtexperten im eigenen Haus. So führt zum Beispiel seit vielen Jahren schon Frank T. Gardner, ein ehemaliger FAA-Mitarbeiter, die technische Abteilung Luftfahrt bei Kreindler & Kreindler.

Einen ähnlich guten Ruf besitzt die Kanzlei Speiser, Krause und Madole, die über Niederlassungen in New York, Washington, Miami, Los Angeles und Dallas verfügt. Aber hier kam es im Zusammenhang mit SR 111 zu einer schwerwiegenden Panne. Ein Anwalt, der für das Washingtoner Büro arbeitete, meinte, er müsse wenige Tage nach dem Unfall via Internet Reklame für die Firma machen und mit Hinweisen auf SR 111 Kunden werben. Sein Eifer brachte ihm jedoch nicht die erwartete Anerkennung seiner Partner ein. Im Gegenteil, nach wenigen Stunden war die Seite vom Internet gelöscht und der Anwalt aus dem Büro ausgezogen. Man hatte ihm nahe gelegt, aus der Anwaltsgemeinschaft auszuscheiden. Speiser, Krause und Madole gehören in den USA ebenfalls zu den als seriös eingestuften Vertretern ihrer Branche und sind besonders durch viele Initiativen bei internationalen Gesetzesänderungen zu Gunsten von Passagieren und Opfern positiv in Erscheinung getreten.

Aber auch auf Seiten der Anwälte, die die Hersteller und die Versicherer vertreten, gibt es mitunter rüde Angewohnheiten. Eine eher unrühmliche Rolle spielte hier in der Vergangenheit der in Seattle arbeitende und auf die Luftfahrt spezialisierte Anwalt Keith Gerrard, Seniorpartner der Kanzlei Perkins & Coie, die ausschließlich den Flugzeughersteller Boeing repräsentiert. In der Branche werden über diese Verbindung sogar Witze gemacht: »Normalerweise hält sich die Führung einer großen Firma eine renommierte Anwaltskanzlei. Im Fall von Boeing führt eine Anwaltskanzlei eine renommierte Firma«, wird kolportiert. Was das im Detail heißt, haben unter anderem die Angehörigen der Opfer des Absturzes der Birgenair-Boeing-757 in den Jahren 1996 bis 1998 zu spüren bekommen. Als von den Anwälten der Opfer die Frage eines Designfehlers an der Boeing 757 angeschnitten wurde, der maßgeblich zum Unfallgeschehen beigetragen habe, erklärte Gerrard recht salopp: »Wir erkennen die Haftung an.« Die anfängliche Euphorie der Anwälte wich schnell der Ernüchterung. Boeing erkannte die Haftung an. Das bedeutete, dass genau über diese Frage vor keinem Gericht mehr gestritten werden konnte. Es ging jetzt nur noch um die Höhe der Haftung, und hier griff das alte Warschauer Abkommen für den Charterverkehr mit einer Begrenzung der Haftung auf maximal 20 000 Dollar für den Schadensfall. Insofern zahlte sich der große Aufwand für die Anwälte kaum mehr aus.

Im Fall des Absturzes der TWA 800 hatte Gerrard seine Lieblingsvokabel DOHSA ins Spiel gebracht. Mit dem Hinweis auf dieses veraltete Abkommen (vgl. Kapitel 9) gelang es Gerrard bisher erfolgreich, die Verfahren zur Entschädigung der Opfer zu blockieren. Erwartungsgemäß steht den Hinterbliebenen von SR 111 in den USA das Gleiche noch bevor, sollte ein Designmangel bei der MD-11 bewiesen werden können.

Bei Birgenair zeigte sich der Industriegigant Boeing nach zähen Verhandlungen schließlich grosszügig: Pro getötetem Passagier wurde freiwillig ein Betrag von 40 000 Dollar gezahlt. In einigen wenigen Fällen, bei Witwen mit Waisen, gab es höhere Zahlungen, bis zu 300 000 Dollar. Die Anwälte der Opfer strichen ihre Provisionen ein, in manchen Fällen bis zu 30 Prozent und mehr, ohne dabei jedoch viel Arbeit geleistet zu haben.

Mit welchen Finessen Anwalt Keith Gerrard operiert, um Klagen gegen seinen Mandanten abzuwehren, dokumentieren auch die Ereignisse nach dem Absturz von United-Airlines-Flug 585, einer Boeing 737-291, am 3. März 1991 in Colorado Springs, USA. Bei dem Unfall, der während des Landeanflugs kurz vor dem Aufsetzen geschah, kamen 20 Passagiere und 5 Crew-Mitglieder ums Leben.

Aufgrund der amerikanischen Rechtslage ist es ausgeschlossen, dass die Angehörigen der verunglückten Crew-Mitglieder die Airline auf Entschädigungen verklagen, weil die Mitarbeiter einer Fluggesellschaft im Falle eines Unglücks im Angestellten Kompensationsverfahren (»workmens compensation procedure«) entschädigt werden, das heißt, dass die Angestellten einer Airline durch eine von der Firma abgeschlossene Unfall- oder Lebensversicherung abgesichert sind. Sie oder ihre Hinterbliebenen können aber sehr wohl – vor allem was die Entschädigung für nicht wirtschaftliche Schäden anbelangt – gerichtlich gegen den Flugzeughersteller, in diesem Falle Boeing, vorgehen, wenn ein produktionsbedingter Fehler an der Unfallursache beteiligt gewesen ist. Hierbei spielt also die Schuldfrage eine entscheidende Rolle. Anspruch auf eine Entschädigung in einem solchen Produkthaftungsverfahren (»Product liability«) besteht nämlich nur, wenn die Haftbarkeit oder aber die Mitschuld des Herstellers erwiesen ist – entweder in einem Gerichtsverfahren oder durch freiwillige Zugeständnisse des Herstellers.

Aufgrund dieser Produkthaftung war es für den Flugzeughersteller im Fall Colorado Springs enorm wichtig, eine technische Unglücksursache von vornherein auszuschließen. Doch genau diese Variante war bei United-Flug 585 in den Fokus geraten. Möglicherweise hatte ein Phänomen mit dem Namen »rudder hardover« den Absturz verursacht: ein plötzlicher und von den Piloten nicht gesteuerter Vollausschlag des Seitenruders während des Landeanfluges, der den Jet um die Längsachse dreht und in Richtung Boden tauchen lässt.

Boeing stellte sich auf einen anderen Standpunkt. Ihrer Meinung nach waren die von starken Winden geprägten Wetterverhältnisse an dem Unglück schuld. Diese Haltung vertrat die Firma insbesondere gegenüber der US-Unfalluntersuchungsbehörde NTSB, die sich in der Folge auch nicht auf die eine oder andere Ursache festlegen konnte. Die Maschine der United Airlines war mit einem alten Flugdatenschreiber ausgerüstet, der nur eine beschränkte Anzahl von Daten aufzeichnete. Der Unfall musste daher seitens der Behörde als ungeklärt eingestuft werden. Dies war eine für die Anwälte von Boeing ausgesprochen günstige Ausgangslage, denn auch wenn die Erkenntnisse aus der Unfalluntersuchung nicht für gerichtliche Auseinandersetzungen herangezogen werden dürfen, war es für den Hersteller natürlich wichtig, dass die Unfallermittler sich nicht auf eine bestimmte technische Ursache hatten festlegen können.

Um die Position seines Mandanten weiter zu verbessern, unternahm Anwalt Gerrard weitere Anstrengungen: Es ging ihm darum zu verhindern, dass die Klagen der Crew-Angehörigen in den Bundesländern, wo sie eingereicht worden waren, behandelt wurden, denn dort würden die vom Gericht zugesprochenen Entschädigungen im Falle einer erwiesenen Mitschuld von Boeing wesentlich höher ausfallen als zum Beispiel in Colorado, dem Heimatstaat der Getöteten, wo die Haftung für nicht wirtschaftliche Schäden auf maximal 250 000 Dollar beschränkt ist.

Doch wie sollte Gerrard dieses Ziel erreichen? Indem er dafür Sorge trug, dass der Fall vor einer bundesstaatlichen Gerichtsinstanz verhandelt wurde. Ein Bundesrichter nämlich muss bei der Bemessung von Entschädigungen die Normen des Bundeslandes berücksichtigen, in dem die getöteten Opfer ihren Wohnsitz angemeldet hatten, und das war im Fall der Crew-Mitglieder eben Colorado. Der in Harvard ausgebildete Jurist erreichte sein Ziel durch einen brillanten Schachzug: Er reichte in Chicago eine Klage gegen zwei Radarlotsen aus Colorado Springs ein, die es versäumt haben sollen, die Unglücksmaschine vor den gefährlichen Winden zu warnen. Ein solches Verfahren musste zwangsläufig zunächst von dem Bundesgericht in Chicago verfolgt werden, weil die beiden Radarlotsen Angestellte der Bundesregierung waren. Und nachdem die Verhandlung des Falles damit einmal auf die Ebene einer bundesstaatlichen Gerichtsinstanz gezogen worden war, erreichte Gerrad es im Sommer 1994, dass alle Klagen der Crew-Angehörigen gebündelt von einem Bundesrichter in Denver behandelt wurden. Es sah also alles optimal aus für den Flugzeughersteller aus Seattle – wäre da nicht ein weiteres Unglück passiert, bei dem eine Boeing 737-300 alle 127 Passagiere und die 5 Besatzungsmitglieder in den Tod riss.

Flug 427 der US-Air war am 8. September 1994 während des Landeanflugs auf den Flughafen von Pittsburgh, USA, abgestürzt. Erneut geriet das von Colorado Springs her bekannte Ruderphänomen bei der ·Ursachensuche ins Zentrum. Erschwerend kam für Boeing hinzu, dass das Wetter in Pittsburgh zur Zeit des Unglücks gut war – kein Regen, keine starken Winde wie in Colorado Springs. Prompt konzentrierten sich die Untersuchungen auf ein mögliches Problem an der Rudersteuerung.

So wie sich jeder Arzt darum bemüht, die Chronifizierung von Krankheiten mit allen Mitteln zu verhindern, wollte auch Boeing vermeiden, dass der 737-300 plötzlich der Makel einer ungelösten technischen Fehlfunktion anhaften könnte. Ein solches Stigma gefährdet nicht nur den guten Ruf, sondern führt neben sinkenden Auftragsraten und Stornierungen auch zu Nachteilen vor Gericht.

Wenn ein Flugzeughersteller nicht nachweisen kann, dass er bekannte Probleme angepackt und Lösungen gesucht hat, dann neigen die Richter bekanntermaßen dazu, dies die Hersteller bei ihren Entscheidungen auch deutlich spüren zu lassen. Insofern kamen die beiden Unglücke von Colorado Springs und von Pittsburgh für Boeing einem Debakel gleich. Doch Anwalt Keith Gerrard setzte sogleich zur nächsten Attacke an, um seinen Auftraggeber vor größerem Schaden zu bewahren. Angriff, heißt es, ist ja die beste Verteidigung. Immerhin drohten Entschädigungszahlungen von über 400 Millionen Dollar. Zudem bestand das Risiko, dass für weitere Hunderte Millionen Dollar Konstruktionsänderungen an der 737 vorgenommen werden mussten.

Im Sommer 1995, zehn Monate nach dem Absturz von Pittsburgh, setzte sich der Anwalt mit den Angehörigen der Crew von Flug 427 der US-Air in Verbindung. Gerrard versuchte ihnen einen außergerichtlichen Vergleich vorzuschlagen. Seine Absicht war klar: Er wollte die Ansprüche abgelten und einen weiteren Gerichtsfall verhindern, solange die Unfallursachen unbekannt und die Untersuchungen des Ruderproblems noch nicht beendet waren. Doch die Vergleiche kamen nicht zustande. Mehrere Hinterbliebene lehnten das Angebot ab.

Im Frühling 1999 veröffentlichte die US-Unfalluntersuchungsbehörde NTSB ihren Schlussbericht zum Unglück in Pittsburgh. Darin wird das hydraulisch-mechanische Steuerventil des Seitenruders (Power Control Unit, PCU) als das kritische Teil bezeichnet. Umfangreiche Tests des NTSB, aber auch von Boeing selbst, hatten ergeben, dass es unter bestimmten Bedingungen zu einer Fehlfunktion dieses Ventils kommen kann. Das NTSB stellte fest, dass neben einem plötzlichen Rudervollausschlag mit Blockierung der Steuerfläche eine Fehlfunktion der PCU zu einem ungewollten Ruderausschlag in die falsche Richtung führen kann. Das ist zu vergleichen mit einer PKW-Lenkung, bei der der Fahrer zwar nach links steuert, das Auto jedoch unvermittelt nach rechts kurvt.

Als Unfallursache hatte das NTSB sodann auch einen Kontrollverlust über das Flugzeug aufgrund einer unkontrollierten Ruderbewegung festgestellt, die auf eine Störung in der PCU zurückzuführen ist. Boeing behauptete dagegen immer wieder, vor allem auf Presseveranstaltungen, dass die Piloten über einen Zeitraum von 30 Sekunden in das falsche Ruderpedal getreten hätten. Für jeden Piloten und für die amerikanische Unfallbehörde ist ein solches Szenario jedoch völlig abwegig.

Bereits während der Unfalluntersuchung waren von den Ermittlern insgesamt siebzehn Sicherheitsempfehlungen an die Luftaufsichtsbehörde FAA erlassen worden. Die FAA ordnete daraufhin an, dass alle Maschinen des Typs 737 bis Sommer 1999 mit einer neuen, verbesserten PCU ausgestattet werden müssen. Boeing hatte das Teil bereits 1996 neu konstruiert und in alle seine neuen Flugzeuge vom Typ 737 serienmäßig eingebaut.

Doch im Februar 1999 kam es bei einer Boeing 737 abermals zu einem ungewollten Ruderausschlag. Die Piloten konnten die Situation zwar meistern, und Passagiere sowie Besatzung kamen mit einem Schrecken davon, aber die Sache hatte einen großen Haken: Die Maschine war brandneu und hatte die verbesserte PCU schon eingebaut. Der Vorfall wird weiter vom NTSB untersucht.

Im Lichte dieser Erkenntnisse ist es fraglich, ob sich die anfänglich so geschickt wirkende Strategie des Boeing-Anwalts Keith Gerrard langfristig auszahlen wird. Die Position des Flugzeugherstellers hat sich durch die von der FAA angeordneten Umrüstungen erheblich verschlechtert. Bis Sommer 1999 waren eine Anzahl der Entschädigungsfälle im Fall Pittsburgh jedenfalls noch weit von einer Lösung entfernt.

Interview: Juanita M. Madole und Lee S. Kreindler, Anwälte, USA

Angaben zu den Personen:

Juanita M. Madole, 50, ist geschäftsführende Partnerin der Anwaltskanzlei Speiser Krause & Madole, die Niederlassungen in Washington, New York, Miami und Los Angeles hat. Vor über 23 Jahren begann sie ihre Laufbahn als Rechtsexpertin im Bereich der Luftfahrt. Nach ihrer Promovierung an der Universität von Houston arbeitete sie zunächst für das US-Verkehrsministerium. Seit sie zu Speiser & Krause gehört, war sie als Klägeranwältin in eine Vielzahl von Prozessen involviert, die im Gefolge großer Flugzeugunglücke geführt wurden. Speiser & Krause wurde vor über vierzig Jahren in New York von Stuart Speiser gegründet. Die Kanzlei vertrat seither mehrere Tausend Fälle im Zusammenhang mit Flugkatastrophen, hat sich aber auch einen Namen bei anderen Großereignissen wie Zugunglücken oder Hotelbränden gemacht. Sie gehört zu den wenigen US-Anwaltskanzleien, die auch Klienten außerhalb der USA nach Flugzeugunfällen erfolgreich vertreten hat. Juanita Madole hat aktiv als Beraterin an zahlreichen Gesetzesinitiativen zur Modernisierung des Warschauer Abkommens mitgearbeitet.

Lee S. Kreindler, 75, ist Seniorpartner der Anwaltskanzlei Kreindler & Kreindler in New York. Die Liste der Luftfahrtunfälle, bei denen Kreindler oder seine Mitarbeiter als Klägeranwälte vertreten waren, füllt fast zweieinhalb A4-Seiten. Als Beispiele jüngeren Datums seien nur der Absturz von PanAm 103 in Lockerbie, TWA 800 im Juli 1996 vor New York und SR 111 erwähnt: In allen Fällen war oder ist Lee Kreindler immer noch Vorsitzender des Plaintiff's Steering Committee, des wichtigen Lenkungsausschusses der Klägeranwälte. Er ist Dekan der International Academy of Trial Lawyers und war in der Vergangenheit maßgeblich an der Gesetzgebung des US-Luftfahrtrechts beteiligt.

Frau Madole, bei Flugzeugunfällen spielt es eine entscheidende Rolle, welches Recht angewendet und wo geklagt wird. Wo haben Sie bisher Klagen im Fall SR 111 eingereicht?

Juanita Madole: Am Distriktgericht im südlichen Distrikt von New York. SR 111 ist ein unüblicher Fall, weil das Flugzeug außerhalb der USA abgestürzt ist und es deshalb anfänglich unklar war, wo die Prozesse stattfinden sollten. Zuerst musste vom zuständigen Verwaltungsgericht entschieden werden, welcher Bundesrichter sich in welcher Gerichtsbarkeit darum kümmern wird. Einige Klägeranwälte sprachen sich für New York aus: Erstens verfügt das Gericht dort über Erfahrungen mit Klagen von Familienangehörigen nach einem Unglücksfall, zweitens ist New York auch für europäische Kläger gut zu erreichen, und drittens unterhält die Swissair dort ihre Büros. Boeing bevorzugte Kalifornien, weil andere in den Fall involvierte Firmen dort ansässig sind. Die MD-11 ist zudem ein Flugzeug von McDonnell-Douglas, einem Unternehmen, das heute Boeing gehört, und wurde in Kalifornien gebaut. Doch schließlich verwies das Verwaltungsgremium des Bundesgerichtes die Abwicklung der Haftpflichtermittlung für alle an amerikanischen Gerichten eingereichten Klagen an das Bundesgericht in Philadelphia, weil das dortige Gericht im Gegensatz zu anderen Orten nicht derart überlastet ist. Hier wird jetzt über die Feststellung der Haftbarkeit entschieden. Sobald diese Frage geklärt ist, fängt der Schadensersatzprozess an, und zwar bei dem Gericht, wo ursprünglich die Klage eingereicht worden war.

Lee Kreindler: Wir haben bereits über 40 Klagen eingereicht, im östlichen und südlichen Distrikt von New York. Einige wurden auch an den Wohnorten der Angehörigen eingereicht. Gegen den Entscheid, die Fälle durch einen Bundesrichter in Philadelphia behandeln zu lassen, hatten wir Berufung eingelegt, weil wir damit nicht einverstanden waren. Aber sie wurde abgelehnt.

Um die Familien zu schützen, die wir repräsentieren, sind wir gezwungen, demnächst auch in Kalifornien Klagen einzureichen, und zwar gegen die Hersteller- und die Installationsfirmen des Bordunterhaltungssystems IFEN – allerdings ohne diese namentlich zu nennen. Eigentlich wollten wir damit noch warten, aber in Kalifornien müssen solche Klagen innerhalb eines Jahres eingereicht werden.

Um langwierige Gerichtsverfahren zu verhindern, werden nach Flugzeugunglücken oftmals außergerichtliche Vergleiche mit den Angehörigen getroffen. Welchen Spielraum sehen Sie bei SR 111?

Madole: Wie bereits erwähnt, ist SR 111 ein einzigartiger Fall, und er ist hoffentlich auch der Beginn einer neuen Ära. Er fällt rechtlich erstmals unter das neue IATA-Abkommen. Das bedeutet, dass die erste Stufe der Entschädigung, die 100 000 Sonderziehungsrechte, ohne Schuldfrage von der Fluggesellschaft bezahlt werden muss. Bisher scheint es, als käme Swissair dieser Verpflichtung auch ohne großen »Papierkrieg« nach. Natürlich wird dieser Betrag am Schluss auf die endgültige Entschädigungssumme angerechnet werden. Der zweite Vorteil des IATA-Abkommens ist, dass die Kläger von der Swissair volle Entschädigung verlangen können. Nur wenn Swissair belegen kann, dass alles getan wurde, um das Unglück zu verhindern, ist sie nicht unlimitiert haftbar. Diese Beweislast zu erbringen, ist aber äußerst schwierig für die Fluggesellschaft. Es ist also ein großer Unterschied zu früheren Fällen, wo die Klägerseite »wilful misconduct« (Schuld oder Fahrlässigkeit) nachweisen musste. Hoffentlich bedeutet dies, dass die Abwicklung der Fälle schneller vorangeht und sich der ganze Prozess nicht über Jahre hinauszieht. Auch wenn Swissair später noch Regress von anderen Firmen, beispielsweise Boeing, fordern würde, hoffe ich doch sehr, dass die Angehörigen deshalb nicht über Gebühr lange auf ihre Entschädigungen warten müssen.

Kreindler: Ich hoffe ebenfalls, dass Swissair auf Vergleiche einschwenken wird. Es kommt noch etwas hinzu: Wenn wir aufgrund der Produkthaftpflicht Schuldsprüche gegen den Hersteller erreichen könnten, dann würden diese wiederum gegen Swissair vorgehen. Die Swissair wird deshalb meiner Meinung nach auf jeden Fall an amerikanischen Gerichten enden, weshalb es doch besser ist, die Entschädigungen für die Angehörigen außergerichtlich zu regeln.

Aus der Vergangenheit wissen wir, dass der Ausgang der Verfahren gar nicht so sehr von den Airlines, sondern von deren Versicherungen beeinflusst wird. Sie als Klägeranwalt müssen nun in erster Linie mit den Versicherungen um Vergleiche kämpfen.
Kreindler: Das ist Ihre Aussage, und sie stimmt so nicht ganz. Die Swissair hat gegenüber den Versicherungen eine sehr aktive Rolle übernommen, damit diese sich mit den Klägern zu einigen versuchen. Die Fluggesellschaften sind die Kunden, und deshalb können sie auch die endgültigen Entscheide treffen. Aber es ist richtig, dass die Versicherungen eine zentrale Rolle in dem ganzen Verfahren spielen, denn sie sind es, die letztlich bezahlen müssen.

Madole: Die Kosten eines Gerichtsprozesses im Bereich Luftfahrt sind in den USA astronomisch hoch. Wenn die Versicherung die Anwälte zur Verteidigung der betroffenen Fluggesellschaft engagiert, muss sie sich überlegen, ob sie dieses Geld nicht lieber für die Entschädigung der Angehörigen einsetzen will, anstatt eine aggressive Verteidigungsstrategie zu unterstützen. Zudem sind Versicherungen innerhalb eines Syndikats oftmals für verschiedene Firmen tätig. Die einen müssen die Interessen der Fluggesellschaft, die anderen jene eines Herstellers wahrnehmen. Das kann natürlich Probleme aufwerfen. Die Luftfahrt ist ein Geschäft mit engen Grenzen. Es gibt weltweit nur die beiden großen

Hersteller Boeing und Airbus. Vielleicht möchte Swissair in Zukunft wieder Flugzeuge bei Boeing kaufen. Von daher kommen also auch gewichtige geschäftliche Überlegungen ins Spiel. Deshalb ist es derart wichtig, dass Klägeranwälte diese komplexen Umstände wirklich verstehen, im Interesse der Angehörigen.

Frau Madole, zusammen mit Ihrer Firma sind Sie hinter den Kulissen sehr aktiv. Sie haben die Arbeit von Familienangehörigen für bessere Entschädigungsabkommen immer wieder unterstützt.
Madole: Wir haben mit unseren Klienten eine enge Beziehung aufgebaut. Wir engagieren uns sehr für sie – und dies nicht nur im Hinblick auf die Entschädigungsfrage, sondern auch allgemein um der Flugsicherheit willen. Ich war an der Diskussion beteiligt, die 1996 in den USA zum Family Assistance Act führte, ebenso bei der Überarbeitung des Warschauer Abkommens (gemeint ist das neue Abkommen von Montreal, das im Juni 1999 beschlossen wurde. Siehe auch Kapitel 9. Anm. d Verf.). Es war uns wichtig, dass die Bedürfnisse der Angehörigen angemessen berücksichtigt werden. Einige Länder haben sich gegen solche Bestrebungen massiv gewehrt. Die Anwälte haben zwar mitgeholfen, aber zuletzt waren es vor allem Vertreter der Familienangehörigen, die maßgeblich zum Erfolg bei der Neugestaltung beitrugen.

Aus europäischer Sicht erstaunen immer wieder die hohen Millionenbeträge, die im Nachgang von Flugzeugunglücken in den USA gefordert werden. Sind diese überhaupt realistisch?
Madole: Ich würde sagen, dass jeder dieser Anwälte, der zig Millionen fordert, das nur aus Gründen der Publicity macht. Die Realität ist, dass die Summen sich zwar von anderen Ländern deutlich abheben, weil nicht nur rein wirtschaftliche Schäden berücksichtigt werden. Die Höhe der Summe hängt stark von den familiären Umständen ab. Und es ist schließlich Sache des Gerichts, wie stark es den persönlichen Verlust bei der Bemessung der Entschädigungssumme berücksichtigt. Die Beträge übersteigen aber aus meiner Erfahrung selten 5 Millionen Dollar. Sie bewegen sich nicht in Milliardenhöhe, sondern irgendwo zwischen 50 000 und einigen Millionen Dollar.

Kreindler: Diese Fälle wurden von unverantwortlichen Anwälten eingebracht, die es darauf anlegen, im Rampenlicht zu stehen.

Können sich solche Millionenklagen nicht auch negativ auf die Hersteller auswirken? Wir wissen von Fällen, in denen Firmenanwälte in Flugzeughandbüchern nach Informationen suchten, die der Firma im Falle eines Prozesses möglicherweise negativ ausgelegt werden könnten.
Kreindler: Jeder Flugzeughersteller, der aus solchen Gründen auf Sicherheitshinweise in

seinen Handbüchern verzichet, müsste raus aus dem Geschäft. Derartiger Unsinn wird gerne von den Versicherungsanwälten unterstützt. Es ist keine Entschuldigung, wenn Hersteller oder Fluggesellschaften nur deshalb auf Sicherheitsfragen nicht eingehen, weil ein Prozessrisiko besteht.

Es wird immer üblicher, dass sich die Angehörigen nach Flugzeugunglücken in Vereinigungen zusammentun, um ihre Interessen besser wahren zu können – so geschehen bei TWA 800 oder jetzt bei SR 111. Was halten Sie davon?
Kreindler: Familienorganisationen sind etwas Gutes. Sie haben ihre Aufgabe, wir haben unsere. Unsere Funktion ist, eine angemessene Entschädigung für den entstandenen Schaden zu erreichen. Die Familiengruppen leisten moralische und psychologische Unterstützung, und das ist sehr wichtig. Und sie sind öffentlichkeitswirksam, zum Beispiel haben sie Einfluss auf Fragen der Gesetzgebung. Die Organisation PanAm 103 ist zu einer politischen Kraft gewachsen. Viele meiner Klienten gehören einer solchen Gruppe an. Manchmal besuchen wir ihre Treffen und versuchen sie zu beraten und zu unterstützen, aber wir arbeiten nicht direkt mit ihnen zusammen. Für beide Seiten ist es besser, einen gewissen Abstand zu wahren – ich zumindest halte einen gewissen Abstand zu diesen Gruppen.

Madole: Es ist wichtig, dass die Angehörigen untereinander Informationen austauschen. Weil sie als Betroffene alle ähnliche Erfahrungen machen, können sie eine starke Lobby darstellen, die wirkliche Veränderungen bewirken kann. Wir haben das bei der Familienorganisation KAL 007 gesehen: Viele Neuerungen und Verbesserungen wurden durch sie eingeleitet. Sie sind auf menschlicher, aber auch auf politischer Ebene immer bedeutender. Auf der politischen Bühne werden die FAA und die Hersteller und die gesamte Industrie in der Regel von allen möglichen Anwälten vertreten, aber wenn die Familiengruppen auftreten, dann horchen auf einmal Kongressabgeordnete und Senatoren auf. Als Gruppe sind sie stärker als jeder Einzelne, und je stärker eine Gruppe ist, umso eher kann sie Veränderungen herbeiführen.

Die Honorare der Klägeranwälte sind sehr unterschiedlich und reichen von 15 bis zu 50 Prozent der Entschädigungssumme. Weshalb?
Madole: Angehörige, die ein Anwaltshonorar von 50 Prozent vereinbart haben, sollten umgehend aus dem Vertrag aussteigen. Es ist für die Familien wichtig zu wissen, dass sie den Anwalt jederzeit wechseln können. Sie haben die Kontrolle darüber. Die Erfolgshonorare sind in den USA üblich geworden, weil früher nur wenige Kläger die Stundenansätze der Anwälte in solch aufwändigen Fällen bezahlen konnten. Welche Familie verfügt schon über 50000 oder 100000 Dollar, um sich einen Anwalt leisten zu können? Das Erfolgshonorar ermöglicht es allen, gegen finanzstarke Unternehmen wie

beispielsweise Boeing oder Swissair vorzugehen und ihre Rechte einzufordern. Aber überhöhte Honorare lassen sich gerade heute nicht mehr rechtfertigen. Es sind mehr Grundlagen vorhanden, etwa die Daten des Flugschreibers oder anderes Material, um rascher herauszufinden, was bei einem Unfall geschehen ist. Ich würde deshalb sagen, dass alles über 30 Prozent außerhalb der Norm liegt.

Kreindler: Unsere Honorare richten sich nach der Arbeit, die uns voraussichtlich durch den jeweiligen Fall entsteht. Wir schauen uns einen Fall zuerst genau an und schätzen dann ab, wie viel Aufwand nötig ist und was am Schluss für uns herausschauen kann. Deshalb ist unser Honorar im Fall SR 111 anders als beispielsweise bei TWA 800 oder Lockerbie. Der Swissair-Fall ist aus Sicht der Haftungsansprüche der beste, den ich bisher erlebte, und deshalb sind auch unsere Honorare so niedrig wie nie zuvor. Wir berechnen 15 Prozent. Wenn eine Familie ihren Hausanwalt miteinbeziehen will, kommen vielleicht nochmals 5 oder 10 Prozent hinzu. Am Schluss sprechen wir demnach von höchstens 25 Prozent Honorarbeteiligung.

Und Ansätze von bis zu 40 Prozent, wie sie vorkommen – was halten Sie davon?
Kreindler: Das ist einfach verrückt. Solche Anwälte haben keine Ahnung, und ich versichere Ihnen, dass sie noch nie etwas vom IATA-Abkommen gehört haben. Alles, was diese Anwälte wollen, ist, ihre 40 Prozent einstreichen.

Frau Madole, welchen persönlichen Ratschlag würden Sie den Flugpassagieren als sachverständige Anwältin mitgeben?
Madole: Es ist wichtig, dass sich die Reisenden mit den Eigenheiten des Transportwesens besser vertraut machen. Aus meiner Erfahrung verfügt weniger als ein halbes Prozent über Informationen, wie sich etwa der Warschauer Vertrag oder andere Haftungsabkommen im Unglücksfall auswirken. Sie haben keine Ahnung, was im Unglücksfall geschehen kann und welche Vorschriften und Einschränkungen in der Entschädigungsfrage zum Zuge kommen. Angesichts des stetig wachsenden Luftverkehrs hat zum Glück weltweit ein Lernprozess begonnen, nicht zuletzt dank der neuen Kommunikationsmöglichkeiten wie dem Internet. Der nächste Schritt muss jetzt sein, dass die Reisenden dieses System besser verstehen und richtig damit umzugehen wissen.

Glauben Sie, dass die neue Konvention von Montreal Ihre Arbeit als Anwälte zukünftig erleichtern wird?
Kreindler: Ich bin davon überzeugt, dass diese neue Konvention eine deutliche Verbesserung für Passagiere und ihre Angehörigen darstellt. Ich glaube nicht, dass sie erfahrene Anwälte überflüssig macht. Man hat bei der Konvention weiterhin nur mit der Fluggesellschaft zu tun, nicht mit den Herstellern. Man muss jedoch das Verhältnis zwi-

schen der Fluggesellschaft und den Herstellern berücksichtigen, und schließlich wird es schwierig, denn es kommen noch die Interessen der Versicherer dazu, die alle zu Interessenkonflikten führen und die Gerichtsverfahren in die Länge ziehen können. Die Frage ist wieder, wie viel ist ein Fall wert? Eine Million oder zehn Millionen Dollar. Sie haben das Problem des zuständigen Gerichtsstands. Der neue Vertrag ist eine Erleichterung, aber man wird weiterhin noch erfahrene Anwälte brauchen.

Madole: Wesentlich wichtiger ist, dass die Konvention den Angehörigen der Opfer eine große Erleichterung bringen wird. Mit ihr wurde ein großer Schritt nach vorne gemacht. Die Notwendigkeit, dass wir bislang »wilful misconduct« beweisen mussten, um eine volle Kompensation der Fluggesellschaft zu erhalten, war eine enorme Last und Schwierigkeit. Der Wegfall dieser Beweislast ist eine wirkliche Erleichterung und wird die Verhandlungen sicherlich sehr vereinfachen.

Solange wir unter dem alten Warschauer Abkommen diesen Beweis noch erbringen mussten, haben die Versicherer es schlicht abgelehnt, mit uns überhaupt zu sprechen oder in Verhandlungen zu treten, bevor ein Geschworenengericht nicht über die Schuldfrage entschieden hat. Möglicherweise kann dieses Gesetz für uns Anwälte in finanzieller Hinsicht einen Einschnitt bedeuten, denn wenn man zukünftig keinen Beweis mehr erbringen muss, dann braucht man uns auch nicht in dieser Form. Wir können gespannt darauf sein, ob sich die Erwartungen, die an die Konvention geknüpft sind, auch wirklich erfüllen werden. Wenn dies geschieht, würden vor allem die Angehörigen und Opfer davon profitieren und gerechtere Kompensationen erhalten.

Kapitel 11
Medien: Die Quote muss stimmen

Von Katastrophen profitieren

Am Tag nach dem Absturz von SR 111 stand das Telefon in meinem kleinen Büro in Miami nicht mehr still. Bereits seit den frühen Morgenstunden und die Zeitverschiebung offenbar völlig ignorierend erreichten mich zahlreiche Anrufe von Journalistenkolleginnen und -kollegen aus Deutschland und der Schweiz. Die erste Frage war fast immer: »Herr van Beveren, warum ist die Maschine abgestürzt?«, und ebenso stereotyp lautete meine Antwort: »Es ist zu früh, darüber eine Aussage zu treffen, warten Sie auf die Erklärungen der Untersuchungsbehörde.«

Das Verlangen nach Fakten ist typisch für die schnelllebige Nachrichtenwelt unserer Zeit. Wann immer ein Flugzeug abstürzt, schwärmt ein Heer von Schreibern, Foto- und Fernsehjournalisten aus und versucht – mit einem manchmal geradezu lächerlichen Eifer –, an Informationen zu gelangen, die zu einem so frühen Zeitpunkt noch unmöglich vorliegen können. Da es darüber hinaus in den meisten Redaktionen an entsprechendem Hintergrundwissen und qualifizierten Experten mangelt, sind diese ersten Berichte meist ziemlich verworren und nichts sagend. Die Nachrichtensprecher und -sprecherinnen der prominenten Fernsehanstalten im In- und Ausland versuchen die News von der Katastrophe mit ernster Miene über den nächsten Werbeblock zu retten und versprechen weitere Hintergründe und Neuigkeiten, obwohl es die gerade zu diesem Zeitpunkt gar nicht geben kann. Aber Katastrophenmeldungen bringen Einschaltquoten – gerade im TV-Bereich, das haben Studien anschaulich belegt. In den USA rangeln zahlreiche Nachrichtenstationen tagtäglich um Einschaltquoten, von denen ihre Existenz abhängt. Das Schicksal der meisten hängt an einem seidenen Fädchen, weil sie viel zu selten auf zweistellige Werte kommen. Das aber ändert sich schlagartig beim Ausbruch einer politischen Krise oder eben einer Katastrophe wie einem Flugzeugabsturz. Die Quoten steigen binnen kürzester Zeit auf Werte von 20 bis 30 Prozent, und das erhöht die Werbeeinnahmen: Expertenmeinungen, gefolgt von Eiscremereklame, Bergung von Leichen und Trümmerteilen im Anschluss an den Babywindelspot, ein unbedarfter, junger Korrespondent live mit einem Augenzeugen und dann Werbung für Hausratsversicherungen und Zahncreme – Perversionen des modernen Medienzeitalters, mit 24 Stunden Rund-um-die-Welt-Berichten aus erster Hand. Eine Armada von ehrgeizigen Journalisten, ausgestattet mit modernster Telekommunikationstechnik wie Laptops, Handys und Satellitentelefonen, schwärmt aus, meist direkt zum Unfallort, um sich dort mit Kolleginnen und

Kollegen ein Handgemenge um den besten Platz in der ersten Reihe der Pressekonferenzen zu liefern oder sich gegenseitig bei der Jagd nach Augenzeugen und Angehörigen von Opfern auszustechen. Zu Hause in den Redaktionen rutschen nervöse Ressortleiter und Chefredaktoren auf ihren Sesseln hin und her und fassen zum hundertsten Mal den Vorsatz, endlich das Rauchen aufzugeben, wann immer sie auf den überquillenden Aschenbecher vor sich blicken. Mit einem halben Ohr verfolgen sie kontinuierlich, was die Konkurrenz berichtet, meist sogar gleich an mehreren simultan laufenden TV-Geräten. Es kommt zu aufgeregten Telefonaten zwischen Redaktion und Korrespondent vor Ort, sobald einer der Sender ein neues Gerücht verbreitet. »Hast du gehört, CNN berichtet so und so, sieh zu, dass du die Story auch bekommst. Wann kommt der Text, wir haben Redaktionsschluss?« Angesichts der hektischen Betriebsamkeit, der selten ein klares Konzept zugrunde liegt, fühlt sich der unbeteiligte Beobachter eher an ein Irrenhaus erinnert als an ein Unternehmen der Medienbranche, das für sich in Anspruch nimmt, eine seriöse Berichterstattung zu betreiben. Ein klassisches Beispiel der jüngsten Vergangenheit für den fast aberwitzigen Aktionismus, den die Medienmaschinerie generiert, selbst wenn es de facto eigentlich gar nichts zu berichten gibt, ist der Tod des Kennedy-Sohnes am 16. Juli 1999. Kennedy war in Begleitung seiner Frau und seiner Schwägerin mit seiner kleinen, einmotorigen Privatmaschine auf dem Flug von New Jersey nach Martha's Vineyard abgestürzt. Seit den frühen Morgenstunden des darauffolgenden Samstags jagten sich die Sondersendungen auf allen US-Kanälen, und auch Europa blieb davon nicht verschont. Den gesamten Samstag und Sonntag gab es in den USA faktisch keine andere Meldung als die, dass man nach der verunglückten Maschine suche, jedoch bislang nichts gefunden habe. Ein Heer von Amateurexperten, eilig für Live-Interviews aufgeboten, äußerte sich zu Kennedys Erfahrungen als Pilot und über das betroffene Flugzeug. Auf den ersten live übertragenen Pressekonferenzen stellten Journalisten ernsthaft die Frage nach dem Flugdatenschreiber dieser Maschine, obwohl Kleinflugzeuge überhaupt nicht damit ausgestattet werden. In völliger Unkenntnis, was die Besonderheiten der Allgemeinen Luftfahrt (General Aviation) angeht, wurde spekuliert, was das Zeug hielt; auch die abenteuerlichsten Thesen, die einem jeden Privatpiloten die Schamesröte ins Gesicht treiben mussten, wurden ungehemmt verbreitet.

In Halifax war es nicht anders. Der Tross der internationalen Medienschaffenden, die bei einem derart spektakulären Großereignis in Scharen herbeieilen, wuchs bereits in den ersten Nachtstunden und den folgenden Tagen kontinuierlich an. Flüge nach Halifax waren schnell ausgebucht. Einige Journalisten reisten von den nächstliegenden Städten mit Mietwagen an die Küste Neuschottlands. Auf dem Flughafen in Halifax waren sämtliche Mietfahrzeuge innerhalb weniger Stunden auf Tage hin reserviert. Die Verleiher von Mobiltelefonen erhöhten angesichts der steigenden Nachfrage kräftig ihre Mietpreise. In Peggy's Cove, eine knappe Autostunde von Halifax entfernt, nahmen die angereisten Reporter das einzige Restaurant im Ort, das Sou Wester, völlig in Beschlag. Nach der eben zu Ende gegangenen Sommersaison lief der Gaststättenbetrieb mit dazugehörendem Souvenirladen eigentlich schon auf kleiner Flamme. Doch Flug SR 111 brachte auch im Sou Wester alles durcheinander. In den niedrigen Räumen drängten sich Dutzende von Journalisten, die telefonierten, aßen, tranken und schrieben, während in einer Ecke Mitglieder des Bergungsteams kurze Briefings abhielten. Auf den beiden Parkplätzen des Ortes stauten sich die Übertragungswagen der Fernsehstationen, die vor Ort über die Katastrophe berichteten.

Der Tross der Medienschaffenden hinter den Absperrungen am Leuchtturm von Peggy's Cove.

Einigen Bewohnern wurde der Rummel schnell zu viel. Auf der Suche nach verwertbaren Aussagen zogen Medienleute von Tür zur Tür, und weil Peggy's Cove nur 60 Einwohner hat, klopfte es bald unablässig. Andere Journalisten, die in ihren Redaktionen saßen, versuchten die Haushalte von Peggy's Cove übers Telefon zu erreichen. Die Telefonnetze im Gebiet der Anfangsziffern 823 waren völlig überlastet, obwohl die Kapazitäten von der Betreibergesellschaft sofort um 20 Prozent erhöht worden waren. Eine örtliche Mobiltelefonfirma stellte den Rettungskräften 500 Handys zur Verfügung und sollte dafür ein paar Monate später von den »Mounties« mit einer Auszeichnung belohnt werden. Die sagenumwobenen kanadischen Polizisten, die längst nicht mehr nur in ihren klassischen Uniformen Dienst tun, spielten in den ersten Stunden des Unglücks eine dominierende Rolle. Sie trugen die Gesamtverantwortung für die riesige Rettungs- und Bergungsaktion. Die Beamten schauten dem ausufernden Treiben in Peggy's Cove nicht lange zu. Sie forderten die Medienschaffenden unmissverständlich auf, »sich selbst zu zügeln«. Sie verboten ihnen ausdrücklich, das Absturzgebiet mit gecharterten Booten zu befahren. Die größte Sorge der Polizei galt aber den trauernden Angehörigen, die spätestens am Samstag an den steinigen Ufern des Atlantiks eintreffen würden. Die »Mounties« setzten auch hier der Presse klare Grenzen: Wer sich Familienangehörigen nähert, wird daran gehindert und im Zweifelsfall unter Arrest gestellt. Die Beamten beließen es nicht bei ihren Worten. Die Uferpartien von Peggy's Cove wurden rigoros abgesperrt und waren nur noch durch gesicherte Zugangskorridore zu erreichen, zentrale Plätze wurden durch Sichtblenden abgeschirmt. Für die Trauernden wurden große Zelte aufgestellt, in die sie sich zurückziehen konnten. Bis auf wenige Ausnahmen erwies sich das umfangreiche Absicherungskonzept als überaus tauglich. Mit Blick auf die Stelle im Meer, wo ihre Nächsten den Tod fanden, konnten die Hinterbliebenen am Samstag ein erstes Mal ungestört Abschied nehmen.

Nachdem klar wurde, dass die Bergungsaktion Wochen und Monate dauern könnte, rückte der Journalistentross auch schnell wieder ab, die mobilen Übertragungswagen verschwanden, und die Bewohner von Peggy's Cove konnten wieder tief durchatmen.

Das TSB übernahm in der Folge die Information der Presse. Es gab einige Pressekonferenzen, auf denen aber meist nichts Neues zu erfahren war, und wer glaubte, er erhielte hier Antworten auf die Frage, warum SR 111 abgestürzt sei, der hatte sich geirrt. Je mehr Zeit verging, um so zurückhaltender wurde Chefermittler Vic Gerden mit konkreten Aussagen. Beinahe jede Feststellung, die er traf, wurde von ihm im Nebensatz schon wieder eingeschränkt und relativiert. Gerade US-Journalisten, die durch sonst offene Informationspolitik des NTSB verwöhnt waren, zeigten sich über diese Entwicklung zunehmend verärgert.

In der Schweiz wurde anfangs zwar sehr viel über den Unfall und seine Folgen berichtet, aber nach einiger Zeit wurde das Thema auch hier nur noch sporadisch von den Medien aufgegriffen. Aufregung kam jedoch auf, als man erfuhr, dass einige Wochen nach SR 111 eine MD-11 der Swissair angeblich mit Rauch im Cockpit nach Singapur umgekehrt sei. Aus dem »Rauch« wurde später ein »Brandgeruch«, und von dem blieb schließlich nur noch der »Geruch eines kilometerweit entfernten Großbrandes« übrig.

In den USA verschwand SR 111 sehr schnell aus den Schlagzeilen, obwohl 136 Amerikaner an Bord ihr Leben verloren hatten. Im Jahresrückblick großer Sender tauchte der Unfall erst gar nicht mehr auf. Dabei hat vieles, was mit dem Flugzeugabsturz in Zusammenhang steht, gerade mit diesem Land zu tun. Zunächst einmal war die Maschine in New York gestartet. Weiter handelte es sich um eine MD-11, ein Flugzeug aus amerikanischer Produktion. An Bord befand sich ein Unterhaltungssystem von einem US-Hersteller, das in den USA auf dubiose Weise zugelassen und zertifiziert worden war. Doch all das interessierte die sonst so aktiven »investigativen Journalisten« der kurzlebigen US-Medien wenig. Zu sehr war man mit dem Clinton-Lewinsky-Skandal beschäftigt: Dieses alles beherrschende Thema verdrängte alle anderen interessanten und wichtigen Meldungen – sei es im Print- oder TV-Bereich. Offenbar hat das amerikanische Publikum, was Flugzeugunfälle angeht, mittlerweile auch schon einen gewissen Sättigungsgrad erreicht, und dies obwohl nirgendwo sonst so viel geflogen wird wie in den USA. Wegen der großen Distanzen, die zwischen den Metropolen überwunden werden müssen, gehört das Fliegen zum Alltag, und normalerweise wird über Themen, die für die Luftfahrt relevant sind, wesentlich ausführlicher berichtet, als dies in Europa der Fall ist. Doch im Fall der SR 111 blieben – neben einigen Journalisten, die sich auf mit dem Unfall zusammenhängende Fragestellungen spezialisiert hatten – nur die Luftfahrt-Fachzeitschriften hartnäckig am Thema.

Ganz anders dagegen in Kanada: Fast jede größere Zeitung berichtete in den ersten Monaten über jedes Detail der Bergungsaktionen und über die Fortschritte bei den Identifizierungsarbeiten und der Rekonstruktion des Wracks. Ein Medienspektakel entstand, als Lyn Romano ihre Sicherheitsorganisation IASA gründete und auch als sie etwas später die Forderung aufstellte, alle nicht identifizierten Leichenteile mit Hilfe der DNA-Analyse den jeweiligen Leichen zuzuordnen. Doch dies blieben Einzelaktionen, die auch schnell wieder verpufft waren, als sich die Ermittlungen des TSB auf unabsehbare Zeit in die Länge zu ziehen begannen.

Nachdem das Thema »Kabel« ins Zentrum der Betrachtung gerückt war, war es bislang einzig und allein die britische BBC, die sich dieses Komplexes in einer Fernsehdokumentation am 12. Juli 1999 angenommen hat. Dabei betrifft das Thema eben nicht nur den Absturz von SR 111, sondern die gesamte Luftfahrt – weltweit. Aber anscheinend ist es zu komplex, als dass es sich in Programmfenstern von 10, 20 oder 30 Minuten darstellen lässt, oder es fehlt einfach der journalistische und fachliche Hintergrund, das Thema anzugehen.

Das Schweizer Fernsehen, das sich anfänglich noch um Hintergrundberichte bemüht hatte, begnügte sich schließlich damit, eine Sondersendung für den ersten Jahrestag vorzubereiten. Und auch der neue Schweizer Privatsender TV3 ließ die Idee für ein mehrteiliges Dokumentationsprojekt wieder fallen, nachdem feststand, dass man damit nicht exakt zum Jahrestag auf dem Sender sein könnte, weil

TV3 erst am Wochenende nach dem 2. September 1999 seinen Sendebetrieb aufnahm. Quotenängste?

Verwunderlich auch, dass der einzige anerkannte Schweizer Luftfahrtjournalist Sepp Moser schon kurz nach dem Unfall in der Versenkung verschwand. An großen und wichtigen Presseveranstaltungen nahm er plötzlich gar nicht mehr teil.

Ein Unfall von diesem Ausmaß aber erfordert eine wache Presse, die unermüdlich recherchiert und sachlich berichtet. Anderenfalls haben diejenigen, die auf den Informationen sitzen und die daran interessiert sind, sie entweder zu unterdrücken oder nur in wohl dosierter Form an die Öffentlichkeit weiterzugeben, ein viel zu leichtes Spiel.

In Sachen transparenter Informationspolitik übernimmt auch das kanadischen TSB nicht gerade eine Vorreiterrolle, und inzwischen wächst die Zahl der kanadischen Journalisten, die das TSB wegen »unzureichender Hintergrundinformationen« und wegen des »provinziellen Verhaltens der Untersuchungsbeamten« angreifen. Vic Gerden, so scheint es, hat im Umgang mit den Medien seine Schwierigkeiten. Er möchte seine Ermittlungen lieber im Stillen führen, ohne den Zwang zur Berichterstattung; vor allem aber möchte er immer die Kontrolle darüber behalten, was, wann und wie gesagt wird. Doch ein solches Verhalten ist nicht gerade förderlich, um das Vertrauen der Öffentlichkeit zu gewinnen. Nachteilig wirkt sich in diesem Zusammenhang auch aus, dass Journalisten und unabhängige Experten keine Möglichkeit haben, die Untersuchungsergebnisse kritisch zu hinterfragen oder durch eigene Recherchen zu verifizieren, weil das TSB nicht verpflichtet ist, Einblick in seine Beweissammlung zu gewähren. So verweigerte Gerden konsequent verschiedene Anfragen von Fotografen und Journalisten, die Fotos von der Cockpit-Rekonstruktion der SR 111 machen wollten oder sie zumindest aus der Nähe zu sehen wünschten. Auf der groß angekündigten Pressekonferenz im Mai 1999, auf der die Leiter der verschiedenen Ermittlungsabteilungen ihre bisherigen Erkenntnisse relativ unspektakulär referierten, wurden die Einzelfragen eines kanadischen Reporters zum Vortrag des TSB-Kabelexperten Jim Foot sofort abgewürgt.

Angesichts derartiger Methoden ist es nicht verwunderlich, wenn bei Angehörigen und zahlreichen Fachjournalisten erhebliche Zweifel an der Kompetenz des TSB und an seiner Art der Unfalluntersuchung aufkommen. Nicht vergessen sind in diesem Zusammenhang die schweren Fehler, die kanadische Unfallermittler bei der Aufklärung des letzten großen Flugzeugunglückes in Kanada gemacht haben. Am 12. Dezember 1985 war in den frühen Morgenstunden unmittelbar nach dem Start eine McDonnell-Douglas DC-8 mit 248 Angehörigen der US-Streitkräfte und 8 Besatzungsmitgliedern auf dem Rückweg aus dem Mittleren Osten in die Heimat abgestürzt. Im kanadischen Gander hatte sie eine Zwischenlandung zum Betanken eingelegt. Die Maschine war von dem US-Verteidigungsministerium bei der amerikanischen Chartergesellschaft Arrow Air für den Rücktransport gechartert worden. Die eigentliche Unfallursache konnte nicht eindeutig bestimmt werden. Die Untersuchungen am Wrack wurden insbesondere dadurch erschwert, dass der Unfallermittler zu einem sehr frühen Zeitpunkt dem Kommandeur einer nahe gelegnen kanadischen Militäreinrichtung die Genehmigung erteilte, das Wrack mit Bulldozern einzuebnen.

Anders dagegen verhält es sich mit der Unfalluntersuchung im Zusammenhang mit dem Absturz einer Maschine vom Typ Fokker 28 der kanadischen Fluggesellschaft Air Ontario am 10. März 1989 im kanadischen Dryden. Der als »Moshansky-Report« in die Geschichte der Unfalluntersuchungen eingegangene Bericht ist auch heute noch geradezu ein Lehrbeispiel für eine ordentliche Unfalluntersuchung und Informationspolitik. Anstatt die Unfalluntersuchung der offiziellen Kommission der kanadischen Luftfahrtbehörde anzuvertrauen, erhielt der lokale Richter Virgil P. Moshansky den Auftrag, eine solche Untersuchung durchzuführen. Der Jurist nahm seine Aufgabe außerordentlich ernst und erstellte einen mehr als 1700 Seiten umfassenden, mehrbändigen Abschlussbericht. Bereits wenige Monate nach dem Unfall veröffentlichte Moshansky einen Interimsbericht, der ungeachtet des eventuellen Ausgangs der Untersuchungen zahlreiche wichtige Sicherheitshinweise enthielt, die zur sofortigen Umsetzung empfohlen wurden. Der endgültige Abschlussbericht beinhaltete schließlich über 190 verschiedene Sicherheitsempfehlungen.

Ein hochrangiger Mitarbeiter der SR-111-Untersuchungskommission hat jedoch – auf diesen Bericht angesprochen – nur ein mildes Lächeln für ihn übrig gehabt. Bleibt zu hoffen, dass die internationale Journalistengemeinschaft die Aktionen und den Fortschritt der kanadischen Unfallermittler auch weiterhin hartnäckig verfolgt und gegebenenfalls in Frage stellt, denn mit der Veröffentlichung von Fakten nimmt man es dort offenbar nicht so genau. Als wir die vom TSB veröffentlichten Radaraufzeichnungen von SR 111 kritisch hinterfragten, erklärte Pressesprecher Jacques Babin, dass die Karte mit dem Kurs von SR 111 auf ihrer Website nicht genau sei. Insbesondere stimme der letzte Teil des Flugweges und die Absturzstelle nicht völlig mit den Radarbildern überein. Das war dann zumindest eine Erklärung, nachdem wir beim Nachrechnen der verfügbaren Daten festgestellt hatten, dass gerade der letzte Abschnitt fragwürdig erscheint. Nach den Aufzeichnungen auf dieser Karte hatte die Maschine über 10 Minuten für die Strecke von Punkt 1 (Pan-Pan-Pan-Funkspruch) bis Punkt 8 (Erklärung der Luftnotlage) gebraucht, und zwar bei einer durchschnittlichen Geschwindigkeit von zirka 310 Knoten (vgl. Grafik »Route der Unglücksmaschine«, Kapitel 1, Seite 16). Es mutete daher komisch an, dass sie in der Folge für nur ein Fünftel dieses

Weges immerhin sechs Minuten gebraucht haben sollte. Das wäre nur möglich, wenn SR 111 hier extrem langsam geflogen wäre, in etwa 170 Knoten schnell. Um jedoch so langsam fliegen zu können, hätten die Landeklappen voll ausgefahren sein müssen. Demgegenüber hatte das TSB jedoch mitgeteilt, dass die Landeklappen beim Aufprall nur in der ersten Stellung, also Klappen 15, und die Vorflügel eingefahren waren. Irgendetwas konnte hier also nicht stimmen. Die Antwort von Pressesprecher Jacques Babin: »Wir wissen es nicht, Sie sind die Ersten, die danach gefragt haben.«

Interview: Peter Goelz, NTSB, Washington D. C.

Angaben zur Person:
Peter Goelz, 52, ist derzeit noch Direktor im Rang eines Geschäftsführers der US-amerikanischen Unfalluntersuchungsbehörde NTSB, wird die Behörde jedoch Anfang September 1999 verlassen. Als Direktor ist er verantwortlich für die Tagesgeschäfte der Behörde und berät den Vorsitzenden des NTSB, Jim Hall. Goelz ist seit 1995 Mitarbeiter der unabhängigen Unfalluntersuchungsbehörde. Er leitete dort zunächst das Büro für Regierungsangelegenheiten, das später mit dem Bereich Öffentlichkeitsarbeit zusammengelegt wurde. 1996, nach dem Absturz von TWA 800, übernahm Goelz auch die Organisation und den Aufbau eines neuen Aufgabenbereiches, der auf ausdrückliche Anweisung des US-Kongresses eingerichtet wurde: Angehörigenangelegenheiten. Goelz leitete die Pressearbeit des NTSB bei verschiedenen bedeutenden Flugzeugabstürzen in der jüngsten Vergangenheit, darunter Valujet 592 und eben TWA 800.

Goelz ist Absolvent der renommierten Boston University und des Antioch College. Er ist verheiratet und hat zwei Kinder. Viele sehen in ihm auch den »geistigen Mitbegründer« des amerikanischen Aviation Disaster Family Act – ein Gesetz, das nach dem Absturz von TWA 800 auf Initiative einer extra hierfür eingerichteten Taskforce unter Mitarbeit von Hinterbliebenen binnen einer Rekordzeit in den USA verabschiedet wurde und heute für alle Fluggesellschaften, die in, nach und über das Hoheitsgebiet der USA fliegen, verpflichtend ist.

Herr Goelz, wann und wie haben Sie von dem Absturz von SR 111 erfahren?
Ich wurde noch am Abend, etwa 45 Minuten nach dem Unfall, zu Hause benachrichtigt. Der Anruf kam von unserem Kommunikationszentrum, das wiederum von der FAA benachrichtigt worden war.

Eine solche Katastrophe ist immer auch ein Medienereignis. Wie beurteilen Sie die Berichterstattung durch die Medien?

Die Art und Weise der Berichterstattung hat sich in den letzten fünf Jahren dramatisch verändert. Bei dem ersten Unfall, den ich für das NTSB betreut habe, handelte es sich um einen Absturz einer kleinen Passagiermaschine in Georgia. Als wir dort ankamen, waren gerade einmal drei Fernsehkameras und zwei Printredakteuren da, und obwohl sich der Unfall ausgesprochen dramatisch abgespielt hatte und die Besatzung äußersten Mut bewiesen hatte, wurde einfach nicht sehr groß über dieses Ereignis berichtet. Zwei Jahre später stürzte ein ähnliches Flugzeug außerhalb von Detroit ab. Als wir dieses Mal dort eintrafen, standen da 35 Fernsehkameras, und unsere Ankunft ging live über CNN. Die Nachrichtenwelt hat sich stark verändert, und viele Journalisten handeln im Rahmen ihrer Berichterstattung extrem unverantwortlich. Früher achtete man in Redaktionen darauf, dass die Fakten richtig waren, bevor man sie veröffentlichte. Heute, wo ein Ereignis und die Berichterstattung darüber zeitlich zusammenfallen, besteht die Nachricht aus Behauptungen, deren Überprüfung – wenn überhaupt – erst im Nachhinein stattfindet.

Die Berichterstattung in den ersten Stunden nach einer Katastrophe vollzieht sich heute vollkommen unkontrolliert. Es werden alle möglichen Thesen aufgestellt und wilde Spekulationen in Umlauf gebracht, während nur sehr wenig unternommen wird, um die Fakten zu verifizieren. Ich denke, das ist ein unglücklicher und auch gefährlicher Trend.

Im Fall von SR 111 haben die Medien zum Beispiel über Stunden berichtet, es gebe Überlebende, die in die lokalen Krankenhäuser gebracht worden seien. Wir wussten damals schon und haben auch sofort darauf hingewiesen, dass dies sehr weit von der Wahrheit entfernt war, aber niemand hat sich drum gekümmert.

Würden Sie sagen, dass dies auch ein Problem der meist für solche Fälle nicht speziell ausgebildeten Reporter und Journalisten ist, die plötzlich über ein solches Ereignis berichten müssen?

Ich denke, wir haben hier mit zwei Problembereichen zu tun: Erstens besteht heute ein ungeheurer Konkurrenzkampf zwischen den verschiedenen Medien, besonders natürlich zwischen den elektronischen, und wenn einer damit anfängt, ein Gerücht zu verbreiten, dann stehen die Reporter vor Ort unter Druck, auf dieses Gerücht zu reagieren und darüber zu berichten. Zweitens sind Unfälle, besonders in der Luftfahrt, sehr komplex und schwierig. Ein Lokaljournalist verfügt nur in sehr seltenen Fällen über hinreichend Erfahrung, um darüber angemessen zu berichten, und das führt meist zu Problemen in puncto Sorgfalt und Genauigkeit, besonders in den ersten Stunden nach einer Katastrophe.

Welche negativen Effekte hat das zum Beispiel auf Angehörige der Opfer?

Der offensichtlichste Effekt im Fall von SR 111 war, dass über Stunden Berichte verbreitet wurden, dass man Überlebende an Land bringt, obwohl es überhaupt keine Überlebenden gab. Weiterhin gab es, wie bei anderen Unfällen auch, in den ersten Stunden unsinnige Spekulationen über mögliche Unfallursachen. Diese Spekulationen haben meist nichts mit den Faktoren zu tun, die später Gegenstand der Untersuchungen sind. Leider ist es keine sehr spannende Neuigkeit, wenn man berichten muss, dass es wohl einige Zeit dauern wird, bis man herausfindet, was genau passiert ist. Hinzu kommt, dass es auch immer schwieriger anstatt einfacher wird, die Ursachen solcher Unfälle zu erfassen.

Was würden Sie den Journalisten raten, die plötzlich über ein solches Ereignis vor Ort berichten sollen. Was können sie tun, um möglichst genaue Informationen zu sammeln, und wie sollen sie diese weitergeben?
Zunächst einmal sollten sie tief Luft holen, bevor sie irgendetwas als gesicherte Information darstellen, weil gerade in den ersten Stunden nur sehr wenig wirklich gesicherte Information verfügbar ist. Weiter sollten sie sicherstellen, dass ihr Sender oder ihre Redaktion über verantwortliche und wirklich erfahrene Experten verfügt, an die sie sich wenden können und die ihnen während einer Unfallermittlung beratend zur Seite stehen. Diese Schritte sollten schon vor dem Eintritt eines solchen Ereignisses geplant sein, die Experten sollten sozusagen in Rufbereitschaft stehen, denn wenn die Katastrophe eingetreten ist, werden die Redaktionen mit Angeboten an Experten regelrecht bombardiert. Viele von ihnen verfolgen aber ganz eigene Ziele, die nicht immer sofort erkennbar sind, andere sind überhaupt keine Experten und tragen nur zur allgemeinen Atmosphäre der Desinformation bei, die für die ersten Stunden eines solchen Ereignisses charakteristisch ist. Die Printmedien haben den Luxus, dass sie über mehr Platz verfügen und damit auch mehr Zeit haben, sich einer Sache anzunehmen. Wir haben festgestellt, dass man in vielen Fällen mit ihnen zusammenarbeiten kann, da sie in der Regel über 500 Zeilen für ein solches Thema zur Verfügung stellen, und das reicht aus, um auch komplexe Themen angemessen darzustellen. Bei den elektronischen Medien, also dem Fernsehen, ist das völlig anders. Es handelt sich dabei um ein Format, das sich selbst schon gar nicht mehr die Freiheit einräumt, über einen komplexen Sachverhalt angemessen zu berichten. Das ist wirklich eine journalistische Herausforderung, und ich bin überzeugt, dass nur sehr wenige wissen, wie sie das anstellen können.

Entsteht daraus dann auch ein Handicap für die eigentliche Unfalluntersuchung und die Untersucher?
Es kann dann am Ende ziemlich teuer werden. Es ist eine große Belastung, wenn es zu einer intensiven Medienspekulation in einem besonderen Bereich kommt. Wir sind verpflichtet, in diesen Bereichen zu ermitteln. Das lenkt uns manchmal davon ab, andere wichtigere Bereiche genauer zu untersuchen, die eigentlich einer sofortigen Untersuchung bedürften. Das wird für uns zu einem immer größeren Problem.

Ein Thema, das im Zusammenhang mit SR 111 und der Berichterstattung in der Nachfolge dieses Ereignisses ziemlich hochgespielt wurde, war die Identifizierung der Leichen. Das ist natürlich ein ebenso sensibles wie medienwirksames Thema. Aber offenbar kam es hier auch zu unreflektierten Spekulationen, die durch die Medien weiter kolportiert und hochgeschaukelt wurden. Wie sehen Sie das aus Ihrer Erfahrung mit dem NTSB?

Ja leider. Sehen Sie, es ist bei einem solchen Unfall unvermeidbar, dass die Angehörigen der Opfer ganz unterschiedliche Bedürfnisse haben. Einerseits wollen sie ihre Angehörigen so schnell wie möglich identifiziert wissen. Bei Unfällen mit hohen Aufschlagkräften kommt es jedoch zu einer starken Fragmentierung der Körper. In den USA ist es deshalb die Regel geworden, die wir gemeinsam mit den Angehörigen von Absturzopfern entwickelt haben, dass man durch einen schrittweisen Identifizierungsprozess geht. Zunächst werden alle »normalen« Identifikationsmöglichkeiten ausgeschöpft, also die klassische Gerichtsmedizin, Fingerabdrücke, Zahnstand, äußere Merkmale, um das Opfer zuzuordnen. Gibt es dann nicht identifizierte Opfer oder Leichenteile, werden diese mit ausgesondert. DNA-Analysen werden in den USA nur verwendet, um Opfer zu identifizieren, nicht jedoch um Leichenteile einem bereits identifizierten Opfer zuzuordnen. Im Fall von TWA 800 haben wir bei 12 oder 14 nicht identifizierten Opfern auf DNA-Analysen zurückgegriffen. Nicht identifizierte menschliche Überreste werden mit aller Würde behandelt und dann beigesetzt. Zu dieser Beisetzung werden die Angehörigen eingeladen.

Es kam im Zusammenhang mit SR 111 die Frage auf, wie weit man diesen Prozess ausweiten kann.

Verfolgt man die Idee, dass man ein Opfer Wochen nach dem Unfall identifiziert hat und dann weitere DNA-Analysen anwendet, um nicht identifizierte Leichenteile später zuzuordnen, dann heißt das, dass man die Angehörigen immer wieder – über einen sehr langen Zeitraum – mit der Nachricht konfrontieren muss, dass weitere Leichenteile ihres Verstorbenen gefunden wurden. Damit dehnt man dieses schreckliche Ereignis weit in die Zukunft aus. Es waren jedoch gerade die Erfahrungen der Angehörigen, die zu der Entscheidung führten, dass die Anwendung dieser heute verfügbaren Technologie in einem solchen Fall nicht angemessen ist.

Wie wichtig sind aus Ihrer Sicht die Familienorganisationen, die sich in der Folge solcher Unglücke formieren? Wie beurteilen Sie deren Arbeit und Aktivitäten?

Die Familiengruppen sind ein sehr einflussreicher Faktor nach einem Unfall geworden, und viele nehmen eine sehr verantwortungsbewusste Haltung gegenüber Sicherheitsfragen und anderen Dingen in diesem Zusammenhang ein. Leider sind sie oftmals eine unvermeidbare Konsequenz einer solchen Katastrophe. Besorgniserregend ist jedoch die

Tendenz, dass sich die Familiengruppen in einigen Fällen vor den Karren von Einzelpersonen spannen lassen, die nur ihre eigenen Ziele verfolgen und es darauf abgesehen haben, von einer solchen Tragödie zu profitieren. Wir haben das zum Beispiel bei dem Valujet-Unfall gesehen.

Steht das NTSB mit diesen Organisationen in Kontakt und Austausch?
Wir unterhalten uns natürlich mit ihnen, und wir sind auf ihren Rat angewiesen, wenn es darum geht, Angehörige von Absturzopfern zu betreuen. Wir betrachten sie als einen wichtigen Faktor.

Welche Vorteile bringt Ihrer Meinung nach der Family Assistance Act, der ja in den USA unter anderem auf Initiative des NTSB zum Gesetz geworden ist?
Erstens zwingt er die Fluggesellschaften zum Nachdenken über ihre Notfallpläne. Er zwingt zur Beschäftigung mit dem eigentlich Unvorstellbaren, einem tödlichen Unfall. Dadurch müssen sie Verfahren und Abläufe entwickeln, die sich ausschließlich mit den Bedürfnissen der Angehörigen und der möglicherweise überlebenden Opfer in einer solchen Extremsituation befassen. Es hat hier zu einem neuen Bewusstsein über den Umgang mit einem solchen Ereignis geführt, wir haben uns mit den Airlines getroffen und uns ihre Konzepte angesehen. Leider mussten einige Gesellschaften diese Konzepte dann auch in der Praxis anwenden, und da gab es dann schon erhebliche Unterschiede zur Planung. Aber heute wird vorausgedacht, und der Akzent dieser vorausschauenden Planung liegt auf dem Mitgefühl, das nicht nur durch Anwälte und Schadensersatzverfahren vermittelt werden darf.

Wo kann und muss es noch zu Verbesserungen kommen?
Jeder Unfall ist anders. Bei unserem jüngsten Unfall in Little Rock zum Beispiel gab es beides: Opfer und Überlebende. Dieser Unfall nahm ganz andere anspruchsvolle Dimensionen an, weil es unverletzte Passagiere gab, die einfach selbst von der Unfallstelle weggehen konnten. Weil der Flughafen auf einen solchen Fall überhaupt nicht vorbereitet war, gab es keine Namensliste, und als dann die Vertreter der Fluggesellschaft und des NTSB am Unfallort eintrafen, wussten wir lediglich, wer ins Krankenhaus eingeliefert worden war. Andererseits sahen wir die Opfer im Wrack und hatten große Schwierigkeiten, ihre Anzahl festzustellen, weil einige Überlebende einfach die Unfallstelle verlassen hatten und nach Hause gefahren waren. Wir brauchten ziemlich lange, um festzustellen, wie viele Tote dieser Unfall letztlich gefordert hatte. Daher haben wir uns entschlossen, in den nächsten Monaten die Notfallpläne auch auf Flughäfen auszudehnen. Sie müssen über die einfachen Dinge wie Feuerbekämpfung hinausgehen, es muss sichergestellt werden, dass Opfer gezählt und erfasst werden und dass die Angehörigen, die am Flughafen warten, auch besser betreut werden. Hier war es so, dass man den Angehörigen über Stunden nicht

mitgeteilt hat, dass die Maschine verunglückt und wie groß das Ausmaß war. Sie hatten überhaupt keine Ahnung, bis sie zufällig einige Überlebende des Unfalles trafen. Es gibt noch einiges zu tun, und durch jedes Ereignis lernt man, wo Verbesserungen nötig sind.

Wie beurteilen Sie die Reaktion von Delta und Swissair nach dem Absturz von SR 111?
Wir waren nur sehr beschränkt und am Rande damit befasst. Wir hatten unsere Mitarbeiter draußen auf dem Flughafen, und der Eindruck bei ihnen war, dass Swissair und Delta hervorragende Arbeit geleistet haben.

Die US-Fluggesellschaften sind per Gesetz verpflichtet, sich auf ein solches Ereignis vorzubereiten. Ebenso sind es neuerdings auch ausländische Gesellschaften, die die USA anfliegen. Sind diese manchmal sehr kleinen Airlines, möglicherweise aus Entwicklungsländern, auch in der Lage, diese Anforderungen zu erfüllen?
Höchstwahrscheinlich eben nicht, und darüber sind wir hier sehr besorgt. Wir haben Unterredungen mit US-Gesellschaften gehabt, die Code-Share-Abkommen mit solchen Fluggesellschaften haben, und einige von ihnen überprüfen jetzt ihre Abkommen mit der Absicht, diesen Aspekt einzuschließen. Wir hoffen, dass es den Fluggesellschaften heute bewusst ist, welche Verantwortung sie bei einem solchen Unfall tragen und wie sie damit umgehen. Ich weiß, dass die Swissair bei einer großen Anzahl von Anlässen und Trainingsveranstaltungen darauf hingewiesen hat, wie anspruchsvoll diese Arbeit für ihre Mitarbeiter gewesen ist. Ich glaube, dass der Swissair auch klar geworden ist, dass sie diese Aufgabe nicht ohne ihren Partner Delta hätte bewältigen können.

Kapitel 12
Sicherheitskultur?

Erfahrungen von Swissair-Piloten

»*In Notfällen hat der Kommandant alle zum Schutz des Lebens, des Luftfahrzeuges und der Ladung unmittelbar erforderlichen Maßnahmen zu treffen.*«
Auszug aus dem Kommandantenreglement des Bundesamtes für Zivilluftfahrt, Bern

Wenn Max Lenz zur Arbeit fährt, hat er einen weiten Weg vor sich. Er steigt in Olten in den Zug ein, um via Basel, Paris Gare de l'Est, Gare du Nord und Flughafen Charles de Gaulle an seinen Arbeitsplatz zu gelangen. Lenz fliegt für eine kleine englische Fluggesellschaft unter Air-France-Flagge Franchisingflüge mit einer Fokker-100 nach Helsinki, Göteborg und Newcastle. Als nur »halber« Air-France-Pilot erhält er keine freien Arbeitstickets für Zubringerflüge zwischen Basel und Paris, und heute kann er sich die über 1000 Schweizer Franken für ein Rückflugticket auch nicht mehr aus eigener Tasche leisten.

Früher war alles anders: Die weite Reise nach Großbritannien blieb ihm erspart. Seine berufliche Heimat lag auf dem Flughafen Zürich-Kloten, wo der großgewachsene Mann bei der Swissair seit 1996 als Kapitän auf dem Airbus A320, zuvor auf der Fokker-100, seinen Dienst verrichtete. Rund 30 000 Franken, wenn man die von der Swissair vollumfänglich bezahlten Pensionskassenbeiträge hinzuzählt, erhielt der Familienvater und studierte Maschineningenieur zuletzt monatlich aufs Lohnkonto überwiesen. Heute ist es noch ein Viertel dieses Betrages.

Am 6. Februar 1998 war Max Lenz von der Swissair vom Flugdienst suspendiert worden. »Nach einer internen Beurteilung ist das Vertrauen in Ihre Person und Ihre berufliche Leistungserbringung derart gestört, dass wir die Flugsicherheit als tangiert betrachten«, schrieb der Leiter der Swissair-Cockpit-Besatzungen, Gino Haas.

Dass sein Rausschmiss mit dem Argument der »Flugsicherheit« begründet wurde, traf den 44-jährigen Piloten am allermeisten. Aber er war inzwischen einiges gewohnt. In seiner Jahresqualifikation 1997 stand in knappen Worten geschrieben, er gelte als »überkritischer, eigenwilliger Captain«, habe sich »Subordinationsverweigerungen« schuldig gemacht, und es bestünden »schwerwiegende Mängel beim Standard of Performance«. Das Unheil war zwischen den Zeilen bereits ablesbar gewesen. Die Bewertung der Vorgesetzten glich einem Fallbeil, das Lenz jederzeit treffen konnte.

Lenz ahnte zu diesem Zeitpunkt bereits, dass sein Schicksal besiegelt war. Wer einmal den Stempel des eigenwilligen, befehlsverweigernden Flugkapitäns auf sich trägt, hat bei der Swissair nichts mehr zu suchen. Und nicht nur dort: Im kleinen Flugmarkt Schweiz würde ihn auch keine andere Fluggesellschaft einstellen. Und selbst im benachbarten Ausland hatte er schlechte Karten. Dafür war der Einfluss der nationalen Airline viel zu groß.

Aber was hatte sich dieser Mann denn eigentlich zu Schulden kommen lassen? War er auf dem falschen Flughafen gelandet? Oder war ihm das Essen aus der Bordküche zu wenig schmackhaft?

Natürlich nichts von all dem. Max Lenz tat das, wozu ihn sein Gewissen als Pilot verpflichtete. Er hinterfragte bestehende Abläufe während der Flugvorbereitung, des »general briefing«, und prangerte technische Missstände an. Und er ließ sich deswegen auf einen Machtkampf mit seinen Vorgesetzten ein, der in den Augen von Lenz alsbald Formen eines typischen Mobbing-Falles annahm.

Der eigentliche Auslöser für die zur Entlassung führenden Konflikte waren angeblich Vorgänge zwischen Kapitän Lenz und seinen verschiedenen Kopiloten. Bevor ein Flugzeug auf die Startbahn rollt, müssen die Verfahren für den möglichen Notfall besprochen werden. Die Tatsache, dass beide Piloten vor dem Start dazu verpflichtet sind, sich über ihr Vorgehen im Krisenfall auseinander zu setzen, wird von der Swissair immer wieder als besonderes Qualitätszeichen ihrer Sicherheitskultur herausgestrichen.

Im normalen Routinebetrieb ist der Spielraum für individuelle Entscheidungen der Piloten nicht besonders groß, weil die meisten Abläufe im Cockpit genau vorgeschrieben sind. Dies kann sich im Notfall jedoch sehr schnell ändern: Immer wenn bei einem technischen oder sonstigen Problem nicht eines der zuvor geübten Szenarien vorliegt, kann und muss ein Kommandant auf eine spontane, hoffentlich mit seinem Kopiloten abgesprochene Lösung zurückgreifen oder aber eine individuell vorgedachte Variante ergreifen, falls diese gerade passt – denn schließlich ist letztlich er allein für das Wohlergehen der Passagiere verantwortlich. Piloten sprechen in einem solchen Fall von einer so genannten Canned Decision – zu Deutsch etwa »eingetütete Entscheidung«. Jeder Kapitän verfügt über eine Vielzahl solcher Canned Decisions. Sie sind das Ergebnis von Planspielen, die um die »Was-wäre-wenn-Frage« kreisen, in ihnen fließt die selbst erlebte und die durch andere vermittelte Erfahrung zusammen. Sie schließen die Lücke zwischen den realen Unfallszenarien und den Simulatorflügen, auf die die Piloten im Training vorbereitet werden. Zusätzlich umfassen sie auch noch alle jene Aspekte, die der jeweilige Flugkapitän selbst für noch vorstellbar hält. Ein Unternehmen wie die Swissair, das im risikobehafteten Fluggeschäft tätig ist, weiß, dass in den Köpfen ihrer Piloten derartige Canned Decisions existieren; ebenso klar ist ihr aber auch, dass sie im Rahmen ihrer Flugausbildung nicht alle diese Vorstellungen zum Thema machen kann, wenn sie die Effektivität ihres Notfalltrainings und damit die

Flugsicherheit nicht gefährden will. Dies gilt insbesondere für solche Krisenszenarien, die sie selbst als höchst unwahrscheinlich einstuft.

Wenn diese Beschränkung jedoch dazu führt, dass Piloten ihre Kritik an den bestehenden Vorschriften für den Extemfall nicht mehr zu äußern wagen, kann dies eigentlich nicht im Interesse einer um Flugsicherheit bemühten Airline sein. Einzelne pensionierte Kapitäne bekannten den Autoren dieses Buches gegenüber, dass sie ihre Bedenken während ihrer gesamten Karriere geheim gehalten haben und nur vorgaben, sich im Notfall an die von der Firma vorgeschriebenen Richtlinien zu halten, obwohl sie innerlich wussten, dass sie genau das nicht getan hätten. Das ist gefährlich, denn die Tauglichkeit ihrer Canned Decisions hätte sich in der Praxis erweisen müssen, ohne dass sie jemals zuvor von anderen kritisch hinterfragt worden wären. So gab es bei der Swissair auch einige Piloten, die sich fest vorgenommen hatten, bei Rauch im Cockpit auf der DC-9 die berühmte Checkliste erst gar nicht anzufassen, sondern mit allen noch verfügbaren Ressourcen eine schnellstmögliche Landung hinzulegen. Doch auch diese Piloten wagten es nicht, ihre Idee bei einem der halbjährigen Tests zur Diskussion zu stellen, so wie es Max Lenz getan hat. Vielleicht hat auch Urs Zimmermann eine gute Idee mit ins Grab genommen, als er die wohl gemeinten Ratschläge von Stephan Löw, sofort zu landen, dreimal ausschlug. Löw tat zu diesem Zeitpunkt nichts anderes, als den festen Vorsatz einer Mehrheit von Piloten zu verbalisieren, nämlich bei Rauch im Flugzeug sofort zu landen.

Die Luftfahrt ist streng reglementiert. Letztlich sind Piloten Halter einer staatlichen Lizenz, die einem gesetzlichen Regelwerk unterworfen ist, deren Missachtung von den Behörden schwer geahndet werden kann. Firmeninternen Anweisungen kommt im Verhältnis zu diesen Gesetzen eine untergeordnete Rolle zu. Was also hat sich Max Lenz zu Schulden kommen lassen? – Gemessen an Piloten, die sich stillschweigend über bestehende Vorschriften hinwegsetzen, eigentlich gar nichts. Er verheimlichte keine Canned Decisions, er fällte keine eigenmächtige Entscheidung, sondern er kündigte an, dass er eine gesetzlich erlaubte Variante ausgewählt hatte. In diesem Licht erscheint sein Vergehen auch für Außenstehende nicht sonderlich gravierend. Er setzte seine Kopiloten lediglich davon in Kenntnis, dass er im Fall von guten Sichtflugverhältnissen bei einem schweren technischen Defekt nach dem Start eine so genannte Platzrunde[1] fliegen wolle, um schnellstmöglich wieder landen zu können. Die Swissair-Vorschriften verbieten dies im akuten Notfall in keinster Weise, einzelne Chefpiloten hatten jedoch die Weisung erteilt, dass ein mit Problemen kämpfender Kapitän zuerst in einen Warteraum bei Aarau zu fliegen habe und von dort nach den Regeln des Instrumentenfluges (IFR) zurückkehren solle, selbst wenn kein Wölkchen den Himmel über Zürich-Kloten trübt. Unter Hinweis auf die Existenz dieser für alle Piloten richtungsweisenden

Bestimmung wurde es Max Lenz auch direkt untersagt, mit seinem Kopiloten eine andere Möglichkeit vorzubesprechen beziehungsweise für den Fall der Fälle zu planen.

Das eigentlich Verrückte daran ist: Beide Seiten – Max Lenz wie seine Vorgesetzten bei der Swissair – begründen ihr Verhalten mit dem Hinweis auf die »Flugsicherheit«. Die Swissair stellt sich auf den Standpunkt, dass eine Abweichung von den ausführlich trainierten Notfallverfahren für den Kopiloten eine Verunsicherung darstellt, die schnell dazu führt, dass aus einem Zwischenfall ein ernster Notfall wird. Lenz hingegen war der Ansicht, dass er im Problemfall – hinreichend gutes Wetter vorausgesetzt – lieber ohne Verzögerung eine Platzrunde fliegen würde. Als schwere Probleme führte er beispielsweise Rauch im Cockpit oder Vogelschlag in den Triebwerken an. Über diese Absicht informierte er seine Kopiloten jeweils im Voraus, also bereits vor dem Abflug – damit eben nicht plötzlich Unklarheiten entstehen, die eine ohnehin kritische Situation noch weiter verschlimmern könnten.

In der Pilotenschaft besteht über das richtige Vorgehen in dieser Frage keine einheitliche Meinung. Anonym und auch offen versichern zahlreiche Kapitäne, dass sie dasselbe oder ein ähnliches Vorgehen wählen würden. Einige bestätigen sogar, dass sie mit ihren Kopiloten vor dem Start die gleiche Abmachung treffen wie Max Lenz. Andere wiederum sind mit der Variante »Platzrunde« überhaupt nicht einverstanden. Sie lehnen sie mit Hinweis auf deren Gefährlichkeit ab oder trauen sich die sichere fliegerische Bewältigung dieses Manövers auf einem Großraumjet schlicht nicht zu. Solche Bedenken lassen jedoch bei routinierten Piloten starke Zweifel an der Qualifikation aufkommen, denn das sichere Fliegen einer Platzrunde zählt zum Ausbildungsprogramm eines jeden Piloten.

Der Konflikt zwischen Max Lenz und seinem Arbeitgeber entwickelte sich nicht von heute auf morgen, sondern steigerte sich über einen längeren Zeitraum. Bereits auf der Fokker-100, die Lenz auch schon für die Swissair flog, hatte er an seinem Vorgehen festgehalten. Damals jedoch war er deswegen nicht kritisiert worden, und auch der zuständige Chefpilot sah keinen Anlass, direkt zu intervenieren. Lenz fiel als technisch außergewöhnlich interessierter Pilot auf, der eigentlich »übervorbereitet« in die Umschulung ging. Er konfrontierte seinen Ausbilder mit zahlreichen Sachfragen, auf die dieser jedoch nicht immer unmittelbar eine Antwort wusste. Während der Umschulung auf den Airbus A320 im Jahr 1995 wechselte das Klima jedoch schlagartig. Der Fluglehrer verbot Lenz, während des »general briefing« mit dem Kopiloten die Variante »Platzrunde« zu erwähnen – allerdings ohne seine Anweisung zu begründen oder schriftlich zu bestätigen.

Erstaunlich ist dieses Verbot vor allem deshalb, weil das notfallmäßige Fliegen einer Platzrunde infolge einer durch Vogelschlag verursachten Triebwerkstörung während der Umschulung auf den Airbus zum Pflichtprogramm der Simulatorübungen gehört. Nach Darstellung von Lenz riet ihm sein Fluglehrer sogar dazu, das Verfahren gegebenenfalls anzuwenden, es jedoch nicht im Voraus mit seinen Kopiloten abzusprechen. Mit solchen merkwürdigen Kompromissen wollte sich der redliche Lenz allerdings nicht anfreunden, und er behielt es sich vor, die Variante »Platzrunde« weiterhin im »general briefing« zu erwähnen.

Die Hartnäckigkeit von Lenz wurde von seinem Ausbilder nicht toleriert und wirkte sich auf dessen Beurteilung aus. In seinem Bericht heißt es: »Herr Lenz war immer perfekt und detailgenau vorbereitet, und er besitzt überdurchschnittliche Kenntnisse im ganzen Bereich. Sein Arbeits- und Führungsverhalten war meistens normal, aber es war geprägt von seiner zu kritischen Haltung gegenüber Procedures (Verfahren), Unterlagen und Instruktionshinweisen. Das übersteigerte Misstrauen wirkt störend und fördert nicht unbedingt die Zusammenarbeit. Er war jedoch immer um eine gute Crewkooperation bemüht.« Unter der Bezeichnung »übersteigertes Misstrauen« wurde der Kritikpunkt abschließend als »Schwachstelle« aufgeführt – ein Qualifikationsergebnis ganz zum Nachteil des Piloten.

Wer in der Umschulung auf ein neues Flugzeug eine Qualifikation mit Schwachstelle erhält, kommt nicht ungeschoren davon. Infolgedessen hatte sich Lenz zum Führungsgespräch beim Chefpiloten einzufinden. Im Anschluss daran musste er eine schriftliche Zusammenfassung der beschlossenen Maßnahmen und Entscheide unterschreiben. Auszug: »M. Lenz wird dazu angehalten, in geeigneter Art und Weise Hilfe im Bereich der eigenen Persönlichkeitsentwicklung zu suchen mit dem Ziel, den von Dritten manchmal als verunsichernd/kritisierend empfundenen Eindruck von übersteigertem Misstrauen abbauen zu können.«

Das Ende der Umschulung wurde um einen Flugumlauf verschoben, was einer Strafrunde gleichkam. Am 5. Oktober 1996 erhielt Lenz trotzdem die Ernennung zum Flugkapitän Airbus A320, nachdem in den nachfolgenden Qualifikationen keine Schwachstellen mehr verzeichnet worden waren – weil Lenz nach der Auseinandersetzung mit dem Fluglehrer und dem Chefpiloten aus Furcht vor arbeitsrechtlichen Folgen auf die Durchsetzung seines Standpunktes verzichtet hatte.

Später aber kehrte der Flugkapitän wieder zur Erwähnung des von ihm bevorzugten Notfallverfahrens zurück. Er war überzeugt, damit ganz im Sinne der Flugsicherheit und der ihm als Kommandant übertragenen Verantwortlichkeit zu handeln. Die Haltung seiner Vorgesetzten erschien ihm unverständlich. Er interpretierte sie als die Unfähigkeit einiger weniger Swissair-Kader, sich durch die Vorschläge subalterner Mitarbeiter in Frage stellen zu lassen.

Während des Winterflugbetriebes fiel ihm dann ein weiteres aus seiner Sicht sicherheitsrelevantes Verfahren seines vorgesetzten Flottenchefs auf: Gerade wenn es sehr kalt ist, kann es zu gefährlichen Eisbildungen auf den Tragflächen kommen. Eine Eisschicht auf der Fläche hat nämlich negative Auswirkungen auf die Luftströmung des Flügels. Wegen Eis auf den Tragflächen haben sich in den vergangenen Jahrzehnten zahlreiche, zum Teil tödliche Unfälle mit den unterschiedlichsten Flugzeugtypen ereignet. Besonders gefürchtet unter Piloten ist das so genannte Klareis (»clear-ice«), eine nur wenige Millimeter dünne Eisschicht, die mit dem bloßen Auge kaum zu erkennen ist. Daher schreibt beispielsweise die US-Aufsichtsbehörde FAA zwingend vor, dass der Pilot bei seinem Rundgang um das Flugzeug vor dem Start die Fläche mit der Hand berühren soll, um sich so zu vergewissern, dass sich dort kein Eis gebildet hat. Wird jedoch Eisbildung festgestellt, so soll die Fläche durch ein entsprechendes Enteisungsmittel davon befreit werden.

Nun sind diese Enteisungsmittel nicht gerade umweltfreundlich und auch nicht besonders billig; außerdem nimmt der Prozess einige Zeit in Anspruch, was im Winter oft zu Verspätungen führt. Ob das allerdings die Gründe waren, die einige der Verantwortlichen bei Swissair veranlasst haben, von den empfohlenen Verfahren des Herstellers Airbus abzuweichen, kann nicht mit Sicherheit gesagt werden. Tatsache ist jedoch, dass bei der Swissair durch den damaligen Flottenchef Jakob Seitz an die A320-Piloten die mündliche Anweisung herausgegeben wurde, Frostflächen bis zu einem verantwortbaren Ausmaß zu tolerieren und in solchen Fällen nicht zu enteisen. Lenz, der sich auf die Richtlinien des Flugzeugherstellers Airbus in seinem Handbuch berief und daran zweifelte, dass jeder Flugkapitän die aerodynamische Auswirkung eines Frostfleckes richtig einzuschätzen weiß, stellte diese Anweisung in Frage und lief damit abermals in ein offenes Messer. Nachdem seine Kritik bei den Vorgesetzten keine Wirkung gezeigt hatte, diese seine Bedenken sogar einfach ignorierten, entschloss er sich, diesen Umstand bei der Schweizer Luftaufsichtsbehörde BAZL zur Anzeige zu bringen. Die einzige Reaktion jedoch, die er von dort bis heute erhielt, war eine schriftliche Empfangsbestätigung seiner Eingabe. Wahrscheinlich vergilbt der Vorgang dort in irgendeiner Ablage. Eines jedoch ist klar: Freunde schaffte er sich mit dieser Aktion unter seinen Vorgesetzten nicht.

Im Januar 1997 musste sich Lenz einem so genannten Simulator Refresher Check unterziehen, eine der regelmäßig wiederkehrenden Tauglichkeitsprüfungen. Auszug aus der Gesamtbeurteilung des Instruktors: »Herr Lenz ist eigensinnig und hat Tendenzen, dominant zu sein. Er akzeptiert jedoch Kritik und bemühte sich, während dem Check den Copi (Kopiloten) in seine Entscheidungen mit einzubeziehen. Damit schaffte er ein effizientes Cockpit Management. Seine fliegerische Arbeit war gut, und er zeigte während diesem Check eine gute Gesamtleistung.«

Ende Februar wurde Lenz aufgrund des Refresher-Kurses und des Instruktor-Berichts zu einem Führungsgespräch beim Chefpiloten bestellt. Obwohl ihm dieses Mal keine offensichtliche Schwachstelle angehängt werden konnte, zeigte sich sein Vorgesetzter angesichts »der Vorgeschichte«, wie er es nannte, unzufrieden. Er verlangte, dass sich Lenz einem speziellen Qualifikations-Meeting unterziehen solle, einer zusätzlichen Überprüfung seiner Leistungen, die nur bei begründeten Zweifeln am Verhalten eines Piloten angeordnet wird.

Diese Neubeurteilung wurde am 12. März 1997 durchgeführt – und endete für den Piloten wiederum schlecht. Erneut wurden ihm Defizite im Führungsverhalten und im Umgang mit Kritik vorgeworfen, wieder wurde seine »Neigung zur Dominanz« negativ angemerkt. Er erhielt die Auflage, sich unter Aufsicht des ärztlichen Dienstes der Swissair einer medizinischen Abklärung zu unterziehen, um ihn gegebenenfalls wegen einer medizinischen Indikation sofort vom Flugdienst freistellen zu können.

Anstatt sich mit der Auffassung von Lenz fachlich auseinander zu setzen, stempelten ihn seine Vorgesetzten zum untragbaren Querschläger und Nörgler ab. Die Widersprüche, in die sie sich dabei verstrickten, blieben unausgesprochen. Seine Haltung war unbequem und deshalb fehl am Platz. Ganz offensichtlich fühlten sie sich durch das forsche Vorgehen des selbstbewussten Piloten herausgefordert – womöglich gar in ihrer Kompetenz angegriffen.

Im Mai 1997 musste sich Lenz von einem neutralen Psychiater begutachten lassen. Dieser kam zum Schluss, dass der Flugkapitän an keiner krankhaften Störung leide. »Es handelt sich um Charaktermerkmale, die in die Spielbreite des Normalen gehören. Eine therapeutische Behandlung aus medizinischer Sicht ist nicht angezeigt«, schrieb der Gutachter. Er bezeichnete Lenz als Person, die »wenig Einsicht entwickelt und kaum erwarten lässt, dass er sein Verhalten grundsätzlich ändern kann und will«. Alles Weitere, so die Folgerung des Psychiaters, müsse »auf personal-psychologischer und schließlich qualifikatorischer Ebene abgehandelt werden«. Das war ganz im Sinne seines Arbeitgebers. Im Herbst 1997 wurde Lenz zu einer Aussprache mit seinen Vorgesetzten zitiert. Auszug aus der schriftlichen Zusammenfassung: »Wir beurteilen den Verlauf der Entwicklung zu einer konstruktiven gegenseitigen Klärung, als Voraussetzung für eine positive Zukunftsgestaltung, als sehr schwierig und praktisch inexistent. Ohne wesentliche Schritte, seitens Capt. Lenz, zur Verhaltensänderung, wird der Handlungsspielraum für die Linienvorgesetzten der Swissair sehr klein.«

Weitere Zwischenfälle würden von Seiten der Swissair als schwer wiegend eingestuft und könnten eine Verwarnung samt Kündigungsandrohung – bei nochmaliger Beanstandung die Kündigung selbst – zur Folge haben. Der Auftrag zur Ausbildung von Kopiloten, der normalerweise zu den Aufgabengebieten eines jeden Kommandanten gehört, wurde ihm vorerst entzogen.

Eine offizielle Verwarnung mit Kündigungsandrohung wurde in der Folge zwar nie ausgesprochen, aber als auf dem jährlichen Route-Check-Flug wieder dieselben Mängel kritisiert wurden, wurde Lenz im Februar 1998 schließlich ein Flugverbot auferlegt. Am 25. Mai 1998 musste sich Max Lenz einem weiteren Qualifikations-Meeting unterziehen, das verheerend endete. Die ursprüngliche Qualifikation mit Schwachstellen wurde vom Leiter der Swissair-Cockpitbesatzungen in eine Nichtqualifikation umgewandelt.

Kapitän Lenz verlangte daraufhin ein Schlichtungsverfahren, wie es im Gesamtarbeitsvertrag zwischen den Piloten und der Swissair vorgesehen ist. Lenz wehrte sich mit allen Mitteln gegen die drohende Entlassung und forderte, wieder fliegen zu dürfen. Gleichzeitig blieb seine Haltung in den umstrittenen Punkten unverändert. Längst drehte es sich nicht mehr um rein fachliche Unstimmigkeiten oder qualifikatorische Defizite. Der Streit war auf eine persönliche Ebene gerutscht. Der Ton wurde zusehends gehässiger.

Dazu hatten sowohl Swissair-Vertreter wie auch Max Lenz selbst beigetragen. Diplomatie ist nicht gerade die Stärke dieses Mannes, der sich mit leidenschaftlichem Eifer für seine Ziele – in diesem Fall eben die Flugsicherheit – einsetzt. Sein Stolz, als Pilot bei einer der besten Airlines mit ausgeprägter Sicherheitsphilosophie angestellt zu sein, rechtfertigte in seinen Augen seine Unnachgiebigkeit. Dass seine hünenhafte Gestalt und seine charakteristischen, etwas harten Gesichtszüge auf andere im ersten Augenblick bedrohlich wirken können, darüber ist er sich selbst im Klaren. Wer seine Korrespondenz in dem ganzen Fall verfolgen konnte, kommt auch nicht darum herum, ihm einen Hang zur Sturheit vorzuwerfen. Oder ist er einfach nur ausserordentlich konsequent?

Auf der anderen Seite zeichnet er sich jedoch auch durch eine spürbare Herzlichkeit und beeindruckende Souveränität aus. Er ist Pilot mit Leib und Seele, einer, der nie damit aufhört, sich in Gedanken mit seinem Beruf und den damit verbundenen Risiken zu beschäftigen, und der aus diesem Grund über ein beträchtliches Knowhow verfügt. Von seinem Engagement hätte ein Unternehmen letztlich nur profitieren können – wenn es sich hätte darauf einlassen können. In jedem Fall aber scheint es nicht gerechtfertigt, das Verhalten von Max Lenz auf einen tiefen charakterlichen Mangel zurückzuführen, denn dann hätte er die strengen Selektionsverfahren für den Swissair-Dienst gar nicht erst bestehen dürfen.

Am 22. Juni 1998 schließlich wurde Lenz mündlich die Kündigung auf Ende September mitgeteilt. Auf sein Verlangen hin wurde diese Entscheidung später auch schriftlich begründet. Auszug: »Ein von Ihnen verlangtes Schlichtungsverfahren musste von den Gremiumsmitgliedern ergebnislos abgebrochen werden, und einen Vergleichsvorschlag des Schlichtungsteams haben Sie nicht akzeptiert. Die einzige mir noch zur Verfügung stehende Maßnahme war somit die Kündigung aus qualifikatorischen Gründen.«

Auf diese Weise hatte sich die Swissair von einem unbequemen Mitarbeiter getrennt. Im Oktober 1998 wurde zwar noch eine zweite Schlichtungsverhandlung durchgeführt, aber auch sie endete ergebnislos. Inzwischen hat Max Lenz vor dem Arbeitsgericht Klage wegen Umgehung des im Arbeitsvertrag vorgesehenen Kündigungsschutzes sowie missbräuchlicher Kündigung eingereicht. Auch die von ihm in dieser Angelegenheit zu Hilfe gerufene Pilotengewerkschaftsvertretung der Swissair, die Aeropers, ließ ihn wie eine heiße Kartoffel fallen. Eine Fragebogenaktion unter ehemaligen Besatzungsmitgliedern, die mit ihm geflogen waren, wurde von der Aeropers erst gar nicht ausgewertet, obwohl sie sich – wie einige in Kopie vorliegende Antwortbögen beweisen – möglicherweise zu Gunsten von Lenz hätte auswirken können. Zu weiter gehenden Schritten konnten sich ehemalige Berufskollegen nicht entschließen – zu groß scheint bei Swissair die Angst gewesen zu sein, sich selbst Repressalien auszusetzen oder gar den eigenen Arbeitsplatz zu gefährden.

Ein derartiges Unternehmensklima lässt jedoch Zweifel an der sonst so hoch gepriesenen Sicherheitskultur der Swissair aufkommen. Denn Sicherheitskultur lebt nicht zuletzt von offener Kommunikation, und offene Kommunikation wiederum gibt es nur dort, wo man seine Meinung – selbst wenn sie sich als falsch erweisen sollte – äußern darf, ohne Nachteile oder gar gravierende Sanktionen befürchten zu müssen. Das Pilotenkorps der Swissair hingegen – zumindest was die obere Führungshierarchie anbelangt – scheint einem stark militärisch geprägtem Kaderdenken verhaftet zu sein. Kritik an einem Vorgesetzten wird da nicht geduldet, ja sie wird beinahe gleichgesetzt mit Befehlsverweigerung und Meuterei.

Diese Haltung bekam in der Vergangenheit nicht nur Kapitän Max Lenz zu spüren. Es gab bei der Swissair auch schon andere Flugkapitäne, die für ihre Kritik an Zuständen und Vorgängen mit ähnlich radikalen Maßnahmen konfrontiert wurden. In einem Fall riskierte die Swissair sogar eine Auseinandersetzung, obwohl sie sich mit ihrer Auffasssung gegen die geschützten Grundrechte von Pressefreiheit und gewerkschaftlicher Interessenwahrnehmung stellte. Die Rede ist vom Fall des Swissair-Kapitäns Peter Clausen, der im November 1996 für einigen Wirbel in der Schweizer Tagespresse sorgte. Clausen war langjähriger Gewerkschaftsfunktionär der Aeropers und Chefredakteur der Verbandszeitung RUNDSCHAU. Er befand sich gerade auf einem Umlauf in Fernost und hatte den Teilstreckenflug Hong Kong–Bombay durchgeführt, als er um 2:00 Uhr morgens in seinem Hotelzimmer einen Anruf seines Arbeitgebers erhielt. Der Chef der Operationsabteilung, Beat Schär, ließ dem hoch qualifizierten Jumbo-Kapitän ausrichten, dass er nach 30 Dienstjahren ohne Vorkommnisse mit sofortiger Wirkung vom Flugdienst suspendiert sei und drei Tage später nicht mehr als Kapitän, sondern als Passagier nach Zürich zu fliegen habe. Dies stellt für jeden Berufspiloten die wohl größte mögliche

Demütigung überhaupt dar. Als Grund wurde dem in Ungnade gefallenen Kapitän mitgeteilt, dass diese Maßnahme im Zusammenhang mit einem Artikel in der Aeropers-Verbandszeitschrift RUNDSCHAU stehe. Nach seiner Rückkehr als Passagier fand sich Clausen zu einer »Anhörung« in Schärs Büro ein. Dabei ging es jedoch nicht in einem einzigen Satz um irgendeinen Aspekt oder eine Aussage aus dem besagten Artikel in der RUNDSCHAU. Man teilte Clausen dann drei Tage später mit, dass er mit sofortiger Wirkung gekündigt werde. Die Swissair sah sich veranlasst, die Kündigung in einer Pressemitteilung kundzutun. Dort hieß es: »Im betreffenden Artikel werden schwere Beschuldigungen gegen die Swissair und gegen Kaderleute erhoben, ohne dass Sachverhaltsabklärungen vorangingen.« (Presse-Bulletin 78/96). Merkwürdig ist in diesem Zusammenhang jedoch, dass weder die Swissair noch die angeblich »schwer beschuldigten« Kaderleute zuvor von ihrem Recht einer Gegendarstellung Gebrauch gemacht hatten.

»Zu kritisch: Swissair feuert Jumbo-Captain« titelte am 12. November 1996 der Schweizer BLICK. Auch der TAGES-ANZEIGER nahm die Story auf die Titelseite und attestierte der Swissair-Führung »Nervosität«; darüber hinaus vemutete der Journalist »verschärfte Konflikte mit dem Personal«, weil er sich die drastische Maßnahme anders nicht erklären konnte. Doch welche Verfehlung lag diesem Vorgang zugrunde?

Clausen hatte sich als Gewerkschaftsfunktionär und Redaktor der RUNDSCHAU kritisch mit dem Pro und Kontra des gerade unter großen Kontroversen abgeschlossenen Gesamtarbeitsvertrages auseinander gesetzt. »Dabei prangerte er nebst positiver Würdigung auch Missstände an«, schrieb CASH in seiner Ausgabe vom 15. November 1996. Dass ein Gewerkschaftsfunktionär seinem Arbeitgeber kritisch auf den Pelz rücken kann, wird aber auch vom Schweizer Gesetz ausdrücklich geschützt. Nur eine krasse Verletzung seines Arbeitsvertrages rechtfertigt eine Kündigung, erläuterte der Arbeitsrechtler Edi Class in diesem Zusammenhang. Gerade diese »krasse Verletzung« sucht der unbeteiligte Außenstehende aber in dem besagten Artikel der RUNDSCHAU vergeblich. Wie die Swissair sich ihre Piloten wünscht und was sie von ihnen erwartet, war in der zuvor zitierten Pressemitteilung auch zu lesen. Dort heisst es: »Die Swissair verlangt von all ihren Mitarbeitern ein hohes Maß an Loyalität. Dies gilt besonders auch für einen Flugkapitän, der als Kadermitglied im Flugbetrieb eine zentrale Rolle innehat.«[2] Schließlich schlossen die Parteien eine Vereinbarung ab, über die Stillschweigen vereinbart wurde. Clausen wurde aller Ämter in der Aeropers enthoben.

Zwar wurde die Kündigung dann schließlich doch wieder zurückgenommen, aber die völlig überzogene Reaktion der Swissair zeigt Wirkung. Sie schreckt ab und sorgt so für Disziplin und Linientreue im Pilotenkorps. Gleichzeitig erstickt sie eine ungezwungene und offene Kommunikation, wie sie andererseits durch

Philippe Bruggisser und seine Kommunikationschefin Beatrice Tschanz aktiv vorgelebt wird. Unter solchen Umständen müsste sich Swissair-Operation-Chef Beat Schär eigentlich nicht wundern, dass die von ihm zur Verbesserung der Kommunikation extra eingeführten monatlichen »Kommunikationsanlässe« auf Seiten der Belegschaft nicht gerade auf große Resonanz stoßen. Im Editorial der Swissair-internen Mitarbeiterzeitung vom Juni 1999 zeigt er sich darüber dennoch enttäuscht: »Kommunikation im Departement Operation ist ein Problem seit eh und je, und wir haben uns in den letzten Jahren intensiv mit Verbesserungsmöglichkeiten beschäftigt. Uns geht es ganz einfach darum, alle Möglichkeiten zu eruieren und auszunützen, die der Verbesserung der Kommunikation über alle Stufen dienen ... Absicht war es, ein Forum zur ungezwungenen Kommunikation zu schaffen. Im Laufe der Zeit mussten wir jedoch feststellen, dass Realität und Absicht auseinander klaffen. Es ist uns leider nicht gelungen, viele Mitarbeiterinnen und Mitarbeiter zum Teilnehmen zu bewegen.« Da fragt man sich, woran das nur liegen mag. Generalstabsoberst Beat Schär hat im gleichen Editorial auch klar dargestellt, wie er das Problem zu lösen gedenkt. Da heisst es: »Mit Bedauern akzeptiere ich dies und habe deshalb entschieden, diese Anlässe ab Juni 99 nicht mehr durchzuführen.« Kommunikationsprobleme? – Beat Schär hat sich übrigens mit dem Ex-Swissair-Kapitän Max Lenz und dessen Ehefrau erst einmal für eine Stunde persönlich unterhalten, obwohl er ihm direkt vorgesetzt ist. Schär betonte am Schluss dieses Gesprächs, ihm sei bereits ausführlich über den »Fall Lenz« berichtet worden, und er glaube halt eher dem Personenkreis um den Chefpiloten als einem ihm bisher unbekannten Kapitän.

Wie die Swissair SR 111 intern verarbeitet

Der Absturz der MD-11 und der Verlust der Besatzungsmitglieder traf alle Mitarbeiter bei der Swissair wie ein Schlag. Es dauerte einige Tage, bis die Gesellschaft den ersten Schock überwunden hatte. Nur dem Top-Management blieb keine Zeit. Die Konzernführung, allen voran CEO Philippe Bruggisser, Jeff Katz und Beat Schär, waren von der ersten Stunde an im Einsatz und mussten vor allem eines zeigen: Haltung. Das souveräne und klare Auftreten des Konzernchefs Bruggisser hat nicht nur nach außen hin Wirkung gezeigt. Auch innerhalb der Firma gab es nach Halifax einen deutlich spürbaren Integrationsprozess, der von Mitarbeitern als »außergewöhnlich« bezeichnet wurde. Anderseits gab es in der Öffentlichkeit zunächst niemanden, der objektiv über diesen Unfall diskutiert hat. Man fühlte sich solidarisch, vor allem mit den Verstorbenen, und das ist auch nur zu gut verständlich. Doch ein solcher Prozess birgt neben einer solidarisierenden und motivationsfördernden Komponente auch Nachteile in sich, besonders wenn es zu einem späteren Zeitpunkt um die Aufarbeitung des Unfalles in den eigenen Reihen geht und die Ursachen sowie beitragende Faktoren sachlich und objektiv diskutiert werden müssen.

Schon nach einigen Wochen zeigten sich erste negative Anzeichen, vor allem in Teilen der Pilotenschaft. Angesichts der immer spärlicher fließenden Informationen, vor allem von Seiten der ermittelnden kanadischen Unfallbehörde, verflüchtigte sich die anfängliche Euphorie über die außerordentlich positive Grundstimmung im Unternehmen. Dazu haben auch einige Abteilungen der Swissair selbst beigetragen.

Zunächst muss in diesem Zusammenhang jedoch der unermüdliche Einsatz von Kapitän Ruedi Bornhauser, dem technischen Piloten der MD-11-Flotte, hervorgehoben werden, der von den Piloten der Swissair mit Dank und Anerkennung honoriert wurde. Bornhauser war wie kein anderer nach dem Unfall bemüht, die zahlreichen Anfragen technischer Natur nach bestem Wissen und vor allem zügig zu beantworten. Jede an ihn gestellte Frage wurde in Form eines eigenen Bulletins an die Pilotenschaft umgehend beantwortet. Man spürte seine Bereitschaft, den Informationsfluss in Gang zu halten, und auch sein aufrechtes Bestreben, mit der Basis – den Piloten – verbunden zu bleiben.

Im Vergleich dazu eher schlecht schnitt derjenige ab, dem die umfassende und lückenlose Information des Pilotenkorps nach dem Unfall eigentlich oblegen hätte: dem Sicherheitspiloten Jürg Schmid. Die Piloten der Swissair kritisierten vor allem die Substanzlosigkeit der von ihm in Umlauf gegebenen Informationen. Wann immer er unter der Überschrift »Confidential« – also vertraulich – ein spärliches Bulletin herausgab, suchten die interessierten Swissair-Mitarbeiter darin vergeblich nach Neuigkeiten, die ihnen nicht schon seit Wochen aus der Schweizer oder der internationalen Tagespresse bekannt waren. So berichteten die Bulletins der Abteilung Sicherheit (OQ) Monate nach dem Unfall ausgiebig darüber, dass man in Kanada nun ein neues U-Boot zur Wrackteilsuche im Einsatz hat. Das aber waren keine Nachrichten, die die Piloten einer von einem Unfall betroffenen Airline wirklich interessierten. Die Bulletins waren nichts sagend und entsprachen bei weitem nicht dem, was sich die Cockpitbesatzungen egal welchen Flugzeugtyps, erwartet hatten: Belanglose Informationen über den Fortgang der Bergungsarbeiten, jedoch kein Wort über Verfahren oder die brennende Frage, warum die Crew von SR 111 so viel wertvolle Zeit verstreichen ließ, bevor sie die Luftnotlage erklärte und sich endlich zur Landung in Halifax entschied.

Kritisch betrachtet wurde auch der Leiter der Abteilung Human Factors, Kapitän Werner Naef (vgl. nachfolgendes Interview). In einem Artikel der Hauszeitung SR-NEWS betonte Naef im Zusammenhang mit dem Unfall die »professionelle Arbeitsweise« der Besatzung von SR 111. Doch wie kann er ehrlicherweise solche Schlüsse ziehen und derartige Aussagen treffen, wenn er das Band des Cockpit-Voicerecorders, das einzig und allein hierüber Aufschluss liefern kann, bisher selbst nicht gehört hat? Die Transkripte sind unter Verschluss, der Inhalt nach kanadischem Willen streng geheim, aber Naef glaubt behaupten zu können, dass die Krise professionell gemanagt wurde? Wie kommt er zu dieser These?

Es gab auch eine Informationsrunde der Personalvertretung der Swissair Aeropers, von der anfangs viel erwartet wurde, da die Pilotenvereinigung mit zwei Mitarbeitern beim TSB vertreten ist. Doch die Vertreter der Aeropers erzählten praktisch wörtlich das Gleiche, was auch schon Sicherheitspilot Schmid zum Besten gegeben hatte. Zur Ehrenrettung der Aeropers-Unfalluntersuchungsmitglieder sei jedoch angemerkt, dass es ihnen durch das TSB unter Androhung von langjährigen Haftstrafen verboten worden war, ihr Wissen ohne Genehmigung des Untersuchungsleiters Vic Gerden auszuplaudern.

So bot sich innerhalb der Swissair ein halbes Jahr nach dem Unfall ein immer noch recht verschwommenes und verworrenes Bild der Sachlage. Der Tenor war: Nichts Genaues ist bekannt, aber alles hat sich bewährt. »Unsere Verfahren haben sich bewährt, es gibt keine Anhaltspunkte für Änderungen«, hieß die Devise.

Doch dann plötzlich wurde bekannt, dass die Führungskräfte auf höchster pilotischer Führungsebene in eine Diskussionsrunde über die Auslegung des Begriffes »Land ASAP« (sofort landen) eingetreten waren. Irgendwann fragte sich dann auch der jüngste Erste Offizier: »Wieso sitzt jetzt die Führungsetage zusammen und diskutiert darüber, welche Bedeutung das Wort ›Land ASAP‹ hat?« – Diese Richtung mutet schon seltsam an: Anstatt zu diskutieren, ob eine sofortige Landung sinnvoll ist, dreht sich die Debatte darum, was der Begriff »Sofort Landen« heißen soll. Das aber weiß im Prinzip jeder durchschnittlich vernünftig denkende Mensch – von Piloten einmal ganz zu schweigen. Doch offenbar gibt es in den Kreisen der Verantwortlichen bei der Swissair noch intelligentere Leute, die einen akademischen Disput über diese Frage für notwendig erachten. Das ist zweifelsohne auch ein Ansatz, nur lenkt er eventuell von eigenen Unzulänglichkeiten ab. Offenbar ist diesen Herren auch ein FAA Advisory Circular bereits aus dem Jahr 1986 entfallen. Dort stand ganz klar und deutlich: »Ein Zusatz zu allen Flughandbüchern soll die Piloten anweisen, sofort zum nächsten passenden Flughafen zu fliegen, wenn ein Feuer oder Rauch festgestellt wird.« Und auch »Land ASAP« heißt in der fliegerischen Umsetzung nach wie vor: Wo ist meine nächste Landemöglichkeit, und wie komme ich da am schnellsten hin?

Dass man jetzt bei der Swissair darüber diskutieren muss, wie man das zu interpretieren hat, schreckt einige Swissair-Piloten ab: »Dann stimmt doch etwas nicht mit unseren Verfahren und vor allem mit unserer Ausbildung«, sagen sie fast einhellig – jedoch nicht öffentlich. Nur zu gut ist jedem von ihnen klar, dass sie alles machen dürfen, nur eines nicht: das Tabu brechen, die verunglückten Piloten und damit indirekt die Firma zu kritisieren.

Kritische Stimmen aus dem Pilotenkorps meinen, dass die Führungsriege der Swissair-Operation-Abteilung mit ihrem Verhalten mehr als deutlich signalisiere, wie sie sich die Aufarbeitung des Problems SR 111 vorstelle: »Stillschweigen, kleinkochen, unter dem Deckel halten. Dass ja nichts davon an die Öffentlichkeit gerät oder dort womöglich noch diskutiert wird.« Ihre Einschätzung wird durch die Erfahrungen der Medienvertreter bestätigt, die auf ihre Fragen von den Verantwortlichen dieser Abteilung auch meist nur wortkarge, knappe oder ungenaue Antworten erhalten. In diesem Zusammenhang muss aber betont werden, dass die Kommunikationsdevise der Konzernführung, vor allen Dingen von Philippe Bruggisser und seiner Kommunikationschefin Beatrice Tschanz, im völligen Gegensatz zu solchen antiquarischen Strategien steht. Die Bemühungen der Chefetage, das Thema SR 111 und seine Folgen offensiv anzupacken, werden durch die Praktiken in der Führungsriege der Swissair-Operation-Abteilung eher konterkariert. Was nützt es, wenn die Konzernleitung ihre Bereitschaft demonstriert, aus Fehlern zu lernen, um zukünftige Unfälle und Zwischenfälle zu vermeiden, solange diejenigen, die unmittelbar mit der Flugsicherheit befasst sind, es kategorisch ablehnen, sich selbst oder ihre ausgeklügelten Flugverfahren in Frage zu stellen?

Insbesondere Kritik aus den eigenen Reihen verbittet sich die Führungsriege aus Fluglehrern und Piloten um Beat Schär, die sich immer noch durch einen strengen Korpsgeist und militärisch geprägte Denkweisen auszeichnet. Kein Wunder, etwa 70 Prozent der Pilotenschaft rekrutiert sich aus ehemaligen Militärpiloten. Wenn sich diese verschworene Gemeinschaft in ihrem Selbstverständnis angegriffen fühlt, verweigert sie sich – das zeigt der Fall Lenz – sogar vernünftigen und diskussionswürdigen Argumenten. Der immense Anpassungsdruck jedoch verunsichert Piloten und führt dazu, dass sie sich nicht mehr trauen, laut auszusprechen, was sie denken. Wer Sanktionen bis hin zu Entlassung aus dem Flugdienst befürchten muss, der äußert sich zukünftig lieber hinter vorgehaltener Hand als öffentlich. Unter vier Augen heißt es dann: »Weißt du, eigentlich hast du nicht ganz Unrecht, aber ...« So aber entsteht keine Sicherheitskultur, sondern eine Scheinkultur, die die Flugsicherheit letztlich sogar gefährdet.

Wie sehr es in manchen Abteilungen der Swissair darum geht, den Anschein zu wahren, beweist auch ein Blick auf die inhaltliche Konzeption der jüngsten Ausbildungs- und Lehrveranstaltungen, die für alle Besatzungsmitglieder, ob Cockpit oder Kabine, verpflichtend sind. In den so genannten Ground School Refreshern wird einen ganzen Tag über Themen wie Feuerlöschen und andere akute Sachverhalte gesprochen. Zum Beispiel widmet man sich dem Problem von sich ungebührlich benehmenden Passagieren, durch die es immer häufiger zu unangenehmen Zwischenfällen und handgreiflichen Auseinandersetzungen an Bord kommt. Mit keiner Silbe jedoch wird das Thema Feuer im elektrischen System und hinter der Kabinenverkleidung auch nur gestreift.

Anlässlich eines solchen Seminars klagte ein Notfall-Ausbilder sein Leid darüber, dass die Swissair eigentlich eine vom Schicksal gezeichnete Fluggesellschaft sei: »Wir hatten drei fatale Unfälle, und jetzt Halifax, wo die Piloten stets einwandfrei gearbeitet haben und die Fluggesellschaft nichts dafür kann ...« Eine solche Äußerung ist – wenn nicht schon ignorant – so dann doch zumindest die Frucht eines Wunschdenkens, das aus der Perspektive sicherheitspolitischer Überlegungen sehr bedenklich erscheint. Und dennoch wagte niemand im Auditorium zu widersprechen. Einige Swissair-Piloten, mit denen wir während der Recherchen zu diesem Buch ausführlich sprachen, gestanden am Ende, dass sie sich schon gar nicht mehr trauen, im Cockpit objektiv über den Fall Halifax mit anderen Besatzungsmitgliedern zu diskutieren. Dabei sollte man im Interesse der Flugsicherheit gerade möglichst neutral über jeden Unfall diskutieren – erst recht über die eigenen.

Das Problem der Kommunikation hinter »vorgehaltener Hand« besteht schon seit sehr langer Zeit. Es bedeutet keineswegs, dass die Swissair-Piloten alle willenlose, gleichgeschaltete Befehlsempfänger sind. Natürlich haben sie ihre eigene Meinung, und die wird auch diskutiert – an der Theke im Hotel, beim abendlichen Bier und im Crew-Haus, aber nicht wenn Vorgesetzte wie Beat Schär oder andere Kader aus der Führungsetage persönlich anwesend sind. Die Kritik am obersten Vorgesetzten der Piloten, Beat Schär, lautet unisono: »Schär ist vornehmlich durch seine Militärkarriere als Generalstabsoberst und Führer eines Überwachungsgeschwaders zu militärisch orientiert. Er hat ein dementsprechendes Weltbild mit nachhaltiger Prägung auf die Operation der Swissair.«

Auffällig ist in diesem Zusammenhang, dass es in der jüngsten Vergangenheit drei namhafte Rücktritte in der Führungsetage gab: der ehemalige Chefpilot aller Flotten Gino Haas, sein Stellvertreter Gaudenz Ambühl und Airbus-A320-Chefpilot Jakob Seitz, fast alle gleichzeitig Ende 1998. Nach einem bereits über Jahre andauernden Disput, besonders über die Art und Weise von Personalentscheidungen und Menschenführung, wurde immer klarer, dass Gino Haas und Beat Schär nicht auf der gleichen Wellenlänge funkten. Mitarbeiter, die Gino Haas nahe standen, vermuten, dass sich die Differenzen vor allem daran entzündeten, dass sich der Chefpilot mit dem Führungsstil von Schär nicht einverstanden erklären konnte. Aber auch Haas vermied es, dies explizit darzustellen – ganz nach dem Motto: »Bloß keine offene Konfrontation.« Dem aufmerksamen Leser der Hausgazette der Swissair »o-m@ail« blieben die Ursachen dennoch nicht verborgen. Sachte Anspielungen finden sich in dem dort veröffentlichten Abschiedsschreiben von Gino Haas zwischen den Zeilen. Dem Schweizer Nachrichtenmagazin FACTS[3] gegenüber äußerte Haas, dass der Grund seines Rücktritts »Differenzen in operationellen Sachgeschäften« seien. Aus Pilotenkreisen – so FACTS – war jedoch zu vernehmen, dass der Chefpilot Haas von seinem Vorgesetzten Beat Schär einfach abgesetzt wurde, weil er sich zu stark für die Interessen der Piloten eingesetzt habe. Damit widerfuhr Haas das gleiche Schicksal wie knapp drei Jahre zuvor schon einem Vorgänger. Denn bereits im Juli 1995 hatte es in der Führungsetage der Swissair Operation gekriselt. In der Folge wurde der damals amtierende Swissair-Chefpilot Dieter Schlund von Schär ebenfalls einfach abgesetzt. In einem internen Memorandum vom 18. Juli 1995 teilte Schär den Cockpitbesatzungen der Swissair ohne Angabe von Gründen mit, dass es einen Wechsel in der Führungsetage geben werde und er selbst diesen Wechsel »verfügt« habe. Er schrieb: »Vorkommnisse und Handlungen, welche vor einiger Zeit und vor kurzem eingetreten sind, haben mich nach eingehender Analyse und vielen Gesprächen zum Entscheid veranlasst, einen Wechsel in der Leitung OC vorzunehmen. Captain Dieter Schlund wird seine Funktion als Leiter OC per Ende Juli 1995 abgeben.«

Zu Unstimmigkeiten zwischen den Piloten und Schär kam es aus vielen Gründen, zum Beispiel auch deshalb, weil Schär entschied, die Einstellungsanforderungen für das Auswahlverfahren der Piloten runterzuschrauben. Früher war das Abitur unbedingte Voraussetzung für jeden, der bei der Swissair Pilot werden wollte. Von dieser Regelung wurde unter Schär abgewichen. Er war auch der Meinung, dass man nicht unbedingt über einen Hochschulabschluss verfügen müsse, um einen vollautomatischen Flieger wie beispielsweise einen Airbus A320 zu bewegen. In dieser Einschätzung wurde er von einigen hohen Airbus-Funktionären gestützt, die die Auffassung vertraten, dass auch »ein Schuljunge« oder eine »unbedarfte Sekretärin« ein solches Flugzeug lenken könnten. Das mag durchaus zutreffend sein, jedoch nur solange alles perfekt läuft und es keinerlei technische Komplikationen gibt. Kommen Systemausfälle und schlechtes Wetter hinzu, dann wird auch der automatische Wunderflieger zu einem hochkomplexen technischen System, das nur für denjenigen noch zu beherrschen ist, der über eine solide Ausbildung und umfangreiche Hintergrundkenntnisse verfügt. Ebenso wurde die Entscheidung kritisiert, Piloten einer asiatischen Fluggesellschaft als »Aushilfe« im Cockpit von Swissair-Maschinen einzusetzen. Die Ausbildungsunterschiede und fliegerischen Qualifikationen der »Kollegen aus Fernost« erwiesen sich schon bald als problematisch. Swissair-Kapitäne kommentierten ihre Erfahrungen mit folgenden Worten: »Ich fühlte mich wie in einer One-Man-Show, völlig allein und manchmal erheblich überfordert.«

Angesichts der Tragweite der hier aufgerissenen Konfliktherde mag es verwundern, dass sich die Vorgesetzten von Schär – namentlich Philippe Bruggisser und Jeff Katz – nicht einmischen. Offensichtlich ist man hier eher bereit, eine immer größer werdende Spaltung in verschiedene Lager billigend in Kauf zu nehmen als die Probleme offensiv anzugehen. Das jedoch kann auf Dauer für einen funktionierenden und sicheren Flugbetrieb nicht gesund sein.

Wie unterschiedlich die Vorstellungen zwischen der SAirGroup einerseits und der Abteilung Swissair Operation andererseits im Umgang mit dem Unfall in Halifax sind, wird auch am Beispiel des Videofilms deutlich, der nach dem München-Zwischenfall von SR 551 gedreht wurde. Thematisch ist das Video sicherlich eng verbunden mit der Katastrophe von Halifax. Deutlich zeigt es die kritische Belastungsgrenze einer Besatzung bei Rauch und Feuer an Bord. Allen Piloten der Swissair wurde dieser 45-minütige Videofilm zu Lehr- und Ausbildungszwecken gezeigt. Alle Piloten haben gewusst, dass der Zwischenfall seinerzeit ein gutes Ende genommen hatte und niemand zu Schaden gekommen war. Die Besatzung hatte die Situation gemeistert. Daher war es aber auch möglich, aus diesem Film falsche Schlüsse zu ziehen: Da alles noch mal gut gegangen war, suggerierte er dem Zuschauer ein falsches Gefühl von »vermeintlicher Sicherheit«. In der Öffentlichkeit fand dieser Zwischenfall kaum Beachtung. Ein eher »unbedeutendes« Ereignis, dem in der Presse gerade mal fünf bis sechs Zeilen gewidmet worden waren. Wie prekär die Lage wirklich war, ist offensichtlich nicht jedem Piloten in letzter Konsequenz klar geworden. Doch warum zeigt man den Autoren dieses Buches nach dem Unglück von Halifax dann eine offensichtlich zensierte Fassung?[4] Wenn diese »Zensurmaßnahme« – und dies sei hier unterstellt – keine Anweisung von »oben« war, so ist die einzige mögliche Antwort die, dass einige Swissair-Mitarbeiter ganz offensichtlich darum bemüht sind, die Herausgabe von möglicherweise kritischen Informationen im Zusammenhang mit Halifax um jeden Preis zu vermeiden. Diese Art von Informationsunterdrückung stimmt nachdenklich, zumal mehr Informationen zweifelsfrei vorhanden sind, denn der Fall München ist abgeschlossen und aktenkundig. Sicherheitskultur ist aber auch und vor allen Dingen eine offene und vollständige »Kommunikationskultur«.

Sollten rechtliche Bedenken ausschlaggebend für diese Haltung oder Anweisung gewesen sein, dann haben die Verantwortlichen mit ihrer Zensur sehr kurzsichtig gehandelt. Die Swissair muss davon ausgehen, dass diese und andere Themen im Zusammenhang mit dem Unfall der SR 111 auf dem Tisch liegen werden, auch wenn die Anwälte und Beraterteams der Airline das noch nicht ganz wahrhaben wollen. Es lässt sich nicht mehr verheimlichen. Gerade in den USA ist es im Verlauf eines Gerichtsverfahrens möglich, alle Informationen der gegnerischen Partei über eine so genannte Supina herauszufordern. Das Gericht erlässt nur einen entsprechenden Beschluss. Kommt die Gegenseite dem Gesuch nicht in vollem Umfang nach, verhängt das Gericht meist sehr schnell ein hohes Ordnungsgeld, für jeden Tag der Verzögerung. Die Unterlagen werden Gegenstand des Verfahrens und damit öffentlich. Meist dauert es dann auch nicht lange, bis sich Kopien in den Händen der Presse und der Fernsehstationen befinden, die dies in epischer Breite auskosten.

Ein weiterer Umstand, der für die problematische Kommunikationskultur bei Swissair verantwortlich ist, hängt sicherlich mit der Struktur und gegenwärtigen Rolle der Interessenvertretung des Cockpitpersonals, der Aeropers, zusammen. Im Herbst 1995 erlebte die Aeropers ihre ärgste Krise mit der Swissair. Der Stein des Anstosses war der Gesamtarbeitsvertrag 96, der zur Entscheidung anlag. Geschäftsführung der Swissair und Aeropers konnten sich jedoch nicht einigen; die Auseinandersetzung wurde mit harten Bandagen geführt und gipfelte schließlich in der schlimmsten Situation, die es zwischen Arbeitnehmern und Arbeitgebern in der Geschichte der Swissair je gab: Die Mitglieder der Aeropers sollten den Vorstand durch eine Abstimmung dazu ermächtigen, eine Vollversammlung einzuberufen. Weit über 90 Prozent der Mitglieder sprachen sich für diese Ermächtigung aus. Dazu ist anzumerken, dass es in der Schweiz kein offizielles Streikrecht gibt. Die Einberufung einer für jedes Mitglied verpflichtenden Vollversammlung der Aeropers ist jedoch gemäß den Statuten in außerordentlichen Situationen möglich. Das hätte de facto für die Swissair bedeutet, dass an diesem Tag nicht hätte geflogen werden können, und wäre somit einem Streik gleichgekommen.

Wie verhärtet die Fronten zwischen beiden Seiten waren, wurde im Zusammenhang mit dem 50-Jahr-Jubiläum der Aeropers besonders deutlich. In der Jubiläumsfestschrift fand sich keine einzige Grußbotschaft des Managements der Swissair. Und auch zu dem großen Jubiläumsball am 11. November 1995 im Zürcher Kongresshaus war bewusst niemand vom Management eingeladen worden. Bevor die Situation jedoch völlig zu eskalieren drohte, zeigten sich beide Seiten bereit einzulenken. Im gegenseitigen Einverständnis einigte man sich darauf, unter der Leitung von Dr. Ulrich Egger ein Mediationsseminar durchzuführen. Thema dieser Mediation waren nicht nur die inhaltlichen Sachfragen, sondern vor allem auch die eingefahrene Kommunikationsstruktur zwischen beiden Seiten.

Nach der Mediation machte der Vorsitzende der Aeropers, Peter Nagl, eine 180-Grad-Wende. Von nun ab hieß es »miteinander bestimmen und entscheiden«. Unter Nagl erhielt die Aeropers viele neue Mitbestimmungsrechte, büßte aber genau genommen ihren Status als Gewerkschaft ein. Kritische Zungen sprechen in diesem Zusammenhang auch von einer »Mutation zum Mitbestimmungsverein«. Der Vorstand wurde vergrößert. Heute ist jedem hohen Funktionär der Aeropers klar, dass ihn nach seiner Aufgabe im Verband eine gute Position auf der

»Gegenseite«, also in der Führungsriege der Swissair, erwartet. So erging es in der Vergangenheit zum Beispiel schon Sicherheitspilot Jürg Schmid, der bereits als aktiver Präsident der Aeropers davon ausgehen konnte, dass ihm die Swissair später eine hohe Position anbieten würde. Diese sonst eher unausgesprochenen Hintergründe sind wichtig, wenn es um das Verständnis der Vorgänge innerhalb der Swissair geht. In Ermangelung einer sich wirklich aktiv für ihre Mitglieder einsetzenden und diese auch schützenden Interessenvertretung ist die Bereitschaft zur Offenheit zumindest in der Pilotenschaft der Swissair stark getrübt. Das ist nur allzu verständlich, denn wer möchte durch eine kritische oder gar ketzerische Bemerkung die in mühsamen Arbeitsjahren angedienten Anwartschaften auf Pension oder gar sein aktuelles Gehalt aufs Spiel setzen? Piloten sind keine Hasardeure und nur in seltensten Fällen Helden. Hinzu kommt, dass der Luftfahrtmarkt vor allem in Europa klein ist, und somit gibt es für einen Piloten, der Mut und Zivilcourage beweist, keine Garantie, dass er dadurch nicht zum Sozialfall oder Arbeitslosengeldempfänger wird. Die Branche verzeiht keine Ausrutscher, am wenigsten das Ausplaudern von Interna aus dem Flugbetrieb. Auch hier beweist der Fall Max Lenz deutlich, wie unerbittlich das System funktioniert.

Sicherlich steht die Sicherheit bei der Swissair nach wie vor an erster Stelle, und es werden offenkundig auch keine Kosten gescheut, um sicherheitsrelevante Maßnahmen zu ergreifen. Bisweilen entsteht jedoch der Eindruck, dass sich die Swissair unter Verweis auf ihren hohen Standard an Sicherheitskultur selbstgefällig zurücklehnt und sich anerkennend auf die Schulter klopft – frei nach dem Motto: »Schaut mal alle her, wie gut wir sind.« Ein Beispiel dafür, dass ein hoher Aufwand nicht unbedingt mit hoher Effizienz gleichzusetzen ist, sind die Überprüfungsflüge: Jeder Ausbilder muss als lizenzierter Kapitän, wie jeder andere Pilot, zweimal im Jahr einen Checkflug absolvieren. Einziger Unterschied zum normalen Linienpiloten: Der Ausbilder kennt das Programm, er weiß also genau, was auf ihn im Simulator zukommt. Wenn er also einen Startabbruch bei 135 Knoten fliegen soll, weiß er genau, wann und wo die meisten Fehler gemacht werden, denn er konnte zigmal vorher zusehen, wie andere dieses Manöver flogen, bevor er selbst seinen Überprüfungsflug unter Beurteilung eines Kollegen fliegt. Vielleicht hat er gar von einem Kollegen eine elegante Lösungsmöglichkeit kennen gelernt, die er nun für seinen eigenen Checkflug übernehmen kann. Kein Wunder also, dass solche Ausbilder ihre eigenen Checks mit hohen Noten bestehen. Ein solches Vorgehen aber bestärkt die Ausbildungspiloten in der Tendenz, sich selbst und ihre Leistungen zu überschätzen. Erfolgsverwöhnt glauben sie schließlich daran, dass jeder Notfall durch die Einhaltung genau reglementierter Vorgehensweisen beherrschbar sei. In langen Debriefings wird dann in allen Einzelheiten darüber diskutiert, ob in einer Kurve mit 30 Grad Querlage eventuell 3 Knoten zu langsam geflogen wurde, also Dinge, die man im wirklichen Notfall komplett vergessen kann. In einem Emergency fliegt man nicht mehr mit vorgegebenen Richtgeschwindigkeiten aus dem Flugbetriebshandbuch, sondern eventuell wie Alexander Thal mit SR 551 nach einer Geschwindigkeitsanzeige von »ungefähr 4 Uhr«. Man muss als Pilot einfach zusehen, dass man nicht »auf die Schnauze fällt«. In einer Notsituation kann je nach Schwere nur noch »grob strukturiert« werden. Die kleinen Details und zahlreichen Anweisungen, die dem Flughandbuch als Anlage hinzugefügt werden oder zu den Vorschriftensammlungen gehören, kann der Pilot in einer solchen Situation getrost vergessen, weil ihm sicherlich die Zeit fehlt, sie zusammenzusuchen. Der wirkliche Notfall tritt zu einem Zeitpunkt ein, der dem Schicksal beliebt, und auch das technische Umfeld stellt sich dann so dar, wie es dem Schicksal beliebt – und das Schicksal hat nur wenig gemein mit den Abläufen eines Programms für eine Sitzung im Flugsimulator.

Die Ausbildungs- und Überprüfungspraxis der Swissair versetzt Piloten in die Lage, perfekte Checkflüge zu absolvieren, die man mit Video als Masterversion aufzeichnen kann, um anhand von ihnen zu demonstrieren, wie es gemacht werden muss. Die im Simulator perfekten Piloten, sind aber dann oft diejenigen, die dann, wenn auf der Strecke wirklich etwas passiert, wenn der Zufall mitspielt, überfordert sind. Häufig machen sie dann Sachen, wo man sich im Nachhinein nur noch an den Kopf fassen kann. »Ein Ausbilder? Der macht das? – Das kann ich nicht glauben«, sagen dann verblüfft die eigenen Kollegen.

Trotz dieser Kritik muss man der Swissair zugute halten, dass sie für den sensiblen Bereich Flugsicherheit mehr Ressourcen mobilisiert als viele andere Fluggesellschaft im Vergleich. Das gilt sowohl für das Personal als auch für die finanzielle Ausstattung der sicherheitsrelevanten Bereiche. Es stellt sich jedoch die Frage, ob die Swissair diesen Standard angesichts des wachsenden ökonomischen Drucks auch in Zukunft wird halten können. Philippe Bruggisser verneint die Notwendigkeit von Einsparungen in sicherheitsrelevanten Bereichen aufgrund von ökonomischen Sachzwängen. Doch das Airline-Business ist hart, und die Gesellschaften kämpfen untereinander in einem weltweiten ruinösen Wettbewerb um Marktanteile – viele dabei ums eigentliche Überleben. Rotstiftakrobaten in allen Unternehmen suchen dabei ständig nach neuen Einsparungsmöglichkeiten in kostenintensiven Bereichen, um insbesondere die Bilanzergebnisse zu verbessern und die Aktionäre bei Laune zu halten. Doch was wissen davon diejenigen, die eine Airline letztlich in Anspruch nehmen und ein Höchstmaß an Standards und Sicherheit beim Ticketkauf einfach voraussetzen? Meist viel zu wenig, da eben genau über diese Bereiche nicht offen kommuniziert wird und gesicherte und sachgerechte Informationen nirgendwo erhältlich sind.

Beat Schär hat erst Anfang 1998 eine Entscheidung abgesegnet, die klar aus Gründen der Kostenersparnis gefällt worden ist: Die Simulatorübungen und Refresher auf dem Airbus A320 und der McDonnell-Douglas MD-11 werden von vier auf drei Tage pro Jahr reduziert. Ein Argument für diesen Abbau war: Unsere Piloten sind ja so gut. Das Sicherheitslevel bleibt somit gleich ...

Interview: Cpt. Werner Naef, Leiter der Swissair-Abteilung Human Aspects Development/Crew Resource Management (CRM), Zürich

Angaben zur Person:

Werner Naef wurde am 2. April 1947 in Zürich, Schweiz, geboren. Er ist verheiratet und hat zwei Töchter. Seine fliegerische Karriere begann Naef 1968 bei der Schweizer Luftwaffe, wo er unter anderem die Kampfflugzeuge DeHavilland 112 Venom, Hunter und die F-5 sowie den Transporter PC-6 geflogen ist. Er war über elf Jahre Staffelkommandant und ist auch noch heute aktiver Militärflieger im Offizierskorps.

Bei der Swissair wurde Naef 1971 angestellt und flog als Erster Offizier die DC-9 und die DC-8. In der ehemaligen Schweizer Zivilluftfahrtschule in Vero Beach, Florida, USA, fungierte er mehrere Jahre als Ausbildungskapitän. Seit 1981 ist er Kapitän auf der MD-80, später stellvertretender Flottenchef der MD-80-Flotte. Seit 1992 ist er Kapitän auf dem Airbus A310. Darüber hinaus ist er auch Ausbildungs- und Checkpilot auf diesem Flugzeugtyp.

In Zürich begann er sein Studium der Psychoanalyse, das er nach seinem Eintritt in die Swissair 1981 abschloss. 1993 wurde er zum Leiter der Abteilung Human Aspects Development/CRM der Swissair berufen.

Naef ist Mitglied der European Association for Aviation Psychology (EAAP), Vorstandsmitglied und Sekretär der Association of European Airlines (AEA) und damit Vertreter der Human Factors Steering Group bei der europäischen Luftfahrtbehörde JAA. Für das Schweizer Luftfahrtamt BAZL ist er als offizieller Gutachter für CRM tätig.

Kapitän Naef, die Veröffentlichung von Interna aus dem Cockpit-Voicerecorder-Transkript im WALL STREET JOURNAL *und die danach ausgebrochene Diskussion um den Unfall, stellt das nicht das CRM-Konzept der Swissair in Frage?*
Im WALL STREET JOURNAL wurde ein fragmentierter Auszug der Niederschrift des Cockpit-Voicerecorders von SR 111 publiziert. Dies erfolgte widerrechtlich im Sinne der

kanadischen Gesetze und Verfügungen, die eine derartige Unfalluntersuchung regeln. Jegliche Diskussion in diesem Zusammenhang entbehrt somit einer sachlichen Grundlage und muss deshalb bis auf weiteres als reine Spekulation qualifiziert werden. Die kanadische Unfalluntersuchungsbehörde hat keine einzige dieser Spekulationen bestätigt – im Gegenteil: Das TSB hat immer wieder betont, dass die Crew in hohem Maß professionell gehandelt habe. Abgeleitet von all dem, was bisher bekannt geworden ist, kann gesagt werden, dass die Crew im Sinne des Crew Resource Managements zweckmäßig und adäquat gehandelt hat. Zur endgültigen Beurteilung fehlen bekanntlich immer noch kritische Daten – eine abschließende Würdigung dürfte somit noch etwas auf sich warten lassen. So viel kann heute aus unserer Sicht gesagt werden: Arbeitsteilung, situative Kommunikation und der Entscheidungsprozess wurden in zielgerichteter, systematischer Weise umgesetzt, und die Atmosphäre im Cockpit kann charakterisiert werden als von gegenseitigem Vertrauen und gegenseitiger Verlässlichkeit geprägt. Aus heutiger Sicht und im Kontext mit SR 111 gibt es keinen Anhaltspunkt, der uns veranlassen sollte, unsere langjährige CRM-Ausbildungsmethodik, deren Ausbildungsinhalte oder deren Zielsetzung in Zweifel zu ziehen. Unsere konsequente CRM-Schulung, also die Bewusstmachung zwischenmenschlicher Prozesse im Arbeitsablauf, das Wissen um deren Bedeutung und Einfluss sowie die Entwicklung unserer Fähigkeiten, diese Prozesse konstruktiv im Sinne der Teamarbeit zu steuern, hat sich auch in vielen anderen Situationen im Flugbetrieb der Swissair bewährt.

Was ist die genaue Aufgabe des zweiten Piloten bei einer Zwei-Mann-Cockpitbesatzung, speziell im Hinblick auf Verfahren und mögliche Alternativen?
Unsere Arbeitsverfahren im Cockpit sind strikt ausgerichtet auf eine Arbeitsteilung im Sinne des einen Piloten, der das Flugzeug steuert, und des anderen Piloten, der als assistierender Pilot diverse andere Aufgaben wahrnehmen muss, wie zum Beispiel Sprechfunk, Flugplan, Checklisten, Überwachung des fliegenden Piloten usw. Diese systematische Aufgabenteilung ist jeweils definiert durch die für den Flug vereinbarte Rollenverteilung in »fliegender Pilot« und »assistierender Pilot/nicht-fliegender Pilot«. Und diese für jeden Flug neu zu vereinbarende Rollenverteilung hat nichts zu tun mit dem beruflichen Status der an Bord befindlichen Piloten. So wird die Verantwortung immer durch den Flugkapitän, den »Commander« oder den »Pilot-in-Command« getragen – unabhängig von der eben genannten Rollenverteilung. Beide Piloten sind dem Prinzip der konsequenten Regelkommunikation verpflichtet, die verlangt, dass sie sich gegenseitig, verzugs- und lückenlos informieren über Flugwegänderungen, Schaltungsvorgänge im Cockpit, Kommunikation mit Bodenstellen und vieles anderes mehr, was sich eben in so einem Hightech-Umfeld laufend abspielt. Ein Beispiel: Beim Trainieren von unvorhergesehenen Änderungen des Flugweges, wie zum Beispiel einem Flugabbruch aufgrund einer technischen Panne, wird im Rahmen des CRM das Denken in Szenarien, in Alternativen

explizit geübt, und der Miteinbezug der anderen Besatzungsmitglieder in Entscheidungsprozesse ist selbstverständlich. Ebenso selbstverständlich ist dann, dass der Kapitän schließlich die umfassende Verantwortung für alle Entscheidungen ad personam alleine trägt. So will es das Gesetz.

Warum denken Sie, dass die nunmehr schon fast öffentliche Diskussion über die Handlungsweise der Piloten von SR 111 in die falsche Richtung geht?
Aus meiner Sicht kann ich nicht bestätigen, dass die Diskussion, die durch die unautorisierte Veröffentlichung im WALL STREET JOURNAL aufkam, eine »öffentliche« Diskussion ist. Meine Wahrnehmung ist: Einige Medien – sie sind ja aus kommerziellen Gründen daran interessiert – nehmen für sich in Anspruch, dass die Diskussion eben »öffentlich« sei und leiten daraus ein Mitspracherecht ab. Die wirklichen Experten haben da meines Wissens eine andere Ansicht. Details von Ereignissen oder Bruchstücke einer Diskussion oder eines Dokumentes werden in den Medien gelegentlich gezielt aus dem Zusammenhang gerissen und dazu missbraucht, die Meinung anderer zu manipulieren oder weitere Informationsfragmente zu provozieren. Selbst ernannte »Experten« sind jeweils schnell zur Stelle mit ihren Meinungen und erwarten, dass die Öffentlichkeit dem Glauben schenkt. Leider trifft das oft zu. Im Cockpit des Fluges SR 111 wurde die Kommunikation zwischen den zwei Piloten auch dann noch aufgezeichnet, als diese bereits realisiert haben mussten, dass sich alles gegen sie gewendet hatte: Sie waren vermutlich einerseits mit unlogischen, widersprüchlichen Anzeigen konfrontiert, während sich andererseits ihre fatale Lage mit einer Geschwindigkeit zuspitzte, die im Rahmen einer normalen Pilotenausbildung nicht mehr realisierbar ist. Die den beiden Piloten vertrauten Strategien zur Bewältigung technischer Probleme, die unter anderem vom Flugzeughersteller entwickelt und von den Behörden geprüft worden waren, mussten plötzlich als wirkungslos erkannt werden – eine Situation, die für jeden eine Extrembelastung darstellt. Stellen Sie sich Folgendes vor: Sie fahren mit Ihrem Fahrzeug eine abschüssige Bergstraße hinunter und müssen vor einer Bahnschranke anhalten, der Schnellzug kreuzt bereits Ihre Strasse. Plötzlich: Sowohl Fußbremse wie Handbremse versagen – rechts ein steiler Abgrund, links eine Felswand. Was tun Sie?

Dieser Vergleich spiegelt aus meiner Sicht die mentale Befindlichkeit der Crew der SR 111 anschaulich wider. »Es« funktioniert nicht! Es ist deshalb zynisch, wenn »Experten« sich nach dem »Studium« von Teilinformationen eine abschließende Meinung über die Vorgänge im Cockpit zutrauen, die sie dann auch noch veröffentlichen, ohne sich in die Lage der Männer zu versetzen, die sich unter äußerster Anspannung in einem schwierigen Entscheidungsprozess befanden. Entscheide am »grünen Tisch« sind immer leicht zu fällen! Diese so genannten Expertenmeinungen über die in SR 111 abgelaufenen Prozesse und die dort gefällten Entscheide scheinen mir dann auch eher der Bestätigung eigener Spekulationen zu dienen als dem Versuch, Licht in das Dunkel jener verhängnisvollen Minuten bei Halifax zu bringen. Das hochprofessionelle Vorgehen des kanadischen TSB setzt hier glücklicherweise andere Maßstäbe.

Was für einen Einfluss hatte der Rauch-Zwischenfall mit einer MD-81 der Swissair im Jahr 1994 in München[5] auf das CRM und das Training bei der Swissair?
Unser »Fall München« führte seinerzeit zu einer ganzen Reihe von Ausbildungsimpulsen und Verbesserungen, zum Beispiel bei den Checklisten. Jener Vorfall zeigte auch deutlich, wie ausschlaggebend eine enge Zusammenarbeit zwischen Cockpit- und Kabinenbesatzung gerade in einer solchen Situation ist: Während die Cockpitbesatzung gegen extremste Rauchentwicklung und gegen absurde technische Störungen kämpfte, waren die Verhältnisse in der Passagierkabine praktisch normal, und die Kabinenbesatzung konnte die Dramatik der Lage nur dank klarer Kommunikation mit dem Cockpit wahrnehmen, sich somit entsprechend verhalten und die Notlandung vorbereiten. Feuer- und Rauchbekämpfung waren von jeher ein zentraler Trainingsansatz, sowohl für Cockpit- wie für Kabinenpersonal. Der »Fall München« hatte uns aber jäh vor Augen geführt, dass »es« jederzeit, überall und vor allem immer überraschend im täglichen Flugbetrieb passieren kann. Diese Bewusstmachung war wichtig, da in längeren Perioden vorfall- respektive unfallfreien Flugbetriebes dieses Bewusstsein immer die Tendenz hat, in den Hintergrund zu treten. SR 111 hat uns dies erneut und äußerst tragisch bewiesen.

Was ist Ihr wissenschaftliches Interesse am Fall SR 111? Glauben Sie, dass Ihre Abteilung eines Tages alle benötigten Informationen zur Verfügung hat, um eine sorgfältige Analyse und wissenschaftliche Auseinandersetzung zu Gunsten anderer Besatzungen zu betreiben?
Das Hauptinteresse aller Bemühungen muss jetzt auf der Erhellung der Ursache des Unfalls liegen. Daraus müssen dann Maßnahmen abgeleitet werden, die helfen, die Wiederholung einer solchen Katastrophe zu verhindern. Unter Umständen resultieren daraus zum Beispiel veränderte Verfahren oder andere Trainingsmethoden. In der Vergangenheit wurden aus Unfällen immer sinnvolle Erkenntnisse gewonnen und umgesetzt – ähnlich wie in der Medizin, die in der Auseinandersetzung mit Krankheitsbildern sowohl therapeutische als auch präventive Maßnahmen entwickelt. Nebst der Umsetzung von Erkenntnissen, die zum Beispiel die Feuerbekämpfung betreffen, wird es auch sinnvoll sein, die vorhandenen Aufzeichnungen der Kommunikation im Cockpit systematisch auszuwerten – Stimmanalysen dürften wichtige Hinweise auf den jeweiligen Stresspegel geben. Daraus wären unter Umständen zusätzliche Trainingsmaßnahmen abzuleiten.

Einmal abgesehen davon, dass wir heute wissen, dass die Besatzung von SR 111 möglicherweise eine falsche Entscheidung gefällt hat, als sie die Maschine nicht so schnell wie möglich landete, wie kann eine Besatzung überhaupt einer solchen

Feuersituation an Bord gerecht werden? Gibt es Verfahren und Richtlinien, oder müssen solche noch entwickelt werden? Was ist Ihre Empfehlung?

Flugzeughersteller, Behörden, Fluggesellschaften wie auch Pilotenverbände sind gleichermaßen besorgt im Zusammenhang mit Rauch und Feuer an Bord. Es wurden zahlreiche Szenarien entwickelt zur Bekämpfung von Feuer in Triebwerken, in Abfallbehältern oder in der Passagierkabine. Gleiches gilt für die Fracht- und Gepäckräume in Flugzeugen. Wenn nun aber ein Brandherd nicht lokalisiert werden kann, weil er sich wie im Falle von SR 111 irgendwo zwischen der inneren und der äußeren Flugzeughaut und offenbar in einem Kabelstrang entwickelt hat, dann wird die Brandbekämpfung sehr komplex. Speziell erschwerend ist der Umstand, dass brennende Kabelstränge auf den Instrumenten und Anzeigebildschirmen im Cockpit meist zu äußerst irritierenden, sinnentstellenden Anzeigen führen. Die seit Jahrzehnten entwickelten Verfahren zur Behebung von technischen Störungen irgendwelcher Art an Bord gehen meist davon aus, dass die Schwierigkeiten entweder im Cockpit, also an Anzeigen und Bedienungselementen, oder aber peripher direkt bei den technischen Komponenten wie den Triebwerken, Hydraulikzylindern und Computern auftreten. Ein Defekt irgendwo dazwischen, und das gilt vor allem für elektrisch gesteuerte Systeme, also ein Schaden an einem Kabelbündel, wurde als höchst unwahrscheinlich eingestuft und ist auch kaum zu lokalisieren. Deshalb existieren kaum Konzepte, die ein solches Szenario durchspielen, zumal es unmöglich ist, im Flug und hinter der inneren Metallbeplankung eines Flugzeuges einen Brandherd aufzuspüren. Grundsätzlich sind wir in diesem Zusammenhang dort angelangt, wo es um »Risikomanagement« geht, das heißt, es geht um jene dramatische Situation, in der Rauch zwar auf einen Feuerherd hinweist, es aber aufgrund der Lage des Brandherdes nicht möglich ist, diesen fristgerecht zu bekämpfen. Die Crew wird das Nächstliegende tun: Sie wird das Flugzeug unter den gegebenen Umständen so schnell und so sicher wie möglich irgendwo landen wollen. Dazu gehören Überlegungen wie Erhöhung der Überlebenschancen bei zu hohem Landegewicht, bei extrem hoher Anfluggeschwindigkeit oder bei Problemen mit der Flugzeugsteuerung. Jeder Pilot wird zuerst versuchen, herauszufinden, »was los ist«, weil es der Crew eben überhaupt nur dann möglich ist, sinvolle Entscheide zu fällen, wenn sie sich ein einigermaßen adäquates Bild über ihre Lage machen kann. Es ist von fataler Tragweite, wenn eine Crew aufgrund der ihr zur Verfügung stehenden Anzeigen nicht erkennt, dass sich die tödliche Gefahr bereits voll entwickelt hat.

Durch die Einführung von modernen Flugzeugen mit computerisierten Cockpits wurden die ehemaligen Drei-Mann-Besatzungen auf die Zwei-Mann-Cockpits reduziert. Hinsichtlich der Effizienz in abnormalen Situationen und in Notfällen, würde da ein dritter Mann im Cockpit keinen Unterschied machen?

Grundsätzlich kann nicht gesagt werden, dass »der dritte Mann« in jedem Fall hier hätte helfen können. Das hängt ganz vom Layout der Systeme, vom Rollen- und

Aufgabenspektrum und vom Zugang zu den verschiedenen Flugzeugsystemen ab. Moderne technische Systeme, wie wir sie heute gewohnt sind, steuern sich in hohem Grad selbst – das beinhaltet auch deren Abschaltung im Falle bestimmter Störfälle. Ein zusätzlicher Mensch in diesem komplexen System müsste also bereits bei der Entwicklung eines solchen 3-Mann-Cockpits sinnvoll integriert werden. Die Argumente pro und contra »dritten Mann« sind vielfältig. Es gibt heute aus meiner Sicht kaum eine abschließende Wahrheit in diesem Kontext – schon gar kein gültiges Dogma.

Denken Sie, dass im Fall von SR 111 das so genannte Checker-Syndrom[6] ein Rolle gespielt hat? Immerhin war ja Kapitän Zimmermann ein hochrangiger Check-Pilot.

Der Ausdruck »Checker-Syndrom« impliziert die Auffassung, dass sich ein Experte im Cockpit stur und schematisch an Verfahren und Checklisten hält. Es unterstellt auch, dass dieser Experte ohne Intuition und Phantasie, quasi ohne »gesunden Menschenverstand«, handeln würde. Solche Klischees sind gefährlich und in höchstem Maß unzutreffend. Ganz im Gegensatz zum oben dargestellten Bild ist meine Erfahrung, dass sich eine langjährige Tätigkeit als Instruktor und Checker in einem vertieften Wissen, im Respekt vor Limiten, in der Anerkennung unkonventioneller Problemlösungen und in vielfältigen Erfahrungen dokumentiert. Gerade die Systemkenntnisse sind in der komplexen, interdependenten Auslegung moderner Anlagen in einem heutigen Verkehrsflugzeug von zentraler Bedeutung. »Computer sind dumm und fleißig« – dieses Zitat hat Prof. Earl Wiener von der Universität Miami geprägt. Er ist einer der Gründungsväter effizienter Integrationsmethodik von Mensch und Maschine. Der Pilot muss schlauer sein als der Computer, denn nur er versteht es, intuitiv Zusammenhänge zu erkennen und alternative Lösungswege auszuknobeln! Beide Piloten im Cockpit von SR 111 waren erfahrene Piloten, Instruktoren und Luftwaffenpiloten. Ich hatte das Privileg, beide gekannt zu haben – mit Urs Zimmermann zusammen bin ich unter anderem in der Luftwaffe geflogen, und an Stephan Löw konnte ich die Instruktoren-Grundausbildung vermitteln. Ich habe beide Piloten als Menschen mit hohem mentalem Freiheitsgrad kennen gelernt – schematische Vorgehensweisen waren beiden fremd. Sie wussten, was sie taten! Beide waren im Pilotenkorps beliebt, und was das heißt, weiß jeder, der in dieser Berufsgruppe tätig ist!

Falls es der Besatzung gelungen wäre, unter Missachtung von Verfahren und Checklisten die Maschine rechtzeitig zu landen, eventuell mit Schäden an dem Flugzeug und einigen verletzten Passagieren, wären die Piloten dann nicht einer internen Untersuchung ausgesetzt gewesen, die möglicherweise mit negativen Konsequenzen für sie geendet hätte?

Diese Frage zielt ganz auf die Sicherheitskultur der Fluggesellschaft ab. Eine »pathologi-

sche«, also »kranke« Sicherheitskultur ist dann in Kraft, wenn im Störfall auf Seiten des Managements vor allem gefragt wird: »Wer hat welchen Mist gebaut?« Disziplinarische Erledigung ist der Regelfall – Fehlleistungen werden konsequent vertuscht, und wichtige Lernprozesse können somit nicht stattfinden. Solcherlei geführte Fluggesellschaften sind tödliche Fallen für Passagiere, denn der Erfahrungsaustausch als wichtigstes Lernfeld der Profis findet aus Furcht vor Bestrafung nicht statt! Die Sicherheitskultur im Swissair-Flugbetrieb hebt sich demgegenüber ab: Seit einigen Jahrzehnten werden Flugdatenschreiber systematisch ausgewertet. Auffällige Flugabläufe werden in vertraglich gesichertem Dialog und ohne disziplinarisches Umfeld gemeinsam von Flugsicherheitsspezialisten und der Besatzung analysiert. Falls es sich als nötig erweisen sollte, werden dann entsprechende Empfehlungen ausgearbeitet. »Von den Erfahrungen anderer lernen«, ist das zentrale Anliegen in diesem wirkungsvollen Programm – es geht nicht um Schuldige, sondern um die Sache und Prävention! Unser Sicherheitsbewusstsein hat einen Stand erreicht, wo Besatzungen im Flugsicherheitsbüro vorsprechen, noch bevor der Flugdatenschreiber den routinemäßigen Kontrolldurchlauf absolviert hat. Wir sind stolz auf eine derart konstruktive Fehlerkultur, auf unsere offene Kommunikation und die enge Zusammenarbeit aller Beteiligten: Fluggesellschaft, Pilotenverband und Behörde. Gegenseitiges Vertrauen und die Überzeugung, »Important is what is right and not who is right[7]«, helfen, Flugsicherheit aktiv zu fördern!

---

[1] Als »Platzrunde« bezeichnet man eine Flugfigur, die ein Flugzeug nach dem Start mit jeweils vier 90-Grad-Kurven wieder auf die Anfluggerade und zur Landung bringt. Im Flugtraining werden solche Platzrunden ausgiebig geübt, die Maschine macht in der Regel hintereinander mehrere »Touch and Gos«, also Aufsetzen und sofortiges Wiederdurchstarten. Es gibt für jede Landebahn auf einem Flughafen spezifische Vorgaben, in welcher Richtung, Höhe und in welchem Abstand eine solche Platzrunde geflogen werden soll. In einem Notfall ist die Platzrunde die kürzeste Flugbahn, um wieder zu landen.

[2] Swissair Bulletin Nr. 78/96/DC/HS

[3] vgl. FACTS Nr.18/1998, Seite 82

[4] siehe auch Kapitel 4

[5] siehe auch Kapitel 4

[6] Checker-Syndrom: So nennt man das starre Festhalten an Verfahren und Vorschriften, das gerade für Überprüfungs-Piloten (Checker) symptomatisch ist. In den regelmäßigen Flugüberprüfungen im Simulator sind es die Checker, die das Vorgehen und Können anderer Piloten beurteilen.

[7] »Wichtig ist, was richtig ist, nicht, wer Recht hat.«

Update

Schachmatt

Am Donnerstag, den 5. August 1999 fand vor dem US-Bundesgericht in Philadelphia der erste offizielle Verhandlungstermin im Fall SR 111 statt. Doch diese Verhandlung brachte für die Klägeranwälte eine Überraschung: Die Anwälte von Boeing und Swissair erklärten, dass sie gemeinsam für die Gesamtsumme der Ansprüche aufkommen werden. Durch diesen Schachzug kann jetzt vor einem amerikanischen Gericht nicht mehr über die Frage des Verschuldens gestritten werden, sondern allenfalls um die Höhe der Entschädigung. Dieses Zugeständnis an die Hinterbliebenen der Opfer erfolgte ausdrücklich, ohne dass dadurch gleichzeitig ein Schuldanerkenntnis der Swissair oder von Boeing ausgesprochen wurde. Dem ersten Gerichtstermin waren intensive Verhandlungen zwischen dem Hersteller der MD-11 und der Swissair vorausgegangen, die in einem so genannten Sharing Agreement gipfelten. In welchem Verhältnis sich Boeing und Swissair die Kosten teilen, wurde nicht bekannt.

Diese Entwicklung kann durchaus sehr positive Konsequenzen für die Angehörigen der Opfer haben, weil so die Regelung ihrer Ansprüche und die Auszahlung realistischer Kompensationszahlungen enorm beschleunigt werden könnte. Dafür müssen die Angehörigen jetzt lediglich ihre wirklich eingetretenen wirtschaftlichen Schäden auflisten und belegen. Soweit die Rechtsnormen des jeweiligen Wohnsitzes des Opfers es zulassen – also zum Beispiel in den USA –, können auch nicht wirtschaftliche Schäden berücksichtigt werden. Zur Erfassung dieser Schäden braucht man eigentlich eher die Hilfe eines Steuerberaters statt eines US-Luftrechts-Anwaltes. Nur wenn sich die Angehörigen mit Boeing und Swissair in der Höhe der Entschädigung nicht einigen könnten, kämen wiederum die Anwälte und Gerichte ins Spiel.

Auch mit diesem Zug zeigte die Schweizer Airline einmal mehr, wie man humane Aspekte in den Vordergrund stellen kann. Sie unterstrich erneut, dass ihr mehr an einer Lösung der Probleme gelegen ist als an langwierigen Gerichtsverfahren. Andererseits darf man dabei natürlich nicht vergessen, dass so auch die Summe der schließlich auszuzahlenden Entschädigungen auf ein realistisches Maß begrenzt wird. Und letztendlich profitiert gerade Flugzeughersteller Boeing von dieser Regelung, da er bei Auszahlung der »gemeinsamen Entschädigungssummen« nicht mehr wegen weiterer Ansprüche von Angehörigen der Opfer in den USA verklagt werden kann. Philippe Bruggisser ist es damit erneut gelungen, eine weitere Allianz zu knüpfen und zu zeigen, wie man sich einigen kann. Nur diesmal eben nicht zur Erweiterung des Streckennetzes oder des Dienstleistungsbereichs der SAir-Group.

Sollte eine Vielzahl der Fälle so erfolgreich abgewickelt werden können, würden schließlich auch alle Beteiligten enorme Anwaltskosten und Verfahrensgebühren einsparen. Allerdings wird es, wie bisher, bei dieser Lösung eine unterschiedliche Behandlung zwischen Europa und den USA geben, denn es gilt das jeweilige Entschädigungsrecht des Wohnsitzes des Opfers. Ausdrücklich wiesen die Anwälte von Boeing und Swissair im Verfahren auf die Frage des »Forum non conveniens« hin.

Obwohl die verschiedenen US-Anwälte bereits knapp 150 Fälle vertreten, hatten sie bis zu diesem Tag nur insgesamt 46 Klagen über eine Gesamtforderungssumme von mehr als 16 Milliarden Dollar eingereicht. Aber diese hohe Summe basiert keinesfalls auf faktischen Erhebungen. Es ist – ganz nach US-Anwaltspraxis – ein reiner Phantasiebetrag, der sich aus publicityträchtigen hohen Einzelbeträgen zusammensetzt. Nach Erfahrungswerten sind die dafür später wirklich erzielbaren Entschädigungen für 46 Fälle eher bei einer Summe von 140 Millionen Dollar anzusiedeln, also insgesamt vielleicht zwischen 500 bis 800 Millionen Dollar.

Die Swissair hingegen gab bekannt, dass es bereits in fünf Fällen zu Vergleichen mit den Angehörigen der Opfer in Frankreich gekommen ist. Swissair Senior Legal Counsel Hans Peter Berchtold betonte, dass die Airline nach wie vor daran interessiert sei, sich gütlich mit den Angehörigen der Opfer zu einigen. In vielen Fällen sei bislang jedoch kein Fortschritt zu erzielen, weil die Anwälte der Angehörigen noch keine Angaben, zu den einzelnen Schadenshöhen gemacht haben. Ohne solche Angaben können weder die Swissair und ihre Versicherungsvertreter noch Boeing weitere Zahlungen leisten. Nach Ansicht von amerikanischen Rechtsexperten könnten so 90 bis 95 Prozent der Fälle von SR 111 gütlich geregelt werden. Zu Gerichtsverhandlungen kommt es dann nur in besonders komplizierten Fällen, wo letztendlich ein Richter entscheiden muss, wer, was und wie viel bekommt.

IFEN-Hersteller IFT und seine Versicherung hat sich an der Swissair-Boeing-Allianz nicht beteiligt. Möglicherweise, weil IFT nur ihr IFEN-System, nicht jedoch die Verkabelung versichert hatte ...

Notizen aus der Provinz

Seit mehreren Monaten kündigt das TSB jeweils für »nächste Woche« eine anstehende Sicherheitsempfehlung an. Das Tempo beim TSB hat deutlich nachgelassen. Am 12. August 1999 erschien dann relativ belanglos die lang erwartete Empfehlung: Isoliermatten aus Mylar können ein Feuer anfachen. – Nichts Neues. Das wusste man auch schon vor mehr als einem halben Jahr, kurz nach dem Absturz. Ebenfalls seit mehr als einem Monat überlegt man in Kanada, ob vielleicht ein weiteres Spezialschiff eingesetzt werden soll, um noch fehlende Wrackteile vom

Grunde des Atlantiks zu bergen. Untersuchungsleiter Vic Gerden vermeidet es zunehmend, mehr faktisch relevante Fragen von Journalisten oder Angehörigen zu beantworten. Mit seinem Informationsembargo, das er auch der betroffenen Airline auferlegt hat, wird eine aktive Aufklärung in den eigenen Reihen der Swissair und bei anderen betroffenen Fluggesellschaften deutlich erschwert und verzögert. Längst hätte der Chefermittler den vielen kursierenden Spekulationen ein Ende bereiten können, würde er beispielsweise das Transkript des Cockpit-Voicerecorders veröffentlichen. Hieraus könnten beispielsweise Fluggesellschaften auf der ganzen Welt wertvolle Erfahrungen für ihre eigenen Trainingsstandards ableiten. Und die möglicherweise aus persönlichen Gründen wirklich schützenswürdigen letzten Minuten fehlen ja eh auf dem Band. Der abschließende Unfallbericht wird nicht vor Sommer 2000 erwartet – und auch das scheint derzeit fraglich. Dass Vic Gerden und sein Team die genaue Unfallursache je finden, wird zunehmend immer unwahrscheinlicher.

Solange dieser Punkt nicht geklärt ist, wäre es auch recht müßig gewesen, sich über ungeklärte Zusammenhänge und daraus eventuell resultierende Verantwortlichkeiten zwischen den Angehörigen der Opfer und andererseits der Swissair und Flugzeughersteller Boeing sowie IFT vor Gerichten auseinander zu setzen.

Spurensuche

Seit dem Unfall untersucht die Swissair auch intern alle Umstände und Einzelheiten, die bei dem Absturz vor der kanadischen Küste eine Rolle gespielt haben könnten. Im Zuge dieser Abklärung wurden bisher mehr als fünf Millionen Dokumente gesichtet und überprüft und an die kanadische Untersuchungsbehörde TSB weitergeleitet. Es handelt sich dabei um die gesamte Lebenslaufakte der Unglücksmaschine, das heißt jedes Vorkommnis und jeden Wartungsbericht, der in ihrer siebenjährigen Dienstzeit bei der Swissair dokumentiert wurde, sowie um umfangreiche Konstruktionsunterlagen zum Flugzeug. Mehr als 50 Swissair-Mitarbeiter, darunter Techniker, Ingenieure und Flugbegleiter und Piloten, haben die Ermittlungen des TSB in insgesamt 1495 Manntagen unterstützt. Im Sommer 1999 zog die Swissair intern weitergehende Konsequenzen aus der Tragödie von Halifax:

Mit einem OC Bulletin, mit Datum vom 5. Juli 1999, wurden alle Piloten der Swissair von gravierenden Änderungen der Cockpitverfahren bei Rauch und Feuer informiert. In dem mehrseitigen Informationsschreiben, das Chefpilot Rainer Hiltebrand verschickt hat, bezieht sich die Airline auf umfangreiche Untersuchungen und Abstimmungen mit dem Hersteller Boeing im Zusammenhang mit dem Absturz von SR 111. Nunmehr werden die Swissair-Piloten angehalten, bei der Feststellung von Rauch und/oder Feuer in der »kürzesten möglichen Zeit« von der Reiseflughöhe auf eine Höhe von 10 000 Fuß (3300 Meter) zu sinken. Auch »soll nicht gezögert werden, einen Notfall zu erklären«. Ferner sollen sich die Piloten zumindest mental in einer solchen Situation auch auf eine Landung außerhalb eines Flughafens oder auf eine Landung auf dem Wasser einstellen. Bereits frühzeitig sollen die Piloten auch ein Ablassen von Kerosin in ihre Überlegungen mit einbeziehen. Dies ist besonders bei der MD-11 von Bedeutung, weil der verfahrensgemäß zu bedienende Rauch-Drehschalter (Smoke/Elec-Air-Switch) in der Schalterstellung 1 und 3 den Strom zu den Ablassventilen unterbricht und ein Dumping so unmöglich werden könnte, wenn die Besatzung dazu kommt, während ihres Sinkfluges die Checkliste abzuarbeiten.

Die entsprechenden Checklisten werden jedoch nur auf der MD-11-Flotte der Swissair geändert. Bei anderen Flugzeugtypen wie der Boeing 747, die Anfang 2000 ausgemustert werden, und der Airbus-Flotte bleiben die alten und angeblich »bewährten« Verfahren in Kraft.

Alle Swissair-Besatzungen wurden darauf hingewiesen, dass die elektrischen Sicherungen nicht immer einen ausreichenden Schutz bei einem elektrischen Vorfall liefern. Rausgesprungene Sicherungen sollen daher während des Fluges nicht mehr wieder reingedrückt werden, Schaltkreise, deren Sicherungen im Flug ansprechen, werden als nicht verfügbar betrachtet und dürfen nicht wieder aktiviert werden. Chefpilot Hiltebrand kündigte an, dass die neuen Notfallverfahren auch Auswirkungen auf das zukünftige Training bei der Swissair haben werden.

Im Zuge der internen Untersuchung bei Swissair wurde außerdem bekannt, dass ein Maitre de Cabine und zwei weitere Flugbegleiter bereits am 10. August 1998, also 25 Tage vor dem Absturz der »Vaud«, auf einem Flug von Zürich nach Hong Kong einen ungewöhnlichen Geruch in der späteren Unglücksmaschine wahrgenommen hatten. Nach Angaben dieser Kabinenbesatzung hat es zunächst noch am Boden in Zürich »schmorend« und ähnlich »verbranntem Gummi« gerochen. Der Geruch wurde dann auf dem Flug stärker und von den Flugbegleitern als »schubweise auftretend, seltsam und ätzend« eingestuft. Der pflichtbewusste Chef-Steward verfasste direkt nach dem Flug einen schriftlichen Rapport über diesen Vorfall. Diese Meldung wurde bis zum Unglückstag noch von den zuständigen Abteilungen abgeklärt. Nach dem Unfall wurde der Bericht allerdings von der Abteilung Operations aus Angst vor möglichen Meldungen in den Medien im eigenen Unternehmen zurückgehalten. Das TSB bestätigte jedoch, dass ihm dieser Bericht schon kurz nach dem Unfall weitergeleitet wurde. Bereits Mitte September 1998 hat das TSB mit dieser Kabinenbesatzung in Halifax einen ausgiebigen »Geruchstest« durchgeführt. Dem Chef-Steward wurden dabei Wrackteile der Unglücksmaschine, darunter zum Beispiel ein Luftfilter aus dem Electronics Bay, für eine »Riechprobe« vorgelegt. Er soll an einem der Wrackteile einen »ähnlichen Geruch« wie bei dem Zwischenfall am 10. August wahrgenommen haben.

Kurz vor Drucklegung dieses Buches, Ende Juli 1999, ereignete sich ein Zwischenfall mit einer McDonnell-Douglas DC-10 der britischen Fluggesellschaft Caledonian. Die Maschine war mit 356 Passagieren unterwegs von England in die Karibik, als die Piloten mitten über dem Atlantik plötzlich eine Luftnotlage wegen Rauch im Cockpit erklärten. Die Besatzung zog sogar in Erwägung, die Maschine auf dem Wasser notzulanden. Es gelang den Piloten jedoch, einen Ausweichflughafen auf den Azoren anzufliegen, die Besatzung und ihre Passagiere kamen mit dem Schrecken davon. Zu dem Thema »Notwasserung eines Verkehrsflugzeuges« ist noch anzumerken, dass ein solches Manöver bisher nur in einer Hand voll Fällen wirklich gelungen ist und es seit der Boeing 707 keine »Übungen« mehr gibt. Die Piloten hatten dabei jedes Mal enorm viel Glück und vor allem keine meterhohen Wellen – wie sie meist mitten auf dem Atlantik anzutreffen sind.

Die Zahl der Zwischenfälle mit Rauch im Flug hat seit SR 111 allerdings keineswegs abgenommen. Fast alle zwei Wochen kommt es irgendwo in der Welt zu einer außerplanmäßigen Notlandung eines Passagierflugzeuges, weil die Piloten plötzlich Rauch im Cockpit melden ...

Anhang

Die Historie der Swissair

Die Swissair wurde 1931 durch Zusammenschluss der Basler Balair und der Zürcher Ad Astra Aero gegründet. 1957 wurde sie in eine nationale, aber nicht verstaatlichte Gesellschaft mit dreißigprozentiger Kapitalbeteiligung der öffentlichen Hand umgewandelt. Mitte 1996 lagen noch 21 Prozent des Aktienkapitals in öffentlicher Hand, die Kapitalmehrheit lag bei rund 48 000 privaten Aktionären. Zu den Konzerngesellschaften gehören die Charter-Airline Balair/CTA und die Regionalfluggesellschaft Crossair, Basel, sowie die Tochtergesellschaft Swissair Beteiligungen AG, Zürich, die im Hotel-, Golf- und Verpflegungsbereich engagiert ist. Beachtlich sind die Verkehrsleistungen: Die Swissair bietet ihren Kunden mit rund 400 täglichen Flügen optimale Verbindungen nach 150 Destinationen in 75 Ländern an. Das Durchschnittsalter der 60 Swissair-Flugzeuge lag Mitte 1996 bei 6,3 Jahren. Die Swissair hat ihre Transportleistung 1997 markant gesteigert. Bei einem um 7,5 Prozent erhöhten Angebot an Sitzkilometern steigerte die Airline die verkauften Passagierkilometer um 17,3 Prozent und ihre Sitzauslastung auf die Rekordmarke von 70,5 Prozent. Sie beförderte insgesamt über zehn Millionen Passagiere.

Gute Noten verdiente sich die Swissair, als sie 1991 als erste Fluggesellschaft der Welt eine komplette Ökobilanz präsentierte. Gleichzeitig geriet die Airline aber im zunehmend dramatischen Verdrängungskampf im internationalen Luftfahrtgeschäft unter Druck. Nachdem im Geschäftsjahr 1990 erst zum dritten Mal in der Firmengeschichte keine Dividende hatte gezahlt werden können, bemühte sich die Konzernleitung zunehmend um globale strategische Allianzen. Zunächst wurde eine enge Zusammenarbeit mit der skandinavischen SAS, mit Finnair und mit Austrian Airlines (AUA) vereinbart, in den USA wurde mit Delta Air Lines ein Wunschpartner gefunden, für den Fernostbereich die Singapore Airlines (die später aber wieder ausschied).

Ein weiteres Problem ergab sich für die Swissair mit dem Nein der Schweizer Stimmbürger zum Europäischen Wirtschaftsraum (EWR), das die Fluggesellschaft ab Anfang 1993 von der Liberalisierung im EU-Raum ausschloss. Das ehrgeizige, von der Schweizer Regierung allerdings nicht unterstützte Projekt, die vier europäischen Fluggesellschaften Swissair, KLM, SAS und AUA in einem neuen Unternehmen namens »Alcazar« aufgehen zu lassen, scheiterte im November 1993 im Streit um den künftigen Partner im US-Geschäft. 1995 wurde eine enge Kooperation mit der belgischen Sabena vereinbart, die Swissair übernahm einen Anteil von 49,5 Prozent am Aktienkapital der Sabena.

Das anhaltend schwierige wirtschaftliche Umfeld veranlasste die Swissair in den letzten Jahren zu Rationalisierungsmaßnahmen. So fielen dem Kostensenkungsprogramm »Move« mehrere Hundert Arbeitsplätze zum Opfer. Auf heftige Kritik in der Schweiz stieß im April 1996 die Entscheidung des Konzerns, die meisten Langstreckenflüge von Genf nach Zürich umzusiedeln. SAir-Konzernchef Philippe Bruggisser setzte sein Vorhaben trotz gehässigen Protesten durch. Unrentable Strecken müssten geschlossen werden, Röstigraben hin oder her, sagte er. In den Geschäftsjahren 1993 und 1994 musste sich die Swissair mit einem relativ bescheidenen Jahresergebnis von 63 bzw. 30 Millionen Schweizer Franken begnügen, 1995 wurde erneut ein Konzernverlust von rund 147 Millionen verzeichnet. Als designierter Konzernleitungspräsident kündigte Bruggisser im Frühjahr 1996 ein ganzes Bündel von Maßnahmen an, um die Airline wieder profitabel und konkurrenzfähig zu machen. Geplant war, rund fünf Prozent der Arbeitsplätze zu streichen und die Kosten pro angebotenem Sitzkilometer um 20 Prozent von 11,2 auf 9 Rappen zu senken. Trotzdem stieg der Verlust im selben Geschäftsjahr von 161 auf 497 Millionen Schweizer Franken. Alleine die belgische Partnerin Sabena flog 370 Millionen Minus ein. Doch dann begannen die energischen Maßnahmen zu greifen. 1997 betrug der Reingewinn wieder 324 Millionen Schweizer Franken. Im Geschäftsjahr 1998 stieg der Umsatz auf 11,3 Milliarden, und der Konzerngewinn betrug stattliche 361 Millionen Schweizer Franken. Jetzt operierte Bruggisser wieder aus der Position des Stärkeren. Ende 1998 gab die SAirGroup bekannt, dass sie die Düsseldorfer Flug- und Touristik-Gruppe LTU erwerben will. Daraus entstand die neuformierte LTU Group, eine Holding, die heute zu 49,9 Prozent in Schweizer Händen liegt.

1999 setzte die SAirGroup die eingeleitete Strategie zum Ausbau von komplementären Aktivitäten zum Fluggeschäft weiter fort. Ende Mai kaufte sie für 1,17 Milliarden Schweizer Franken die US-Catering-Gruppe Dobbs. Es handelte sich um die größte Übernahme in der Firmengeschichte. Die SAir-Tochter Gate Gourmet katapultierte sich auf einen Schlag zum weltweit zweitgrößten Luftverkehrs-Caterer. Sie erzielt neu einen Gesamtumsatz von mehr als drei Milliarden Schweizer Franken.

Ungemach droht der Swissair neuerdings von den eigenen Partnern. Ende Juni 1999 gab Delta Air Lines eine strategische Allianz mit Air France bekannt. Ein Bruch zwischen Swissair und Delta ist damit beinahe unabwendbar geworden. Die Beteiligung der Swissair an Delta (rund 4,6 Prozent) soll in nächster Zeit veräußert werden. Die Schweizer Airline und die Sabena schlossen gleichzeitig eine neue Partnerschaft mit American Airlines für Code-Share-Flüge ab Zürich und Brüssel nach Chicago, Boston und Miami. Auch die Partnerschaft mit Austrian Airlines zeigt erste Risse.

Durch Kooperationen mit kleinen oder wenig begehrten Airlines wie der portugiesischen TAP, an der die Swissair inzwischen maßgeblich beteiligt ist, der Turkish Airlines, der französischen AOM oder der bisher staatlichen South African Airways (20-prozentige Beteiligung) versucht Konzernchef Philippe Bruggisser im internationalen Wettbewerb attraktiv zu bleiben.

Chronologie von Unfällen schweizerischer Verkehrsflugzeuge mit Todesfolgen

27. 7. 1934: Erster Absturz der 1931 gegründeten Swissair bei Tuttlingen. 12 Personen sterben, darunter auch die erste Swissair-Stewardess Nelly Diener.

19. 6. 1955: Absturz einer Swissair-Maschine vom Typ Convair CV-240 wegen Treibstoffmangels vor Folkestone (England): 3 Tote.

15. 7. 1956: Absturz einer Swissair-Maschine vom Typ Convair CV-440 bei der Ablieferung bei Shannon (Irland): 4 Tote.

18. 6. 1957: Absturz einer Swissair-Maschine vom Typ Douglas DC-3 in den Bodensee anlässlich eines Trainingsfluges: 9 Tote.

15. 5. 1960: Absturz einer Balair-Maschine vom Typ Douglas DC-4 bei Toli (Sudan): 12 Tote.

4. 9. 1963: Absturz einer Swissair-Maschine vom Typ Caravelle III bei Dürrenäsch (Schweiz), Feuer an Bord: 80 Tote.

10. 2. 1967: Absturz einer Swissair-Maschine vom Typ Convair CV-440 anlässlich eines Trainigsfluges auf den Lägern (Schweiz): 4 Tote.

20. 4. 1967: Absturz einer Globe-Air-Maschine vom Typ Britannia bei Nicosia (Zypern) wegen einer Kollision mit einem Berg: 126 Tote.

6. 5. 1969: Absturz einer Balair-Maschine vom Typ Douglas DC-6AC bei Uli (Biafra/Nigeria): 4 Tote.

21. 2. 1970: Absturz einer Swissair-Maschine vom Typ Convair CV-990 bei Würenlingen AG (Bombenexplosion): 47 Tote.

18. 12. 1977: Absturz einer SATA-Maschine vom Typ Caravelle III ins Meer beim Anflug auf Funchal (Madeira): 36 Tote.

7. 10. 1979: Eine Swissair-Maschine vom Typ Douglas DC-8 überrollt die Landebahn des Flughafens Athen (Griechenland): 14 Tote.

2. 9. 1998: Absturz einer Swissair-Maschine vom Typ McDonnell-Douglas MD-11 ins Meer vor Peggy's Cove bei Halifax (Kanada): 229 Tote.

Quellenverzeichnis

Verwendete und weiterführende Literatur
- van Beveren, Tim »Runter kommen Sie immer: die verschwiegenen Risiken des Flugverkehrs«, 5., aktualisierte und erweiterte Neuausgabe, Campus Verlag Frankfurt/Main; New York, 1997, ISBN 3-593-35688-0
- Cescotti, Roderich »Aerospace-Wörterbuch«, 1. Auflage, Motorbuch-Verlag Stuttgart, 1994, ISBN 3-613-01536-6
- Crichton, Michael »Airframe«, 1. Auflage, Borzoi Book, 1996, ISBN 0-679-44648-6
- Gero, David »Aviation Disasters«, USA 1993
- Hurst, Ronald & Leslie »Flugunfälle und ihre Ursachen – Menschliches Versagen?«, 2. Auflage, Motorbuch-Verlag Stuttgart, 1991, ISBN 3-87943-630-4
- Illman, Paul E. »Aeronautical Knowledge«, 3. Auflage, McGraw-Hill Inc. USA, 1995, ISBN 0-07-031781-X
- Nader, Ralph & Smith, Wesley »Collision Course – The Truth About Airline Safety«, 1. Auflage, McGraw-Hill Inc. USA, 1994, ISBN 0-8306-4271-4 (h)
- Nance, John J. »Blind Trust«, 1. Auflage, William Morrow and Company New York, 1986, ISBN 0-688-05360-2
- Nance, John J. »Final Approach«, 1. Auflage, Ballantine Books New York, 1992, ISBN 0-449-22035-4
- Schiavo, Mary »Flying Blind, Flying Safe«, 1. Auflage, Avon Books New York, 1997, ISBN 0-380-97532-7
- Stich, Rodney »The Real UNFRIENDLY SKIES – Saga Of Corruption«, 3., überarbeitete Auflage, Diablo Western Press Alamo CA, USA, 1990, ISBN 0-932438-03-2

Studien und Berichte
- Kemmler, Reiner, Dipl. Psychologe, »Lufthansa AG: Effektive Handhabung von Krisensituationen«, Vortrag vom 7. Mai 1999 vor der Abteilung Bevölkerungsschutz der Stadt Zürich
- IATA Agreement On Measures to Implement the IATA Intercarrier Agreement, 1998
- Report on USAir Flight 427, »Safety at issue«, 1995
- NTSB, Public Meeting of March 23-24, 1999, USAir Fligth 427, Abstract of Final Report

- Reports from the Task Force on Assistance to Families of Aviation Disasters, U.S. Departement of Transportation
- Reports from the Task Force Endorses Legislation for Foreign Carrier Family Assistance Act, U.S. Departement of Transportation
- Aviation Disaster Family Assistance Act of 1996, House of Representatives, Washington, Report 104-793
- Final Report: Aircraft Electrical Wet-Wire Arc Tracking, DOT/FAA/CT-88/4, Patricia Cahill & James Dailey, August 1988
- Final Report: Development and Groth of Inaccessible Aircraft Fires Under Inflight Airflow Conditions, DOT/FAA/CT-91/2, David Blake, February 1991
- Final Report: Electrical Short Circuit and Current Overload Tests on Aircraft Wiring, DOT/FAA/CT-TN94/55 Patricia Cahill, March 1995
- Final Report: Evaluation of Fire Test Methods for Aircraft Thermal Acoustical Insulation, DOT/FAA/AR-97/58, Patricia Cahill, September 1997
- Airworthiness Inspector's Handbook Bulletin 91-15, FAA Order 8300.10, Volume 3, Chapter 36-38
- FAA Advisory Circular Nr. 25-16, Electrical Fault and Fire Prevention and Protection vom 5.4.1991
- FAA Special Certification Review Team Report on: Santa Barbara Aerospace STC ST 00236LA-D Swissair Model MD-11 Airplane In-flight Entertainment System, 14.6.1999
- FAA Administrative Record STC ST 00236 LA-D, obtained under FOIA, Juli 1999
- The Convention for the Unification of Certain Rules Relating to the International Transportation by Air (Warsaw Convention 1929)
- Death On The High Seas Act of 1920
- Protocol To Amend the Convention for the Unification of Certain Rules and Regulations Relating to International Carriage by Air,
(The Hague Protocols of 1955)
(The Guadalajara Supplemental Convention of 1961)
(The Guatemala City Protocols No. 1, 2, 3 & 4)
- Supplemental Compensation Plan Act of 1992
- The National Commission to Ensure A Strong Competitive Airline Industry, August 1993, The White House Commission On Aviation Safety and Security, February 1997
- Report Of the Completion Of the ICAO Fact – Finding Investigation Destruction of Korean Air Lines Boeing 747 on August 31, 1983, June 1993

Gerichtsakten
AZ 324 O 44/95 und AZ 324 O 203/96, Landgericht Hamburg
CV 986161, United States District Court, New York
CIV 99-0836PHX SMM, United States District Court, Arizona

Handbücher
Aircraft Operation Manual MD-11 McDonnell-Douglas
Aircraft Operation Manual MD-11 Swissair
Aircraft Operation Manual MD-11 Delta Airlines
Aircraft Operation Manual MD-11 F Lufthansa
Aircraft Maintenance OJT Reference Guide MD-11, McDonnell-Douglas
Aircraft Operation Manual Boeing 747-300, Swissair
MD-11 Cockpit Pilot's Guide, Honeywell, Rev. 1 7/94

Flugunfallberichte
- Bericht über die Untersuchung der flugbetrieblichen Störung mit dem Verkehrsflugzeug McDonnell-Douglas DC-9-81 am 16. Oktober 1993 in München, Az: E X 003-0/93 vom 24.10.1995, Flugunfalluntersuchungsstelle beim Luftfahrt-Bundesamt der Bundesrepublik Deutschland
- Aircraft Accident Report In-Flight Fire/Emergency Landing, Federal Express Flight 1406 Douglas DC-10-10, N 68055, Newburgh, New York, September 5, 1996, NTSB/AAR-98/03 DCA96MA079
- Aircraft Accident Report In-Flight Fire/Emergency Landing, Air Canada Flight 797 Douglas DC-9-32, C-FTLU, Covington, KY, June 2, 1983, NTSB/AAR-84/09
- Summary of report, dated May 2, 1972 Swissair, Convair CV 990 A, HB-ICD, Accident at Würenlingen, Switzerland on February 21, 1970, Swiss Federal Aircraft Accident Investigation Board
- Schlussbericht der Eidgenössischen Flugunfall-Untersuchungskommission über den Unfall des Swissair-Flugzeuges SE - 210 Caravelle III HB-ICV am 4. September 1963 bei Dürrenäsch AG, Sitzung der Kommission vom 10. März 1995, Bericht Nr.: 1963/37 -229
-Accident involving the Boeing 707 PP-VJZ of the Varig Company, SAULX-les-CHARTREUX - July 11, 1973, Board of Inquiry, Office of the Secretary of State for Transportation, France, December 1975

Andere verwendete Quellen, Zeitschriften und Publikationen
American Broadcast Company, Agentur Reuters, Air Safety Week, Phillips Business Information Inc., Associated Press, Aviation Week & Space Technology,

Bilanz, Cash, CBS, CNN, Der Spiegel, Facts, Munzinger
Personenarchiv/Internationales Biographisches Verzeichnis,
National Transportation Safety Board of United States (NTSB),
Neue Zürcher Zeitung, MSNBC, Schweizerische Depeschenagentur (SDA),
SonntagsZeitung, Tages-Anzeiger, The Canadian Press, The Halifax Herald, The
Halifax News, The New York Times, The Wall Street Journal, Transportation
Safety Board of Canada (TSB), US Today,
Royal Mountain Canadian Police (RMCP)

Datenbanken

http://www.smd.ch	Schweizerische Mediendatenbank
http://www.ntsb.gov	National Transportation Safety Board
http://www.faa.gov	Federal Aviation Administration
http://www.aviationtoday.com	Phillips Publishing
http://www.boeing.com	The Boeing Company
http://www.air-transport.org	Air Transport Association
http://www.avdataworks.com	AV Data 2000
http://www.avweb.com	AV Web
http://www.iata.org	International Air Transport Association
http://www.ifalpa.org	International Federation of Airline Pilots Association
http://www.swissair.ch	Swissair
http://www.nytimes.com	The New York Times
http://www.awstonline.com	Aviation Week & Space Technology
http://www.open.gov.uk/aaib	Aircraft Accident Investigation Branch, U.K.
http://bst-tsb.gc.ca	Transportation Board of Canada
http://www.facts.ch	Facts
http://www.geocties.com/Eureka/Concourse/7349/index.html	Swissair Flight 111 Accident
http://members.aol.com.papcecst	Arc-Tracking Web Site of Patrick Price
http://www.iasa.com.au	International Aviation Safety Association Web Site